Ostsee
Memel
Königsberg
Hzm. Preußen
Hinterpommern
nburg
KGR. POLEN
Weichsel
Warschau
Bug
Bialy
Krakau
Weichsel
Lemberg
Hzm. Schlesien
Oder
sitz
Elbe
öhmen
Markgft. Mähren
hzm. Österreich
Donau
Wien
KGR. UNGARN
Theiß
Ofen
Pest
m. Steiermark
nten
Drau
Hzm. Krain
Save
Türkisch Ungarn
Donau
Habsburger
Wittelsbacher
Hohenzollern
Geistliche Gebiete
Kleine Territorien
Reichsstädte
Grenze des Heiligen Römischen Reiches
0
100
200
km

GESCHICHTE UND GESCHEHEN

EIGEN M DER

SCHULE AM

Name, Vorname	Klasse	Datum

Dieses Buch gehört Deiner Schule. Es ist von dem Geld der Steuerzahler (dazu gehören auch Deine Eltern!) gekauft, damit Du und die Schüler, die es nach Dir benutzen, daraus lernen und ihre Freude daran haben. Geh' sorgsam mit dem Buch um, schreibe nichts hinein, verschmiere und beschmutze es nicht! Schlag' es gleich in starkes Papier oder Folie ein! Wenn Du das Buch verlierst oder so beschädigst, dass es nicht mehr benutzt werden kann, müssen Deine Eltern das Buch ersetzen.

ichte schehen

1. Auflage 1 8 7 6 5 4 | 2015 2014 2013 2012 2011

Alle Drucke dieser Auflage sind unverändert und können im Unterricht nebeneinander verwendet werden. Die letzten Zahlen bezeichnen jeweils die Auflage und das Jahr des Druckes.

Internetadresse: www.klett.de

Redaktion: Dr. Björn Opfer-Klinger
Herstellung: Krystyna Schütze

Umschlagbild: Der Bankier und sein Weib, Marinus von Roymerswaele, um 1540.
AKG, Berlin (akg-images/Erich Lessing)
Reproduktion: Meyle + Müller, Medien-Management, Pforzheim
Kartenbearbeitung: Kartografisches Büro Borleis & Weis, Leipzig
Ingenieurbüro für Kartografie Joachim Zwick, Gießen
Piktogramme: Erhard Müller, Leipzig
Druck: Firmengruppe APPL, aprinta druck, Wemding

Printed in Germany

ISBN-13: 978-3-12-430010-2

9 783124 300102

Geschichte und Geschehen

Autoren:
Asmut Brückmann (Bremen)
Dr. Wolfgang Geiger (Frankfurt/M.)
Melanie Knauer (Stuttgart)
Dr. Horst Nieder (Hohenstein)
Ursula Rumler (Halle/S.)
Jürgen Theil (Prenzlau)
Martin Thunich (Wathlingen)

Ernst Klett Verlag
Stuttgart · Leipzig

Inhalt

Das neue Buch auf einen Blick

Zielsetzung und zentrale Inhalte des Buches

Die neue Oberstufenausgabe „Geschichte und Geschehen" ist ein facettenreiches und multiperspektivisches Lern- und Arbeitsbuch. Seine auf den einzelnen Lehrplänen basierende Themenvielfalt vermittelt zentrale Grundlagen und Anregungen, sich mit der neueren Geschichte, ihren Entwicklungslinien und Gegenwartsbezügen sowie dem oft immer noch kontroversen Diskussionsstand der Geschichtswissenschaft auseinander zu setzen.

Aufbau des Buches: Kapitel, Themen, Register, Glossar

Das Buch gliedert sich in sechs Kapitel, die wiederum in mehrere Themen unterteilt sind. Ein Sachregister und ein kompaktes Begriffsglossar erleichtern das effiziente und zielorientierte Arbeiten.

... Verfassertext und Materialteil

Jedes Thema bzw. Unterthema wird durch einen Verfassertext (VT) und einen sich anschließenden Materialteil (M) inhaltlich aufbereitet. Letzterer berücksichtigt neben Karten und Statistiken alle Gattungen von Text- und Bildquellen.

Restauration

Innerhalb der Verfassertexte wird mitunter auf wichtige Fachbegriffe Bezug genommen, die entweder als bekannt vorausgesetzt werden können oder an anderer Stelle eingeführt werden. Eine Reihe dieser Begriffe ist im Glossar aufgenommen, darauf verweist das links stehende Signet.

Arbeitsvorschläge

Die Themen oder Unterthemen enden in der Regel mit Arbeitsvorschlägen, wobei Wert darauf gelegt wurde, diese unterschiedlich zu gewichten. Neben Arbeitsaufträgen, die dem Verarbeiten der Darstellungstexte und des Materials dienen, gibt es solche, die darüber hinausgehen:

Nebenstehendes Signet kennzeichnet Arbeitsvorschläge, die dazu anregen, übergreifende Zusammenhänge herzustellen, Vergleiche vorzunehmen, Urteile abzugeben. Um diese Arbeitsvorschläge realisieren zu können, werden Sie häufig auf andere Themen in diesem Band oder auf Wissen zurückgreifen müssen, das Sie sich im bisherigen Geschichtsunterricht bzw. in anderen Fächern erarbeitet haben.

Ein weiteres Signet (links) verweist darauf, dass die Aufgabenlösung eine eigenständige Recherche erfordert und selbstständiges forschendes Lernen ermöglicht. Dabei kann es sich sowohl um Literaturrecherche aus Fachbüchern bzw. dem Internet handeln als auch um die Arbeit an solchen außerschulischen Lernorten wie Archiven, Museen oder Gedenkstätten. Auch Expertenbefragung kann hierbei Berücksichtigung finden.

Alle Arbeitsaufträge sind generell als Vorschläge zu betrachten, sie zu modifizieren ist Sache aller am Lernprozess Beteiligten. Ihre interessengeleitete Abwandlung und Ergänzung ist ausdrücklich erwünscht.

... Standpunkte

Eingebettet in die Kapitel wurden Seiten, auf denen Wissenschaftler oder Publizisten zu einer speziellen Thematik Position beziehen. Die von ihnen vertretenen unterschiedlichen Standpunkte sind entweder kontrovers zueinander oder ergänzen sich. Davon ausgehend ergeben sich Möglichkeiten zur eigenen Urteilsfindung und Standortbestimmung. Hinweise zu den jeweiligen Autoren und Arbeitsvorschläge helfen Ihnen dabei.

... Geschichte erinnern

An ausgewählten Beispielen wird sichtbar gemacht, wie Vergangenes in gegenwärtige Verhältnisse und Entwicklungen hineinragt, wie historische Kräfte weiterwirken, wie Traditionen entstanden und weitergegeben werden. Die Auseinandersetzung damit soll den Blick schärfen für die in der Gesellschaft herrschende Erinnerungskultur und gleichzeitig zu deren Kritik auffordern.

Mit Fokus auf spezielle Regionen wird Ihnen ferner die Möglichkeit gegeben, zentrale Aspekte der Geschichte an einem konkreten Beispiel in das jeweilige eigene Bundesland einzubetten.

... Zeittafeln

1714

Zeittafeln am Ende der Kapitel geben einen zusammenfassenden Überblick. Aufgenommen wurden neben den im Kapitel behandelten wesentlichen Faktoren auch Ereignisse, die zum historischen Allgemeinwissen gehören und eine Einordnung der spezifischen Kapitelthemen erleichtern sowie zeitliche Zusammenhänge verdeutlichen.

... Methodentraining

Methodentraining

Besonderes Augenmerk haben Autorinnen und Autoren darauf gelegt, Hinweise zu erarbeiten, wie historisches Material erschlossen, kritisch ausgewertet und so für den Lernprozess nutzbar gemacht werden kann. Sie haben sich dabei an den wissenschaftlichen Arbeitsmethoden von Historikern orientiert, so zum Beispiel dem Umgang mit historischen Karten oder der Analyse von Spielfilmen. Selbstverständlich konnte hierbei keine Vollständigkeit erzielt, vielmehr musste eine Auswahl getroffen werden.

Zentrale Fragen wie Aspekte der Genderforschung, jüdischer Geschichte und Phänomene wie Migration wurden nicht losgelöst von der allgemeinen Geschichte in gesonderten Kapiteln, sondern bewusst integrativ behandelt.

Geschichte und Geschehen Oberstufe berücksichtigt unter verschiedenen methodischen Ansätzen die deutsche Geschichte, ohne diese jedoch gegenüber der europäischen und außereuropäischen Geschichte in den Mittelpunkt zu stellen. Besonders in Kapitel 2 werden Teilaspekte der lateinamerikanischen, afrikanischen und ostasiatischen Geschichte mit einbezogen. Nachhaltiger Wert wird dabei, ebenso wie beim Beispiel Absolutismus, auf wirtschaftliche Zusammenhänge gelegt.

Gleichzeitig ermöglicht das Einbeziehen von kultur-, kunst- und wissenschaftsgeschichtlichen Aspekten den Schülerinnen und Schülern den interdisziplinären Blick über den „historischen Tellerrand" hinaus.

Anregungen für selbstbestimmtes Lernen

Bei diesen Themen vermittelt Geschichte und Geschehen unablässiges Basiswissen und eine Vielzahl methodischer Möglichkeiten, um jeden Sachverhalt selbstständig nach eigener Prioritätensetzung zu vertiefen. Auf diese Weise wird die Herausbildung eines geschichtlichen Bewusstseins ermöglicht und Wege eröffnet, sich die Vielfalt einer spannenden Vergangenheit aus der Sicht ihrer jeweiligen Zeit als auch in ihrer Bedeutung für die Gegenwart leicht und in spannender Form zu erschließen.

1. Europa zu Beginn der Neuzeit

1.1 Renaissance und Humanismus

1.1.1 Bildung und Wissenschaft

Anbruch einer neuen Epoche?

„O Jahrhundert! O Wissenschaften! Es ist eine Freude zu leben! Es blühen die Studien, die Geister regen sich!", jubelte der deutsche Reichsritter und Humanist Ulrich von Hutten im Herbst 1518. Wenig später verkündete der Italiener Giorgio Vasari (1511 – 1574), ein bekannter Maler, Architekt und Schriftsteller, ein strahlendes Licht habe die Finsternis der Vergangenheit durchdrungen und die bisher mit Blindheit geschlagene Welt sei nun sehend geworden. Die Gelehrten und Künstler des 15. und 16. Jahrhunderts verstanden sich als Herolde einer neuen Epoche von Bildung, Kunst und Wissenschaft, die – vom Ideengut der griechisch-römischen Antike inspiriert – das „finstere Mittelalter" abgelöst habe.
Manches spricht allerdings dafür, dass das Mittelalter nicht so „finster" war, wie es dargestellt wurde. So gab es z. B. im 8. / 9. Jahrhundert unter den Gelehrten am Hof Karls des Großen eine an der lateinischen Spätantike orientierte Bildungsbewegung, die sogenannte „karolingische Renaissance". Auf dem Höhepunkt der Scholastik, im 12. Jahrhundert, wusste man ebenfalls um den Wert der klassischen Bildung und studierte die Autoren der Antike, die durch arabische und jüdische Gelehrte vermittelt wurden. Und die mittelalterliche Agrarrevolution (Einführung widerstandsfähiger neuer Kulturpflanzen wie Roggen und Hafer, Dreifelderwirtschaft) und die damit verbundenen technischen Innovationen (Wassermühle, schwerer Wendepflug) bildeten wichtige ökonomische Voraussetzungen für den späteren Aufschwung von Kunst, Kultur und Gewerbe in Mittel- und Westeuropa.
Gleichzeitig blieben die Menschen der Renaissance in mancherlei Hinsicht auch noch dem Mittelalter verhaftet. Im Bereich der Kunst überlebten Stilelemente z. B. der Gotik. Aus der Glanzzeit des Rittertums stammende Ideale wurden noch im ausgehenden 15. Jahrhundert gepriesen und in Erziehungs- und Benimmhandbücher aufgenommen. An den Universitäten unterrichteten viele Professoren noch nach den starren scholastischen Lehrmethoden. Und Bildung und Kultur beschränkten sich nur auf eine hauchdünne Schicht der Bevölkerung. Der Umbruch zwischen Mittelalter und Neuzeit war also bei weitem nicht so radikal und abrupt, wie ihn die Gelehrten und Künstler der Zeit wahrnahmen und betonten.

Krisen und Reformwünsche

Und doch begann die mittelalterliche Ordnung ab dem 13./14. Jahrhundert allmählich zu zerfallen: Aufstrebende Landesfürsten und selbstbewusste Städte machten Kaiser und Papst ihren universalen Machtanspruch streitig; der wichtigste ökonomische Bereich, die Landwirtschaft, litt unter den Folgen der Pest und sinkenden Agrarpreisen; die von der scholastischen Theologie behauptete Einheit von Glauben und Wissen begann zu zerbröckeln; und im Bewusstsein der Menschen erzeugten Seuchen und Epidemien Todesängste. Auf diesem Hintergrund wuchs bei vielen Menschen – vor allem unter den Gebildeten – der Wunsch nach Veränderung. Ausgehend von Italien, wo im 13. und 14. Jahrhundert wohlhabende Stadtstaaten wie Florenz, Mailand oder Venedig herangewachsen waren, verbreitete sich der Wunsch nach Reformen nach und nach in ganz Europa.

Renaissance – Wiedergeburt der Antike

Die Anstöße dazu kamen aus dem Rückgriff auf die Antike: Die Kunstwerke und Texte Griechenlands und Roms lieferten die Impulse zu neuen Formen des Denkens und des künstlerischen Ausdrucks. Aus diesen Anregungen entstand im 15.

Jahrhundert eine große Teile der intellektuellen und sozialen Führungsschichten Europas erfassende geistige und ästhetische Erneuerungsbewegung, die ihren Höhepunkt Anfang des 16. Jahrhunderts erreichte. Der bereits erwähnte italienische Schriftsteller Giorgio Vasari prägte dafür den Begriff der „rinascita", der Wiedergeburt. Daran anknüpfend, benannten Historiker des 19. Jahrhunderts diese Epoche mit dem Begriff „Renaissance".

Zurück zu den Quellen

Eine wichtige Rolle bei der Rezeption der Antike spielte das Studium der klassischen Sprachen. „Ad fontes!" – „Zurück zu den Quellen!" – mit dieser Parole machten sich die Gelehrten daran, das ursprüngliche Latein der Römerzeit wieder zu beleben. Und auch dem Griechischen wandte man sich wieder zu. Nach dem Fall von Konstantinopel 1453 waren viele byzantinische Gelehrte in den Westen geflohen und hatten die bedeutenden Werke der griechischen Klassiker mitgebracht. Vieles konnte nun erstmals in der Originalsprache studiert werden, manches – z. B. die Dialoge Platons – wurde erst jetzt im Abendland bekannt. Auch das Neue Testament oder die Werke des Aristoteles kannte man bisher nur in lateinischen Übersetzungen.

1 Allegorie der dreiköpfigen Philosophie. Ihr zu Füßen sitzen die sieben freien Künste Logik, Rhetorik, Grammatik, Arithmetik, Musik, Geometrie und Astronomie. Unten links ist Aristoteles als Vertreter der Naturphilosophie und rechts Seneca als führender Moralphilosoph zu sehen. Oben befinden sich als Vertreter der „göttlichen Philosophie" die Kirchenväter Augustinus, Gregor, Hieronymus und Ambrosius. Kupferstich ca. 1504.

2 Erasmus von Rotterdam, Kupferstich von Albrecht Dürer 1526. Lateinischer Text der Tafel: „Abbild des Erasmus von Rotterdam von Albrecht von Dürer nach dem lebenden Vorbild gezeichnet.“ Griechischer Text: „Auf vorzüglichere Weise wird er die Schriften herausgeben.“

Humanistische Bildung

Zur gleichen Zeit formulierten Gelehrte ein an der Antike orientiertes Bildungsideal, das man heute unter dem Sammelbegriff „Humanismus“ zusammenfasst. Dazu gehörten die Beschäftigung mit Grammatik und Rhetorik und das Nachdenken über richtiges und falsches Verhalten. Über die praktische Umsetzung ihres Programms waren sie sich allerdings nicht einig. Einige – wie z. B. Erasmus von Rotterdam (1469 – 1536) – favorisierten das unabhängige Gelehrtenleben, andere wie der Florentiner Kanzler Leonardo Bruni (1370 – 1444) vertraten die Ansicht, man könne nur als politisch aktiver Bürger den humanistischen Idealen entsprechen. Verpönt waren vor allem die logischen Wortklaubereien der Scholastik. Wenig Berücksichtigung fand zunächst, was man damals „Naturphilosophie“ nannte, d. h. die Naturwissenschaften und die Mathematik. Bald wurden aber auch die mathematischen, medizinischen, astronomischen und geographischen Schriften der Antike in das humanistische Bildungsprogramm mit einbezogen.

Zentren der Gelehrsamkeit – die Universitäten

Wichtige Keimzellen humanistischen Gedankenguts waren die Universitäten, die – nach ersten Anfängen im Mittelalter – im 14. und 15. Jahrhundert in vielen Städten Europas entstanden. Ihre Ursprünge lagen in Italien (Salerno und Bologna) und Frankreich (Paris), bald darauf folgten Oxford und Cambridge in England, Salamanca in Spanien und Coimbra in Portugal. Die ersten deutschen Universitäten wurden im 14. Jahrhundert gegründet, und zwar in Prag, Wien, Heidelberg, Köln und Erfurt. Um 1500 gab es bereits knapp 80 Hochschulen in Europa. Der Austausch zwischen Studenten und Professoren aus verschiedenen Regionen sorgte für eine ständige Vertiefung und Verbreitung humanistischen Denkens.
Normalerweise lebte und studierte man gemeinsam in Kollegien oder Instituten, wobei man sich je nach Herkunftsland nach „Nationen“ zusammenfand. Fast immer umfassten die frühen Universitäten vier Fakultäten, die „Artistenfakultät“ sowie die theologische, juristische und medizinische Fakultät. Auf das obligatorische Grundstudium der „Sieben freien Künste“ („artes liberales“), durch das man den Magistertitel erwerben konnte („magister artium“), folgte dann einer der drei anderen Studiengänge mit der Doktorprüfung als Abschluss. Die „Sieben freien

Künste" unterteilte man in das Studium des sogenannten „Trivium" (Grammatik, Dialektik und Rhetorik) mit dem Abschluss als Bakkalar und des „Quadrivium" (Arithmetik, Geometrie, Astronomie und Musik). Die Hauptformen des akademischen Unterrichts waren die Vorlesung aus Klassikern und Lehrbüchern mit anschließendem Kommentar und die sich darauf beziehende Disputation.

Erziehung und Schule

Im Mittelalter lag die Schulbildung der Kinder fast ausschließlich in der Hand der Kirche. In Kloster-, Dom- oder Stiftsschulen wurde vor allem der kirchliche Nachwuchs ausgebildet. Adlige und später auch reiche Patrizier engagierten für ihre Kinder meist Privatlehrer, oft Geistliche oder Mönche. Ab dem 13. Jahrhundert begannen in Deutschland die Städte, eigene Schulen zu gründen, und zwar Lateinschulen mit einem ähnlichen Bildungsprogramm wie die kirchlichen Schulen und die immer beliebter werdenden „Deutschen Schulen". Diese waren eher auf das praktische Leben eines Stadtbürgers ausgerichtet und boten - meist in deutscher Sprache - neben Lesen, Schreiben und Rechnen auch geschichtliche und geographische Stoffe an.
Die Humanisten entwarfen für die Schulen umfangreiche Bildungs- und Unterrichtsprogramme. Deren breite Umsetzung erfolgte jedoch erst während der Reformation, als sich mit dem Übergang zur neuen Lehre viele kirchliche Bildungseinrichtungen auflösten. Viele städtische Magistrate organisierten jetzt ihr Schulwesen neu: für Gelehrte, Juristen und den geistlichen Nachwuchs die Lateinschule, für das einfache Volk eine nach Geschlechtern getrennte Volksschule mit einfachem Bildungsangebot. Auch auf dem Land entstanden jetzt nach und nach einfache Schulen. Der Schulbesuch blieb jedoch zunächst nur auf eine kleine Minderheit der Kinder und Jugendlichen beschränkt. Und meist erhielten diese nur eine dürftige Ausbildung im Lesen, Schreiben und Rechnen.

Buchdruck, Bücher und Bibliotheken

Langfristig ungemein folgenreich war die Erfindung des Buchdrucks mit beweglichen Lettern aus Blei durch Johann Gutenberg (1399-1468) aus Mainz. Bisher hatte man noch jedes Buch von Hand abschreiben oder jede einzelne Seite aus einer Holztafel mühsam herausschnitzen müssen, was viel Zeit kostete und nur geringe Auflagen zuließ. Jetzt konnte ein Drucker nach Belieben aus den vorhandenen Bleibuchstaben neue Seiten zusammenstellen und Bücher in hohen Auflagen drucken.

Schon bald entdeckten humanistische Forscher und Gelehrte die Möglichkeiten des neuen Mediums. Jetzt konnten sie ihre Texte und Übersetzungen in weitaus größeren Stückzahlen verbreiten. Neue Kommunikationsformen wie Zeitungen, Flugblätter und Flugschriften entstanden und verhalfen den Ideen und Wünschen der Zeit zu einer größeren Öffentlichkeit. Statt großer und schwerer Folianten standen auf den Borden der Studierkammern jetzt kleine und handliche Bände, die man auch auf Reisen mitnehmen konnte. Und da auch immer mehr Bücher in den Volkssprachen erschienen, lösten diese allmählich das bisher vorherrschende Latein ab.
Bibliotheken besaßen im Mittelalter nur die Universitäten und einige Fürsten. Nach der Erfindung Gutenbergs und mit dem wachsenden Interesse an Literatur richteten sich jetzt immer mehr Adlige, aber auch Gelehrte und reiche Bürger eine Bibliothek ein. Die massenhafte Verbreitung von Büchern sorgte dafür, dass das Buch seinen Charakter als Gegenstand des Luxus oder des Kultus allmählich verlor und zu einem allgemein zugänglichen Gebrauchsgegenstand wurde. Jetzt erschienen erstmals unterhaltende Prosaromane, Reiseberichte, Sammlungen von Sagen, Kräuterbücher, Ratgeber und belehrende Schriften, die nicht selten mehrere Auflagen erlebten. Eine herausragende Bedeutung gewann das Buch als Unterrichtswerk, als Schulbuch.

3 Disputation von zwei Gelehrten in Begleitung ihrer Schüler. Holzschnitt ca. 1512.

4 Christentum und Antike

Erasmus von Rotterdam (1469–1536) schreibt in seinem Buch „Convivium religiosum" (Frommes Gastmahl):

Der Heiligen Schrift gebührt zwar überall die höchste Autorität. Trotzdem finde ich häufig genug in den Aussprüchen und Schriften der heidnischen Schriftsteller, zumal der Dichter, so viel Keusches, Heiliges und Göttliches, dass ich mir nichts anderes vorstellen kann, als ein guter Geist habe ihr Herz geleitet, als sie es niederschrieben. Und vielleicht ergießt sich der Geist Christi weiter, als wir in unserer Schulweisheit denken, und es gibt in der Gemeinschaft der Heiligen viele, die nicht in unserem Kalender stehen. Ich öffne mein Herz vor Freunden: Ich kann Ciceros Buch über das Greisenalter, über die Freundschaft, über die Pflichten oder die Tuskulanischen Unterredungen nicht lesen, ohne dass ich ein Buch mehrmals küsse und das heilige Herz verehre, das von einer himmlischen Gottheit angeweht war. [...]

In dieser Hinsicht habe ich bei den heidnischen Schriftstellern nie etwas gelesen, das besser auf einen wahren Christen passt, als die Worte, die Sokrates zu Kriton sagte, nachdem er den Giftbecher getrunken hatte: Ob Gott an unserem Tun Gefallen finden wird, weiß ich nicht; jedenfalls haben wir uns ernstlich bemüht, ihm zu gefallen. So habe ich denn gute Hoffnung, dass er unser Mühen gut aufnehmen wird. Sein ganzes Sinnen und Trachten war darauf gerichtet, dem Willen Gottes zu entsprechen. Er setzte aber sein Vertrauen nicht auf seine Werke, sondern gab sich der guten Hoffnung hin, Gott werde in seiner Güte es ihm zum Guten anrechnen, dass er sich um ein tugendhaftes Leben bemüht habe.

Zit. nach: August Buck (Hg.), Humanismus. Seine europäische Entwicklung in Dokumenten und Darstellungen, Freiburg/München 1987, S. 239.

5 Das Wesen der Menschlichkeit

Coluccio di Piero Salutati (1331–1406), Humanist und Kanzler von Florenz, schreibt 1401 in einem Brief:

Dem großen Herrn Carlo Malatesta, Gebieter von Rimini. Erster und vorzüglicher Grund dafür, dass ich mich nicht scheue, Dir zu schreiben, großmächtiger Herr, ist Deine Menschlichkeit (humanitas). Durch sie – denn dieses Wort hat viele Bedeutungen – übertriffst Du an literarischer und wissenschaftlicher Bildung nicht nur die Fürsten, die man auf diesem Gebiet leicht besiegen kann, sondern auch die Männer, die sich vor allem den Studien widmen. Zugleich zeigst Du durch sie gegen alle Milde und Leutseligkeit, da Du die Furchtsamen aufrichtest, so dass sie Deine Überlegenheit und Größe vergessen und in größter Ruhe mit Dir sprechen. Ich möchte darum sagen, dass das Licht Deiner Stellung und Würde keinen größeren Glanz auf Dich wirft als das Deiner Tugend und Gelehrsamkeit, die beide durch den einen Begriff der Humanitas ausgedrückt werden. Denn nicht nur jene Tugend, die man auch Güte zu nennen pflegt, wird mit diesem Namen bezeichnet, sondern auch Erfahrung und Gelehrsamkeit. Es ist also mehr in dem Wort Humanitas begriffen, als man gemeinhin meint. Die besten Autoren nämlich – Cicero und andere mehr – gebrauchen diese Bezeichnung für Gelehrsamkeit und moralisches Wissen. Und das ist nicht verwunderlich. Außer dem Menschen findet man ja kein Lebewesen, das lernen kann. Da es also dem Menschen eigentümlich ist zu lernen, und die Gelehrten mehr Menschliches besitzen als die Ungelehrten, bezeichneten die Alten folgerichtig mit Humanitas auch die Gelehrsamkeit.

Zit. nach: Karl Vorländer (Hg.), Geschichte der Philosophie mit Quellentexten, Band 2: Mittelalter und Renaissance, rowohlt enzyklopädie Band 493, Reinbek 1990, S. 464.

6 Erneuerung des Studiums

Der deutsche Humanist und Reformator Philipp Melanchthon (1497–1560) begann seine Tätigkeit als Professor an der Universität Wittenberg im Jahre 1518 mit einer programmatischen Rede über eine Reform des Studiums. Darin ruft er aus:

Mit den untersten Studienfächern, den „Vorübungen", mit Grammatik, Rhetorik und Dialektik muss man sich so lange abgeben, bis man in Sprache und Urteilsvermögen so weit gediehen ist, dass man sich ohne Vermessenheit an die Gipfel des Studiums heranwagen kann. Zur Kenntnis der lateinischen Literatur muss die der griechischen hinzukommen. Philosophen, Theologen,

7 Allegorie der Grammatik
Mit der rechten Hand zeigt sie einem Schüler eine Tafel mit dem Alphabet, mit der linken schließt sie den Turm der Wissenschaft auf. Der Turm beherbergt ganz oben den Scholastiker Petrus Lombardus als Theologen, darunter die Natur- und Morallehrer, darunter die Vertreter von Musik, Geometrie und Astronomie, auf der vorletzten Ebene die Repräsentanten von Logik, Rhetorik und Grammatik. Ganz unten sind zwei Unterrichtsszenen dargestellt. Kupferstich ca. 1504.

Historiker, Redner und Dichter wollen gelesen sein. Bei allem ist stets die Sache selbst anzugreifen und nicht bloß ihr Schatten. […] Hat man dann einmal gewissermaßen seine Wegzehrung zu sich genommen, so beschreite man als einen Richtweg „leichthin", wie Plato sagt, das Reich der Philosophie. Denn ich bin der Ansicht, dass, wer es etwas weiter bringen will, sei es auf der weltlichen, sei es auf der geistlichen Rednertribüne, nicht zum Ziele kommen wird, wenn er nicht zuvor seinen Geist in den humanistischen Fächern – so nenne ich nämlich die Philosophie – geschärft und ausreichend geübt hat. Keiner soll mir mit der Philosophie sein eitles Spiel treiben, denn sonst kann es geschehen, dass er schließlich sogar seinen gesunden Menschenverstand verliert. Man wähle vielmehr aus dem Besten das Beste aus und zwar sowohl was die Naturwissenschaften anbetrifft als auch, was die sittliche Bildung anbelangt. Hier vor allem bedarf es der Kenntnis des Griechischen. Denn die Griechen haben die ganze Wissenschaft von der Natur ausgebildet. Um vom Verhalten der Menschen geziemend und kunstreich sprechen zu können, ist es höchst wertvoll, die Ethik des Aristoteles sowie die Gesetze Platons wie auch die griechischen Dichter zu konsultieren, die größten vor allem und die, welche zur geistigen Fortbildung gelesen werden können. Homer ist der Quell aller griechischen Studien. Unerlässlich ist sodann die Historie. Ihr allein würde ich, beim Herkules, am liebsten alles Lob zuteilen, das die ganze Welt der Wissenschaften verdient. […] Kein Bereich des öffentlichen und privaten Lebens, den sie nicht berührte. Sie lehre uns Staat und Hauswesen verwalten! Und ich glaube fast, dieser unserer Welt schadete es weniger, wenn ihr die Sonne – das heißt ihre Seele – fehlte, als wenn sie der Geschichte ermangelte, der Grundlage der menschlichen Gesellschaft. Unsere Vorfahren feierten sie übereinstimmend als Mutter der Musen. […]
Die Bezeichnung Philosophie umgreift für mich also Naturwissenschaft, Wissenschaft vom Verhalten der Menschen und Kenntnis (historischer) Beispiele. Wer sich diese einverleibt hat, ist gerüstet für den Weg zu den Gipfeln. Er hat die Voraussetzungen für die kenntnisreiche und mächtige Rede, er vermag, wenn es gilt, Gemeinwesen zu lenken, die Formeln fürs Gerechte, Gute und Ausgeglichene zu finden.

Zit. nach: Jürgen von Stackelberg (Hg.), Humanistische Geisteswelt. Von Karl dem Großen bis Philip Sidney, Baden-Baden, 1956, S. 272 f.

8 Mädchenbildung und -erziehung
Der englische Humanist Thomas More (1477–1535) schreibt an William Gonell, den Lehrer seiner Kinder (ca. 1518):
Deine Zuneigung zu meinen Kindern ersehe ich aus Deiner Epistel, und Deinen Fleiß sehe ich aus den Briefen meiner Kinder, von denen mir jeder einzelne sehr gefallen hat. Aber vor allem gefiel mir, dass Elizabeth, wie ich merke, eine Bescheidenheit des Benehmens in Abwesenheit der Mutter an den Tag legt, wie es ein anderes Kind nicht in der Gegenwart der Mutter täte. Gib ihr zu verstehen, dass mir das lieber ist als alle Briefe aller Sterblichen. Denn wie ich eine Gelehrsamkeit, die mit Charakter gepaart ist, allen Schätzen der Könige vorziehe, so frage ich mich, was der Ruhm der Bildung, wenn man ihn von der Lauterkeit des Lebenswandels trennt, anderes einbringt als auffallende, vielbesprochene Unehre; besonders bei der Frau, deren Gelehrsamkeit als etwas Neues und als Vorwurf gegen die männliche Lässigkeit viele gerne angreifen und ihrer Gelehrsamkeit aufbürden, was naturbedingte Benachteiligung ist. Sie möchten ihre eigene Unwissenheit gegenüber diesen benachteiligten weiblichen Gelehrten als Vorzug erscheinen lassen. Wenn dagegen eine Frau den ausgezeichneten Geistesgaben nur mittelmäßige literarische Bildung hinzufügt, so

bin ich der Meinung, dass sie dem Guten, Wahren näher kommt, als wenn sie die Reichtümer des Krösus und die Schönheit der Helena gewinnen würde. (Und ich hoffe und wünsche, dass alle meine Töchter mit Dir als Lehrer dies erreichen). [...]

Auch bin ich der Meinung, es wirkt sich nicht auf die Ernte aus, ob Mann oder Frau gesät haben. Denn beiden gebührt der Name ‚Mensch', dessen Natur sich von dem Tier durch die Vernunft unterscheidet. Beide, sage ich, sind geeignet infolge der gleichen wissenschaftlichen Kenntnisse (wodurch die Vernunft gehegt wird) und bringen wie ein Acker, der mit guten Lehren besät ist, Frucht aus dem Samen hervor. Wenn der weibliche Boden von Natur schlecht geeignet wäre und eher Farren[1] als Feldfrucht trüge (mit welcher Behauptung viele die Frauen vom Studium abhalten), so sage ich, im Gegenteil, der weibliche Geist muss den Wissenschaften und schönen Künsten umso fleißiger obliegen, damit das Zukurzkommen der Natur durch solchen Eifer wettgemacht wird. So urteilten die Alten, die Klügsten und die Heiligsten. Hieronymus und Augustinus, um nur sie zu nennen, haben die besten Mütter, die ehrenhaftesten Mädchen aufgefordert, eifrig zu studieren.

Zit. nach: Nicolette Mout (Hg.), Die Kultur des Humanismus. Reden, Briefe, Traktate, Gespräche von Petrarca bis Kepler, München 1998, S. 173 – 175.

9 Gefährliche Bücher?

Zensuredikt des Erzbischofs von Mainz, Berthold von Henneberg (1442–1504) von 1485:

Wenn man auch zur Aneignung gelehrten Wissens dank der sozusagen göttlichen Kunst des Druckens an die Bücher der verschiedenen Wissenschaften in reichlichem Maße und leicht herankommen kann, so haben wir trotzdem vernommen, dass gewisse Menschen, verführt durch die Gier nach eitlem Ruhm und Geld, diese Kunst missbrauchen und dass das, was zur Kultivierung des Lebens geschenkt wurde, auf die Bahn des Verderbens und der Verfälschung gelenkt wird. Denn wir mussten sehen, dass Bücher, die die Ordnung der hl. Messe enthalten und die über göttliche Dinge und die Hauptfragen unserer Religion handeln, aus der lateinischen in die deutsche Sprache übersetzt wurden und nicht ohne Schande für die Religion durch die Hand des Volkes wandern. [...] Wer wird den Laien und ungelehrten Menschen und dem weiblichen Geschlecht, in deren Hände die Bücher der heiligen Wissenschaften fallen, das Verständnis verleihen, den wahren Sinn herauszufinden? [...]

Und so befehlen wir, dass man keine Werke, welcher Art sie seien, welche Wissenschaft, Kunst und Erkenntnis sie auch immer betreffen, aus der griechischen, lateinischen oder einer anderen Sprache in die deutsche Volkssprache übersetze [...], verbreite und erwerbe, öffentlich oder heimlich, unmittelbar oder mittelbar, sofern nicht die zu druckenden Werke jeweils vor dem Druck [...] durch eigens dazu bestellte Doktoren und Magister unserer Universität in unserer Stadt Mainz [...] durchgesehen und mit einem Sichtvermerk zum Druck oder zum Vertrieb freigegeben worden sind.

Zitiert nach: Stephan Füssel, Johannes Gutenberg, Reinbek 1999, S. 139.

1 Junger Stier

Arbeitsvorschläge

a) Kennzeichnen Sie die Funktion der alten Sprachen bei der Erneuerung der Wissenschaft (M 6).
b) Bestimmen Sie das Verhältnis zwischen Christentum und Antike bei Erasmus von Rotterdam (M 4).
c) Charakterisieren Sie das humanistische Menschenbild (M 5, 6, 8).
d) Erörtern Sie Inhalt und Konsequenzen des humanistischen Bildungsprogramms (M 1, 3, 6, 7, 8).
e) Zeigen Sie die Bedeutung der Erfindung des Buchdrucks auf und beurteilen Sie Aussichten und Folgen der Zensur (M 9).

1.1.2 Kunst und Architektur

Die Renaissance war eine Blütezeit der Kunst. Aus der Vielzahl genialer Maler, Bildhauer und Architekten ragten besonders Leonardo da Vinci (1452–1519) und Michelangelo (1475–1564) heraus. Ihre Werke haben bis heute nichts von ihrer Faszination eingebüßt. Sie waren Ausdruck eines neuen künstlerischen Stils, der sich – von Italien ausgehend – in ganz Europa durchgesetzt hatte. Fürsten und reiche Patrizier förderten die neuen Künste: Diese trugen zu ihrem Ruhm als Mäzene bei und demonstrierten Wohlstand und gesellschaftlichen Rang.

Leonardo da Vinci und die Entwicklung der Malerei

Während im Mittelalter die Malerei in erster Linie sakralen Zwecken und der Darstellung des Glaubens diente, wurde sie für Leonardo ein zentrales Mittel der Naturerkenntnis. In seinen Skizzen, Zeichnungen und Gemälden versuchte er, den Geheimnissen der Natur nachzuspüren, die Naturgesetze zu ergründen und beim Malen gleichsam den Schöpfungsprozess nachzuvollziehen. Leonardo bemühte sich um eine möglichst „natürliche" Wiedergabe von Pflanzen, Tieren und Menschen, von Bäumen und Landschaften, von Licht und Schatten.

Zwar blieben die Themen der neuen Malweise oft noch religiös, doch die dargestellten Personen wandelten sich nun zu wirklichen Menschen in ihrer natürlichen Umgebung. Gesichter und Körper erhielten ein plastisches Aussehen. Räumliche Tiefe gewannen die Gemälde jetzt durch die perspektivische Konstruktion, deren Grundlagen von dem Florentiner Architekten Filippo Brunelleschi (1377–1446) um 1420 entwickelt worden waren. Jetzt konnte der Künstler die Natur wissenschaftlich durchdringen, in seinen Augen liefen die Fluchtlinien zusammen, die den Bildaufbau bestimmten und dem Werk seine Räumlichkeit verliehen. Und mit der Ausbreitung des Humanismus in Europa traten verstärkt Themen aus der antiken Geschichte und Mythologie sowie klassische Stilelemente neben die religiösen Motive.

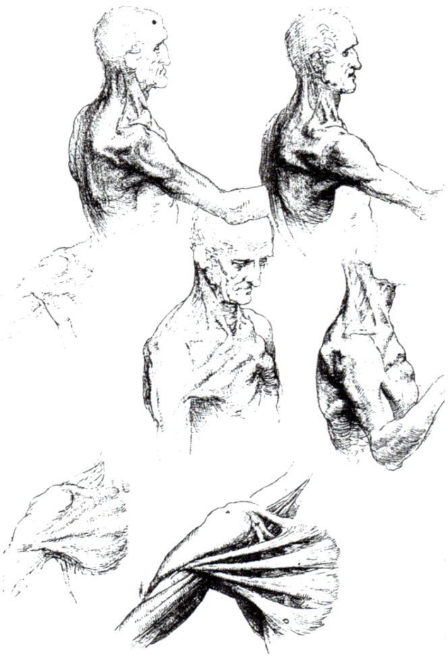

1 **Ausdrucksstudie von Leonardo da Vinci**, ca. 1490.

2 **Mariae Verkündigung**, Holzschnitt von Albrecht Dürer ca. 1503.

Donatello, Michelangelo und die Bildhauerei

Auch in der Bildhauerei machten sich die Einflüsse der klassischen Antike bemerkbar: Viele römische Skulpturen waren erhalten geblieben und dienten als Vorbild; Funde wie die 1506 in Rom ausgegrabene Laokoongruppe demonstrierten eindrucksvoll das Schönheitsideal der Antike. Der bedeutendste Bildhauer des 15. Jahrhunderts war der Florentiner Donatello (1386 – 1466), und im 16. Jahrhundert überragte der aus der Nähe von Florenz stammende Michelangelo. Donatello arbeitete 25 Jahre am Dom von Florenz und schuf dort eine Vielzahl von Statuen. Seine Werke zeichneten sich durch individuelle und plastische Züge aus. Seine Bronzeskulptur des jungen David zeigte erstmals seit der Antike einen nackten Körper.

3 **David**, Bronzeskulptur von Donatello ca. 1430/35, 158 cm hoch.

Michelangelo stand in Donatellos Tradition. Schon in jungen Jahren erwarb er sich einen hervorragenden Ruf als Bildhauer. Sein vollendetes Können demonstrierte er Anfang des 16. Jahrhunderts in Florenz, wo er aus einem riesigen Marmorblock die vier Meter hohe Statue des David herausmeißelte. Die nackte Figur zeigte genaueste Kenntnisse der menschlichen Anatomie und verwirklichte das ästhetische Ideal der Antike. Haltung und Gesichtsausdruck zeigten eine moderne, vorwärtsstrebende Energie. So verkörperte Michelangelos „David" auf vollkommene Weise das humanistische Ideal des Einklangs von ästhetischer Schönheit und geistiger Dynamik. Michelangelo war auch ein bedeutender Maler (z. B. Deckengemälde der Sixtinischen Kapelle im Vatikan). In späteren Jahren beschäftigte er sich mit der Architektur; u. a. war er 17 Jahre lang der leitende Architekt beim Bau des Petersdoms.

Neue Architektur

Am stärksten beeinflusst von den Modellen der Antike wurde die Architektur dieser Zeit. An vielen Stellen in Italien fanden sich noch die Überreste und Ruinen aus der römischen Vergangenheit, von denen sich als erster Filippo Brunelleschi inspirieren ließ. Während im übrigen Europa bis Ende des 15. Jahrhunderts noch gotische Bauwerke mit steil aufragenden Strebepfeilern, Rippengewölben und durchbrochenen großen Glasfenstern vorherrschten, bevorzugte Brunelleschi eine klassische Harmonie der Proportionen, symmetrische Gestaltung, klare geometrische Formen und eine Ruhe ausstrahlende Regelmäßigkeit.

Die Renaissancearchitekten griffen die Anregungen der alten Baumeister auf und ergänzten sie mit eigenen Ideen. Kennzeichnend waren z. B. die von Brunelleschi erstmals am Dom von Florenz verwirklichte wuchtige Zentralkuppel und die mit korinthischen Säulen und weiten Bögen geschmückten Arkaden, wie sie u. a. das Florentiner Findelhaus zierten. Im 16. Jahrhundert breitete sich der neue Baustil nach und nach auch ins übrige Europa aus, am stärksten nach Frankreich, weniger intensiv nach Spanien, England, Deutschland und den Niederlanden. Viele Renaissancekünstler stammten zwar ursprünglich aus der städtischen Handwerkerschicht, doch sie verstanden sich jetzt – anders als die mittelalterlichen Meister, die sich in der Regel als qualifizierte Handwerker sahen – mehr als schöpferische Künstler. Daher erwarteten sie Respekt für ihre Leistungen, auch wenn sie an Fürstenhöfen angestellt waren oder Auftragsarbeiten produzierten und dabei in der Regel die Wünsche ihrer Auftraggeber berücksichtigen mussten.

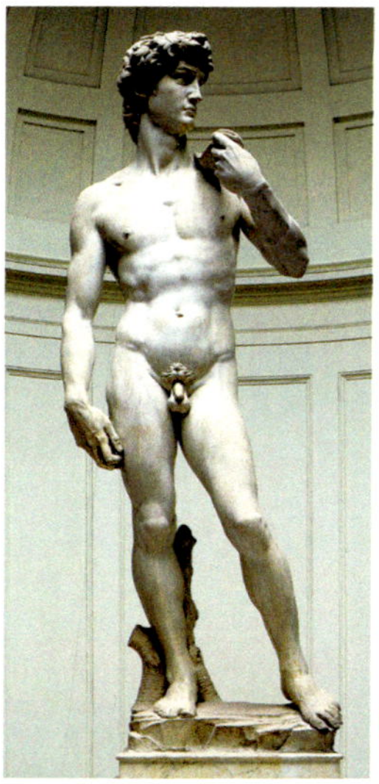

4 **David**, Marmorskulptur von Michelangelo 1501 – 1504, 400 cm hoch.

Im 15. Jahrhundert waren es vor allem geistliche und weltliche Fürsten und auch kleinere Adlige, die – oft über Agenten – als Auftraggeber oder Käufer auf dem Kunstmarkt auftraten und als Mäzene die Künstler unterstützten. Dabei dienten die Kunstobjekte meist der Repräsentation des sozialen Status und der Demonstration des persönlichen Wohlstands. Der stärkste Nachfrageschub in der Malerei ging von diesem Bedürfnis aus.

5 Findelhaus in Florenz, 1421 von Filippo Brunelleschi.

Künstler, Kunstmarkt und Mäzene

Die italienischen Stadtrepubliken nutzten Gebäude, Skulpturen und Gemälde zur eigenen Selbstdarstellung. In Florenz z. B. gab die Stadtregierung Michelangelo den Auftrag für den „David". Das monumentale Standbild, das seinen Platz vor dem Rathaus erhielt, sollte – neben Michelangelos ästhetischen Vorstellungen – auch die Freiheit und den Selbstbehauptungswillen der Kommune symbolisieren.

Mit der Zunahme der Geldwirtschaft veränderte sich allmählich auch das Konsumverhalten der bürgerlichen Schichten in den Städten nördlich und südlich der Alpen. Im 16. Jahrhundert kauften immer mehr betuchte Bürger Kunstgegenstände für ihre privaten Räume. Kulturgüter wurden jetzt zu repräsentativen Konsumgütern. Einzelne unternehmerische Künstler begannen für den Markt zu produzieren. Bekannt ist das Atelier Lucas Cranachs des Älteren (1472 – 1553), in dem eine Vielzahl von „Angestellten" Holzschnitte und Stiche zum Verkauf herstellte. Auch der Nürnberger Albrecht Dürer (1471 – 1528) betrieb einen schwunghaften Handel mit seinen Drucken. Reisende Agenten vertrieben seine Graphiken auf vielen Handelsmessen in ganz Europa. So gelangte Dürer zu einigem Wohlstand und konnte eines der schönsten Häuser in Nürnberg erwerben. Aber auch Hofkünstler wie da Vinci und die großen Meister wie Michelangelo konnten beträchtliche Einkünfte erlangen.

6 **Byzantinische Christusikone,** ca 1100.

7 **Kopf des toten Christus,** Kohlezeichnung von Albrecht Dürer 1503.

8 **Das Selbstverständnis des Malers**

Da Vinci äußert sich in seinen Schriften zur Malerei über Malerei, Natur und Erfahrung:

Wenn du die Malerei verachtest, die als einzige alle sichtbaren Werke der Natur nachahmt, dann verachtest du zweifellos auch eine feine Erfindung, die mit philosophischer und scharfsinniger Spekulation alle Eigenschaften der Formen betrachtet: Luft und Lage, Pflanzen, Tiere, Kräuter und Blumen, die von Schatten und Licht umgürtet sind; und sie ist wahrhaftig eine Wissenschaft und die rechtmäßige Tochter der Natur; aber, um genauer zu sein, nennen wir sie lieber die Enkelin der Natur, denn diese hat alle sichtbaren Dinge geboren, aus denen dann die Malerei geboren wurde. Wir nennen sie daher mit Recht die Enkelin der Natur und eine Verwandte Gottes. […]

Vom Vergnügen des Malers. Das göttliche Wesen der Wissenschaft des Malers bewirkt, dass sich sein Geist in ein Abbild göttlichen Geistes verwandelt; frei schaltend und waltend, schreitet er zur Erschaffung mannigfacher Arten verschiedener Tiere, Pflanzen, Früchte; von Dörfern, Land, herabstürzenden Bergen, angst- und schreckenerregenden Orten, die dem Betrachter Grauen einjagen, und auch von angenehmen, lieblichen und reizenden Wiesen mit bunten Blumen, die von sanften Lüften leicht gewellt dem von ihnen scheidenden Wind nachblicken; Flüsse, die im überfließenden Bett von den hohen Bergen herabstürzen, ein Gewirr aus entwurzelten Bäumen, Steinen, Wurzeln, Erdreich und Schaum vor sich herschieben und alles mitreißen, was ihrem Ungestüm im Wege ist. […]

Das Geistige, das nicht über die Sinne gegangen ist, ist vergeblich, und keine Wahrheit geht daraus hervor außer einer schädlichen. […] Und du, der du sagst, es wäre besser, beim anatomischen Sezieren zuzusehen, als diese Zeichnungen anzusehen, du hättest Recht, wenn es möglich wäre, all das zu sehen, was meine Zeichnungen in einer einzigen Abbildung zeigen; in der Anatomie siehst du bei all deiner Gescheitheit nur einige wenige Adern und nur diese lernst du kennen; während ich, um von ihnen eine vollständige und wirklichkeitsgetreue Kenntnis zu bekommen, mehr als zehn menschliche Leichen zerlegt habe, wobei ich alle anderen Teile zerstörte und Stückchen für Stückchen das ganze Fleisch entfernte, das um diese Adern herum war, ohne sie mit Blut zu beflecken, außer durch das kaum merkliche Bluten der Kapillaren. Und eine Leiche reicht nicht so lange Zeit, so dass ich an mehreren Leichen nacheinander arbeiten musste, um mir eine vollständige Kenntnis von allem anzueignen; und um die Unterschiede zu erkennen, machte ich das Ganze zweimal.

Zit. nach: Leonardo da Vinci, Sämtliche Gemälde und die Schriften zur Malerei, hg. von André Chastel, München 1990, S. 161 f., 165 f., 284 f.

9 Aufgabe und Bildung des Malers

Auszüge aus dem Buch des italienischen Architekten und Kunsttheoretikers Leon Battista Alberti (1404–1472) „Über die Malkunst" aus dem Jahre 1435:

Die Aufgabe des Malers besteht darin, jeden beliebigen gegebenen Körper so auf einer Fläche mit Linien und Farben zu zeichnen und zu malen, dass – aus einem bestimmten Abstand und bei einer bestimmten, im Voraus zugewiesenen Stellung des Zentralstrahls – alles, was man gemalt sieht, plastisch und dem gegebenen Körper vollkommen ähnlich erscheint. Als Ziel des Malers hat zu gelten, dass er sich mit seinem Werk zumal Ruhm, Erfolg und Wohlwollen erwirbt, gewiss in höherem Maße als Reichtum. Eben dies wird der Maler erreichen, wenn sein Gemälde die Augen und Herzen der Betrachter zu fesseln und zu rühren vermag! […] Damit der Maler sich freilich all das Genannte schön aneignen kann, sollte er – dies mein Wunsch – in erster Linie ein guter Mann sein und wohl unterrichtet in den schönen Künsten. Jedermann weiß ja, wie viel der Anstand vermag, wenn es darum geht, das Wohlwollen der Mitbürger zu gewinnen – gewiss mehr als die ganze Bewunderung, die dem Fleiß oder der Kunst gezollt wird. Niemand dürfte ferner daran zweifeln, dass das Wohlwollen vieler dem Künstler von größtem Nutzen ist im Hinblick auf den Erwerb von Ruhm und Geld. Ist es doch so, dass reiche Leute sich bisweilen mehr durch Wohlwollen als durch Kunstverständnis leiten lassen und deswegen vorzüglich demjenigen zu Gewinn verhelfen, der sich als bescheiden und anständig erweist, während sie von einem andern nichts wissen wollen, der eindeutig kunstfertiger, aber vielleicht unbeherrscht ist. Angesichts dessen ist es für den Künstler wichtig, ganz besonders sein Verhalten zu pflegen und zumal auf ein freundliches Wesen und auf Umgänglichkeit zu achten: Dadurch wird er sich einerseits Wohlwollen erwerben, den stärksten Schutz gegen Armut, und anderseits Gewinn, die beste Hilfe zur Vervollkommnung der Kunst.

Wohlunterrichtet wünsche ich mir den Maler, wenn möglich, in allen Freien Künsten; besonderen Wert jedoch lege ich auf seine Kenntnis der Geometrie.

Zit. nach: Alberti, Leon Battista, Das Standbild. Die Malkunst. Grundlagen der Malerei, hg. von Oskar Bätschmann und Christoph Schäublin, Darmstadt 2000, S. 293, 295.

10 Ketzerprozess gegen einen Maler

Am 15. Juli 1573 wurde der Maler Paolo Veronese (1528–1588) wegen eines großformatigen Abendmahlsbildes vor das Inquisitionstribunal in Venedig geladen. Ein Auszug aus dem Verhörprotokoll:

F.: Was bedeuten diese bewaffneten und nach deutscher Art gekleideten Leute, welche Hellebarden in der Hand halten? […]

A.: Wir Maler nehmen uns solche Freiheiten heraus, wie es die Dichter und die Narren tun, und so habe ich diese Hellebardiere dargestellt, den einen trinkend und den andern essend am Fuße der Treppe, übrigens ganz bereit, ihre Dienste zu tun; denn es schien mir passend und auch möglich, dass der Herr des Hauses, der nach dem, was man mir sagte, reich und prachtliebend war, solche Diener haben müsste.

F.: Und der als Narr gekleidete, mit einem Papagei auf der Faust, zu welchem Zweck habt Ihr ihn auf diesem Gemälde dargestellt?

A.: Er ist da als Zierde, so wie man es gewöhnlich zu tun pflegt.

F.: Wer sind diejenigen, die sich am Tisch unseres Herrn befinden?

A.: Die zwölf Apostel. […]

F.: Welches sind die Personen, von denen Ihr in Wahrheit annehmt, dass sie bei diesem Mahle zugegen gewesen sind?

A.: Ich glaube, dass nur Christus und seine Apostel dabei waren; wenn mir aber auf einem Gemälde ein wenig Raum übrig bleibt, so schmücke ich ihn mit Figuren meiner Erfindung.

F.: Hat euch jemand befohlen, Deutsche, Narren und andere ähnliche Figuren auf diesem Gemälde anzubringen?

A.: Nein; aber es wurde der Auftrag erteilt, es zu schmücken, wie ich es für passend halten würde; es ist ja groß und kann viele Figuren fassen.

F.: Müssen die Verzierungen, die ihr Maler auf den Gemälden anzubringen pflegt, nicht mit dem Gegenstande harmonieren und in direkter Beziehung zu ihm stehen oder sind sie ohne Auswahl und ohne Verstand Eurer Phantasie überlassen?

A.: Ich mache die Malereien mit der Überlegung, welche sich geziemt und wie sie mein Verstand fassen kann.

F.: Scheint es Euch passend, auf dem letzten Abendmahle unseres Herrn Narren, betrunkene Deutsche, Zwerge und andere Albernheiten dazustellen?

A.: Allerdings nicht.

F.: Warum habt Ihr es dann getan?

A.: Ich habe es in der Voraussetzung getan, dass jene Leute sich außerhalb des Ortes befinden, in welchem das Gastmahl vor sich ging.

F.: Wisst Ihr nicht, dass sie in Deutschland und in anderen von der Ketzerei verheerten Orten die Gewohnheit haben, mit ihren Bildern von Albernheiten die Angelegenheiten der heiligen katholischen Kirche zu erniedrigen und ins Lächerliche zu ziehen, um so die falsche Lehre den unwissenden oder unverständigen Leuten beizubringen?

A.: Ich gebe zu, dass das schlecht ist; aber ich komme auf das zurück, was ich gesagt habe; dass es nämlich für mich eine Pflicht ist, den Beispielen zu folgen, welche mir meine Lehrmeister gegeben haben.

F.: Was haben denn Eure Meister getan? Vielleicht ähnliche Dinge?

A.: Michelangelo hat zu Rom in der Kapelle des Papstes unseren Herrn, seine Mutter, die heiligen Johannes und Petrus und den himmlischen Hofstaat dargestellt, und er hat alle Personen, wie z. B. die Jungfrau Maria, nackt dargestellt und in verschiedenen Stellungen, welche die heiligste Religion ihm nicht eingegeben hat.

Veronese wurde verurteilt, das Bild auf eigene Kosten zu verbessern. Er änderte jedoch nichts, sondern gab dem Bild einen unverfänglichen neuen Titel: Das Gastmahl im Hause des Levi.

Zit. nach: Boris von Brauchitsch, Renaissance, Köln 1999, S. 159–161.

11 **Kirche Sant'Andrea in Mantua,** Leon Battista Alberti, begonnen 1470, fertig gestellt von Luca Fancelli.

Arbeitsvorschläge:

a) Kennzeichnen Sie das Selbstverständnis vieler Künstler in der Renaissance (M 8, 9, 10).

b) Zeigen Sie, welchem Bildungsideal der Künstler verpflichtet sein sollte, und ordnen Sie dieses Bildungsideal in seinen zeitgenössischen Kontext ein (M 9).

c) Erörtern Sie das Vorgehen und die Argumentation der Inquisition und das Verhalten Veroneses (M 10).

d) Bestimmen Sie das Verhältnis zwischen Auftraggeber und Künstler und zeigen Sie mögliche Differenzen auf.

1.1.3 Florenz – Stadtrepublik und Wirtschaftszentrum

Florenz und das Textilgewerbe

Seit dem Ende des Mittelalters herrschte in Florenz, dem politischen und kulturellen Zentrum der Toskana, ein selbstbewusstes Bürgertum. Bereits Ende des 13. Jahrhunderts hatte eine aus Kaufleuten, Bankiers und gewerblichen Unternehmern bestehende Elite den alten Stadtadel gestürzt und ihr politisches Geschick selbst in die Hand genommen. Mit neuen republikanischen Regierungsinstitutionen schuf diese Führungsgruppe den Prototyp eines modernen Staatswesens. Ein hoch entwickeltes Textilgewerbe sowie leistungsfähige Handels- und Bankgesellschaften lieferten dafür die ökonomische Basis.

Die Grundlage für den raschen Aufstieg und die deutliche Bevölkerungszunahme von Florenz, das – anders als Venedig oder Genua – keinen Mittelmeerhafen besaß und daher nicht vom Seehandel profitieren konnte, bildete die Wollindustrie. Während der Blütezeit der Stadt gab es dort rund 200 Wollmanufakturen. Verlagskaufleute sorgten für den Einkauf der Rohwolle aus England, Flandern oder Spanien, stellten die Werkstatt und die Arbeitsgeräte zur Verfügung, beschäftigten Wollarbeiter und organisierten die Weiterverarbeitung in Spezialbetrieben in der Stadt oder dem Umland. Anschließend exportierten sie die fertigen Wolltuche nach ganz Europa und ins Mittelmeergebiet. Schon früh schlossen sich die

1 Die Belagerung von Florenz durch kaiserliche Heere 1529/30,
Ausschnitt aus einem Fresko von Giorgio Vasari im Palazzo Vecchio 1560.

2 Spinnende und stickende Frauen, Fresko von Marco Stradano, Decke des Penelope-Saales im Palazzo Vecchio, Florenz.

Wollhändler in einer mächtigen Zunft zusammen. Sie überwachte die Qualität der Produkte, sorgte für die Beschaffung von notwendigen Rohmaterialien wie Alaun, Öl und Farbstoffe, unterhielt eigene Waschanlagen und Trockenhallen, regelte die Geschäftsbeziehungen ihrer Mitglieder untereinander und ahndete Verstöße gegen die Zunftordnung. Außerdem kontrollierte sie die Wollarbeiter, denen jede eigenständige Organisation oder gar ein Streik bei harter Strafe verboten waren. Gelegentlich versuchten die Arbeiter, die straffe Zunftherrschaft abzuschütteln. Im Jahre 1378 gelang es ihnen sogar, für kurze Zeit das Stadtregiment zu übernehmen. Doch letztlich blieb die Herrschaft der „Arte della Lana", wie sich die Zunft der Wollhersteller nannte, unangetastet.

Große Handels- und Bankgesellschaften

Die führenden Firmen unterhielten oft Niederlassungen in anderen italienischen und europäischen Städten und beschränkten sich selten nur auf das Wollgewerbe. Eine weitere Einnahmequelle bildete der Handel mit Nahrungsmitteln wie Getreide, Öl und Vieh. Dazu kamen Geldgeschäfte. Schon um 1300 hatten Florentiner Kaufleute die Grundlagen des modernen Bankwesens sowie des bargeldlosen Zahlungsverkehrs mit Kredit- und Wechselgeschäften entwickelt. Vor Risiken schützten sie sich durch Fracht- und Transportversicherungen; und die von ihnen erfundene doppelte Buchführung machte die Geschäftsvorgänge transparent und stellte sie auf eine rationale Grundlage.

Herrschaft der großen Familien

Diese aufstrebende Kaufmannselite übernahm gegen Ende des 13. Jahrhunderts gemeinsam mit einigen wichtigen Zünften auch die politische Kontrolle über die Stadt. Die niedrigen Zünfte, der bis dahin dominierende Stadtadel und erst recht das niedere Volk der Wollarbeiter, Tagelöhner, Knechte, Fuhrleute usw. blieben von politischer Mitwirkung ausgeschlossen. Ziel der neuen Stadtregierung war es, die Freiheit der Stadt sowie die Unabhängigkeit und das Wohlergehen der sie beherrschenden Eliten zu sichern. Mitte des 14. Jahrhunderts (1343) fand die politische Verfassung von Florenz ihre für längere Zeit gültige Form. Sie fixierte die Zunftherrschaft auf breiterer Basis, da jetzt auch die unteren Zünfte beteiligt waren. Die Unterschichten und die alten Adelsfamilien blieben allerdings weiter von der Regierungsgewalt ausgeschlossen.

Verfassung von Florenz

So herrschte in Florenz faktisch eine Oligarchie der wichtigsten patrizischen Familien. An der Spitze der Stadtrepublik stand die mit Exekutivgewalt ausgestattete „Signoria". Das Wahlverfahren für die wichtigsten Ämter stellte sicher, dass – trotz der relativ vielen Wahlberechtigten aus den Reihen der Zünfte – nur die wenigen mächtigen Familien der Wollhändler, Bankiers und Großkaufleute die politische Herrschaft ausübten. Diese schlossen sich zu verschiedenen Gruppierungen und Parteiungen zusammen, die sich zeitweise heftig befehdeten. Während dieser Zeit blieb die Florentiner Gesellschaft sozial und ökonomisch mobil; d. h. Mitglieder der Stadtoligarchie konnten durchaus ins soziale Abseits geraten. Anderen Familien dagegen gelang es, durch Energie und unternehmerisches Geschick zur Spitze vorzustoßen und die alten Cliquen zu verdrängen. Das beste Beispiel dafür war die Familie Medici.

Anfang des 14. Jahrhunderts hatte der Geldverleiher Giovanni Bicci di Medici (1360 - 1429) vor allem durch Geldgeschäfte mit dem Vatikan ein großes Vermögen angehäuft. Sein Sohn Cosimo (1389 - 1464) baute nicht nur die väterliche Bank aus, sondern übernahm ab 1434 auch die politische Führung in seiner Heimatstadt.

Dieser Aufstieg gelang ihm, weil er sich auf seine Popularität bei den einfachen Leuten stützen konnte. Er versprach nämlich mehr Steuergerechtigkeit zugunsten der Armen und zulasten der Reichen. Außerdem litten die Menschen in Florenz unter den Entbehrungen eines langjährigen und kostspieligen Krieges mit Mailand und waren die ständigen Parteikonflikte leid.

Cosimo war ein geschickter Herrscher. Er beseitigte die Institutionen der Republik nicht, sondern kontrollierte und beeinflusste die Besetzung der öffentlichen Ämter durch die Gewährung von „Gefälligkeiten" an seine Gefolgsleute. Seine Gegner schwächte er durch hohe Steuern oder trieb sie ins Exil. Cosimos Enkel Lorenzo, genannt „der Prächtige" (1449 - 1492), führte die Medici-Herrschaft ab 1469 auf ihren Gipfel. Nach einer Verfassungsänderung bestimmte ein von ihm kontrollierter „Rat der Siebzig" die Politik. Lorenzo übte das Regiment in der Stadt ähnlich geschickt wie sein Großvater aus; und seine Förderung der Künste und seine Kontakte mit Humanisten machten ihn weit über die Stadtgrenzen bekannt und berühmt. Außerdem erwies er sich als gewiefter Diplomat in den zahlreichen Konflikten auf der italienischen Halbinsel.

3 Cosimo di Medici im Kreise Florentiner Künstler, u. a. Donatello und Brunelleschi. Fresko von Giorgio Vasari, Palazzo Vecchio, Florenz.

Savonarola und das Ende der Medici

Gegen Ende seines Lebens geriet Lorenzos Bankhaus in geschäftliche Schwierigkeiten. Und auch sonst stand es um die Florentiner Wirtschaft nicht zum Besten. So lebte nach dem Tode Lorenzos der alte republikanische Geist in Florenz wieder auf. Den Anstoß dazu gab der Dominikanermönch Girolamo Savonarola (1452 - 1498), der 1491 als Prior des Klosters San Marco nach Florenz gekommen war. Er forderte in feurigen Reden politische und soziale Reformen und fand vor allem bei den niederen Volksschichten Gehör. Das Ende der Medici-Herrschaft nahte, als 1494 französische Truppen auf ihrem Weg nach Neapel die Toskana besetzten und Lorenzos Sohn Piero (1472 - 1503) ihnen Teile des Florentiner Territoriums abtrat. Die empörte Bevölkerung erhob sich, plünderte den Medici-Palast und jagte Piero davon. Auch bei der Stadtaristokratie genoss er keinen Rückhalt mehr, da er sich immer mehr als Fürst gebärdet hatte.

Unter der Führung Savonarolas entstand nun die Republik neu. Der fromme und sittenstrenge Mönch errichtete eine Herrschaft, die sich an radikal-christlichen Idealen und alten republikanischen Traditionen der Kommune orientierte. Daraus entwickelte sich allerdings schnell eine theokratische Diktatur: Savonarola und seine Anhänger verboten alle weltlichen Vergnügen: Buße, Gebete und Gottesdienst statt Festen, Spielen und Luxus. Höhepunkt war ein „Fegefeuer der Eitelkeiten", bei dem „sündhafte" Gegenstände aller Art öffentlich verbrannt wurden. Sogar vor einer Kritik an der verweltlichten Kirche und an dem prunkvollen Papst Alexander VI. (1431–1503) schreckte der fanatische Mönch nicht zurück.

Schon bald formierten sich die Gegner: Papst und Geistlichkeit, denen Savonarolas Auftreten zu weit ging, Anhänger der Medici und die führenden Familien der Stadt, die sich eine andere Art von Republik vorstellten und deren Geschäfte unter dem Konflikt mit Rom litten. Nach einer Pestepidemie und einer Hungersnot gewann die Opposition die Oberhand. Savonarola und seinen wichtigsten Anhängern wurde der Ketzerprozess gemacht. Im Mai 1498 endeten sie auf dem Scheiterhaufen. Die Republik wurde mit einer neuen Verfassung wiederhergestellt, existierte allerdings nur noch kurze Zeit. Da die neue Stadtregierung mit den Franzosen sympathisierte, konnte eine antifranzösische Koalition unter Führung des Papstes der Republik ein Ende machen und die Medici wieder einsetzen (1512). In der zweiten Hälfte des 16. Jahrhunderts gelang diesen der Aufstieg in den Adel: Sie wandelten die Stadtrepublik in ein erbliches, absolutistisch regiertes Großherzogtum Toskana um.

Machiavelli und „Der Fürst"

In den Krisenjahren der Republik Florenz nach dem Sturz Savonarolas 1498 bis zur Rückkehr der Medici 1512 war der Florentiner Beamte Niccolò Machiavelli (1469–1527) im diplomatischen Dienst der Stadt tätig. Seine dort gesammelten politischen Erfahrungen fasste er in einer kleinen Schrift mit dem Titel „Der Fürst" zusammen, einem Buch, das bis heute berühmt und berüchtigt ist. In ihm formulierte der Autor die Überzeugung, dass die Macht eines Staates über alles gehe und dass ein Staatsführer zur Sicherung dieser Macht keine moralischen Bedenken haben dürfe.

Machiavelli vertrat eine pessimistische Geschichtstheorie. Nicht Fortschritt und Höherentwicklung bestimmten den Lauf der Zeit, sondern Verfall und Niedergang. Der äußere Glanz von Kunst und Kultur überdecke dabei nur die innere Schwäche des politischen Systems. In solchen Krisenzeiten sei es die Aufgabe eines Herrschers, den Abstieg des Staates mit allen Mitteln zu bremsen – ohne Rücksicht auf moralische Skrupel. Der Machthaber dürfe allerdings keine dauernde Alleinherrschaft für sich und seine Nachkommen anstreben, sondern müsse für die Wiederherstellung der Republik sorgen. Denn nur diese Regierungsform sei langfristig geeignet, die Stabilität eines Staates mit der politischen Freiheit seiner Bürger zu verbinden.

Ein weiteres Argument für Machiavellis Konzept staatlicher Machtpolitik war seine Überzeugung von der prinzipiellen Schwäche des menschlichen Charakters, der nur durch offizielle Gewalt gebändigt und zu sittlichem Verhalten gebracht werden könne. Dabei bezog sich Machiavelli nicht auf die christliche Vorstellung von der Erbsünde, sondern auf das allen Menschen eigene Gewinn- und Genussstreben sowie die Machtbegierden und den Ehrgeiz, wie er sie in der Welt des Florentiner Handelskapitalismus und der Parteikämpfe kennen gelernt hatte. Mit diesen Gedanken entwarf Machiavelli erstmals eine ganz am Diesseits orientierte Legitimation des Staates. Mit kühler Rationalität konstruierte er ein politisches System, das das Wohl der Allgemeinheit und der Einzelnen sicherstellen sollte. Darin allein fand der Staat seine Rechtfertigung und nicht mehr – wie bisher – in einem höheren sittlichen Zweck oder göttlichen Auftrag. Staatliche Zwangsmittel dienten nur der „Staatsräson", dem Erhalt des Staates und dem Wohl seiner Bürger.

4 Wollarbeiter in Florenz. Gemälde von Mirabelli Cavalori im Arbeitszimmer von Francesco I. im Palazzo Vecchio, ca. Mitte des 16. Jahrhunderts.

5 Die Staatsordnung von Florenz

Der berühmte Humanist Leonardo Bruni (1370–1444) war von 1427 bis zu seinem Tode Staatskanzler von Florenz. Er erläutert (vermutlich griechischen Geistlichen, die 1438 in Florenz weilten) die Eigenarten der Verfassung der Stadt:

Da du wünschest die Verfassung unseres Staates zu kennen, welcher Gattung und wie sie zusammengesetzt sei, will ich versuchen so deutlich als möglich, sie zu beschreiben.

Die Verfassung von Florenz ist weder ganz aristokratisch noch demokratisch, sondern eine aus beiden gemischte. Dies ist offenbar; denn einige ausgezeichnete Geschlechter können wegen des Hervorragens sowohl durch Anzahl als durch Macht die Regierungsstellen in unserem Staate nicht bekleiden, welches der Aristokratie entgegen ist. Wiederum aber nimmt der Staat die Krämer und die Hefe des Volkes nicht als Vollbürger auf, welches der Demokratie entgegen ist. So, Extreme vermeidend, neigt sich unser Staat zu dem Mittelstande, vorzüglich aber zu den Adeligen und Reichen, doch nicht übermäßig Mächtigen. Eine Volksversammlung findet sehr selten statt in diesem Staate, weil für alles schon im Voraus gesorgt ist und die Magistrate und Ratsversammlungen in Betreff der gewöhnlich vorkommenden Geschäfte Vollmacht haben, so dass sie niemals der Volksversammlung bedürfen, wenn nicht eine zufällige große Veränderung das ganze Staatsgebäude in Verwirrung bringt; dann wird das ganze Volk zusammengerufen und ist die oberste Behörde; – aber, wie gesagt, es geschieht selten.

Die allerhöchste Regierung im Staate haben die neun Magistrats-Herren, die wir Prioren oder Signoria heißen. Zwei nur von diesen sind Bürgerliche, aus den Zünften, alle übrigen aber aus dem Adel und den Reichen. [...]

Zwei große Ratsversammlungen sind in unserem Staate, die eine aus dem Volke von dreihundert, die andere aus den Adeligen von zweihundert Mitgliedern. Über die Geschäfte, die im Rate vorkommen, wird zuerst genau durch die neun und ihre Beisitzer debattiert und das von ihnen Beschlossene dem Rate aus dem Volk überbracht; geht es auch hier durch, wird es dem zweiten Rat, dem des Adels, übergeben. Geht es auch hier nochmals durch, so ist es beschlossen, und wir pflegen zu sagen, dass das auf solche Weise Angenommene Gesetzeskraft habe. So wird über Krieg und Frieden, über Schließung und Trennung von Allianzen, über Untersuchung der rechtsmäßigen Verwaltung öffentlicher Behörden, über Abgaben-Freiheit und öffentliche Leistungen, kurz über alle Geschäfte verhandelt.

Immer nach Verlauf von fünf Jahren finden neue Magistratswahlen, auf folgende Weise, statt. Die neun samt ihren Beisitzern und einige andere mit ihnen im Rathause versammelt mustern die ganze Bürgerschaft. Sie stimmen dann über jeden besonders ab, und wer zwei Dritteile der Stimmen erlangt, ist gewählt, nicht aber um das Amt alsbald anzutreten, sondern als würdig Befundener es anzutreten, wenn ihn das Los trifft. Ist auf solche Weise über alle abgestimmt und sind sie für würdig erkannt, so werden die Namen einzeln aufgeschrieben und nach den Stadtteilen in Beuteln verwahrt. Die Stadt aber ist in vier Teile geteilt, die wir Viertel nennen, und so viel Beutel sind auch vorhanden, die Namen der für würdig Erkannten aufzubewahren. Wenn nun die Zeit kommt, neue Magistratsherren zu wählen, werden die Namen durchs Los aus den Beuteln gezogen, je zwei nämlich aus jedem Stadtteil. [...]

Wir sagten, es seien zwei Ratsversammlungen in der Stadt, eine vom Volke, die andere vom Adel. Auch diese werden durch das Los gewählt, indem jeder zuvor geprüft und für fähig erkannt werden muss. [...]

Der Hindernisse gibt es aber viele, erstens das Alter, zweitens die Verwandtschaft, drittens die Zeit, viertens Abgaben-Freiheit. Durch das Alter werden die Jüngeren verhindert, denn es kann keiner unter den neun und ihren Beisitzern sein, der jünger ist als dreißig Jahre [...]. Unter fünfundzwanzig kann auch niemand in die großen Ratsversammlungen kommen. Die Verwandtschaft hindert auch häufig, das Amt anzutreten. Wenn nämlich mein Bruder, Vater, Sohn oder Verwandter im Amte ist, kann ich keine Staatswürde bekleiden [...]. Durch die Zeit werden verhindert diejenigen, die früher Magistratsherren waren; denn es ist nicht erlaubt, innerhalb dreier Jahre dasselbe Amt anzutreten [...]. Ein anderes Hindernis ist noch, wenn jemand die angeordnete Steuer nicht abgetragen hat oder auf eine andere Weise Schuldner des Gemeinwesens ist. – Diese Magistratspersonen, so erwählt, besorgen die Staatsgeschäfte.

Für die Privatverhältnisse sind Gerichtshöfe, andere Ordnungen und andere Beamte, keine Bürger, sondern Fremde, denn dazu werden bekannte, durch ihr Geschlecht ausgezeichnete Männer aus einigen andern Städten gewählt, die vom Gemeinwesen einen Lohn empfangen, damit sie kommen und richten in unserer Stadt. Sie sprechen Recht, strafen die schuldigen und schlechten Menschen nach den bestehenden Gesetzen. [...] Die Zeit der Amtsführung dieser ist sechs Monate. Wenn das Ende der Amtszeit gekommen ist, werden sie geprüft und müssen über das im Amte Vorgefallene Rechenschaft ablegen. [...]

Da die Staatsverfassung, wie wir sagten, gemischter Form ist, so kann man mit Grund sagen, dass einiges mehr zur Demokratie, einiges zur Aristokratie sich hinneige. Zum demokratischen Elemente gehört die kurze Dauer der Ämter. [...] Auch dies ist volkstümlich, dass wir durch Wort und Tat im hohen Grade die Freiheit ehren und bewachen als Endzweck und Ziel der ganzen Staatsverfassung. Dann auch durchs Los die Beamten zu erwählen und nicht wegen irgendeines Vorzugs, ist volkstümlich. Wiederum aber neigt sich vieles der Aristokratie. Dass zuerst über alles eine Vorberatung stattfinde, und dass nichts zum Volke komme, worüber nicht erst abgestimmt, und dass es dem Volke nicht erlaubt sei, daran etwas zu ändern, sondern dass es im Ganzen die Sache entweder billigen oder verwerfen müsse [...].

Zit. nach: Carl Friedrich Neumann (Hg.), Ueber die Staatsverfassung der Florentiner von Leonhardus Arentinus, Frankfurt/M. 1822, S. 69–91.

6 Die Herrschaftsmethoden der Medici

Niccolò Machiavelli schreibt in seiner „Geschichte von Florenz", die nach seinem Tode 1532 veröffentlicht wurde:

Wiewohl Cosimo di Medici kein öffentliches Amt inne hatte, bestimmte er faktisch mithilfe von mit besonderen Vollmachten ausgestatteten Kommissionen („balìa") die Politik seiner Heimatstadt. Im Jahre 1455 musste er sich wieder einmal mit seinen innenpolitischen Gegnern auseinander setzen, die darauf drangen, das für die Wahl der Stadtregierung bisher übliche Losverfahren mit Lederbeuteln wieder einzuführen. Von seinen geschickten Methoden im Umgang mit seinen Gegnern gibt der folgende Bericht ein Beispiel:

[Er] konnte entweder mit den Parteigenossen, die ihm geblieben waren, die Macht mit Gewalt wieder an sich nehmen und so alle übrigen verletzen, oder aber die Sache gehen und mit der Zeit seine Freunde zur Erkenntnis kommen lassen, dass sie durch ihr Beginnen nicht ihm, sondern sich selber Macht und Ansehen nahmen. Dies letzte Mittel wählte er, indem er wohl wusste, dass er bei dieser Art der Regierung keine Gefahr lief, indem die Wahlbeutel mit Namen seiner Anhänger gefüllt waren und der Weg der Gewalt ihm immer noch offen stand.

Nachdem nun die Ziehung der Magistrate durchs Los von neuem eingeführt worden war, schien es der Stadt, sie habe ihre Freiheit wiedererlangt; die Magistrate urteilten nicht nach dem Willen der Mächtigen, sondern nach eigner Ansicht, so dass bald dieser, bald jener Freund eines Gewalthabers den Kürzern zog und solche, welche ihre Häuser voll Begrüßender und voll Geschenke zu sehen gewohnt waren, sie jetzt an Menschen wie Dingen leer fanden. Sie merkten, dass sie nun auf gleicher Stufe mit solchen standen, auf die sie einst von oben herabsahen, während vormals gleichstehende sie überragten. Sie waren nicht angesehen noch geehrt, sondern oft verlacht und verhöhnt, und man redete über sie und über die öffentlichen Verhältnisse ohne Scheu auf Straßen und Plätzen, so dass sie bald innewurden, nicht Cosimo habe die Autorität verloren, sondern sie selbst. Cosimo aber stellte sich, als merke er nichts, und wenn irgendein Beschluss gefasst wurde, der dem Volke genehm war, so war er stets der erste, ihn zu begünstigen. Was aber den Großen den meisten Schrecken einjagte und Cosimo die beste Gelegenheit gab, sie zur Erkenntnis zu bringen, war die Erneuerung der im Jahre 1427 vorgenommenen Vermögenssteuer, wobei nicht Menschen, sondern Gesetze die Abgaben zu bestimmen hatten.

7 Verbrennung von Savonarola.
Nach dem Sieg seiner Gegner ließen diese Savonarola und zwei seiner Mitbrüder auf dem Marktplatz von Florenz öffentlich aufhängen und verbrennen. Zeitgenösisches Gemälde.

Nachdem der Beschluss durchgegangen (1458) und schon der Magistrat ernannt war, ihn ins Werk zu setzen, traten die Großen zusammen und begaben sich zu Cosimo, ihn zu bitten, er möge sie und sich aus den Händen des Volkes retten und der Regierung das Ansehen wiedergeben, wodurch er mächtig, sie geehrt würden. Er erwiderte darauf, er sei es zufrieden; nur wolle er, dass das Gesetz nach der Ordnung und mit Zustimmung des Volkes erlassen würde, nicht aber mit Gewalt, wovon er nicht reden hören wollte.

Zit. nach: Niccolò Machiavelli, Geschichte von Florenz, Wien 1934, S. 368 f.

8 Wie soll sich ein Fürst verhalten?

Niccolò Machiavelli erörtert in seiner um 1513 entstandenen Schrift „Der Fürst", wie ein Herrscher handeln müsse:

Einen Fürsten darf es daher nicht kümmern, der Grausamkeit bezichtigt zu werden, wenn er dadurch bei seinen Untertanen Einigkeit und Ergebenheit aufrechterhält; er erweist sich als milder, wenn er nur ganz wenige Exempel statuiert, als diejenigen, die aus zu großer Milde Missstände einreißen lassen, woraus Mord und Raub entstehen; denn hierdurch wird gewöhnlich einem ganzen Gemeinwesen Gewalt angetan, während die Exekutionen auf Befehl des Fürsten nur gegen Einzelne Gewalt üben. [...]

Daraus ergibt sich die Streitfrage, ob es besser ist, geliebt als gefürchtet zu werden oder umgekehrt. Die Antwort ist, dass man das eine wie das andere sein sollte; da es aber schwer fällt, beides zu vereinigen, ist es viel sicherer, gefürchtet als geliebt zu werden, wenn man schon den Mangel an einem von beiden in Kauf nehmen muss. Denn man kann von den Menschen im Allgemeinen sagen, dass sie undankbar, wankelmütig, unaufrichtig, heuchlerisch, furchtsam und habgierig sind; und solange du ihnen Gutes erweist, sind sie dir völlig ergeben: Sie bieten dir ihr Blut, ihre Habe, ihr Leben und ihre Kinder, wenn [...] die Not fern ist; kommt diese dir aber näher, so begehren sie auf. Ein Fürst, der sich völlig auf ihre Versprechungen verlassen hat, ohne andere Vorbereitungen zu treffen, ist dann verloren; denn Freundschaften, die man durch Geld und nicht durch Großmut und Seelenadel erwirbt, hat man zwar bezahlt, aber man besitzt sie nicht und kann sie in Zeiten der Not nicht in Anspruch nehmen. Auch scheuen sich die Menschen weniger, einen zu verletzen, der sich beliebt macht, als einen, den sie fürchten; denn die Liebe wird durch das Band der Dankbarkeit aufrechterhalten, das, weil die Menschen schlecht sind, von ihnen bei jeder Gelegenheit des eigenen Vorteils wegen zerrissen wird; die Furcht aber wird durch die Angst vor Strafe aufrechterhalten, welche dich niemals verlässt.

Gleichwohl darf ein Fürst nur so viel Furcht verbreiten, dass er, wenn er dadurch schon keine Liebe gewinnt, doch keinen Hass auf sich zieht; denn er kann sehr wohl gefürchtet werden, ohne verhasst zu sein; dies wird ihm stets gelingen, wenn er das Eigentum seiner Bürger und Untertanen sowie ihre Frauen respektiert. Und wäre er auch gezwungen, einen hinrichten zu lassen, so tue er dies, wenn dafür eine entsprechende Rechtfertigung und ein offensichtlicher Grund bestehen; vor allem aber muss er das Eigentum anderer achten; denn die Menschen vergessen schneller den Tod ihres Vaters als den Verlust ihres Erbes. [...]

Wie löblich es für einen Fürsten ist, sein Wort zu halten und aufrichtig statt hinterlistig zu sein, versteht ein jeder; gleichwohl zeigt die Erfahrung unserer Tage, dass diejenigen Fürsten Großes vollbracht haben, die auf ihr gegebenes Wort wenig Wert gelegt und sich darauf verstanden haben, mit List die Menschen zu hintergehen; und schließlich haben sie sich gegen diejenigen durchgesetzt, welche auf die Redlichkeit gebaut hatten. [...]

Ein kluger Herrscher kann und darf daher sein Wort nicht halten, wenn ihm dies zum Nachteil gereicht und wenn die Gründe fortgefallen sind, die ihn veranlasst hatten, sein Versprechen zu geben. Wären alle Menschen gut, dann wäre diese Regel schlecht; da sie aber schlecht sind und ihr Wort dir gegenüber nicht halten würden, brauchst auch du dein Wort ihnen gegenüber nicht zu halten. [...]

Auch hat es noch nie einem Fürsten an rechtmäßigen Gründen gefehlt, um seinen Wortbruch zu verschleiern. Für einen Fürsten ist es also nicht erforderlich, alle [...] guten Eigenschaften wirklich zu besitzen, wohl aber den Anschein zu erwecken, sie zu besitzen. Ich wage gar zu behaupten, dass sie schädlich sind, wenn man sie besitzt und ihnen stets treu bleibt; dass sie aber nützlich sind, wenn man sie nur zu besitzen scheint; so musst du milde, treu, menschlich, aufrichtig sowie fromm scheinen und es auch sein; aber du musst geistig darauf vorbereitet sein, dies alles, sobald man es nicht mehr sein darf, in sein Gegenteil verkehren zu können. Man muss nämlich einsehen, dass ein Fürst, zumal ein neu zur Macht gekommener, nicht all das befolgen kann, dessentwegen die Menschen für gut gehalten werden, da er oft gezwungen ist – um seine Herrschaft zu behaupten –, gegen die Treue, die Barmherzigkeit, die Menschlichkeit und die Religion zu verstoßen. Daher muss er eine Gesinnung haben, aufgrund derer er bereit ist, sich nach dem Wind des Glücks und dem Wechsel der Umstände zu drehen und – wie ich oben gesagt habe – vom Guten so lange nicht abzulassen, wie es möglich ist, aber sich zum Bösen zu wenden, sobald es nötig ist.

Ein Fürst muss also sehr darauf achten, dass nie ein Wort über seine Lippen kommt, das nicht von den vorgenannten fünf Eigenschaften geprägt ist, und dass er, wenn man ihn sieht und hört, ganz von Milde, Treue, Aufrichtigkeit, Menschlichkeit und Frömmigkeit erfüllt scheint. Und es gibt keine Eigenschaft, deren Besitz vorzutäuschen, notwendiger ist, als die letztgenannte.

Zit. nach: Niccolò Machiavelli, Il Principe/Der Fürst, hg. von Philipp Rippel, Stuttgart 1986, S. 129, 131, 135, 137, 139.

Arbeitsvorschläge:

a) Stellen Sie die demokratischen und die aristokratischen Elemente der Florentiner Stadtverfassung zusammen und beurteilen Sie die Rolle der Volks- bzw. der Ratsversammlung (M 5).

b) Zeigen Sie auf, welche Bedeutung Handel und Gewerbe für die Entwicklung von Florenz hatten.

c) Erörtern Sie die Vorstellung von Freiheit als „Endzweck und Ziel der ganzen Staatsverfassung" (Bruni) (M 5).

d) Erläutern Sie Cosimos Herrschaftstechnik und begründen Sie das Scheitern seiner Gegner (M 6).

e) Wie rechtfertigt Machiavelli seine Handlungsanweisungen für einen Fürsten (M 8)?

f) Erörtern Sie die politischen Rezepte Machiavellis kritisch.

1.1.4 Grundlegung der Naturwissenschaften

Die Renaissance war nicht nur eine kulturelle Blütezeit, sondern damals wurden auch die Grundlagen der modernen Naturwissenschaft gelegt. Das Interesse vieler Gelehrter wuchs, die Erscheinungen der Natur zu beobachten und ihren Geheimnissen auf die Spur zu kommen. Dabei beschritten die Forscher neue Wege. Früher hatte man sich damit begnügt, das Wissen aus heiligen Schriften oder den Büchern von bewährten Autoritäten zu beziehen. Doch im Laufe des Mittelalters lebte die Überzeugung antiker Wissenschaftler wieder auf, dass die eigene Beobachtung und die sinnliche Erfahrung die eigentlichen Quellen des Wissens seien. Dazu kam das Interesse, die Natur für die Menschen nutzbar zu machen. Pflanzen erforschte man zu Heilzwecken, die Berge, um Erze zu gewinnen, und den menschlichen Körper, um Krankheiten besser behandeln zu können.

Bodenschätze und Bergbau

Den größten unmittelbaren Nutzeffekt versprachen die Bodenschätze, vor allem Silber- und Kupfererze, sowie Blei, Quecksilber und Salz. Der Bedarf daran war groß wegen der Zunahme der Geldwirtschaft und des aufblühenden Metallgewerbes, besonders der Waffenindustrie. Dank verbesserter Entwässerungs-, Belüftungs- und Fördertechniken drangen Europas Bergleute in immer größere Tiefen vor. Wohlhabende Großkaufleute und Bankiers witterten hier eine Chance zu lukrativen Kapitalinvestitionen. Ein Netz von Erzbergwerken überzog Mittel- und Osteuropa. Nach der Eroberung Mittel- und Südamerikas kam das dort von den Indios unter unsäglichen Mühen abgebaute Silber hinzu. Wegweisend für die Nutzanwendung der Bergbautechnik und die Mineralogie der Gesteine war das auf genauen Beobachtungen beruhende Grundlagenwerk „De re metallica" des humanistisch gebildeten deutschen Bergbaufachmanns Georg Agricola (1494 – 1555), das 1556 nach seinem Tode in Basel erschien.

Pflanzen und Tiere

Im Mittelalter waren die Klöster Horte des botanischen Wissens. Dort sammelten und kultivierten die Mönche Arzneipflanzen und bewahrten das pflanzenkundliche Wissen der Antike auf. Daran anknüpfend, setzten sich die Forscher des 16. Jahrhunderts zum Ziel, die Fülle der einheimischen Flora exakt zu beschreiben und sie nach bestimmten Merkmalen wie Größe und Form der Blätter, Stängel, Blüten oder Wurzeln zu klassifizieren. Außerdem legten sie – zunächst in Italien, später auch in anderen europäischen Universitätsstädten – botanische Gärten und Herbarien an. Die in zahlreichen „Kräuterbüchern" zusammengefassten Ergebnisse bildeten den Grundstein für die neuzeitliche Botanik und die pflanzliche Medizin.

Der bedeutendste Erforscher der Tierwelt war der Schweizer Conrad Gesner (1516 – 1565). Er stellte einen großen Teil der damals bekannten Tiere zusammen und beschrieb sie in acht Kategorien, u. a. nach ihrem Verhalten. Außerdem versah er sie mit lateinischen Namen, die zum Teil heute noch Geltung haben. Für Jahrhunderte stellte sein systematisch gegliedertes Werk die Grundlage der Zoologie dar.

Der Körper des Menschen

Schon ab dem 13. Jahrhundert fanden an den neu gegründeten Universitäten trotz kirchlicher Kritik anatomische Vorlesungen und Leichensektionen statt. Über jüdische und muslimische Ärzte war das Wissen der Antike ins Abendland gelangt.

Die mittelalterliche Anatomie hatte jedoch deutliche Grenzen: Die Mediziner waren nämlich davon überzeugt, die innere Struktur der Tiere entspreche der der Menschen. So diente z. B. ein aus dem 11. Jahrhundert stammendes Lehrbuch der Anatomie der Schweine lange Zeit als Grundlage der allgemeinen Anatomie.

Außerdem orientierten sich die mittelalterlichen Mediziner an den Erkenntnissen des griechischen Arztes Galen aus dem zweiten nachchristlichen Jahrhundert. Von einer Autopsie im Wortsinne, das heißt von einem Überprüfen und Deuten der Sektionsbefunde mit eigenen Augen, konnte keine Rede sein. Der Medizinprofessor stand vielmehr oben auf dem Katheder und trug aus den Büchern Galens vor, während gleichzeitig seine Gehilfen zur Demonstration des Gesagten auf die geöffneten Leichen von hingerichteten Verbrechern wiesen – ohne Rücksicht auf den tatsächlichen Sachverhalt.

Vesalius und die neue Anatomie

Erst in der Renaissance erwachte bei den Ärzten echtes anatomisches Interesse. Zum Begründer der modernen Anatomie wurde der Flame Andreas Vesalius (1514 – 1564), der 1537 einen Lehrstuhl in Padua einnahm. Auf der Basis unzähliger Sektionen korrigierte er die Fehler Galens und beschrieb erstmals genau den Aufbau des menschlichen Körpers. Außerdem legte er die anatomische Terminologie fest. An der von Galen und arabischen Medizinern stammenden Lehre von den Körpersäften hielt er jedoch fest. Danach erklärte man sich die verschiedenen Krankheiten aus einer Störung des Mischungsverhältnisses der vier Körpersäfte Blut, gelbe und schwarze Galle sowie Schleim. Zur Gesundung des Menschen galt es, diese wieder in Harmonie zu bringen. Dementsprechend diagnostizierten die Ärzte Krankheiten meist mithilfe einer Harnschau, zur Heilung wandten sie Maßnahmen wie Aderlass, Abführen und Erbrechen an.

Paracelsus

Eine Gegenposition dazu vertrat eine der rätselhaftesten, aber auch faszinierendsten Gestalten der Zeit, der Schweizer Arzt Paracelsus (Theophrastus Bombastus von Hohenheim, 1493 – 1541). Er lehnte die Lehre von den Körpersäften ab und behauptete, jede Krankheit habe ihre eigene Ursache und müsse entsprechend behandelt werden. Als Heilmittel empfahl er statt Heilkräutern erstmals chemische Arzneimittel, nämlich kleine Dosen von Gegengiften u. a. aus Quecksilber, Schwefel, Eisen und Kupfersulfaten. Paracelsus glaubte auch an Analogien bzw. Zusammenhänge zwischen dem Makrokosmos des Universums und dem

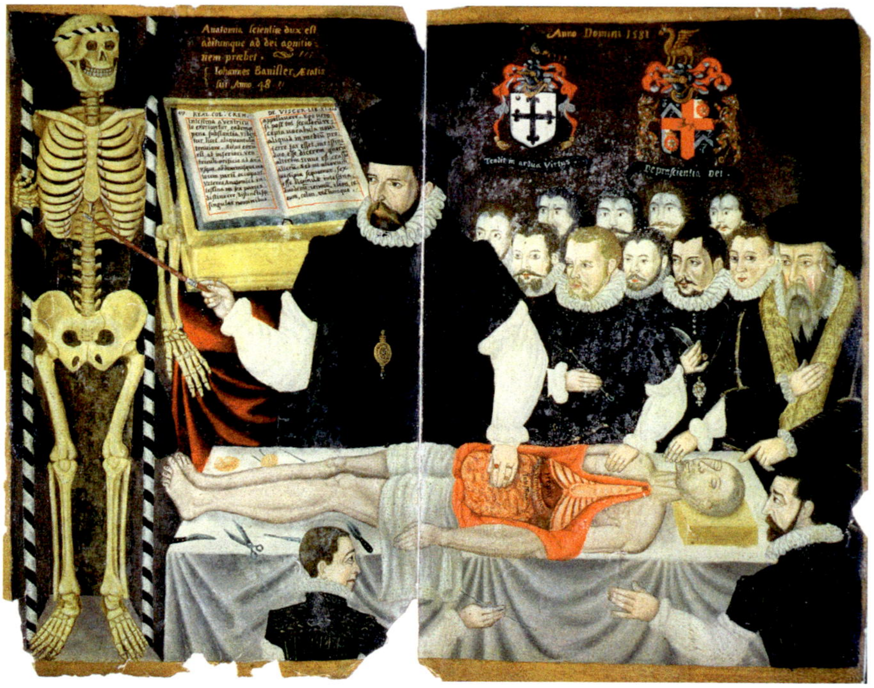

1 Der englische Anatom John Bannister bei einem Vortrag in London 1581.
Buchtitelblatt Ende des 16. Jahrhunderts.

Mikrokosmos des menschlichen Körpers. Diese Überzeugung inspirierte den Engländer William Harvey (1578 – 1657) zur Entdeckung des großen Blutkreislaufs im Menschen. Er glaubte nämlich, dass dem Kreislauf der Erde und der anderen Planeten um die Sonne ein vom Herzen ausgehender Kreislauf des menschlichen Bluts entsprechen müsse.

Kopernikus und das neue Weltbild

Das alte Bild des Universums hatten der griechische Philosoph Aristoteles (384 – 322 v. Chr.) und der in Alexandria im 2. Jh. n. Chr. arbeitende Astronom Ptolemäus entwickelt. Demnach war der Kosmos in zwei grundlegend verschiedene Bereiche unterteilt, die durch die Sphäre des Mondes getrennt wurden: den irdischen, sublunaren und den himmlischen Bereich. Die Erde galt als der Bereich des Veränderlichen, in dem die vier Elemente ihren natürlichen Bewegungen folgten: Die schweren Elemente Wasser und Erde strebten nach unten zum Erdmittelpunkt und die leichten Stoffe Feuer und Luft nach oben zu den Sphären. Oberhalb der Mondsphäre herrschte göttliche Vollkommenheit und Unveränderlichkeit. Dort stellte man sich eine Art fünftes Element von durchsichtiger und schwereloser Beschaffenheit vor, die „quinta essentia", die Quintessenz, die man Äther nannte. In diesem göttlichen Bereich gab es nur vollkommene kreisförmige Bewegungen. Den Aufbau des gesamten Kosmos stellten sich Aristoteles und Ptolemäus dementsprechend so vor, dass die im Mittelpunkt stehende Erde von konzentrischen, durchsichtigen und festen Schalen (Sphären) umgeben war, an denen sich die Planeten und die Fixsterne in Kreisen bewegten. Ein alles umfassender göttlicher erster Beweger hielt dieses ganze Räderwerk in Gang. Die Sinneswahrnehmungen schienen dieses Modell zu bestätigen und jedes Phänomen im Himmel und auf der Erde ließ sich mit ihm plausibel erklären.

Es gab jedoch einige Unstimmigkeiten in diesem System, da die beobachteten Planetenbahnen nicht genau kreisförmig verliefen und die Geschwindigkeiten der Gestirne unregelmäßig waren. Diese Mängel veranlassten Anfang des 16. Jahrhunderts den ostpreußischen Domherrn Nikolaus Kopernikus (1473 – 1543) dazu, eine neue Berechnungsgrundlage zu suchen. In griechischen Texten aus hellenistischer Zeit fand er die Idee einer feststehenden Sonne, um die eine rotierende Erde und die anderen Planeten kreisten. Darauf aufbauend, entwickelte er nach intensiven Beobachtungen und Berechnungen seine „neue" heliozentrische Theorie, die er allerdings erst kurz vor seinem Tode veröffentlichte. Dabei blieb Kopernikus in zwei Punkten noch der traditionellen Sichtweise verpflichtet: Er hielt an der Existenz von kristallinen Sphären fest; und ihm lag die Vorstellung eines unendlichen Universums und des leeren Raums völlig fern. Diese Vorstellungen vertrat rund 50 Jahre nach ihm erst Giordano Bruno (1548 – 1600, Tod auf dem Scheiterhaufen).

Von Kopernikus zu Galilei

Die Theorie des Kopernikus wurde von den Gelehrten zunächst meist abgelehnt, widersprach sie doch eklatant der augenscheinlichen Erfahrung. Auch der dänische Astronom Tycho Brahe (1546 – 1601) hielt am geozentrischen Weltbild fest, obwohl er nach umfangreichen Beobachtungen und Messungen zu der Überzeugung gelangt war, dass es keine undurchdringlichen Sphären am Himmel gebe. Damit schuf er immerhin die Voraussetzungen für die genaue Berechnung der Planetenbahnen durch Johannes Kepler (1571 – 1630), die dieser in drei Gesetzen formulierte. Demnach bewegten sich die nun von den Sphären befreiten Planeten nicht kreisförmig, sondern elliptisch um die Sonne, die in einem der beiden Brennpunkte stehe. Ihre wechselnde Geschwindigkeit hänge von ihrer sich ständig ändernden Entfernung von der Sonne ab.

2 Die Weltsysteme von Kopernikus, Tycho Brahe und Ptolemäus. Links an der Waage ist das kopernikanische System, rechts das des Tycho Brahe zu erkennen. Rechts unten befindet sich das ptolemäische System.
Tychos Modell belässt die Erde im Mittelpunkt. Um diese dreht sich die Sonne, die wiederum von den Planeten umkreist wird. Hier wird dem System des Tycho Brahe der Vorzug gegenüber dem kopernikanischen gegeben, während das ptolemäische gleichsam auf dem Müll liegt. Die linke Gestalt in der erleuchteten Taghälfte symbolisiert die Kunst der Beobachtung (Fernrohr), die rechte Gestalt in der Nacht die Astronomie mit der Armillarsphäre. Die Engel im Himmel tragen die Planeten (links: Mars, Venus, Sonne, Merkur; rechts: Saturn mit Ring, Jupiter mit Streifen und Monden, Mond der Erde, ein Komet). Die Hand Gottes ordnet die Welt nach Maß, Zahl und Gewicht.
Frontispiz des Almagestum Novum von Ricciolo, 1651.

Den Widerspruch zwischen der Vorstellung einer sich rasend schnell drehenden Erde und den alltäglichen Erfahrungen konnte erst Galileo Galilei (1564–1642) lösen. Er bewies, dass ein bewegter Körper keine ständig auf ihn einwirkende bewegende Kraft benötigte, wie noch Aristoteles und alle Wissenschaftler nach ihm geglaubt hatten, sondern – einmal in Gang gesetzt – in einer ständigen, gleichförmigen, geraden oder kreisförmigen Bewegung blieb, solange keine Kräfte auf ihn einwirkten. Ein Erdbewohner merkte also nichts von der Drehung, weil sich alle irdischen Gegenstände mitdrehten. Außerdem wurde ein ständig auf das kosmische Räderwerk einwirkender Gott jetzt unnötig.

Theorien von Galileo
Drehung der Erde um sich selbst => Bewegungslehre!

Galilei wies auch die Richtigkeit des kopernikanischen Systems nach. Die von ihm entdeckten Berge und Täler auf dem Mond, die Jupitermonde, die Phasen der Venus, die Sonnenflecken und zahlreiche neue Sterne standen im Widerspruch zur traditionellen Astronomie und sprachen für Kopernikus. Als Galilei seine Erkenntnisse veröffentlichte, trat die römische Inquisition auf den Plan und machte ihm den Prozess. Um dem Feuertod zu entgehen, widerrief er seine Erkenntnisse. Trotzdem wurde er zu lebenslanger Haft verurteilt, die später in Hausarrest umgewandelt wurde. Seine Schrift wurde verbrannt.

Inquisition

Mathematik und Experiment in der Naturwissenschaft

Galilei war noch in anderer Hinsicht wegweisend. Er zeigte, dass es keine Zweiteilung der Welt gebe und vertrat die These: „Das Buch der Natur ist in mathematischer Sprache geschrieben." Demnach galten die Gesetze der Mathematik, die nach der Überzeugung der Tradition eine gedankliche Abstraktion des Menschen waren und sich nur auf die idealen Bewegungen der Gestirne im himmlischen Bereich anwenden ließen, nicht aber auf die veränderlichen Erdendinge unterhalb des Mondes, auch auf der Erde. Mit ihrer Hilfe konnte man die Natur erklären und beschreiben. Galilei wies damit der Mathematik für die Naturwissenschaft eine zentrale Bedeutung zu und wurde so zum Begründer der modernen Physik. Gleichzeitig zeigte er: Auch Technik oder Mechanik gehorchten den Regeln der Natur und ließen sich durch Zahlen erfassen. Damit widerlegte er die traditionelle Überzeugung, künstliche Eingriffe des Menschen seien gegen die „natürlichen" Auf- und Abbewegungen der Grundelemente Feuer, Wasser, Luft und Erde gerichtet und dienten nur zu ihrer Überlistung.

Begründer moderner Physik

Damit wandelte sich auch die Vorstellung von der Erfahrung. Früher verstand man darunter die alltägliche passive Sinneswahrnehmung ohne Eingriff in die Natur. Galilei dagegen gewann seine Erkenntnisse aus Experimenten, die auf künstlich hergestellten Versuchsbedingungen beruhten. Sein Ziel war es, mathematisch formulierte Naturgesetze zu gewinnen. In diesem Sinne formulierte er seine Bewegungslehre und die Fallgesetze mithilfe künstlicher Versuchsaufbauten.

empirisches Vorgehen

3 Das ärztliche Programm des Paracelsus (Basel 1527)

Im Jahre 1527 wurde Paracelsus Stadtphysikus und Medizinprofessor in Basel. Er erläutert vor Studenten sein Programm:

Da ganz allein die Medizin als einzige aller Disziplinen, gleichsam wie ein Gottesgeschenk, nach dem Urteil der heiligen und profanen Schriftsteller als eine Notwendigkeit ausgezeichnet wird und nur wenige der Doktoren sie heute mit Glück ausüben, erschien es geboten, sie in ihren ursprünglichen lobenswerten Zustand zurückzuführen und […] wollen wir sie von den schwersten Irrtümern reinigen, nicht den Regeln der Alten zugetan, sondern ausschließlich denjenigen, die wir aus der Natur der Dinge und eigenen Erwägungen gewonnen und in langer Übung und Erfahrung bewährt gefunden haben. Wer weiß es denn nicht, dass die meisten Ärzte heutiger Zeit zum größten Schaden der Kranken in übelster Weise danebengegriffen haben, da sie allzu sklavisch am Wort des Hippokrates[2], Galenos und Avicenna[3] und anderer geklebt haben, als ob diese wie Orakel aus dem Dreifuß des Apoll herausklängen, von deren Wortlaut man auch nicht um Fingers Breite abweichen dürfte. Wenn´s Gott gefällt, kann man auf diesem Wege wohl zu blendenden Doktortiteln gelangen, wird aber niemals ein wahrer Arzt. Nicht Titel und Beredsamkeit, nicht Sprachenkenntnisse, nicht die Lektüre zahlreicher Bücher […] sind Erfordernisse eines Arztes, sondern die tiefste Kenntnis der Naturdinge und Naturgeheimnisse, welche einzig und allein alles andere aufwiegen. […] Aufgabe des Arztes ist es, die verschiedenen Krankheitsformen zu kennen, ihre Ursachen und Symptome zu durchschauen und obendrein mit Scharfsinn und Beharrlichkeit ihnen Arzneimittel zu verordnen und nach Umständen und Besonderheiten tunlichst allen Heilhilfe zu bringen.

Um in meine eigene Lehrmethode ein wenig einzuführen, werde ich […] täglich in zwei Stunden praktischer und theoretischer Heilkunde sowohl der inneren Medizin wie der Chirurgie Lehrbücher, deren Verfasser ich selbst bin, mit höchstem Fleiß und hohem Nutzen der Hörer öffentlich erklären. Diese Lehrbücher sind nicht etwa aus Hippokrates und Galenos oder irgendwelchen anderen Lehrbüchern zusammengebettelt, sondern vermitteln das, was mich die höchste Lehrerin Erfahrung und eigene Arbeit gelehrt haben. Demnach dienen mir als Beweishelfer Erfahrung und eigene Erwägung statt Berufung auf Autoritäten. […] Um den Schleier etwas zu lüften, kann ich ihm sagen, dass von Komplexionen [Vermischungen] und Kardinalsäften im Stile der Alten bei mir nicht die Rede sein wird, aus denen fälschlich alle Krankheiten hergeleitet werden, woraus den Ärzten heute Krankheiten, Krankheitsursachen, kritische Tage usw. erklärt werden.

Zit. nach: Ernst Kaiser, Paracelsus in Selbstzeugnissen und Bilddokumenten, Reinbek 1969, S. 89 f.

2 Berühmter Arzt der Antike, ca. 460–380 v. Chr.
3 Ibn Sina, 980–1037, berühmtester arabischer Arzt des Mittelalters.

4 Das ptolemäische Weltbild, nach Peter Apian, Cosmographia, Antwerpen 1539.

5 Astronomie im Mittelalter: Der Astronom in der Mitte hält in der linken Hand ein Astrolab, rechts ein Beobachtungsrohr. Die linke Person ist ein Schreiber, rechts ein Theoretiker, der die klassischen astronomischen Werke studiert.
Miniatur aus Bréviarire de Saint Louis, 13. Jahrhundert.

6 Kopernikus und das heliozentrische Weltbild

In der an den Papst Paul III. gerichteten Vorrede zu seinem Werk „Über die Umdrehungen der Himmelskreise" von 1543 äußert sich Kopernikus zu seiner Vorgehensweise:

Ich dachte also lange Zeit über diese Unsicherheit der überlieferten mathematischen Lehren von der Berechnung der Umdrehungen der Weltsphären nach. Dabei empfand ich allmählich Widerwillen darüber, dass den Philosophen kein einigermaßen sicheres Gesetz für die Bewegungen der Weltmaschine bekannt sein sollte, die doch um unsertwillen vom besten und genauesten Werkmeister eingerichtet wurde, während dieselben Philosophen sonst hinsichtlich der geringsten Umstände dieses Kreislaufes so gründliche Untersuchungen anstellten. Daher machte ich mir die Mühe, die Bücher aller Philosophen, derer ich habhaft werden konnte, von neuem durchzulesen, um zu erforschen, ob einer vermutet habe, dass die Bewegungen der Weltsphären andere seien, als die Lehrer der Mathematik in den Schulen annehmen. Und in der Tat fand ich als Erstes bei Cicero, dass Hiketas der Meinung gewesen sei, die Erde bewege sich. Später entdeckte ich bei Plutarch, dass auch andere derselben Ansicht gewesen sind. […]

Das war also für mich der Anlass, über die Beweglichkeit der Erde nachzudenken. Wenn auch diese Meinung absurd erschien, glaubte ich doch, dass wenn anderen vor mir die Freiheit zugestanden wurde, alle beliebigen Kreise zur Erklärung der Erscheinungen an den Gestirnen zu ersinnen, es auch mir ohne weiteres gestattet sei, auszuprobieren, ob bei den Umdrehungen der himmlischen Kugelschalen unter der Voraussetzung irgendeiner Bewegung der Erde Beweise gefunden werden könnten, die die früheren an Überzeugungskraft überträfen.

Und so nahm ich die Bewegungen an, die ich später in meinem Werk der Erde zuschreibe und fand durch vieles und langes Beobachten schließlich Folgendes heraus: Wenn die Bewegungen der übrigen Gestirne mit der Kreisbewegung der Erde zusammengesetzt und jeweils nach der Umlaufzeit eines jeden Gestirns berechnet werden, so ergeben sich hieraus nicht nur die Erscheinungen bei jenen, sondern auch die Rangordnungen und Größen der Gestirne und aller Kreisbahnen, und der Himmel selber kommt in einen solchen inneren Zusammenhang, dass an keiner Stelle von ihm etwas verstellt werden kann, ohne seine übrigen Teile und das ganze Weltall in Unordnung zu bringen.

Zit. nach: Jürgen Hamel, Nicolaus Copernicus. Leben, Werk und Wirkung, Heidelberg/Berlin/Oxford 1994, S. 307 f.

7 Kritik an Kopernikus

a) Der Reformator Philipp Melanchthon (1497–1560) in seinen „Anfangsgründen der Naturlehre" (1549):

Unsere Augen bezeugen es, dass sich der Himmel in 24 Stunden herumbewegt. Und da haben nun einige, entweder aus Neuerungssucht oder um ihren Witz zu zeigen, sich ausgelassen, die Erde bewege sich. Sie bestehen darauf, weder die achte Sphäre noch die Sonne bewege sich. Sie schreiben nämlich den übrigen Himmelskörpern eine Bewegung zu und versetzen auch die Erde unter die Gestirne. […]

Wenn auch scharfsinnige Meister vieles untersuchen, um den Witz zu üben, so ist es doch nicht schicklich, widersinnige Meinungen offen und frei im Ernst zu behaupten. Es ist ein Zeichen von guter Gesinnung, die von Gott gezeigte Wahrheit ehrfürchtig aufzunehmen und sich mit ihr zu beruhigen. Manche Physiker verlachen zwar einen, der göttliche Zeugnisse anführt. Trotzdem halten wir es für angebracht, Naturwissenschaft und Bibel zur Beurteilung zusammenzustellen und wegen der großen Dunkelheit des menschlichen Verstands uns bei dem göttlichen Ausspruch Rat zu holen, wo wir es nur immer können. Aufs Deutlichste versichert uns ein Psalm, dass die Sonne sich bewegt. Mit diesem klaren Zeugnis über die Sonne müssen wir uns zufrieden geben. Von der Erde sagt ein anderer Psalm: „… der du das Erdreich gegründet hast auf seinen Boden, dass es bleibt immer und ewiglich." Und der Prediger Salomo sagt im ersten Kapitel: „Die Erde aber stehet ewiglich, die Sonne gehet auf und unter …" Durch diese göttlichen Zeugnisse bestärkt wollen wir die Wahrheit festhalten und nicht dulden, dass durch die Gaukeleien von Leuten, die es noch für eine Ehrensache halten, die Wissenschaften durcheinander zu bringen, die Wissenschaften verwirrt und wir von der Wahrheit abgezogen werden. Bei der Umdrehung eines Kreises bleibt der Mittelpunkt unbeweglich, das ist allgemein bekannt. Die Erde befindet sich aber im Mittelpunkt der Welt, ganz wie das Zentrum des Weltalls, also ist die Erde unbeweglich.

Zit. nach: Adolf Kistner, Im Kampf um das Weltsystem (Kopernikus und Galilei), Voigtländers Quellenbücher Nr. 39, Leipzig 1912, S. 39ff.

b) Der französische Staatstheoretiker Jean Bodin (1530–1596) in seinem letzten, 1596 erschienenen Werk „Universae naturae Theatrum":

Niemand mit Verstand oder mit der kleinsten Ahnung von Physik wird jemals glauben, dass die Erde, schwer und groß, um ihren eigenen Mittelpunkt und um den der Sonne hin- und herschwankt. […] Würde sich die Erde bewegen, so würde weder ein senkrecht nach oben geschossener Pfeil noch ein von der Spitze eines Turmes fallen gelassener Stein senkrecht fallen, sondern entweder vorauseilen oder zurückbleiben. […] Schließlich bleiben alle Dinge nach Aristoteles dort, wo sie einen ihrer Natur angepassten Ort finden. Da der Erde ein Platz zugewiesen worden ist, der ihrer Natur entspricht, kann sie nicht von einer anderen Bewegung als ihrer eigenen herumgeführt werden.

Zit. nach: Thomas S. Kuhn, Die kopernikanische Revolution, Braunschweig/Wiesbaden 1981, S. 195.

8 Bibel und Naturwissenschaft

G. Galilei schrieb 1615 einen offenen Brief an Christina von Lothringen, Gemahlin seines Arbeitgebers Cosimo II. Medici:

Mir scheint, wir sollten in der Diskussion von Naturproblemen nicht von der Autorität der Bibeltexte ausgehen, sondern von der Sinneserfahrung und von notwendigen Beweisführungen. Denn die Heilige Schrift und die Natur gehen gleicher Weise aus dem göttlichen Wort hervor, die eine als Diktat des Heiligen Geistes, die andere als gehorsamste Vollstreckerin von Gottes Befehlen. Zudem ist es der Heiligen Schrift erlaubt (da sie sich dem Verständnis aller Menschen zuneigt), manche Dinge – soweit es die reine Wortbedeutung angeht – scheinbar abweichend von der absoluten Wahrheit zu sagen. Aber die Natur ist andrerseits unerklärlich und unwandelbar; sie überschreitet nie die Grenzen der Gesetze, die ihr auferlegt sind, so als ob es sie nicht kümmere, ob ihre dunklen Gründe und Wirkweisen dem Verstehen des Menschen greifbar sind oder nicht. Es ist klar, dass jene Dinge, natürliche Wirkungen betreffend, die entweder die Erfahrung der Sinne uns vor Augen stellt oder notwendige Demonstrationen uns beweisen, auf keinen Fall aufgrund von Schrifttexten, die wahrscheinlich etwas ganz anderes meinen, infrage gestellt oder gar verurteilt werden dürfen. Denn ein Ausdruck der Heiligen Schrift ist nicht an strikte Bedingungen gebunden wie jede Wirkung in der Natur; und Gott offenbart sich nicht weniger herrlich in den Wirkungen der Natur als in den heiligen Worten der Schrift.

Natürlich ist es nicht die Absicht des Heiligen Geistes, uns Physik oder Astronomie zu lehren oder uns zu zeigen, ob die Erde sich bewegt oder nicht. Diese Fragen sind theologisch neutral; wir sollten jedoch den heiligen Text respektieren und, wo es angebracht ist, die Ergebnisse der Wissenschaft benutzen, um seine Bedeutung zu erkennen.

Zit. nach: Alastair C. Crombie, Von Augustinus bis Galilei. Die Emanzipation der Naturwissenschaft, Köln/Berlin 1959, S. 433 f.

9 Physik und Mathematik

Im Jahre 1613 kam es zwischen dem Florentiner Hofmathematiker Galileo Galilei und zwei Philosophieprofessoren aus Pisa zum Streit über das Verhältnis von Mathematik und Physik und damit letztlich auch über das aristotelische Naturverständnis. Einer der beteiligten Philosophen, Vincenzio di Grazia, wandte sich gegen Galileis Vorstellungen:

Bevor wir die Beweise des Herrn Galileo näher betrachten, scheint es uns nötig zu beweisen, wie sehr sich jene Gelehrten von der Wirklichkeit entfernen, die mit mathematischen Gründen die natürlichen Dinge beweisen wollen. Zu diesen gehört, wenn ich mich nicht täusche, der Herr Galileo. Ich behaupte also, dass alle Wissenschaften und Künste ihre eigenen Prinzipien und Gründe haben, mit deren Hilfe sie die Eigenschaften ihres Gegenstandes beweisen. Folglich ist es nicht zulässig, dass man mit den Prinzipien der einen Wissenschaft die Wirkungen einer anderen zu beweisen sucht; und so irrt sich auch der gewaltig, der es unternimmt, die Eigenschaften der Natur mit mathematischen Gründen beweisen zu wollen, denn diese beiden Wissenschaften sind vollkommen verschieden voneinander. Der Naturwissenschaftler befasst sich nämlich mit den natürlichen Dingen, deren ureigenste und natürliche Neigung die Bewegung ist, während der Mathematiker bei seinem Gegenstand von jeder Bewegung absieht. Hinzu kommt, dass der Naturwissenschaftler die sinnlich wahrnehmbare Materie der natürlichen Körper betrachtet und durch sie viele natürliche Eigenschaften begründet. Der Mathematiker hingegen kümmert sich nicht um die Materie. Bei der Untersuchung des Ortes nimmt der Mathematiker einen einfachen Raum an, ohne zu betrachten, von welcher Art von Körper er ausgefüllt ist. Der Naturwissenschaftler jedoch macht einen großen Unterschied zwischen einem Raum und einem anderen, je nach den Körpern, die ihn einnehmen, denn daraus resultiert die Schnelligkeit oder Langsamkeit der natürlichen Bewegungen. Und obwohl der Naturwissenschaftler sich mit den Linien und Punkten der Oberfläche befasst, behandelt er sie als Begrenzung des natürlichen und beweglichen Körpers; der Mathematiker dagegen, der von jeder Bewegung absieht, betrachtet sie als Eigenschaften der festen dreidimensionalen Körper.

Zit. nach: M. Heidelberger/S. Thiessen, Natur und Erfahrung. Von der mittelalterlichen zur neuzeitlichen Naturwissenschaft, Reinbek 1981, S. 75 f.

Arbeitsvorschläge:

a) Erklären Sie Paracelsus' Programm und zeigen Sie auf, was er an der traditionellen Medizin kritisiert (M 3).
b) Erläutern Sie die einzelnen Schritte von Kopernikus' Weg zum neuen Weltbild und überlegen Sie, warum Kopernikus seine Schrift dem Papst gewidmet hat (M 6).
c) Gliedern Sie die Argumente gegen Kopernikus und charakterisieren Sie die kosmologischen Vorstellungen der beiden Kritiker (M 7).
d) Was ist bei Galilei das wichtigste Mittel der Naturerkenntnis und wie erklärt er mögliche Widersprüche zum Wortlaut der Bibel (M 8)?
e) Untersuchen Sie die Anwendungsbereiche und die Vorgehensweisen von Mathematik und Physik bei Galilei und Grazia und zeigen Sie die jeweiligen kosmologischen Konsequenzen auf (M 9).

1.2 Strukturkrise der ständischen Gesellschaft und Frühkapitalismus

1.2.1 Krise und Wandel im 15. Jahrhundert

1 **Ständetreppe.**
Augsburger Radierung von 1616. Oben: Papst, Kaiser und König; links von oben nach unten: Kardinal, Kurfürst, Bischof, Edelmann, Bauer, Kind. Rechts von oben nach unten: Herzog, Graf, Freiherr, Bürger, Soldat, Narr.

Erschütterung der Ständeordnung und Bevölkerungsentwicklung

Während des Mittelalters bestimmte die hierarchisch gegliederte mittelalterliche Ständeordnung die gesellschaftlichen Beziehungen. Gott hatte – so glaubte man – die führenden Gruppen des hohen und niederen Adels an die Spitze gesetzt, darunter die geistlichen Fürsten und einfachen Kleriker sowie die von patrizischen Kaufleuten regierten Stadtbürger. Am Fuß der Pyramide lebten die meist unfreien Bauern, zu denen etwa 85 % der Bevölkerung gehörten. Dieses festgefügte gesellschaftliche Gebäude wurde gegen Ende des Mittelalters durch einen dramatischen Bevölkerungsrückgang, tief greifende wirtschaftliche Veränderungen sowie soziale Spannungen und Konflikte in seinen Grundfesten erschüttert. Eine Klimaverschlechterung und eine Serie von katastrophalen Missernten, Hungersnöten und Seuchen stoppte im 14. Jahrhundert eine lange Periode wirtschaftlicher Prosperität und wachsender Bevölkerung. Mangelernährung schwächte die Widerstandskraft der Menschen, so dass der ab Mitte des 14. Jahrhunderts über

Europa hereinbrechende „Schwarze Tod" leichtes Spiel hatte. Da die Pest periodisch immer wieder auftrat und vor allem Menschen im zeugungsfähigen Alter und Jugendliche dahinraffte, konnten die Menschenverluste kaum ausgeglichen werden. Außerdem wurden weite Landstriche durch zahlreiche Kriege verwüstet und entvölkert. Erst ab etwa 1470 begannen die Bevölkerungszahlen in Europa allmählich wieder zu steigen.

Agrarkrise und Aufstieg der Städte

Dieser Umschwung hing mit verschiedenen Faktoren zusammen: dem Abklingen der Pestwellen, der Preisentwicklung bei agrarischen Produkten sowie einer zunehmenden Blüte der Stadtwirtschaft. Die Ernährungslage verbesserte sich nach und nach, da die Getreidepreise nach den Krisenjahren aufgrund geringerer Nachfrage langfristig sanken. Gleichzeitig fehlte es in den Städten an Fachkräften, so dass die gewerblichen Löhne stark anstiegen. Fähige Handwerksgesellen waren gesucht und teuer. Beispielsweise erhielten Berliner Bäckergesellen nach einer Verordnung aus dem Jahre 1515 täglich vier Pfund Fleisch, acht Quart Bier und reichlich Brot. In der zweiten Hälfte des 15. Jahrhunderts erreichten die Getreidepreise Tiefst- und die Löhne Höchststände. Dadurch verbesserte sich der Lebensstandard in den Städten deutlich. Diese verlockenden Aussichten veranlassten viele Bauern, ihre Kümmerexistenz auf dem Land aufzugeben und in der Stadt ihr Glück zu suchen.

Blüte der Stadtwirtschaft und Zunftkämpfe

Die Einkommenssteigerungen in den Städten und die nach den Pestjahren reichlich anfallenden Erbschaften weckten das Bedürfnis nach hochwertigen Gütern. Davon konnten vor allem der Fernhandel und das produzierende Gewerbe profitieren. Die Fernhändler zum einen schafften die benötigten Rohstoffe und hochwertigen Fertigwaren herbei und sorgten für den Verkauf der in der Stadt hergestellten Produkte auf anderen Märkten. Sie waren die wirtschaftlich dominierende Schicht in der Stadt, aber auch andere städtische Gruppen hatten Gewinn von ihren Aktivitäten, u.a. Kleinhändler und Handwerker sowie Fuhrleute, Schiffer und Transportarbeiter. Die großen Kaufleute, Patrizier genannt, stellten auch die Stadtregierung mit Ratsherren und Bürgermeistern.

Zum anderen gedieh die Produktion für den gehobenen Bedarf und von Luxusartikeln. Die Handwerker differenzierten und spezialisierten sich immer mehr, besonders in der Metallverarbeitung. Die zunehmende Arbeitsteilung bewirkte eine kräftige Produktivitätssteigerung. Außerdem arbeiteten die Handwerker jetzt auch für den Export. Organisiert waren sie in zahlreichen traditionellen und neuen Zünften. Diese regelten Aufnahmebedingungen, Produktionsmengen und Qualität der Waren, wobei sie eifersüchtig auf ihr Auskommen achteten und sich die Konkurrenz vom Leibe zu halten suchten. Besonders die reich gewordenen Aufsteiger aus der Handwerkerschicht machten jetzt den patrizischen Kaufleuten ihren Rang in der Stadtregierung streitig. Dabei kam es in vielen Kommunen zu teils heftigen Kämpfen. Manchmal hatten die Zunftmeister Erfolg und konnten auf den Ratsbänken Platz nehmen, doch meist konnten sich die Patrizier behaupten.

2 Nürnberger Stadtwaage aus dem Jahr 1497 von Adam Kraft.

Niedergang des Kleinadels

Dem Aufstieg des Bürgertums stand der Niedergang des mittleren und kleinen Adels gegenüber. Dieser sah sich – vor allem im Westen Deutschlands – mangels Arbeitskräften nach den Pest- und Hungerjahren gezwungen, die Selbstbewirtschaftung seiner Ländereien aufzugeben und diese gegen eine feste Jahresabgabe an Bauern zu verpachten, damit sie nicht brach liegen blieben. Die einmal festgelegten Geld- oder Naturalleistungen verloren durch die Verringerung der Kaufkraft bzw. das Sinken der Agrarpreise im Laufe der Zeit an Wert. So gingen die Einkünfte der Grundherren deutlich zurück. Außerdem zerstörten viele Ritter ihre Existenzgrundlage durch dauernde Fehden und Kriege. Viele verschuldeten sich und mussten ihre Güter verpfänden. Auch die militärische Bedeutung des Adels schwand nach der Erfindung des Schießpulvers und dem zunehmenden Einsatz von Söldnertruppen. Der Aufstand von 1522 / 23 war ein letzter verzweifelter Versuch des Stands der Reichsritter, seine Stellung gegenüber den Territorialherren und den Städten zu behaupten. Wer die Zeichen der Zeit erkannte, trat in den Militär- oder Beamtendienst bei den aufstrebenden Landesfürsten. Andere suchten ihr Heil als Raubritter.

Die Lage der Bauern

Die Landbevölkerung bekam die Folgen des drastischen Bevölkerungsrückgangs und der Agrarkrise voll zu spüren. Besonders belastend war, dass die Grundherren ihre Einkommensverluste durch eine Erhöhung der bäuerlichen Dienste und Abgaben auszugleichen versuchten. Dabei kam es in West- und Ostdeutschland zu unterschiedlichen Entwicklungen. Die Bauern im Westen litten zwar auch unter dem Rückgang der Agrarpreise, ihre rechtliche Stellung gegenüber den Grundherren veränderte sich jedoch kaum, da sie in die Städte ausweichen konnten. Außerdem waren im Westen die feudalen Rechte an den Bauern und am Boden oft so stark zersplittert, dass die Bauern ihre Rechtsstellung meist behaupten konnten. Frei werdendes Land wurde erneut an Bauern ausgegeben, die Grundherren lebten von den bäuerlichen Abgaben.

Im Osten dagegen verschärfte sich die bäuerliche Abhängigkeit durch den ab etwa 1400 erfolgenden Übergang von der Grundherrschaft zur Gutsherrschaft. Der dortige Landadel bewirtschaftete jetzt seinen Besitz mit Knechten und abhängigen Bauern in eigener Regie. Auch hier waren die Menschenverluste durch die Pest der entscheidende Auslöser. Die ostdeutschen Grundherren zogen die frei gewordenen Bauernstellen ein und fassten im Erbgang frei gewordene Grundherrschaften in einer Hand zusammen. So entstanden große Güter, die primär für den Markt produzierten. Die Machtstellung der Gutsherren beruhte darauf, dass sie landesherrliche Rechte übernehmen konnten. So traten sie den Bauern nicht nur als Grundherr, sondern auch als Leibherr, Gerichtsherr und Inhaber der Polizeigewalt gegenüber. Und diese hatten im dünn besiedelten Osten, wo es nur wenige Städte gab, keine Ausweichmöglichkeit. So mussten sie sich in eine sogenannte „zweite Leibeigenschaft" fügen. Das hieß: fast tägliche Fronarbeit auf dem herrschaftlichen Eigenland und Zwang zum Gesindedienst für die leibeigenen Kinder.

Preisrevolution des 16. Jahrhunderts

Das 16. Jahrhundert brachte – bewirkt durch eine jetzt wieder zunehmende Bevölkerung und eine steigende Nachfrage – ein Ende des Verfalls der Agrarpreise. Bei der geringen Intensität der damaligen Landwirtschaft blieb die Getreideproduktion hinter den Bedürfnissen zurück. Nicht selten kam es auch zu künstlichen Verknappungen, wenn Kaufleute Waren horteten und auf höhere Preise spekulierten. Gleichzeitig blähten die Edelmetallimporte aus Amerika und die Ausweitung des bargeldlosen Zahlungsverkehrs zwischen den großen Kaufleuten und Banken die Geldmenge inflationär auf. So vervierfachten sich die Agrarpreise zwischen dem Ende des 15. Jahrhunderts und dem Anfang des 17. Jahrhunderts nahezu. Die Löhne dagegen stiegen im gleichen Zeitraum nur um rund 120%, weil jetzt mehr Menschen auf den Arbeitsmarkt drängten. Noch geringer waren mit 40% die Preissteigerungen bei gewerblichen Waren wie z. B. Textilien. Diese von den Historikern so genannte Preisrevolution hatte vor allem für die Stadtbevölkerung fatale Folgen. Das Realeinkommen der lohnabhängigen Arbeitskräfte ging deutlich zurück, da diese für den Kauf von Agrarprodukten in der Regel 70% bis 80% ihres Einkommens aufwenden mussten. Profitieren konnten davon die agrarischen Großproduzenten, die ostelbischen Gutsbesitzer, die für den Markt anbauten. Die Bauern dagegen kamen im Osten gar nicht und im Westen weniger in den Genuss der hohen Getreidepreise. Meist erhöhten nämlich die Grundherren die zu leistenden Abgaben und schöpften so den Rahm ab.

Aufstieg der bürgerlich-zivilisierten Gesellschaft

Mit der Blüte der Städte und der Ausbreitung klassisch-humanistischen Gedankenguts durchdrangen allmählich die Vorstellungen einer an antiken Vorbildern gewonnenen zivilisierten Stadtgesellschaft das mittelalterliche Dreiständemodell. Nicht mehr eine gottgewollte Ordnung sollte das Zusammenleben und die Stellung der Menschen bestimmen, sondern der Grad von Zivilisiertheit und Bildung. Zivilisierte Menschen lebten – so glaubte man – vornehmlich in der Stadt. Sie kleideten sich geziemend und benahmen sich – speziell beim Essen – schicklich. Sie hatten ein Bewusstsein von moralischen Normen sowie von Recht und Unrecht, waren wohlhabend und zeichneten sich besonders durch einen kaufmännisch-rationalen Umgang mit dem Geld aus. Diesen gegenüber standen diejenigen, die nicht in dieses Modell passten: die armen Tagelöhner in der Stadt sowie die plumpen, rohen und ungebildeten Bauern auf dem Land – immerhin fast 90% der gesamten Bevölkerung.

Die Grundlage für dieses neue bürgerliche Selbstverständnis und die Legitimation für den gesellschaftlichen Aufstieg bildete ein – u. a. von den Reformatoren formuliertes – neues Arbeitsethos. Fleiß und Arbeitsamkeit wurden gepriesen, Faulheit und Müßiggang dagegen verdammt. Das richtete sich auch gegen den Adel, vor allem aber gegen die Antitypen der bürgerlich-zivilisierten Gesellschaft, die Bettler und anderen „unehrlichen" Leute: Fremde, Heimatlose, Vagabunden, Landstreicher, Gaukler und Landsknechte. In der mittelalterlichen Sozialordnung hatten diese noch einen festen Platz als dankbare Objekte christlicher Fürsorge gehabt. Durch die Stiftung eines Hospitals z. B. glaubte ein reicher Kaufmann, ein gutes Werk für sein Seelenheil vollbringen zu können. Doch jetzt begann man diese Randgruppen entweder von der Stadt fern zu halten oder sie zu disziplinieren. Die Ratsherren erließen zahlreiche Armen- und Bettelordnungen, ernannten Bettelvögte als Aufseher und organisierten die Fürsorge nach rationalen Kriterien. Nur der wirklich Bedürftige verdiente Unterstützung, nicht die Arbeitsscheuen. Diese sollten nach Möglichkeit zu nützlichen Mitgliedern der bürgerlichen Gesellschaft erzogen werden. Ihren konsequenten Ausdruck fand diese Haltung in den ab etwa 1600 in vielen Städten errichteten Armen-, Zucht- und Arbeitshäusern.

3 Leben auf der Dorfstraße um 1537, Holzschnitt aus P. Vergilius „Von den Erfindern des Dynge“.

4 Deutsches Stadtleben um 1550. Holzschnitt 1. Hälfte des 16. Jhr.: Orgelspieler, Kaufmann mit Rechenbrett, Schreiber, Holzbildhauer, Maler, Gelehrter, Arzt und Astrologen, Goldschmied, Straße mit Kaufläden; oben das Tierkreiszeichen des Merkur (Gott des Handels und der Kaufleute).

5 Das Leben der Bauern

Der humanistische Gelehrte Johannes Boemus (1485–1535) verfasste 1520 die erste volkskundliche Darstellung des Bauernstandes:

Der letzte Stand ist derer, die auf dem Lande in Dörfern und Gehöften wohnen und dasselbe bebauen und deshalb Landleute genannt werden. Ihre Lage ist ziemlich bedauernswert und hart. Sie wohnen abgesondert voneinander, demütig mit ihren Angehörigen und ihrem Viehstand. Hütten aus Lehm und Holz, wenig über die Erde emporragend und mit Stroh gedeckt, sind ihre Häuser. Geringes Brot, Haferbrei oder gekochtes Gemüse ist ihre Speise, Wasser und Molken ihr Getränk. Ein leinener Rock, ein paar Stiefel, ein brauner Hut ist ihre Kleidung. Das Volk ist jederzeit ohne Ruhe, arbeitsam, unsauber. In die nahen Städte bringt es zum Verkaufe, was es vom Acker und vom Vieh gewinnt, und kauft sich wiederum hier ein, wessen es bedarf; denn Handwerker wohnen keine oder nur wenige unter ihnen. In der Kirche, von denen eine für die einzelnen Gehöfte gewöhnlich vorhanden ist, kommen sie an Festtagen vormittags alle zusammen und hören von ihrem Priester Gottes Wort und die Messe, nachmittags verhandeln sie unter der Linde oder an einem anderen öffentlichen Orte ihre Angelegenheiten, die Jüngeren tanzen darauf nach der Musik des Pfeifers, die Alten gehen in die Schenke und trinken Wein. Ohne Waffen geht kein Mann aus: Sie sind für alle Fälle mit dem Schwerte umgürtet. Die einzelnen Dörfer wählen aus sich zwei oder vier Männer, die sie Bauermeister nennen, das sind Vermittler bei Streitigkeiten und Verträgen und die Rechnungsführer der Gemeinde. Die Verwaltung aber haben nicht sie, sondern die Herren oder die Schulzen, die von jenen bestellt werden. Den Herren fronen sie oftmals im Jahre, bauen das Feld, besäen es, ernten die

Früchte, bringen sie in die Scheunen, hauen Holz, bauen Häuser, graben Gräben. Es gibt nichts, was dieses sklavische und elende Volk ihnen nicht schuldig sein soll, nichts, was es, sobald es befohlen wird, ohne Gefahr zu tun verweigert: Der Schuldige wird streng bestraft. Aber am härtesten ist es für die Leute, dass der größte Teil der Güter, die sie besitzen, nicht ihnen, sondern den Herren gehört und dass sie sich durch einen bestimmten Teil der Ernte jedes Jahr von ihnen loskaufen müssen.

Zit. nach: Günther Franz (Hg.), Quellen zur Geschichte des deutschen Bauernstandes in der Neuzeit, Darmstadt, 2. Aufl. 1963, S. 2–4.

6 Die Lage der Ritterschaft und des Kleinadels

a) Aus einem Brief des Reichsritters und Humanisten Ulrich von Hutten (1488–1523) an den Nürnberger Patrizier Willibald Pirckheimer (1470–1530) aus dem Jahr 1518:

Um uns steht es so, dass mir die Zeitläufe keine Ruhe ließen, sogar wenn ich ein höchst ansehnliches Erbe besäße und von meinen Einkünften leben könnte. Man lebt auf dem Feld, im Wald und in den bekannten Burgen auf dem Berg. Die uns ernähren, sind bettelarme Bauern, denen wir unsere Äcker, Weinberge, Wiesen und Wälder verpachten. Der einkommende Ertrag ist, gemessen an der aufgewandten Mühe, geringfügig; aber man sorgt und plagt sich sehr, dass er großmächtig werde. Denn wir müssen höchst sorgsame Hausväter sein.

Sodann müssen wir uns in den Dienst eines Fürsten stellen, von dem wir Schutz erhoffen. Wenn ich das nicht tue, glaubt jeder, er könne sich alles gegen mich erlauben. Aber auch wenn ich es tue, ist diese Hoffnung täglich mit Gefahr und Furcht verbunden. Gehe ich nämlich von zu Hause fort, so muss ich fürchten, auf Leute zu stoßen, mit denen der Fürst, wie bedeutend er auch sein mag, Fehde oder Krieg führt und die mich seinetwegen anfallen und wegschleppen. Wenn es dann mein Unglück will, geht leicht mein halbes Vermögen als Lösegeld darauf, und so droht eben von dorther ein Angriff, von wo ich Abwehr erhoffte. Deswegen halten wir uns Pferde und Waffen und umgeben uns mit zahlreichem Gefolge, alles unter großen und spürbaren Kosten. Unterdessen gehen wir nicht einmal im Umkreis von zwei Joch[1] ohne Waffen aus. Kein Dorf können wir unbewaffnet besuchen, auf Jagd und Fischfang nur in Eisen gehen. Außerdem entstehen häufig Streitigkeiten zwischen fremden Meiern und unseren; kein Tag vergeht, an dem uns nicht ein Zank hinterbracht wird, den wir dann möglichst vorsichtig beilegen müssen. Denn sobald ich zu eigensinnig das Meine behaupte oder Unrecht ahnde, gibt es Krieg. Wenn ich aber zu sanftmütig nachgebe oder etwas vom Meinen preisgebe, bin ich sofort den Rechtsbrüchen aller anderen ausgeliefert, denn dann will jeder als Beute für ein Unrecht haben, was dem einen zugestanden wurde. Doch unter welchen Menschen geschieht dies? Nicht unter Fremden, mein Freund, nein, zwischen Nachbarn, Verwandten und Angehörigen, ja sogar unter Brüdern. Das sind unsere ländlichen Freuden, das ist unsere Muße und Stille!

Zit. nach: Arno Borst, Lebensformen des Mittelalters, Frankfurt / Berlin / Wien 1970, S. 173–175.

b) Beschwerde der fränkischen Ritterschaft an den Reichstag von Nürnberg, 1522:

Es ist den Grafen, Herren, auch anderem Adel beschwerlich, nachdem fast alle Stände im Römischen Reiche aus ihrer Notdurft zuzeiten zusammenkommen, dass etliche Fürsten und Obrigkeiten zuzeiten ihrem Adel solches mit Gewalt zu wehren unterstehen. [...] – Ferner haben die Fürsten besonders in hochdeutschen Landen eine Neuerung vor kurzem angefangen, dass ihrer viele alle heimgestorbenen weltlichen Lehen für sich behalten, so doch ihrer Gnaden Vorfahren deren viele oft gnädig wieder unter den Adel verliehen. – Wiewohl in vielen Landen deutscher Nation ein beständiger Gebrauch [...] ist, dass die Grafen, Herren und gemeiner Adel ihren Fürsten und Lehnherren um ihre Lehnsgüter ohne Besoldung außerhalb derselben Fürstentümer [...] zu dienen nicht schuldig sind, es sei denn, dass sie es aus gutem Willen tun, so haben sich doch etliche Fürsten neulich daselbst unterstanden, als ob er ihren Gnaden überall und allerwege zu dienen schuldig sei. – Etliche Fürsten lassen oft vor ihre Landgerichte Sachen ziehen, die nicht dahin, sondern vor ihre ordentliche Obrigkeit, den Adel und andere, hinter denen die beklagte Partei sitzt, gehören, wie Klagen um Schmähworte, Geldschuld u. dgl. – Etliche Fürsten und andere Obrigkeiten haben von Kaiserlicher Majestät hochlöblichen Gedächtnisses neulich die Freiheit erkauft, dass, so ein Endurteil [...] in Sachen, die nicht über 400 bis 600 Gulden Wert betreffen, an ihren Gerichten eröffnet würde, der verlierende Teil davon an Kaiserliche Majestät oder ihr Gericht nicht appellieren darf [...]; was nicht geringe Ursachen zu Fehden und tätlichen Angriffen gibt.

Zit. nach: Gerhart Bürck / Richard Dietrich (Hg.), Weltgeschichte im Aufriss, Band II, Frankfurt / Berlin / München, 15. Aufl. 1971, S. 215 f.

1 Altes Flächenmaß, ca. 0,5ha.

7 Darstellung des Raubrittertums aus dem Jahr 1531, Holzschnitt bei Franziskus Petrarca.

8 Armut, Bettelei und Müßiggang

a) Aus der Kastenordnung[2] von Württemberg (1559):

Wie es mit den fremden Bettlern und Vagabunden / auch den leichtfertigen Armen gehalten soll werden.

Damit den Einwohnenden dürftigen armen Leuten desto stattlicher und reichlicher geholfen / und andere Beschwerlicheit und Unrat / so von den fremden Bettlern und Vagabunden bisher an vielen Orten und Enden offensichtlich und beschwerlich / begegnet ist / verhütet werden mögen / So wollen und gebieten wir ernstlich/ dass alle Vagabunden in unserem Fürstentum [...] / weder auf den Jahrmärkten / noch zu andern Zeiten nicht gelassen / darinnen gar nicht geduldet / sondern hinaus verwiesen werden sollen / und fürnehmlich die Amtleute / Bürgermeister / Gerichte und Kastenpfleger an den Grenzen und Ortsämtern / die fleißig und ernstlich Fürsehung tun / dass die daselbst abgewiesen und nicht in unser Fürstentum eingelassen werden / denn diese im Schein angemaßter Armut allerlei Brand / Mord / Raub / Diebstahl und Verräterei anrichten und üben / zudem mit ihrer Faulheit / gleich wie die Hummel / dem arbeitsamen Bienlein den armen Bedürftigen das Brot vor dem Mund abzuschneiden verstanden/ Würden aber die an einem oder mehr Orten in unserer Obrigkeit [...] / es wäre auf Jahrmärkten oder andere Zeit von jemand zugelassen und geduldet / oder auf den Grenzen von den Amtleuten und Bürgermeistern nicht abgewiesen / [sondern] gefährlich und wissentlich durchgelassen / gedenken wir dieselbigen darum mit Ernst zu strafen / demnach sich ein jeder wisse zu schicken. [...]

Wie die notdürftigen frommen Armen zum Almosen erkannt und angenommen werden / [...]

Damit nun fortan in diesen Fällen / allein den frommen Armen und desto unterschiedlicher und ordentlicher Weise geholfen werde / sich die Faulenzer / Verschwender und Ruchlosen desto weniger unter die Frommen / denen zum Schaden einmischen / auch die Gutherzigen spüren mögen / wem und wie das Almosen ausgespendet / und desto mehr angereizt / ihre Steuer und Handreichung in die Armenkästen oder den Armen in anderer Weise zu geben / und sonst alle Ausrichtung dieser unserer Ordnung nach / desto wirklicher und richtiger vollstreckt möge werden / wollen und befehlen wir / dass niemand also zum Empfang des Almosens zugelassen / oder um Gottes Willen gegeben oder geholfen werde / es sei denn einem von dem Amtmann und Gericht da einer gesessen / solches seiner Notdurft und Einhaltens dieser unserer Ordnung nach (und nicht aus Gunst) vergönnt und zugelassen. [...]

Zit. nach: Paul Münch (Hg.), Ordnung, Fleiß und Sparsamkeit. Texte und Dokumente zur Entstehung der „bürgerlichen Tugenden", München 1984, S. 62 f. (Leicht dem heutigen Deutsch angepasst)

2 Kasten = Almosenkasten.

b) Aus dem „Weiberspiegel" des Georgius Viuennius aus dem Jahre 1565:

Das man nicht müßig / träge / noch schläfrig sein soll / und doch notdürftige Ruhe / Erquickung / und ehrliche Kurzweil möge haben.

Ein faul und müßig Leben soll man fliehen / Denn Trägheit und Verdrossenheit des Gemütes / machet auch den Leib matt und ungeschickt / Aber Übung des Gemütes / dienet auch zur Leibesgesundheit / Darum halt ich dies für eine allgemeine Lehre / beides der Dienstbarkeit und Tuns / das man Gott schuldig ist / darinnen man ohne tödliche Sünde nicht soll noch kann faul und nachlässig sein / und auch der Dienstbarkeit gegen den Menschen / in welchen Trägheit und Faulheit der Seelen oder Gemüt / dem Leibe und den Gütern Schaden bringet / Dieweil das Leben / wie Plinius sagt / eine Munterkeit ist / und in dem Wachen stehet / so sollen wir uns hüten / dass wir nicht die meiste Zeit unsers Lebens / mit Schlafen umbringen und verlieren / Weil zu voraus Schlafsucht dem Leib und Gemüt viel

Übels gebäret. [...] Allzu viel Schlafen / schwächet den Verstand und den Leib / [...] Bisweilen muss man schlafen und Ruhe haben / aber nicht zur Wollust / sondern nach Erforderung der Natur / zur Gesundheit / und dass man möge alle Sachen desto tätiger verrichten. Dann zu wenig schlafen / schwächet das Gesicht / und entziehet dem Leibe Blut und Saft / macht ihn ganz ungelenk und ungeschickt.

Zit. nach: Paul Münch (Hg.), a. a. O., S. 66 (Leicht dem heutigen Deutsch angepasst).

9 Gutes Benehmen

In seiner Schrift „Von der kindlichen Höflichkeit“ erläutert Erasmus von Rotterdam zivilisierte Verhaltensweisen:

Wenn einer eine Rotznase hat, ist er ein unreinlicher Mensch. [...] Wer sich in seine Mütze oder in einen Zipfel seines Gewandes schnäuzt, benimmt sich wie ein Bauer, wer auf den Arm oder auf den Ellenbogen wie ein Pökelhändler. Es ist auch nicht reinlicher, sich in die Hand zu schnäuzen und sie dann an den Kleidern abzuwischen. Da ist es anständiger, sich eines Taschentuchs zu bedienen und sich umzudrehen, wenn eine ehrenwerte Person dabeisteht.

Man muss seine Zähne sorgfältig rein halten. Sie mit Hilfe von Pulvern zu bleichen, ist eine ganz weibische Art. Sie mit Salz oder Alaun zu scheuern, schadet dem Zahnfleisch. Sie mit Urin zu putzen, ist eine spanische Mode. Wenn Speisereste zwischen den Zähnen stecken bleiben, so soll man sie nicht mit einer Messerspitze, nicht nach Art der Katzen mit den Fingernägeln und auch nicht mithilfe einer Serviette entfernen. Bediene Dich eines Sprosses vom Mastixstrauch, eines Federkiels oder eines jener kleinen Knochen, die man aus Hähnchen oder Suppenhühnern herausziehen kann.

Man vernachlässigt sich, wenn man sich nicht kämmt. Doch ordentlich sein heißt nicht, dass man sich wie ein Mädchen herausputzt. Achte darauf, dass Du keine Läuse oder Nissen hast: Das ist abscheulich. Es gehört sich nicht, wenn man sich in Gegenwart eines anderen ständig im Haar wühlt. Ebenso ist es ungehörig, sich mit den Fingernägeln zu kratzen, vor allem, wenn es zur Gewohnheit wird und unnötig geschieht. Das Haar soll weder in die Stirn fallen noch bis auf die Schultern herabhängen. Man soll es auch nicht aus dem Gesicht schütteln, denn das wirkt wie bei einem Pferd, das seine Mähne schüttelt.

Zit. nach: Léon E. Halkin, Erasmus von Rotterdam. Eine Biographie, Zürich, 2. Aufl. 1992, S. 266.

10 Grobianus Tischzucht. Titelblatt von 1551.

Arbeitsvorschläge:

a) Analysieren Sie die Lebensverhältnisse und die Rechtsstellung der Bauern (M 3, M 5).
b) Stellen Sie die Klagen zusammen, die die Ritter erheben, und ordnen Sie diese nach den Kategorien „Wirtschaftliche Lage“, „Rechtliche Stellung“, „Streitigkeiten“ und „Sonstige Beschwerden“ (M 6).
c) Beurteilen Sie das Verhältnis der Ritter zu den Landesfürsten (M 6).
d) Zeigen Sie die Kriterien und das Wertesystem auf, nach denen die Armen und Bedürftigen beurteilt werden (M 8).
e) Untersuchen Sie mögliche Gründe und Absichten für den Erlass der Kastenordnung (M 8).
f) Erläutern Sie Erasmus' Vorstellung von Anstand und Ordnung und ordnen Sie sein Anliegen in die sozialen Verhältnisse seiner Zeit ein (M 9, 10).
g) Überlegen Sie mögliche Gründe für die Betonung des anständigen Benehmens.

Standpunkte: Die Bedeutung der Stadtbildung und des Aufstiegs des Bürgertums

Dass das Aufkommen der Städte im Mittelalter und ihr Wachstum und ihre Blüte im Übergang zur frühen Neuzeit für das Entstehen der modernen Gesellschaft von großer Bedeutung war, ist unter den Historikern unumstritten. Bei der Beurteilung der politischen, ökonomischen, geistigen und sozialen Aspekte der Stadtentwicklung finden sich allerdings unterschiedliche Akzentsetzungen und Bewertungen.

a) Der deutsche Historiker Karl Bosl (1972):

Das Bürgertum des sogenannten Mittelalters war eine dynamische und aktive Kraft, die die Wirtschaft und Gesellschaft der Epoche evolutionär entfaltete und mitgestaltete, aber nicht grundlegend veränderte und politisch beherrschte, sondern eingebettet blieb in die feudale Gesellschaft und Welt, neben und in ihr sich entfaltete, aber von ihr beschattet blieb. Der neue Geist und Wille, der sie prägte, die neue Gesinnung des Rechnens und Kalkulierens, der Arbeit, des Gewinnes und Erfolges, die sie vorantrieb und beseelte, fügten der mächtig erblühten Vielfalt der materiellen und geistigen Welt seit dem 11./12. Jahrhundert einen sehr kraftvollen neuen Zug bei, der die archaische Grundstruktur der alten Gesellschaft entscheidend mitverändern half; neue Bewegungen innerhalb und außerhalb der Kirche, die sich religiös gaben, aber auch gesellschaftskritisch waren und zu Widerstand, auch zu revolutionärer Tat drängten, kamen auf und waren von Bürgern und Bauern getragen. Aber sie und ihr Geist, auch das Bürgertum im Ganzen, wurden in diesem Aufbruch von Gesellschaft und Kultur noch nicht dominant, sie entwickelten sich neben den anderen alten und neuen Kräften, gesellten sich ihnen bei oder ordneten sich ihnen unter; sie waren vor allem keine entscheidende politische Potenz, wenn auch eine stetig wachsende wirtschaftliche Kraft. Ihre Führungsschicht, das Patriziat, ging schließlich im Niederadel auf und stieg zum feudalen Herrenstand empor.

Zit. nach: Karl Bosl, Die Grundlagen der modernen Gesellschaft im Mittelalter. Eine deutsche Gesellschaftsgeschichte, Bd. II, Stuttgart 1972, S. 248 f.

b) Der deutsche Historiker Erich Maschke (1974)

Nur wer die wirtschaftlichen Vorgänge im Bereich von Geld und Kredit, die sich in den deutschen Städten zu Ausgang des Mittelalters vollzogen, ganz überschaut, hat auch Einsicht in den tiefen Wandel, den sie auslösten. [...] Standen damals wie heute die großen Kaufleute und ihre Gesellschaften im Mittelpunkt des Interesses, so war das Phänomen einer neuen geistigen Haltung und eines dadurch geprägten wirtschaftlichen Verhaltens doch viel umfassender. Ein auf Geld und Kredit, Kapital und Zins, Investition und Gewinn ausgerichtetes Denken verbreitete sich im 15. und 16. Jahrhundert weit über den Kreis der Kaufleute hinaus. [...]
In der geldwirtschaftlich orientierten Gesellschaft der spätmittelalterlichen Stadt war die Vermögenshöhe das Kriterium der Geltung und des Ansehens. Doch gerade die Polarisierung der Gesellschaft, durch welche zunehmend Arme und Reiche ohne starke vermittelnde Zwischenglieder einander gegenübergestellt wurden, löste Veränderungen im sozialen Bewusstsein aus, die ihrerseits nicht selten Aktivitäten zur Folge hatten. Weiterhin eingebettet in die christliche Glaubensordnung, brach angesichts der außerordentlichen Kapitalkonzentration eine neue Bewusstseinslage durch, in der die soziale Lage als solche wesentlich wurde und weithin kritisch diskutiert werden konnte. Ganz allgemein wird der Umfang dieser Veränderung unter anderem sichtbar in der veränderten Wertung von Armut und Arbeit. Hatte die christliche Caritas Jahrhunderte hindurch jedem Armen, der um ein Almosen bat, geholfen, so wurde jetzt zwischen verschuldeter und unverschuldeter Armut unterschieden. Gerade in den Städten wurde diese Unterscheidung mit großer Konsequenz entwickelt und die Unterstützung der unverschuldet Armen überdies auf die in der Stadt ansässigen beschränkt.

Zit. nach: Erich Maschke, Deutsche Städte am Ausgang des Mittelalters, in: W. Rausch (Hg.) Die Stadt am Ausgang des Mittelalters, Linz 1974, S. 12 ff.

Arbeitsvorschläge:

a) Prüfen Sie, inwieweit die beiden Historiker ökonomische, politische, geistige und soziale Gesichtspunkte in ihre Beurteilung einbeziehen.
b) Arbeiten Sie das jeweilige Fazit in den beiden Texten heraus und vergleichen Sie diese.
c) Erörtern Sie die beiden Texte vor dem Hintergrund der weiteren Entwicklung der Städte bis heute.

Geschichte regional: Halle, die Residenzstadt deutscher Renaissance unter Kardinal Albrecht

Albrecht von Brandenburg aus dem Adelsgeschlecht der Hohenzollern wurde 1490 als zweiter Sohn des Kurfürsten Johann Cicero von Brandenburg geboren. Als Nachgeborener früh für die geistliche Laufbahn bestimmt, erhielt er 1506 die ersten kirchlichen Weihen, 1513 die Priesterweihe. Zeitgleich wurde er Erzbischof von Magdeburg und Administrator des Bistums Halberstadt und 1514 darüber hinaus zum Erzbischof von Mainz gewählt. Dadurch nahm er traditionsgemäß die mit diesem Amt verbundenen weltlichen Funktionen des ranghöchsten Kurfürsten und Reichserzkanzlers ein, d.h. als persönlicher Leiter der Reichskanzlei stand er auch den Reichstagen vor. Somit war Albrecht mit 24 Jahren als „Primas von Deutschland" oberster kirchlicher und weltlicher Würdenträger nach dem Kaiser. 1518 stieg er zusätzlich zum Kardinal der Römischen Kirche auf.
Die vom Papst Leo X. für diese Ämterhäufung geforderten hohen Abgaben nach Rom zwangen Albrecht zur Kreditaufnahme im Augsburger Bankhaus Fugger, für deren Ausgleich der Papst die Verkündigung des St. Peter-Ablasses für zehn Jahre in Aussicht gestellt hatte.
Leben und Regierungszeit Albrechts von Brandenburg fielen in eine Epoche deutscher Geschichte, in der zunächst der Humanismus und die Renaissance sowie schließlich die Reformation in allen Lebensbereichen der Menschen gravierende Umbrüche hervorriefen.
Humanistisch gebildet, dem Aufklärungs- und Toleranzgedanken des Humanisten Erasmus von Rotterdam verpflichtet und auch aufgeschlossen gegenüber den immer lauter werdenden notwendigen Reformforderungen innerhalb der katholischen Kirche, gehörten jedoch für Albrecht nicht zuletzt auch die repräsentative Darstellung erzbischöflicher und kürfürstlicher Macht und Größe dazu. Allerdings brachte dieses Selbstverständnis eine rasch wachsende Verschuldung mit sich.
In Halle, seiner mit der Moritzburg bevorzugten Lieblingsresidenz, ließ Albrecht ab 1520 eine frühgotische Dominikanerkirche zur Stiftskirche seines „Neuen Stifts" und zu einer der prachtvollsten Kirchen der Renaissance ausbauen. Als ein monumentales Gehäuse für seinen kostbaren Reliquienschatz ließ Albrecht in neuartiger Weise das Dachgesims mit einem Rundbogengiebelkranz nach dem Vorbild venezianischer Renaissance bekrönen. Mit dem in spätmittelalterlicher Heiligenverehrung und fürstlicher Sammelleidenschaft der Renaissance demonstrierten Reliquienkult bewahrte Albrecht in der Stiftskirche eine kostbare Sammlung von Reliquien in mehr als 350 kostbaren Gefäßen, dem „Halleschen Heiltum".
Das „Hallesche Heiltumsbuch", eine durch Albrecht in Auftrag gegebene Prachthandschrift mit Miniaturmalerei als umfangreicher „Kunstkatalog" beginnender Neuzeit, ist in Erkenntnis der Goldschmiedekunst später Gotik und früher Renaissance ein religions-, kunst- und kulturgeschichtliches Zeugnis.
Die großzügige Innenausstattung der Stiftskirche unterwarf Albrecht einer Inszenierung überlebensgroßer Pfeilerfiguren von Heiligen und Aposteln. Dafür beauftragte er die bedeutendsten Künstler seiner Zeit, z.B. für einen Gemäldezyklus auf Wandelaltären und Tafelbildern die Maler Matthias Grünewald und Lucas Cranach. Die auf den Tafelgemälden dargestellten Heiligen, gekleidet in farbenprächtige, kostbare Gewänder, demonstrieren nicht nur repräsentative Wirkung, sondern auch die Wertschätzung der Persönlichkeit als Ergebnis der neuen Weltanschauung der Renaissance, die sich in Bildnisaufträgen ausdrückt. Dabei ließ er teilweise

1 Albrecht als Hl. Erasmus mit der Hl. Ursula.
Verkleinerte Bildtafeln, Cranach-Schule.

2 Albrecht von Brandenburg. Der „Große Kardinal“ Albrecht Dürer 1523, Kupferstich auf Papier.

3 Die Stiftskirche Kardinal Albrechts, der Dom zu Halle.

die dargestellten Heiligen mit eigenen Gesichtszügen oder, wie bei der Hl. Ursula, mit denen seiner langjährigen Geliebten Elisabeth Schütz versehen.
Mit dem neuen Raumempfinden der Renaissance zu architektonischer Klarheit, überschaubarer Weite und Raumtiefe von Plätzen und Gebäuden gestaltete Albrecht den beengten, mittelalterlichen Halleschen Marktplatz um. So ließ er ab 1528 die Kirchenschiffe zweier hintereinander stehender mittelalterlicher Kirchen abbrechen und zwischen den unversehrt gebliebenen Turmpaaren ein neues Kirchenschiff errichten. Mit dem Neubau entstand, gemäß den Vorstellungen der Renaissance nach lichtdurchfluteten, hellen Räumen, eine chorlose Hallenkirche.
Der Plan einer humanistisch geprägten katholischen Universität 1531 nach dem Vorbild italienischer Renaissancepaläste wurde nicht zuletzt aufgrund immer dramatischer werdender Dynamik der reformatorischen Ereignisse während des Baus aufgegeben und von Albrecht stattdessen als komfortables Wohnschloss genutzt.

Albrechts Wirken in Halle trug letztlich auch zum Ausbruch der Reformation bei. So richtete sich Luthers 1517 einsetzende Ablasskampagne gegen Ablassbriefe und Ablasspredigten durch den als Generalkommissar eingesetzten Dominikanerpater Johannes Tetzel auch gegen die Finanzierungsmethode von Albrechts Ämterhäufung. In nicht minderer Schärfe protestierte Luther aber auch gegen den Reliquienkult um den berühmten Reliquienschatz Albrechts und dessen Zurschaustellung als der „Abgott von Halle“.
Mit dem schrittweisen Übertritt Halles zur Lehre Luthers ab 1541 und der Zusage der Stadt auf dem Landtag zu Calbe, sich an der Schuldendeckung Albrechts zu beteiligen, musste Albrecht die freie Religionsausübung im Erzbistum Magdeburg gewähren.
Nach Auflösung seines Stifts und unter Mitnahme allen beweglichen Kunstguts, einschließlich seines schon 1525 angelegten prunkvollen Grabmals, zog sich Albrecht von Brandenburg schließlich verbittert in das altgläubig gebliebene Erzbistum Mainz zurück, wo er 1545 starb und im Dom zu Mainz beigesetzt wurde.

Arbeitsvorschläge:

a) Erarbeiten Sie unter Berücksichtigung des Kapitels 1.1 die Merkmale für einen typischen Renaissancefürsten (in Abgrenzung zu einem mittelalterlichen Herrscher) und versuchen Sie dann, anhand dieser Kriterien Kardinal Albrecht einzuordnen.
b) Überlegen Sie, inwiefern die Stadt Halle / Saale im 16. Jahrhundert zu einer „modernen“ Renaissancestadt umgestaltet wurde. Recherchieren Sie, welche Spuren jener Zeit bis heute das Stadtbild prägen.
c) Recherchieren Sie, ob in Ihrer Heimatstadt noch Spuren der Renaissance zu finden sind bzw. diskutieren Sie, inwieweit die Renaissance einen Wendepunkt in Stadtplanung und Kulturverständnis darstellte.

1.2.2 Frühkapitalismus in Deutschland

Frühkapitalismus – Merkmale

Etwa ab dem 15. Jahrhundert wuchs primär in den süddeutschen Städten, aber auch in West- und Norddeutschland ein selbstbewusstes kaufmännisches Bürgertum heran. Dieses strebte – inspiriert durch die Geschäftspraxis der großen italienischen Handelshäuser – nach einem möglichst großen Profit und ließ sich nicht von alten Vorstellungen hemmen, nach denen nur ein angemessener Ertrag moralisch vertretbar war. In der Praxis äußerte sich diese neue gewinnorientierte Gesinnung in einer Wirtschaftsform, die man als Frühkapitalismus bezeichnet. Vier Merkmale waren kennzeichnend: (1) Fernhändler und Großkaufleute waren die Initiatoren; (2) Kaufleute engagierten sich als Verlagsunternehmer im Textilgewerbe; (3) große Handelshäuser verknüpften den Handel mit Geld- und Bankgeschäften und investierten (4) ihr Kapital im lukrativen Erzbergbau.

Fernhandel – Quelle des Reichtums

Gegen Ende des Mittelalters erhielt der europäische Fernhandel durch das Bevölkerungswachstum, die Ausweitung des Gewerbes und die neu entdeckten überseeischen Gebiete starke Impulse. In Mitteleuropa profitierten vor allem die süddeutschen Städte (u. a. Augsburg, Nürnberg, Ulm) von ihrer bevorzugten Lage im Herzen des Kontinents. In ihrem Einzugsgebiet kreuzten sich die Verbindungswege zwischen den oberitalienischen und niederländischen Handels- und Gewerbegebieten sowie zwischen den Messeorten Frankreichs im Rhonetal und der Champagne und den Bergbauzentren Osteuropas. Gehandelt wurde mit Luxusartikeln wie Gewürzen und Seide, aber auch mit Getreide, Fleisch, Fisch, Bier usw. für die städtische Bevölkerung, mit Rohmaterialien wie Holz und Wolle sowie mit gewerblichen Erzeugnissen, vor allem Tuchen. Süddeutschland war zugleich ein bedeutendes Zentrum der Textilproduktion. Hier wurden Leinenstoffe und Barchent hergestellt, ein neuartiges und begehrtes leichtes Mischgewebe aus Leinen und Baumwolle.

Verlagssystem

Vor allem im Textilgewerbe praktizierte man jetzt immer öfter das sogenannte Verlagssystem. Im Mittelalter hatte der Handwerker sich meist selbst um den Ein-

1 Der Bankier und sein Weib, Marinus von Roymerswaele, um 1540.

kauf der nötigen Rohstoffe und den Verkauf seiner Erzeugnisse gekümmert. Das war nun in den Zeiten weltweiter Handelsbeziehungen, wachsender Produktdifferenzierung und neuer, von weither zu beziehender Rohstoffe kaum mehr möglich. Hier schaltete sich nun der Fernhandelskaufmann als Verleger ein. Er verfügte über die nötige Kenntnis der Märkte und war auch in der Lage, große Warenmengen in anderen Städten und Ländern zum Verkauf zu bringen. So handelte er mit dem Handwerker die Lieferung einer bestimmten Menge von Produkten zu einem festen Preis aus. Dabei lieferte er häufig auch die zur Herstellung erforderlichen Rohstoffe, an die der Handwerker nur schwer herankam (z. B. Baumwolle aus dem Orient). Aus ehemals selbstständigen Meistern wurden abhängige Produzenten, die für ihre Arbeit bezahlt wurden. Diese Abhängigkeit von den Verlegern wirkte oft als Belastung, bot allerdings auch etliche Vorteile: Die Handwerker konnten mit einem einigermaßen sicheren und stetigen Absatz ihrer Produkte rechnen; manchmal erhielten sie von ihren Verlegern auch Darlehen zum Ausbau ihrer Werkstatt. Am meisten profitierten jedoch die Verleger selbst von diesem System, da sie mit ziemlich hohen Gewinnspannen kalkulieren konnten.

Geldverkehr und Bankgeschäfte

Typisch für den Frühkapitalismus war weiter, dass man jetzt oft die in Italien entwickelten Techniken des bargeldlosen Zahlungsverkehrs mit Wechseln anwandte. Außerdem betrieb eine Reihe von großen Handelshäusern jetzt auch Geld- und Bankgeschäfte.
Sie nahmen Geldeinlagen reicher Bürger oder Adliger an und vergaben Kredite – sogar an Landesfürsten und den Kaiser. Oft investierten sie die eingebrachten Gelder in gewinnversprechende Unternehmungen. Um diese oft komplizierten Geschäfte übersichtlich zu halten, benutzten diese frühen Großunternehmer die ebenfalls aus Italien stammende Methode der doppelten Buchführung nach Soll und Haben. Sie machte die Geschäftsvorgänge transparent und wies Geld- und Warenbestände sowie Zahlungsverpflichtungen und Außenstände geordnet aus. Der professionelle Geldverleih war allerdings nicht ohne Risiko. Manchmal waren nämlich hohe Kredite, besonders die an Adlige oder Fürsten, nicht mehr einzutreiben, so dass die Gefahr des Bankrotts drohte.

2 Kupferbergwerk, Herri met de Bles, Ausschnitt um 1540.

Bergbau

Besonders gewinnträchtig war damals eine Investition in den Erzbergbau. Der wachsende Bedarf des städtischen Gewerbes und der fürstlichen Armeen an Metall sowie die Zunahme des mit Silber- und Kupfermünzen abgewickelten Geldverkehrs bescherten dem Bergbau der frühen Neuzeit einen rasanten Aufschwung. Ursprünglich besaßen die Fürsten das Bergregal. Diese hatten die Abbaurechte jedoch oft in Form von Anteilen („Kuxen") gegen Beteiligung an Städte, Einzelpersonen oder Genossenschaften ausgegeben. Solche Kuxen konnte man – wie heutzutage Aktien – kaufen und sich so am Bergbau beteiligen. Hier bot sich den reich gewordenen Großkaufleuten eine Chance. Der Bergbau war nämlich immer kostspieliger geworden. Die Löhne der Bergknappen waren stark gestiegen und die Abbaukosten hatten sich durch das Vordringen in immer größere Tiefen und den Einsatz von aufwändigen Maschinen zur Entwässerung und Belüftung der Gruben sowie zum Transport des Erzes enorm verteuert. Damit waren kleine Unternehmer oder Genossenschaften oft überfordert. Zahlreiche deutsche Handelshäuser nutzten die Gelegenheit und engagierten sich im Erzbergbau. Der bedeutendste war Jakob Fugger, der durch seine guten Beziehungen zum Hause Habsburg zum größten europäischen Montanindustriellen aufstieg. Den Grundstock für diesen Erfolg hatte sein Großvater Hans Fugger als Weber und Textilgroßhändler gelegt.

Das Haus Fugger

Hans Fugger schaffte den Aufstieg vom einfachen Dorfweber zum Verlagskaufmann in Augsburg, wo er durch Heirat das Bürgerrecht erworben hatte. Nach seinem Tod im Jahre 1409 führten seine Witwe Elisabeth und nach deren Tod ihr Sohn Jakob (der Ältere, 1408 – 1469) die Geschäfte weiter und bauten sie geschickt aus. Bereits Mitte des 15. Jahrhunderts gehörten die Fugger zu den reichsten Familien der Stadt. Jakobs jüngster Sohn, der ebenfalls den Namen Jakob erhielt und den die Zeitgenossen „den Reichen" nannten, führte das väterliche Unternehmen Anfang des 16. Jahrhunderts auf den Gipfel seiner Macht. Das Fuggerimperium besaß Niederlassungen in ganz Europa und machte mit Kaufleuten in vielen Ländern Geschäfte. Entscheidend für den Erfolg waren Jakob Fuggers gutes Verhältnis zu den Habsburgern, sein Engagement im Silber- und Kupferbergbau sowie sein Geschick in Geldgeschäften. Bereits Ende des 16. Jahrhunderts hatte der in ständigen Finanzschwierigkeiten steckende Erzherzog von Tirol für ein Darlehen von 150 000 Gulden dem Haus Fugger den Ertrag aus seinen ergiebigen Silber- und Kupferbergwerken in Schwaz am Inn abgetreten, was den Fuggern einen Profit von etwa 50 000 Gulden beschert hatte. Wenig später kontrollierte Jakob Fugger wichtige ungarische und spanische Bergbaugebiete, schaltete die Konkurrenz durch Dumpingpreise aus und beherrschte den Kupfermarkt.

3 Jakob Fugger mit seinem Buchhalter Matthäus Schwarz in seinem Augsburger Kontor, 1518.

Dank seiner Kapitalkraft wurde Jakob Fugger zum Bankier vieler Fürsten, des Kaisers und des Papstes. Er finanzierte Bischofssitze, beteiligte sich am Ablasshandel und beeinflusste auch die deutsche Kaiserwahl nach dem Tod Kaiser Maximilians im Jahre 1519 zugunsten Karls V.

Soziale und ethische Probleme des Frühkapitalismus

Schon wenige Jahre später machte sich Fuggers Engagement bezahlt. Sein großer Reichtum und sein oft hartes Geschäftsgebaren hatten nämlich vor allem beim Not leidenden Kleinadel und bei den mittelständischen Kaufleuten in Nord- und Mitteldeutschland Neid und Missfallen hervorgerufen. Sie warfen ihm Monopolmissbrauch vor und klagten ihn und andere Großkaufleute zwischen 1512 und 1530 auf Reichstagen mehrmals öffentlich an. Doch Kaiser Karl, der von den Anleihen der Großkaufleute abhängig war, schlug die Verfahren jedesmal nieder. Auch die Reformatoren kritisierten die Großkaufleute scharf. Martin Luther z. B. prangerte immer wieder ihre Geschäftsmethoden und vor allem den mühelosen Gewinn durch Finanzgeschäfte an.

Niedergang der Großkaufleute

Die enge Verflechtung der großen Handelshäuser mit dem Kaiser und anderen Fürsten wurde diesen letztlich doch zum Verhängnis. Oft waren die Landesherren nämlich nicht in der Lage, ihre Schulden zu begleichen, und zogen ihre Geldgeber mit in den Bankrott. Die herrschenden Höfe kannten noch kein ausgereiftes Steuersystem und keine geordnete Finanzwirtschaft, so dass die Kredite der großen Bankhäuser in Kriegen verpulvert oder in höfischer Prachtentfaltung und fürstlichem Luxus ausgegeben wurden. Erst als sich im 17. Jahrhundert im Zeichen des Merkantilismus eine geordnete staatliche Wirtschafts- und Finanzpolitik herausbildete, änderten sich diese Zustände. Gesicherte und regelmäßige Steuereinnahmen machten sie von Bankanleihen unabhängig, und die Großkaufleute als staatliche Bankiers wurden kaum noch benötigt. Viele von ihnen hatten sich ohnehin durch den Erwerb großer Ländereien und die Erlangung von Adelstiteln (die Fugger wurden sogar Reichsfürsten) aus dem kaufmännischen Beruf verabschiedet und genossen jetzt das bequeme Leben des Landadels.

4 Der reiche Kaufmann, Kupferstich von Daniel Hopfer (1470–1536).

5 **Bilder aus dem Kaufmannsleben.** Holzschnitt von Jost Amman, 16. Jahrhundert.

6 Ein Geschäftsvertrag aus der Zeit des Frühkapitalismus

Vertrag über eine Handelsgesellschaft auf 12 Jahre zwischen einem Kaufmann aus Leipzig und einem aus Antwerpen:

Wir, die Unterzeichnenden mit Namen [...], bekennen mit diesem offenen Brief für uns und unsere Erben und tun kund all denen, die denselben sehen, hören oder lesen, dass wir [...] uns zusammen verbunden haben und verbinden, einen Handel anzufangen auf den 1. Januar 1526 und in selbem Handel zu bleiben 12 Jahre lang. [...]

Zum andern haben wir uns vereint und sind damit wohl zufrieden, dass jeder von uns beiden Macht haben soll [...], unser eigenes Kapital oder Geld [...] in diesen Handel zu legen, es sei viel oder wenig. [...] Jedoch soll verzeichnet werden, wie viel, auch auf welche Zeit [...], auf dass wir in Beschluss unserer gemeinen Rechnung wissen mögen, einem jeden seinen gebührenden Teil [am Gewinn] zu überantworten. [...]

Weiter haben wir uns vereint, dass alles Geld, das wir in diesem Geschäft als Kredit oder auf Zins aufnehmen mögen während der 12 Jahre oder so lange, wie wir miteinander handeln, und welcher Nutz oder Schaden damit geschaffen werde, es uns beide halb betreffen soll. Es soll auch einer allein von uns nicht Macht haben, Geld von andern Leuten in diesen unsern Handel zu legen, anzunehmen, es sei denn, er habe dasselbe dem andern vorher schriftlich mitgeteilt, auch muss der andere zuvor seine Zustimmung geben und also damit zufrieden sein. [...]

Es soll auch unser jeder auf sein Geld zehren und Kost halten, wenn er zu Leipzig oder Antwerpen ist. Da jeder von uns tägliche Nahrung für seine Familie oder seine Bedürfnisse braucht, soll jeder jährlich bis zu 500 fl.[1] rheinisch aus dem Geschäft herauszunehmen Vollmacht haben und nicht mehr. [...]

Weiter ist unser Wille und unsere Meinung, dass wir alle drei Jahre am 1. Januar in unserem Handel eine Hauptrechnung [Bilanz] beschließen und halten wollen. [...] Nach Beschluss gemeiner Rechnung soll einer dem andern klar anzeigen, wo unser Gut, Schuld und Pfennwerte[2] sind [...], so dass man erfahren mag, welchen Gewinn oder Nutzen sie geschaffen haben. [...]

Wer aber sieht, dass von uns einer im Handelsgeschäft gefangen wurde, soll er ihn mit einem Lösegeld von nicht höher als 500 fl. freikaufen. Sonst soll er vom privaten Geld und nicht von des Handels Geld zahlen.

Aus: Quellen zur älteren Wirtschaftsgeschichte Mitteldeutschlands, III. Teil, hg. von H. Helbig, Weimar 1953. S. 49 ff.; zit. nach: Volkmar Wittmütz (Hg.), Politische und soziale Wandlungen am Beginn der Neuzeit, Frankfurt 1974, S. 34 f.

1 Florin = Gulden.
2 Waren in kleinen Mengen für den Einzelverkauf.

7 Allegorie auf den Wucher.

Der Kampf der Geldsäcke und der Geldschränke. Holzschnitt von Pieter van der Heyden nach Pieter Bruegel d. Ä.

8 Kritik an den großen Kaufmannsgesellschaften

a) Aus der sogenannten „Reformation des Kaisers Sigismund“

Diese Reformschrift, die sich mit Missständen im Reich, in Kirche und Gesellschaft auseinander setzt, stammt nicht von Kaiser Sigismund (1368–1437), sondern von einem unbekannten Verfasser und wurde vermutlich 1439 verfasst:

Von den Gesellschaften in den Städten

Item es sind große Gesellschaften aufgestanden, die zusammenspannen und treiben großen Kaufmannsschatz, es gehe ihnen wohl oder übel[3]. Sie schieben es je darnach, dass sie nicht verlieren. Das bekommt auch allen Gemeinden in den Städten und auf dem Lande übel. Man soll dawider sein, damit solche Verbindungen gebrochen und nirgends mehr gefunden werden, weder von Edlen noch von Bürgern. Wer sich aber an einer solchen Gesellschaft beteiligt, dessen Kaufmannsschatz soll, wenn er Bürger in einer Reichsstadt ist, der Stadt ledig und gar verfallen sein, und soll ihn darin nichts schirmen. [...]

Wie man das Vorkaufen abstellen soll

Man soll auch wissen, dass nötig ist der gemeinen Christenheit, zu sorgen um alles Vorkaufen, es sei Wein, Korn, Fleisch, Schmalz, allerlei Gemüse, was man genießen soll. In einem Land gerät das denn; im andern da findet man manchen, der darauf sieht und vorkauft; so es ihm füglich ist, so schlägt er ungewöhnlichen Gewinn darauf und bedrängt die armen Leute, wenn nichts wächst, Hagel, schlagend Ungewitter, Wolkenbrüche, was die Elemente in ihrer Gewalt haben, eintreten. Dies alles zu verstehen, soll man in einer jeglichen Reichsstadt von jeglichem Handwerk einen weisen, frommen Mann wählen und die alle einen leiblichen Eid zu Gott und den

3 Auf Gewinn oder Verlust.

Heiligen schwören heißen, nach der Früchte Jahrgang den Preis von Korn und Wein und andern Lebensmitteln zu überschlagen, dass Bauer und Rebmann bestehen können bei ihrer Arbeit.

Zit. nach: Gottfried Guggenbühl / Hans C. Huber, Quellen zur Geschichte des Mittelalters, Zürich, 5. Aufl. 1972, S. 391.

b) Martin Luther, Von Kaufhandlung und Wucher (1524):

Wir wollen hie von Missbrauch und Sünden des Kaufhandels reden, so viel es das Gewissen betrifft. Wie es des Beutels Schaden trifft, lassen wir Fürsten und Herrn für sorgen, dass sie ihr Pflicht daran ausrichten.

Erstlich haben die Kaufleut unter sich ein gemeine Regel, das ist ihr Hauptspruch und Grund aller Finanzen, da sie sagen: Ich mag meine War so teur geben, als ich kann. Das halten sie für ein Recht, da ist dem Geiz[4] der Raum gemacht und der Höllen Tür und Fenster alle aufgetan. Was ist das anders gesagt, denn so viel: Ich frage nichts nach meinem Nächsten. [...] Es kann damit der Kaufhandel nichts anders sein denn Rauben und Stehlen den andern ihr Gut. [...]

Darum will ich allhier etliche solcher Tücken und böse Stücke, so ich selbst vermerkt und durch fromme gute Herzen mir sind angezeigt, erzählen [...]: Aufs erst machen etliche kein Gewissen davon, dass sie ihr War auf Borgen und Zeit teurer verkaufen denn um Bargeld, ja, etliche wollen keine War verkaufen um Bargeld, sondern alles auf Zeit. Und das alles darum, dass sie ja viel Gelds dran gewinnen. Hie siehest du, dass dies Stück gar groblich wider Gottes Wort, wider Vernunft und alle Billigkeit, aus lauter freiem Mutwillen des Geizs sündigt an seinem Nächsten, des Schaden er nicht achtet, und raubt und stiehlet ihm das Seine und sucht nicht seine ziemliche Nahrung, sondern seinen Geiz und Gewinn alleine drinnen. Denn nach göttlichem Recht sollt er's nicht teurer borgen oder auf Zeit geben denn um Bargeld.

Item also ist auch das getan, dass etliche ihr Gut teurer verkaufen, denn es auf gemeinem Markt gilt und im Kauf gang und gäbe ist, und steigern also die War aus keiner Ursach, denn dass sie wissen, dass desselbigen Guts keins mehr im Lande ist oder in Kurz keins mehr kommen wird und man es haben müsse. Das ist ein Schalkauge[5] des Geizs, das nur aufs Nächsten Notdurft siehet, nicht derselben zu helfen, sondern sich derselben zu bessern[6] und mit seines Nächsten Schaden reich werden. Das sind alles öffentliche Diebe, Räuber und Wucherer.

Item, dass etliche ein Gut oder War in einem Lande oder in einer Stadt ganz und gar aufkaufen, auf dass sie alleine solch Gut ganz und gar in ihrer Gewalt haben und darnach setzen, steigern und geben mögen, wie teur sie wollen oder können. Nu ist droben gesagt, dass die Regel falsch und unchristlich ist, dass jemand sein Gut so teur gibt, als er will und kann. Viel greulicher ist das, dass man darauf ein Gut alleine aufkauft, wilchs auch die kaiserlichen und weltlichen Rechte verbieten und heißen's Monopolia. [...]

Item, wenn etliche ihr Monopolia und eigennützige Käufe sonst nicht vermögen aufzurichten, weil andere da sind, die auch der gleichen War und Gut haben, fahren sie zu und geben ihr Gut so wohlfeil[7], dass die andern nicht mögen zukommen und zwingen sie damit dahin, dass sie entweder nicht müssen feilhaben[8] oder mit ihrem Verderben[9] so wohlfeil geben als jene. Also kommen sie doch zum Monopolion.

Martin Luther, Von Kaufhandlung und Wucher; zit. nach: Hutten/-Müntzer/Luther, Band 2, Berlin/Weimar 1982, S. 184, 196–198, 200 (sprachlich leicht dem heutigen Deutsch angepasst).

4 Gier.
5 Arglist.
6 Sich mit derselben zu verbessern.
7 Billig, günstig.
8 Zum Verkauf anbieten.
9 Zu ihrem Schaden.

9 Das Monopolproblem vor dem deutschen Reichstag

a) Aus dem Bericht eines Reichstagsausschusses über die Monopole (1522):

Item oben genannte Monopolia, Vereinigung, Verbindung, Gesellschaften und ihr Verkauf wird nicht allein allererst itzo dem gemeinen Nutzen unleidlich und unträglich erfunden, sondern sind dieselben wie früher durch den Römischen Kaiser und Rechtsetzer als sehr schädlich, verderblich und sträflich geachtet und erkannt, dass dieselben Übertreter alle ihre Güter verloren und darzu außerhalb ihrer Wohnung in ewigs Elend verurteilt sein sollen.

Des mag zu einem Exempel gesetzt werden: So der König von Portugal einen Zentner Pfeffers um 18 Dukaten angeboten hat, haben sie ihm 20 Dukaten oder noch mehr darum geben, doch mit der Bedingung, dass die königliche Majestät in einem oder zweien Jahren keinem andern desselben Pfeffers oder Ware billiger denn um 24 Dukaten geben soll, und hat so noch einer den andern gesteigert, dass die Spezerei, so erstlich um 18 Dukaten erlangt werden mochte, itzund in Portugal über 34 Dukaten gekauft wird. Es werden die Ziffern genannt für die Spezereien, welche allein jährlich aus Lissabon eingehen auf 36000 Zentner Pfeffers und nicht darunter ehe darüber; 2400 Zentner Ingwer und 1000 Ballen Safran.

Die Gesellschaften haben es besonders auf die Waren abgesehen, deren man am wenigsten entbehren mag; und wenn eine nicht reich genug ist, so nimmt sie eine andere zu Hilfe und beide bringen dann die betreffende Ware ganz in ihre Hand. Wenn ein armer kleiner Kaufmann von ihnen dieselbe aufgezwungene Ware kaufen und dann die Ware andernfalls seiner Nahrung nach vertreiben will, so sind ihm gedachte große Handtierer von Stund an auf dem Nacken, haben den Überschwall derselben Ware, können diese wohlfeiler, auch auf langen Borg hingeben; damit wird dieser Arme bedrängt, kommt zu Schaden und etliche zum Verderb.

Welche Vorschläge sind nun zur Vermeidung genannter verbotener Fürkäufe zu machen?

1) Es sollen Gesellschaften oder einzelne Personen nur bis zu 20000, 40000 oder zum meisten 50000 Gulden Hauptgut (Kapital) zum Handel brauchen.

3) Dieses Hauptgut darf nicht durch Gewinn vermehrt werden.

4) Es darf zu Handelszwecken kein Geld um Zinskauf entlehnt werden, da dies ungöttlich und wucherlich, auch gemeinem Nutzen nachteilig und schädlich ist.

5) Keinerlei Ware darf in eine Hand gebracht werden.

7) Kein Kaufmann darf auf einen Kauf mehr über 100 Zentner Pfeffer, 100 Zentner Ingwer und von keinerlei Spezerei, wie die Namen hat, über 50 Zentner kaufen; auch nach solchem Kauf in einem Vierteljahr derselben Ware keine mehr führen oder kaufen.

Zit. nach: Harald Scherrinsky / Walter Wulf (Hg.), Renaissance, Reformation und Glaubenskämpfe, Frankfurt / Berlin / München 1975, S. 45 (sprachlich leicht dem heutigen Deutsch angepasst).

b) Antwort des Augsburger Rates an das Reichsregiment zu Nürnberg 1522:

In allen Landen, Fürstentümern, Städten und Gebieten, wo Kaufmannschaft [...] gehalten wird, daselbst bereichert man sich wohl [...], nicht allein der Wirt, sondern auch der Bauer, alle Handwerke, ja auch die Fürsten und Obrigkeiten an Zöllen, Mauten und anderen Einkommen.

Den großen Kaufleuten hangen an die großen Händel, denn die gemeinen Kaufleute könnten mit ihrem Vermögen die großen Hantierungen nicht vollführen. – Nicht der zwanzigste Teil des Pfeffers, so in Lissabon gekauft wird, wird in deutschen Landen verkauft und gegessen. [...] Warum wollte man dann den reichen Kaufleuten den Pfeffer zu kaufen und durch deutsche Nation zu andern Landen und Obrigkeiten zu führen verbieten? – Das können die gemeinen Kaufleute in Anbetracht, dass dies nicht in ihrem Vermögen ist, nicht tun. Und wenn man sich das unterstehen sollte [die Kaufmannsgesellschaften abzutun], so wäre das so viel, als wollte man dem Pfeffer das Land verbieten und das deutsche Land dieses gemeinen Nutzens und die Fürsten und Obrigkeiten ihrer Zölle, auch die Kaufleute ihres Gewinns berauben, welcher Nutzen und Gewinn alsbald zu andern Nationen kommen würde; gesetzt, dass die vermögenden Kaufleute aus Deutschland nicht handeln würden, so würde man es doch nicht unterlassen, sondern Welsche und andere würden diesen Handel treiben. –

Den Gesellschaften ein Maß zu setzen, wäre in Ansehung, dass der Kaufmannshandel kein Maß erleiden mag, eine besonders schwere Sache. [...] Es ist auch wohl möglich und gut zu ermessen, dass man dadurch die reichen Kaufleute aus unserer deutschen in andere, fremde Nationen vertreiben [...] möchte. –

Und obgleich sich die mindern Kaufleute über die größeren beklagten, so ist solches nicht neu, sondern ein alter und gemeiner Brauch, dass der mindere Handwerker sich über den großen beklagt, er könne nicht so viel gewinnen. Das ist wohl möglich, aber sie haben Unrecht. Man sehe etwa nach Nürnberg, Frankfurt und anderen Orten; dahin kommen viele Kaufleute, die von schlechtem Vermögen sind, und kaufen von den reichen Kaufleuten, und es kauft einer um vier Mal so viel, als er vermag [...]; das Übrige wird ihm geborgt. [...] Dieselben Kaufleute ziehen auf alle Märkte hin. [...] Es nähren sich also viele Kaufleute von den reichen Gesellschaften.

Zit. nach: Herbert Krieger (Hg.) Handbuch des Geschichtsunterrichts Bd. IV, Frankfurt 1978, S. 17.

Arbeitsvorschläge:

a) Zeigen Sie anhand des Geschäftsvertrags das kapitalistische Wirtschaftsdenken auf und erläutern Sie die besonderen Risiken des Kaufhandels im 16. Jahrhundert (M 14).

b) Stellen Sie dar, welche kaufmännischen Praktiken von den Kritikern angeprangert werden, und charakterisieren Sie die dieser Kritik zugrunde liegende Einstellung zum kaufmännischen Handel (M 16, 17).

c) Überlegen Sie, welche Argumente ein Kaufmann gegen seine zeitgenössischen Kritiker vorbringen könnte.

d) Erläutern Sie die Haltung des Reichstagsausschusses zu den Monopolen und bewerten Sie seine Änderungsvorschläge (M 17a).

e) Stellen Sie die Argumente des Augsburger Rats zusammen und überprüfen Sie diese auf ihre Stichhaltigkeit (M 17b).

f) Charakterisieren Sie den Wirtschaftsgeist, der aus den verschiedenen Dokumenten spricht.

Standpunkte: Protestantische Ethik und Kapitalismus

Anfang des 20. Jahrhunderts haben sich Wirtschaftsgeschichtler – u. a. in Auseinandersetzung mit den Untersuchungen von Karl Marx zum Kapital – mit den Kennzeichen und den historischen Wurzeln der kapitalistischen Wirtschaftsweise beschäftigt. Dabei richteten sie ihr Augenmerk auch auf das späte Mittelalter und die frühe Neuzeit, als erstmals so etwas wie kapitalistisches Wirtschaften zu beobachten war. Wann genau nun dieser ökonomische Prozess seinen Anfang nahm und wodurch er hervorgerufen wurde, darüber gingen die Meinungen allerdings auseinander. Berühmt geworden ist die Schrift des Sozialökonomen Max Weber über den Zusammenhang zwischen Protestantismus und Kapitalismus. Mit ihr setzen sich die Wissenschaftler bis heute auseinander.

a) Der deutsche Wirtschaftshistoriker und Soziologe Max Weber (1864–1920) schreibt in seinem erstmals 1904/05 erschienenen Werk „Die protestantische Ethik und der ‚Geist' des Kapitalismus":

Je größer der Besitz wird, desto schwerer wird – wenn die asketische Lebensstimmung die Probe besteht – das Gefühl der Verantwortung dafür, ihn zu Gottes Ruhm ungeschmälert zu erhalten und durch rastlose Arbeit zu vermehren. Auch die Genesis dieses Lebensstils reicht in einzelnen Wurzeln, wie so viele Bestandteile des modernen kapitalistischen Geistes, in das Mittelalter zurück, aber erst in der Ethik des asketischen Protestantismus fand er seine konsequente ethische Unterlage. Seine Bedeutung für die Entwicklung des Kapitalismus liegt auf der Hand.

Die innerweltliche protestantische Askese [...] wirkte also mit voller Wucht gegen den unbefangenen Genuss des Besitzes, sie schnürte die Konsumtion, speziell die Luxuskonsumtion, ein. Dagegen entlastete sie im psychologischen Effekt den Gütererwerb von den Hemmungen der traditionalistischen Ethik, sie sprengte die Fesseln des Gewinnstrebens, indem sie es nicht nur legalisierte, sondern (in dem dargestellten Sinn) direkt als gottgewollt ansah. Der Kampf gegen Fleischeslust und das Hängen an äußeren Gütern war [...] kein Kampf gegen rationalen Erwerb, sondern gegen irrationale Verwendung des Besitzes. Diese aber lag vor allem in der Wertschätzung der als Kreaturvergötterung verdammlichen ostensiblen[1] Formen des Luxus, wie sie dem feudalen Empfinden so nahe lagen, anstatt der von Gott gewollten rationalen und utilitarischen[2] Verwendung für die Lebenszwecke des Einzelnen und der Gesamtheit. Nicht Kasteiung wollte sie dem Besitzenden aufzwingen, sondern Gebrauch seines Besitzes für notwendige und praktisch nützliche Dinge. [...]

Denn nicht nur sah sie, mit dem Alten Testament und in voller Analogie zu der ethischen Wertung der „guten Werke", zwar in dem Streben nach Reichtum als Zweck den Gipfel des Verwerflichen, in der Erlangung des Reichtums als Frucht der Berufsarbeit aber den Segen Gottes. Sondern, was noch wichtiger war: Die religiöse Wertung der rastlosen, stetigen, systematischen, weltlichen Berufsarbeit als schlechthin höchsten asketischen Mittels und zugleich sicherster und sichtbarster Bewährung des wiedergeborenen Menschen und seiner Glaubensechtheit musste ja der denkbar mächtigste Hebel der Expansion jener Lebensauffassung sein, die wir hier als „Geist" des Kapitalismus bezeichnen. Und halten wir nun noch jene Einschnürung der Konsumtion mit dieser Entfesselung des Erwerbsstrebens zusammen, so ist das äußere Ergebnis nahe liegend: Kapitalbildung durch asketischen Sparzwang. Die Hemmungen, welche dem konsumtiven Verbrauch des Erworbenen entgegenstanden, mussten ja seiner produktiven Verwendung: als Anlagekapital, zugute kommen. [...] Soweit die Macht puritanischer Lebensauffassung reichte, kam sie unter allen Umständen – und dies ist natürlich weit wichtiger als die bloße Begünstigung der Kapitalbildung – der Tendenz zu bürgerlicher, ökonomisch rationaler Lebensführung zugute; sie war ihr wesentlichster und vor allem: ihr konsequenter Träger. Sie stand an der Wiege des modernen „Wirtschaftsmenschen". [...]

Ein spezifisch bürgerliches Berufsethos war entstanden. Mit dem Bewusstsein, in Gottes voller Gnade zu stehen und von ihm sichtbar gesegnet zu werden, vermochte der bürgerliche Unternehmer, wenn er sich innerhalb der Schranken formaler Korrektheit hielt, sein sittlicher Wandel untadelig und der Gebrauch, den er von seinem Reichtum machte, kein anstößiger war, seinen Erwerbsinteressen zu folgen und sollte dies tun. Die Macht der religiösen Askese stellte ihm überdies nüchterne, gewissenhafte, ungemein arbeitsfähige und an der Arbeit als gottgewolltem Lebenszweck klebende Arbeiter zur Verfügung. Sie gab ihm dazu die beruhigende Versicherung, dass die ungleiche Verteilung der Güter dieser Welt ganz spezielles Werk von Gottes Vorsehung sei, der mit diesen

1 Bewusst gezeigten.
2 Nützlichen.

Unterschieden ebenso wie mit der nur partikulären Gnade seine geheimen, uns unbekannten Ziele verfolge.

Zit. nach: Max Weber, Asketischer Protestantismus und kapitalistischer Geist, in: ders., Soziologie – Weltgeschichtliche Analysen – Politik, hg. von Johannes Winckelmann, Stuttgart, 4. Aufl. 1968, S. 370–376

*b) Der deutsche Wirtschaftshistoriker Friedrich-Wilhelm Henning (*1931):*

Auch der mittelalterliche Mensch und erst recht der frühneuzeitliche Mensch haben weitgehend ökonomisch gedacht und gehandelt, mindestens seit dem Aufkommen der Stadtwirtschaft und der Zunahme der nicht mehr durch Tauschgeschäfte, sondern der durch Geldleistungen bestimmten Marktverbindungen für zahlreiche private Haushalte. Man wird daher den Übergang zu der als (früh-)kapitalistisch bezeichneten Wirtschaftsweise früher anzusetzen haben. [...] Vielmehr muss man einen langsameren und sich nicht in relativ kurzer Zeit ausbreitenden und weite Teile der Wirtschaft prägenden Wandlungsprozess annehmen. Die wirtschaftliche Entwicklung in den Niederlanden, in den niederrheinischen Gebieten und vor allem in Italien und von dort beeinflusst in Südwestdeutschland brachte entscheidende Ergänzungen des bisherigen wirtschaftlichen Lebens schon im Mittelalter. [...]
Während Sombart[3] den Anfang des Frühkapitalismus in das 15. Jahrhundert einordnete und der Reformation nur eine verstärkende Wirkung zusprach, brachte für Max Weber erst die rationale Ethik des asketischen Protestantismus den Beginn einer neuen Epoche des Wirtschaftens. Die Kapitalisten des Mittelalters waren für ihn noch „Abenteurer"-Kaufleute. [...] Nach der These vom asketischen Protestantismus brachten nicht luxuriöses Leben und Geldgier, sondern Askese bei unermüdlicher Arbeit Gewinn und Wohlstand fast ohne Absicht. Reichtum wurde damit zum Zeichen eines gottgefälligen Lebens.
Man wird die Zusammenhänge aber anders sehen müssen: Sparsamkeit erleichterte die Finanzierung der Investitionen und erhöhte das Eigenkapital oder ließ es bei Erweiterungsinvestitionen, d. h. bei einer Ausweitung der unternehmerischen Tätigkeit, auf einem hohen Niveau. Aber auch bei einer aufwändigen Lebensführung kam es eher auf das Verhältnis zwischen Gewinnentnahme hierfür und für Investitionen an bzw. auf die Investitionsrate im Verhältnis zum Gesamtkapital und auf die Wirkung im Hinblick auf die Ausweitung der Kapazität, auch unter Berücksichtigung des Rationalisierungseffekts der Erweiterung der Produktion. Nicht die Askese war entscheidend, sondern das innovative Verhalten und das Geschäftsgebaren. Askese war nur erforderlich, wenn die Geschäftstätigkeit (noch) zu wenig gewinnbringend war. Ausgaben für den privaten Bedarf und Gewinn mussten in einem angemessenen Verhältnis stehen. Die Askese, d. h. geringe private Ausgaben, waren am Anfang der Entwicklung eines Unternehmens deshalb förderlich, weil am Anfang die Kapitaldecke im Allgemeinen klein war und durch Sparsamkeit schneller ausgedehnt werden konnte. [...] Der Frühkapitalismus war also schon vor der Reformation vorhanden und erhielt durch die Reformation allenfalls zusätzliche Impulse. Dabei ist aber nicht überprüfbar, in welchem Maße auch ohne die Reformation eine solche beschleunigte Entwicklung eingetreten wäre.

Friedrich-Wilhelm Henning, Deutsche Wirtschafts- und Sozialgeschichte im Mittelalter und in der frühen Neuzeit, Paderborn/München/Wien/Zürich, 1991, S. 654 ff.

3 Werner Sombart, 1863–1941, deutscher Wirtschaftswissenschaftler, entwickelte in seinem Hauptwerk „Der moderne Kapitalismus" von 1902 als Erster die Unterteilung in Früh-, Hoch- und Spätkapitalismus.

Arbeitsvorschläge:

a) Arbeiten Sie deutlich heraus, ab welchem Zeitpunkt die beiden Autoren den Beginn des (Früh-)Kapitalismus sehen.

b) Stellen Sie die Argumente, die die beiden Autoren für ihre Einschätzung vorbringen, einander gegenüber.

c) Welchen Stellenwert räumt Henning Webers These ein?

d) Informieren Sie sich über die Bedeutung der Großkaufleute und Bankiers in Florenz (vgl. S. 21 ff.). Diskutieren Sie anschließend die beiden Stellungnahmen und kommen Sie – auf dem Hintergrund der Situation in Italien und des Darstellungstextes – zu einem begründeten eigenen Urteil.

Renaissance

1293	In Florenz schließen die Zünfte, in denen sich das große und mittlere Bürgertum organisiert hat, rund 250 Adelsfamilien von allen politischen Ämtern aus.
1345	Petrarca entdeckt Ciceros Briefe an Atticus. Er wendet sich von dem kirchlichen Schriftenkanon und der scholastischen Tradition ab und studiert stattdessen die klassischen Schriftsteller (Cicero, Vergil, Horaz).
1348	Gründung der ersten deutschen Universität in Prag.
1347–1350	Durch eine Pestepidemie kommt rund ein Drittel der europäischen Bevölkerung ums Leben.
1378	Die Florentiner Wollarbeiter erheben sich und übernehmen für kurze Zeit die Stadtregierung.
1434	Das Geschlecht der Medici übernimmt die Herrschaft in Florenz.
1450	Johann Gutenberg aus Mainz erfindet den Buchdruck mit beweglichen Lettern.
1485	Jakob Fugger übernimmt die Leitung der Innsbrucker Niederlassung des väterlichen Handelshauses.
1494	Der Dominikanermönch Girolamo Savonarola errichtet in Florenz bis 1498 einen Gottesstaat.
1496	John Colet wendet die neuen kritischen Methoden der Textauslegung auch auf biblische Texte an und bringt damit deren bisher gültiges Verständnis ins Wanken.
1513	Der Florentiner Staatssekretär Niccolò Machiavelli verfasst im politischen Exil seine Schrift „Der Fürst".
1516	Erasmus veröffentlicht seine Aufsehen erregende kritische Ausgabe des griechischen Neuen Testaments.
1523–1530	Auf den Reichstagen von Nürnberg und Speyer werden verschiedene Augsburger Handelsgesellschaften wegen Monopolmissbrauchs angeklagt.
1528	Baldassare Castiglione veröffentlicht sein Buch „Der Hofmann", in dem er das Idealbild eines zivilisierten Menschen beschreibt.
1543	Kurz vor seinem Tod erscheint Kopernikus' Werk „Der revolutionibus orbium colestium", mit dem er ein neues Weltbild begründet. Andreas Vesalius veröffentlich sein Buch „De humani corporis fabrica", in dem erstmals der genaue anatomische Aufbau des menschlichen Körpers beschrieben und durch Illustrationen dargestellt wird.
1609	Johannes Kepler formuliert aufgrund astronomischer Beobachtungen die Gesetze der Planetenbahnen.
1632	Galileo Galilei untermauert die kopernikanische Lehre.

2. Die Expansion der Europäer

2.1 Der Kolonialismus der Krone

2.1.1 Die „Entdeckungsreisen“

Die europäische Expansion ist ein Vorgang von universaler Tragweite. In einem Zeitraum von etwa vierhundert Jahren durchdrangen die Europäer fast den gesamten Erdball und trugen ihre Vorstellungen von Zivilisation, Kultur, Wirtschaft und Politik mehr oder weniger gewaltsam in die ganze Welt. Im 15. Jahrhundert begann dieser Prozess. Zunächst waren es die Portugiesen und Spanier, die auf Initiative ihrer Herrscher Seefahrer, Eroberer und Priester auf die Reise nach Übersee schickten. Später kamen vor allem britische und niederländische Kaufleute hinzu, die vom märchenhaften Reichtum und den Waren Asiens profitieren wollten. Damit veränderte sich die Welt grundlegend. Die politischen Kräfteverhältnisse in Europa verschoben sich zugunsten der seefahrenden Nationen und weltweite Imperien entstanden. Als wirtschaftliche Konsequenz kristallisierten sich bereits damals erste Strukturen eines Welthandelssystems heraus.

2

Geistige Hintergründe der Entdeckungsreisen

Die Wiederentdeckung der Antike in der Renaissance erweiterte den gedanklichen Horizont und führte zu genaueren Kenntnissen und verbesserten Methoden der Nautik und Kartographie. Die Wissenschaftler des 15. Jahrhunderts hatten keinen Zweifel an der Kugelgestalt der Erde, deren Umfang bereits Eratosthenes (275 - 195 v. Chr.) erstaunlich genau berechnet hatte. Außerdem fand man bei den antiken Historikern Berichte von Seereisen rund um Afrika in sagenumwobene ferne Länder mit unermesslichen Reichtümern. Seit etwa 1300 zeichneten Geographen der berühmten Kartographenschule von Palma de Mallorca Karten von recht großer Genauigkeit und griffen dabei auf Forschungen hellenistischer und arabischer Astronomen und Geographen zurück. Als Hilfsmittel zur Navigation dienten neue Instrumente zur Messung der Sternen- und Sonnenhöhe (Astrolabium, Quadrant und Jakobsstab) und dazugehörende Tabellen, mit denen man aus der Kombination von gemessener Höhe und Datum die geographische Breite ablesen konnte. Der aus China stammende Kompass bürgerte sich seit der Mitte des 15. Jahrhunderts auf Seereisen allgemein ein. Wichtig war auch die wachsende Verbreitung der Karavelle, eines neuen seetüchtigen Schiffstyps, der zu Beginn des 15. Jahrhunderts entwickelt wurde.

Wirtschaftliche Triebkräfte

Gegen Ende des Mittelalters machten ökonomische Veränderungen im Wirtschaftsraum des Mittelmeers die Suche nach neuen Handelswegen notwendig. Der Fernhandel mit den begehrten Produkten des Orients (Gewürze: Pfeffer, Nelken, Muskat, Zimt, Ingwer; Luxusartikel: Teppiche, Seide, Brokat, Damast, Edelsteine), der gegen Ende des Mittelalters für den europäischen Markt aufgrund wachsender Nachfrage immer größere Bedeutung gewann, lag auf der Meeresroute weitgehend in den Händen arabischer Händler. Der Landweg über die Seidenstraße wurde durch politische Unruhen in Innerasien und die Eroberung Konstantinopels durch die Osmanen 1453 fast ganz versperrt. Deshalb begann man, nach neuen Handelswegen in den Orient zu suchen. Darüber hinaus lockte das sagenumwobene Gold Afrikas.

Der Kolonialismus der Krone

Vor diesem Hintergrund ergriffen zunächst die Herrscher Portugals und dann auch Spaniens die entscheidende Initiative. Sie wollten sich neue Einnahmequellen erschließen und dadurch ihre königliche Macht vergrößern und stärken. Dabei legitimierten sie ihr Vorgehen durch Ideen der Kreuzzüge bzw. der Mission.

Auf die Reconquista, die Rückeroberung des islamischen Spaniens aus der Hand der „Ungläubigen“, sollte die Conquista, die Inbesitznahme neuer Länder für die christliche Religion, folgen. Die iberischen Herrscher und die von ihnen auf den Weg geschickten Konquistadoren verstanden sich in diesem Sinne als Kreuzfahrer im globalen Rahmen.

Heinrich der Seefahrer und Portugal

In der Person des portugiesischen Prinzen Heinrich (1394–1460) verbanden sich forschende Neugier, das Streben nach Gewinn und die Kreuzzugsidee. Er wurde zur treibenden Kraft der portugiesischen Entdeckungen, die sich zum Zeitpunkt seines Todes bereits bis Sierra Leone erstreckten. Damit war der weitere Weg portugiesischer Entdecker vorgezeichnet: 1487 erreichte Bartolomeo Diaz die Südspitze Afrikas, 1498 ankerte Vasco da Gama im Hafen von Kalikut in Indien. Den so entdeckten Seeweg nach Indien sicherten die Portugiesen durch befestigte Stützpunkte an der afrikanischen und indischen Küste, trieben von dort aus Handel und drangen 1514 sogar bis China vor. Dieses weitmaschige Handelsimperium sicherten sie mit Waffengewalt und verdrängten so nach und nach die im Indischen Ozean tätigen arabischen Händler.

Spanien und die Reconquista

Spanien war nach der 1469 erfolgten Vermählung der kastilischen Thronerbin Isabella mit Ferdinand, dem Erben Aragons, auf dem Weg zu einem modernen Staatswesen. Die tatkräftigen Monarchen festigten ihre Herrschaft nach innen und beabsichtigten dann, diese durch eine Expansion nach außen zu stabilisieren. Gleichzeitig hofften sie, auf diese Weise die Kampf- und Machtgelüste des Adels für die Interessen des Staates zu nutzen. All dies macht verständlich, warum der Plan einer Expedition nach Indien in westlicher Richtung, den ein Genueser Seefahrer namens Christoph Kolumbus 1486 dem spanischen Hof vorlegte, das Interesse des Herrscherpaares weckte.

Christoph Kolumbus

Christoph Kolumbus war 1451 als Sohn eines Genueser Tuchwebers und Händlers geboren worden und hatte schon früh an Handels- und Kaperfahrten teilgenom-

1 Die Ankunft des Kolumbus in der Neuen Welt. Kupferstich von Theodor de Bry. De Bry (1528–1598) war ein aus Lüttich vertriebener Protestant, der sich in Frankfurt am Main niedergelassen hatte. Er veröffentlichte im Jahre 1594 einen umfangreichen und prachtvoll illustrierten Band über „Reisen in das östliche und westliche Indien“.

men. In den siebziger Jahren des 15. Jahrhunderts hielt er sich in Lissabon auf. Das Studium von Reiseberichten und Seekarten sowie Gespräche mit portugiesischen Seefahrern brachten Kolumbus zu der Überzeugung, dass sich im Westen des Ozeans eine große Landmasse befinden müsse, bei der es sich nur um die Ostküste Asiens handeln könne. Der berühmte Kosmograph Toscanelli bestärkte Kolumbus in seiner Überzeugung. 1483 bat Kolumbus König Johann II. von Portugal um finanzielle und sachliche Unterstützung für eine Expedition Richtung Westen. Eine Prüfungskommission lehnte jedoch das Projekt ab. Einige Jahre später verhielt sich der spanische Hof zunächst nicht anders.

Doch als sich die Reconquista mit der Eroberung Granadas, der letzten noch bestehenden Bastion der Muslime auf europäischem Boden, dem Abschluss näherte, wurden die Verhandlungen zwischen dem spanischen Hof und Kolumbus wieder aufgenommen und durch einen Vertrag am 17. April 1492 zum Abschluss gebracht. Daraufhin wurde ein kleines Geschwader von drei Karavellen zusammengestellt, der „Pinta", der „Niña" und der „Santa Maria". Am 3. August 1492 stachen die Schiffe vom Hafen in Palos aus in See.

Die Entdeckung Amerikas

Nach einem Zwischenhalt auf Gomera erblickte die Expedition erstmals am 12. Oktober 1492 wieder Land, eine Insel, die von Kolumbus durch einen notariellen Akt formell für die spanischen Könige in Besitz genommen und San Salvador genannt wurde. Dabei handelte es sich um die heute zu den Bahamas gehörende Watling Insel. Auf der Weiterfahrt wurden u. a. Kuba („Santa Maria de la Concepcion") und Haiti („La Española") entdeckt, wo die „Santa Maria" strandete. Bald darauf machten sich die restlichen zwei Schiffe wieder auf den Heimweg. Der Entdecker wurde mit großen Ehren empfangen und reich belohnt. Nach drei weiteren nicht ganz so glücklich verlaufenen Reisen, bei denen er auch das amerikanische Festland erreichte, starb Kolumbus 1506, nach wie vor überzeugt, den westlichen Seeweg nach Indien gefunden zu haben. Erst der Florentiner Entdecker Amerigo Vespucci (1451 - 1512), der 1501/02 die südamerikanische Küste weit nach Süden erforschte, kam zu der Ansicht, dass es sich bei der Landmasse im Westen des Ozeans um einen eigenen Kontinent handeln müsse. Daraufhin gab der bedeutende niederländische Kartograph Mercator auf Vorschlag des deutschen Geographen Matthias Ringmann ihm zu Ehren 1538 dem gesamten Doppelkontinent seinen Namen.

Die Teilung der Welt

Nach den Entdeckungen und Inbesitznahmen in Übersee war Spanien und Portugal daran gelegen, ihre weltweiten Interessensphären voneinander abzugrenzen. Unter Vermittlung des Papstes Alexander VI. einigte man sich schließlich im Vertrag von Tordesillas vom 2. Juli 1494 darauf, dass Spanien Anspruch auf alle Gebiete jenseits einer von Pol zu Pol reichenden Linie 370 Meilen westlich der Kapverdischen Inseln habe. Damit war die Welt unter den beiden führenden Seemächten der Zeit aufgeteilt. Die rechtliche Begründung für die Inbesitznahme der Neuen Welt hatte 1513 der spanische Kronjurist Palacios Rubios in einem Gutachten, dem sogenannten Requerimiento, geliefert. Kurz zusammengefasst lautet die Argumentation folgendermaßen: Gott als Schöpfer der Welt hat durch seinen Stellvertreter, den Papst, die neu entdeckten Länder den spanischen Königen geschenkt; demnach müssen die Eingeborenen ihre neuen Herren anerkennen und das Christentum annehmen. Für den Fall der Weigerung wird mit Krieg und Versklavung gedroht. Schon 1538 hat der bekannte Dominikaner Francisco de Vitoria, Theologieprofessor in Salamanca (1480 - 1546), diese Argumentation kritisiert. Dabei formulierte er erstmals Ideen eines modernen Völkerrechts, das von einer gewissen Gleichberechtigung der Völker ausgeht, und begrenzte die Herrschaftsansprüche des Papstes und des Kaisers.

Methode: Umgang mit historischen Karten

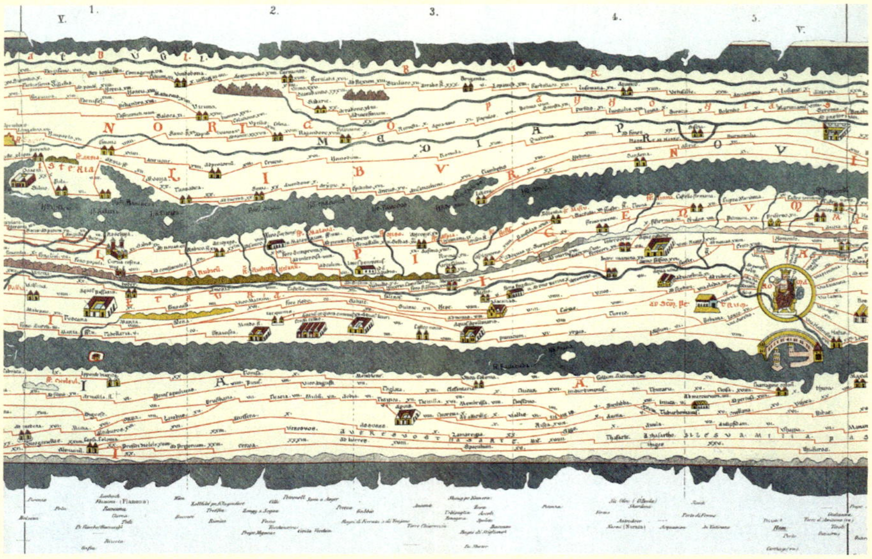

Die Tabula Peutingeriana ist nach dem Augsburger Humanisten Konrad Peutinger (1465–1547) benannt, der die Karte Anfang des 16. Jahrhunderts gekauft hat. Sie gilt als die älteste erhaltene römische Straßenkarte, ist 675 cm lang und 34 cm breit und auf Pergament aus Ziegenhäuten gezeichnet. Rechts auf der mittleren Bahn erkennt man Rom.

Landkarten spielen eine wichtige Rolle für das historische Verständnis. Dabei muss man zwischen zwei Kartentypen unterscheiden. Da sind zunächst die heute von Kartographen erstellten Karten, die bestimmte geschichtliche Zustände (Territorien, Ländergrenzen, Siedlungsformen, politische Systeme usw.) oder Entwicklungen (Prozesse wie Grenz- oder Bevölkerungsverschiebungen, kriegerische Ereignisse o. ä.) wiedergeben. Diese Art Karten gehört zu den Formen historischer Darstellung und muss insofern kritisch beurteilt werden, als sie auf subjektiven Vorstellungen bzw. Absichten des Zeichners beruht. Eine zweite Kategorie sind die im engeren Sinne historischen Karten, die in vergangenen Zeiten erstellt worden sind. Karten dieser Gattung sind als geschichtliche Quellen zu verstehen und entsprechend zu betrachten. Folgende Aspekte sind dabei zu beachten:
Eine historische Karte kann zwei Hauptfunktionen haben. Entweder soll sie der Orientierung dienen oder sie soll das geographische und räumliche Wissen der Zeit ausdrücken. Alte Orientierungskarten sind sogenannte Itinerare (von lat. iter, d. h. Weg), Pilgerkarten und Portolane (von lat. portus, d. h. Hafen). Itinerare und Pilgerkarten sind Straßenkarten, auf denen ohne Berücksichtigung von Projektionsformen und geographischen Einzelheiten z. B. die Pilgerstraßen nach Rom mit ihren wichtigsten Stationen, markanten Wegepunkten und Meilenangaben dargestellt werden. Den Seefahrern dienten die Portolane. Diese verzeichneten detailliert Küstenlinien, Flussmündungen und Landmarken, an denen sich die Steuerleute orientieren konnten. Im Gegensatz zu den Orientierungskarten wurde auf den zahlreichen im Mittelalter und während der Entdeckungsreisen entstandenen Weltkarten das geographische, historische, ethnographische und oft auch religiöse Wissen der Zeit zusammengestellt.

Diese alten Weltkarten zeigen die Raumvorstellung und die Raumbilder der jeweiligen Epoche, die oft von religiösen Ideen oder politischen Absichten bestimmt werden. Insofern ist immer nach den Interessen und der inneren Haltung des Auftraggebers bzw. des Kartographen zu fragen. Darüber hinaus muss man die Symbole und Bilder einer alten Karte so weit wie möglich entschlüsseln. Demnach ist folgendes methodische Vorgehen bei der Interpretation historischer Karten empfehlenswert:

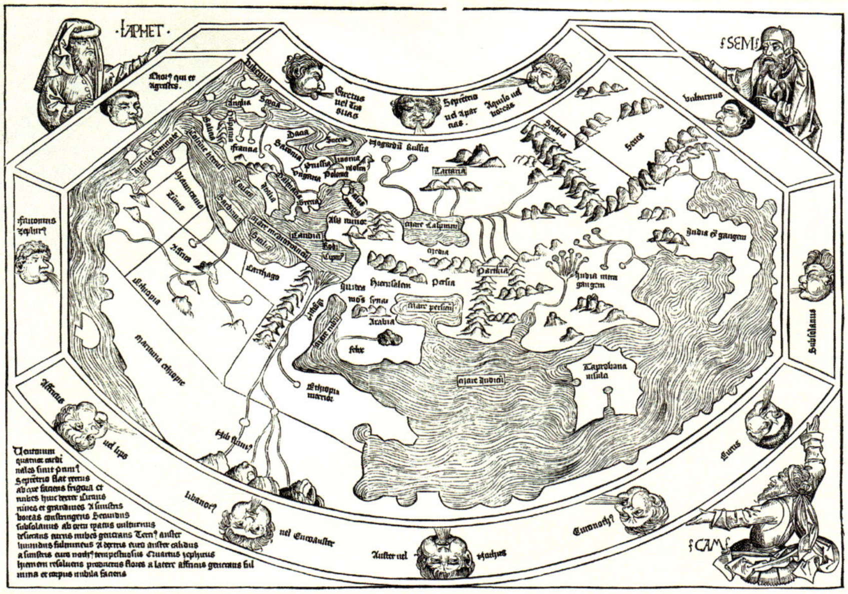

Weltkarte des Nürnberger Hartmann Schedel (1440–1514) aus seiner 1493 erschienenen Weltchronik. Am Rand der Karte erkennt man die drei Söhne Noahs Sem (Stammvater der östlichen Völker, „Semiten"), Ham (Stammvater der westlichen Völker) und Japhet (Stammvater der nördlichen Völker). Die Fabelwesen am linken Bildrand symbolisieren die unbekannten Völker und Regionen der Welt.

- Feststellung von Thema, Raum und Zeit der Karte,
- Feststellung der sichtbaren und der fehlenden geographischen Kenntnisse,
- Beschreibung der Anordnung von Land und Meer, der Ausrichtung und Gewichtung der Karte, Erklärung von Objekten und Symbolen,
- Erläuterung des zugrunde liegenden Weltbilds,
- Feststellung der historischen, ethnographischen und religiösen Vorstellungen,
- Analyse von Zweck und Absicht der Karte.

Karte des Mittelmeerraums, von Europa und Nordafrika von Vesconte Maggiolo aus Genua (1541).

Arbeitsvorschläge:

a) Ordnen Sie die drei Karten einem Typ historischer Karten zu und begründen Sie Ihre Zuordnung.

b) Erläutern und interpretieren Sie die drei Karten mithilfe der oben genannten Gesichtspunkte zur Deutung historischer Karten.

2

2.1.2 Die Reiche der Azteken und der Inka

Als die Spanier sich daran machten, die Gebiete der Neuen Welt zu erobern und für die Krone zu annektieren, trafen sie dort im heutigen Mexiko und in den südamerikanischen Anden auf zwei Großreiche mit hoch entwickelter Kultur. In kurzer Zeit gelang es den Konquistadoren Hernán Cortés und Francisco Pizarrò mit einer Handvoll Männern diese Reiche zu unterwerfen, ihre blühende Hochkultur zu vernichten, ihre Reichtümer zu plündern und sie in spanische Kolonien umzuwandeln.

Das Reich der Mexica (Azteken) und der Dreibund

Das Reich, das Cortez zerstörte, hatte sich - nach mythischen Anfängen - erst Anfang des 14. Jahrhunderts herausgebildet, als sich der Stamm der Mexica (Azteken) auf einer Schilfinsel im Becken von Mexiko niederließ und die Stadt Tenochtitlan gründete. Die Stadt lag strategisch günstig im Salzsee von Tetzcoco, verfügte über Süßwasser und wurde auf künstlichen Inseln aus fruchtbarer Schlammerde, Wasserpflanzen und Rohrgeflecht bewirtschaftet, die von Kanälen durchzogen waren.
Im Jahre 1428 schloss sich der Herrscher Tenochtitlans mit den Fürsten zweier benachbarter Kleinstaaten zum sogenannten „Dreibund" mit dem Ziel gemeinsamer Expansion zusammen. Unter Moctezuma II. (1502–1520) erreichte diese Allianz ihre größte Ausdehnung. Das ethnisch und sprachlich heterogene Reich erstreckte sich vom mexikanischen Golf bis zum Pazifik. Gouverneure führten in einer Art indirekter Herrschaft die Aufsicht über die lokalen Obrigkeiten, die in der Regel im Amt gelassen wurden, wie überhaupt der Dreibund sich tolerant gegenüber Sprache und Gebräuchen der Unterworfenen zeigte, solange sie seine Oberhoheit anerkannten. Allerdings mussten sie regelmäßig Tribute abliefern: Nahrungsmittel, Kleidung, Tiere, Federn, Kakaobohnen usw. Dazu kamen Dienstleistungen (Sklaven, Arbeiter zum Tempelbau u. ä.). Tenochtitlan war inzwischen zu einer repräsentativen Hauptstadt mit weitläufigen Tempelanlagen ausgebaut worden, in der etwa 200 000 Menschen wohnten. Das Imperium des Dreibunds war jedoch bereits ein Koloss auf tönernen Füßen, da das ausgedehnte Herrschaftsgebiet auf die Dauer nicht sicher zu kontrollieren war. Widersetzlichkeiten gegen die Tributeintreiber waren an der Tagesordnung.

Gesellschaftliche Verhältnisse

An der Spitze des Staates stand der Monarch, der von hohen Würdenträgern unter den Nachkommen seines Vorgängers ausgewählt wurde. Unter ihm kam der Adel, der etwa 10 % der Bevölkerung umfasste. Die Zugehörigkeit zum Adel war die Voraussetzung für Übernahme staatlicher Ämter wie z. B. Richter, Heerführer und Priester. Adlige Herren brauchten keine Steuern zu zahlen, hatten Anspruch auf Anteile an den Tributen und Zuweisung von Land, das von Pächtern oder Sklaven bearbeitet wurde. Der Adelsrang stand für verdienstvolle Aufsteiger offen und war für „Versager" kein Privileg. Durch strenge Luxus- und Kleidergesetze wurde der Unterschied zur übrigen Bevölkerung augenfällig gemacht. Der Charakter des Nachwuchses wurde auf besonderen Schulen im Sinne des Herrschaftssystems gebildet.
Die Masse der Bevölkerung bestand aus freien Bauern und Bürgern, die in der Landwirtschaft oder als Handwerker in korporativen Gemeinschaften lebten und arbeiteten. Eine besondere Rolle spielte die Gilde der Kaufleute, vor allem der Fernhändler, die den oft nicht ungefährlichen Warentransport in dem ausgedehnten Reich organisierten. Sie lebten in eigenen Wohnbezirken, waren streng hierarchisch unter dem Regiment von fünf alten Kaufleuten organisiert und besaßen eine eigene Gerichtsbarkeit.

1 Die Ankunft der Spanier unter Cortés in Veracruz 1519. Fresco von Diego Rivera (1886–1957), fertig gestellt 1951.

Am unteren Ende der sozialen Pyramide standen die Lastenträger und Sklaven. In einer Kultur, die das Rad und Lasttiere noch nicht kannte, waren Träger von großer Bedeutung. Die Sklaven standen außerhalb der sozialen Gruppierungen, sie hatten sich freiwillig, zur Buße oder zum Schadenersatz für eine gewisse Zeit einem anderen gleichsam verpfändet, nach Ablauf der Frist waren sie jedoch wieder frei, wie auch ihre Kinder grundsätzlich frei waren.

Kunst und Religion

Das hauptsächlich im Dienst der Prachtentfaltung des Herrscherhauses, des Adels und der Religion stehende Handwerk und Kunstgewerbe gestaltete sich auf einem erstaunlich hohen Niveau; Gold- und Silberschmiedearbeiten, prachtvolle Umhänge aus Federn und kunstvolle Architektur zeugen vom Leistungsstand der Kultur der Mexica, die noch keine Eisenwerkzeuge kannte.
Die wichtigsten Götter der Mexica waren Huitzilopochtli, der oberste Kriegsherr, und sein Rivale Quetzalcóatl, der als Spender jeder Kultur, der Schrift, des Kalenders und der Künste galt. Quetzalcóatl war nach seiner Vertreibung nach Osten über das Meer ins Exil gegangen. Mit seiner für das Jahr „Eins Rohr" (1519) erwarteten Wiederkunft, auf die bestimmte Vorzeichen wie die Erscheinung eines Kometen hinwiesen, würde er seine Herrschaft als Priesterkönig wieder übernehmen. Die sich abzeichnende Rückkehr dieses Gottes erklärt Unsicherheit und ängstliches Verhalten Moctezumas II. bei der Ankunft Cortés, den er zunächst für den angekündigten Gott hielt.

Das Inkareich in den Anden

Die Inka beherrschten das größte Reich Altamerikas. „Inka" war ursprünglich nur der Name des Herrschergeschlechts. Erst später übertrug man ihn auf die Gesamtbevölkerung der Quechua-Indianer und das von ihnen geschaffene Staatswesen. Bei der Ankunft der Spanier (1532) reichte es vom heutigen Ecuador bis nach Chile. Die Geschichte dieses „Reichs der vier Himmelsrichtungen" wurzelt ähnlich wie bei den Mexica in mythischen Zeiten. Der Sage nach stammte der erste Herrscher mit seiner Schwester von der Sonne ab und kam auf einer Insel im Titicacasee zur Erde. Ein goldener Stab wies den beiden das Gebiet um die spätere Stadt Cuzco (im heutigen Peru) als Wohnsitz zu, wo sie einen Kleinstaat gründeten. Dieser expandierte seit der Regierungsübernahme des neunten Inkaherrschers Pachacútec (1438 – 1471) in raschem Tempo und unterwarf die umliegenden Stämme entweder durch militärische Siege oder durch (Heirats-)Diplomatie. Pachacútec und seine Nachfolger schufen einen zentralisierten Staat, nutzten dabei kulturelle und politische Errungenschaften der eingegliederten Völker und errichteten so ein blühendes und politisch gut organisiertes Reich.

Staatsordnung und gesellschaftliche Verhältnisse

An dessen Spitze stand der Inkaherrscher als Gottkönig. Ihm zur Seite stand eine adlige Oberschicht, die planmäßig für Staats- und Verwaltungsaufgaben ausgebildet wurde. In dieser Theokratie sorgten ein vierköpfiger Kronrat, ein Stab von Beamten sowie die Stammes- und Dorfhäuptlinge dafür, dass der göttliche Wille des Herrschers überall verwirklicht wurde. Dabei ließ man die traditionellen Institutionen in den unterworfenen Gebieten möglichst bestehen. Der umfangreiche bürokratische Apparat (mehr als 10 % der Bevölkerung waren Beamte) organisierte und kontrollierte Wirtschaft und Gesellschaft im Sinne des Herrschers und des Gemeinwohls. Dabei verbanden sich totalitäre mit gleichsam sozialistischen Elementen.

Die gesamte Bevölkerung wurde statistisch erfasst und nach dem Dezimalsystem eingeteilt. Da die Inka keine Schrift kannten, benutzten sie dazu sogenannte Quipus, Knotenschnüre, mit denen man alles Wissenswerte festhalten und an die Zentrale übermitteln konnte. So hatte man einen Überblick über alle für Militär- und Arbeitsdienst zur Verfügung stehenden Kräfte und die landwirtschaftlichen und handwerklichen Erträge des Reichs. Zum Warentransport, für die Nachrichtenübermittlung und für Truppenbewegungen errichteten die Inka ein hervorragend ausgebautes Netz von Straßen, Hängebrücken und Treppen von ca. 16 000 km, das möglichst gradlinig über Berg und Tal verlief. Lastenträger (die Inka kannten weder Wagen noch Zugtiere) und Lamakarawanen bevölkerten die 6 bis 8 m breiten Straßen, trainierte Stafettenläufer legten im Schnitt 400 km pro Tag zurück. Für Lastkarawanen standen alle 20 bis 30 km Raststätten zur Verfügung, für die Kuriere alle 2,5 km kleine Wechselstationen mit jeweils zwei Mann Besatzung.

2 **Titelblatt zum Kapitel über die Eroberung des Inkareichs** aus Theodor de Brys „Reisen in das östliche und westliche Indien", 1596.

Ein totalitärer Wohlfahrtsstaat

Der Grund und Boden war in Gemeinde-, Tempel- und Inkaland aufgeteilt. Die Dorfgemeinde teilte den Bauernfamilien je nach Personenzahl ein bestimmtes Areal zur Nutzung zu, über das sie frei verfügen konnten. Nur Haus und Hof waren Privatbesitz. Wälder und Weiden standen allen zur Verfügung. Über die Bestellung der eigenen Felder hinaus mussten die Dorfbewohner noch Leistungen für die Allgemeinheit erbringen: Für Alte und Kranke mussten besondere Felder von den Arbeitsfähigen mitbestellt werden. Außerdem mussten sie auf dem Tempelland (für den Unterhalt von Priestern und Kultstätten) sowie auf dem dem Herrscher gehörenden Inkaland arbeiten.

Dessen Erträge kamen der Staatsverwaltung und dem Militär zugute. Überschüsse wurden in Magazinen für Notzeiten gelagert.
Aus der Dorfbevölkerung wurden auch die Soldaten und die Arbeiter rekrutiert, die für den Bau von Straßen, Terrassen- und Bewässerungssystemen, für die Bergwerke und sonstige öffentliche Dienste zwangsverpflichtet wurden. Selbst das Handwerk war staatlich organisiert. Seine Produkte wurden in staatlichen Lagerhäusern gesammelt und von dort im ganzen Land verteilt. Zur Erschließung und militärischen Absicherung neuer Gebiete konnten ganze Dorfgemeinschaften umgesiedelt werden.

Kultur und Religion

Die Kultur der Azteken stand auf ähnlich hohem Niveau wie die der Mexica. Sie kannten kein Eisen, aber sie waren in der Lage, aus Kupfer und Bronze Werkzeuge und Waffen herzustellen und Schmuckstücke aus Gold und Silber zu fertigen. Federfächer und -gewänder, keramische Arbeiten und die aus riesigen Steinblöcken ohne Mörtel errichteten Tempel-, Palast- und Festungsbauten zeugen vom hohen Stand von Handwerk und Kunst. Die Religion wurde vom Sonnenkult bestimmt, galt doch der Herrscher als Sohn des Sonnengottes Inti; das Sonnenfest im Tempel von Cuzco war die wichtigste religiöse Feier. Daneben verehrten die Inka eine Vielzahl weiterer Götter, die zum Teil von den unterworfenen Völkern übernommen worden waren. Am wichtigsten waren der Schöpfergott Viracocha und die Fruchtbarkeit spendende Erdgöttin Pachamama. Es gab auch Menschenopfer, doch diese waren – anders als bei den Mexica – selten.

3 Indianische Reiche vor der Eroberung, die Kolonialherrschaft und ihre Folgen. Die Bevölkerungszahlen beruhen auf Schätzungen.

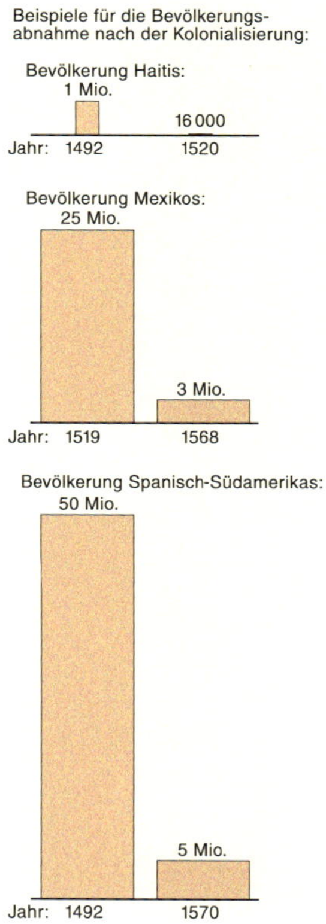

2

2.1.3 Die Eroberung und Vernichtung der amerikanischen Hochkulturen

Schon wenige Jahre nach der Ankunft der Spanier in der „Neuen Welt" gelang es zwei energischen und skrupellosen Eroberern mit einer Hand voll Soldaten, die scheinbar mächtigen und festgefügten Großreiche in Mexiko und den Anden zu zerstören und sie für die spanische Krone in Besitz zu nehmen.

Hernán Cortés und Francisco Pizarro

Hernán Cortés (1485 - 1547) stammte aus dem niederen Adel. Als Sekretär des Statthalters von Kuba erhielt er 1519 den Auftrag, mit einer kleinen Flotte das Festland anzusteuern und von dort ins Innere des Reichs der Mexica vorzustoßen, um das Gebiet für die spanische Krone in Besitz zu nehmen und dort reiche Beute zu machen. Francisco Pizarro (1478 - 1541) wurde in ärmlichen Verhältnissen als uneheliches Kind geboren und sah im Kriegsdienst eine Aufstiegsperspektive. 1502 kam er erstmals als Soldat und Goldsucher nach Amerika. Er nahm an mehreren Expeditionen in Mittel- und Südamerika teil und sammelte Erfahrungen. Inspiriert von den Erfolgen Cortés' ließ er sich 1529 von Karl V. zum Generalkapitän und Statthalter von Peru ernennen und stach 1531 mit drei Schiffen in See, um das Land für den König zu erobern.

Die Überlegenheit der Spanier in Mexiko und Peru

Ohne die den Indios fremden und einschüchternden Waffen und Tiere der Spanier wäre es ihnen wohl kaum gelungen, die kriegerischen Imperien der Mexica und Inka zu besiegen. Kanonen, Musketen, Pferde und Reiter, die man anfangs für ein einziges Wesen hielt, verbreiteten unter den Indios Angst und Schrecken. Für die Kriegführung entscheidender als die Feuerwaffen, die langsam, störanfällig und wenig zielgenau waren, waren die Armbrüste, deren Bolzen die dicken Baumwollpanzer der einheimischen Kämpfer leicht und zielsicher durchbohrten. Die Indios dagegen lebten waffentechnisch noch in der Steinzeit: Ihre Ausrüstung bestand aus Pfeil und Bogen, Keulen, Streitäxten, mit Obsidiansplittern besetzten Schwertern, Wurfspeeren und Schleudern.

Dazu kam, dass die Einheimischen in der Ankunft der Spanier ein religiöses Vorzeichen sahen. In Mexiko waren Moctezuma und seine Gefolgsleute davon überzeugt, der verschwundene Gott Quetzalcóatl sei zurückgekehrt und wolle nun sein Reich wieder einnehmen, was sie stark verunsicherte. In Peru gab es eine ähnliche Legende. Man erwartete die Rückkunft des ursprünglich Kon-Tiki genannten hellhäutigen Schöpfergottes, der über das Meer vertrieben worden war. Dazu passten Gerüchte von bärtigen und weißhäutigen Fremden auf riesigen schwimmenden Häusern sowie die rasche Ausbreitung einer unbekannten Seuche (vermutlich die von den Spaniern eingeschleppten Pocken), die als beunruhigendes Omen gedeutet wurden.

Ausschlaggebend war jedoch vor allem, dass Cortés und Pizarro die Struktur bzw. Anfälligkeit der beiden Imperien zu nutzen wussten. Cortés gewann die Hilfe zahlreicher einheimischer Bündnispartner, die unter der Herrschaft der Mexica litten. Besonders wichtig waren dabei die kampferprobten Tlaxcalteken, die Cortés 12 000 bis 15 000 Krieger zur Verfügung stellten und auch bei seinen weiteren Eroberungszügen in Mittelamerika unterstützten. Pizarro traf auf ein Reich, das von einem Erbstreit erschüttert wurde. Der elfte Inka Huayna Capac hatte bei seinem Tod 1527 keinen Nachfolger bestimmt, so dass es zwischen seinen Söhnen Huáscar und Atahualpa zum Krieg um sein Erbe kam. Nach fünf Jahren konnte sich Atahualpa durchsetzen; Huáscar wurde gefangen genommen und später hingerichtet. So stand Pizarro bei seiner Ankunft ein Herrscher gegenüber, der durch den jahrelangen Bruderzwist geschwächt war.

Die Eroberung des Mexica-Reichs

Die Niederwerfung des Dreibunds und seiner führenden Kraft, der Mexica, dauerte rund zwei Jahre. Schon bald nach seiner Ankunft gelang es Cortés, den verunsicherten Moctezuma und die anderen Herrscher des Dreibunds in seine Gewalt zu bringen, so dass das Imperium praktisch führungslos war. Cortés und seine Männer schienen jedoch verloren, als sich die Mexica im Mai 1520 erhoben und sie in Tenochtitlan einschlossen. Dabei kam Moctezuma auf ungeklärte Weise ums Leben. Ein Ausbruchsversuch der Spanier endete in einem Desaster. Sie verloren etwa die Hälfte ihrer Leute und einen großen Teil der Beute und zogen sich zu den Tlaxcalteken zurück. Nachdem sie sich erholt und wieder verstärkt hatten, machten sie sich im Frühjahr 1521 erneut auf den Weg nach Tenochtitlan, unterstützt von zahlreichen einheimischen Bundesgenossen. Nach dreimonatiger Belagerung brach am 13. August 1521 der Widerstand zusammen. Tenochtitlan wurde geplündert und dem Erdboden gleichgemacht. Bei den Kämpfen sollen etwa 150 000 Mexica, 50 000 einheimische Verbündete und 100 Spanier ihr Leben eingebüßt haben. Damit hatte das mächtige Reich des Dreibunds aufgehört zu existieren.

Nach seinem Sieg begann Cortés mit dem Wiederaufbau und der machtpolitischen Sicherung der eroberten Gebiete, den erhofften Rang eines Vizekönigs erhielt er jedoch nicht. Entschädigt wurde er durch den Titel eines Generalkapitäns über Neuspanien und die Herrschaft über ein fruchtbares Hochtal im südlichen Mexiko mit Goldminen, 28 Dörfern und zehntausenden von Untertanen. Unzufrieden über die Bevormundung durch die neuen Kolonialbehörden, kehrte er 1547 nach Spanien zurück, wo er bald darauf starb.

Die Eroberung des Inka-Reichs

1532 betraten Pizarro und sein kleines Gefolge peruanischen Boden. Atahualpa unterschätzte ähnlich wie Moctezuma die Gefahr, die von den Spaniern ausging, und empfing diese, umgeben von 20 000 Kriegern, mit allen Ehren. Pizarro bereitete jedoch eine Falle vor. Die Spanier griffen aus dem Hinterhalt an und richteten mit ihren überlegenen Waffen unter den schockierten Indios ein Blutbad an. Atahualpa wurde gefangen genommen. Die Spanier verloren nicht einen Mann. Trotz der Zahlung eines immensen Lösegelds in Form von Gold- und Silberschätzen aus dem ganzen Land richteten die Spanier Atahualpa schließlich hin, angeblich als Strafe für die Ermordung Huáscars, in Wirklichkeit jedoch, um die Inka ihrer Führung endgültig zu berauben. Nun schlugen sich auch die unterworfenen Völker auf die Seite der Spanier, so dass Pizarro ein Jahr nach der Gefangennahme des Inkaherrschers unbehelligt in der Hauptstadt Cuzco einziehen konnte. Er setzte einen Halbbruder Atahualpas als neuen Regenten ein. Dieser und seine Nachfolger versuchten noch mehrmals, das spanische Joch abzuschütteln, doch nach der Hinrichtung des letzten Inkafürsten 1572 saßen die Spanier endgültig fest im Sattel. Pizarro selbst wurde 1541 bei Streitigkeiten der Konquistadoren untereinander von Rivalen ermordet.

1 Pedreo de Alvarado, ein Gefolgsmann des Cortés, überfällt die Mexica bei einem Fest, um ihnen ihren Goldschmuck zu entreißen. Theodor de Bry „Reisen in das östliche und westliche Indien“, 1596.

2.1.4 Wirtschaftliche Ausbeutung und politische Verwaltung der Neuen Welt

Der spanischen Krone war an regelmäßigen Einkünften aus den neuen Ländern und einer Stärkung ihrer Finanz- und Wirtschaftskraft gelegen. Außerdem wollte sie die neuen Untertanen missionieren und zivilisieren. Die Gruppe der Konquistadoren und Siedler dagegen war in der Regel auf schnellen Gewinn und reiche Beute aus, um wohlhabend und mit der Aussicht auf sozialen Aufstieg in die Heimat zurückzukehren oder sich als begüterte Grundbesitzer in der neuen Welt niederzulassen. Diese Interessenkonflikte fanden in zahlreichen gesetzlichen Regelungen ihren Niederschlag und wurden letztlich auf dem Rücken der unterworfenen Bevölkerung ausgetragen.

Indianersklaverei

Die eroberten Gebiete galten staatsrechtlich als freies Kronland. Daher wurde die dort lebende Bevölkerung grundsätzlich als frei angesehen; eine Versklavung der Indios war ja auch kaum mit dem Missionierungsanspruch zu vereinbaren und erschien für die Etablierung einer konfliktfreien Herrschaft nicht sinnvoll. Nur wer sich nach Verlesung des Requerimiento (vgl. S. 62) weigerte, den Herrschaftsanspruch der Spanier anzuerkennen, durfte nach Meinung der maßgebenden Juristen mit einem dann legitimierten „gerechten Krieg“ überzogen und versklavt werden. Diese Grundsätze fanden in der ersten Indianergesetzgebung von 1512 ihren Niederschlag und wurden 1542 zu einem generellen Versklavungsverbot ausgeweitet.

Repartimiento und Encomienda

Gebilligt wurde in den Regelungen von 1512 jedoch das System von Repartimiento (Zuteilung von Indios) bzw. Encomienda (Schutzauftrag), das sich inzwischen in der neuen Welt ausgebreitet hatte. Dabei wurde spanischen Siedlern eine bestimmte Zahl von Eingeborenen, die von den Häuptlingen bereitgestellt werden mussten, zum Arbeitseinsatz mit der Auflage zugeteilt, sie angemessen unterzubringen, zu versorgen, zu entlohnen, in der christlichen Religion zu unterweisen und sie so zu zivilisieren. In der Praxis hatten jedoch die Encomenderos freie Hand, so dass sich die Ziele der Krone kaum durchsetzen ließen.

Vor allem kirchliche Kreise kritisierten schon früh die rücksichtslose Behandlung der Eingeborenen durch die Siedler. Zum bekanntesten Ankläger dieses Systems wurde der Kleriker Bartolomé de las Casas (1474 – 1566), der sich aufgrund seiner Erfahrungen in Amerika den Dominikanern anschloss und sich am spanischen Hof und in umfangreichen Schriften eindringlich für die Belange der Unterworfenen einsetzte. Auf sein und seiner Gesinnungsgenossen Wirken ist im Wesentlichen die spätere Reformgesetzgebung zurückzuführen, die die gröbsten Ausschreitungen zu verhindern suchte.

„Dreieckshandel“

Trotzdem ging die Zahl der Eingeborenen massiv zurück. Von den Europäern eingeschleppte Krankheiten (Pocken, Pest, Grippe, Masern) und die körperlichen Strapazen bei dem schweren Arbeitseinsatz dezimierten die Bevölkerung drastisch. Schon früh wurden schwarze Sklaven aus Afrika als neue Arbeitskräfte nach Westindien geschafft, um sie vor allem auf den nun entstehenden Zuckerrohrplantagen arbeiten zu lassen. Eine Verlustquote von 10 bis 20 % während des Transports war „normal“. In Aufständen und Rebellionen begehrten die Sklaven immer wieder gegen ihr grausames Schicksal auf (1522 erste Sklavenrevolte auf Haiti). Trotzdem entwickelte sich allmählich der klassische „Dreieckshandel“. Billige europäische Fertigwaren wurden nach Afrika exportiert, dort wurden Sklaven gekauft, nach Amerika transportiert, wo sie gegen Rohstoffe und Lebensmittel für den Verkauf in Europa eingetauscht wurden. Das lukrative Handelsmonopol für Sklaven lag zunächst in der Hand des spanischen Königs, der das Handelsrecht an reiche Kaufleute und Kapitäne verlieh und den Sklavenhandel kräftig besteuerte. Zwischen dem 15. und dem 19. Jahrhundert sind ca. 15 bis 20 Mio. Schwarzafrikaner auf diese Weise nach Amerika gebracht worden.

Bergbau und Silberexporte

Der Gold- und vor allem Silberbergbau begann ab Mitte des 16. Jahrhunderts, eine wichtige Rolle zu spielen. In den mexikanischen Minen arbeiteten überwiegend freie indianische Arbeiter, anders als in Potosi (heutiges Bolivien), wo auf der Basis der traditionellen Gemeinschaftsarbeit des Inkareichs (mita) ein mörderisches Zwangsarbeitssystem etabliert wurde. Einige Zahlen sollen die Bedeutung des Edelmetallbergbaus für Spanien verdeutlichen: Mitte des 17. Jahrhunderts machte das Silber 99 % der spanischen Exporte aus Amerika aus, und bis zu diesem Zeitpunkt wurden etwa 16 000 Tonnen Silber nach Europa transportiert, etwa das Dreifache der gesamten damaligen Silberreserven Europas!

Ökologische Folgen

Die ökologischen Folgen des Imports spanischer Agrarkultur und des Bergbaus waren gravierend: Die aufkommende Viehwirtschaft störte den traditionellen indianischen Ackerbau erheblich. Die Überweidung großer Flächen durch Schafherden und die Abholzung von Wäldern zur Deckung des hohen Holzbedarfs im Bergbau, bei der Zuckerproduktion und beim Städtebau führten zu irreversibler Bodenerosion mit schlimmen Folgen für die einheimische Bevölkerung. Außerdem veränderte sich die bisher praktizierte Landwirtschaft dadurch, dass die meisten neu eingeführten Pflanzen auf künstliche Bewässerung angewiesen waren.

Zentrale Verwaltung

Die Gebiete der Neuen Welt, die aus den Vizekönigreichen Neu-Spanien (Mexiko) und Peru bestanden, waren de facto durchaus Kolonien, obwohl sie staatsrechtlich als freie Kronländer galten. Ihre Regierung richtete sich primär nach den wirtschaftlichen und finanziellen Interessen des Mutterlandes. Sie wurden von Spanien aus durch den aus Juristen und Geistlichen bestehenden „Indienrat" gelenkt und vor Ort durch Kolonialbehörden mit einem Vizekönig an der Spitze verwaltet und durch Militär gesichert. Die Vergabe von Land und Privilegien lag allein in der Hand des Monarchen (wobei alte Besitzrechte der Indios meist respektiert wurden). Spanien, das von 1580 bis 1640 mit Portugal in Personalunion verbunden war, erwies sich allerdings als nicht fähig, die Gewinne aus dem amerikanischen Kolonialreich zum Aufbau einer europäischen Großmachtstellung zu nutzen. Anstatt die Wirtschaftskraft des Landes zu stärken, führten die Herrscher langwierige und kostspielige Kriege. Ein weiterer Teil des amerikanischen Silbers floss in Luxus und Kultur des nach wie vor tonangebenden Adels. Außerdem hatten die Silberimporte eine lang andauernde Inflation zur Folge.

1 Sklaven beim Bergbau in der Neuen Welt. Theodor de Bry „Reisen in das östliche und westliche Indien", 1596.

2

2 Glasperlen für die Eingeborenen, eine Insel für die Spanier

Auszug aus dem Bordbuch des Kolumbus vom 11.10.1492[1]

Zwei Stunden nach Mitternacht tauchte das Land vor ihnen auf; von dem sie etwa zwei Meilen entfernt sein mochten. Sie holten alle Segel ein [...] und drehten bei; so verbrachten sie die Zeit bis zum Freitag, an dem sie dann eine kleine Insel der Bahamas erreichten, die in der Sprache der Indios Guanahani heißt. Schon bald sahen sie nackte Leute am Strand. Der Admiral ging mit dem bewaffneten Boot an Land; zusammen mit Martin Alonso Pinzón und Vicente Yáñez, dessen Bruder der Kapitän der Niña war. Der Admiral nahm das königliche Banner mit und die beiden Kapitäne zwei Fahnen mit einem grünen Kreuz, die der Admiral als Kennzeichen auf allen seinen Schiffen führte und die die Buchstaben F und Y[2] trugen; über jedem der beiden Buchstaben war eine Krone: der eine stand links, der andere rechts vom waagerechten Balken des Kreuzes. An Land angekommen, sahen sie Bäume von sehr kräftigem Grün und viele Wasserläufe und allerlei Früchte. Der Admiral rief die beiden Kapitäne und die anderen, die an Land gegangen waren, zu sich; ebenso Rodrigo Descovedo, den Notar der Flotte, und Rodrigo Sánchez aus Segovia, und sagte, sie sollten bestätigen und rechtlich bezeugen, dass er vor aller Augen von der Insel Besitz ergriff, wie er es dann auch im Namen des Königs und der Königin, seiner Herren, tat. Er gab die dazu erforderlichen Erklärungen ab, wie sie ausführlicher in den Dokumenten enthalten sind, die dort bei dieser Gelegenheit schriftlich ausgefertigt wurden.

Schon versammelten sich um sie herum zahlreiche Bewohner der Insel. Das Folgende sind wörtliche Äußerungen des Admirals in seinem Buch über die erste Fahrt und die Entdeckung dieser Indien:

„Da ich (sagte er) ihre Freundschaft gewinnen wollte, und bemerkte, dass es Leute waren, die sich eher durch Liebe für unseren heiligen Glauben gewinnen und zu ihm bekehren ließen, gab ich einigen von ihnen ein paar bunte Mützen und einige Ketten aus Glasperlen, die sie sich um den Hals hängten, und allerhand andere Dinge von geringem Wert, an denen sie großes Vergnügen fanden, und uns derart zugetan waren, dass es ein wahres Wunder war. Hernach kamen sie zu den Booten geschwommen, in denen wir uns befanden, und brachten uns Papageien und Knäuel von Baumwollfäden, Wurfspieße und viele andere Dinge und tauschten sie gegen Dinge ein, die wir ihnen gaben, wie kleine Glasperlen und Glöckchen. Kurz gesagt, sie nahmen einfach alles und gaben bereitwillig von allem, was sie besaßen. Aber mir schien es, als seien sie in jeder Hinsicht außerordentlich arme Leute. Sie gehen allesamt nackt herum, wie sie ihre Mutter zur Welt gebracht hat, auch die Frauen. Ich habe allerdings nur eine gesehen, und die war noch sehr jung. Alle Männer, die ich sah, waren ebenfalls jung; ich sah keinen, der älter als dreißig Jahre gewesen wäre: Sie waren sehr gut gebaut, von sehr schöner Gestalt und sehr angenehmen Gesichtszügen. Sie tragen keine Waffen und kennen sie auch nicht, denn ich zeigte ihnen Schwerter, und sie fassten sie an der Schneide und schnitten sich aus Unwissenheit. [...]

Sie sind sicher hervorragende Arbeitskräfte; sie haben einen aufgeweckten Verstand, denn ich sehe, dass sie sehr schnell alles nachsagen können, was man ihnen vorspricht. Außerdem glaube ich, dass man sie leicht zum Christentum bekehren könnte, denn es scheint mir, dass sie noch keine Religion haben."

Zit. nach: Eberhard Schmitt (Hg.), Die großen Entdeckungen. Dokumente zur Geschichte der europäischen Expansion, Band 2, München 1984, S. 112 ff.

1 Das Original dieses wichtigen Dokuments ist verloren gegangen. Die beste Version des Bordbuchs ist in der Zusammenfassung des berühmten Indianerbischofs Bartolomé de las Casas überliefert, der es zum Teil wörtlich zitiert, längere Passagen aber auch in der dritten Person referiert.

2 Die Anfangsbuchstaben der spanischen Könige Fernando und Ysabel.

3 Welche Rechte legitimieren die Kolonialisierung?

Im Jahre 1538 hielt der Dominikaner und Theologieprofessor von Salamanca Francisco de Vitoria (1480–1546), der als Begründer des modernen Völkerrechts gilt, Vorlesungen, in denen er sich mit dem Rechtsanspruch der Spanier auf die Länder der Neuen Welt und die Herrschaft über die Eingeborenen auseinander setzt:

Es gibt sieben unbegründete und sieben oder acht begründete und rechtmäßige Titel [für die Unterwerfung der Eingeborenen], die man vorbringen könnte.

Der erste könnte lauten: Der Kaiser ist der Herr der Welt. Der Kaiser ist aber nicht Herr der Welt. Beweis: Herrschaft kann nur auf natürlichem oder göttlichem oder menschlichem Recht beruhen, aber nach keinem dieser drei hat er Anspruch auf die Weltherrschaft. [...]

Der zweite Rechtstitel, auf den man sich beruft [...], wird auf den Papst zurückgeführt. Man sagt nämlich, der Papst sei Herr der ganzen Welt auch in zeitlichen Dingen, infolgedessen habe er auch die spanischen Könige zu Fürsten der Eingeborenen einsetzen können, und so sei es dann geschehen. [...]

Ich antworte hierauf ganz kurz mit folgenden Thesen: Erstens ist der Papst nicht weltlicher und zeitlicher Herr des Erdkreises, wenn man von Herrschaft und staatlicher Gewalt an sich spricht. [...] Drittens hat der Papst zeitliche Gewalt nur zugunsten der geistlichen Dinge, d. h. soweit es zur Verwaltung der geistlichen Angelegenheiten erforderlich ist. [...] Über die Ungläubigen aber hat er keine geistliche Gewalt, demnach auch keine weltliche. [...] Aus dem Gesagten wird klar, dass die Spanier bei ihrer ersten Fahrt in die Länder der Eingeborenen keinerlei Rechte besaßen, deren Gebiete in Besitz zu nehmen.

Man könnte sich noch auf einen anderen Titel stützen, auf das Recht der Entdeckung, und dies war ursprünglich auch der einzige, auf den man sich berief. [...] Aber über diesen dritten Titel brauchen wir nicht viele Worte zu verlieren, da [...] die Eingeborenen die rechtmäßigen Herren waren, nach öffentlichem wie privatem Recht. [...]

Als vierter Rechtstitel wird der Fall vorausgesetzt, dass die Eingeborenen den christlichen Glauben nicht annehmen wollen, selbst wenn er ihnen dargeboten wird und sie inständig ermahnt werden, ihn zu ergreifen. [...]

Antwort: 1. Ehe die Eingeborenen etwas über den christlichen Glauben gehört hatten, waren sie auch nicht wegen ihres Nichtglaubens an Christus der Sünde des Unglaubens verfallen. [...]

5. Ich bin nicht hinreichend sicher, ob der christliche Glaube [...] den Eingeborenen so vorgetragen und verkündet worden ist, dass sie bei Sündenstrafe zum Glauben verpflichtet wären. [...] Ich habe jedenfalls nichts von Zeichen und Wundern oder von Beispielen so frommen Lebenswandels gehört, dagegen viel von Ärgernis, wüsten Taten und vielfacher Ruchlosigkeit. [...]

6. Selbst wenn der Glaube den Eingeborenen noch so oft mit einleuchtenden Gründen gepredigt wäre, und sie wollten ihn nicht annehmen, dürfte man sie doch nicht mit Krieg überziehen oder ihrer Güter berauben. [...] (Das) leuchtet auch ein, denn der Glaube ist freiwillig. Furcht aber mindert das freie Wollen, und wer sich nur aus sklavischer Angst dem Kultus und den Sakramenten Christi zuwendet, begeht Gotteslästerung. [...]

Begründete Titel für die Unterwerfung der Eingeborenen durch Spanien:

Als erster Rechtstitel könnte genannt werden die natürliche Gemeinschaft und der Verkehr unter den Menschen. Dazu lässt sich Folgendes sagen: 1. Die Spanier haben das Recht, in die überseeischen Länder zu ziehen und sich dort aufzuhalten, allerdings ohne den Eingeborenen Schaden zuzufügen, und diese dürfen ihnen dabei nichts in den Weg legen. [...] 2. war es im Anfang der Welt, als alles allen gehörte, jedermann erlaubt, nach seinem Belieben überall hinzugehen. [...] Wenn die Eingeborenen den Spaniern verwehren wollten, was ihnen nach Völkerrecht zusteht, z. B. den Handel, dann müssen die Spanier zunächst mit Vernunftgründen und gutem Zureden den Anstoß zu beseitigen versuchen und ihnen klar machen, dass sie nicht gekommen sind, um ihnen zu schaden, sondern um friedlichen Verkehr und Umgang mit ihnen zu pflegen, ohne Nachteil für die Eingeborenen.

Zit. nach: Fritz Dickmann (Hg.), Renaissance, Glaubenskämpfe, Absolutismus, Geschichte in Quellen, München, 3. Aufl. 1982, S. 82–85.

4 Moctezuma und Cortés: Treffen zweier Welten

a) Aus Sicht der Mexica: Auf Veranlassung des Franziskanermönchs Bernardino de Sahagún (ca. 1500–1590) haben dessen eingeborene Schüler in der ersten Hälfte des 16. Jahrhunderts aztekische Berichte über die Eroberung Mexikos in ihrer eigenen Sprache, dem Náhuatl, niedergeschrieben:

Als das Jahr „Dreizehn Kaninchen" sich seinem Ende näherte, [...] erschienen sie wieder. [...] Sogleich brachte man Motecuhzoma die Kunde, und er sandte sofort Boten aus, denn er dachte: „Nun ist unser Fürst Quetzalcóatl gekommen!" In seinem Herzen fühlte er: Er ist erschienen, er ist zurückgekommen. Nun wird er wieder seinen Thron einnehmen, wie er versprochen hat, ehe er uns verließ. Motecuhzoma schickte fünf hohe Gesandte aus, die die Fremden begrüßen und ihnen Willkommensgeschenke bringen sollten. [...] Motecuhzoma sagte zu ihnen: „Kommt näher, meine Jaguarkrieger, kommt näher! Man sagt, dass unser Herr in sein Land zurückgekehrt ist. Geht, ihn würdig zu empfangen. Hört seine Botschaft! Merkt genau auf das, was er sagt, und behaltet es gut im Gedächtnis!" [...]

Während er seine Gesandten erwartete, konnte Motecuhzoma weder schlafen noch essen. Man durfte nicht mit ihm sprechen. Seufzend ging er umher, erschöpft und niedergeschlagen, alles schien ihm nichtig. [...]

[Nach ihrer Rückkehr] berichteten die Gesandten dem König. Sie erzählten ihm, wie sie die Reise gemacht, welche Wunderdinge sie gesehen hatten und welche seltsamen Speisen die Fremden äßen. Motecuhzoma war sehr erstaunt und bestürzt über ihren Bericht, und die Beschreibung der göttlichen Speise entsetzte ihn mehr als alles andere. Sie nährten sich nicht von Blut und menschlichen Herzen!

Erschrocken hörte er auch davon, wie die Kanone brüllt, wie ihr Donner trifft, dass man taub und ohnmächtig wird. [...] Und die Gesandten berichteten weiter: „Ihre Kriegstracht und ihre Waffen sind ganz aus Eisen gemacht. Sie kleiden sich ganz in Eisen, mit Eisen bedecken sie ihren Kopf, aus Eisen sind ihre Schwerter, ihre Bogen, ihre Schilde und Lanzen. Sie werden von Hirschen auf dem Rücken getragen, wohin sie wollen. Herr, auf diesen Hirschen sind sie so hoch wie Dächer. Ihr Körper ist ganz verborgen, nur ihre Gesichter sind nicht bedeckt. Ihre Haut ist weiß, wie aus Kalk gemacht. Ihr Haar ist gelb, nur bei einigen schwarz. Sie haben auch lange gelbe Bärte, auch die Backenbärte sind gelb. Ihr Haar ist gelockt, in glänzenden Strähnen. Ihre Speise ist menschlich, wie die von Fürsten. [...] Ihre Hunde sind große Ungeheuer mit flachen Ohren und langen, hängenden Zungen. Sie haben feurige gelbe Augen, die Funken sprühen und blitzen. Ihre Bäuche sind flach wie Löffel, ihre Flanken sind lang und schmal. Sie sind wild und unermüdlich, sie springen hierhin und dahin, keuchen immer und lassen die Zunge hängen. Sie sind gefleckt wie der Jaguar." Als Motecuhzoma diesen Bericht gehört hatte, griff die Furcht ihn an. Sie schwächte sein Herz bis zur Ohnmacht, es schrumpfte zusammen. Und die Verzweiflung eroberte ihn.

Doch dann sandte er wieder Abgeordnete aus, er schickte seine klügsten Leute, die begabtesten Wahrsager und Zauberer, die er nur finden konnte, und die edelsten und

2

tapfersten Krieger. Sie nahmen Vorräte mit auf die Reise, Hühner, Eier, weiße Maisfladen, und was die Fremden sonst noch benötigen mochten oder was ihnen vielleicht gefallen könnte, trugen sie mit sich. Motecuhzoma schickte auch Gefangene mit. Sie waren für Opfer bestimmt, wenn es die Götter nach Menschenblut gelüstete. Die Gefangenen wurden vor den Fremden geopfert, doch als die Weißen das sahen, schüttelten sie sich vor Abscheu und Ekel. [...]

[Wenig später kommt eine Begegnung zwischen Cortés und Moctezuma zu Stande.] Dann stand er auf, um Cortés willkommen zu heißen. Er ging auf ihn zu, beugte den Kopf tief herab und redete ihn mit diesen Worten an: „Herr, Du bist müde! Die Reise hat Dich erschöpft, aber nun bist Du auf der Erde angekommen. Du bist gekommen, in Deine Stadt nach Mexiko. Du bist hierher gekommen, um auf Deinem Thron zu sitzen, um unter Deinem Thron-Himmel zu sitzen. Die Könige, die schon dahingegangen sind, Deine Stellvertreter, haben ihn geschützt und bewahrt für Deine Ankunft. [...] Wenn sie nur sehen könnten, was ich sehe! Nein, es ist kein Traum. Ich gehe nicht im Schlaf. Ich sehe Dich nicht in meinen Träumen. [...] Ich sehe Dich von Angesicht zu Angesicht. Ich war in Todesfurcht, fünf Tage lang, zehn Tage lang, meine Augen starrten in das Reich des Wunders. Und nun bist Du gekommen, aus den Wolken und Nebeln, um wieder auf Deinem Thron zu sitzen. Dies war geweissagt von den Königen, die Deine Stadt verwalteten. Und nun ist es eingetreten. Du bist zu uns zurückgekommen, Du bist aus dem Himmel herabgekommen. Ruhe Dich nun aus. Nimm Besitz von Deinen königlichen Schlössern. Willkommen in Eurem Land, meine Götter!" Als Motecuhzoma geendet hatte, übersetzte Malintzin, [Cortés einheimische Geliebte und Dolmetscherin] seine Rede ins Spanische, so dass der Kapitän sie verstehen konnte. Cortés antwortete in seiner seltsamen und wilden Sprache. Zuerst sagte er zu Malintzin: „Sag Motecuhzoma, dass wir seine Freunde sind. Es gibt nichts zu fürchten. Schon seit langer Zeit wollten wir ihn gern sehen, und nun haben wir ihn gesehen und seine Worte gehört. Sag ihm, dass wir ihn schätzen und dass wir zufrieden sind." Dann sagte er zu Motecuhzoma: „Wir sind als Freunde zu Deinem Schloss in Mexiko gekommen. Du hast nichts zu befürchten."

zit. nach: Miguel León-Portilla / Renate Heuer (Hg.), Rückkehr der Götter, Die Aufzeichnungen der Azteken über den Untergang ihres Reiches, Köln /Opladen 1962, S. 23f., 28–30, 53 f.

b) Aus der Sicht der Spanier: Cortés über die Rede Moctezumas:

Kurze Zeit nachher aber, nachdem alle meine Leute schon einquartiert waren, kehrte er zurück mit vielen und mannigfaltigen Kleinodien von Gold und Silber und Federbüschen sowie mit fünf- bis sechstausend Stück baumwollenen Gewebes, sehr reich und in verschiedener Art gewoben und gearbeitet. Nachdem er mir das übergeben hatte, setzte er sich auf eine andere Estrade, die schnell für ihn neben der meinigen bereitet wurde, und sitzend redete er zu mir Folgendes: „Seit langer Zeit bereits besitzen wir durch unsere Urkunden von unsern Voreltern Kenntnis, dass weder ich noch alle jetzigen Einwohner dieses Landes Eingeborne desselben sind, sondern vielmehr Fremde, die aus sehr entfernten Gegenden stammen. Gleichfalls wissen wir, dass unser Geschlecht durch einen Herrn hierher geführt wurde, dessen Vasallen sie alle waren, und der darauf nach seinem Geburtslande zurückkehrte, später aber wiederkam – doch erst nach so langer Zeit, dass sich die Zurückgebliebenen unterdessen schon mit eingebornen Weibern verheiratet und viele Kinder gezeugt, auch neue Ortschaften gebildet hatten, wo sie lebten. Und als er sie wieder mit sich hinwegzuführen gedachte, wollten sie nicht folgen und ihn nicht einmal mehr als ihren Herrn erkennen, und so entfernte er sich wieder. Wir aber haben stets dafür gehalten, dass jemand von seinen Nachkömmlingen dereinst erscheinen würde, um dieses Land zu unterjochen und uns wiederum zu ihren Vasallen zu machen. Und nach der Gegend, aus welcher Ihr gekommen zu sein versichert, das heißt vom Sonnenaufgange her, und nach Euren Erzählungen von jenem großen Herrn oder Könige, der Euch von dort entsendet hat, glauben wir und halten es für gewiss, dass derselbe unser angestammter Herrscher sei; besonders da Ihr sagt, dass auch er von uns seit langer Zeit schon Kunde besessen. Seid deshalb überzeugt, dass wir Euch gehorchen und Euch als Gebieter und als Statthalter jenes großen Herrn anerkennen werden, von dem Ihr redet. [...] Wohl mögt Ihr daher im ganzen Lande, so weit ich es zur Herrschaft besitze, nach Willkür befehlen, denn es wird gehorcht und getan werden, und alles, was wir besitzen, erwartet, was Euch darüber zu verfügen gefällig sein wird. Und da Ihr Euch nun hier in der Heimat und im eigenen Hause befindet, so erlustigt Euch und ruhet aus von der Mühseligkeit des Weges und den Kriegen, die Ihr gehabt habt; denn ich kenne sehr wohl alles, was Euch in dieser Art begegnet ist von Puntunchan bis hierher, und ich weiß wohl, dass die von Cempoal und Tlascaltecal Euch viel Übles von mir gesagt haben; glaubet aber nicht mehr davon, als Ihr mit eigenen Augen sehen werdet, besonders jenen nicht, die meine Feinde sind und zum Teil einst meine Vasallen waren, und die bei Eurer Ankunft gegen mich rebelliert und, nur um sich bei Euch in Gunst zu setzen, Euch solches gesagt haben. [...] Ihr braucht Euch um nichts zu kümmern, denn Ihr befindet Euch in Eurem Hause und Eurer Heimat." Ich antwortete nun auf alles, was er gesagt hatte, ihn überall befriedigend, wo es mir angemessen schien, und besonders ihn in seinem Glauben bestärkend, dass wirklich Ew. Majestät der längst von ihnen Erwartete sei.

Zit. nach: Die Eroberung von Mexiko, Drei eigenhändige Berichte von Ferdinand Cortez an Kaiser Karl V., hg. von Ernst Schultze, Hamburg 1907, S. 119–122.

5 Die Indios gießen den Spaniern zur Sättigung ihrer Goldgier geschmolzenes Gold in den Mund. Kupferstich aus Theodor de Brys „Reisen in das östliche und westliche Indien“ von 1596.

6 Ein fatales Treffen

Titu Cusi Yupanqui (1530–1571), Sohn von Manko II. Capac, dem von Pizarro als neuer Regent eingesetzten Halbbruder Atahualpas, herrschte ab 1560 über das Rest-Inkareich um Vilcabamba, das erst 1572 von den Spaniern vernichtet wurde. Sein von ihm in Quechua verfasster Bericht über die Eroberung und Vernichtung des Inkareichs wurde von dem Augustinermönch Marcos García ins Spanische übersetzt. Hier erzählt er von der Gefangennahme seines Onkels Atahualpa:

[Küstenbewohner] hatten erklärt, sie hätten eine bestimmte, von uns ganz verschiedene Art von Menschen bei ihnen landen sehen, die Wiraqochas zu sein schienen: mit diesem Namen bezeichneten wir früher den Schöpfer aller Dinge [...].

Aus mehreren Gründen bezeichnete man die neuentdeckten Leute mit diesem Wort: einerseits, weil sie sich in ihrer Kleidung und äußeren Erscheinung von uns unterschieden; andererseits, weil sie auf sehr großen Tieren ritten, die überdies Silberfüße hatten: das meinte man der glitzernden Hufeisen wegen. Ein weiterer Grund zu dieser Namensgebung war der, dass man sie dabei ertappt hatte, wie sie ganz allein in eine Art Tücher hinein sprachen, so wie eine Person mit einer anderen spricht; damit bezog man sich aufs Lesen von Büchern und Briefen. Außerdem nannte man sie Wiraqochas in Anbetracht der Erhabenheit und des Aussehens ihrer Gestalt und wegen des großen Unterschieds zwischen den einen und den anderen, denn die einen trugen schwarze Bärte, die anderen rote; dazu kam, dass man sie aus silbernem Geschirr essen sah. Ein letzter war, dass sie über illapas verfügten – mit diesem Wort bezeichneten wir den Donner; damit spielte man auf die Feuerwaffen an, denn man vermutete, es handle sich um Himmelsdonner.

Eine Gruppe von Yunkas [Bewohner des Tieflands] führten zwei dieser Wiraqochas zu meinem Onkel Atahualpa, der sich zu jener Zeit in Cajamarca aufhielt. Dieser empfing sie bestens; als er aber einem von ihnen unser gewohntes Getränk in einem goldenen Kelch darbot, da schüttete es der Spanier eigenhändig aus, worüber sich mein Onkel sehr erzürnte. Nach diesem Zwischenfall zeigten jene zwei Spanier besagtem Onkel einen Brief, ein Buch oder was weiß ich, und erklärten, es sei die qellqa [Schrift] Gottes und des Königs. Mein Onkel, noch ganz gekränkt wegen des Ausschüttens der chicha – so heißt nämlich unser Getränk –, ergriff den Brief oder was es sonst gewesen sein mag, und warf ihn irgendwohin, wobei er ausrief: „Was soll das sein, was ihr mir da gegeben habt? Hinaus, fort mit euch!“ Die Spanier kehrten zu ihren Gefährten zurück und berichteten ihnen sicher, was sie gesehen hatten und was ihnen bei meinem Onkel Atahualpa widerfahren war.

Viele Tage später, als mein Onkel Atahualpa gerade in Krieg und Streitigkeiten verwickelt war mit Huascar Inka, einem seiner Brüder, um zu klären, welcher von ihnen der wirkliche König des Landes sei [...], langten in Cajamarca, der eben erwähnten Stadt, so erzählt man, vierzig oder fünfzig Spanier auf ihren wohl ausgestatteten Pferden an. Die Nachricht erreichte meinen Onkel Atahualpa, als er gerade daran war, in einem wenig entfernten Ort namens Huamachuco ein bestimmtes Fest zu feiern.

Er brach sogleich mit seinem Gefolge auf, ohne Waffen zum Gefecht oder Harnische zum Schutz, nur mit tumis – so heißen unsere Messer – ausgerüstet, um jene neue Art von „Lamas“ zu jagen; damit waren die Pferde gemeint, die ja erst neulich bei uns aufgetaucht waren. Die tumis oder Messer trugen sie bei sich, um die Tiere zu häuten und zu schlachten, wobei sie überhaupt nicht mit den paar Menschen rechneten und auch nicht zu wissen suchten, was sie waren.

Als mein Onkel mit all seinen Leuten die Stadt Cajamarca erreichte, empfingen ihn die Spanier bei den Bädern von Conoc. Dort eingetroffen, fragte er sie, wozu sie gekommen seien. Sie antworteten, sie seien im Auftrag Wiraqochas gekommen, um ihnen zu erklären, wie sie ihn kennen zu lernen hätten. Nachdem mein Onkel angehört hatte, was sie sprachen, wartete er ihnen stumm auf, indem er einem von ihnen in der weiter vorn von mir beschriebenen Weise zu trinken gab, um festzustellen, ob diese Leute das Getränk ausschütten würden wie die beiden ersten Spanier. Alles geschah genau wie vorher: Sie tranken es nicht und kümmerten sich auch nicht darum. Als mein Onkel sah, wie gering sie seine Dinge einschätzten, sagte er: „Wenn ihr mich gering schätzt, so werde ich euch auch gering schätzen!“ Er erhob sich zornig und begann zu schreien, als wollte er die Spanier umbringen. Aber die Spanier sahen sich vor und besetzten die vier Tore des rundherum befestigten Platzes, wo sie sich befanden.

Auf jenem ummauerten Platz blieben nun die Indianer wie Schafe eingeschlossen. Sie waren zahlreich und konnten nirgendwohin entweichen; sie hatten auch keine Waffen bei sich, weil sie sie nicht mitgenommen hatten; so wenig hatten sie sich aus den Spaniern gemacht. Nur Lassos und tumis trugen sie bei sich, wie ich vorher ausgeführt habe. Die Spanier stürmten wie rasend gegen die Mitte des Platzes los, wo an erhöhter Stelle ein Thron des Inkas war, eine Art Burg, die wir usnu nennen. Diese besetzten sie und ließen meinen Onkel nicht hinauf; im Gegenteil, an deren Fuß warfen sie ihn gewaltsam aus seiner Sänfte hinaus, stürzten sie um und entrissen ihm alles, was er bei sich trug, sogar seine Stirnquaste, die bei uns als Krone gilt. Nachdem sie ihm alles entrissen hatten, nahmen sie ihn fest. Und da die Indianer laute Schreie ausstießen, töteten sie alle: mit den Pferden, den Degen oder den Schusswaffen, als ob sie Schafe abschlachteten, ohne dass irgendjemand Widerstand geleistet hätte: Von mehr als zehntausend entkamen keine zweihundert. Als alle tot waren, führten die Spanier meinen Onkel Atahualpa ins Gefängnis, wo sie ihn – nackt, den Hals mit Ketten umschlossen – die ganze Nacht gefangen hielten.

Zit. nach: Wolfgang Behringer (Hg.), Amerika. Die Entdeckung und Entstehung einer neuen Welt. Ein Lesebuch, München/Zürich 1992, S. 273 ff.

7 Der Inkaherrscher Atahualpa wird von Pizarro gefangen genommen. (Ausschnitt).

8 Das Elend der Indios im Inkareich

Vicente de Valverde, dominikanischer Feldprediger Pizarros, berichtet dem König von Spanien 1539 über die Lage in Peru nach dem Ende des Aufstands von Manko II. Capac im Jahre 1536:

Auf meinem Wege kam ich durch weite Teile des Landes; überall traf ich Zerstörung und Elend an; es überkam mich großer Schmerz, denn ich kannte das Land ja noch von früher. Man muss mit diesem Land sehr behutsam umgehen, sowohl wegen des angeborenen Adels der einheimischen Bevölkerung und ihrer Aufgeschlossenheit für unseren heiligen Glauben als auch wegen der mannigfachen natürlichen Reichtümer. Angesichts des allgemeinen Elends erfasst jedermann tiefes Mitgefühl. [...]

Nun komme ich auf den Schutz der Indianer zu sprechen, den mir E. M. so sehr ans Herz gelegt hat. Man kann tatsächlich nicht genug betonen, wie sehr es darauf ankommt [...], diese Menschen vor den Rachen der vielen Wölfe zu schützen, die sie bedrohen. Meiner Ansicht nach wäre dieses Land bald entvölkert, wenn niemand sich persönlich für die Indios einsetzte [...]. Die Raffgier der Spanier überschreitet jedes Maß; man denkt weder an den Fortbestand des Landes noch an die Forderungen Gottes und E. M. [...].

Die Justizbehörden hier sind keinem Rat noch Einspruch zugänglich und wollen ohne jede Einschränkung befehlen [...]. Sie behaupten, die umherschweifenden Indios, die durch Ortschaften und Provinzen ziehen, ebenso wie die Yanaconas, das heißt die Indios, die den Spaniern persönlich dienen, dürften nicht über sich selbst verfügen; der Gobernador oder seine Stellvertreter könnten sie vielmehr königlicher Weisung gemäß nach Gutdünken jemandem zuteilen, und diesem müssten sie dann bedingungslos gehorchen [...]. Das ist, wie E. M. sieht, nicht vereinbar mit den Freiheitsrechten, deren Beachtung E. M. so dringlich anbefohlen hat. Es verstößt gegen alle Vernunft, wenn man einer freien Person ohne erfindlichen Grund die Freiheit nimmt. Einen größeren Schaden kann man ihr, meine ich, gar nicht tun, höchstens noch das Leben nehmen. Der Indio, den man auf diese Weise mithilfe eines Erlasses in fremde Dienste zwingt, hat ein schlimmeres Los als ein Sklave [...]; denn sie können ja nicht einmal verkauft werden und müssen so ihren Herren, auch wenn diese sie noch so schlecht behandeln, ihr ganzes Leben lang dienen [...]. Ich weiß, dass die Habgier der Spanier in diesem Land ungeheuer ist, und sicher werden sie demnächst bei E. M. vorstellig werden, sie möge erlauben, in diesem Land Sklaven zu halten, die Indios zu Trägerdiensten heranzuziehen, sie von ihren Wohnsitzen zu verschleppen, in die Minen zu schicken und ihnen keinerlei Freiheit zu gewähren [...]. E. M. geruhe zu befehlen, dass das Gold und das Silber, welches die Indios abliefern sollen, auf die Art und Weise gewonnen werde, wie sie es von alters her gewohnt sind, ohne dass Christen sie bedrängen. Nur so wird E. M. viele Jahre lang in diesen Breiten über Indios verfügen, die ihr jeden Tag höhere Einkünfte sichern. Diejenigen Spanier, die auf diese Weise nicht genug bekommen können, sollten sich Neger kaufen und diese in die Minen schicken.

Zit. nach: Wolfgang Behringer (Hg.), a. a. O., S. 249 f., 252.

9 Grundsätze der Kolonialverwaltung

Instruktion des spanischen Hofs für den ersten Vizekönig in Amerika nach Kolumbus, Antonio de Mendoza, vom 25.4.1535

Was Ihr, Don Antonio de Mendoza, Unser Vizekönig und General-Gouverneur der Provinz Neu-Spanien, zu Diensten Gottes, Unserer selbst und des ganzen dortigen Gemeinwesens [...] tun sollt, ist Folgendes:

1. Sofort nach Ankunft in jenem Land, und sobald Ihr Euch ein erstes Bild davon gemacht habt, sollt Ihr Euch vor allem anderen darüber unterrichten, welche Beiträge für die geistlichen und kirchlichen Angelegenheiten gezahlt wurden und werden, besonders für die Errichtung der für den Gottesdienst notwendigen Kirchen und die Bekehrung und Unterweisung der indianischen Einwohner jenes Landes, und für andere solche Dinge, die den Dienst Gottes, Unseres Herrn, und die Entlastung Unseres königlichen Gewissens betreffen. Die Fehler, die nach Eurer Feststellung dabei aufgetreten sind, sollt Ihr mit jedem Prälaten in seiner Diözese besprechen. [...]

2. Item. Ihr sollt allerschnellstens sowohl die Stadt Mexiko als auch alle anderen Städte, Dörfer, Siedlungen der ganzen Provinz visitieren. [...] Ihr [...] sollt Euch über die Bedeutung eines jeden der Dörfer unterrichten und über die Anzahl seiner eingeborenen Bewohner und anderer, spanischer Bewohner, die es dort eventuell gibt, und darüber, was die Landesbewohner an Uns oder an die Personen, die sie in Unserem Namen in Encomienda haben, nach Eurer Feststellung in jedweder Weise zum Zeitpunkt der Visitation entrichten und zahlen. [...] Ebenso sollt Ihr Euch darüber unterrichten, ob besagte Eingeborene leicht mehr Gold, Silber oder andere Dinge, die ihnen bezeichnet und taxiert wurden, beisteuern und bezahlen können, als sie gegenwärtig zahlen. Ebenso sollt Ihr Euch darüber unterrichten, wie viel Tribut jeder Ort umgerechnet auf Gold- und Silberwert bezahlt. [...]

5. Item. Denn hier ist besprochen worden, dass die hauptsächliche und beste Weise, wie Wir Uns des Landes bedienen können, und zwar bei weniger Drangsal seiner Bewohner, besonders derjenigen, die nicht die Möglichkeit haben, die Tribute und Abgaben, die sie Uns zu entrichten haben, in Gold zu bezahlen, in ihrem persönlichen Dienst besteht: In den Dörfern, die unter Unserer Verwaltung stehen, sollten sie verpflichtet sein, Personen aus ihrer Mitte für die Arbeit in den von Uns bezeichneten Gold- und Silberminen einzuteilen. [...]

13. Weiterhin sind Wir darüber unterrichtet, dass es in vielen Gegenden der Provinz große und sehr ergiebige Gold- und Silberminen und andere Erzgruben gibt, und dass Uns, abgesehen vom Fünften, den Uns die mit Unserer Konzession und Genehmigung dort fördernden Privatpersonen gezahlt haben und zahlen, sehr gedient wäre und unsere königlichen Einkünfte erhöht würden, wenn Unsere Beamten für Uns und in Unserem Namen eine beträchtliche Anzahl schwarzer Sklaven oder derjenigen Indios, die berechtigterweise als Sklaven erworben und gehalten werden, in den Minen arbeiten ließen. [...]

14. Weiterhin sind Wir darüber unterrichtet, dass die Provinz oder ihr größter Teil sehr fruchtbar und ergiebig ist, und dass sie eine Vielfalt an Erzeugnissen [...] hervorbringt, die Uns dienlich und den Landesbewohnern und Siedlern verdienstbringend sein könnten, wenn man sie sich mit Geschick und Sorgfalt zu Nutze zu machen verstünde. Deshalb beauftrage und befehle Ich Euch, der Ihr Uns dadurch sehr zu Diensten sein werdet, darüber Auskunft und Kenntnisse einzuholen, welche von den Produkten von solcher Güte sind, dass sie jetzt oder künftig Unsere Steuereinnahmen und Unser königliches Patrimonium vermehren können.

Zit. nach: E. Schmitt (Hg.), Aufbau der Kolonialreiche. Dokumente zur Geschichte der europäischen Expansion, Band 3, München 1987, S. 151–155.

2

10 Zehn verheerende Plagen

Der Franziskaner Toribio de Benavente (ca. 1490–1569), stellt in seiner „Geschichte der Indios von Neuspanien" einen minutiösen Katalog der verheerenden Folgen der spanischen Kolonialherrschaft auf.

Gott verwundete und bestrafte dieses Land und seine Bewohner, sowohl einheimische als auch fremde, mit zehn verheerenden Plagen. Die erste waren die Pocken [...].

Die zweite Plage war die Conquista, durch die viele starben, besonders in der Stadt Mexiko [...].

Die dritte Plage war eine große Hungersnot, die nach der Einnahme der Stadt ausbrach. Denn da sie infolge des Krieges, bei dem die einen den Mexikanern halfen, das Land zu verteidigen, während andere auf der Seite der Spanier kämpften, die Felder nicht bestellen konnten oder aber die Felder, die die einen bepflanzten, von den andern zerstört wurden, gab es nichts zu essen [...].

Die vierte Plage waren die calpixques oder Aufseher und die Neger, die, nachdem man das Land aufgeteilt hatte, die Konquistadoren in ihren Besitzungen und Dörfern, mit denen sie betraut worden waren, einsetzten, damit sie die Tribute überwachten und auf ihren Ländereien nach dem Rechten sahen. Diese Aufseher wohnen in den Dörfern, und obwohl sie zumeist Arbeiter sind, die aus Spanien eingewandert sind, führen sie sich in diesem Lande wie Herren auf und springen mit den einheimischen Fürsten um, als seien es ihre Sklaven. [...] Das einzige, was sie tun, ist, Befehle auszuteilen, und so viel man ihnen auch gibt, es ist nie genug; und wo immer sie sind, stänkern sie. [...]

In den ersten Jahren war die Herrschaft der calpixques so unbegrenzt, dass sie die Indianer so sehr misshandelten und ihnen so viele Lasten und Arbeiten auferlegten und sie so weit von ihrer Heimat wegschickten, dass viele Indianer starben, was allein ihre Schuld ist.

Die fünfte Plage waren die hohen Abgaben und Dienstleistungen, die die Indianer erbringen mussten. Da sie in ihren Tempeln und in vielen Gräbern ihrer Fürsten und Herren eine große Menge Gold aufbewahrt hatten, das sie abliefern konnten, legte man ihnen hohe Tribute auf, und die Indianer, die seit den Zeiten des Krieges große Furcht vor den Spaniern hegten, gaben alles, was sie hatten. Da aber die Tribute immer weiter gefordert wurden, gewöhnlich alle achtzig Tage, mussten sie, um die Zahlungen einhalten zu können, ihre Kinder und Ländereien an Kaufleute und Händler verkaufen, und wenn sie ihre Tribute nicht einhielten, bedeutete das für viele den Tod, sei es, dass man sie folterte, sei es, dass man sie ins Gefängnis warf, denn man behandelte sie in schändlichster Weise, waren ihnen doch ihre Tiere mehr wert als die Indianer.

Die sechste Plage waren die Goldminen, denn außer den Tributen und Dienstleistungen, die die Spanier aus ihren Dörfern bezogen, begannen sie auch, nach Minen zu suchen; und die Zahl der indianischen Sklaven, die darin zu Tode kamen, ist so groß, dass man sie nicht zählen kann. [...]

Die siebte Plage war der Wiederaufbau der Stadt Mexiko, bei dem anfangs mehr Menschen beschäftigt waren als bei der Errichtung des Tempels von Jerusalem. So groß war die Masse der Arbeiter, die bei den Bauten eingesetzt waren, dass man kaum durch die Straßen kam, obwohl sie sehr breit sind. Und bei diesen Arbeiten [...] starben viele Indianer [...].

Die achte Plage war die Jagd auf Sklaven, die sie für die Minen benötigten. Es gab Jahre, da gingen sie mit solchem Eifer ans Werk, dass die Sklaven wie große Herden von Schafen aus allen Teilen des Landes in Mexiko zusammenströmten, wo sie gebrandmarkt wurden. Und so groß war die Nachfrage, dass die, die bei den Indianern selbst Sklaven waren, obwohl sie nur selten so behandelt wurden, nicht ausreichten, so dass sie, um ihre Tribute an Sklaven, die alle achtzig Tage fällig waren, entrichten zu können, gezwungen waren, Kinder und macehuales, das heißt Leute aus dem Volk, und wen immer sie auftreiben konnten, abzuliefern, was jene, denen dies geschah, mit Schrecken erfüllte, fürchteten sie doch, dass sie nun zu Sklaven erklärt werden würden. [...]

Die neunte Plage war der Arbeitsdienst in den Minen, zu denen die Indianer bis zu einer Entfernung von sechzig Leguas [300 km] und mehr Versorgungsgüter bringen mussten. Der Weg war manchmal so weit, dass das Essen, das die Träger für sich selbst mitführten, kaum reichte, um zu den Minen zu gelangen, geschweige denn, um den Rückweg anzutreten; außerdem hielten sie die Minenbesitzer nicht selten für einige Tage zurück, damit sie ihnen beim Roden halfen. Auch setzten sie sie beim Häuserbau ein oder bedienten sich auf sonstige Weise ihrer Hilfe, wodurch ihre eigenen Vorräte so sehr schwanden, dass sie entweder in den Minen oder auf dem Rückweg starben. [...] Andere kehrten so entkräftet in ihre Dörfer zurück, dass sie bald darauf starben, und von diesen und den Sklaven, die in den Minen umkamen, ging ein solcher Gestank aus, dass es die ganze Umgebung verpestete, besonders in den Minen von Guaxaca, wo man im Umkreis von einer halben Legua und auf weiten Teilen der Straße nicht wusste, wohin man treten sollte, so viele Leichen und Knochen lagen dort herum. Und die Vögel und Krähen, die herbeikamen, um sich von den Toten zu ernähren, waren so zahlreich, dass sie die Sonne verdunkelten; und so geschah es, dass viele Orte entvölkert wurden, sowohl jene, die am Wege lagen, als auch in der ganzen Gegend. Wer überlebte, floh in die Berge, und so blieben Häuser und Felder verlassen.

Die zehnte Plage war der Streit, der zwischen den Spaniern in Mexiko ausbrach und die Gefahr heraufbeschwor, das ganze Land zu verlieren, was unzweifelhaft geschehen wäre, wenn Gott die Indianer nicht in Blindheit gehalten hätte.

Zit. nach: Wilfried Westphal, Der Adler auf dem Kaktus, Braunschweig 1990, S. 225–228.

11 Sklaven auf Hispaniola bei der Zuckerproduktion. Kupferstich aus Theodor de Brys „Reisen in das östliche und westliche Indien“ von 1596.

2

Arbeitsvorschläge

a) Kennzeichnen Sie die weltgeschichtliche Bedeutung der Entdeckung Amerikas.

b) Im 18. Jahrhundert notierte der Göttinger Philosoph Georg Christoph Lichtenberg (1742–1799): „Der Amerikaner, der den Columbus zuerst entdeckte, machte eine böse Entdeckung“. Erläutern und diskutieren Sie diese These.

c) Analysieren Sie den geistigen und gesellschaftlichen Zusammenhang zwischen Reconquista und Kolonialismus.

d) Stellen Sie die Grundzüge der Kultur der Mexica und der Inka zusammen und vergleichen Sie diese mit den Merkmalen der europäischen Kultur.

e) Nennen Sie die Ursachen für den Sieg der spanischen Eroberer und gewichten Sie diese (M 4, 6).

f) Vergleichen Sie die Berichte der Spanier und die der Mexica und Inka über ihre Begegnung und zeigen Sie die wesentlichen Unterschiede auf (M 4, 6).

g) Überprüfen Sie die Rechtmäßigkeit und Schlüssigkeit der von den spanischen Entdeckern vorgebrachten rechtlichen Argumentation und diskutieren Sie, ob das moderne Völkerrecht auf die damaligen Verhältnisse angewandt werden kann (M 2, 3).

h) Grenzen Sie die Interessen der spanischen Krone von denen der Konquistadoren und Siedler ab und arbeiten Sie mögliche Konfliktpunkte heraus (M 8, 9, 10).

i) Kennzeichnen Sie die Strukturen, Grundsätze und Motive der spanischen Kolonialverwaltung (M 9).

j) Erörtern Sie die rechtliche Stellung der amerikanischen Eingeborenen auf dem Hintergrund des Encomienda-Systems (M 8, 10).

k) Welche Kriterien legen die Kritiker der Behandlung der Eingeborenen an und welche Lösungsmöglichkeiten sehen sie (M 8)?

l) Die spanischen Kolonialbehörden haben bis ins 18. Jahrhundert hinein die Kolonien in Übersee primär als Quellen von Edelmetallen und Rohstoffen genutzt und die Entstehung von Gewerbe und Manufaktur verhindert, um unliebsame Konkurrenz vom Mutterland zu unterbinden. Bewerten Sie auf diesem Hintergrund die langfristigen Folgen der spanischen Kolonialherrschaft.

2

Geschichte regional: Heinrich Carl Schimmelmann – ein deutsch-dänischer Unternehmer im atlantischen Dreieckshandel

Heinrich Carl Schimmelmann um 1765, Gemälde von J. G. Ziesenis.

Am lukrativen Überseehandel beteiligten sich auch Kaufleute aus dem übrigen Europa. Ein typisches Beispiel war der Kaufmannssohn Heinrich Carl Schimmelmann (1724–1782) aus der alten pommerschen Hansestadt Demmin. Dieser gelangte im Lauf seines Lebens zu immensem Reichtum, wurde Herr von vielen profitablen Unternehmungen und stieg gegen Ende seines Lebens als „Graf von Lindenborg" in den dänischen Hochadel auf. Schimmelmann begann als preußischer Heereslieferant, Steuerpächter in Sachsen und Betreiber der Meißener Porzellanmanufaktur. Später ließ er sich in Hamburg nieder, um von dort aus einträgliche Münzgeschäfte zu betreiben. Neben Palästen in Berlin und Hamburg erwarb er im damals dänischen Holstein zwei große Güter in Ahrensburg und Wandsbek. Sein Aufstieg zum internationalen Großunternehmer begann, als der dänische König diesen erfolgreichen Mann zur Sanierung der Staatsfinanzen als „Generalkommerzintendanten" und „Obersteuerdirektor" in Dienst nahm und ihn zum Baron machte. Ein weiteres Palais in Kopenhagen und das Gut Lindenborg in Jütland erweiterten seinen Besitz.

Schimmelmann rationalisierte die Landwirtschaft auf seinen Gütern in Holstein und Jütland und errichtete dort Spinnereien, Tuchmanufakturen, Schnapsbrennereien und Sägewerke. Gleichzeitig verstand er es, seine Tätigkeit für den dänischen Staat für die eigenen Geschäfte zu nutzen. Seit dem 17. Jahrhundert baute die „Dänisch-Westindisch-Guineische Kompanie" auf drei Inseln der kleinen Antillen mit Sklaven Zuckerrohr an. Als die Gesellschaft in Schulden geriet, übernahm der dänische König ihren Besitz, verkaufte ihn aber bald wieder mitsamt der königlichen Kopenhagener Zuckerraffinerie an Schimmelmann, um Geld in die Staatskasse zu bekommen. So wurde der Minister Herr über vier Plantagen mit rund 1000 Sklaven sowie Zuckermühlen und -kochereien.

Wenige Jahre später erwarb Schimmelmann auch noch die königliche Gewehrfabrik bei Hellebek. Außerdem beteiligte er sich an dänischen Kompanien, die im Atlantikhandel aktiv waren. Ihre Schiffe segelten zunächst zur Küste von Guinea in Westafrika. Dorthin lieferten sie Waren wie Flinten, Schießpulver, Schnaps oder bedruckte Baumwollstoffe (Kattun), die von Schimmelmanns Manufakturen stammten oder aus Indien eingeführt worden waren. Dann kauften sie von den Einheimischen vor allem Sklaven für die karibischen Inseln, aber auch Gold und Elfenbein. Anschließend wurde das „schwarze Gold" unter erbärmlichen Bedingungen zu den Zuckerinseln verfrachtet. Viele starben an den Strapazen der Fahrt. Die Überlebenden wurden dort verkauft, und dann ging es mit Zucker, Rum, Tabak und Farbhölzern zurück nach Dänemark.

1 Sklavenartikel für die dänischen Karibikinseln St. Thomas, St. Jan und St. Croix, verordnet durch den Gouverneur Phillip Gardelin am 5.9.1733:

Zunächst betont der Gouverneur, dass „unsere Neger, die von Gott selbst zu Sklaven gemacht worden sind, nicht nur ihre Pflichten gegenüber den Weißen versäumen, sondern auch ungehorsam gegen ihre Herren und Herrinnen sind, deren Geld sie doch sind und denen sie umso mehr zur Untertänigkeit verpflichtet sind". Darum stelle er einen Strafkatalog auf. Hieraus einige Artikel:

1. Jeder Sklave, der andere Sklaven zum Weglaufen aufhetzt, damit er selbst auf freien Fuß kommen kann, soll an 3 Stellen mit glühenden Zangen gezwickt und dann gehenkt werden durch die Justiz.

3. Der Neger, der von solchem Vorhaben wusste und es den Weißen nicht meldet, soll von der Justiz auf der Stirn gebrandmarkt werden und 100 Schläge mit der Katze[1] erhalten.

5. Alle Maronneger[2], die 8 Tage lang wegbleiben, sollen im Fort 150 Schläge erhalten. Ein Neger, der 1/4 Jahr lang Maron geht oder der mehrfach Maron läuft, soll durch die Justiz ein Bein verlieren; wer 6 Monate lang wegbleibt, soll das Leben verlieren, es sei denn, sein Herr verzeiht ihm und begnügt sich mit dem Verlust eines Beines.

9. Ein Neger, der im Zorn seine Hand gegen einen Weißen erhebt oder ihn ernstlich mit Worten bedroht, soll ohne Pardon dem Gericht übergeben, an 3 Stellen mit glühenden Zangen gezwickt und dann gehenkt werden, wenn der Herr es verlangt; andernfalls verliert er die rechte Hand.

10. Ein Neger kann für schuldig befunden werden auf Grund der eidlichen Aussage eines weißen Christen. Ist der Neger so hartnäckig, dass er ungeachtet der Schläge, die er bekam, das Verbrechen leugnet, so soll er gefoltert werden, wenn einige Vermutungen gegen ihn sprechen.

Zusammengestellt nach: Christian Degn, Die Schimmelmanns im atlantischen Dreieckshandel. Gewinn und Gewissen, Neumünster 2 Aufl. 1984, S. 40.

1 Mit mehreren Lederriemen und Knoten versehene Peitsche.
2 Entlaufene Sklaven.

2 Eine kritische Stimme

Der Mecklenburger Paul Erdmann Isert (1756–1789), der im dänischen Christiansborg in Guinea (Westafrika) als Oberarzt tätig war, schreibt 1787 in einem Brief an seinen Vater:

Aber, sagen die Vertheidiger der Sklaverei, die Neger sind halsstarrige Menschen, faul, ergeben der Dieberei, dem Saufen und allen Lastern, die hieraus fließen. Und haben wir nicht hier Neger, die, wenn sie gefragt werden, ob sie wieder nach ihrem Vaterlande zurückkehren wollen, mit Nein! antworten? Diesen Herren will ich nichts weiter antworten, als: Wenn sie von ihrem Unglauben bekehrt sein wollen, so mögen sie sich die Mühe geben und nach dem innern Lande von Afrika reisen und da zusehen, ob sie nicht überall Spuren der Unschuld und der redlichsten Menschen finden werden. Grobe Laster, als Mord und Dieberei, sind fast unbekannt. Nur da herrschen diese Belials-Agenten[3], wohin die Lockspeise der europäischen Produkte bis jetzt gekommen ist, und ach! ich befürchte, der größte Theil von Afrika ist schon angesteckt! Dass ein Neger, der etwa hier als Kammerdiener gebraucht wird, nicht Lust hat, wieder nach seinem Vaterlande zurückzukehren, ist möglich, denn er hat es hier erträglich, und es ist ungewiss, wenn er nach seinem Vaterlande käme, ob man ihn nicht noch einmal verkaufen könnte, in welchem Falle er vielleicht nicht einen so guten Posten erhielte, wie er nun hat. Man frage aber einmal die Legionen von Plantagennegern, was sie antworten, wenn sie zuvor wüssten, dass es Ernst wäre, dass man sie wirklich wieder dahin bringen wolle. – Doch wozu nützt es, dass ich meine Klagen über die unnatürlichste und ungerechteste Traffik[4] mit den Seufzern wackerer Philosophen über das große unauslöschbare Laster der Europäer, zween ganzer Welttheile Menschen theils ausgerottet, theils verderbt zu haben, vereinige! Wäre doch nur ein Mittel möglich, diesem fortdauernden Übel Einhalt zu thun!

Zit. nach: Christian Degn, a. a. O. S. 229

3 Agenten der Bosheit.
4 Handel.

Arbeitsvorschläge

a) Erstellen Sie ein Schaubild, aus dem die wirtschaftlichen und regionalen Beziehungen des Schimmelmannschen Imperiums deutlich werden.
b) Beurteilen Sie die Bedeutung der Schimmelmannschen Unternehmungen für die davon betroffenen Menschen.
c) Vergleichen Sie die in den beiden Texten zur Sklaverei erkennbaren Charakteristika der Schwarzen und erklären Sie diese im historischen Zusammenhang.
d) Diskutieren Sie mögliche Zusammenhänge zwischen dem heutigen Verhältnis der Industrieländer zur Dritten Welt (besonders Afrika) und dem Dreieckshandel.

2.2 Der Kolonialismus des Kaufmanns in Ostasien

2.2.1 Ostasien zu Beginn der Neuzeit

Ein neues Kapitel der europäischen Expansion wurde gegen Ende des 16. Jahrhunderts in den Kontoren holländischer und englischer Kaufleute aufgeschlagen. Jetzt übernahm das nordwesteuropäische Handelskapital die Führung, während die iberischen Mächte ins zweite Glied zurückfielen. Dabei dominierten zunächst die Niederländer; erst später gewannen die Briten ihre Position als bedeutendste Kolonialmacht. Unterstützt von der staatlichen Leitung, schickten kapitalstarke Handelsgesellschaften Schiffe nach Osten und hofften auf reiche Gewinne im Asienhandel. Ihre Devise lautete: ‚Handel und freier Warenverkehr'. Diese Vorstellung stand im Widerspruch zur im Vertrag von Tordesillas festgelegten Aufteilung der Welt zwischen den alten Kolonialmächten. Daher pochten die neuen Konkurrenten auf das Prinzip der Freiheit der Meere. Sie konnten sich erfolgreich in Ostasien festsetzen und so in Europa zu den wirtschaftlich führenden Mächten aufsteigen.

Das Moghulreich in Indien

In Indien herrschte zu Beginn des 17. Jahrhunderts die türkisch-muslimische Dynastie der Moghule (pers.: Mongolen), die, von Norden aus Afghanistan kommend, nach Indien eingedrungen war. Großmoghul Akbar (1542 – 1605) brachte die gesamte nördliche Hälfte des Subkontinents bis auf die Höhe von Bengalen im Osten und Bombay im Westen unter seine Kontrolle. Die neuen Herren regierten eine breite Masse aus Bauern, Handwerkern und Kaufleuten hinduistischen Glaubens. Aus diesem Grunde und wohl auch aus eigener Überzeugung verfolgte Akbar eine tolerante Religionspolitik. Gleichzeitig war er bemüht, sein großes Reich durch eine zentralisierte Verwaltung und ein effektives Steuersystem in den Griff zu bekommen, was ihm auch weitgehend gelang.

Unter der Regierung von Großmoghul Aurangzeb (1618 – 1707) erreichte das Reich seine größte Ausdehnung; gleichzeitig jedoch begann sein Zerfall. Aurangzeb gab die tolerante Religionspolitik seiner Vorgänger auf und verfolgte einen am islamischen Staats- und Kulturideal orientierten und gegen den Hinduismus gerichteten Kurs: Hindus wurden von öffentlichen Ämtern ausgeschlossen, Schulen und Tempel zerstört. Außerdem führte Aurangzeb die verhasste Kopfsteuer für Nichtmuslime wieder ein. Darüber hinaus litt seine Verwaltung durch Korruption, Untreue und Prunksucht der Provinzherren und Beamten. Daher regte sich überall Widerstand gegen die fremden Herren. Aurangzebs schwache Nachfolger konnten das Riesenreich nicht mehr zusammenhalten, so dass es unter dem Druck innerer Unzufriedenheit und erschüttert von Invasionen der Perser und Afghanen aus dem Norden allmählich zerfiel.

China – das „Reich der Mitte"

In China löste im Jahre 1644 die aus der Mandschurei stammende Dynastie der Ch'ing die bis dahin herrschenden Ming-Kaiser ab. Wie ihre Vorgänger machten die Mandschu-Herrscher sich die konfuzianische Staatsideologie zu eigen, die auf der Lehre des Philosophen K'ung fu-tse (Konfuzius, 551 – 479 v. Chr.) fußte: Der Herrscher als „Sohn des Himmels" hatte die Aufgabe, Harmonie und Bestand des Reichs entsprechend der kosmischen Ordnung vor dem Verfall der öffentlichen Moral und inneren Unruhen zu schützen. China als „Reich der Mitte" bildete in dieser Lehre das Zentrum der Welt und war allen anderen Reichen und Ländern weit überlegen. Außerhalb ihres Reichs lebten nach chinesischer Vorstellung nur minderwertige und barbarische Völker, die durch Tributleistungen die Oberhoheit des „Sohns des Himmels" anerkennen mussten.

1 Friedlicher Handel an der indischen Küste; auf der Reede im Vordergrund werden Farbhölzer und Gewürze angeboten. Ölgemälde von Hendrick Cornelzs. Vroom, 1630.

Bis ins 19. Jahrhundert konnte China mit seiner fest gefügten Ordnung, Jahrhunderte alten Tradition und hohen Kultur seine Selbstständigkeit bewahren, obwohl schon im 16. Jahrhundert die Portugiesen Handelskontakte mit China aufgenommen hatten. Denn die chinesischen Kaiser verstanden die Handelsbeziehungen mit europäischen Mächten als eine durch Tribute vollzogene Unterwerfung der Fremden. Die 1557 gegründete portugiesische Niederlassung in Macao blieb offiziell unter chinesischer Oberhoheit. Immerhin erlangten die Portugiesen unter den Ming-Kaisern eine Monopolstellung im Handel zwischen China und Japan (chinesische Seide gegen japanisches Silber), da chinesischen Kaufleuten der Überseehandel verboten war. Die Mandschu-Herrscher öffneten jedoch 1685 die Häfen Chinas für fremde Schiffe, so dass jetzt Niederländer und Briten den Portugiesen ihr Monopol mit Erfolg streitig machen konnten.

Japan schottet sich ab

In Japan ging zu Beginn des 17. Jahrhunderts eine Zeit innerer Wirren und Kämpfe zwischen rivalisierenden Regionalfürsten („Daimyos") und ihren Lehnsleuten („Samurai") zu Ende. Der militärische Oberbefehlshaber des Landes („Shogun") übernahm angesichts der Schwäche des Kaisertums im Jahre 1603 das Regiment und begründete eine erbliche Dynastie, die bis 1867 Bestand hatte. Der Kaiser („Tenno") beschränkte sich hinfort auf religiöse und zeremonielle Aufgaben.

Bereits Mitte des 16. Jahrhunderts waren portugiesische und spanische Händler und Missionare in Japan eingetroffen und wurden zunächst geduldet. Einige Jahrzehnte später landeten auch niederländische und britische Kauffahrerschiffe in Japan und machten den Iberern Konkurrenz. Der Shogun war zwar am Handel mit den Fremden interessiert, doch in der in den Küstengebieten zum Teil erfolgreichen christlichen Mission sah er eine Gefahr. Diese untergrub mit dem Gebot, ein Christ habe nur Gott zu gehorchen, seine noch unsichere Herrscherstellung. Mit antichristlichen Edikten versuchte er dem Treiben der Missionare Einhalt gebieten. Das Fass zum Überlaufen brachte ein Aufstand im Jahre 1637, an dem sich neben unzufriedenen Bauern und herrenlosen Samurai auch verfolgte Christen beteiligten. Die Fremden mussten das Land verlassen und Japanern wurden Außenhandel und Auslandsreisen verboten. Nur eine kleine holländische Faktorei durfte auf der winzigen künstlichen Insel Deshima in der Bucht von Nagasaki bestehen bleiben, wo die Ausländer unter strenger Kontrolle lebten. Bis zur Mitte des 19. Jahrhunderts war Deshima Japans einzige Pforte zur Außenwelt, ansonsten blieb das Inselreich die nächsten zwei Jahrhunderte isoliert.

Die asiatische Inselwelt

Schon früh gerieten die ostasiatischen Inseln unter den Einfluss der hinduistischen und buddhistischen Kultur. Zusammenhängende Staatsgebilde entstanden allerdings kaum. Erwähnenswert ist immerhin das Reich Majapahit mit seinem Zentrum auf Java, das gut 200 Jahre lang bis 1520 bestand und die Straße von Malakka sowie den Gewürzhandel kontrollierte. Die Ausbreitung des Islams und das Eindringen von Portugiesen und Spaniern machten diesem Reich ein Ende. Eine Reihe kleinerer muslimischer Sultanate entstand und die iberischen Seefahrer gründeten Niederlassungen, die Portugiesen vor allem auf den Molukken, den Gewürzinseln, die immense Gewinne versprachen. Die Spanier dagegen setzten sich auf den nach dem Kronprinzen Philipp genannten Philippinen fest, die Magellan während seiner Weltumsegelung (1519 – 1521) für Spanien entdeckt hatte.

2

2.2.2 Die europäischen Handelskompanien

Aufstieg der Niederlande

Schon im Mittelalter waren die Niederlande, vor allem das südliche Flandern, dicht besiedelt und wirtschaftlich gut entwickelt. Brügge und Antwerpen waren Zentren des Waren- und Geldverkehrs, in denen im 16. Jahrhundert auch die begehrten Gewürze aus Portugals Asienhandel umgeschlagen wurden. Mit der iberischen Halbinsel waren die Niederlande politisch und wirtschaftlich eng verflochten. Die ursprünglich zu Burgund gehörigen Gebiete im Nordwesten Europas waren seit 1477 durch Heirat an die Habsburger gefallen. Und diese herrschten mit Karl I. (1519 als Karl V. deutscher Kaiser) seit 1516 auch in Spanien. Dorthin lieferten niederländische Kaufleute Getreide und Schiffsbaumaterial. Umgekehrt gelangte ein nicht geringer Teil des amerikanischen Silbers als Zahlungsmittel in die Niederlande und beflügelte die dortige Wirtschaft.
Dieses für beide Seiten befriedigende System endete, als Philipp II. 1556 die Regierung in Spanien übernahm. Der neue Regent erhöhte den finanziellen, politischen und religiösen Druck auf Flandern und die Gebiete im Norden, die sich der Reformation angeschlossen hatten. Ein Aufstand war die Folge, an dessen Ende 1581 die Abspaltung der sieben nördlichen Provinzen und die Errichtung der „Republik der Vereinigten Niederlande" („Generalstaaten") standen. Die dort herrschende religiöse Toleranz und Pressefreiheit lockten unternehmerische und kenntnisreiche Bevölkerungsgruppen an, vor allem aus Spanien vertriebene sephardische Juden. Damit verschob sich der wirtschaftliche Schwerpunkt des Landes nach Norden, wovon vor allen Dingen Amsterdam profitierte. Die Hafenstadt entwickelte sich im 17. Jahrhundert zum Schifffahrtszentrum und zum bedeutendsten Waren- und Kapitalmarkt Europas.

Gründung und Organisation der VOC

Träger dieses rasanten ökonomischen Aufstiegs waren die Kaufleute, Reeder und Manufakturbesitzer in den holländischen Städten. Diese großbürgerliche Oligarchie bestimmte auch das politische Geschick der jungen Republik. Als Philipp II. 1580 den portugiesischen Thron in Personalunion übernahm, sahen die niederländischen Kaufleute ihr Gewürzgeschäft gefährdet und begannen, auf eigene Rechnung Handelsflotten zu den Gewürzinseln zu schicken. Um das Risiko zu minimieren und sich nicht unnötig Konkurrenz zu machen, schlossen sich die führenden Asienhändler im Jahre 1602 zur „Vereenigde Oost-Indische Compagnie" (VOC) zusammen. Sie erhielten ein – zunächst auf 21 Jahre befristetes – staatliches Monopol für den Handel zwischen dem Kap der Guten Hoffnung und der

Magellanstraße und die offizielle Erlaubnis, Land auf kriegerische Weise oder durch Vertrag in Besitz zu nehmen und Festungen zu bauen.
Die VOC war in sechs „Kammern" (Amsterdam, Middelburg, Delft, Rotterdam, Hoorn, Enkhuizen) aufgeteilt und ähnlich einer heutigen Aktiengesellschaft organisiert. Jeder Niederländer konnte sich mit einer Kapitaleinlage beteiligen und erhielt eine entsprechende Dividende. Gelenkt wurde die Kompanie von 60 Direktoren, die in den sechs Kammern gewählt worden waren, und den aus ihrer Mitte bestimmten „Herren XVII". In beiden Gremien spielten Amsterdamer Teilhaber die wichtigste Rolle.

Das Handelsreich der VOC in Ostasien

Den bewaffneten Handelsflotten der VOC gelang es im Verlauf der nächsten Jahrzehnte, die Portugiesen von ihren Stützpunkten zu vertreiben. Die Kompanie sicherte sich Territorialbesitz auf den Inseln und erlangte durch Verträge mit einheimischen Herrschern das Monopol für Muskat, Nelken, Zimt und später auch Pfeffer. Besonders Generalgouverneur Jan Pieterszoon Coen (1587–1629) trieb die Expansion der Holländer energisch voran. Er machte Batavia (heute Jakarta) auf Java zum befestigten Zentrum des niederländischen Kolonialimperiums und eroberte Formosa (heute Taiwan). Auch in Indien und auf Ceylon (Sri Lanka) konnte die VOC Fuß fassen. Nach der Einnahme der von den Portugiesen beherrschten malaiischen Hafenstadt Malakka (1641) kontrollierte die VOC die Durchfahrt zu den Gewürzinseln. Und die Gründung der Kapkolonie als Schiffsstation an der Südspitze Afrikas sicherte den VOC-Flotten den Weg zu ihren Handelsplätzen.
Die eminenten Profite der VOC resultierten zunächst aus dem direkten Handel zwischen Asien und Europa. Später schalteten sich die Holländer auch geschickt in den innerasiatischen Handel ein. Ihre Dominanz zur See und das gut ausgebaute Stützpunktnetz verhalfen ihnen zu erheblichen Gewinnen, die der rege Warenverkehr zwischen den verschiedenen Gebieten Asiens ermöglichte. Ohne die Einnahmen aus diesen Geschäften hätte die Kompanie die steigenden Militär, Personal- und Verwaltungsausgaben nicht bestreiten können. Zunächst blieb sogar noch ein kräftiger Überschuss, so dass die Anteilseigner in Holland über Jahre hinweg durchschnittlich 16 % Dividende erhielten.

1 Flusslandschaft auf Java mit einem Eingeborenendorf, einer niederländischen Handelsstation und Lastkähnen; niederländischer Druck aus dem 18. Jahrhundert.

2

Untergang der VOC

Ein Rückgang der Erträge bei gleichbleibend hoher Dividendenzahlung läutete im 18. Jahrhundert das Ende der VOC ein. Drei Faktoren waren für die schmelzenden Gewinne verantwortlich. Zunächst veränderte sich die Nachfrage in Europa; der Import von Gewürzen ging zurück, stattdessen nahm die Einfuhr von Baumwolltextilien und Tee immer mehr zu. In diesem Bereich dominierte die britische Konkurrenz. Außerdem floss ein großer Teil des im innerasiatischen Handel erwirtschafteten Gewinns in die Taschen korrupter Kompaniebeamter. Und drittens litt der Handel der VOC immer wieder unter kriegerischen Auseinandersetzungen des Mutterlandes mit Großbritannien und Frankreich. Zuletzt 1780 erklärte das Inselreich den Generalstaaten den Krieg, als diese weiterhin Handel mit den abtrünnigen nordamerikanischen Kolonien und ihren Unterstützern Frankreich und Spanien trieben. Das hatte zur Folge, dass die Rückkehr der VOC-Flotten in ihre Heimathäfen blockiert wurde und die mitgebrachten Waren nicht verkauft werden konnten. Dadurch verlor die bereits hoch verschuldete Kompanie ihre Kreditwürdigkeit. Der Einmarsch französischer Revolutionstruppen 1795 brachte dann das Ende der VOC. Die alte konservative Republik der Niederlande wurde durch eine im Geist der Französischen Revolution stehende „Batavische Republik" ersetzt. Diese löste schließlich 1799 die VOC auf und übernahm ihre Besitzungen als Kolonien des niederländischen Staates.

Gründung und Organisation der EIC

Als 101 Londoner Geschäftsleute am 31. Dezember 1600 ein königliches Privileg für die Ausrüstung eines Handelsschiffs nach Indien erhielten, beabsichtigten sie, am profitablen Asienhandel teilzuhaben, die niederländische Konkurrenz auszuschalten und das noch bestehende Preismonopol der Portugiesen zu brechen. Die neue „East India Company" (EIC) erhielt sofort weitreichende Sonderrechte: Das Monopol für den Handel Englands mit Ostindien und Zollfreiheit für vier Jahre.
Zunächst jedoch dominierten noch die Holländer. Erst als die EIC 1657 in eine auf Dauer bestehende Handelsgesellschaft umgewandelt wurde, holte sie den Vorsprung der Rivalen langsam auf; bis dahin war jede Reise einzeln finanziert und abgerechnet worden. Der Durchbruch und die Überflügelung der Holländer gelang der EIC im 18. Jahrhundert, nachdem sie sich mit den wichtigsten Rivalen in England zusammengeschlossen hatte.
Geleitet wurde die Kompanie von einem 24-köpfigen Direktorium mit einem Vorsitzenden an der Spitze. Gewählt und kontrolliert wurde dieser Vorstand von einer Art Aufsichtsrat der Gesellschafter. Das Gremium der Aktionäre bestimmte auch die Grundlinien der Geschäftspolitik. Solange die Geschäftsergebnisse zufrieden stellend waren, konnten die Direktoren allerdings ziemlich unbehelligt schalten und walten (zwischen 1661 und 1691 erhielten die Gesellschafter durchschnittlich 22 % Dividende pro Jahr, gleichzeitig stieg der Kurswert zeitweise um 300 %; im 18. Jahrhundert gingen die Dividenden auf 8 bis 10 % zurück).

Das Handelsreich der EIC

Die Engländer zogen es – zumindest in den ersten Jahrzehnten – aus Kostengründen vor, aufgrund von Abkommen mit den einheimischen Herrschern in Indien Stützpunkte und Faktoreien an günstigen Küstenplätzen zu errichten. Als im Zuge der allmählichen Auflösung des Moghulreichs die Handels- und Lebensbedingungen für die Angestellten und Händler der Kompanie immer unsicherer wurden, ging man dazu über, günstig gelegene und befestigte Niederlassungen mit etwas Hinterland zum Schutz gegen mögliche Angriffe zu errichten und, wenn möglich, in den Besitz der Gesellschaft zu überführen. Dabei besetzten die Europäer die entscheidenden Schnittpunkte der Handelswege unweit der asiatischen Produktionsgebiete und Märkte. So erlaubte der Großmoghul Aurangzeb den Briten die Errichtung eines Forts bei Kalkutta in Bengalen, dem wirtschaftlich bedeutendsten Gebiet Indiens (Fort William).

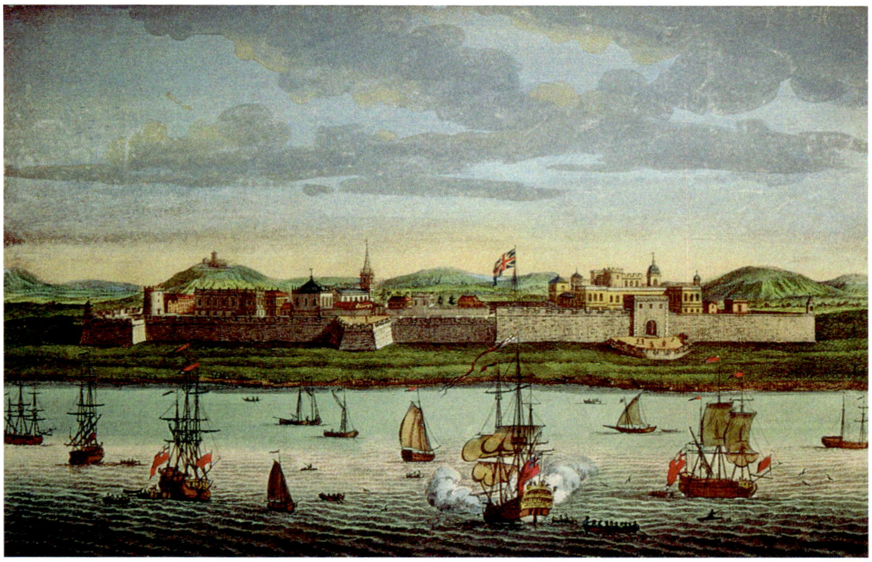

2 Fort St. George an der Koromandelküste; kolorierter Stich von J. van Ryne, 1794.

Vom Handel zur Herrschaft

Den Übergang vom Handel hin zur Herrschaft über Indien vollzog die EIC während des Siebenjährigen Krieges (1756 - 1763). Dieser wirkte sich auch in Indien aus, da die beiden Hauptrivalen England und Frankreich dort Stützpunkte besaßen. Aus dieser Situation versuchte der Regionalherrscher von Bengalen Profit zu schlagen und die wirtschaftlich stärkste Region Indiens wieder unter seine Kontrolle zu bringen. Er griff die britische Hauptniederlassung in Kalkutta an. Doch britisches Militär unter Führung des EIC-Hauptmanns Robert Clive (1725 - 1774) konnte ihn und seine zahlmäßig überlegene Streitmacht in der Schlacht bei Plassey (1757) mit Unterstützung einheimischer Hilfstruppen besiegen. Seitdem herrschte die Kompanie unangefochten in Bengalen und beutete dessen Ressourcen unnachgiebig aus. In den folgenden Jahrzehnten setzte die EIC ihre Expansionspolitik fort und es gelang ihr bis 1818, große Teile Indiens in ihre Gewalt zu bringen.

Das Ende der EIC

Schon in der zweiten Hälfte des 18. Jahrhunderts war die EIC zunehmend unter staatliche Kontrolle geraten. Die Übernahme Bengalens und weiterer Gebiete hatte zwar den führenden Kompanieangestellten in Indien ungeheuren Reichtum beschert, die hohen Kosten der Kriegführung, Absatzprobleme indischer Waren in England und ein Bankenkrach brachten jedoch der Londoner Muttergesellschaft eine ernste Krise. Die Regierung stützte sie mit einem Kredit, bestand aber auf schärferer staatlicher Aufsicht und Beschränkung der Dividendenhöhe. Königliche Kommissare mit einem Staatssekretär für Indien an der Spitze bestimmten fortan die Geschicke der Kompanie. Ein gut besoldeter Beamtenapparat wurde für die indischen Angelegenheiten ins Leben gerufen. Bis zur vollen Regierungsübernahme des britischen Staates in Indien im Jahre 1858 blieb diese duale Struktur erhalten, in der die EIC im Namen der Krone die von ihr beherrschten Gebiete Indiens verwaltete.

2

2.2.3 Merkantilismus und globaler Güteraustausch

Aktive Handelsbilanz

Die East India Company, die Vereenigde Oost-Indische Compagnie und auch die anderen in dieser Zeit entstandenen privilegierten Handelsgesellschaften waren typische Erscheinungsformen des Merkantilismus, des im 17. Jahrhundert dominierenden Wirtschaftssystems. Diesem lag die Vorstellung zugrunde, dass der volkswirtschaftliche Reichtum in erster Linie durch den Handel mit anderen Ländern vermehrt werden könne. Dabei war das Hauptziel, eine aktive Handelsbilanz zu erreichen, d.h. die Erlöse aus der Warenausfuhr sollten die Kosten für die eingeführten Güter in möglichst hohem Maße übersteigen, so dass der Gewinn in Form von Edelmetall den Wohlstand des Landes förderte.

Die Kaufmannsgesellschaften bewegten sich genau auf der Linie dieses Systems: Jahr für Jahr wurde mehr exportiert als importiert. Dabei entstand jedoch ein Problem, das mit der klassischen Theorie des Merkantilismus nicht in Einklang zu bringen war: Wegen der besonderen Struktur des Asienhandels war der wichtigste Exportartikel der europäischen Kaufleute Edelmetall, in der Regel Silber, das aus Amerika nach Europa gelangt war. So zeichneten sich erste Konturen eines globalen Güteraustauschs ab, der jedoch für die Merkantilisten theoretische Probleme aufwarf: Wie konnte ein Land reich werden, obwohl es ständig große Mengen von Edelmetall exportierte? Als gar in England um 1620 eine Handelskrise auftrat, sah sich die EIC wegen ihrer Edelmetallausfuhr heftiger Kritik ausgesetzt. Einer ihrer Direktoren, Thomas Mun (1571 – 1641), hat in mehreren Grundsatzschriften gegenüber dem Parlament die Handelspolitik seiner Gesellschaft verteidigt und dabei neue wirtschaftstheoretische Gedanken entwickelt. Erstmals wurde von ihm der Warencharakter des Geldes (Edelmetalls) erkannt, das zu bestimmten Preisen gekauft und verkauft werden konnte. Vor allem aber wies er nach, dass man zur Bilanzierung des Gesamtgewinns des Handels nicht nur die zweiseitigen Beziehungen zwischen dem Mutterland und Asien in Betracht ziehen dürfe, sondern dass die Gesamthandelsbilanz mit anderen Ländern entscheidend sei. Und hier konnte Mun zeigen, dass der Abfluss von Edelmetall nach Indien völlig unschädlich war, da durch den Wiederexport der aus Asien eingeführten hochwertigen Waren in andere Länder insgesamt mehr Geld ins Land kam als abfloss.

Wertvolle Importgüter

Als Importware standen zunächst die Gewürze im Vordergrund. Hier hatten die Niederländer bei den Edelgewürzen Nelken, Muskat und Zimt ein Monopol; den Pfefferhandel mussten sie sich mit den Briten teilen. Im letzten Drittel des 17. Jahrhunderts änderte sich das: Zunehmend wurden indische Textilien, vor allem die begehrten leichten Baumwollstoffe, gekauft und zunächst auf den Gewürzinseln zum Erwerb von Spezereien benutzt. Mit der Änderung der Kleidermode in Europa wuchs jedoch auch im Abendland das Interesse an den qualitativ hochwertigen indischen Stoffen, so dass die Textilien fast ausschließlich dorthin exportiert wurden. Hier hatte die EIC gegenüber ihrer niederländischen Konkurrentin die Nase vorn. Textilien machten in diesem Zeitraum zwischen 60 und 80 % aller ihrer Importgüter aus. Dabei nutzten die Engländer den europäischen Bedarf an diesen Waren zu einem lukrativen Weiterexport in andere Länder.

In der ersten Hälfte des 18. Jahrhunderts gewann eine dritte Importware zunehmend an Bedeutung: der Tee, der vor allem bei den Engländern in Verbindung mit westindischem Zucker eine grundlegende Veränderung der Trinkgewohnheiten bewirkte. Etwa ab 1770 überstieg der Wert der Teeimporte sogar den der Textilien. Herkunftsland des Tees war China, über Kanton wurde er im Tausch gegen indische Waren bezogen und nach England transportiert. Auch dieses Importgut wurde in andere europäische Länder und die amerikanischen Kolonien der Briten mit Gewinn weiterexportiert.

Während im Teehandel die Engländer dominierten, waren die Holländer die größten Importeure von Kaffee, der im 18. Jahrhundert auf dem Kontinent immer

1 Kaffeeverarbeitungsanlage auf Java; niederländischer Stich aus dem 19. Jahrhundert.

mehr in Mode kam. Die ursprünglich im Hochland des Jemen und von Äthiopien beheimatete Kaffeebohne wurde zunächst ausschließlich über die jemenitische Hafenstadt Mokka exportiert. Doch bald gelang es den Niederländern, auch auf Java und Ceylon die Kaffeepflanze zu kultivieren. Zwar wurden diese dadurch zum wichtigsten Importeur in Europa, doch blieben die erhofften Großgewinne aus. Das nun stark angestiegene Angebot fand keine entsprechende Nachfrage, so dass die Preise verfielen.
Gewürze, Textilien, Tee und Kaffee waren zwar die bedeutendsten Güter im Asienhandel, aber nicht die einzigen. Wichtig war auch chinesisches Porzellan. In Europa konnte man das „weiße Gold" erst seit Anfang des 18. Jahrhunderts herstellen, und meist war dieses von minderer Qualität. Die Holländer nahmen oft noch Zucker aus Java und Kupfer aus Japan als Zusatzladung in ihre Schiffe, die Briten den tiefblauen Farbstoff Indigo und Salpeter für die Herstellung von Schießpulver.

Asienhandel und Weltwirtschaft

Der Handel mit Asien war also gleichsam die Basis der Weltwirtschaft, während die westeuropäischen Handelsmächte England und Holland als Drehscheibe der Warenverteilung fungierten. Als Grundlage des vor allem von England und den Niederlanden ausgehenden Re-Exportgeschäfts begünstigte der Asienhandel die internationale Verflechtung des Handels und des Kreditwesens: Edelmetall aus Amerika floss über Banken verschiedener Länder nach Asien, Fertigwaren und wertvolle Verbrauchsgüter wurden von dort in die führenden Handelsländer exportiert, die einen großen Teil davon wiederum an andere europäische Nationen und die amerikanischen Kolonien mit Gewinn weiterleiteten. Dabei kann man allerdings in der ersten Phase bis Mitte des 18. Jahrhunderts kaum von einer regelrechten Ausbeutung Asiens durch die Europäer sprechen, da der Handel mit Europa einerseits für die riesigen Wirtschaftsräume Indiens und Chinas nur eine untergeordnete Rolle spielte und andererseits bestimmte Wirtschaftssektoren wie das indische Textilgewerbe sogar davon profitierten. Dies änderte sich erst, als die Europäer vom reinen Handel zur Herrschaft über asiatische Gebiete übergingen.
Nicht zu unterschätzen sind auch die Impulse, die vor allem die Textileinfuhr aus Asien auf das englische Gewerbe ausübte. Die auswärtige Konkurrenz wirkte stimulierend auf die Innovationsbereitschaft der einheimischen Manufakturunternehmer; außerdem entstanden Betriebe zur Weiterverarbeitung der eingeführten Tuche. Insofern kann die frühe Mechanisierung der britischen Textilindustrie durchaus als Reaktion auf die asiatische Konkurrenz ansehen werden.

2

2 Ausbreitung der VOC-Herrschaft auf Java

Als die Niederländer auf Java eintrafen, existierte dort neben einigen kleineren Herrschaften das Großreich von Mataram im Zentrum der Insel. Die Fürsten dieses Reiches, die den Titel „Susuhunan“ (oberster Herrscher, Heerführer und Priester) führten, unterwarfen große Teile der Insel und kamen bald mit der VOC in Konflikt. Sie mussten jedoch die militärische Überlegenheit der VOC-Truppen anerkennen, den Niederländern Gebiete abtreten und Handelsprivilegien einräumen. Später schaltete sich die VOC durch Schutz- und Bündnisverträge mit einzelnen Herrschern in die immer wieder aufflackernden Konflikte auf der Insel ein. Als der Susuhuman Paku Buwono II. sich einem ganz Java ergreifenden Aufstand gegen die Niederländer (1740–1745) anschloss, um seine alte Machtstellung wieder zu erreichen, musste er schnell eine Niederlage hinnehmen. Diese wurde mit einem Bündnisvertrag zwischen ihm und der VOC am 11. November 1743 besiegelt:

Art. 3. Und um dies [Bündnis] desto besser zu untermauern, sollen [alle einheimischen Verwalter und Kommandeure], wenn sie durch den Susuhunan angestellt und bevor sie zur Ausübung ihres Amtes zugelassen werden, in Person […] in die Hände des Kommandeurs, der dort seitens der Niederländischen Ostindischen Kompanie den Befehl führt, den Eid der Treue und des Gehorsams ablegen, ebenso wie gegenüber ihrem Fürsten und in gleicher Beziehung wie zu demselben; ja, [sie sollen] gleichzeitig ausdrücklich geloben, dass sie, wenn die Befehle, die sie von dem einen sowohl wie von dem andren empfangen werden, einander widersprechen, immer denen der Hocherwähnten Kompanie den Vorzug geben werden […].

Art. 6. Der Susuhunan erklärt hiermit weiter, der Kompanie die gesamte Landschaft bzw. Insel Madura mit allen Rechten der Oberherrschaft, die Seine Hoheit und deren Vorfahren auf der besagten Insel gehabt haben, zu überlassen und abzutreten. […]

[Art. 9: Der Susuhunan wird als Herrscher in die von der VOC eroberten Gebiete wieder eingesetzt – mit folgenden Ausnahmen:]

Art. 10. In Anerkennung dieser edelmütigen […] Wiedereinsetzung des Susuhunan in das javanische Reich erklärt der Susuhunan hiermit, an die Kompanie zu überlassen und mit demselben Recht der Oberherrschaft, das er bisher über die Gebiete hatte, vollkommen zu übergeben und abzutreten:

Erstens die Ostspitze dieser Insel Java. […] Diese Ostspitze von Java wird die Kompanie fortan mit demselben Souveränitätsrecht besitzen, das der Susuhunan darüber hatte. Und der […] Ort, an dem die Grenzscheidung beginnen soll, wird der Wahl der Kompanie überlassen, ebenso wie auch die weiteren Grenzen nach ihrem Gefallen und sobald sich dazu eine Gelegenheit ergibt, reguliert werden.

Zum zweiten werden an die Kompanie generell sechshundert Ruten[1] Land entlang der Küste des Meeres, und ebenso viel entlang der Ufer aller ins Meer mündenden Flüsse auf und um ganz Java mit allen Rechten des Eigentums, der Oberherrschaft und des Gebrauchs nach eigenem Wohlgefallen abgetreten. […]

[Im Folgenden überträgt der Susuhunan der Kompanie weitere Gebiete sowie das Recht, der Zollerhebung und die Hafengelder in den abgetretenen Gebieten. Weitere Vereinbarungen: Die Kompanie stellt dem Susuhunan Truppen zur Verfügung, die dieser bezahlen und verpflegen muss; dieser muss Baumwollgarne liefern und verstärkt Pfeffer, Indigo und Maulbeerbäume für die Seidenraupenzucht anpflanzen; alles auf Java anfallende Holz, das die Einwohner nicht selbst benötigen, muss an die Kompanie geliefert, Schiffe, auch der Einheimischen, dürfen nur noch in Batavia gezimmert werden; die Javaner dürfen mit ihren Schiffen nur noch innerhalb einer Fünf-Meilen-Zone entlang der Küste und bis Bali und Madura fahren; die Kompanie erhält das Recht Münzen zu schlagen und nach Bodenschätzen zu schürfen.]

Zit. nach: Eberhard Schmitt (Hg.), Der Aufbau der Kolonialreiche. Dokumente zur Geschichte der europäischen Expansion, Band 3, München 1987, S. 174–178.

3 Warenhandel der VOC

François Valentyn (1666–1727) war als Geistlicher im Auftrag der VOC lange Jahre in Ostasien tätig. Nach seinem Ausscheiden aus dem Dienst veröffentlichte er ein fünfteiliges Werk über Ostindien. Darin geht er auch auf das innerasiatische Handelsnetz der VOC ein:

Wie nun Batavia eine der größten Handelsstädte der ganzen Welt und zugleich der Mittelpunkt und das Herz des Reiches der E[dlen] Gesellschaft [VOC] ist, wo das Blut und all die Säfte, die den großen Organismus sowie die Adern und Nerven dieses mächtigen Reiches durchströmen und in blühendem Zustand erhalten, zubereitet und hergestellt werden, so ist es auch die bedeutendste Tätigkeit Ihrer Edlen[2], täglich dafür zu sorgen, dass die Schiffe mit den nötigen und bestellten Waren rechtzeitig zu allen Kontoren abgeschickt werden oder von denselben [kommend] mit den herbeigebrachten Waren und allerlei angelandeten Gütern empfangen werden, um dann jede Sorte derselben [Waren] wieder dorthin abzusenden, wo sie begehrt sind und für die E[dle] Gesellschaft den größten Gewinn bringen. Denn diese Stadt ist das allgemeine Lagerhaus Indiens[3], wo es Packhäuser mit allen Arten von Gewürzen, Stoffen und auch allerlei Vorrat an Getreide, Getränken usw. für ganz Indien gibt. […]

1 Etwa 2 400 Meter.
2 Der Generalgouverneur und die Indienräte.
3 Gemeint ist der gesamt ostasiatische Raum.

Der Handel mit Japan

In den Monaten Mai, Juni, und, wenn nötig, auch im Juli schickt man gewöhnlich die Schiffe nach Japan ab, [...] um Tierhäute, Rochenhäute usw. [an Bord zu nehmen]. Auch [segelt] wohl eines über Malakka mit den von dort aus angeforderten Gütern sowie mit denen für Bengalen und einigen anderen [Waren] ab, die für Japan bestimmt sind. Dabei steuerten sie [die Schiffe] außerdem früher gewöhnlich auch Tonkin [Nordvietnam] an, um die Seide, die sie dort luden, in Japan auf den Markt zu bringen. Die wichtigsten Japanfahrer segeln jedoch im Mai oder Juni ab und richten ihren Steven direkt nach Japan. Sie nehmen vielerlei Sorten vaterländische[4] Stoffe, Rochenhäute, [Schellack, Möbellacke, kleine Münzen], allerlei Küstentextilien[5], bengalische dünne Seide und Stoffe sowie Zimt, Pfeffer, Muskatnüsse, Muskatblüten, Gewürznelken, Blutkorallen und alle weiteren Waren mit, die zur jeweiligen Zeit dort gefragt sind oder bestellt wurden. Diese Waren werden im Einkaufswert von rund 13 oder 14 Tonnen Gold dorthin verschifft und konnten bei einer leidlichen Marktlage gut 140 Prozent an Gewinn ergeben. [...]

Die Retourflotte aus Japan

Am 15. oder 20. Oktober fahren die Schiffe von dort aus wieder nach Batavia zurück. Sie sind einen guten Monat auf Reisen und brachten früher (doch nun nicht mehr) [Goldmünzen] mit; nun [führen sie] noch Kampfer[6], Lackarbeiten, Porzellan, Seidenstoffe, Seidenstrümpfe, Fässer mit Sake[7], [...] eingelegte Früchte, sehr viele Kisten mit Kupfer (bis zu 7000 oder 8000, jede zu 124 Pfund), Tee, Alaun[8], Radix Chinae[9], Zink und verschiedene chinesische Stoffe, die durch Versand aus China dorthin gekommen sind, sowie Zinn aus Malakka ein. All diese Güter werden im Februar dann wieder in Bengalen und an der [Koromandel-]Küste und etwas später in Surat und Persien gebraucht, von wo die Schiffe dann im März wieder nach Batavia zurückkehren. [...]

Der Handel mit Surat[10], Ceylon und Persien

Anfang September segeln die Ceylonfahrer und mit denselben gewöhnlich auch ein Surat- und Persienfahrer mit Gewürzen und anderen Waren ab, die in Ceylon sehr begehrt sind. Nach deren Löschen werden die Schiffe von dort aus als Frachtschiffe nach Persien eingesetzt und ausgerüstet. [...] Eines der Schiffe geht nach Surat voraus, um von dort mit Frachtgütern nach Persien zu laufen, wo man innerhalb eines Monats bereits einen schönen Gewinn aus diesen Waren erzielen kann. Dorthin wird auch eine große Menge Muskatnüsse, Muskatblüten, Gewürznelken, Kardamom, Pfeffer, Kupfer und Zimt aus Ceylon befördert, alles Waren, die in Surat und Persien sehr begehrt sind und hübsche Gewinne abwerfen. Opium und Kampfer möchten die süchtigen Malabaren[11] auch gerne haben, wozu dann noch etwas Eisen und einige bemalte Textilien hinzugefügt werden. Die Schiffe bringen Pfeffer und Reis zurück. Von dort segelt auch so bald wie möglich ein erstes Schiff wieder nach Batavia ab. [...] Im Februar und März werden alle nach Batavia [bestimmten Schiffe] mit Leinwand aus Surat, mit Juwelen und allerlei kostbaren Stoffen beladen [...]. Gleichzeitig werden auch die Schiffe abgefertigt, die zuvor aus Persien mit [Silber-]Geld, [...] persischer Seide, Weinen aus Schiras, Früchten, Rosenwasser, Brokaten, [...] Samt, Teppichen, Pferden und weiteren derartigen Waren in Ceylon eingetroffen waren. [...][Im Folgenden berichtet Valentyn vom Warenverkehr mit Bengalen, Sumatra, Malakka, Thailand, China, Birma, den Gewürzinseln und Südostindien.]

Der Warenversand von Ceylon nach Mokka

Von Ceylon aus schickt man gewöhnlich im Februar und März die Schiffe nach Mokka, das am Ausgang des Roten Meeres liegt. Man belädt dieselben mit Küstentextilien, Gewürzen und Pfeffer und fügt meist auch einige Waren aus dem Vaterland und etwas Reis hinzu. Man pflegte von dort Silber und Gold zurückzubringen, doch nun führt man viel Kaffee und Kaffeebohnen aus, womit die Schiffe von Mai bis September zurückkehren können. [...]

Die Retourflotte von Batavia in das Vaterland

Eine der wichtigsten Sendungen von Batavia aus, die für Ihre Edlen in der entsprechenden Zeit schwere Arbeit bedeutet, ist die Abfertigung der Schiffe ins Vaterland. [...] Diese Schiffe werden im untersten Raum mit den schwersten Waren wie Salpeter, Zucker, Rot- und Ebenholz, Kupfer usw. gestaut und weiter oben mit Stück- und Packgütern, die von unten und an den Seiten mit einer Lage grober Tuche [abgepolstert werden]; in die Mitte lädt man die feinen Waren. Gewöhnlich schüttet man den [restlichen] Laderaum so voll Pfeffer, dass kaum mehr eine Katze hineinkriechen kann, zusätzlich werden noch weitere 10 oder 12 Last Pfeffer mitgegeben, um sie, nachdem sich durch die Bewegung des Schiffes alles etwas gesetzt hat, noch hinzuzufügen, damit alles desto fester liegt und sich die Ladung auch nicht um das Geringste verschieben kann.

Zitiert nach: Eberhard Schmitt (Hg.), Wirtschaft und Handel der Kolonialreiche. Dokumente zur Geschichte der europäischen Expansion, Band 4, München 1988, S. 277–287.

4 Niederländische.
5 Von der südostindischen Koromandelküste.
6 Aus dem Harz des Kampferbaums gewonnenes durchblutungsförderndes und schleimlösendes Pulver, das stark auf das zentrale Nervensystem einwirkt.
7 Reiswein.
8 Kristallines Kalium-Aluminium-Sulfat, das zum Drucken und Färben von Textilien und zum Leimen von Papier gebraucht wird.
9 Chinawurzel, als Heilmittel bei Hautkrankheiten gebräuchlich.
10 Hafenstadt an der Westküste Indiens.
11 Bewohner der Südwestküste Indiens.

2

4 Ein Abkommen auf Gegenseitigkeit?

Francis Day, der Faktoreivorsteher von Armagon, erlangt 1639 von dem einheimischen Herrscher die Erlaubnis, in Madras eine Niederlassung zu gründen. Die Handelsvertretung in Masulipatnam berichtet darüber der Londoner Zentrale der EIC:

Und am [...] im letzten August kam der genannte Francis Day nach Erledigung der Dinge, die ihm aufgetragen waren, hierher zurück und berichtete uns von seiner Tätigkeit. Zunächst machte er uns deutlich, dass an einem Ort namens Madraspatam, der bei St. Thomas gelegen ist, die besten Farbstoffe hergestellt werden oder zumindest so gute wie nur irgendwo an dieser Küste, desgleichen feiner Kattun von ausgezeichneter Qualität, auch Morees und Percalla [zwei Arten Baumwollstoff], von denen wir Muster gesehen haben, und dies um 20 % billiger als anderswo. Der Naik[12] dieses Landes wünscht sehr, dass wir uns dort niederlassen, denn er hat uns sehr günstige Angebote gemacht. Als Erstes bietet er uns an, dass wir dort ein Fort errichten können, in einer von uns festzulegenden Anlage, und zwar auf einem hochgelegenen Stück Land, das an das Meer grenzt, dort, wo ein Schiff beliebiger Tragfähigkeit innerhalb der Reichweite einer Muskete vor Anker liegen kann und das nah an einem Fluss gelegen ist, der für Boote von fünfzig Tonnen Tragfähigkeit schiffbar ist. Und erst nachdem er uns die Besitzrechte übertragen hat, [...] sollen wir die Unkosten erstatten, die ihm dabei entstanden sind. Zweitens überträgt er uns für die Dauer von zwei Jahren alle Nutzungsrechte einer nahe gelegenen Stadt, die augenblicklich etwa 2000 Pagodas[13] pro Jahr ausmachen mögen. Nach Ablauf dieser Zweijahresfrist sollen die Einnahmen aus dieser Stadt zu gleichen Teilen an ihn und an uns gehen. Drittens sind wir im Hafen von Madraspatam auf Dauer von Zollabgaben befreit, und falls wir irgendwelche unserer Waren durch sein Land befördern, zahlen wir nur den halben Betrag des Zollsatzes, der gewöhnlich von anderen Kaufleuten erhoben wird. Viertens werden wir das Münzprivileg besitzen, ohne dafür Gebühren entrichten zu müssen. Fünftens verpflichtet sich der genannte Naik, alle Geldbeträge, die wir an Handwerker bezahlen, unter der Voraussetzung zu erstatten, dass er von den Zahlungen stets in Kenntnis gesetzt wird. Sechstens haben wir für alle Vorräte, die wir für das Fort oder die Schiffe einkaufen, keinerlei Abgaben zu bezahlen. Und schließlich soll für den Fall, dass ein Schiff oder Fahrzeug, das uns oder unseren Freunden gehört, zufällig an die Küste seines Herrschaftsbereiches verschlagen wird, alles, was geborgen werden kann, auf Anforderung zurückgegeben werden.

Dies sind ansehnliche Vorrechte, und man mag die Frage stellen, warum er uns diese günstigen Angebote unterbreitet. Er beantwortet diese Frage selbst: Erstens hegt er den Wunsch, dass sein Land reich werden und gedeihen möge, was seiner Ansicht nach dadurch geschehen kann, dass er Kaufleute in sein Herrschaftsgebiet zieht. Zweitens will er für sein Geld gute Pferde aus Persien einhandeln. Drittens möchte er jedes Jahr einen Bediensteten auf unseren Schiffen nach dem Golf von Bengalen schicken, der für ihn Falken, Affen, Papageien und dergleichen kauft; und falls er Veranlassung hat, eines seiner eigenen Schiffe dorthin oder nach Persien zu schicken, dann kann einer unserer Männer mitfahren. Und schließlich ermöglicht es ihm das Fort, wenn es stabil gebaut ist, sich nötigenfalls gegen seine Nachbarn zu verteidigen.

Zit. nach: E. Schmitt (Hg.), Aufbau der Kolonialreiche, a. a. O., S. 253 f.

5 Die Niederlassung der EIC in Surat

Der in den Diensten der EIC stehende englische Wundarzt Fryer besuchte 1674 die EIC-Hauptniederlassung in Surat. Er beschreibt die dortige Verwaltung:

Unter den Engländern sind die Geschäfte in vier Aufgabenbereiche unterteilt: den Rechnungsführer, der im Rang gleich hinter dem Präsidenten steht, durch dessen Hände die Abrechnungen ganz Indiens und Surats gehen; er ist eine Art Schatzmeister, der alles abzeichnen muss, auch wenn die Agenten das Bargeld verwalten. Nach ihm kommt der Lagerverwalter, der alle verkauften europäischen Waren registriert und alle östlichen Waren, die gekauft worden sind, in Empfang nimmt. Unter ihm steht der Marinezahlmeister, der über alle aus- und eingeführten Waren Buch führt, den Seeleuten ihre Heuer zahlt, Frachtkarren und Träger beschafft und sich um die Schiffsausrüstung und -vorräte kümmert. Der letzte von allen ist der Sekretär, der alle Versammlungen des Rats organisiert, alle Briefe schreibt und sie zum Präsidenten und zum Rat zur Prüfung und Unterzeichnung bringt. Er hat das Siegel der Company, mit dem alle Pässe und Aufträge versehen werden; er zeichnet alle Geschäftsvorgänge auf und schickt Abschriften davon an die Company. Ohne die Billigung des Präsidenten kann keiner von diesen irgendetwas tun. Die Angelegenheiten Indiens sind einzig und allein unter seiner Kontrolle, er erlässt alle Anordnungen, er spricht alle Beförderungen aus. Daher ist der Rat durch seine Entscheidung beeinflusst.

Alle Bediensteten der Company können in folgende Gruppen zusammengefasst werden: Kaufherren, Agenten und Schreiber. [...] Die Schreiber müssen fünf Jahre für ein Gehalt von zehn Pfund pro Jahr arbeiten, wobei sie eine Kaution von 500 Pfund für gutes Benehmen für die Zeit, die sie in einem der oben erwähnten Geschäftsbereiche arbeiten, hinterlegen müssen. Danach werden sie Agenten, werden also nach Alter oder Gunst zu einer Vertrauensstellung befördert; darum fordert man 1000 Pfund Kaution von ihnen, und ihr Gehalt wird auf 20 Pfund pro Jahr für drei Jahre erhöht. Danach macht man

12 Provinzgouverneur von Madras.
13 Südindische Goldmünze, im 17. Jh. ca. sechs bis acht englische Schillinge.

einen neuen Vertrag mit ihnen oder sie werden Senior-Agenten. Schließlich können sie nach weiteren drei Jahren Kaufherren werden, aus denen man die Faktoreivorsteher auswählt, wenn Plätze frei werden. Diese erhalten 40 Pfund pro Jahr, dazu Unterkunft und Verpflegung, solange sie im Dienst der Company stehen. [...]

Zit. nach: J. Talboys Wheeler, Early Records of British India, A History of the English Settlements in India, London 1878, Nachdruck London / New York 1972, S. 29 f., (Übers. A. Brückmann).

6 Eine Quelle unermesslichen Wohls für das Königreich

Robert Clive, der Sieger über den Herrscher von Bengalen bei Plassey, schreibt 1759 an den englischen Premierminister William Pitt:

Die große Umwälzung, die hier durch den Erfolg der englischen Waffen herbeigeführt worden ist, und die zahlreichen Vorteile, welche die Gesellschaft durch einen daraufhin abgeschlossenen Vertrag erlangt hat, haben, wie mir scheint, in gewissem Maße die Aufmerksamkeit der Öffentlichkeit erweckt. Doch möchte mit der Zeit noch viel mehr erreicht werden, sofern die Gesellschaft sich bemüht, ihr Verhalten der Bedeutung ihrer gegenwärtigen Besitzungen und der zu erwartenden Erfolge anzupassen. Ich habe ihr nachdrücklich dargelegt, wie nützlich die Entsendung und der dauernde Unterhalt einer Truppe wäre, die so stark sein müsste, dass man sich erlauben könnte, die nächstbeste Gelegenheit zu weiteren Vergrößerungen zu ergreifen. [...]

Eine kleine Truppe von nur zweitausend Europäern aber wird uns von jeglicher Befürchtung (dass ein der Gesellschaft unfreundlich gesonnener Machthaber in Bengalen an die Regierung kommen könnte) befreien und die Gesellschaft instand setzen, die Herrschaft selbst anzutreten. Ein solches Unternehmen sollte kaum große Schwierigkeiten bereiten, da die Eingeborenen keinerlei besondere Anhänglichkeit gegenüber diesem oder jenem Fürsten empfinden. Da sie unter der gegenwärtigen Regierung weder für ihr Leben noch für ihr Eigentum irgendwelche Sicherheit genießen, würden sie sich nur darüber freuen, gegen ein despotisches ein mildes Regiment einzutauschen. Es besteht auch nur wenig Grund, daran zu zweifeln, dass wir leicht die Einwilligung des Moguls dazu erlangen werden, vorausgesetzt, dass wir

7 Die VOC-Faktorei in Bengalen, an einem Mündungsarm des Ganges gelegen. Von dort bezog die Kompanie vor allem Seide, Reis und Salpeter. Das Bild spiegelt den Alltag in der Niederlassung: Verhandlungen mit einheimischen Würdenträgern und Kaufleuten, Schiffbau, Warentransport, Baden von Pferden, Vorführung angeketteter Gefangener. Ölbild von Hendrik van Schuylenburgh 1665.

einverstanden sind, ihm die geforderten Einkünfte zu verschaffen. […]

Die Ausübung solch umfassender Herrschaftsrechte ist aber möglicherweise eine Aufgabe, welche die Kräfte einer Handelsgesellschaft übersteigt, und es steht zu befürchten, dass sie ohne Unterstützung der Nation nicht imstande ist, ein so großes Gebiet zu verwalten. Ich möchte daher Ihrer Überlegung die Beantwortung der Frage anheim stellen, ob die Ausführung eines solchen Vorhabens, das in Zukunft noch weitere Möglichkeiten eröffnen könnte, nicht wert wäre, durch die Regierung selbst an die Hand genommen zu werden.

Ich hoffe, dass es mir gelungen ist, zureichend klar zu machen, dass es nur geringe oder gar keine Schwierigkeiten machen wird, in den völligen Besitz dieser prosperierenden Königreiche zu gelangen, und zwar mit des Moguls persönlicher Beistimmung, unter der Bedingung, dass wir diesem weniger als ein Fünftel unserer Einkünfte überlassen würden. Entscheiden Sie selbst, ob die Aussicht auf jährliche Einnahmen in der Höhe von mehr als zwei Millionen Pfund Sterling und auf den Besitz dreier Provinzen, in denen Überfluss an den reichsten Erzeugnissen von Natur und Kunst herrscht, nicht ein Gegenstand ist, die Aufmerksamkeit der Öffentlichkeit zu wecken, und ob es nicht der Mühe wert wäre, dass die Nation geeignete Maßnahmen treffen würde, sich eine solche Erwerbung zu sichern – eine Erwerbung, die unter der Verwaltung durch einen fähigen und uneigennützigen Minister sich als die Quelle unermesslichen Wohls für das Königreich erweisen würde, die schwere Schuldenlast zu vermindern, mit der wir zurzeit zu schaffen haben.

Mögen Sie dazu noch den Einfluss in Rechnung setzen, den wir auf diese Weise bei den übrigen europäischen Nationen erwerben, die am Handel mit diesen Gegenden interessiert sind, den sie aber nicht mehr ohne unsere Duldung und nur unter den Bedingungen betreiben können, die wir für nützlich halten. Es ist auch der Betrachtung wert, dass dieses Projekt durchgeführt werden kann, ohne dass die Mittel des Mutterlandes in Anspruch genommen werden müssten, was für unsere Besitzungen in Amerika in viel zu großem Umfang geschehen ist. Es wird genügen, wenn uns das Mutterland auch nur eine kleine Truppe zur Verfügung stellt, da wir jederzeit mit Sicherheit darauf zählen können, farbige Truppen in beliebiger Anzahl zu bekommen, die gerne in unsere Dienste treten werden, da sie von uns sowohl besser bezahlt als auch besser behandelt werden als von den einheimischen Machthabern.

Zit. nach: Urs Bitterli (Hg.), Die Entdeckung und Eroberung der Welt, Bd. 2, München 1981, S. 113–116.

8 **Eine europäische Handelsniederlassung in Surat.** Stich aus einem 1634 veröffentlichten Reise- und Erfahrungsbericht des VOC-Gouverneurs Pieter van den Broecke.

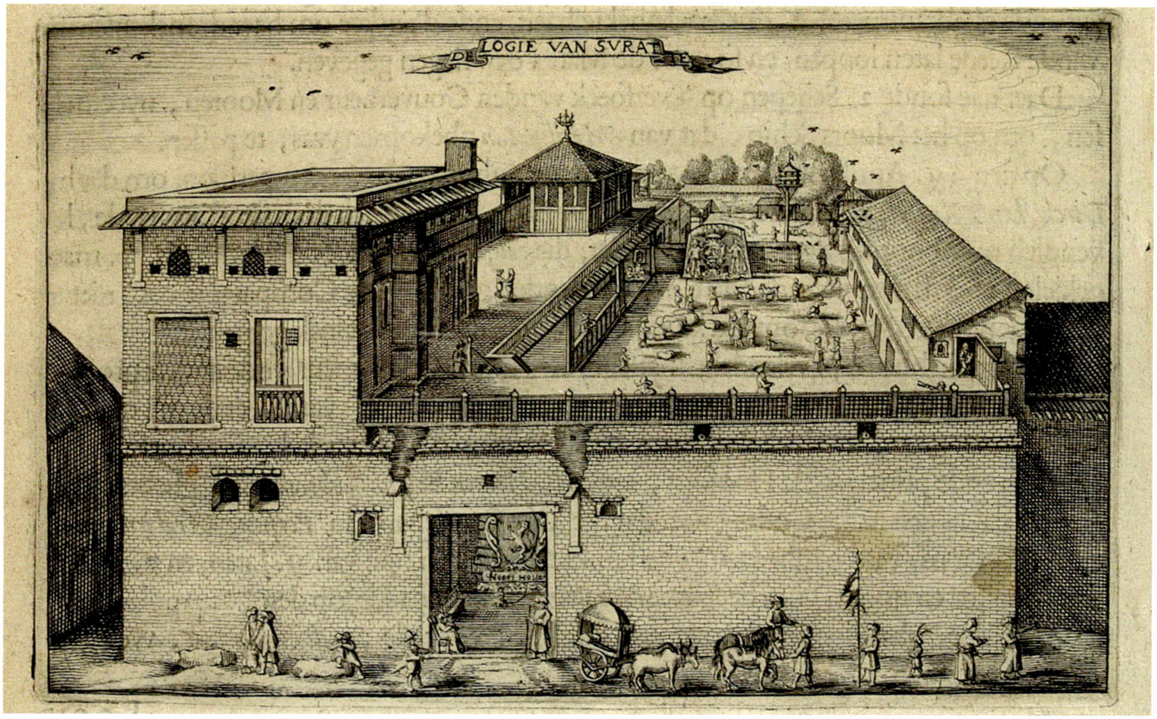

9 **Niederlassung der EIC in Kalkutta,** Thomas Daniell (1749–1840).

Arbeitsaufgaben zum gesamten Kapitel

a) Grenzen Sie den Kolonialismus des Kaufmanns vom Kolonialismus der Krone ab. Gehen Sie dabei auf die Initiatoren des Kolonialismus und ihre Interessenlage, die Rolle des Staates und die kurz- und langfristigen Auswirkungen ein.
b) Beschreiben Sie die Veranlassung, die Organisationsform und die Zielsetzung der europäischen Handelskompanien.
c) Untersuchen Sie die vorkolonialen Herrschaftsstrukturen in Ostasien und Amerika als mögliche Ursachen für die Machtübernahme der Europäer.
d) Kennzeichnen Sie die Bedeutung der Handelskompanien im Wirtschaftssystem des Merkantilismus.
e) Erläutern Sie die Art und Weise, wie sich die europäischen Handelskompanien in Asien festsetzen konnten (M 2, M 4).
f) Erläutern Sie den Übergang vom Handel zur europäischen Herrschaft in Asien (M 6).
g) Zeichnen Sie ein Schaubild der Warenströme des Asienhandels und des innerasiatischen Warenverkehrs und erläutern Sie den internationalen Güteraustausch (M 3).
h) Ziehen Sie für die Mitte des 18. Jahrhunderts eine Bilanz: Wer hatte bis dahin insgesamt gesehen wirtschaftlich den größeren Gewinn vom Asienhandel, Europa oder Asien?

2

Kolonialismus

1434	Gil Eanes umrundet als Erster Kap Bojador (Mauretanien), das bis dahin als unbezwingbar galt.
1453	Die muslimischen Osmanen erobern Konstantinopel und kontrollieren zunehmend den Handelsverkehr zwischen Abendland und Orient.
1488	Bartolomeo Diaz erreicht als Erster die Südspitze Afrikas und eröffnet den östlichen Seeweg nach Indien.
1492	Christoph Kolumbus „entdeckt" auf der Suche nach dem westlichen Seeweg nach Indien Amerika.
1494	Im Vertrag von Tordesillas teilen sich Spanien und Portugal die Welt in zwei Einflusssphären.
1498	Vasco da Gama erreicht als Erster auf dem östlichen Seeweg Indien.
1500	Der Portugiese Pedro Cabral landet an der brasilianischen Küste.
1519–1521	Hernán Cortés erobert das Reich der Azteken in Mexiko.
1519–1522	Eine Flotte unter Fernando Magellan umsegelt als Erste die Welt in westlicher Richtung.
1531–1533	Francisco Pizarro erobert das Inkareich mit seiner Hauptstadt Cuzco.
1600	In London wird die englische East India Company (EIC) gegründet.
1602	In Konkurrenz zur EIC entsteht in den Niederlanden die „Vereenigde Oostindische Compagnie" (VOC).
1619	Die VOC erobert Jakata.
1641	Die VOC kontrolliert die Malakka-Straße.
1652	Als Stützpunkt auf dem Weg nach Indien und Ostasien gründet die VOC die Kapkolonie an der Südspitze Afrikas.
1664/65	In Frankreich richten Ludwig XIV. und sein Minister Colbert die „Compagnie Française des Indes" als Monopolhandelsgesellschaft ein.
1682/83	Kurfürst Friedrich Wilhelm von Brandenburg beauftragt eine Expedition zur Gründung brandenburgischer Kolonien im heutigen Ghana. Die brandenburgische Kolonialpolitik wird 1720/21 eingestellt.
1757–1761	In Indien baut die EIC ihren Einflussbereich durch militärische Aktionen weiter aus und legt so den Grundstein für die Vorherrschaft der Engländer auf dem Subkontinent.

3. Die Konfessionalisierung Europas

3.1 Der Deutsche Bauernkrieg

Im Verlauf des 15. Jahrhunderts verschlechterte sich die Situation der Landbevölkerung im Deutschen Reich beträchtlich. Ein Grund war der starke Bevölkerungsanstieg. In Verbindung mit der vor allem in Südwestdeutschland weit verbreiteten Erbteilung wurden die Höfe immer kleiner und unrentabler. Zusätzlich stiegen die Abgaben, die an die Grundherren und die Kirche gezahlt werden mussten, immer mehr an. Gleichzeitig wurde die Bevölkerung in zunehmendem Maße von den Herrschaftsträgern zu unterschiedlichen Frondiensten herangezogen, beispielsweise zu Transport- und Spanndiensten oder zur Beherbergung adeliger Jagdgesellschaften. Darüber hinaus wurden ihre alten Gewohnheitsrechte, wie Jagen, Fischen oder Holz schlagen immer stärker eingeschränkt. Auch die Leibeigenschaft von Teilen der bäuerlichen Bevölkerung war noch weit verbreitet. Dies führte im ausgehenden Mittelalter zu zahlreichen kleineren Bauernprotesten und größeren Aufständen.
Zwischen 1493 und 1517 kam es zu zahlreichen Aufständen, die unter dem Namen Bundschuh-Bewegung bekannt wurden. Das Feldzeichen und Symbol der aufständischen Bauern im Breisgau, Elsass und Schwarzwald war der Bundschuh, ein

3

1 Bauern schwören auf die Bundschuhfahne 1513. Kolorierter Holzschnitt aus Pamphilius Gengenbachs Flugschrift: Der Bundschuh, Basel 1514.

für Bauern in dieser Zeit typischer Schnürschuh. Sie forderten u. a. die Abschaffung der Leibeigenschaft, die Verteilung der Kirchengüter an das Volk und wollten keinen Herrn außer Kaiser und Papst mehr dulden.

Der „Arme Konrad"

In Württemberg hatten sich die Bauernbünde den Namen „Armer Konrad" gegeben. Der Begriff bedeutet soviel wie *armer Teufel* oder *armer Kerl*. Nach der Erhebung neuer Verbrauchssteuern im Jahre 1513 wegen eines geplanten Kriegszuges gegen Burgund hatten sich die Aufständischen gegen Herzog Ulrich von Württemberg erhoben. Nach vielfältigen Tumulten im ganzen Land entkam schließlich Mitte Juli Herzog Ulrich selbst nur knapp den Rebellen. Am Ende kapitulierten die Bauern jedoch vor der militärischen Überlegenheit der herzoglichen Truppen. Die Anführer der Aufständischen und rund 1700 Bauern wurden gefangen, viele von ihnen hingerichtet.
Als sich 1524 die Bauern wiederum zunächst in Süddeutschland und der Schweiz erhoben, wurde bald klar, dass es sich hierbei nicht mehr nur um lokale Aufstände handelt. Die Ausweitung der Auseinandersetzungen mit der Obrigkeit, die bis 1526 andauern sollten, wird in der Geschichtsschreibung als *Deutscher Bauernkrieg* bezeichnet.

Die 12 Artikel der Bauern

Schwäbischer Bund

Im Mai 1524 begannen zunächst friedliche Bauernproteste am Oberrhein und vereinzelt in Franken. Im Frühjahr 1525 verschärften sich die Auseinandersetzungen in Oberschwaben, im Allgäu und im Bodenseegebiet. Unter dem Einfluss der Reformation vereinigten sich zunächst getrennt operierende „Bauernhaufen". Ein am 6. und 7. März 1525 in Memmingen tagendes „Bauernparlament" beschloss den Zusammenschluss zur „Christlichen Vereinigung". Die Bündelung der Kräfte richtete sich dabei gegen die im „Schwäbischen Bund" zusammengeschlossenen gegnerischen Reichsstände. Der bibelkundige Kürschnergeselle und Feldschreiber des Baltringer „Bauernhaufens" Sebastian Lotzer fasste die Forderungen der Bauern in „Zwölf Artikeln" zusammen. Die Besonderheit der Zwölf Artikel war, dass sie aus biblischem und altem Recht abgeleitet wurden. Gefordert wurde im Gegensatz zu früheren Forderungskatalogen nicht mehr die Wiederherstellung des „Alten Rechts", sondern eine teilweise Umgestaltung der Herrschaftsordnung, besonders die Aufhebung der Leibeigenschaft. Verhandlungen mit dem „Schwäbischen Bund" verschleppten sich und Ende März wurden die ersten Burgen und Klöster Opfer von Übergriffen.

Im April 1525 verbündeten sich Neckartäler und Odenwälder Bauern mit Bauern aus Franken. Sie erstürmten Weinsberg und Heilbronn und griffen die Bistümer Mainz und Würzburg an. Schließlich auf bis zu 12 000 Mann angewachsen, wandten sie sich gegen den Kurfürsten von der Pfalz. In Württemberg besetzten die Aufständischen zunächst Stuttgart und zogen dann weiter nach Böblingen.
Es dauerte nicht lange, bis der „Schwäbische Bund" zurückschlug. Unter dem Kommando Georg Truchseß von Waldburgs versammelten sich Ende März 1525 in Ulm mehrere tausend Landsknechte und fast 2 000 gepanzerte Reiter, um sich den Aufständischen entgegenzustellen. Da das Söldnerheer über bessere Waffen und Ausbildung verfügte, waren die Chancen der meist nur mit Sensen und Dreschflegeln bewaffneten Bauern im offenen Kampf schlecht, auch wenn ihre Anführer zum Teil kriegserfahrene Adelige waren, wie Götz von Berlichingen oder Florian Geyer. Bis zum Juli des Jahres 1525 hatte das Heer des „Schwäbischen Bundes" fast alle aufständischen Bauern im Süden besiegt.

Die Schlacht bei Frankenhausen

Im Frühjahr 1525 hatten die Aufstände auch Hessen, Thüringen und Sachsen erreicht. In Thüringen war der frühere Lutherschüler und Reformator Thomas Müntzer zu einem der Wortführer der Bauern geworden. Im Gegensatz zu Luther stand Müntzer für die gewaltsame Befreiung der Bauern und ein „Gottesreich auf Erden" ein. Frankenhausen entwickelte sich zu einem Zentrum der Erhebungen. Am 29. April kam es in der Stadt zum Aufstand, dem sich am nächsten Tag auch das vor der Stadt lagernde, über 8 000 Bewaffnete zählende Bauernheer anschloss. Ähnlich wie die süddeutschen Bauern fassten die Aufständischen ihre Forderungen in 14 Artikeln zusammen. Am 11. Mai erreichte Müntzer Frankenhausen mit 300 Getreuen, acht Karrenbüchsen und der Regenbogenfahne, die wie auch der Bundschuh das Symbol der Aufständischen darstellte. Weitere Unterstützung für die Aufständischen war kaum noch zu erwarten, da die Bauern sich bereits vielerorts mit lokalen Verhandlungsergebnissen zufrieden gegeben hatten oder von den heranrückenden Truppen der verbündeten Fürsten aufgerieben worden waren.

Karrenbüchse

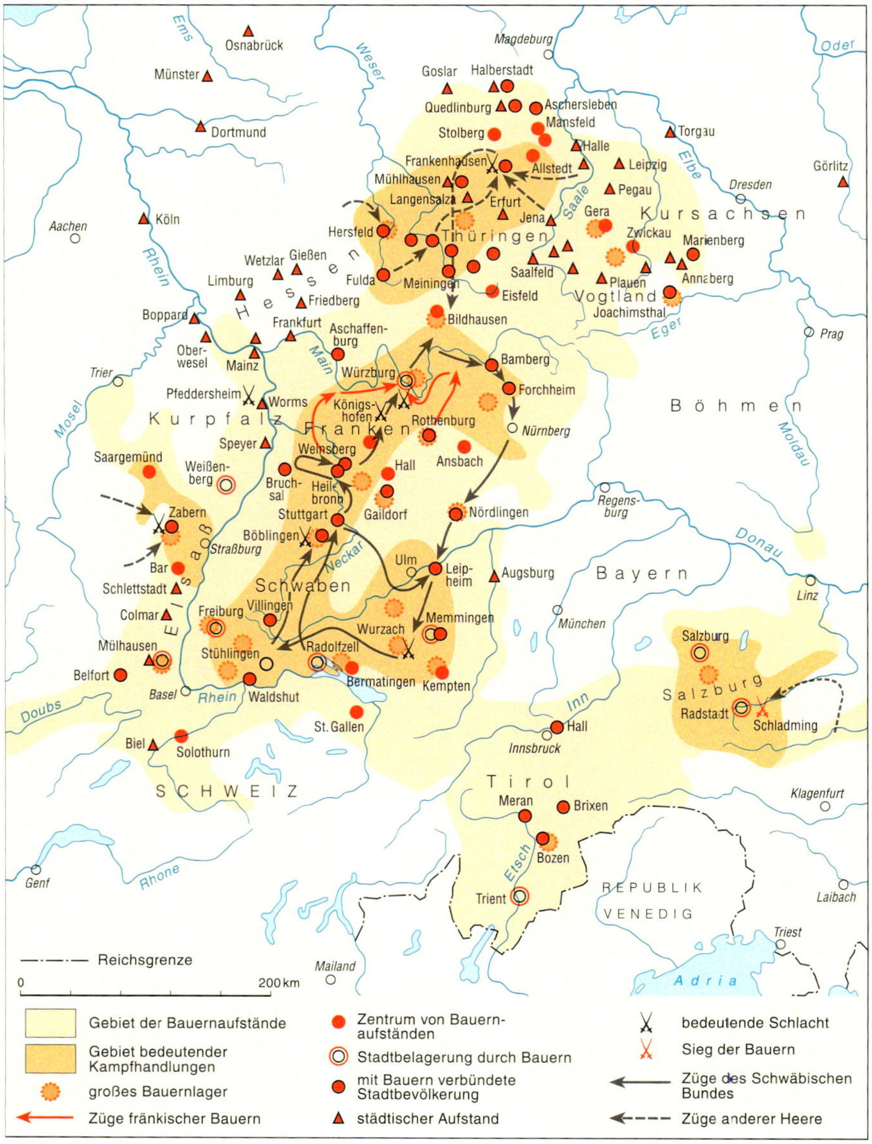

2 Der Bauernkrieg 1524–1526.

3

3 Bestrafung von Bauern, Petraca-Holzschnitt um 1520.

3

An der Spitze dieses Fürstenheeres stand der schon zum Protestantismus übergewechselte Landgraf Philipp von Hessen, der das vereinigte hessisch-braunschweigische Heer von Berka über Eisenach nach Frankenhausen führte. Von Heldrungen aus rückte das sächsische Heer unter Führung des katholischen Herzogs Georg mit den verbündeten mainzischen und brandenburgischen Truppen vor.

In den Vormittagsstunden des 14. Mai wehrten die Aufständischen westlich von Frankenhausen zunächst drei Angriffe des hessisch-braunschweigischen Heeres ab. Als am nächsten Tag das Heer Herzog Georgs eintraf und sich mit dem seines Schwiegersohns, Landgraf Philipps, vereinigte, wurde die Lage der nun eingeschlossenen Aufständischen prekär. Müntzer predigte ein letztes Mal vor den Aufständischen und versuchte, sie mit seiner charismatischen Redekunst davon zu überzeugen, dass sie für eine gerechte Sache ins Feld gezogen seien: „... Ja ihr sehet, dass Gott auf unser Seiten ist, denn er gibt uns jetzund ein Zeichen. Sehet ihr nicht den Regenbogen am Himmel? Der bedeuted, dass Gott uns, die wir den Regenbogen im Banner führen, helfen will ..." Als das hoch überlegene fürstliche Heer mit dem Angriff begann, fanden die Bauern keine Zeit mehr zur organisierten Gegenwehr. Im Verlauf der Schlacht wurden mindestens 6 000 Bauern niedergemetzelt. An die 600 Aufständische wurden gefangen genommen, von denen man noch am 16. Mai 300 hinrichtete. Auch Thomas Müntzer wurde am 27. Mai 1525 zusammen mit Johannes Pfeiffer vor den Toren der Stadt Mühlhausen mit dem Schwert hingerichtet.

Die Folgen des Bauernkrieges

Nach dieser vernichtenden Niederlage gab es nur noch vereinzelt Widerstand von aufständischen Bauern, der nach und nach niedergeschlagen wurde. Viele Städte und Gemeinden, wie beispielsweise Frankenhausen und Schmalkalden, verloren ihre alten Privilegien an die Landesfürsten, welche gestärkt wurden. Eine positive Folge war die nunmehr geschaffene Möglichkeit des Untertanenprozesses, der nun Bauern und Bürgern den Rechtsweg zu den Reichsgerichten ermöglichte.

4 Die zwölf Artikel der Bauern

Die Grundtlichen und rechten haubt Artickell / aller Bawrschafft unnd Hyndersessenn der Geistlichen unnd Weltlichen Oberkeyten / von welchen sie sich beschwert vermeynen.

Artikel 1: Jede Gemeinde soll das Recht haben, ihren Pfarrer selbst zu wählen und abzusetzen. Die Pfarrer sollen das Evangelium *lauter und klar predigen, ohne allen menschlichen zusatz.*

Artikel 2: Die Bauern sind bereit, den Kornzehnten weiter zu entrichten; er soll für den Lebensunterhalt des Pfarrers und für die Armen verwandt werden. […]

Artikel 3: Die Leibeigenschaft soll aufgehoben werden; die Bauern werden dann *gern gegen unser erwelten und gesetzten oberkayt […] gehorsam sein.*

Artikel 4: Die Bauern verlangen die Freigabe von Jagd und Fischfang.

Artikel 5: Es soll wieder Gemeindewald bestimmt werden, aus dem sie Brenn- und Zimmerholz erhalten.

Artikel 6: Die Dienstleistungen sind auf ein erträgliches Maß, *wie unser Eltern gedient haben*, zurückzuführen.

Artikel 7: Zusätzliche Dienste sollen *umb eynen zymlichen pfennig* bezahlt werden.

Artikel 8: Die Entrichtung der Abgaben soll neu geregelt werden.

Artikel 9: Bestrafung soll nicht mehr willkürlich, *nach gunst*, sondern nach dem Gesetz erfolgen.

Artikel 10: Gemeindeland, das zu Unrecht in privaten Besitz genommen worden ist, soll zurückgegeben werden.

Artikel 11: Bei Todesfällen sollen keine Abgaben mehr bezahlt werden, und es soll nicht gestattet werden, dass man *witwen, waisen also schentlich berauben sol.*

Artikel 12: Die Bauern sind bereit, jeden ihrer Artikel fallen zu lassen, wenn ihnen nachgewiesen werden kann, dass er mit der Heiligen Schrift nicht in Einklang steht.

Der frid Christi sey mit unns allen.

Zit. nach: H. Kaczerowsky (hrsg.), Flugschriften des Bauernkrieges, Hamburg 1970, S. 7 ff., vom Autor teilweise ins moderne Deutsch übertragen.

5 Die zwölf Artikel. Titelholzschnitt, Zwickau 1525.

st. Germ.

6 Die Schlacht fur Franckenhausen, dorinnen uber Funfftausent erleget worden.

Der Chronist Wigand Lauze schildert in seiner Lebensbeschreibung des Landgrafen Philipp von Hessen die Schlacht bei Frankenhausen aus dem Jahr 1525.

Als nun dem Landgrafen zu Hessen von dieser Handlung der Bauern je länger je größer und beschwerlicher Botschaft und Bericht von dem Herzog zu Sachsen und anderen zukam, dass sie auch den Grafen von Schwarzburg ihre Stadt Franckenhausen mit Gewalt eingenommen hätten und da umher großen Mutwillen trieben, bedachte er, dass, wenn die Bauern dermaßen überhand nehmen und obsiegen sollten, ihnen später gar schwerlich Widerstand zu leisten sein würde. Er zog deshalb mit Eile nach dem Land Thüringen und kam also zuerst nach Eisenach, da fand er schon etliche sächsische Räte. […] Ferner zog er nach Langensalza, das Herzog Georg gehörte, da ließ der Amtmann auch etliche hinrichten. Während solcher Reise stieß Herzog Heinrich von Braunschweig unaufgefordert zum Landgrafen mit 250 Reitern und sechshundert Landsknechten.

Da nun Müntzer der Fürsten Ankunft vernahm, lagerte er sich mit seinem Haufen außerhalb der Stadt Frankenhausen, auf einem Berg nahe bei derselben Stadt gelegen, der Hausberg genannt; sein Haufen war bis zu dreizehntausend Mann stark; sie hatten auch etlich grobe Geschütze bei sich. Als aber der Landgraf ins Feld kam, am Sonntag Cantate, so dass Müntzer und sein Anhang eigentlich seine Kriegsrüstung beschauen konnten, waren etliche, die rieten, man sollte am selben Tag noch die Bauern angreifen. Andere widerrieten und meinten, das Volk wäre von der weiten Reise […] müde, […] darumb sollte man sich nicht understehen zu schlagen, das Volk wäre denn zuvor mit Speise und Trank wieder erquickt und gestärkt. Diesen ward gefolgt. […] Als das Müntzer sah, hielt er's für ein Zeichen von Furcht. […]

Es schickte auch des Abends noch der Landgraf etliche Gesandte zu den Bauern und ließ ihnen sagen, wenn sie sich auf Gnad und Ungnad ergeben und die Hauptleute ausliefern wollten, wolle er sich für sie bei ihren Oberherren verwenden, dass ihnen Gnade widerfahren solle. […] Worauf diese Antwort gegeben wurde: […] Sie würden Jesum Christum als ihren Seligmacher bekennen, wenn die Fürsten und die ihren auch neben ihnen bekennen wollten, so hätten sie es gerne, wollten sie das aber nicht tun, so müssten sie es gewärtig sein, was ihnen darüber beiderseits widerführe. […]

Auf den Montag nach Cantate brach man auf und zog wieder nach den Bauern. […] Da ward abermals ein junger Edelmann an die Versammlung der Bauern abgefertigt, sie zu verwarnen, dass sie die Hauptleute übergäben, ihr Leben erretteten, damit nicht so viel Blut vergossen würde. Diesen Edelknaben sollen die Bauern entleibt haben, was den Adel sehr verdross, so dass darnach bei ihnen kein Gnade mehr zu spüren war. Als nun der Langraf seine Schlachtordnung zurichten ließ, das Geschütze auffuhr, ist etlichen unter den Bauern das Herz entfallen und haben sich hinten vom Berge, darauf sie lagen, hinweg gemacht; die übrigen, die standen, sind blieben. Darauf hat Müntzer sie getröstet, sie sollten nur ohne Sorge und Furcht sein, alle die Kugeln, so ihre Feinde gegen sie schießen würden, wolle er in einem Ärmel sammeln, in Summa, sie würden ihnen keinen Schaden tun, sondern einer von ihnen würde mit einem Filzhut zehn von ihnen umwerfen. Und weil des Morgens ein Regenbogen erschien und die Sonne mit eitlem Blut aufging, sprach Müntzer, das wären gewisse Gottes Zeichen, dass sie den Sieg behalten sollten, er ermahnte sie deswegen, nur getrost und herzhaft zu sein und sich fröhlich der Gegenwehr zu stellen. […]

Zit. nach: Wigand Lauze, Leben Philipps des Großmütigen, hrsg. von Bernhardi und Schubert, ZHG Suppl. 2, 1841, S. 98 ff.

7 Kampf und Sieg der Bauern – Ständebaum, von Hans Weiditz (1530).

3

Arbeitsvorschläge:

a) Beschreiben Sie die Situation der Bauern im ausgehenden Mittelalter.
b) Skizzieren Sie den Radikalisierungsprozess der Bauern vom Ende des 15. Jahrhunderts bis in die Zeit Thomas Müntzers (VT, M 4).
c) Erläutern Sie die Legitimationsstrategien der Bauern anhand der zwölf Artikel (M 4).
d) Zeigen Sie, die wichtigsten Gründe für das Scheitern der Bauernaufstände (VT, M 6).
e) Beschreiben Sie am Beispiel des Ständebaums den Aufbau der Gesellschaft zurzeit des Bauernkrieges (M 7).

Methode: Umgang mit Biografien

Thomas Müntzer – vom Reformator zum Revolutionär?

Thomas Müntzer wurde im Dezember 1489 in Stolberg im Harz geboren. 1506 begann er mit einem Theologiestudium an der Universität Leipzig, bevor er 1513 im Dom zu Halberstadt zum Priester geweiht und danach in Braunschweig tätig wurde. Über die Stationen Aschersleben, Jüterbog und Kloster Beuditz bei Weißenfels kam er im Mai 1520 nach Zwickau, wo er auf Empfehlung Luthers eine Predigervertretung antrat. Gleichzeitig besuchte er Vorlesungen des Reformators an der Universität zu Wittenberg. Im Herbst des Jahres erhielt er mit Unterstützung des Bürgermeisters Stella eine Predigerstelle an der Zwickauer Stadtkirche „St. Katharinen“. Hier kam er in Kontakt mit Nikolaus Storch, den man den „Zwickauer Propheten“ nannte. Storch, ein einfacher Tuchweber aus Zwickau, hatte Visionen und sah sich als Prophet Gottes mit dem Auftrag, die korrupte katholische Kirche zu bekämpfen und umfangreiche Kirchen- und Sozialreformen einzuleiten. Er befürwortete Gemeineigentum, Armenfürsorge und die Enteignung der Klöster, was ihm schnell eine breite Anhängerschaft einbrachte. Storch lehnte die Kindertaufe ab und näherte sich den Lehren der Wiedertäufer an. Müntzer war von dem charismatischen Laienprediger fasziniert und vertrat bald ähnlich radikale Reformationsideen.

Nach dem Tod des Bürgermeisters Stella, der die Position der beiden Reformer unterstützte, riefen ihre Gegner Martin Luther zu Hilfe, der einen Meinungsumschwung zugunsten maßvollerer Reformen erreichte. Müntzer und Storch mussten die Stadt verlassen. Auf einer Reise nach Böhmen machte Müntzer sich mit den Ideen der Hussiten vertraut. In Prag verfasste er das „Prager Manifest“, in dem er seine Vorstellungen über die Umgestaltung der Kirche festhielt. Über weitere Stationen führte ihn sein rastloses Umherziehen schließlich nach Allstedt in Kursachsen, wo er 1523 eine Pastorenstelle erhielt. Im gleichen Jahr entwickelte er die erste deutschsprachige Gottesdienstordnung. In Allstedt hielt er 1524 vor Herzog Johann und dessen Sohn Johann Friedrich die so genannte Fürstenpredigt zu Allstedt. Müntzer vertrat darin die Auffassung, dass die Obrigkeit erst durch Taten beweisen müsse, dass sie auf der Seite der „Auserwählten“ stehe. Nur ein neuer Prophet könne die Welt, in der Arme und Unschuldige unterdrückt werden, wieder in Gottes Sinne neu ordnen. Dazu gehörte seiner Meinung nach auch die Tötung der „Baalspfaffen“ (= altgläubige Priester) und der Sturz der gottlosen politischen Machthaber.

Schon im August 1524 musste Müntzer mit seiner Familie vor der Obrigkeit aus Allstedt fliehen. Aufnahme fanden sie in Mühlhausen. Hier gründeten Müntzer und seine Anhänger den „Ewigen Bund Gottes“ als Schutzbündnis der „Auserwählten“ gegen die „Gottlosen“. Doch nicht alle Bürger waren aufseiten der radikalen Reformer. Beide Prediger mussten die Stadt zeitweise wieder verlassen. Müntzer nutzte diese Zeit zu einer Reise in die bäuerlichen

1 **Thomas Müntzer** nachkolorierter Holzschnitt.

Aufstandsgebiete im Süden Deutschlands. Bei seiner Rückkehr nach Mühlhausen hatten sich die Mehrheitsverhältnisse geändert und Müntzer wurde Ende Februar 1525 zum Pfarrer der Mühlhäuser Marienkirche gewählt. Nach der Schlacht von Frankenhausen wurde er gefangen genommen und am 27. Mai 1525 hingerichtet.

2 Thomas Müntzer – An die Allerstedter. Manifest an die Mansfeldischen Bergknappen.

Aufruf an die Bürger von Allstedt, wo Müntzer von 1523 bis 1524 als Pfarrer und Reformator gewirkt hatte, und die Bergknappen im Mansfeldischen, zum Aufstand gegen „die gottlosen Bösewichter".

Die reinen Furcht Gottes zuvor, lieben Brueder. Wie lange schlaft ihr, wie lang seid ihr Gott seins Willens nit geständig, darum, dass er euch nach eurem Ansehen verlassen hat? Ach, wie viel hab ich euch das gesagt, wie es muss sein. Gott kann sich anderst nit offenbaren, ihr müsst gelassen stehen. Tuet ihr's nicht, so ist das Opfer, euer herzbetruebtes Herzeleid umsonst. Ihr müsst darnach von neuem auf wieder in Leiden kommen. Das sag ich euch, wollt ihr nit um Gottes Willen leiden, so müsst ihr des Teufels Marterer sein. Darum huet euch, seid nit also verzagt, nachlässig, schmeichelt nit langer den verkehrten Fantasten, den gottlosen Bösewichtern, fanget an und streitet den Streit des Herren! Es ist hoch Zeit, haltet eure Brüder alle darzu, dass sie gottlichs Gezeugnis nicht verspotten, sunst müssen sie alle verderben. Das ganze deutsche, französisch und welsch Land ist bewegt. Der Meister will Spiel machen, die Böswichter müssen dran. Zu Fulda sind in der Osterwoche vier Stiftkirchen verwuestet. Die Bauern im Kleegau und Hegau, Schwarzwald sind auf, dreimal tausend stark, und wird der Hauf je länger je größer. Allein ist das mein Sorg, dass die narrischen Menschen sich verwilligen in einen falschen Vertrag, darum, dass sie den Schaden nach nit erkennen.

Wann euer nur drei ist, die, in Gott gelassen, allein seinen Namen und Ehre suchen, werdet ihr hunderttausend nit fürchten. Nun dran, dran, dran! Es ist Zeit! Die Böswichter sind frei verzagt wie die Hund. Regt die Brüder an, dass sie zur Fried kommen und ihr Bewegung Gezeugnis holen. Es ist über die Maß hoch hoch vonnöten. Dran, dran, dran! Lasst euch nicht erbarmen, ab euch der Esau gute Wort furslägt (1. Mos. 33). Sehet nit an den Jammer der Gottlosen! Sie werden euch also freundlich bitten, greinen, flehen wie die Kinder. Lasset euch nit erbarmen, wie Gott durch Moses befohlen hat (5. Mos. 7), und uns hat er auch offenbart dasselb. Reget an in Dörfern und Städten und sonderlich die Berggesellen mit ander guter Gesellschaft, welche gut darzu wird sein. Wir müssen nit länger schlafen.

Sieh, da ich die Wort schreib, kame mir Botschaft von Salza, wie das Volk den Amtmann Herzog Georgen vom Schloss belange will um des Willen, dass er drei hab heimlich wollen umbringen. Die Bauern vom Eisfelde sind ihr Junkern[1] feind worden, kurz, sie wollen ihr kein Gnade haben. Es ist des Wesens viel euch zum Ebenbilde. Ihr müsst dran, dran, es ist Zeit. Balthasar und Barthel Krump, Valtein und Bischof, gehet vorne an den Tanz! Lasset diesen Brief den Berggesellen werden. Mein Drucker wird kommen in kurzen Tagen, ich habe die Botschaft kriegen. Ich kann es itzund nit anders machen, sonst wollt ich den Bruedern Unterricht gnug geben, dass ihnen das Herz viel größer sollt werden denn alle Schlösser und Rüstung der gottlosen Böswichter auf Erden.

Dran, dran, dieweil das Feuer heiß ist. Lasset euer Schwert nit kalt werden, lasset nit verlähmen! Schmiedet pinke-panke auf den Anbossen Nimrods, werfet ihnen den Turm zu Boden! Es ist nit möglich, weil sie leben, dass ihr der menschlichen Furcht solltet leer werden. Man kann euch von Gotte nit sagen, dieweil sie über euch regieren. Dran, dran, weil ihr Tag habt. Gott gehet euch vor, folget, folget! [...] Drum lasst euch nit abschrecken. Gott ist mit euch, wie geschrieben 2. Chron. 20, 15–18. Dies sagt Gott: „Ihr sollt euch nit fürchten. Ihr sollt diese große Menge nit scheuen, es ist nit euer, sondern des Herrn Streit. Ihr seid nit, die da streiten, stellet euch vor männlich. Ihr werdet sehen die Hilfe des Herren über euch. ‚Da Josaphat diese Worte hörte, da fiel er nieder. Also tuet auch und durch Gott, der euch stärke ohne Furcht der Menschen im rechten Glauben.'"

Zit. nach: Alfred Meusel, Thomas Müntzer und seine Zeit, Berlin 1952, S. 273 f.

1 Grundherren

Arbeitsvorschläge:

a) Diskutieren Sie den Unterschied zwischen „Reformation" und „Revolution".

b) Erläutern Sie die Befürchtungen Müntzers, wenn er sagt: „Allein ist das mein Sorg ..." (M 2).

Geschichte erinnern: Der Bauernkrieg

3 **Das thüringische Bauernkriegspanorama in Frankenhausen**, 1987 vollendet.

An die Schlacht bei Frankenhausen erinnert heute das Bauernkriegspanorama bei Bad Frankenhausen am historischen Originalschauplatz mit dem Monumentalgemälde des Leipziger Malers und Kunstprofessors Werner Tübke. Es befindet sich in einem eigens dafür errichteten monumentalen Rundbau. Mit einer Fläche von 1722 Quadratmetern gilt es als das größte Ölgemälde der Welt. Auftraggeber des Kunstwerkes war das Kulturministerium der DDR. Die SED-Führung wollte zum 450. Jahrestag des Deutschen Bauernkrieges im Jahre 1975 eine Gedenkstätte zum Andenken an die dort geschlagene Bauernschlacht und ihren Anführer Thomas Müntzer errichten.
Von kommunistischer Seite wurde der Bauernkrieg im Sinne einer frühbürgerlichen Revolution als Vorreiter späterer revolutionärer Klassenkämpfe eingestuft. Thomas Müntzer galt als der bedeutendste Frührevolutionär in der deutschen Geschichte. Diese Auffassung hatte Friedrich Engels schon in seinem Werk „Der deutsche Bauernkrieg" im Jahre 1850 vertreten. Mit der Errichtung des Bauernkriegspanoramas versuchte die DDR – in ihrem Verständnis als „ersten sozialistischen Staat auf deutschem Boden" – eine Traditionslinie zwischen den Ereignissen in Frankenhausen und der eigenen „revolutionären" geschichtlichen Verortung herzustellen. Schon bei den Planungen ab 1972 dachte man an eine Monumentaldarstellung der Schlacht von Frankenhausen, wobei sich die Frage nach dem ausführenden Künstler stellte.
Seit dem Ende der Ulbricht-Ära Anfang der siebziger Jahre waren die kulturpolitischen Rahmenbedingungen in der DDR etwas liberaler geworden. Trotz allem galten noch die wesentlichen Richtlinien des sozialistischen Realismus, die vom Künstler „wahrheitsgetreue, historisch konkrete Darstellung der Wirklichkeit in ihrer revolutionären Entwicklung" forderten. Schließlich entschied man sich für den international renommierten Maler Prof. Dr. Werner Tübke (1929 – 2004), zu dieser Zeit Rektor der Leipziger Hochschule für Graphik und Buchkunst. Von 1976 bis 1987 arbeitete Tübke mit einigen Helfern an dem Rundbild. Trotz seiner exponierten Stellung pflegte Tübke einen Malstil, der dem Geschmack der Parteioberen nicht immer entsprach. Das Ergebnis seiner langjährigen Arbeiten war dementsprechend auch kein heroisierendes Schlachtengemälde, in dem die „revolutionären Bauernmassen" gefeiert wurden. Im Stil seines „magischen Realismus", den er mit surrealen Elementen bereicherte, hatte er ein Zeitgemälde aus historischen Momentaufnahmen geschaffen, das das Abbild einer ganzen Epoche darstellte. Reich durchsetzt mit Zitaten seiner künstlerischen Vorbilder Lucas Cranach und Albrecht Dürer, hat Tübke am Beispiel der historischen Ereignisse in einer sug-

4 Weibliche Allegorie von Übermut, Zuchtlosigkeit und Laster. Ausschnitt aus Bauernkriegspanorama.

gestiven Bildersprache menschliche Urängste, seelische Abgründe, Aberglauben und apokalyptische Vorstellungen visualisiert. Im Zentrum der Darstellung steht Thomas Müntzer, die Fahne der Bauern schon zum Zeichen der bevorstehenden Niederlage gesenkt. Von der Seite nähert sich der Tod mit einem Dudelsack.

Zur offiziellen Eröffnung des Panoramamuseums am 14. September 1989 anlässlich des 500. Geburtstages Thomas Müntzers erschien außer Kulturminister Hoffmann niemand von der Parteispitze der SED. Kritiken von offiziellen DDR-Stellen blieben aus, da schon wenige Wochen später eine Entwicklung ins Rollen kam, die das Ende der Deutschen Demokratischen Republik einleiten sollte.

Die Reaktion der Öffentlichkeit auf das monumentale Bauernkriegspanorama war zwiespältig. Viele Menschen in der Region um Frankenhausen kritisierten die immensen Ausgaben für das Denkmal, für das andere wichtige Investitionen zurückgestellt wurden. Auch die ursprüngliche Intention der DDR-Regierung, das Panorama als staatstragendes Geschichtssymbol zu instrumentalisieren, stieß auf massive Widerstände, obwohl Tübke dies mit seiner vielschichtigen Malerei wirkungsvoll konterkarierte. Westdeutsche Kritiker bewerteten das Werk des Leipziger Professors zumeist positiv. Eduard Beaucamp, Kunstkritiker der Frankfurter Allgemeinen Zeitung, schrieb anlässlich des Todes Tübkes am 29. Mai 2004: „Das thüringische Bauernkriegspanorama […] ist keine didaktische Großillustration, sondern eine historische Parabel menschlicher Irrungen und Wirrungen mit Durchblick auf gesellschaftliche Unruhen, Umbrüche und Glaubenskämpfe der Moderne auf eine Welt nicht im Aufbruch, sondern im Taumel einer Spätzeit: Weltgeschichte vollzieht sich als Weltgericht."

Heute zählt das Bauernkriegspanorama im Schnitt 120 000 Besucher im Jahr, nachdem man nach dem Ende der DDR zunächst auch eine Schließung des Museums in Erwägung gezogen hatte.

Arbeitsvorschläge:

a) Überlegen Sie, warum die Bauernkriegsrezeption in der DDR eine so große Bedeutung einnahm.

b) Beschreiben Sie den Bildaufbau des Bauernkriegspanoramas und versuchen Sie den Begriff des „magischen Realismus" zu konkretisieren.

3.2 Reformation und Gegenreformation

3.2.1 Vorläufer der Reformation

Schon im Mittelalter war immer wieder Kritik an der Kirche und ihren Institutionen aufgekommen. Päpste und Kirchenfürsten, die wie weltliche Herrscher ihr geistliches Amt vernachlässigten und Kriege führten, zunehmende Verweltlichung in den Klöstern, mangelnde theologische Bildung des Klerus und undurchsichtige kirchliche Finanzpraktiken hatten immer wieder zahlreiche kirchliche Reformbewegungen ins Leben gerufen. So sammelte schon 1174 der Lyoner Kaufmann Petrus Valdes Gleichgesinnte um sich, die man später Waldenser nannte. Die Waldenser wollten ein Leben in freiwilliger Armut führen, förderten die Verbreitung des Evangeliums durch Laienprediger und lehnten die Heiligenverehrung ab. Schon bald wurden sie von der katholischen Kirche gebannt und als Ketzer in ganz Europa verfolgt. Im 14. Jahrhundert war es zunächst der in Oxford wirkende englische Theologe John Wycliff (um 1330 – 1384), der massive Kritik am Papsttum und an vielen Praktiken der kirchlichen Institutionen übte. Er bestritt den politischen Machtanspruch des Papstes und missbilligte Heiligen- und Reliquienverehrung und das Zölibat. 1383 vollendete er die erste Bibelübersetzung ins Englische.

Die Hussitenkriege

In Prag knüpfte der böhmische Theologe Jan Hus (um 1369 – 1415) an die reformatorischen Ideen Wyclifs an, die er als charismatischer Prediger, Rektor der Prager Universität und Vertrauter König Wenzels IV. großen Teilen der Bevölkerung nahe bringen konnte. Dem wachsenden Einfluss der Reformbewegung begegnete Rom

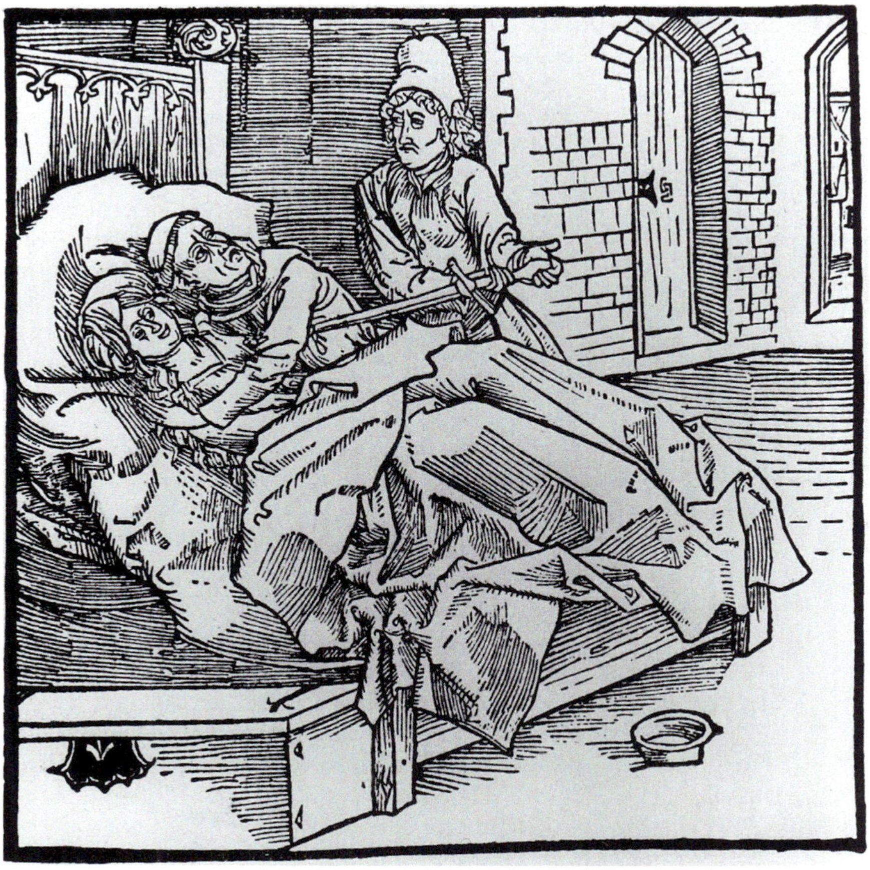

1 **„Der Seiler findet den Mönch wieder bei seiner Frau".** Albrecht Dürer. Illustration zum „Der Ritter vom Turm", 1493.

mit dem Kirchenbann und der Exkommunizierung von Hus. Auf dem Konstanzer Konzil von 1414, auf dem Hus seine Ansichten öffentlich verteidigen wollte, wurde er trotz der Zusage freien Geleites festgenommen und am 6. Juli 1415 öffentlich als Ketzer verbrannt. Nach der Hinrichtung des böhmischen Reformators erhoben sich große Teile der Bevölkerung und es kam zum Krieg. In den so genannten Hussitenkriegen 1420 – 1434 konnten die Anhänger der Ideen von Jan Hus die Kontrolle über Böhmen gewinnen und sich erfolgreich gegen zahlreiche „Kreuzzüge" zur Wehr setzen, zu denen der Papst aufgerufen hatte. Im Jahre 1428 gingen die Hussiten ihrerseits zum Angriff über und verheerten bis 1434 große Teile Niederösterreichs, Schlesiens, Sachsens, Brandenburgs und Ungarns. Innere Auseinandersetzungen zwischen radikalen und gemäßigten Vertretern des Hussitentums führten schließlich zur Spaltung der Bewegung, wobei die radikalen „Taboriten" in der Schlacht von Lipan im Mai 1434 vernichtend geschlagen wurden. Die siegreichen „Calixtiner" (gemäßigte Mehrheit der Hussiten) versöhnten sich wieder mit der katholischen Kirche. Zwischen 1458 und 1471 herrschte Georg von Podiebrad, der Anführer dieser als gemäßigt geltenden Hussitenfraktion, als erster nicht katholischer König in Böhmen. Im 16. Jahrhundert erhielten die Hussiten die gleichen Rechte wie die Katholiken, erst im Verlauf des Dreißigjährigen Krieges wurde Böhmen wieder mit Gewalt zum Katholizismus zurückgeführt.

3.2.2 Martin Luther

Das Ablassunwesen

Auch in Deutschland gab es viele Kritiker, die die Verfehlungen der Kirche anprangerten, die Reformation der Kirche ist jedoch untrennbar mit dem Namen Martin Luther verbunden. Luther wurde am 10. November 1483 in Eisleben im Süden des heutigen Sachsen-Anhalts geboren. Nach dem Besuch der Lateinschule im benachbarten Mansfeld (1488 – 1497) wechselte er 1497 nach Magdeburg und ein Jahr später nach Eisenach, wo er seine Schulausbildung beenden konnte. Von 1501 bis 1505 studierte Luther an der renommierten Universität Erfurt und erhielt den „Magister Artium" der philosophischen Fakultät. Auf Wunsch des Vaters sollte er danach einen Doktortitel in Rechtswissenschaften erwerben, der ihm ein bequemes bürgerliches Leben gestattet hätte. Gegen den Willen der Eltern trat er aber in Erfurt in ein Augustinerkloster ein und wurde 1507 zum Priester geweiht. Um seine Bibelstudien zu vertiefen, ging Luther 1508 an die Universität nach Wittenberg, wo er noch im selben Jahr einen Doktortitel in Theologie erwarb. Auf einer Romreise im Jahr 1510, die er im Auftrag seines Ordens unternahm, wurde er mit dem moralischen Verfall in der Stadt und dem Ablassunwesen konfrontiert. Gegen Geld konnten eigene Sünden getilgt und die Zeit der verstorbenen Angehörigen im Fegefeuer verkürzt werden. Im Volksmund hieß es: „Wenn das Geld im Kasten klingt, die Seele in den Himmel springt." 1512 trat er eine Professur in Wittenberg an, wo er zwei Jahre später Stadtprediger wurde. Durch intensives

2 Luther als Mönch. Kupferstich von Lucas Cranach d. Ä. 1520.

Bibelstudium kam Luther zur Überzeugung, dass der gläubige Christ nur durch die Lektüre der Bibel Kraft für seinen Glauben erlangen könne. Das päpstliche Vorrecht der Bibelauslegung wies Luther zurück. Auch die nachchristliche Geschichte der Kirche mit ihrer Heiligenverehrung verstieß seiner Auffassung nach gegen die Reinheit des Glaubens.
In seinen Vorlesungen und Predigten der nächsten Jahre deutete sich auf der Basis dieser Erkenntnisse allmählich der Bruch mit der römisch-katholischen Kirchenführung an. 1517 wurde er erneut mit der Ablassproblematik konfrontiert. Neben Ablässen, mit denen der Vatikan u. a. den Neubau des Petersdoms finanzierte, waren auch Ablassbriefe im Umlauf, mit denen hohe Repräsentanten der Kirche ihre Schulden zu tilgen suchten. So hatte der Mainzer Erzbischof Albrecht sein Amt nur durch Kredite finanzieren können, die er von der Augsburger Bankiersfamilie Fugger erhalten hatte. Um diese zurückzahlen zu können, hatte er den Ablassprediger Tetzel, der das lukrative Geschäft mit dem Seelenheil besonders gut beherrschte, auch nach Sachsen gesandt. Luther war nicht der Erste, der beklagte, dass diese Art der Sündenvergebung gegen die Prinzipien des Christentums verstoße. Sein Protest gegen Tetzel und die anderen Ablasshändler sollte in der Öffentlichkeit jedoch besonderes Gehör finden, zumal er diesen Konflikt zum Anlass nahm, grundsätzliche Kritik an der katholischen Kirche zu äußern. In seinen 95 Thesen, die er der Legende nach am 31. Oktober am Hauptportal der Schlosskirche in Wittenberg angeschlagen haben soll, forderte er eine grundlegende Reform der ganzen Kirche *„an Haupt und Gliedern"*. Die öffentliche Diskussion um Luthers Thesen verschaffte ihm in weiten Teilen der Bevölkerung zahlreiche Anhänger. Die Kirchenoberen reagierten jedoch mit Härte und klagten ihn der Ketzerei an. Auf einer Anhörung am 12. bis 14. Oktober 1518 in Augsburg weigerte er sich, seine Thesen zu widerrufen. Nur der Schutz des sächsischen Kurfürsten Friedrich des Weisen konnte Luthers Auslieferung an Rom verhindern. Der öffentlich ausgetragene Streit eskalierte schließlich und am 3. Januar 1521 wurde Luther vom Papst exkommuniziert.

3

3.2.3 Der Reichstag zu Worms

Die Bibelübersetzung ins Deutsche

Am 17. April 1521 wurde Luther auf dem Reichstag zu Worms vor den versammelten Fürsten und Reichsständen ein letztes Mal zum Widerruf aufgefordert. Er weigerte sich und bekräftigte seine Überzeugungen. Seine Rede soll mit den Worten geendet haben: *„Hier stehe ich. Ich kann nicht anders. Gott helfe mir! Amen."* Darauf verhängte der Reichstag am 8. Mai das von Kaiser Karl V. unterzeichnete *Wormser Edikt* über ihn, das jedem verbot, Luther zu unterstützen oder zu beherbergen, seine Schriften zu lesen oder zu drucken. Gleichzeitig wurde die Reichsacht über ihn verhängt, so dass er nun „vogelfrei" war und jedermann ihn ungestraft umbringen konnte. Nur die Zusage des freien Geleits verhinderte, dass der Geächtete gleich in Worms gefangen genommen wurde. Auf dem Heimweg wurde Luther von Soldaten des sächsischen Kurfürsten Friedrich des Weisen heimlich entführt und unerkannt zur Wartburg in Eisenach gebracht. Dort übersetzte er im Herbst 1521 das Neue Testament ins Deutsche. Mit dem 1534 übersetzten Alten Testament entstand so die berühmte Lutherbibel, die für die Entwicklung der deutschen Sprache und die Ausbildung des Hochdeutschen eine wichtige Bedeutung erlangen sollte.
Inzwischen fand Luthers Ruf nach Reformen in vielen Städten und Gemeinden Gehör. In Wittenberg war es Luthers Doktorvater Karlstadt, der für weitreichende Reformen im Gottesdienst eintrat. In seinen Predigten forderte er u. a. die Abschaffung von Zölibat, Opfergebeten und Bildern in den Kirchen sowie die

Einführung des Abendmahls für alle Gläubigen. Der Wittenberger Stadtrat setzte ab 1522 viele dieser Neuerungen um und weitete die Reformen auf Maßnahmen gegen Armut und Unzucht aus, wie sie Luther in seinen Schriften gefordert hatte. Vielen gingen die Reformen jedoch nicht weit genug. Der Volkszorn richtete sich bald gegen Priester, die dem alten Glauben weiterhin treu blieben, und gegen die Klöster. In einem ersten Bildersturm wurden Heiligenbilder und Figuren in den Kirchen zerstört. Als Luther auf Wunsch der Wittenberger Stadtväter im März 1522 in die Stadt zurückkehrte, war er zunächst entsetzt über die Radikalisierung in der Bevölkerung, die er in dieser Form nicht billigte. In sechs Predigten warb er für eine gemäßigtere Form der Veränderungen und distanzierte sich von ehemaligen Mitstreitern und Anhängern wie Thomas Müntzer, der den Aufstand der Bauern befürwortete.
In den folgenden Jahren konkretisierte er in einer Vielzahl von Schriften seine Reformziele. Viele Streitschriften Luthers und seiner Mitstreiter wurden von Lucas Cranach dem Älteren meisterhaft illustriert. Die Karikaturen und beißenden Spottbilder gegen den Papst und die katholische Kirche wurden von der Gegenseite mit ähnlicher Vehemenz und Spitzzüngigkeit beantwortet. Die Bekanntheit Luthers führte dazu, dass die Reichsacht, die gegen ihn ausgesprochen war, praktisch unwirksam wurde. Am 13. Juni 1525 heiratete Luther die 1523 aus dem Kloster Nimbschen bei Grimma entflohene Nonne Katharina von Bora. Luther widmete sich in den folgenden Jahren der Neuordnung des Kirchen- und Gemeindewesens. Im Jahre 1526 veröffentlichte er seine erste deutschsprachige Gottesdienstordnung *(Deutsche Messe und Ordnung des Gottesdiensts)*. Sie war als Sonntagsgottesdienst für die Laien gedacht, die kein Latein verstanden. Daneben gab es zunächst vor allem an Festtagen noch die lateinische Messe. Große Bedeutung maß Luther der Kirchenmusik bei. Das gemeinsam gesungene Lied war geradezu die ideale Form des kollektiven Gemeindegebets.

3.2.4 Das Augsburger Bekenntnis

Marburger Religionsgespräch

Auf dem zweiten Reichstag zu Speyer im Jahre 1529 forderten die katholischen Stände das Ende der Duldung des neuen, evangelischen Glaubens. Fünf Fürstentümer und zahlreiche oberdeutsche Städte legten dagegen Protest ein. Seit dieser Zeit nennt man die evangelischen Christen auch Protestanten. Bedeutender war der Reichstag im folgenden Jahr in Augsburg, auf dem der enge Vertraute Luthers, Philipp Melanchthon, das Manifest des neuen Glaubens, die *„Confessio Augustana“*, vortrug, das bis heute die Grundlage des evangelischen Glaubens bildet. Die evangelischen Stände erreichten 1530 in Augsburg die Duldung ihrer gemeinsamen Bekenntniserklärung, wodurch sich die Reformation im Deutschen Reich festigen konnte. Allerdings blieben die Calvinisten (Reformierte) weiterhin ausgeschlossen. 1531 wurde der „Schmalkaldische Bund“ gegründet, der sich als Verteidigungsbündnis gegen die katholischen Länder verstand. Im protestantischen Lager herrschte jedoch nicht immer Einigkeit. Im Oktober des Jahres 1529 trafen sich die geistlichen Führer der Reformation in Marburg, um zu einem Konsens zu gelangen. Neben Luther und Melanchthon waren Huldrich Zwingli aus Zürich, Martin Bucer und Kaspar Hedio aus Straßburg und Andreas Osiander aus Nürnberg angereist. Beim so genannten „Marburger Religionsgespräch“ konnte jedoch nur eine Teileinigung erreicht werden. Die spätere Trennung von evangelisch-lutherischer und reformiert-calvinistischer Konfession deutete sich hier schon an.
Luther hingegen setzte bis zu seinem Ende Predigt- und Lehrtätigkeit in Wittenberg fort. Am 18. Februar 1546 starb er in seiner Geburtsstadt Eisleben.

3.2.5 Umsetzung und Institutionalisierung der Reformation in Deutschland

Die radikalen Versuche der Bauern und Bürger, reformatorisches Gedankengut in die Praxis umzusetzen und dabei die bestehenden Machtverhältnisse außer Kraft zu setzen, hatte Luther strikt abgelehnt. Er setzte seine Hoffnung auf die Macht des Wortes und die Territorialfürsten im Reich, die zu dieser Zeit langsam begannen, sich von kirchlicher und kaiserlicher Vorherrschaft zu emanzipieren. Mit seiner Schrift „An den christlichen Adel deutscher Nation von des christlichen Standes Besserung" aus dem Jahr 1520 wandte er sich direkt an die weltlichen Fürsten, die die Reformation in ihren Ländern einführen sollten. Die Schrift enthielt neben kirchlichen Reformationsvorstellungen auch konkrete gesellschaftlich-politische Reformprogramme. So forderte er Bildungsmöglichkeiten für alle gesellschaftlichen Gruppen. Des Weiteren sollten das Zölibat und der Kirchenstaat abgeschafft und das Betteln verboten werden. Dafür plädierte er für eine geregelte Armenfürsorge.

Zölibat

Die politische und gesellschaftliche Situation im Deutschen Reich war zu Beginn des 16. Jahrhunderts sehr unübersichtlich. Die mittelalterlichen Feudalstrukturen, die auf dem Lehnssystem basierten, waren in vielen Bereichen aufgeweicht und verloren mehr und mehr ihre gesellschaftsstabilisierende Funktion. Oberster Lehnsherr war seit jeher der Kaiser, der von den Kurfürsten gewählt wurde. Nach dem Tod Kaiser Maximilians I., den man den „letzten Ritter" nannte, wurde 1519 sein Enkel, Karl V., nach vielen Widerständen zum Nachfolger gewählt. Die Habsburger Kaiserdynastie hatte zu dieser Zeit vor allem durch geschickte Heiratspolitik u. a. die Vorherrschaft über Spanien erringen können. Dies bedeutete auch, dass die Kolonien im kurz zuvor entdeckten Amerika zu ihrem Einflussbereich gehörten. Die Machtfülle des Kaisers, von dem man sagte, er herrsche über ein Reich, in dem die Sonne nicht unterginge, hatte jedoch auch seine Schattenseiten. Seine Verpflichtungen in Spanien, Italien, den Niederlanden und Burgund und seine Kriege mit Frankreich führten nicht selten zu seiner Abwesenheit vom Deutschen Reich und förderten die Emanzipationsbestrebungen der Reichsstände. Geistige Unterstützung erfuhren diese durch die Ideen des Humanismus und der Reformation. Neben den Städten, in denen das Bürgertum aufgrund seines wirtschaftlichen Erfolges schon seit dem Hochmittelalter oft weitgehende Selbstständigkeit erkämpft hatte, waren es die Landesfürsten der größeren Territorien im Reich, die immer mehr Eigenständigkeit einforderten.

3 **Luthers und Luzifers einträchtige Vereinigung**, Leipzig 1535.

Zu ihnen gehörte auch der junge Landgraf Philipp, der aufgrund interner Machtkämpfe um die Nachfolge im Jahre 1518 schon mit 13 Jahren von Kaiser Maximilian für mündig erklärt wurde und die Regentschaft in Hessen übernahm. Die Unerfahrenheit des jungen Landgrafen ermutigte den Reichsritter Franz von Sickingen, seine Pläne zur Zurückdrängung der Macht der Landesfürsten zunächst auf hessischem Gebiet in die Tat umzusetzen. Der Ritterstand hatte im Spätmittelalter immer mehr an Macht verloren; auf militärischem Gebiet wurde das Rittertum durch das Aufkommen des Landsknechtswesen langsam obsolet und auch politisch waren die kleinen Rittergüter praktisch bedeutungslos.

Franz von Sickingen und der „pfälzische Ritteraufstand"

Landsknechtswesen

Um den einflussreichen Sickingen – kaiserlicher Feldherr und Freund bekannter Humanisten – sammelten sich Vertreter der Ritterschaft, um das entstandene Machtvakuum zu Beginn des 16. Jahrhunderts für ihre Interessen auszunutzen. Sie spekulierten auf die Enteignung kirchlicher Gebiete und ihre Erhebung in den Fürstenstand. Noch im Jahre 1518 fiel Sickingen in Hessen ein und belagerte Darmstadt. In einem Vertrag musste der Landgraf die Forderungen Sickingens annehmen und ihm hohe Entschädigungszahlungen leisten. Als Franz von Sickingen, der mittlerweile zum Luthertum übergetreten war, sich vier Jahre später gegen das Erzbistum Trier wendete, sah Philipp seine Zeit gekommen, die Macht der Ritterschaft zu brechen. Gemeinsam mit dem Kurfürsten von der Pfalz besiegte er Sickingens Truppen. 1523 fiel die letzte Burg des Ritters in Landstuhl, wobei Sickingen den Tod fand. Mit diesem Sieg waren die Unabhängigkeitsbestrebungen der Ritterschaft endgültig gescheitert.

Landgraf Philipp von Hessen

Mit der Einführung der Reformation in seinem Land ergriff Landgraf Philipp die Chance, umfassende gesellschaftliche Reformen einzuleiten und gleichzeitig die eigene Machtposition zu stärken und auszubauen. Auf dem Reichstag zu Worms 1521 hatte Philipp noch Distanz zu Luther gehalten. Ein persönliches Treffen im Frühsommer 1524 mit Melanchthon führte aber dazu, dass der Landgraf in das evangelische Lager wechselte. Auf dem Reichstag zu Speyer 1526 trat er gemeinsam mit Kurfürst Johann von Sachsen als fürstlicher Anhänger und Protektor des neuen Glaubens auf. Das Kurfürstentum Sachsen gehörte mit Hessen zu den ersten Ländern, die die Reformation einführten, wobei zu berücksichtigen ist, dass Sachsen zu dieser Zeit in zwei Herrschaftsgebiete unterteilt war. Kurfürst Johann, den man den Beständigen nannte, regierte den so genannten ernestinischen Teil des Landes, der die Gegend um Wittenberg und weite Teile Thüringens umfasste. Herzog Georg der Bärtige, der weiterhin dem katholischen Glauben den Vorzug gab, war Regent im größeren, albertinischen Teil des Landes mit den meißnischen Gebieten und den Städten Leipzig und Dresden.
Kurfürst Johann hatte nach dem Tod seines Bruders, Georg des Bärtigen, welcher Luther zwar sehr wohlwollend unterstützte, aber noch keinen Konfessionswechsel unternommen hatte, im Jahre 1525 offiziell die Reformation in seinem Herrschaftsbereich eingeführt.

In Hessen begann die Reformation im Herbst 1526 mit der „Homberger Synode", einer Versammlung von Vertretern der hessischen Landstände und der Geistlichkeit. Hier wurden die Grundlagen einer neuen Kirchen- und Sozialordnung geschaffen. Auch das Bildungswesen sowie der Armen- und Krankenfürsorge, die bisher Aufgaben der Kirche waren, sollten fortan vom Staat betreut werden. Mit der Gründung der Universität Marburg wurden die Voraussetzungen geschaffen, die Ausbildung des Beamten- und Pfarrerstandes der neuen Entwicklung anzupassen.

4 Das sinkende Schiff der katholischen Kirche.
Holzschnitt von Hans Süss von Kulmbach, 1508.

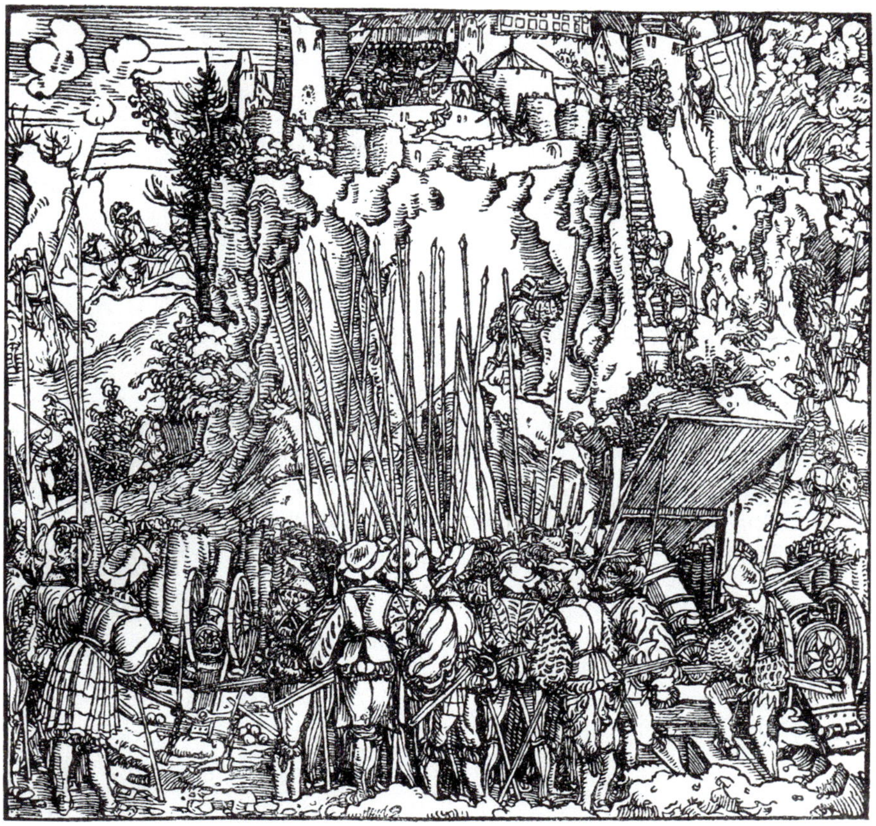

5 Belagerung einer Raubritterburg, Holzschnitt des Petrarca-Meisters.

Die Wiedertäufer

Wiedertäufer

Auch mit den Forderungen von Vertretern von noch radikaleren Reformen wie den Wiedertäufern setzte man sich in Hessen kritisch auseinander. Die Täufer waren der Meinung, dass nur Erwachsene getauft werden dürften, da die Taufe eine persönliche Glaubensentscheidung voraussetze. Da man auf die Säuglingstaufe nicht verzichten wollte, wurde ein Kompromiss gefunden. Martin Bucer, der als Berater nach Hessen geholt worden war, schlug vor, dass Jugendliche das Taufbekenntnis in einem feierlichen Akt bestätigen sollten. Hiermit war die Konfirmation ins Leben gerufen. In der vorhergehenden „Unterweisung im Glauben", dem Konfirmandenunterricht, lernten die Schüler mithilfe der Bibel lesen, da eine allgemeine Schulpflicht erst im 18. Jahrhundert eingeführt wurde.
Sachsen, Württemberg und andere evangelische Territorien lehnten die Konfirmation zunächst wegen ihrer Nähe zur katholischen Firmung ab und beließen es bei einer Katechismusprüfung. Im 18. Jahrhundert übernahmen aber fast alle evangelischen Landeskirchen in Deutschland die hessische Konfirmation, die dann auch außerhalb des Reiches Verbreitung fand.

Die Reformation leitete nicht nur die Neuorganisation des Kirchenwesens im Sinne Luthers ein, sondern war auch der Beginn einer Umgestaltung der Landesherrschaft hin zu einem souveränen, frühmodernen Staat. Hierzu gehörte die Sicherung des eigenen Territoriums nach außen, die Abgrenzung gegen kaiserliche und kirchliche Einflussnahme und die Festigung der Autorität des Landesherrn. Landgraf Philipp von Hessen hatte mit seinem entschlossenen Vorgehen gegen die Begehrlichkeiten der Reichsritter und die sozialrevolutionäre Bewegung der Bauern unter Thomas Müntzer wichtige Etappenziele auf diesem Weg hin zu einem selbstständigen Landesfürstentum erreicht.

Der Schmalkaldische Bund

Wurde die Einführung des Protestantismus in Hessen, Sachsen, der Pfalz und später Württemberg zunächst vom Kaiser und den katholisch verbliebenen Fürsten stillschweigend toleriert, so änderte dies sich spätestens mit dem Augsburger Reichstag im Jahre 1530, auf dem die Konfessionsschrift der Protestanten, die von Melanchthon verfasste *Confessio Augustana*, vom Kaiser und der katholischen Reichstagsmehrheit schroff zurückgewiesen wurde. Als Reaktion darauf wurde am 27. Februar 1531 der Schmalkaldische Bund als Verteidigungsbündnis der Protestanten geschlossen. Fünfzehn Jahre lang konnte der Schmalkaldische Bund die Durchsetzung und Festigung der Reformation in den protestantischen Territorien sichern und ihre Ausbreitung im Reich unterstützen, auch wenn sich die Bundesgenossen nicht immer einig waren.

Schmalkaldischer Bund

Die Schlacht bei Mühlberg

Im Jahre 1546 eskalierte der Konflikt, als der Bund sich weigerte, Vertreter zum Konzil von Trient zu entsenden. Daraufhin wurde gegen Kurfürst Johann Friedrich I. von Sachsen und Landgraf Philipp I. von Hessen die Reichsacht verhängt, und der Kaiser beschloss, die Religionsfrage mit Gewalt zu lösen. In der Schlacht auf der Lochauer Heide bei Mühlberg an der Elbe besiegten die katholischen Kräfte am 24. April 1547 das Heer der Schmalkaldener. Johann Friedrich von Sachsen wurde gefangen genommen und Landgraf Philipp musste sich dem Kaiser unterwerfen. Beide wurden auf Jahre in den Niederlanden gefangen gesetzt. Obwohl Bremen und Magdeburg auch weiterhin Widerstand gegen den Kaiser leisteten, war der Bund damit faktisch aufgelöst.

Interim

Kaiser Karl V. strebte nach seinem militärischen Erfolg mit dem auf dem Reichstag zu Augsburg 1548 verkündeten Interim die Rekatholisierung der besiegten Länder an, dem sich ein Großteil der Bevölkerung jedoch widersetzte.

Die Machtverhältnisse änderten sich zudem wieder, als die protestantische Fürstenopposition 1552 erneuert zu den Waffen griff und nach einem schnellen Sieg über den Kaiser im Passauer Vertrag (1552) die Zulassung der Augsburger Konfession als rechtlich anerkanntes Bekenntnis erzwang. Dieses Ergebnis wurde auf dem Reichstag zu Augsburg 1555 als „Augsburger Religionsfriede" offiziell anerkannt. Hier beschloss man, dass die jeweiligen Landesfürsten auch die Konfession in ihrem Land bestimmen durften (cuis regio, eius religio). Karl V. dankte nach diesen Niederlagen 1556 zugunsten seines Bruders Ferdinand I. ab.

6 Kaiser Karl V. zu Pferd in der Schlacht bei Mühlberg. Gemälde von Tiziano Vecellio.

Die Reformation setzte sich bald in vielen Teilen Europas durch. Lutherische Nationalkirchen entstanden in Skandinavien und im Baltikum. Reformierte Staatskirchen setzten sich in den Niederlanden, in Schottland und in der Schweiz durch. England wählte mit der Gründung der „Church of England" einen eigenen Weg. Der Streit um die konfessionelle Ausrichtung verband sich mit dem Streben nach mehr Selbstständigkeit und mündete nicht selten in kriegerischen Auseinandersetzungen. Der Befreiungskampf der Niederlande gegen die spanischen Habsburger ist hier nur ein Beispiel.

3.2.6 Das Konzil von Trient und die Gegenreformation

Es dauerte ziemlich lange, bis die katholische Kirche sich zu einer aktiven Auseinandersetzung mit dem für sie bedrohlichen Prozess der Reformation entschloss. Am 13. Dezember 1545 begann im norditalienischen, aber noch zum Reich gehörigen, Trient das nach dieser Stadt benannte Tridentinische Konzil. Das Konzil war bewusst auf deutschem Territorium angesetzt worden, damit alle Beteiligten – auch die Protestanten – daran teilnehmen konnten, was diese jedoch ablehnten. Das Konzil kam in drei Sitzungsperioden zusammen und konnte nach vielen Unterbrechungen erst im Jahre 1563 beendet werden. Im Verlauf des Konzils wurden die dogmatischen und liturgischen Differenzen zum Protestantismus herausgearbeitet und Konzepte entwickelt, um offensichtliche Missstände in der damaligen katholischen Kirche – wie den Pfründen- und Ablassmissbrauch – abzustellen.
In kritischer Auseinandersetzung mit der Lehre Luthers präzisierte das Konzil die katholische Lehre in verschiedenen Punkten. In der ersten Sitzungsperiode, die von 1545 bis 1547 dauerte, bekräftigte das Konzil die Bedeutung der kirchlichen Tradition und Überlieferung gegen Luthers Prinzip, das allein den Wortlaut der Bibel als Richtschnur des Glaubens gelten ließ. Von katholischer Seite ließ man nur die lateinische Bibelübersetzung gelten. Ältere griechische oder hebräische Übersetzungen, aber auch neue, in die jeweilige Volkssprache übersetzte biblischen Texte wurden kategorisch abgelehnt.

Reformen der Katholiken

1563 konnte das Konzil zum Abschluss gebracht werden. Im Jahre darauf veröffentlichte Papst Pius IV. das Tridentinische Glaubensbekenntnis, das die Dekrete des Konzils zusammenfasste. Neben der Zurückweisung protestantischer Glaubensvorstellungen, wie der Rechtfertigungslehre Luthers, wurden auch überfällige Reformen der katholischen Kirche verabschiedet. Es wurde versucht, die Priesterausbildung durch die Einrichtung entsprechender Seminare in den einzelnen Diozösen zu verbessern. Außerdem wurden die Bischöfe zur Residenzpflicht in ihren jeweiligen Bistümern verpflichtet. Da zu dieser Zeit alteingesessene adelige Familien in vielen Fällen das Recht hatten, aus ihren Reihen einen Bischof zu stellen, war dieses Amt von ihren Trägern oft nur als eine einträchtige Einnahmequelle angesehen worden.
Die Ergebnisse des Konzils von Trient beförderten die so genannte Gegenreformation, die auf die Rekatholisierung der Gebiete zielte, in denen sich zunächst der Protestantismus durchgesetzt hatte. In Deutschland erreichte diese Bewegung in den Jahren nach 1555 ihren Höhepunkt, als der Augsburger Religionsfriede die Landesherren zur Entscheidung über die Konfession ihrer Untertanen ermächtigte. Die wichtigsten Mittel der Gegenreformation waren Diplomatie, staatliche Repression, aber auch ideologische Überzeugungsarbeit. Eine wesentliche Rolle in der gegenreformatorischen Propaganda spielte die Kunst. Dem bewusst nüchternen, ganz auf das Wort Gottes ausgerichteten protestantischen Gottesdienst

7 **Konzil von Trient.** Gemälde 1769

8 **Konfessionelle Verteilung in Deutschland Ende des 16. Jahrhunderts.**

setzte man bildgewaltige Inszenierungen entgegen. Neue, prächtige Kirchen wurden errichtet, die von den bedeutendsten Künstlern der Zeit mit Ausmalungen und Bildwerken ausgestattet wurden, die die ganze Pracht der katholischen Liturgie zum Ausdruck bringen sollten. Auch das aufblühende Theaterwesen wurde in den Dienst dieser Sache gestellt. Hierbei tat sich vor allem der neu gegründete Orden der Jesuiten hervor, die sich „Soldaten Christi" nannten.

Der Jesuitenorden

Ignatius von Loyola (1491–1556) hatte den Jesuitenorden im Jahre 1534 mit dem Ziel gegründet, die Reformation zurückzudrängen und die katholische Volksfrömmigkeit wieder zu beleben. Der Jesuitenorden wurde wie eine militärische Organisation geführt. Die Mitglieder waren zu absolutem Gehorsam gegen ihre Ordensvorgesetzten und den Papst verpflichtet. Sie gelobten Armut und Keuschheit, verzichteten aber im Gegensatz zu anderen Mönchsorden auf eine eigene Ordenstracht. Zumeist hoch gebildet, versuchten sie als Fürstenerzieher und Beichtväter Einfluss auf die gegenwärtigen und zukünftigen Herrscher zu nehmen. Die Jesuiten gründeten bedeutende Universitäten und pflegten das barocke Theater. Neben ihrem Kampf gegen die Reformation betrieben sie Mission in den neu entdeckten Ländern in Übersee. Auch nach dem Tod Loyolas am 30. Juli 1556 setzte der Orden seine erfolgreiche Missionstätigkeit fort. Ignatius wurde 1609 selig und 1622 heilig gesprochen.
Nicht zuletzt durch das Mitwirken der Jesuiten war die Gegenreformation in vielen Gegenden im Deutschen Reich – vor allem im Süden – sehr erfolgreich. Bekannten sich um die Mitte des 16. Jahrhunderts nur noch etwa 10 bis 30 % der Katholiken zum alten Glauben, so waren es zur Mitte des 17. Jahrhunderts wieder etwa 50 %.

3.2.7 Calvin und die Reformation in Frankreich

Neben Martin Luther und Melanchthon gab es noch eine Reihe anderer bedeutender Reformatoren. Zu ihnen gehörten u. a. Huldrych Zwingli (1484 – 1515), der die Reformation in der Schweiz vorantrieb und Johann Calvin (1509 – 1564), der ebenfalls in der Schweiz wirkte, aber vor allem die Entwicklung in Frankreich maßgeblich mitbestimmte. Calvin war während seines Jurastudiums in Paris war er mit dem Gedankengut Martin Luthers in Berührung gekommen. Nachdem er sich öffentlich zur Reformation bekannte, musste er aus Paris fliehen. 1535 kam er nach Basel, wo er im Jahr darauf sein Hauptwerk, „Christianae Religionis Institutio", herausbrachte. In Genf konnte Calvin schließlich seine radikalen Reformationsvorstellungen in die Tat umsetzen. Hier verfasste er den so genannten Genfer Katechismus und führte ab 1541 eine neue Kirchenordnung mit strenger Kirchenzucht ein. 1559 gründete Calvin die Genfer Akademie, die zur Hochschule des Calvinismus wurde. Nach jahrelanger Krankheit starb er 1564 in Genf.

Prädestinationslehre

Calvins reformierte Glaubensvorstellungen waren auf vielen Gebieten weitaus radikaler als die Luthers. Bildwerke in Kirchen – nicht nur von Heiligen – wurden generell verboten. Ein Kernpunkt wurde die so genannte Prädestinationslehre, die besagt, das Gott vorherbestimmt hat, wer zu den Erwählten gehört, die in den Himmel kommen. Alle anderen müssen in der Hölle schmoren. Da sich die Vorstellung durchsetzte, dass sich die Erwählten an ihren Lebensverhältnissen und ihrem wirtschaftlichen Erfolg erkennen können, führte dies in der Folge dazu, dass Calvins Anhänger Arbeit und Fleiß eine wachsende Bedeutung zumaßen. Regionen, in denen der reformierte Glauben vorherrschte, wie z. B. die Niederlande, entwickelten sich so zu wirtschaftlich erfolgreichen Landschaften.

3

9 **Die falsche und die rechte Kirche**, Lucas Cranach d. Jüngere, Holzschnitt um 1546.

3

10 Der Ablasshandel des Erzbischofs Albrecht von Mainz

Aus den lateinischen Ablassinstruktionen des Erzbischofs Albrecht von Mainz mit Festlegung der Tarife aus dem Jahr 1517. Diese bildeten den Anlass für Luthers 95 Thesen.

Vor allem müssen die Ablasskäufer und Beichtväter, nachdem sie den Beichtenden die Größe dieser vollkommenen Nachlassung und ihrer Wirkungen erklärt haben, sie fragen, für wie viel Beitrag, Geld oder andere zeitliche Güter sie nach ihrem Gewissen die genannte vollkommene Nachlassung mit ihren Wirkungen nötig zu haben meinen. Dies darum, damit sie darauf die Leute umso leichter zum Zahlen bewegen können. Und da die Zustände der Menschen allzu mannigfaltig und verschieden sind, dass wir sie nicht erwägen und so bestimmte Taxen auferlegen können, so schien uns, dass solche Taxen im Allgemeinen folgenderweise unterschieden werden können:

Die Könige und Königinnen sowie ihre Kinder, die Erzbischöfe und Bischöfe sowie andere große Fürsten, die sich in die Orte begeben, in denen das Kreuz aufgestellt ist, oder sonst dort befinden, sollen mindestens 25 rheinische Goldgulden bezahlen. Die Äbte und großen Prälaten der Kardinalkirchen, Grafen, Barone und andere mächtige Edelleute und ihre Frauen sollen jeweils 10 Goldgulden zahlen. Andere Prälaten und kleinere Edelleute, wie auch die Rektoren berühmter Orte, und alle anderen, die, sei es von beständigen Einkünften, sei es von Kaufhandel, durchschnittlich im Jahr 500 Goldgulden Einkommen haben, sollen 6 rheinische Goldgulden zahlen. Andere Bürger und Kaufleute, die durchschnittlich 200 Goldgulden einnehmen, sollen 3 rheinische Goldgulden zahlen. Andere Bürger, Kauf- und Handwerksleute, die eigene Einkünfte und Familie haben, sollen einen Gulden zahlen, andere kleinere Leute einen halben Gulden.

Zit. nach: Heiko A. Obermann, Die Kirche im Zeitalter der Reformation, Berlin 1981, S. 13.

11 Kirchenlied von Martin Luther aus dem Jahr 1524; Evangelisches Gesangbuch Nr. 273

Ach Gott, vom Himmel sieh darein
und lass dich des erbarmen,
wie wenig sind der Heilgen dein,
verlassen sind wir Armen.
Dein Wort man lässt nicht haben wahr,
der Glaub ist auch verloschen gar
bei allen Menschenkindern.

Sie lehren eitel falsche List,
was eigen Witz erfindet;
ihr Herz nicht eines Sinnes ist
in Gottes Wort gegründet;
der wählet dies, der andre das,
sie trennen uns ohn alle Maß
und gleißen schön von außen.
Gott wolle wehren allen gar,
die falschen Schein uns lehren,
dazu ihr Zung stolz offenbar spricht:
„Trotz! Wer will's uns wehren?
Wir haben Recht und Macht allein,
was wir setzen, gilt allgemein;
wer ist, der uns sollt meistern?

Darum spricht Gott: „Ich muss auf sein,
die Armen sind verstöret;
ihr Seufzen dringt zu mir herein,
ich hab ihr Klag erhöret.
Mein heilsam Wort soll auf den Plan,
getrost und frisch sie greifen an
und sein die Kraft der Armen.

Das Silber, durchs Feu'r siebenmal bewährt,
wird lauter funden;
von Gotts Wort man erwarten soll
desgleichen alle Stunden.
Es will durchs Kreuz bewähret sein,
da wird sein Kraft erkannt und Schein
und leucht stark in die Lande.

Ehr sei Gott Vater und dem Sohn
und auch dem Heilgen Geiste,
wie es im Anfang war und nun,
der uns sein Hilfe leiste,
dass wir sein Wort behalten rein,
im rechten Glaubn beständig sein
bis an das Ende. Amen.

Erstveröffentlichung: Martin Luther, Achtliederbuch, Wittenberg 1524.

12 Simon Reutinger: Ein New Liedt von Martin Luther dem trewlosen Augustiner Mönch, wie er das Wort Gottes verfelscht. Gestelt durch Simon Reutinger von Hiltzingen, Pfarherr zu Gerending in Österreich. Im Thon wie das Lutherisch Gesang: Ach Gott vom Himel siech darein etc. Gedruckt im Jar 1583. Fliegendes Blatt

Parodie auf Martin Luthers Kirchenlied Psalm 12 (1524), Evangelisches Gesangbuch Nr. 274, Auszüge.

Ach Gott vom Himmel schau darein,
Und lass dich das erbarmen,
Wie hat Luther die Bibel dein
So gar verfälscht den Armen.
Er lehrt, der Glaub sei allein gnug,
Man dörff kein gut Werk tun darzu,
Und ist im Grund erlogen.

Er sagt, das Papstumb muss zergahn
In wenig Jahr und Tagen,

Sein Lehr, die werd ein Fortgang han,
Wie alle Ketzer sagen.
Ob es sei war, das sieht man klar,
Sein Glaub ist schier verloschen gar
Bei aller Menschen Kindern.
Dein Glaub ist falsch, dein Kunst nichts wert,
Das sieht man klar vor Augen,
Kein gröber Ketzer lebt auf Erd
Dann du, niemand kann's laugen.
Was du heut lehrst, stößt morgen umb,
Ich will dirs sagen in einer Summ:
Du warst Luzifers Gselle.

Viel großer Fürsten und auch Herren
Täten dein Wort gern fassen,
Und hörten es von Herzen gern,
Weils sagt von Schlemmen und Prassen,
Von Kirchenrauben, Klösterreißen,
Wie einr den andern mög bescheißen
Mit Lügen und Betrügen.

Die Bauren und das gemeines Gesind
Täten sie nit lang besinnen,
Nahmen dein falsch Wort an geschwind,
Als bald sie warden innen,
dass es lehret, ungehorsam sein,
In Sünd zu leben, wie ein Schwein
Sich in dem Kot umbwalzet.
Des musst jetzt in der Höllen Pein
Ewig sieden und braten,
Mit der ausgsprungen Nonnen dein,
Dieweil du hast geraten
Zum Baurenkrieg den Bauren schlecht,
Die sonst warn gwesen fromm und grecht,
Ehe du sie tätst verführn.

Hiemit hat dieses Lied ein End
Von Luthers falscher Lehre,
O Gott, dein göttlich Gnade send,
Dass sie das Volk bekehre,
So steckt in Luthers Ketzerei
Und andern Sekten und Schwärmerei,
Zum katholischen Glauben. Amen.

Zit. nach: Elsbeth Janda und Fritz Nötzoldt (Hrsg.), Die Moritat vom Bänkelsang, München 1976, S. 96 ff.

13 Die Wittembergisch Nachtigall
Ein Lied von Hans Sachs auf Luther, 1523

Wacht auf, es nahet gen den Tag!
Ich hör singen im grünen Hag
Ein wonnigliche Nachtigall.
Ihr Stimm durchklinget Berg und Tal. [...]
Nun, dass ihr klarer mögt verstand,
Wer die lieblich Nachtigall sei,
Die uns den lichten Tag ausschrei:
Ist Doktor Martinus Luther,
Zu Wittenberg Augustiner,
Der uns aufwecket von der Nacht,
Darein der Mondschein uns gebracht.

Sie han uns vierthalbhundert Jahr
Behalten in ihrer Hut fürwahr
Und mit des Papsts Gewalt getrieben,
Bis Doktor Martin hat gschrieben.
Drum kehret aus der Papstes Wüste
Zu unserm Hirten Hesus Christe.
Derselbig ist ein guter Hirt,
Hat sein Lieb mit dem Tod probiert,
Durch den wir alle sind erlöst.
Das ist unser einiger Trost
Und unsre einige Hoffnung,
Gerechtigkeit und Seligung
Allen, die glauben an seinen Namen.
Wer das begehr, der spreche Amen.

Zit. nach: G. Bolt (Hg.), Martin Luther, Frankfurt/M. 1983, S. 214.

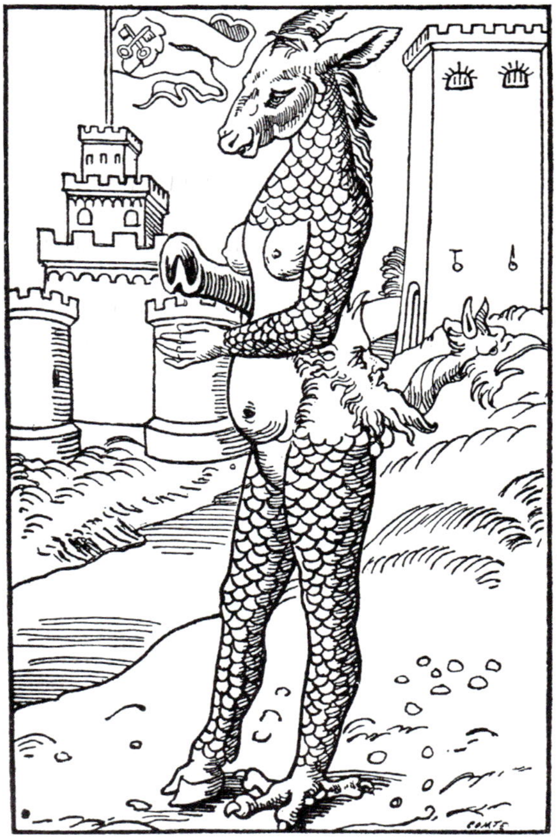

14 Der Papstesel zu Rom. Lucas Cranach d. Ä. 1523.

15 **Anonym: Spaltvers**

Dieses Gedicht kann sowohl einspaltig als auch zweispaltig gelesen werden. Einspaltig („Ich sage gänzlich ab dem Luther bis ans Grab …") ist es das Bekenntnis eines Katholiken, zweispaltig („Ich sage gänzlich ab der Römer Lehr und Leben …") das eines Protestanten.

ich sage gänzlich ab	der Römer Lehr und Leben
dem Luther bis ans Grab	will ich mich ganz ergeben
ich lache und verspott	die Messe, Ohrenbeicht
dem Luther sein gebot	ist mir ganz sanft und leicht
ich hasse mehr und mehr	all, die das Papsttum lieben
der Lutheraner Lehr	hab ich ins Herz geschrieben
bei mir hat kein Bestand	die römisch Priesterschaft
was Luthern ist verwandt	lob ich mit aller Kraft
wer lutherisch verstirbt	das Himmelreich soll erben
in Ewigkeit verdirbt	wer römisch bleibt beim Sterben

Antiklerikale Karikaturen und Satiren XVII: Reformation und Gegenreformation, kompiliert und hrsg. von Alois Payer. – Fassung vom 2005-02-11. http://www.payer.de/religionskritik/karikaturen17.htm

16 **Verteidigungsrede Luthers auf dem Reichstag zu Worms am 18. April 1521**

Allergnädigster Herr und Kaiser!
Durchlauchtigste Fürsten! Gnädigste Herrn!
Ich erscheine gehorsam zu dem Zeitpunkt, der mir gestern Abend bestimmt worden ist, und bitte die allergnädigste Majestät und die durchlauchtigsten Fürsten und Herren um Gottes Barmherzigkeit willen, sie möchten meine Sache, die hoffe ich, gerecht und wahrhaftig ist, in Gnaden anhören. Und wenn ich aus Unkenntnis irgend jemand nicht in der richtigen Form anreden oder sonst in irgendeiner Weise gegen höfischen Brauch und Benehmen verstoßen sollte, so bitte ich, mir dies freundlich zu verzeihen; denn ich bin nicht bei Hofe, sondern im engen mönchischen Winkel aufgewachsen und kann von mir nur dies sagen, dass ich bis auf diesen Tag mit meinen Lehren und Schriften einzig Gottes Ruhm und die redliche Unterweisung der Christen einfältigen Herzens erstrebt habe.

Allergnädigster Kaiser, durchlauchtigste Fürsten! Mir waren gestern durch Eure allergnädigste Majestät zwei Fragen vorgelegt worden, nämlich ob ich die genannten, unter meinem Namen veröffentlichten Bücher als meine Bücher anerkennen wollte, und ob ich dabei bleiben wollte, sie zu verteidigen, oder bereit sei, sie zu widerrufen. Zu dem ersten Punkt habe ich sofort eine unverhohlene Antwort gegeben, zu der ich noch stehe und in Ewigkeit stehen werde: Es sind meine Bücher, die ich selbst unter meinem Namen veröffentlicht habe, vorausgesetzt, dass die Tücke meiner Feinde oder eine unzeitige Klugheit darin nicht etwa nachträglich etwas geändert oder fälschlich gestrichen hat. Denn ich erkenne schlechterdings nur das an, was allein mein eigen und von mir allein geschrieben ist, aber keine weisen Auslegungen von anderer Seite.

Hinsichtlich der zweiten Frage bitte ich aber Euer allergnädigste Majestät und fürstliche Gnaden, dies beachten zu wollen, dass meine Bücher nicht alle den gleichen Charakter tragen.

Die erste Gruppe umfasst die Schriften, in denen ich über den rechten Glauben und rechtes Leben so schlicht und evangelisch gehandelt habe, dass sogar meine Gegner zugeben müssen, sie seien nützlich, ungefährlich und durchaus lesenswert für einen Christen. Ja, auch die Bulle[1] erklärt ihrer wilden Gegnerschaft zum Trotz einige meiner Bücher für unschädlich, obschon sie sie dann in einem abenteuerlichen Urteil dennoch verdammt. Wollte ich also anfangen, diese Bücher zu widerrufen – wohin, frag ich, sollte das führen? Ich wäre dann der einzige Sterbliche, der eine Wahrheit verdammte, die Freund und Feind gleichermaßen bekennen, der einzige, der sich gegen das einmütige Bekenntnis aller Welt stellen würde!

Die zweite Gruppe greift das Papsttum und die Taten seiner Anhänger an, weil ihre Lehren und ihr schlechtes Beispiel die ganze Christenheit sowohl geistlich wie leiblich verstört hat. Das kann niemand leugnen oder übersehen wollen. Denn jedermann macht die Erfahrung, und die allgemeine Unzufriedenheit kann es bezeugen, dass päpstliche Gesetze und Menschenlehren die Gewissen der Gläubigen aufs jämmerlichste verstrickt, beschwert und gequält haben, dass aber die unglaubliche Tyrannei auch Hab und Gut verschlungen hat und fort und fort auf empörende Weise weiter verschlingt, ganz besonders in unserer hochberühmten deutschen Nation. […] Wollte ich also diese Bücher widerrufen, so würde ich die Tyrannei damit geradezu kräftigen und stützen, ich würde dieser Gottlosigkeit für ihr Zerstörungswerk nicht mehr ein kleines Fenster, sondern Tür und Tor auftun, weiter und bequemer, als sie es bisher je vermocht hat. So würde mein Widerruf ihrer grenzenlosen, schamlosen Bosheit zugute kommen, und ihre Herrschaft würde das arme Volk noch unerträglicher bedrücken, und nun erst recht gesichert und gegründet sein, und das umso mehr, als man prahlen wird, ich hätte das auf Wunsch Eurer allergnädigsten Majestät getan und des ganzen Römischen Reiches. Guter Gott, wie würde ich da aller Bosheit und Tyrannei zur Deckung dienen! […]

Darum bitte ich um der göttlichen Barmherzigkeit willen, Eure allergnädigste Majestät, durchlauchtigste fürstliche Gnaden oder wer es sonst vermag, er sei höchsten oder niedersten Standes, möchte mir Beweise vorlegen, mich des Irrtums überführen und mich durch das Zeugnis der

1 Am 3. Januar 1521 wurde Luther durch eine so genannte Bannbulle des Papstes exkommuniziert und seine Werke verdammt.

prophetischen oder evangelischen Schriften überwinden. Ich werde völlig bereit sein, jeden Irrtum, den man mir nachweisen wird, zu widerrufen, ja, werde der erste sein, der meine Schriften ins Feuer wirft. [...]
Wir müssen sagen, dass die Regierung unseres jungen, vortrefflichen Kaisers Karl, auf dem nächst Gott die meisten Hoffnungen ruhen, nicht eine unselige, verhängnisvolle Wendung nehme. Ich könnte es hier mit vielen Beispielen aus der Schrift vom Pharao, vom König Babylons und den Königen Israels veranschaulichen, wie sie sich gerade dann am sichersten zugrunde richteten, wenn sie mit besonders klugen Plänen darauf ausgingen, Ruhe und Ordnung in ihren Reichen zu behaupten. [...]
Ich sage das nicht in der Meinung, so hohe Häupter hätten meine Belehrung oder Ermahnung nötig, sondern weil ich meinem lieben Deutschland den Dienst nicht versagen wollte, den ich ihm schuldig bin. Hiermit will ich mich Euer allergnädigsten kaiserlichen Majestät und fürstlichen Gnaden demütig befohlen und gebeten haben, sie wollten sich von meinen eifrigen Widersachern nicht ohne Grund gegen mich einnehmen lassen. Ich bin zu Ende [...]
Weil denn Eure allergnädigste Majestät und fürstlichen Gnaden eine einfache Antwort verlangen, will ich sie ohne Spitzfindigkeiten und unverfänglich erteilen, nämlich so: Wenn ich nicht mit Zeugnissen der Schrift oder mit offenbaren Vernunftgründen besiegt werde, so bleibe ich von den Schriftstellen besiegt, die ich angeführt habe, und mein Gewissen bleibt gefangen in Gottes Wort. Denn ich glaube weder dem Papst noch den Konzilien allein, weil es offenkundig ist, dass sie öfters geirrt und sich selbst widersprochen haben. Widerrufen kann und will ich nichts, weil es weder sicher noch geraten ist, etwas gegen sein Gewissen zu tun.
Gott helfe mir, Amen.

Zit. nach: Archiv der Reformatoren von Andreas Janssen www.glaubensstimme.de/reformatoren/luther/288.htm (Stand 1.1.2006).

17 **„Ein Sendbrief von dem harten Büchlein wider die Bauern“,**
Martin Luther, 1525 (Auszüge)

Nach der Niederschlagung des Bauernaufstandes wiederholt Luther seine Kritik an den aufständischen Bauern, die er zuvor in seiner Schrift „Wider die Mordischen und Reuberischen Rotten der Bawren“ 1524 sehr scharf formuliert hatte, verurteilt aber auch die gnadenlose Verfolgung der geschlagenen Bauern durch die Fürsten.

Sie rufen und rühmen: Da, da sieht man des Luthers Geit, dass er Blutvergießen ohne alle Barmherzigkeit lehrt; der Teufel muss aus ihm reden. Lieber, die ihr nun so trefflich rühmt die Barmherzigkeit, weil die Bauern geschlagen werden, warum rühmtet ihr dieselbige auch nicht, da die Bauern tobten, schlugen, raubten, brannten und plünderten, dass schrecklich zu sehen und zu hören war? Warum waren sie nicht auch barmherzig den Fürsten und Herren, die sie ganz vertilgen wollten? Da war niemand, der von Barmherzigkeit sagte, es musste alles Recht sein, da war Barmherzigkeit geschwiegen und nichts; Recht, Recht, Recht! – das galt und ging empor.
Ich wollte auch einem ins Haus laufen, Kasten aufbrechen, Geld und Gut nehmen und das Schwert auf die Brust setzen und sagen: Willst du das nicht leiden, so will ich dich erstechen, denn du bist ein Gottloser. Wenn aber das Gesinde zuliefe und erwürgte mich, oder der Richter ließe mich köpfen, wollte ich rufen: Ei, Christus lehrt, ihr sollt barmherzig sein und mich nicht erwürgen.
Heißt das Barmherzigkeit, so wollen wir ein feines Wesen anrichten, nämlich, dass kein Schwert, Obrigkeit, Gericht, Strafe, Henker noch Kerker sei, sondern lassen einen jeglichen Buben tun, was er will; und wenn er soll gestraft werden, wollen wir singen: Ei, sei barmherzig, wie Christus lehrt. O das sollte eine feine Ordnung werden.
Wiewohl aber der Ernst und Zorn des weltlichen Reiches ein unbarmherziges Ding scheint, wo man's doch recht ansieht, ist's nicht das geringste Stück göttlicher

3

18 **„Ego sum Papa“** Papst Alexander VI. um 1500.

Barmherzigkeit [...] Wenn ein Dieb oder Mörder mich überfiele, erwürgte mich in meinem Hause, schändete mir Weib und Kind, nähme dazu, was ich hätte, und er sollte dazu ungestraft bleiben, dass er's mehr täte, wo er wollte – sage mir: Welcher wäre hier der Barmherzigkeit am würdigsten und nötigsten? Ich oder der Dieb und Mörder? – Welch eine feine Barmherzigkeit wäre mir das, dass man dem Dieb und Mörder barmherzig wäre und ließe mich von ihm ermordet, geschändet und beraubt bleiben? – Wo der Bauern Vornehmen vor sich gegangen wäre, hätte kein redlicher Mann vor ihnen sicher bleiben mögen.

Ich höre beständiglich sagen, dass man den Bambergischen Bauern angeboten hat, man wolle ihnen mehr nachlassen, denn sie baten, sie sollten nur stille sitzen; dennoch wollten sie nicht. Und Markgraf Casimirus gelobte den Seinen, was andere mit Streit und Aufruhr erwürben, wollte er ihnen sonst nachlassen mit Gnaden; das half auch nicht. So weiß man ja wohl, dass die Fränkischen Bauern nichts denn Rauben, Brennen, Brechen und Verderben vorhatten aus lauter Mutwillen. Die Thüringischen Bauern habe ich selbst erfahren, dass, je mehr man sie vermahnte und lehrte, je störriger, stolzer, toller wurden sie.

Ich rede klärlich in meinem Büchlein von denen, die man zuerst freundlich ersucht, sie aber nicht wollen. Es gehen ja alle meine Worte wider die halsstarrigen, verstockten, verblendeten Bauern.

Sie sagen: Die Herren missbrauchen ihres Schwertes und würgen ja zu greulich usw. Antworte ich: Was geht das mein Büchlein an? Was legst du fremde Schuld auf mich? Missbrauchen sie der Gewalt, so haben sie es von mir nicht gelernt, sie werden ihren Teil wohl finden. Denn der oberste Richter, der die mutwilligen Bauern durch sie straft, hat ihrer nicht vergessen, sie werden ihm auch nicht entlaufen. [...] Gibt's die Zeit und Sache, dass ich's tun soll, ich werde die Fürsten und Herren auch wohl angreifen. Denn so viel es mein Amt des Lehrens antrifft, gilt mir ein Fürst ebenso viel als ein Bauer. So habe ich mich zwar bereits um sie also verdient, dass sie mir nicht allzu hold sind: da liegt mir auch nicht viel an.

Den Herren war solches nütz, dass sie erführen, was hinter dem Pöbel steckt, und wie ihm zu vertrauen wäre: auf dass sie hinfort lernten recht regieren, Land und Straßen bestellen. War doch kein Regiment noch Ordnung mehr. [...] So war auch keine Furcht und Scheu mehr im Volk, ein jeglicher tat schier, was er wollte. Niemand wollte etwas geben und doch prassen, saufen, kleiden und müßig gehen, als wären sie allzumal Herren. Der Esel will Schläge haben, und der Pöbel will mit Gewalt regiert sein. Das wusste Gott wohl; drum gab er der Obrigkeit nicht einen Fuchsschwanz, sondern ein Schwert in die Hand.

Das Evangelium ist ins deutsche Land gekommen, viele verfolgen es, wenige begehren es, viel weniger nehmen es an, und die es annehmen, stellen sich so lass und faul dazu, lassen Schulen vergehen, Pfarren und Predigtstühle fallen [...] Was ist's denn Wunder, ob uns Gott auch heimsucht, zu strafen seines Evangeliums Verachtung, darin wir alle schuldig sind!

Ich habe aber nicht gelehrt, dass man den Gefangenen und Ergebenen nicht soll Barmherzigkeit beweisen, wie man mir Schuld gibt. – Steht nicht in demselbigen Büchlein, dass ich die Obrigkeit bitte, sie sollen diejenigen, so sich ergeben, zu Gnaden aufnehmen?

Die wütigen, rasenden und unsinnigen Tyrannen, die auch nach der Schlacht nicht mögen Blutes satt werden und in ihrem ganzen Leben nicht viel fragen nach Christo, habe ich mir nicht vorgenommen zu unterrichten. Denn solchen Bluthunden gilt es gleich viel, sie würgen Schuldige oder Unschuldige. – Was sollte ich solchen Rangen und Säuen schreiben?

Ich hätte beide, die Bauern gern gestillt und fromme Obrigkeit unterrichtet. Nun aber die Bauern nicht wollten, haben sie ihren Lohn dahin. Diese aber wollen auch nicht hören; wohlan, sie werden ihren Lohn auch haben.

Zit. nach: Archiv der Reformatoren von A. Janssen www.glaubensstimme.de/reformatoren/luther/lut014.html (Stand 1.1.2006).

19 Landgräflicher Erlass Philipps von Hessen gegen die Wiedertäufer, 1528.

In der religiösen Bewegung der Täufer sah der hessische Landgraf eine große Gefahr für die Einheit des evangelischen Glaubens. Auszug aus dem Ausschreiben gegen die „Wiedertäufer", 1528.

Liebe Getreuen, wir vernehmen, dass unsere Untertanen an etlichen Orten sich des Wiedertaufens, auch anderer beschwerlicher Artikel, die wir als die Obrigkeit gar nicht leiden noch dulden können, annehmen, nämlich dass sie in unsere Predigt nicht gehen, sich von unserer christlichen Gemeinde fernhalten, ihre Kinder nicht taufen lassen, dafürhalten und predigen, dass ein Christ keine Obrigkeit haben oder ertragen muss, wollen auch mit uns und unsern Untertanen in Zeiten der Not zu Felde nicht ziehen oder das Vaterland retten und beschirmen helfen. Auch sagen etliche, dass der Aufruhr, den Müntzer und seine Gesellen gemacht haben, gottgewollt gewesen sei und diejenigen, die dieselben gestraft haben, von Gott wiederum gestraft werden sollen [...]. Da wir nun hieraus nicht anders spüren und befinden, als dass aus solcher ihrer Meinung und Sektiererei eine Trennung in unserer christlichen Gemeinde und merklicher Aufruhr und Blutvergießen entstehen würden und dass es besser sei, dass beizeiten darauf geachtet würde; denn so dieser Handel weitläufig würde, dann müsste man mit Gewalt, daraus viel Blutvergießen und Schaden folgen würde, die Ruhe wiederherstellen [...] – so ist deshalb an euch unser ernster Befehl und Meinung:

1. Wenn Ihr in euerm Amt solche Personen, Männer oder Weiber, die die Wiedertaufe und die obgemeldeten Artikel bekennen, vernehmen werdet, dass Ihr sie alsdann vorfordert und durch den Prediger bei euch mit allen Fleiß unterrichten lasset. Wenn sie dann auf ihrem Irrtum beharren und sich mit wahrer Schrift nicht davon weisen lassen wollen, [...] so sollt Ihr denselben [...] ernstlich ansagen und gebieten, alles dasjenige, so sie haben, Haus, Hof, Äcker [...] innerhalb vierzehen Tagen zu ihrem Besten zu verkaufen und zu veräußern und mit Weib und Kindern unter einer andern Herrschaft ihre Wohnung und ihren Aufenthalt zu suchen. [...]

2. Es soll auch den Amtsverwandten ernstlich untersagt werden, sich der Wiedertäufer, ihrer Weiber und Kinder derselben Sekten mit Herberg, Essen und Trinken und anderm Vorschub anzunehmen. [...]

3. Welche sich aber bekehren und wiederum in unsere Gemeinde treten, das Wort Gottes hören und andere christliche [Gebräuche] unserer Gemeinschaft zu Liebe und zu Leide mit uns haben und tragen wollen, die sollt Ihr gütig aufnehmen und ihnen untersagen, daß sie sich hinfort vor Schaden und Nachteil hüten. [...]

Zit. nach: Eckhart G. Franz, Urkundliche Quellen a. a. O., Bd. 4, Marburg 1951, S. 17 ff.

20 Teufel mit Luther als Sackpfeife.
Erhard Schoen, um 1535.

21 Marburger Religionsgespräch 1529

Auszug aus den 15 Marburger Artikeln, die am Ende des Marburger Religionsgespräches verabschiedet wurden, bei dem der hessische Landgraf Philipp versuchte, die unterschiedlichen Strömungen innerhalb der evangelischen Lehre zu einen. Im 15. Artikel spiegelt sich der nicht zu überbrückende Gegensatz zwischen Luther und Zwingli wieder.

[12. Von der Obrigkeit]
Zum zwölften, dass alle Obrigkeit und weltliche Gesetze, Gerichte und Ordnungen ein rechter, guter Stand sind und nicht verboten, wie einige Papisten und Wiedertäufer lehren und halten, sondern dass ein Christ, der dazu berufen oder geboren ist, sehr wohl durch den Glauben Christi selig weren kann, gleichwie im Vater- und Mutterstand, Stand des Herrn und der Frau etc. [...]

[14. Von der Kindertaufe]
Zum vierzehnten, dass die Kindertaufe recht sei und sie [die Kinder] dadurch in Gottes Gnade und in die Christenheit aufgenommen werden.

[15. Vom Sakrament des Leibes und Blutes Christi]
Zum fünfzehnten glauben und halten wir all von dem Nachtmahl unseres lieben Herrn Jesus Christus, dass man nach der Einsetzung Christi beide Gestalten gebrauchen soll; dass auch die Messe kein Werk ist, mit dem einer für den anderen, tot oder lebendig, Gnade erlange; dass auch das Sakrament des Altars ein Sakrament des wahren Leibes und Blutes jedem Christen vonnöten ist; desgleichen der Gebrauch des Sakramentes wie das Wort vom allmächtigen Gott gegeben und verordnet ist, um damit die schwachen Gewissen durch den heiligen Geist zum Glauben zu bewegen. Da wir uns aber zu dieser Zeit nicht geeinigt haben, ob der wahre Leib und das wahre Blut Christi leiblich in Brot und Wein seien, so soll doch ein Teil dem anderen gegenüber christliche Liebe, sofern eines jeden Gewissen es immer ertragen kann, erzeigen, und beide Teile den allmächtigen Gott fleißig bitten, dass er uns durch seinen Geist das rechte Verständnis bestätigen wolle. Amen.

Zit. nach: Kurt Dülfer, Dokumente zur Reformationsgeschichte, Stuttgart 1972.

22 Der Schmalkaldische Bundesvertrag, Februar 1531

Nachdem sich die Läufte dieser Zeit hin und wieder gleich sorglich, geschwinde und vorab dergestalt erzeigen, zutragen und anschicken, [...] so will unser höchste Notdurft und schuldiges Amt der Obrigkeit erfordern, ob sich itzo oder künftig zutragen oder begeben würde, dass jemand uns oder unsere Untertanen mit Gewalt oder der Tat von dem Wort Gottes und erkannter Wahrheit zu dringen [...] und also wiederumb zu den abgetanen und veränderten Missbräuchen zu nötigen unterstünde, solches alles möglichsten Fleißes zu verhüten, damit dann solche Gewalt abgewendet und das Verderben beider, eele, unser und unserer Untertanen, verhütet ge, so haben wir Gott dem Allmächtigen zu ehrem Gedeihen und Aufwachsen göttlicher, freien Lehre, zu Erweckung und Förderung eins christlichen, einhelligen Wesens und Friedens dem Heiligen Römischen Reich deutscher Nation und aller Ehrbarkeit, dazu insgemein unsern Fürstentümern, Städten und Landschaften zum Gutem, zur Wohlfahrt, Ehre, Nutz und Frommen, allein zu Gegenwehr und rettungsweise, die einem jeden nicht allein von menschlichen, sondern auch von geschriebenen Rechten zugelassen und vergönnt ist, mit- und gegeneinander eines christlichen und freundlichen Verstands [Bündnis] vereinigt. [...] Ob sich dann begebe, dass ein Teil unter uns, wer auch der wäre, um das Wort Gottes, evangelischer Lehr und unsers heiligen Glaubens [...] befehdet und überzogen würde, und derselbige auf uns andere schleunigst, endlich Rechten leiden möchte, dass dann wir alle die anderen, [...] ein jeder seinem höchsten Vermögen nach unerwartet der anderen den Befehdeten oder Vergewaltigten helfen, retten und entschütten, [...] und also den Handel einander getreulich helfen führen, sich auch kein Teil ohne der andern Wissen und Willen in eine Richtung, Vertrag oder Anstand einlassen oder begeben.

Es soll auch dieser unser christlicher Verstand [Bündnis] kaiserlicher Majestät, unserm allergnädigsten Herrn, oder keinem Stand des Heiligen Römischen Reichs oder sonst jemandem zuwider [sein], sondern allein zu Erhaltung christlicher Wahrheit und Friedens im Heiligen Reich deutscher Nation und zu Entschüttung unbilliger Gewalt für uns und unsere Untertanen und Verwandten allein in Gegenwehr und rettungsweise vorgenommen [werden].

Zit. nach: E. Fabian, Die Entstehung des Schmalkaldischen Bundes und seiner Verfassung, Tübingen 1962, S. 350 ff.

23 1. Teil des Augsburger Bekenntnisses (Auszüge)

Dieses Bekenntnis wurde 1530 Kaiser Karl V. in Augsburg von Philipp Melanchthon (1497–1560) überreicht.

ARTIKEL DES GLAUBENS UND DER LEHRE

ARTIKEL 1: VON GOTT

Zuerst wird einträchtig laut Beschluss des Konzils von Nizäa gelehrt und festgehalten, dass ein einziges göttliches Wesen sei, das Gott genannt wird und wahrhaftig Gott ist, und dass doch drei Personen in diesem einen göttlichen Wesen sind, alle drei gleich mächtig, gleich ewig: Gott Vater, Gott Sohn, Gott Heiliger Geist. Alle drei sind ein göttliches Wesen, ewig, unteilbar, unendlich, von unermesslicher Macht, Weisheit und Güte, ein Schöpfer und Erhalter aller sichtbaren und unsichtbaren Dinge. Unter dem Wort „Person“ wird nicht ein Teil, nicht eine Eigenschaft an einem anderen Sein verstanden, sondern etwas, was in sich selbst besteht (selbstständig ist), so wie die Kirchenväter in dieser Sache dieses Wort gebraucht haben. Deshalb werden alle Irrlehren verworfen, die diesem Artikel widersprechen. [...]

ARTIKEL 16: VON DER POLIZEI (STAATSORDNUNG) UND DEM WELTLICHEN REGIMENT

Von der Polizei (Staatsordnung) und dem weltlichen Regiment wird gelehrt, dass alle Obrigkeit in der Welt und geordnetes Regiment und Gesetze gute Ordnung sind, die von Gott geschaffen und eingesetzt sind, und dass Christen ohne Sünde in Obrigkeit, Fürsten- und Richteramt tätig sein können, nach kaiserlichen und anderen geltenden Rechten Urteile und Recht sprechen, Übeltäter mit dem Schwert bestrafen, rechtmäßig Kriege führen, in ihnen mitstreiten, kaufen und verkaufen, auferlegte Eide leisten, Eigentum haben, eine Ehe eingehen können usw. Hiermit werden die verdammt, die lehren, dass das oben Angezeigte unchristlich sei. Deshalb sind es die Christen schuldig, der Obrigkeit untertan und ihren Geboten und Gesetzen gehorsam zu sein in allem, was ohne Sünde geschehen kann. Wenn aber der Obrigkeit Gebot ohne Sünde nicht befolgt werden kann, soll man Gott mehr gehorchen als den Menschen.

24 Philipp Melanchthon: Kupferstich Albrecht Dürer 1526.

ARTIKEL 18: VOM FREIEN WILLEN

Vom freien Willen wird so gelehrt, dass der Mensch in gewissem Maße einen freien Willen hat, äußerlich ehrbar zu leben und zu wählen unter den Dingen, die die Vernunft begreift. Aber ohne Gnade, Hilfe und Wirkung des Heiligen Geistes kann der Mensch Gott nicht gefallen, Gott nicht von Herzen fürchten oder an ihn glauben oder nicht die angeborenen, bösen Lüste aus dem Herzen werfen, sondern dies geschieht durch den Heiligen Geist, der durch Gottes Wort gegeben wird. [...]

ARTIKEL 21: VOM DIENST DER HEILIGEN

Vom Heiligendienst wird von den Unseren so gelehrt, dass man der Heiligen gedenken soll, damit wir unseren Glauben stärken, wenn wir sehen, wie ihnen Gnade widerfahren und auch wie ihnen durch den Glauben geholfen worden ist; außerdem soll man sich an ihren guten Werken ein Beispiel nehmen, ein jeder in seinem Beruf. Aus der Hl. Schrift kann man aber nicht beweisen, dass man die Heiligen anrufen oder Hilfe bei ihnen suchen soll. „Denn es ist nur ein einziger Versöhner und Mittler gesetzt zwischen Gott und den Menschen, Jesus Christus." (1. Tim 2,5). Er ist der einzige Heiland, der einzige Hohepriester, Gnadenstuhl und Fürsprecher vor Gott (Röm 8,34). Und er allein hat zugesagt, dass er unser Gebet erhören will. Nach der Hl. Schrift ist das auch der höchste Gottesdienst, dass man diesen Jesus Christus in allen Nöten und Anliegen von Herzen sucht und anruft: „Wenn jemand sündigt, haben wir einen Fürsprecher bei Gott, der gerecht ist, Jesus." (1. Joh 2,1) usw.

ABSCHLUSS DES ERSTEN TEILS

Dies ist beinahe die Zusammenfassung der Lehre, die in unseren Kirchen zum rechten christlichen Unterricht und zum Trost der Gewissen sowie zur Besserung der Gläubigen gepredigt und gelehrt wird. Wie wir ja auch unsere eigene Seele und Gewissen nicht gern vor Gott durch Missbrauch des göttlichen Namens oder Wortes der höchsten Gefahr aussetzen oder unseren Kindern und Nachkommen eine andere Lehre hinterlassen oder vererben als eine solche, die dem reinen göttlichen Wort und der christlichen Wahrheit gemäß ist. Weil denn diese Lehre in der Heiligen Schrift klar begründet ist und außerdem der allgemeinen christlichen, ja auch der römischen Kirche, soweit das aus den Schriften der Kirchenväter festzustellen ist, nicht zuwider noch entgegen ist, meinen wir auch, dass unsere Gegner in den oben aufgeführten Artikeln mit uns nicht uneinig sind. Deshalb handeln diejenigen ganz unfreundlich, vorschnell und gegen alle christliche Einigkeit und Liebe, die die Unseren als Ketzer abzusondern, zu verwerfen und zu meiden suchen, ohne dass sie dafür einen triftigen Grund in einem göttlichen Gebot oder in der Schrift haben. Denn die Uneinigkeit und den Zank gibt es vor allem wegen einiger Traditionen und Missbräuche. Wenn denn nun an den Hauptartikeln kein vorfindlicher falscher Grund oder Mangel festzustellen ist und dies unser Bekenntnis göttlich und christlich ist, sollten sich die Bischöfe billigerweise, selbst wenn bei uns wegen der Tradition ein Mangel wäre, wohlwollender erweisen; obwohl wir hoffen, stichhaltige Gründe und Ursachen anführen zu können, warum bei uns einige Traditionen und Missbräuche abgeändert worden sind.

Zit. nach: www.ekd.de/bekenntnisse/augsburger_bekenntnis.html (Stand 1.2.2006).

25 Der Augsburger Religionsfrieden, 1555, Auszüge

Deklaration König Ferdinands vom 24. September 1555

Wir haben kraft Vollmacht Römischer kaiserlicher Majestät unseres lieben Bruders und Herren [...] entschieden, [...] dass die den Geistlichen zugehörigen Ritterschaften, Städte und Kommunen, die [schon] lange der Augsburgischen Konfession anhängen und derselben Religion Glauben, Kirchengebräuche, Ordnungen und Zeremonien öffentlich [...] und bis auf den heutigen Tag gebrauchen, [...] bis zu christlicher und endgültiger Religionsvergleichung unbehelligt gelassen werden sollen.

Auszug aus dem Reichstagsabschied [Religionsfrieden], 25. September 1555

Wir, Ferdinand, von Gottes Gnaden Römischer König, zu allen Zeiten Mehrer des Reichs etc., [...] gebieten, dass hinfort niemand [...] um keinerlei Ursachen willen [...] den andern befehden, bekriegen, berauben, fangen, überziehen und belagern, [...] sondern ein jeder dem anderen in echter Freundschaft und christlicher Liebe begegnen soll. [...] Und damit dieser Frieden auch im Hinblick auf die Religionsspaltung [...] desto beständiger zwischen der Römischen Kaiserlichen Majestät, uns sowie den Kurfürsten, Fürsten und Ständen des Heiligen Reiches deutscher Nation aufgerichtet und gehalten werde, so sollen die Kaiserliche Majestät, wir sowie Kurfürsten, Fürsten und Stände des Heiligen Reiches keinen Stand des Reiches der Augsburgischen Konfession wegen [...] gewaltsam überziehen [...] oder sonst gegen sein Wissen, Gewissen oder Wollen von dieser Augsburgischen Konfession, [von] Religion, Glauben, Kirchengebräuchen, Ordnungen und Zeremonien [...] auf andere Wege drängen [...]. Dagegen sollen die Stände, die der Augsburgischen Konfession zugehörig sind, jene Stände, die der alten Religion anhängen [...], gleicherweise bei ihrer Religion [...] bleiben lassen. [...] Doch sollen alle anderen, die den beiden genannten Religionen nicht anhängen, in diesem Frieden nicht gemeint, sondern [vom Frieden] gänzlich ausgeschlossen sein. [...]

Wo ein Erzbischof, Bischof, Prälat oder ein anderer geistlichen Standes von unserer alten Religion abtreten würde, hat derselbe sein Erzbistum, Bistum, Prälatur und

3

andere Benefizien einschließlich aller Einkommen […] zu verlassen.

Wo aber […] Untertanen, die der alten Religion oder der Augsburgischen Konfession anhängen, wegen dieser ihrer Religion […] mit Weib und Kindern an andere Orte ziehen und sich niederlassen wollten, soll ihnen Ab- und Zuzug, auch der Verkauf ihres Hab und Guts gegen sehr billigen Abtrag der Leibeigenschaft und Nachsteuer […] unbehindert bewilligt sein. […]

Nachdem aber in vielen freien und Reichsstädten die beiden Religionen […] bisher eine Zeitlang in Gang und Gebrauch gewesen sind, sollen dieselben hinfort auch so bleiben […] und die Bürger und anderen Einwohner, geistlichen oder weltlichen Standes, dieser freien und Reichsstädte friedlich und ruhig bei- und nebeneinander wohnen.

Zit. nach: Robert Stupperich, Die Reformation in Deutschland, Gütersloh 1980, S. 205 f.

3

26 Huldrych Zwingli – Die Vorsehung (1530)

Die den Glauben haben, wissen, dass sie erwählt sind. Die Erwählten aber, welche dies wissen, müssen erkennen, dass sie sich alles dessen zu enthalten haben, was das Gesetz verbietet. Daher dient den Erwählten alles zum Besten; alles, was sie betrifft, geschieht nach göttlicher Vorsehung, und nichts ist so geringfügig, was nach Gottes Ordnung und für die Frommen das beste und wirksamste Gegenmittel gegen Glück und Unglück. – Wird ein solcher nicht mit Seelengröße sich über die Welt erheben und was unter ihm ist verachten? Denn nachdem er gesprochen: Das ist durch die göttliche Vorsehung gesandt, es ist daher durchzumachen und unerschrockenen Sinnes nur durch Geduld zu überwinden; du bist ein Werkzeug Gottes, er will dich Nutzen bringend und nicht in Trägheit dich verzehren lassen; o du Glücklicher, den er zu seiner Beihilfe beruft – so ist er nun bereit, dieses Leben hinzugeben, da er sieht, dass diese ganze Welt nichts als mancherlei Wechselfälle und Mühseligkeiten verheißen könne. – Wie könnte sich einer gegen solche Stöße sichern als durch den Gedanken der Vorsehung? Diese ruft dem mutigen Herzen zu: Glaube nicht, dass solches von ungefähr geschieht, es geschieht auf mein Geheiß. Es muss geschehen, es kann nicht anders sein. Wenn du es mutig erträgst, so wirst du den schönsten Sieg erlangen.

Zit. nach: Kirchengeschichtliches Quellenlesebuch von Thrändorf u. Meltzer II. Teil: Reformation und Gegenreformation Verlag von Schlimpert & Püschel GmbH, Dresden-Blasewitz 1917, S. 156.

27 Johannes Calvin, Holzschnitt 1574.

28 Johannes Calvin: Von der ewigen Erwählung, kraft deren Gott die einen zum Heil, die anderen zum Verderben vorbestimmt hat.

Zusammenfassende Überschau der Erwählungslehre Calvins

Was demnach die Schrift klar zeigt, das sagen wir auch: Gott hat in seinem ewigen und unwandelbaren Ratschluss einmal festgestellt, welche er einst zum Heil annehmen und welcher er andererseits dem Verderben anheimgeben will. Dieser Ratschluss ist, das behaupten wir, hinsichtlich der Erwählten auf Gottes unverdientes Erbarmen begründet, ohne jede Rücksicht auf menschliche Würdigkeit. Den Menschen aber, die er der Verdammnis überantwortet, denen schließt er nach seinem zwar gerechten und unwiderruflichen, aber unbegreiflichen Gericht den Zugang zum Leben zu! Was die Auserwählten betrifft, so halten wir dann aber weiter dafür, dass die Berufung das Zeugnis der Erwählung ist. Ein zweites Merkzeichen zur Bekräftigung der Erwählung ist dann die Rechtfertigung – bis wir endlich zu der Herrlichkeit gelangen, in der die Erfüllung der Erwählung besteht. Wie aber der Herr seine Auserwählten durch die Berufung und Rechtfertigung kenntlich macht, so gibt er den Verworfenen durch ihren Ausschluss von der Erkenntnis seines Namens und der Heiligung seines Geistes wie durch Zeichen bekannt, was für ein Gericht ihrer wartet. Viele Phantasiegebilde, die sich törichte Menschen ersonnen haben, um die Vorbestimmung umzustoßen, werde ich hier übergehen. Denn sie bedürfen keiner Widerlegung, weil sie, gleich wenn sie vorgebracht werden, selbst ihre Unwahrheit vollauf beweisen. Ich werde mich nur bei solchen aufhalten, die entweder unter den Gelehrten Gegenstand eines Streites sind oder die den Einfältigen

Schwierigkeiten machen könnten oder die die Gottlosigkeit in falschem Schein zum Deckmantel nimmt, um Gottes Gerechtigkeit zu verunglimpfen.

Zit. nach: www.glaubensstimme.de/reformatoren/calvin/620/htm.

29 Kriegsdienst für Gott

Die Bestätigung des Jesuitenordens durch Papst Paul III. (1540)

§ 1. [...] Wir haben vor kurzem gehört, dass die geliebten Söhne Ignatius von Loyola [...] sich vereinigt [...] haben.

[...] Der Text [ihrer Ordensregel] lautet so:

§ 4. Wer in unserer Gesellschaft, die wir mit dem Namen Jesu bezeichnet wissen wollen, unter dem Banner des Kreuzes Gott Kriegsdienst leisten und allein dem Herrn und seinem Statthalter auf Erden, dem römischen Bischof, dienen will, soll nächst dem feierlichen Gelübde steter Keuschheit sich vor Augen halten, dass er einer Gesellschaft angehört, die hauptsächlich dazu gegründet ist, auf Förderung der Seelen in christlichem Leben und christlicher Lehre und auf Ausbreitung des Glaubens durch öffentliche Predigt und Dienst am Worte Gottes, durch geistliche Übungen und Werke der Liebe und namentlich durch Unterweisung der Knaben und Ungelehrten im Christentum sowie geistliche Tröstung der Christgläubigen beim Beichthören vorzüglich hinzuarbeiten. [...]

§ 6. Wissen sollen alle Genossen und täglich beherzigen, dass diese Gesellschaft unter treuem Gehorsam gegen den Papst und seine Nachfolger Gott Kriegsdienst leistet, [...] so dass wir [...] ohne irgendwelches Zögern Folge zu leisten gehalten sind, mag er [der Papst] uns zu den Türken oder zu irgendwelchen anderen Ungläubigen, und sei es in Indien, oder zu irgendwelchen Häretikern oder Schismatikern oder auch zu beliebigen Gläubigen senden [...].

Zit. nach: Carl Mirbt, Quellen zur Geschichte des Papsttums, Tübingen 1924 (4.Auflage), S. 272 ff.

Arbeitsvorschläge:

a) Stellen Sie die Zusammenhänge zwischen Luthers theologischer Erkenntnis und Neuinterpretation der Bibel sowie den daraus gefolgerten sozialen Konsequenzen dar (VT, M 16, M 17).
b) Analysieren Sie die Position Luthers zum Aufstand der Bauern (VT, M 17).
c) Erläutern Sie die Bildaussagen der Karikaturen vor dem Hintergrund der wenig verbreiteten Lesekompetenz in der Bevölkerung (M 1, M 3, M 4, M 14, M 18, M 20).
d) Beschreiben Sie die Diffamierungsstrategien der verfeindeten Parteien am Beispiel des Kirchenliedes Luthers und der Parodie von Simon Reutingen (M 11, M 12).
e) Benennen Sie zentrale Punkte der „Confessio Augustana" (M 23).
f) Erläutern Sie die Auswirkungen des Augsburger Religionsfriedens (cuius regio eius religio) auf die konfessionelle Entwicklung der einzelnen Länder des Deutschen Reiches (M 25).
g) Beschreiben Sie die Krise des Reichsrittertums zur Zeit Sickingens (VT).
h) Fassen Sie die konkreten Ergebnisse des tridentinischen Konzils zusammen.
i) Arbeiten Sie die wesentlichen Unterscheidungskriterien zwischen Calvin Zwingli und Luther heraus (VT, M 26, M 28).
j) Vergleichen Sie die konfessionelle Verteilung in Deutschland damals und heute (M 8).

Reformation und Gegenreformation

Missstände in der katholischen Kirche

31.10.1517
Veröffentlichung der 95 Thesen

Martin Luther (1483 – 1546)
richtet sich gegen den Ablasshandel

- Kirche besitzt 1/3 des Grund und Bodens
- Kirche tritt als Feudalherr auf und schafft Reichtümer
- Kirchenzehnt, Peterspfennig und Ablasshandel
- Prunksucht, Ämterkauf (Simonie), Reliquienhandel
- Heiligenverehrung und priesterliche Hierarchie
- Privilegien der Kirche (Steuerfreiheit, eigene Gerichtsbarkeit)
  Lebensweise der Kleriker (Missachtung des Zölibats (Ehelosigkeit) und der Enthaltsamkeit (Keuschheit)
  Abkehr von urchristlichen Vorstellungen (Armenkirche)
- Verweltlichung der Papstkirche, Alleinvertretungs- und Unfehlbarkeitsanspruch des Papstes
  Forcierung der Inquisition (Verfolgung der Kirchenkritiker als Ketzer bzw. Häretiker)

3

Allgemeine Unzufriedenheit

Bauern fordern Einschränkung der Abgaben und Dienste

Bürger wollen eine bezahlbare Kirche

Städtische Unterschichten wollen soziale Verbesserungen

Niederer Adel will finanzielle und wirtschaftliche Besserstellung

Territorialfürsten wollen das Land und die Reichtümer der Kirche sowie Unabhängigkeit von der Papstkirche

Verbreitung der 95 Thesen löst Beginn der Reformation aus

Juni 1518
Papst Leo X. leitet gegen Luther den Ketzerprozess in Rom ein

Sept./Okt. 1518
Auf dem Reichstag in Augsburg beharrt Luther gegenüber dem päpstlichen Legaten Cajetan darauf, nur dann abzuschwören, wenn ihm sein Irrtum auf der Grundlage der hl. Schrift nachgewiesen werde.

Dez. 1518
Kf. Friedrich von Sachsen lehnt Luthers Auslieferung nach Rom ab

Juli 1519
Disputation mit Prof. Eck in Leipzig 1519
Luther erklärt: auch Konzilien könnten irren

Juni 1520
Androhung des Kirchenbannes
Dez. 1520
Öffentliche Verbrennung der Bannandrohungsbulle

1520
Luther verfasst weitere Reformationsschriften:

„An den christlichen Adel deutscher Nation" (gegen päpstliche Hierarchie, für eine Erneuerung der Kirche mit Unterstützung der Landesherrn)

„Von der babylonischen Gefangenschaft der Kirche" (gegen die Siebenzahl der Sakramente gerichtet)

„Von der Freiheit des Christenmenschen" (Rechtfertigungslehre, Papst oder andere Kleriker seien nicht notwendig als Vermittler. Die Bibel sei die alleinige Glaubensgrundlage.)

Januar 1521
Bannspruch des Papstes

April 1521
Luther lehnt auf dem Wormser Reichstag den Widerruf seiner Schriften ab.
Mai 1521
Kaiser Karl V. verkündet die Reichsacht (Wormser Edikt) über Luther

Kf. Friedrich von Sachsen lässt Luther zum Schein überfallen und auf die Wartburg bringen, wo er die Bibel übersetzt

Ausbreitung der Reformation und Radikalisierung (Bildersturm)

März 1522
Luthers Rückkehr nach Wittenberg

1524
Beginn des Bauernkrieges

1525
Luther stellt sich gegen die Bauern, er bekämpft die Bewegung der Täufer bzw. Wiedertäufer

Das Reich und die Territorien

in der Zeit der Reformation und Gegenreformation

Maximilian I.	1508 – 1519
Karl V.	1519 – 1556
Ferdinand I.	1556 – 1564
Maximilian II.	1564 – 1576

Kaiser
des Heiligen Römischen Reiches deutscher Nation aus dem Hause Habsburg

Rudolf II.	1576 – 1612
Matthias	1612 – 1619
Ferdinand II.	1619 – 1637
Ferdinand III.	1637 – 1657

Die 7 Kurfürsten wählen den Kaiser (Wahlort: Frankfurt, Krönungsort: Aachen)
Die Goldene Bulle von 1356, die noch bis 1806 gültig war, garantiert den Kurfürsten das Recht der Kaiserwahl. Dabei wurden die päpstlichen Ansprüche bei der Kaiserwahl, insbesondere das Recht auf Bestätigung des Kaisers, stillschweigend übergangen. 1623 wurde die pfälzische Kur auf Bayern übertragen, dafür wurde 1648 eine achte Kur für die Pfalz geschaffen, die 1777 wieder mit der bayrischen vereinigt wurde.

- Erzbischof von Trier
- Erzbischof von Köln
- Kg. v. Böhmen (Kurwürde ruht seit Hussitenkriegen)
- Pfalzgraf bei Rhein
- Herzog von Sachsen
- Markgraf von Brandenburg
- Erzbischof von Mainz

Kurfürstenkolleg
Die Goldene Bulle garantiert den Kurfürsten folgende Rechte: Kurfürstentümer werden für unteilbar erklärt, die Erbfolge nach dem Erstgeburtsrecht (Primogenitur) festgelegt, Kurfürsten erhalten die Gerichtshoheit, das Berg-, Salz-, Münz-, Jagd- und Judenschutzregal

Reichsfürstenrat
(Territorialfürsten, die keine Kurwürde besaßen)

Geistliche Bank
(Prälaten)

Weltliche Bank

Territorialstaaten

Landstände
(Geistlichkeit, Hochadel, Ritterschaft, Immediatstädte)
Rechte:
Steuerbewilligungsrecht z.T. auch Mitwirkung bei Landesgesetzen, Mitentscheidung über Krieg und Frieden, bei Landesteilungen und bei der Einrichtung neuer Behörden

Landtage
Einberufung durch den Landesherrn

Reichsstädtekollegium
(Reichs- und Bischofsstädte, die dem Kg. zur Steuerzahlung und Heerfolge verpflichtet waren)

Die drei Kollegien der Reichsstände
waren seit dem Ende des 15. Jh. bei den Reichstagen vertreten. Der Reichstag konnte über alle Angelegenheiten des Reiches beraten. Mit der im Zuge der Reformation eingeleiteten Kirchenspaltung wurde faktisch auch der Reichstag gespalten, was zu einer Einschränkung der Handlungsfähigkeit führte.

Errichtung des Reichskammergerichts (1495) unter Vorsitz des Kaisers
Die von den Reichsständen benannten Beisitzer sind seit 1648 konfessionell paritätisch vertreten
Sitz: Speyer (von 1527 – 1688)

Zuständigkeit:
- Landfriedensbruch
- Reichsacht
- alle fiskalischen Klagen
- Besitzstreitigkeiten
- oberste Berufungsinstanz für alle Stadt- und Landgerichte

Reichsverfassung und Reichsreform
Auf dem Wormser Reichstag von 1495 wurde das Fehderecht aufgehoben (Ewiger Landfriede) und die oberste Gerichtsbarkeit dem Reichskammergericht übertragen. Das Reich wird 1500 in Reichskreise eingeteilt, die später der Reichsexekutionsordnung von 1555 unterliegen (Vollstreckung kammergerichtlicher Urteile). Weiterhin wird eine allgemeine Reichssteuer eingeführt.

Reichstage
(Einberufung durch den Kaiser)
Zuständigkeit:
- Reichsgesetze
- Reichssteuern
- Entscheidung über Krieg und Frieden
- Angelegenheiten des Reichsheeres (die drei Kollegien berieten dabei getrennt voneinander)

3

3.3 Glaubenskampf in Deutschland – Dreißigjähriger Krieg

3.3.1 Union und Liga als Kriegs- oder Friedensbündnisse?

Das 16. und das beginnende 17. Jahrhundert waren erfüllt von religiösen und machtpolitischen Auseinandersetzungen, die das Heilige Römische Reich deutscher Nation schwer erschütterten. Reformation und Gegenreformation hatten zur konfessionellen Spaltung Deutschlands und Europas geführt. Die deutschen Fürsten, die in dieser Zeit um mehr Unabhängigkeit von der Papstkirche und dem Kaiser kämpften, erlangten mit dem Augsburger Religionsfrieden einen wichtigen Teilerfolg, der die bestehenden Konflikte jedoch nicht wirklich beenden konnte. Um 1600 gab es etwa 1000 voneinander getrennte, halbautonome Staatswesen, häufig von nur geringer Größe, in denen der jeweilige Landesherr die Religion bestimmen konnte, was zu einer zunehmenden Stärkung des Partikularismus führte. Die deutschen Kaiser, die den Traum von der universalen Kaisermacht, die die Einheit der Christenheit und des Abendlandes garantieren sollte, noch nicht ausgeträumt hatten, versuchten, diese Entwicklung durch eine verstärkte Rekatholisierung aufzuhalten.

In der bikonfessionellen Stadt Donauwörth, die zu den acht Freien Reichsstädten zählte, in denen sowohl Protestanten als auch Katholiken ihre Religion frei ausüben konnten, ereignete sich 1606 ein folgenschwerer Zwischenfall, der letztendlich zur Herausbildung der beiden Bündniskonstellationen Union und Liga führen sollte. Da die Katholiken sich in Donauwörth in der Minderheit befanden, hatten sie bislang freiwillig auf offene Prozessionen verzichtet. Nachdem die Gegenreformation in Bayern und in den habsburgischen Ländern umgesetzt war, versammelten sich die 16 katholischen Familien der etwa 4000 Einwohner zählenden Stadt Donauwörth seit 1603 immer häufiger zu Prozessionen, um ohne Insignien durch stille Seitenstraßen zu ziehen. Als sie am Markustag (25.4.) 1606 mit ausgerollten Fahnen und mitgeführten Reliquien durch die Straßen zogen, wurden sie von aufgebrachten Protestanten durch die engen Gassen der Stadt

1 Prager Fenstersturz (23.05.1618). Der berühmte Stich von Matthäus Merian zeigt den Moment, als die kaiserlichen Statthalter und der Sekretär Fabricius ergriffen und aus dem Südfenster der Prager Burg des Hradschin geworfen werden.

gejagt und verprügelt. Ein Jahr später schickte der Kaiser zum Schutz der Katholiken einen Gesandten, der jedoch die gewaltsame Auflösung der Prozession ebenfalls nicht verhindern konnte, woraufhin der Kaiser im November 1607 wegen Landfriedensbruch die Reichsacht über Donauwörth aussprach. Maximilian von Bayern, der die Stadt Donauwörth 1609 von Kaiser Rudolf II. (1576 - 1612) übertragen erhielt, übernahm die militärische Exekution, um die Rechte der Katholiken wieder herzustellen. Den Protestanten hingegen wurde die Ausübung ihres Glaubens untersagt. Dieses Vorgehen forderte den entschiedenen Widerstand der protestantischen Stände heraus.

Am 14. Mai 1608 versammelten sich nach dem gescheiterten Regensburger Reichstag (die Katholiken hatten die Rückgabe aller seit 1552 säkularisierten Kirchengüter gefordert) die süddeutschen protestantischen Fürsten in Aufhausen bei Nördlingen, um ein Verteidigungsbündnis (Union) zu gründen, dem sich 1610 auch Hessen-Kassel und Brandenburg anschlossen. Die unter Führung der Kurpfalz für zehn Jahre gebildete Union zählte 27 Mitglieder, darunter acht Fürsten und 17 Städte. Sie unterhielt Bündnisse mit England, den Niederlanden und Schweden. Erbstreitigkeiten zwischen den Bündnispartnern führten allerdings zum Ausscheiden der Pfalz-Neuburg (1614) und Brandenburgs (1617), was zu einer Schwächung der Union beitrug. Dennoch wurde das Defensivbündnis der Union im Jahre 1617 um weitere vier Jahre verlängert, bevor es sich im April 1621 auflöste. Unter der Führung des Herzogs Maximilian von Bayern formierte sich am 10. Juli 1609 in München die katholische Liga als Gegenpartei der Union. Auch sie sah sich als Defensivbündnis zur Verteidigung des Landes und der katholischen Religion. Ihre Existenz war ursprünglich auf neun Jahre befristet, jedoch formierte sie sich unter Kaiser Ferdinand II. (1619 - 1637) zurzeit des böhmischen Aufstandes neu und wurde erst nach dem Prager Frieden 1635 aufgelöst.

Jülich-Klevischer Erbfolgestreit

Die Motive der Fürsten zum Beitritt in eine der beiden Allianzen waren recht unterschiedlich. So erhoffte sich u. a. der brandenburgische Kurfürst Johann Sigismund (1608 - 1619) von der Union Unterstützung im Jülich-Kleveschen Erbfolgestreit, der sich zu einer internationalen Krise entwickeln sollte. Die unionsgeführten Truppen, die von Frankreich, den Niederlanden und England Unterstützung erhielten, vertrieben die kaiserlichen Truppen aus Jülich am Niederrhein. Mit dem 1614 in Xanten ausgehandelten Kompromissfrieden erhielt Brandenburg die Gebiete Kleve, Mark, Ravensberg und Ravenstein und die Pfalz-Neuburg bekam Jülich und Berg. Der Jülich-Klevische Erbfolgestreit zeigte einmal mehr, dass verschiedene Großmächte und Fürsten am Vorabend des Dreißigjährigen Krieges nicht nur kräftig aufrüsteten, sondern auch bereit waren, für ihre machtpolitischen Interessen - lokale Streitigkeiten ausnutzend - zu den Waffen zu greifen.

3.3.2 Die Habsburger als Träger der Zentralgewalt im Kampf gegen ausländische Mächte und die eigenen Partikulargewalten

Bruderzwist im Hause Habsburg

Die Macht der Habsburger war durch den 13-jährigen Türkenkrieg, der 1593 ausbrach, und den so genannten „Bruderzwist" stark gefährdet. Kaiser Rudolf II. (1576 - 1612), dem die böhmischen Stände 1609 den Majestätsbrief abtrotzen konnten, der den Protestanten die freie Religionsausübung und das Recht der Königswahl garantierte, war geisteskrank. Sein Bruder Matthias, der von 1612 bis 1619 als Kaiser regierte, hatte ihn schrittweise vom Thron verdrängen können. Doch auch der gebrechliche Matthias musste seinem Vetter Ferdinand schon 1617 die Königreiche Böhmen und Ungarn übertragen. Ferdinand regierte als Ferdi-

2 Musketier aus einem Militärhandbuch des 17. Jahrhunderts.

nand II. von 1619 bis 1637 als Kaiser. Als böhmischer König hatte er zwar zunächst den Majestätsbrief anerkannt, begann dann aber dennoch unnachgiebig die Gegenreformation durchzusetzen, was zum böhmischen Aufstand und 1618 zum Prager Fenstersturz führte.

Die Hegemoniebestrebungen der Habsburger wurden sowohl von den deutschen Fürsten als auch von Frankreich und Schweden als große Bedrohung empfunden. Die Autonomiebestrebungen der Reichsstände und die Bemühungen des Kaisers, die monarchische Zentralgewalt weiter auszubauen, führten zwangsläufig zu neuen Spannungen. Zu Beginn des Dreißigjährigen Krieges regierte die österreichische Linie der Habsburger als Kaiser über das Heilige Römische Reich deutscher Nation, ihr gehörte das Erzherzogtum Österreich, das Herzogtum Schlesien, die Markgrafenschaft Mähren, das Herzogtum Steiermark, das Herzogtum Kärnten, die Grafschaft Tirol sowie die Königreiche Ungarn und Böhmen. Die spanische Linie der Habsburger regierte über die vereinigten Königreiche Spanien und Portugal, die Niederlande, Teile des Elsaß sowie in Italien über das Herzogtum Mailand und das Königreich Neapel mit ganz Unteritalien, Sizilien und Sardinien. Hinzu kamen die überseeischen Besitzungen in Mittel- und Südamerika.

3.3.3 Von der lokalen Ständerebellion zum ersten wahrhaft europäischen Krieg

Der Aufstand des Adels führte 1619 in Böhmen zur Absetzung des Habsburgers Ferdinand und zur Wahl des protestantischen Gegenkönigs Friedrich von der Pfalz. Die Stände der Länder Mähren, Schlesien sowie der Ober- und Niederlausitz bildeten einen Schutzbund zur Eindämmung der Gegenreformation. Der inzwischen zum Kaiser gewählte Ferdinand II. fiel nun mit Unterstützung der Liga in Böhmen ein. Nach seinem Sieg in der Schlacht am Weißen Berg (November 1620) setzte er seine Rekatholisierungsmaßnahmen weiter durch, so dass zehntausende Protestanten ins Exil gingen. Friedrich von der Pfalz, der vergeblich auf die Unterstützung der befreiten Niederlande und Englands gehofft hatte, floh ins Exil. Die Anführer des Aufstandes ließ der Kaiser enteignen und hinrichten. Enteignet wurde auch der größte Teil der alten Adelsklasse Böhmens und Mährens. Maximilian von Bayern erhielt 1623 vom Kaiser die pfälzische Kurwürde und die Oberpfalz als Lohn für seine Kriegsdienste.

Nachdem der Krieg sich in weite Teile des Reiches ausgedehnt hatte und die kaiserlich-ligististischen Truppen nun den ganzen Norden westlich der Elbe beherrschten, formierte sich im niedersächsischen Reichskreis - auf Drängen des englischen Königs - eine neue antihabsburgische Allianz, an deren Spitze der dänische König Christian IV. trat, der als Herzog von Holstein gleichzeitig deutscher Reichsfürst war. Trotzdem England, die Niederlande und Frankreich den Dänenkönig mit Subsidien (Hilfsgeldern) unterstützten, siegten die von Tilly befehligten kaiserlichen Truppen, so dass sich Christian IV. 1629 im Frieden von Lübeck aus dem Kriegsgeschehen zurückziehen musste. Noch während der Verhandlungen zum Friedensschluss erließ der Kaiser das Restitutionsedikt, das die nach 1552 durchgeführten Säkularisierungen für unrechtmäßig erklärte und somit zu einer weiteren Verschärfung der bestehenden Konflikte beitrug.

3.3.4 Söldner – Bauern und Bürger. Direkte und indirekte Auswirkungen des Krieges

Den meisten Söldnern war es egal, für welchen Kriegsherrn sie kämpften. Viele von ihnen hatten sich aus finanziellen Gründen, andere aus Abenteuerlust zum Kriegsdienst gemeldet. Da oft mehrere Kriegsherren gleichzeitig die Werbetrommel rührten, war es keine Seltenheit, dass die Söldner die Kriegspartei wechselten. Ebenso kam es häufig vor, dass in den Söldnerheeren mehr als ein Dutzend Nationalitäten vertreten waren. In der zweiten Hälfte des Krieges spielte die Religionszugehörigkeit der Söldner nur noch eine untergeordnete Rolle. Den einzelnen Söldnerheeren, die von den Bauern und Städtebürgern versorgt werden mussten, folgte auch ein Tross, der oft größer war als das eigentliche Heer. Er bestand u. a. aus Soldatenfrauen, Marketenderinnen, Kindern, Spielleuten, Händlern sowie Trossbuben als Bedienung der unteren Chargen. In den Wintermonaten wurden die Kämpfe in der Regel eingestellt, und die Regimenter bezogen in

Marketenderinnen

3 **Bestrafung der Rebellen in Böhmen.** Kupferstich.

den Städten Winterquartier. Bauern und Städtebürger waren den Söldnern, egal ob Freund oder Feind, nahezu schutzlos ausgeliefert. Die Einquartierungslasten sowie die hohen Kontributionen, die in Form von Naturalien und Geldzahlungen aufgebracht werden mussten, führten insbesondere in den Durchzugsgebieten zu unerträglichen Verhältnissen. Hinzu kamen Plünderungen, Brandschatzungen, Vergewaltigungen und die indirekten Kriegsauswirkungen wie der Hunger, Krankheiten und Seuchen, wie die Pest oder die Rote Ruhr, die zu einer verstärkten Dezimierung der Bevölkerung beitrugen. Besonders gefährlich wurden die Marodeure, desertierte Söldner, die sich in der Schlussphase des Krieges auf eigene Faust durch Raub und Plünderung ernährten.

Kontributionen

3.3.5 Wallenstein – Gustav II. Adolf. Glaubensretter oder Eroberer?

Neben Tilly gehörte Albrecht von Wallenstein zu den herausragenden Führungsgestalten der kaiserlichen Armee. Als Kriegsunternehmer stellte er für den Kaiser Regimenter auf, die er selbst anwarb und aus eigenen Mitteln unterhielt. Dafür wurde Wallenstein mit dem Herzogtum Friedland und verschiedenen böhmischen Ländereien entschädigt, die er zu geschlossenen Herrschaften und ertragreichen Mustergütern ausbauen konnte. Nach seinen militärischen Erfolgen gegen die dänischen Truppen wurde er 1628 zum „General des Ozeanischen und Baltischen Meeres" ernannt, woraus der kaiserliche Anspruch auf eine Machtstellung im Ostseeraum abgeleitet werden kann. Das forderte den Widerstand der Schweden heraus, die 1630 aktiv in den Krieg eintraten. Gemäß dem von Wallenstein entwickelten Grundsatz: „Der Krieg soll den Krieg ernähren", presste sein bis 1630 auf über 100 000 Mann angewachsenes Söldnerheer aus den besetzten Gebieten so viel wie nur irgend möglich an Kontributionen heraus. Nur so war es ihm möglich, durch regelmäßige Soldzahlungen die Disziplin und Handlungsfähigkeit

4 Vor dem Marketenderzelt, Genredarstellung mit idyllischem Grundton, Gemälde von Philips Wouwermann (1619–1668).

seiner Armee aufrecht zu erhalten. Missgunst, Neid und die Angst vor einem übermächtigen, nicht mehr zu kontrollierenden Oberbefehlshaber ließen den Widerstand gegen Wallenstein im eigenen Lager so stark anwachsen, dass der Kaiser 1630 genötigt wurde, seinen Feldherrn zu entlassen. Nachdem der Schwedenkönig Gustav II. Adolf im Juli 1630 mit 13 000 Mann auf der Insel Usedom gelandet war, um als „Löwe aus Mitternacht", als „messianischer Befreier" der Protestanten seinen militärischen Triumphzug zu beginnen, drängte der Kaiserhof Wallenstein im Dezember 1631, wieder in die kaiserlichen Dienste zu treten. Die schwedischen Truppen, die von Frankreich seit 1631 mit jährlich 400 000 Reichstaler Subsidien unterstützt und durch Werbungen in Deutschland auf über 79 000 Söldner (1631) verstärkt wurden, verfügten mit ihrer beweglichen Feldartillerie und den leichteren Handfeuerwaffen über eine moderne Ausrüstung und Kampftaktik. Ihre Lineartreffen waren den schwerfälligeren kaiserlich-ligistischen Gevierthaufen überlegen. Am 16. November 1632 sollte es bei Lützen zu einer der schwersten und blutigsten Schlachten des Krieges kommen, bei der die Schweden, die als Sieger hervorgingen, allerdings ihren König verloren.

5 Feldherrnporträt Wallensteins, nach dem Ölgemälde von van Dyck (1680–1753) gestochen.

Reichskanzler Axel Oxenstierna, der fortan im Auftrag des schwedischen Reichsrates die Regierungsgeschäfte übernahm, gelang es 1633, mit der Gründung des „Heilbronner Bundes" eine „neue Union" zu formieren. Wallenstein, der inzwischen mit Frankreich, Schweden und den protestantischen Fürsten Friedensverhandlungen führte, warf man Hochverrat am Kaiser vor, worauf ihn 1634 seine eigenen Offiziere in Eger ermordeten. Mit dem Prager Frieden von 1635 gelang es dem Kaiser, die meisten deutschen Fürsten im Kampf gegen die ausländischen Mächte auf seine Seite zu ziehen. Im Gegenzug dazu wurde das Restitutionsedikt ausgesetzt. Nachdem der Versuch, mit Schweden einen Sonderfrieden auszuhandeln gescheitert war, sah sich der Kaiser einem schwedisch-französischen Offensivbündnis gegenüber. Der französische König Ludwig XIII. erklärte im Mai 1635 Philipp IV. von Spanien und einige Monate später Kaiser Ferdinand II. den Krieg, der nun in seine letzte Phase trat. Immer deutlicher sollte sich nun zeigen, dass die ökonomischen und finanziellen Grundlagen für eine Fortsetzung des Krieges schon lange nicht mehr gegeben waren. Die Friedenssehnsucht war selbst unter den großen Heerführern erwacht. Auf dem im Mai 1640 in Regensburg beginnenden Reichstag empfahlen protestantische und katholische Fürsten dem Kaiser, möglichst bald Friedensverhandlungen mit Schweden und Frankreich zu beginnen. So wurde im Dezember 1641 mit den in Hamburg ausgehandelten Präliminarien der Weg für einen universalen Frieden frei gemacht. Doch erst 1644 konnte der Kongress, der 1648 mit dem Westfälischen Frieden enden sollte, in den beiden Städten Münster und Osnabrück eröffnet werden.

Gevierthaufen

Präliminarfrieden

Geschichte regional: Schwedische Spuren in Deutschland (Projekt Schwedenstraße)

Im November 2000 wurde zwischen Schweden, Brandenburg, Mecklenburg-Vorpommern sowie den Städten Greifswald, Stralsund, Wismar und Wittstock/Dosse ein Kooperationsvertrag geschlossen, der das Ziel verfolgt, die deutsch-schwedische Geschichte, und hier insbesondere die sogenannte Schwedenzeit (1630–1815), die u.a. durch eine einhundertsiebzigjährige staatsrechtliche Zusammengehörigkeit zwischen Schweden und Pommern geprägt ist, zu erforschen und zu dokumentieren. Die gemeinsam mit Historikern aus Schweden und der Bundesrepublik erarbeitete Webseite www.chwedenstrasse.com informiert über die vielfältigen historischen, politischen und kulturellen Bezüge zwischen Schweden und Norddeutschland. So erstreckt sich die etwa 700 km lange Schwedenstraße von der Insel Rügen im Norden bis nach Großbeeren südlich von Berlin sowie von Gadebusch im Westen bis Peenemünde und Usedom im Osten. „Zeitmäßig umfasst sie wichtige Ereignisse, wie den Dreißigjährigen Krieg, Aufstieg und Fall Schwedens als Großmacht, das Erstarken Preußens, die gesellschaftlichen Veränderungen im 18. Jahrhundert und die Erschütterungen durch die napoleonischen Kriege. [...] Ein wichtiger Teil des Projektes ist die Schaffung eines Rahmens für Kontakte zwischen schwedischen und deutschen Institutionen, Unternehmen, Vereinen, Schulen, Partnerstädten usw. [...] Das Projekt beabsichtigt auch, gutnachbarschaftliche Beziehungen rund um die Ostsee als ein natürlich verbindendes Meer zu fördern. [...] Die Arbeitsgruppe begrüßt die vielen örtlichen Projekte und die Heimatforschung, die an vielen Stellen um unsere gemeinsame schwedisch-deutsche Geschichte bestehen und entstehen."

1 Peenemünder Wappen mit den drei Kronen im oberen Teil, die an die Landung der schwedischen Truppen in Peenemünde erinnern.

2 Gedenkstein in Peenemünde, 1930.

Die 1630 auf der Insel Usedom erfolgte Landung der Schweden wurde von großen Teilen der Bevölkerung Norddeutschlands zunächst freudig begrüßt. Zahlreiche Protestanten sehnten sich nach einer Wende des von den Kaiserlichen beherrschten Krieges. Gustav II. Adolf wurde als Messias und als kaiserlicher Augustus gefeiert und umworben. Doch mit zunehmender Dauer des Krieges wechselte die anfängliche Begeisterung in Ablehnung.

In vielen Orten anzutreffende Flurbezeichnungen, wie Schwedenschanze oder Schwedenloch, aber auch Bezeichnungen wie der Schwedentrunk erinnern an die Anwesenheit der Schweden im Dreißigjährigen Krieg. Das „Schwedenlied" verdeutlicht, wie groß die Angst der Bevölkerung vor den schwedischen Söldnern geworden war. Trotz aller Ablehnung und Kritik der schwedischen Kriegspolitik blieb der Mythos des gerechten und selbstlosen Schwedenkönigs, der als „Löwe von Mitternacht" mutig für die Sache der Protestanten stritt und bei Lützen den

Märtyrertod fand, bis ins 19. Jahrhundert bestehen, so dass selbst in Deutschland „Gustav-Adolf-Vereine" entstanden, über die in regionalen Zeitungen berichtet wird.

3 Die schwedische Armee von 1630 bis 1632[1]

	Militärbudget	Heeresstärke
1630	9 535 625 Taler	40 000 Mann
1631	5 568 407 Taler	79 700 Mann
1632	2 220 198 Taler	198 500 Mann

Zit. nach: Kuczynski, Jürgen: Geschichte des Alltags des deutschen Volkes, Bd. 1 (1600–1650), Papy Rosa Verlag. Wiesbaden o. J., S. 98

1 Die Zahlen zum Militärbudget beziehen sich nur auf die Ausgaben der schwedischen Krone. Hinzu kamen jährlich 400 000 Taler aus Frankreich, die mit dem Vertrag von Bärwalde (13.01.1631) zugesichert wurden sowie die hohen Kontributionen, die in Deutschland selbst eingetrieben wurden. Dadurch konnten die Ausgaben der Krone, trotz der deutlich gestiegenen Heeresstärke, erheblich gesenkt werden. Der größte Teil der schwedischen Armee bestand aus Söldnern, die in Deutschland angeworben wurden.

4 Das „Schwedenlied"

Ein protestantischer Geistlicher, der den so genannten Schwedentrunk über sich ergehen lassen musste, hinterließ die folgenden Verse:

Mistlaken etlich Maß
Goß man, als in ein Faß,
Mir in den Leib zur Stunden,
Vier Kerels mich festbunden.

Zitiert nach: Kuczynski, Jürgen: Geschichte des Alltags des deutschen Volkes, Bd. 1 (1600–1650), Wiesbaden o. J., S. 93 f.

5 Das „Schwedenlied"

„Die Schweden sind gekommen,
Haben alles mitgenommen,
Haben's Fenster eingeschlagen,
Haben's Blei davongetragen,
Haben Kugeln daraus gegossen
Und die Bauern erschossen."

F. M. Böhme: Deutsches Kinderlied, Nr. 1625 a Zit. nach: Langer, H., Hortus Bellicus, 1982, S. 109.

6 Einschiffung des Leichnams des Königs Gustav II. Adolf in Wolgast 1633, Gemälde 1885.

Arbeitsvorschläge:

a) Recherchieren Sie, ob die Schweden in der Zeit des Dreißigjährigen Krieges auch durch Ihre Heimatregion gezogen sind.
b) Befragen Sie Museologen oder Archivare, ob es in der näheren Umgebung Flurnamen oder Denkmäler gibt, die an die Anwesenheit der Schweden im Dreißigjährigen Krieg erinnern.
c) Informieren Sie sich auf der Internetseite www.schwedenstrasse.com, welche Museen und Forschungseinrichtungen es zur Geschichte des Dreißigjährigen Krieges gibt.
d) Planen Sie mit Ihrer Kursgruppe eine Exkursion zu einem ausgewählten Museum oder Denkmal.
e) Benennen Sie mithilfe der Karte auf der Umschlaginnenseite die deutschen Territorien, die Schweden nach dem Dreißigjährigen Krieg kontrollierte.

3.3.6 Westfälischer Friede als europäischer Interessenausgleich konfessioneller Gegensätze und territorialer Ansprüche

Nach dreißig Jahren immer wieder ausbrechender Feindseligkeiten waren die Kräfte der Kriegsparteien erschöpft. Weite Teile Mitteleuropas waren verwüstet. Eine Fortsetzung des Krieges erschien unmöglich, so dass man sich genötigt sah, den Krieg auf diplomatischem Weg zu beenden.

Der an den beiden Orten Münster und Osnabrück in vier Jahren ausgehandelte Frieden kann als Versuch gewertet werden, einen Kompromissfrieden zu schließen, der unter Berücksichtigung aller divergierenden Interessen die Schaffung einer stabilen europäischen Friedensordnung zum Ziel hatte. Es wurde separat verhandelt, um Rangstreitigkeiten und neue religiöse Konflikte zu verhindern. Im vorwiegend evangelischen Osnabrück verhandelten die Kaiserlichen mit Schweden und den protestantischen Reichsständen und in Münster mit den Niederländern, Franzosen, Spaniern und den deutschen Katholiken. Um einen päpstlichen Widerspruch von vornherein unwirksam zu machen, nahmen die vertragschließenden Parteien die sogenannte „Antiprotestklausel" in den Vertragstext auf. Auf Schuldzuweisungen und moralische Aspekte weitgehend verzichtend, saßen die beteiligten Mächte, scheinbar gleichberechtigt, am Verhandlungstisch, ohne den Versuch unternommen zu haben, schwache, vermeintlich unterlegene oder schuldige Kriegsparteien auszugrenzen. Die Monarchen wurden nicht abgeurteilt oder zur Rechenschaft gezogen, sondern blieben in ihrer Autorität unangetastet. Eine bedeutende Neuerung gegenüber früheren Friedensverträgen waren die von verschiedenen Seiten hervorgebrachten Forderungen nach finanzieller Entschädigung für die Kriegsaufwendungen. So musste das Reich für den Abzug der

6 **Mitteleuropa während des Dreißigjährigen Krieges.**

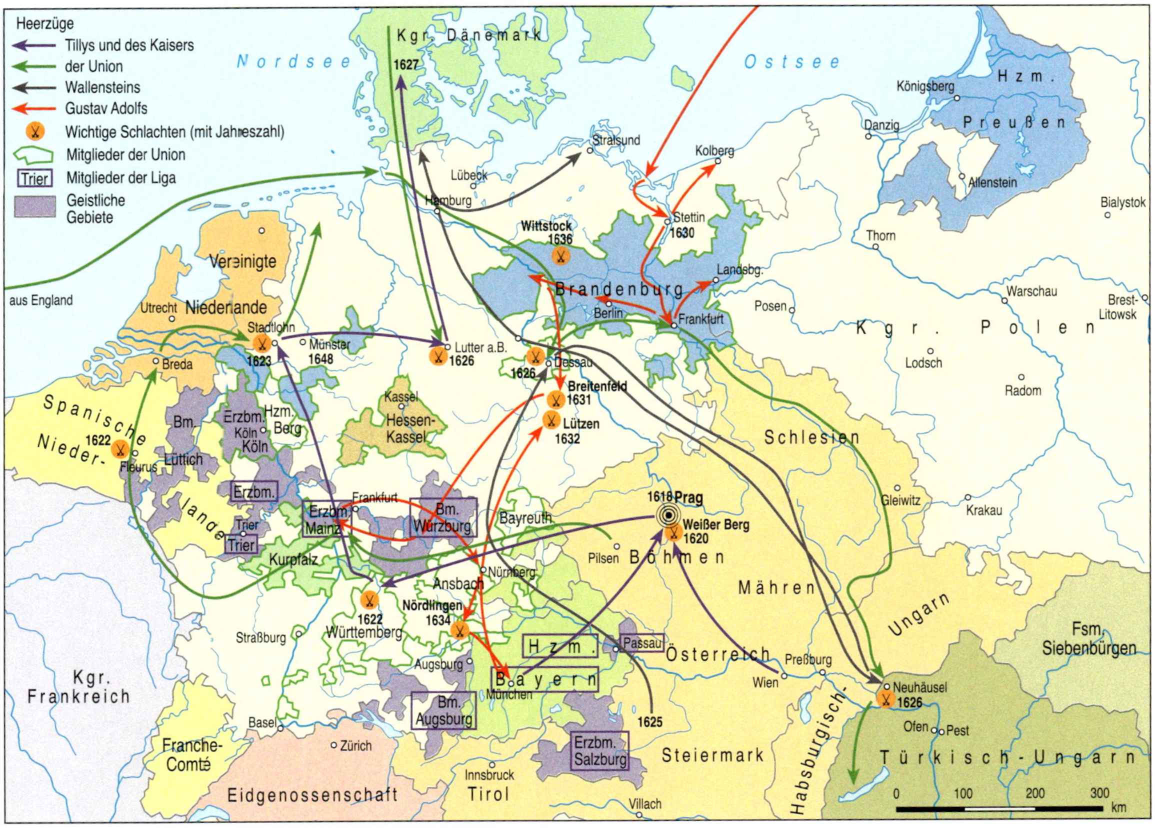

schwedischen Truppen 5 Millionen Reichstaler zahlen (Die genauen Modalitäten der Heeresdemobilisierung wurden auf einem Nachfolgekongress festgelegt, der 1649 / 50 in Nürnberg tagte). Insgesamt nahmen 176 europäische Fürsten mit ihren Gesandtschaften an den Verhandlungen teil. Zu den umfassenden territorialen Veränderungen, die der Friedensschluss beinhaltete, gehörte auch, dass die Niederlande und die Schweiz als selbstständige Staaten anerkannt wurden und somit für immer aus dem Reichsgebiet ausschieden. Weiterhin wurde der Augsburger Religionsfrieden dahingehend erweitert, dass nun auch die Calvinisten, die fortan gleichberechtigt neben den Katholiken und Protestanten stehen sollten, die Religionsfreiheit genossen. Da in den Territorien künftig die Konfession gelten sollte, die dort am 1.1.1624 gültig war, hatte ein Konfessionswechsel des Landesherrn somit keine Auswirkungen auf die Untertanen. Aufgewertet wurden auch die Reichsstände. Die Fürsten durften jetzt sogar eigene Bündnisse mit ausländischen Mächten schließen – vorausgesetzt, sie waren nicht gegen den Kaiser oder das Reich gerichtet. Weiterhin wurde ihnen ein Mitbestimmungsrecht bei der Gesetzgebung und der Entscheidung über Krieg und Frieden eingeräumt. Das war ein entscheidender Durchbruch auf dem Weg zur Libertät und zum partikular geprägten Absolutismus. Andererseits war damit aber auch der Weg zu einem zentralistischen deutschen Einheitsstaat versperrt. Deutschland wird zum „Flickenteppich" souveräner Kleinstaaten in der schwachen Hülle „Reich" unter dem Kaiser. Dennoch kann der Westfälische Frieden, der immerhin mehr als 150 Jahre Bestand hatte, trotz aller Unvollkommenheit heute als ein „Vorbild internationaler Konfliktbewältigung" (H. Lahrkamp) gewürdigt werden.

Libertät

Die Folgen des Krieges werden in der Forschung z. T. unterschiedlich bewertet. So gab es Regionen, die kaum von aktiven (direkten) Kriegshandlungen betroffen waren. Es gab Kriegsgewinnler wie z. B. die großen Handelsstädte Bremen und Hamburg, aber auch Regionen, die besonders schwer unter den Auswirkungen des Krieges zu leiden hatten, wie z. B. Nordostdeutschland. Weder die genauen Bevölkerungsverluste noch die materiellen Schäden sind heute genau fassbar. Schätzungen ergeben, dass die Bevölkerungszahl des Heiligen Römischen Reiches deutscher Nation von 17 Millionen auf etwa 10 Millionen sank.

7 Unterzeichnung des Friedensvertrages zwischen Spanien und den Niederlanden im Rathaus der Stadt Münster (Januar 1648) Gemälde von Gerard Ter Borch, ca. 1670.

3

8 Der Prager Fenstersturz. Aus dem Bericht des Statthalters Martinitz

Die Habsburger waren 1526 in den Besitz der böhmischen Krone gelangt. Die von Ferdinand II. eingeleiteten Rekatholisierungsmaßnahmen, die zur Schließung bzw. zum Abbruch zweier protestantischer Kirchen in Nordböhmen führten, veranlassten die Protestanten, eine Versammlung der Stände nach Prag einzuberufen, die vom Kaiser verboten wurde. Daraufhin reagierten die Abgesandten der Ständeversammlung mit einem Aufruhr, der in Gestalt des Prager Fenstersturzes (23.5.1618) zum Anlass des Dreißigjährigen Krieges wurde. Die folgende Schilderung der Ereignisse reflektiert die Sicht von einem der drei unmittelbar Betroffenen. Die kaiserlichen Statthalter Martinitz und Slawata überlebten den 18 Meter tiefen Sturz ebenso wie der Sekretär Fabricius. Der Legende nach sollen alle drei auf einem Misthaufen gelandet sein.

Den 23. Mai am Mittwoch [...] da seind etwa nach 9 Uhr die Herren aus allen dreien Ständen [...] in die Böheimbische Canzlei und zwar in die Ratsstube, wo die größte Sicherheit und Respekt sein sollte, unangemeldet, gar keck, mit großer Importunitet[1] eingetreten, also dass gemeldete Canzlei fast allein von denen Herren- und Ritterstandspersonen ganz voll gewesen, die Bürger aber meistenteils draußen vor der Tür, welche deshalben auch ganz ofen bleiben müssen, gestanden. Als nun die damals nur vier gegenwärtigen Herren Statthalter wegen besseren Raums in einen Fensterwinkel gleich bei dem Ofen beisammen gestanden (wurde) durch den Herrn Paul von Rziczan eine Schrift mit heller Stimm ablesen lassen dieses ungefährten Inhalts: Nachdem ihre kaiserliche Majestät Ihro Gnaden Herren Statthalter ein scharfes Schreiben zugeschickt, [...] in welchen sich auf unserer aller drei Ständen sub utraque höchst erschröckenden Schreiben Ihro Majestät allbereits uns alle des Leibs und der Ehre verlustig erklären. Samt sie schon nur allein mit der Execution wider uns fortfahren wollten, deshalben haben wir uns miteinander darauf einhellig verglichen und bei Verlust Leib und Leben, Ehre und Gut verbunden, dass wir alle beisammen vor einem Mann und einer vor alle festlich stehen, diesfalls keiner rechtlichen Bekanntnuss erwarten, oder untergeben sein, sondern treulich einander helfen und wider männiglich auf das äußerste beschirmen. Weilen aber kundbar, dass solches Schreiben auf etliche unserer Religions-Feinde Beratschlagung beschehen, als wollen wir wissen und die anwesende Herren Statthaltere befragt haben, ob sie, oder etliche aus ihnen, von gemeltem Schreiben gewusst, dazu geraten und dasselbig approbiert[2] hätten.

Darauf Herr Wilhelm Popel gesaget: Na, wir nehmen da keine Statthalter, sondern nur die böse, aller unser und des gemeinen Friedens, Feinde.

Zit. nach: Roeck, Bernd (Hrsg.): Deutsche Geschichte in Quellen und Darstellung, Bd. 4, Gegenreformation und Dreißigjähriger Krieg (1555–1648), Verlag: Philipp Reclam jun. Stuttgart 1996, S. 191–198.

9 Die Böhmische Konföderationsakte

Die böhmischen Stände, die nach dem Tod des Kaisers dessen Nachfolger Ferdinand II. den Huldigungseid verweigerten, beriefen einen Landtag ein und stellten ein Heer auf. Mit der in Prag am 31.7.1619 beschlossenen Konföderationsakte besiegelten die Stände der Länder Mähren, Schlesien sowie der Ober- und Niederlausitz einen Schutzbund zur Eindämmung der Gegenreformation.

[...] Vor Gott und aller Welt (bezeugen wir), dass diese hochnothwendige Christliche Union und Bündnuss niemanden zu unbillichen Verdruck und Nachtheil, sondern allein zu Beförderung Gottes Ehren, zu beständigen Schutz und Rettung eines jeden Landes Privilegien und Freyheiten, und dahin angesehen sey, damit die Unirte Länder, nach ihren Verfassungen, Privilegiis und Freyheiten, regieret, die freie Ubung der Religion, Inhalts der Böheimischen und Schlesischen Mayestätbrieffe haben, und auff all unverhoffte weitere Turbirung, ein Land dem andern mit Treuen bey und zuspringen möge.

Demnach aber der Allmächtige hierzu auch seine Gnade und Segen gebe, weiln diese Confoederation, fürnehmblich wegen der Defendierung der Religion angesehen, haben sich die Länder zuförderst dahin geeinigt, dass alle und jede Religionsverwandten, nach Außweisung der Evangelischen Lehr und Bekantnuss, auch ein christlich Leben und Wandel führen, fürsetzliche Sünden, Laster, offentliches Ergernuß, Heucheley, es sei wo es woll, meyden und verhüten, auch dazu auff den Cantzeln fleissig angemahnet, und durch die Obrigkeiten, mit ernster Straff angehalten werden sollen.

1. Diesem nach, so soll Anfangs in diese Confoederation eingeschlossen, und derer sich zugebrauchen haben, der König, so fern er die Privilegia, Mayestät-Brieffe, Concessiones, und diese Confoederations-Artickul in gnädigster Obdacht halt, und darnach sein Regiment anstellet, auch in Religions- und Justiz-Sachen, allen Landen, ohne Unterschied der Religion, gleichermaßen Schutz hält.

2. Der König soll mit keinem Jesuiten, Außländischen Bootschafften, noch Räthen, in Sachen diese Länder betreffend, nicht Rath halten, auch dergleichen außländische Personen zu vornehmen Officien und Räthen, oder andern Bürgerlichen Amptern gebrauchen.

31. Es soll aber auch der König nicht befugt seyn, ohne der Länder Einwilligung einigen Krieg anzufahren, auch keine Werbung anzustellen, weniger frembdes Volck in diese Länder einzuführen, noch einige Garnisonen in Land und Städte einzulegen, oder jemanden den Lauff, Durchzug, Musterung oder Abdanck zu verstatten. [...]

Zit. nach: Roeck, Bernd (Hrsg.): Deutsche Geschichte in Quellen und Darstellung, Bd. 4, Gegenreformation und Dreißigjähriger Krieg (1555–1648), Verlag: Philipp Reclam jun. Stuttgart 1996, S. 198–208.

1 Rücksichtslosigkeit, Frechheit.
2 Anerkannt.

10 Die Hinrichtung der böhmischen Rebellen. Aus einer zeitgenössischen Flugschrift.

An den 27 Anführern des böhmischen Aufstandes sollte am 21.6.1621 ein Exempel statuiert werden. Unter Aufsicht des kaiserlichen Statthalters Fürst Karl von Liechtenstein wurde die Exekution vor dem Altstädter Rathaus in Prag vollzogen. 12 Köpfe der Hingerichteten wurden anschließend auf dem Prager Brückenturm aufgesteckt.

Auf dem Altan neben der aufgerichteten Bühne sind die kais. Richter samt der drei Prager Städte Ratsverwandte gesessen, die 3 Kais. Richter aber haben hernach eien nach dem andern zur Walstatt auf die Bühne begleitet, daselbst hin hat ein verkappter Herrendiener ein Cruzifix gesteckt, dabei die Verurteilten auf ein schwarzes Tuch niederkniet und ihre auferlegte Lebensstraf mit großer Geduld ausgestanden haben. Unter währender Exicution aber hat man zu allernächst an der Walstatt bei dem Fußvolk, welches samt der Reiterei die Bühne in Ordnung umgeben und eingeschlossen hatten, auf etlich Trommeln dermaßen geschlagen, dass keiner seines eigenen Worts hören noch vernehmen können.

Erstlich ist Herr Schlick[3], in einem schwarz seidenen Rock und in der Hand ein Gebetbuch haltend, gar getrost und mit herzlichem Gebet (ganz frei und ungebunden, wie auch die andern alle, so an solchen Ort justificiert worden), auf die Bühne gegangen, allda hat ihn sein Diener oberhalb des Leibs abgezogen und entblößt, darauf hat der Graf auf das Tuch niedergekniet und mit großer Geduld und wahrer Anrufung Gottes sein Haupt dargestreckt, nach dessen Abschlagung, so gar geschwind geschehen, hat des Grafen Diener dessen rechte Hand auf ein Stöcklein gelegt, welche die Nachrichter auch abgehauen und neben dem Haupt in seine Verwahrung genommen, der Leib aber ist ins Tuch, darauf er justificiert, gewickelt und von sechs schwarzen verkappten Personen, so Herrendiener gewesen sein sollen und in langen schwarzen Röcken, schwarzen Hüten bedeckt und im Angesicht mit Tuch verkappt gewesen, dass man sie nicht kennen können, vom Theatro hinweggetragen, [...]. Als nun Doctor Jessenius[4] auf die Bühne kommen, hat ihm der Nachrichter alsbalden die Hände auf den Rücken gebunden, hernach, als er niedergekniet, die Zunge mit einem Zänglein herausgezogen, dieselbe abgeschnitten und darauf ihn enthauptet, welche seine auferlegte Lebensstrafe er mit gar großer Geduld und Beständigkeit mit vorhergehender herzlicher Anrufung Gottes erlitten und ausgestanden.

Hat also der Pragerische Nachrichter 24 Personen enthauptet und solches mit vier Schwertern, mit dem ersten hat er elf, mit dem andern fünf und mit den übrigen zweien Schwertern acht justificiert, auch nie einen Fehlstreich getan, sondern allwegen den Kopf geschwind abgehauen. [...] Und ist solche Execution von männiglichen mit höchstem Erbarmen und christlichem Mitleiden angesehen worden, dass auch viel Leut mit Weinen und Heulen sich allenthalben stark hören lassen.

Zit. nach: Jessen, Hans (Hrsg.): Der Dreißigjährige Krieg in Augenzeugenberichten, Deutscher Taschenbuch-Verlag München 1980, S. 107–109.

11 Der abenteuerliche Simplizissimus Teutsch

Hans Jacob Christoffel von Grimmelshausen (1621–1676) schildert in seinem 1668 zuerst erschienenen Roman, den er knapp zwanzig Jahre nach dem Kriegsende verfasste, die Situation in Deutschland. In der stark autobiographisch angelegten Darstellung spielen die von der Soldateska verübten Gräueltaten eine dominierende Rolle. Selbst im Kriegsdienst stehend, kämpfte Grimmelshausen, der aus einer verarmten protestantischen Adelfamilie stammte, mal für die Schweden und mal für die Kaiserlichen. 1639 finden wir ihn als Musketier und Dragoner im Regiment des Freiherrn Reinhard von Schauenburg, wo er zum Schreiber der Regimentskanzlei aufstieg. Nach dem Krieg wurde er Gutsverwalter in Gaisbach in der Ortenau und konvertierte seiner Gemahlin zuliebe zum Katholizismus.

Simplicii Residenz wird erobert, geplündert und zerstört, darin die Krieger jämmerlich hausen [...] obzwar etliche anfiengen zu metzgen, zu sieden und zu braten, daß es sahe, als sollte ein lustig Bankett gehalten werden, so waren hingegen andere, die durchstürmten das Haus unten und oben; [...] etliche schütteten die Federn aus den Betten und fülleten hingegen Speck, andere Dürrfleisch und sonst Gerät hinein, als ob alsdann besser darauf zu schlafen gewest wäre. [...] Unser Magd ward im Stall dermaßen traktiert, dass sie nicht mehr daraus gehen konnte, welches zwar eine Schand ist zu melden. Den Knecht legten sie gebunden auf die erd, steckten ihm ein Sperrholz ins Maul und schütteten ihm einen Melkkübel voll garstig Mistlachenwasser in Leib: das sie ein schwedischen Trunk nenneten, wodurch sie ihn zwungen, eine Partei anderwärts zu führen, allda sie Menschen und Viehe hinwegnahmen und in unsern Hof brachten, unter welchen mein Knan[5], meine Meuder[6] und unser Ursele[7] auch waren.

Da fing man erst an, die Steine von den Pistolen und hingegen an deren Statt der Bauren Daumen aufzuschrauben und die arme Schelmen so zu foltern, als wann man hätt Hexen brennen wollen, maßen sie auch einen von den gefangenen Bauren bereits in Bachofen steckten und mit Feuer hinter ihm her waren, unangesehen er noch nichts bekennt hatte. Einem anderen machten sie ein Band um den Kopf und raitelten es mit einem Bengel zusammen, daß ihm das Blut zu Mund, Nas und Ohren heraussprang.

3 Joachim Andreas Graf von Schlick (1569–1621), Direktor der böhmischen Stände.
4 Johann von Jessen (1566–1621), kursächsischer Leibarzt; Professor in Prag und Rektor der Prager Universität.
5 Vater.
6 Mutter.
7 Schwester.

In Summa, es hatte jeder seine eigen Invention, die Bauren zu peinigen, und also auch jeder Bauer seine sonderbare Marter. Allein mein Knan war meinem damaligen Bedünken nach der glückseligste, weil andere mit Schmerzen und jämmerlicher Weheklag sagen mussten, und solche Ehre widerfuhr ihm ohne Zweifel darum, weil er der Hausvater war; dann sie setzten ihn zu einem feuer, banden ihn, dass er weder Händ noch Füß regen konnte, und rieben seine Fußsohlen mit angefeuchtetem Salz, welches ihm unser alte Geiß wieder ablecken und dadurch also kützeln musste, dass er vor Lachen hätte zerbersten mögen. Das kam so artlich, dass ich Gesellschaft halber, oder weil ich's nicht besser verstunde, von Herzen mitlachen musste. [...] Von den gefangenen Weibern, Mägden und Töchtern weiß ich sonderlich nichts zu sagen, weil mich die Krieger nicht zusehen ließen, wie sie mit ihnen umgingen. Das weiß ich wohl, dass man teils hin und wieder in den Winkeln erbärmlich schreien hörte; schätze wohl, es sei meiner Meuder und unserm Ursele nit besser gangen als den andern. [...]

Zit. nach: Grimmelshausen, Hans Jakob Christoffel von: Der abenteuerliche Simplicissimus, 2. Auflage, Verlag Neues Leben Berlin 1988, S. 17–20.

13 Das Restitutionsedikt

Kaiser Ferdinand II. (1619–1637) ließ am 6. März 1629 das in seiner Wirkung verhängnisvolle Restitutionsedikt publizieren, das eine einseitige Auslegung des Augsburger Religionsfriedens von 1555 im katholischen Sinne darstellte. Es sollte dazu beitragen, dass der Krieg erneut eskalierte. 1630 musste der Kaiser einer Überprüfung des Edikts zustimmen, bevor es im Prager Frieden für 40 Jahre ausgesetzt und im Westfälischen Frieden 1648 völlig aufgehoben wurde.

Wir, Ferdinand, von Gottes Gnaden erwählter Römischer Kaiser, [...] entbieten allen Kurfürsten, Fürsten (etc.) und sonst allen anderen, unseren und des Reiches Untertanen unsere Freundschaft und Gnade: Und setzen außer Zweifel, [...] in welcher schädlichen Misshelligkeit und Zerrüttung unser geliebtes Vaterland Teutscher Nation nun eine lange Zeit geschwebt hat.

So soll nicht zugelassen werden, dass die mittelbaren Stifte und Klöster, erst nach dem Passauer Vertrag[8] eingezogen wurden, von den Augsburgischen Konfessions-Verwandten reformiert werden. Etliche Mitglieder der Augsburgischen Konfession glauben, dass sie die Macht haben, die Klöster zu reformieren. Die Klöster gehören

8 Zwischen Moritz von Sachsen und Erzherzog Ferdinand am 2./5.8.1552 geschlossener Vertrag, der in seiner Tendenz auf die Kompromisse, die im Augsburger Religionsfrieden geschlossen wurden, abzielte.

12 Die Plünderung des Dorfes Wommelgen.
Gemälde von Sebastian Vrancx, ca. 1620.

aber Gott und der Kirche: daher sind sie von weltlichem Gebiet und Regiment befreit. […] Denjenigen aber, die Erz- und Bistümer, hohe geistliche Ämter, Klöster, Hospitäler, Pfründe und andere geistliche Güter oder Stiftungen besitzen, müssen sich auf die Abtretung und Restituierung ihrer Pfründe einstellen. Wenn sie dem nicht nachkommen oder hierin sich säumig zeigen, würden sie der Reichsacht verfallen und alle Privilegien verlieren. Das meinen wir ernstlich. Ferdinand.

[Der Text wurde leicht bearbeitet und der heutigen Sprache angepasst.] Bearbeitet nach: Roeck, Bernd (Hrsg.): Deutsche Geschichte in Quellen und Darstellung, Bd. 4, Gegenreformation und Dreißigjähriger Krieg (1555–1648), Stuttgart 1996, S. 267–276.

14 Der Friede von Lübeck

Vertrag zwischen Kaiser Ferdinand II. und König Christian IV. von Dänemark.

Lübeck, 12./22. Mai 1629. Zu den diplomatischen Vertretern, die an den Verhandlungen teilnahmen, gehörten auch Wallenstein und Tilly. Neben territorialen Zugeständnissen verzichten beide Kriegsparteien auf die Erstattung von Kriegskosten.

Zwischen Kaiser Ferdinand II. und König Christian IV. wurde zur Beseitigung der zwischen ihnen entstandenen Irrungen eine Friedenskonferenz einberufen. Beide Seiten haben sich […] eines aufrichtigen, beständigen, sicheren und immerwärenden Friedens in der Form der nachfolgenden Punkte und Artikel miteinander verglichen: Der Kaiser und der König von Dänemark wollen fortan und zu ewigen Zeiten rechtschaffende, ungefärbte Freundschaft zu Wasser und Land halten, (so dass) ein beständiger, aufrichtiger Friede, immerwärende Einigkeit und Vertrauen gestiftet und konserviert sei und bleibe; […] Ihre königliche Würden und Majestät werden sich künftig in Sachen des Heiligen Römischen Reiches nicht einmischen, sofern es nicht um ihre Rolle als Fürste des Herzogtums Holstein geht […]. Mit Vorbehalt seiner kaiserlichen Majestät und des Heiligen Römischen Reiches erhält der dänische König die Hoheit und Lehnsgerechtigkeit über das Herzogtum Holstein, Stormarn[9] und Dithmarschen[10] zurück. Weiterhin werden Gefangene ohne Verzug und weitere Beschwerung ausgetauscht. In diesen Frieden werden mit einbezogen: An der Seite der kaiserlichen Majestät die Kronen Spanien und Polen, die Ser. Infanta zu Brüssel mit dem gesamten Haus Österreich, Bayern samt allen anderen assistierenden gehorsamen Kurfürsten und Ständen des Heiligen Römischen Reiches auch deren Untertanen sowie an der Seite des Dänenkönigs die Kronen Frankreich, Großbritannien und Schweden sowie die Staaten der Vereinigten Niederlanden, da sie allerseits wollen, mit einbezogen und begriffen sein. […]

[Der Text wurde leicht bearbeitet und der heutigen Sprache angepasst.] Bearbeitet nach: Roeck, Bernd (Hrsg.): Deutsche Geschichte in Quellen und Darstellung, Bd. 4, Gegenreformation und Dreißigjähriger Krieg (1555–1648), Stuttgart 1996, S. 276–279.

15 Faksimile des blutbefleckten Marschbefehls für Feldmarschall Graf Pappenheim vom 15.11.1632, der in der Schlacht bei Lützen fiel.

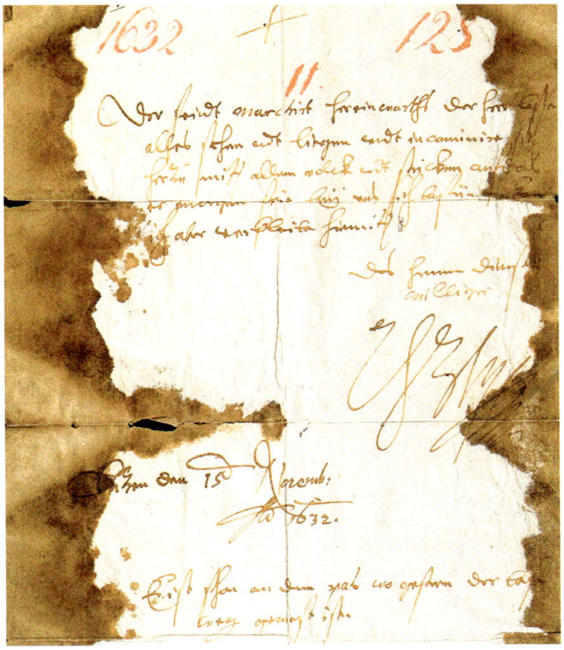

„Der Feind marschiert hereinwarths.
Der herr lasse alles stehen und liegen undt incaminiere sich herzu mitt allem volk und stücken [Kanonen] auf das er morgen früe bei uns sich befinden kann.
Ich verbleibe hiermitt des herrn dienstwillig
AHzM [Albrecht Herzog zu Mecklenburg]
Lützen den 15. Novemb. do. 1632
Er ist schon an dem pas wo gestern der lose weg gewest ist."

16 Wallenstein

Aus einem Bericht des spanischen Botschafters in Wien an seinen König (2.11.1633):

Allergnädigster Herr! Der Herzog von Friedland[11] wirbelt so viel Staub in Deutschland auf, dass ich es für notwendig hielt, über seine Machtvollkommenheit und die Art, wie er sie gebraucht, einen Bericht zu erstatten, um E. Mt. genaue Kunde über den gegenwärtigen Stand der Dinge zu verschaffen. Nach dem Verlust der Schlacht bei Leipzig[12] bemächtigte sich des hiesigen Hofes infolge der geringen Verteidigungsmittel die größte Furcht, so dass, wie mich der Fürst von Eggenberg[13] versicherte, die meisten Minister der Ansicht waren, der Kaiser solle sich nach

9 Landschaftsname der holsteinischen Geest nordöstlich von Hamburg, im Gebiet von der oberen Pinnau und Alster bis zur Trave.
10 Landschaft im westlichen Holstein.
11 Wallenstein führte diesen Titel seit 1625.
12 Gemeint ist die Schlacht bei Breitenfeld (17.9.1631), die mit einem großen Sieg Gustav Adolfs von Schweden über die Kaiserlichen endete.
13 Kaiserlicher Minister und Förderer Wallensteins.

17 Schlacht bei Lützen. Der unter Kurzsichtigkeit leidende Gustav Adolf kämpft in vorderster Linie mit. Gemälde von Jan Asselyn, 1634, 71 x 93 cm.

Graz und eventuell nach Italien flüchten. Eggeberg riet jedoch die Anwerbung eines neuen Heeres an, um mit demselben noch einmal das Glück zu versuchen. Allgemein war die Überzeugung, dass für dieses Unternehmen keine andere Person tauglich sei als allein der Herzog von Friedland. Ich hatte bisher nicht die Zeit, den Vertrag auszuforschen, den er bei dieser Gelegenheit mit dem Kaiser abschloss, aber die Ereignisse beweisen, dass neben den Versprechungen, die er für seine Person erhielt und die ohne Zweifel außerordentlich weitreichend waren, ihm der Oberbefehl über das Heer mit absoluter Gewalt und vollkommener Unabhängigkeit übertragen und ihm das Recht erteilt wurde, Krieg oder Frieden zu schließen, die Zahl und Größe des anzuwerbenden Heeres zu bestimmen, sämtliche erledigte Befehlshaberstellen ohne jede Ausnahme selbstständig zu besetzen, über die Güter der Rebellen im Reich und in den Erbstaaten nach Belieben zu verfügen und sie zu verschenken, an wen und wie er wolle. Dazu erteile ihm der Kaiser das Recht, in allen seinen Königreichen und Provinzen Musterungsplätze zu errichten, Kontributionen auszuschreiben und zu erheben, den Soldaten Quartiere anzuweisen und überhaupt alles zu tun, was ihm zweckentsprechend erscheinen würde, und zwar in jener Weise, welche er für gut finden würde. Von diesem Vertrage, von dem es kein zweites Beispiel in der Geschichte gibt, macht der Herzog von Friedland einen ebenso absoluten Gebrauch: Er schreibt sehr selten an den Kaiser, und wenn er dies tut, gibt er ihm nur einen oberflächlichen Bericht über seine Absichten. […]

Ginderley: A.: Wallensteins Vertrag mit dem Kaiser bei der Übernahme des zweiten Generalamtes, in: Abhandlungen der Böhmischen Gesellschaft der Wissenschaften, VII, 3, Nr. 4, 1890, S. 19 f. Zit. nach: Geschichte betrifft uns, Nr. 1/2000, Bergmoser & Höller Verlag, S. 20 f.

18 Prager Frieden

Der am 20./30. Mai 1635 zwischen Kaiser Ferdinand II., der katholischen Liga und Kursachsen in Prag geschlossene Friedensvertrag, dem die meisten deutschen Reichsstände beitraten, stellte den Versuch dar, eine deutsche Friedenslösung unter Ausschaltung des Auslandes herbeizuführen. Das Restitutionsedikt wurde dahingehend modifiziert, dass man sich auf den Stichtag 12. November 1627[14] einigte. Was vor diesem Tag katholisch oder evangelisch war, sollte es auch weiterhin

14 Erst mit dem Westfälischen Frieden einigte man sich später auf den Stichtag 1.1.1624.

bleiben. Die katholische Liga und der protestantische Heilbronner Bund sollten aufgelöst, die Kriegskosten gegenseitig aufgehoben und eine Amnestie verkündet werden.

§ 1 […] Nachdem unser allergnädigster Herr, seine Majestät der Kaiser, der zugleich auch König von Ungarn und Böhmen ist, ganz eifrig dahin getrachtet hat, mit seiner Kurfürstlichen Durchlaucht zu Sachsen, der eine vornehme Säule des Heiligen Römischen Reiches ist, treu zu kooperieren, wie und in welchem Maße doch ein Christlicher, allgemeiner, ehrbarer, billiger und sicherer Friede in dem Heiligen Römischen Reich wieder aufgerichtet und dasselbe, nach so vielen langen Kriegen, und darüber ausgestandenem Elend, Not und Zerstörung erquicket, der Ausblutung ein Ende gemacht und das geliebte Vaterland der Hochedlen deutschen Nation vom endlichen Untergang errettet werden möchte.

§ 2. Dass sie darauf, und zu solchem heilsamen gemeinnützigem Ende / weil man bei diesem leidigen Unwesen, und sonderlich wegen der auf dem Boden des Reiches sich noch befindenden ausländischen Nationen und Kriegsparteien, zu keiner allgemeinen Reichs- oder andern gemeinen Versammlung sicherlich gelangen können, beiderseits deren Räte und Bevollmächtigte […] endlich auf Prag geschickt, und sich dem Reich zu Nutz und Ehren, der deutschen Nation, und beiderseits den Königreichen, Kurfürstentum, Landen und Leuten zu Trost und Rettung / und gemeinen Wesen zum Besten, nachfolgenden gemeinen Friedensschluss verglichen und besiegelt haben.

[Der Text wurde leicht bearbeitet und der heutigen Sprache etwas angepasst.] Bearbeitet nach: Roeck, Bernd (Hrsg.): Deutsche Geschichte in Quellen und Darstellung, Bd. 4, Gegenreformation und Dreißigjähriger Krieg (1555–1648), Stuttgart 1996, S. 341–359.

19 Bevölkerungsverluste in Deutschland während des Dreißigjahrigen Krieges 1618–1648.

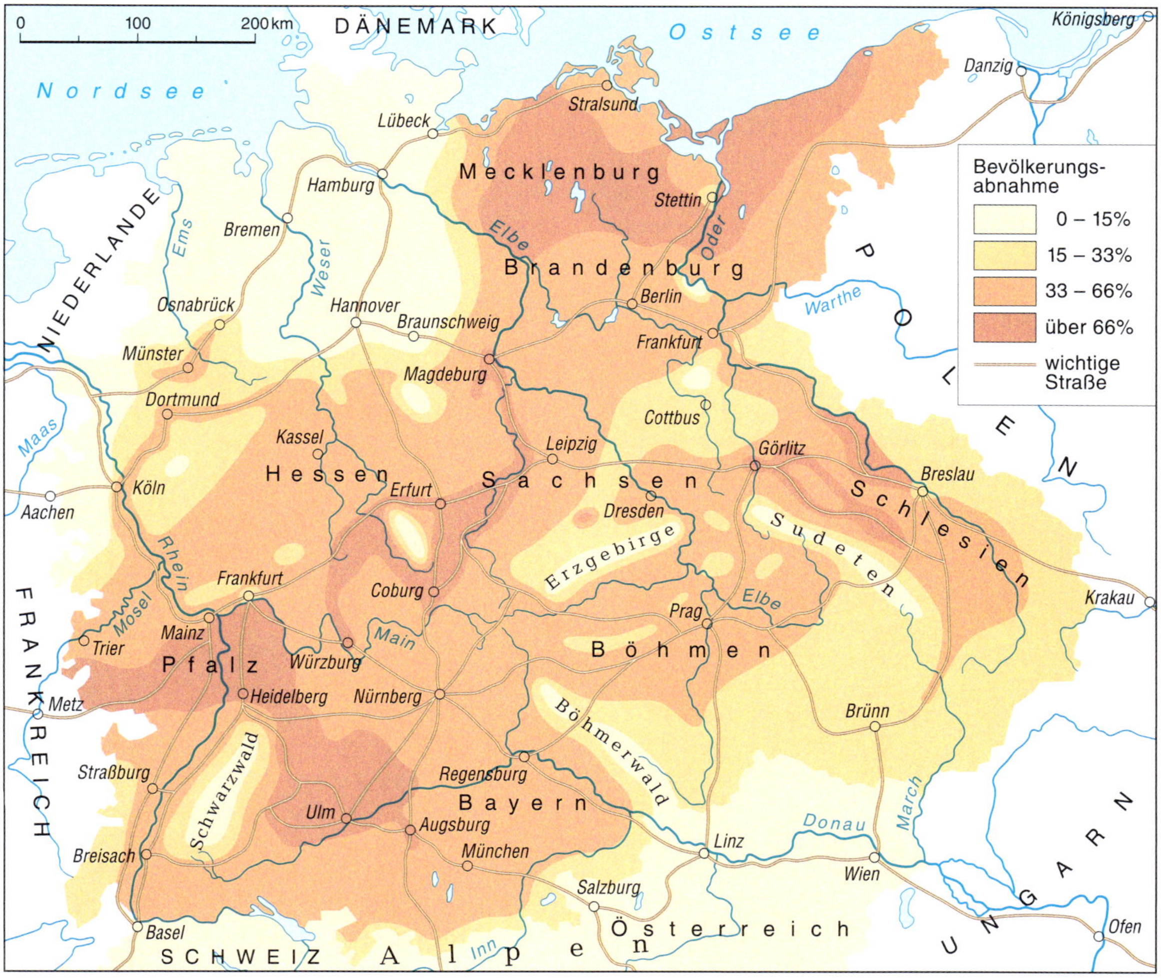

20 Auf dem Weg zum Westfälischen Frieden. Der Hamburger Präliminarvertrag[15] (15./25. Dezember 1641)

Unter dänischer Vermittlung trafen sich 1641 in Hamburg schwedische und kaiserliche Gesandte und vereinbarten, dass in den beiden Städten Münster und Osnabrück ein Friedenskongress stattfinden sollte. Im katholischen Münster sollten die Verhandlungen mit Frankreich und im protestantischen Osnabrück mit Schweden stattfinden. Entgegen der Absicht, den Kongress nur wenige Monate später zu eröffnen, kam es dazu erst 1644.

[...] Die Orte der allgemeinen Verhandlungen sollen Osnabrück und Münster in Westfalen sein, aus welchen beiden sofort nach Austausch der Geleitbriefe [...] die Besatzungen der kriegführenden Parteien abgezogen werden sollen. Für die Dauer der Kongresse werden die genannten Städte durch einen von beiden Parteien zu leistenden Eid zur Neutralität verpflichtet. Den Magistraten bleibe während dieser Zeit der Schutz ihrer Städte durch ihre eigenen Milizen und Bürgerwehren überlassen. Sie sollen verpflichtet werden, dem ganzen Kongress ihre Treue zu verbürgen und ihm Sicherheit zu gewährleisten, Güter, Personen und das Gefolge der Unterhändler als unverletzlich zu betrachten und zu beschützen. [...] Beide Kongresse sollen als ein einziger angesehen werden, und deshalb sollen nicht nur die Wege zwischen den beiden Städten für alle sicher sein, denen daran gelegen ist, frei und sicher von einer zur anderen verkehren zu können, sondern es soll auch jeder dazwischenliegende Ort, der für ein Sondertreffen der verhandelnden Parteien im gegenseitigen Einvernehmen als vorteilhaft erscheinen wird, Sicherheit genießen. In den beiden genannten Orten seien auch die Ein- wie Ausfuhr aller Schriften, Lebensmittel und aller Sachen, soweit sie für den so bedeutenden Kongress nötig sind, frei, und sie sollen von keinem, auf keinerlei Weise und unter keinem Vorwand irgendwo gestört, sondern vielmehr auf bestmögliche Weise gefördert werden. [...] Geleitbriefe für beide Kongresse werden binnen zwei Monaten nach Abschluss dieser Konvention unter allen Beteiligten ausgetauscht. [...] Der Tag aber, an dem die beiden Kongresse feierlich eröffnet werden sollen, sei genannt und festgelegt der 25. März des kommenden Jahres. Dass dies der Christenheit glücklich und günstig gerate, gebe Gott! [...]

[Der Text wurde leicht bearbeitet und der heutigen Sprache angepasst.] Bearbeitet nach: Roeck, Bernd (Hrsg.): Deutsche Geschichte in Quellen und Darstellung, Bd. 4, Gegenreformation und Dreißigjähriger Krieg (1555–1648), Verlag: Philipp Reclam jun. Stuttgart 1996, S. 365–368.

15 Vorvertrag.

21 Friedenssehnsucht

Das nachstehende Gedicht wurde um 1634 von dem Uckermärker Hans Georg von Arnim (1583–1641) verfasst, der sich schon 1613 in schwedischen Diensten befand und im Auftrage des Schwedenkönigs Gustav II. Adolf dessen Heirat mit der brandenburgischen Prinzessin Marie Eleonore vorbereitete. 1627 trat er trotz seines protestantischen Glaubens in die kaiserlichen Dienste unter Wallenstein ein, wo er ein Jahr später Feldmarschall wurde und die Belagerung von Stralsund durchführte.

Des Krieges seind wir müde,
O, Herr bescheer den Friede,
Darnach verlangt uns sehr,
Den Bauer noch viel mehr!

Womit er sich soll nähren,
Das thun wir ihm verzehren;
Er hat kein Kalb noch Kuh,
Kriegt große Schläge dazu!

So wird dem armen Bauer
Sein Leben ganz blutsauer,
es thut der Läng' kein Gut,
Dass wir sein' Schweiß und Blut

Auffressen und aussaugen;
Der Krieg thut nichts mehr taugen.
Darum, o lieber Herr,
Den Frieden uns bescheer!

Zit. nach: Irmer, G.: Hans Georg von Arnim – Lebensbild eines protestantischen Feldherrn und Staatsmannes aus der Zeit des Dreißigjährigen Krieges, Leipzig 1894, S. 307.

22 Söldner – Bauer und Bürger

Krieg, Hunger und Pest sind drei Ruthen, durch die Gott die Menschen suchen lässt.

Sprichwort aus dem 17. Jh. (zitiert nach: Langer, H., Hortus Bellicus, 1982, S. 13).

Wann der Krieg angehet, so werden die Bawren Unterthanen geschoren; Wäret er länger, so werden sie geschunden; Ist er bald an Ende, so wird ihnen das Marck vollends gar aus den Beinen gezogen.

Newmayr vo Ramsla: Vom Krieg, 1641, Kap. III/17 (Zit. nach: Langer, H., Hortus Bellicus, 1982, S.19).

Der Krieg ist mein Vaterland, der Harnisch mein Haus und allzeit streiten mein Leben.

Soldaten-Sprichwort aus dem 16. Jh. (Zit. nach: Langer, H., 1982, S.61).

Es treibt sich der Bürgersmann, träg und dumm, wie des Färbers Gaul, nur im Kreis herum. Aus dem Soldaten kann alles werden, denn Krieg ist jetzt die Losung auf Erden.

Schiller: Wallensteins Lager, 7 (Zit. nach: Langer, H., a. a. O., 1982, S. 89)

Ein jeder Oberst, Rittmeister oder Hauptmann weiß wohl, dass ihm keine Doktoren, Magister oder sonst gottesfürchtige Leute zulaufen, sondern ein Haufen böser Buben aus allerlei Nationen, und seltsames Volk, das Weib und Kind, Nahrung und alles verlässt und dem Kriege folgt.

Aus: Adam Junghans von der Olnitz' Kriegsordnung, 2. Teil, Zit. nach: Langer, H., Hortus Bellicus, 1982, S. 92.

23 **Generalfeldmarschall Hans Georg von Arnim.**

24 **Der Friedensschluss von Osnabrück**

Friedensvertrag zwischen dem Kaiser (Ferdinand III.) und seinen Verbündeten und der Königin von Schweden (Christine) und ihren Verbündeten. Osnabrück, 24. Oktober 1648

Art. I Es sei ein christlicher, allgemeiner, immerwährender Friede und wahre und aufrichtige Freundschaft zwischen der hl. Kaiserlichen Majestät, dem Hause Österreich und allen seinen Verbündeten und Anhängern und deren jeglichen Erben und Nachfolgern, insbesondere dem Katholischen König, den Kurfürsten, Fürsten und Ständen des Reiches einerseits, und der hl. königlichen Majestät und dem Königreich Schweden und allen seinen Verbündeten und Anhängern und deren jeglichen Erben und Nachfolgern, insbesondere dem Allerchristlichsten König und den betreffenden Kurfürsten, Fürsten und Ständen des Reiches andererseits; [...]

Art. II Beiderseits sei immerwährendes Vergessen und Amnestie alles dessen, was seit Anbeginn dieser Unruhen an irgendeinem Ort und auf irgendeine Weise vom einen oder andern Teil, hüben und drüben, feindlich begangen worden ist [...].

Art. V. [...] § 1. Der im Jahre 1552 zu Passau abgeschlossene Vertrag und der im Jahre 1555 darauf gefolgte Religionsfriede [...] soll in allen seinen, mit einmütiger Zustimmung des Kaisers, der Kurfürsten, Fürsten und Stände beider Religionen angenommenen und beschlossenen Artikeln für gültig gehalten und gewissenhaft und unverletzlich beobachtet werden.

[...] In allen übrigen Dingen aber soll zwischen allen und jeden Kurfürsten, Fürsten und Ständen beider Religionen genaue und gegenseitige Gleichheit herrschen, soweit sie der Verfassung des Staatswesens, den Reichssatzungen und gegenwärtigem Vertrag gemäß ist [...], wobei alle Gewalt und Tätlichkeit, wie im übrigen, so auch hier zwischen beiden Teilen auf alle Zeit verboten ist. [...]

§ 34. Ferner ist beschlossen worden, dass jene der Augsburgischen Konfession angehörenden Untertanen von Katholiken, sowie auch die katholischen Untertanen von Ständen Augsburgischer Konfession, die zu keiner Zeit des Jahres 1624 ihren Glauben öffentlich oder auch privat üben dürfen, und auch die, welche nach der Verkündigung des Friedens eine andere Religion bekennen oder annehmen werden als die Landesherrn, nachsichtig geduldet und nicht gehindert werden sollen [...].

Art. VIII § 2. (Die Kurfürsten, Fürsten und Stände erhalten das Recht) Gesetze zu erlassen oder auszulegen, Krieg zu beschließen, Steuern auszuschreiben, Werbungen oder Einquartierungen von Soldaten vorzunehmen, neue Befestigungen innerhalb des Herrschaftsgebiets der Stände im Namen des Reichs zu errichten [...], Frieden oder Bündnisse zu schließen [...]. Vor allem aber soll das Recht, unter sich und mit dem Ausland Bündnisse für ihre Erhaltung und Sicherheit abzuschließen, den einzelnen Ständen immer freistehen, jedoch unter der Bedingung, dass dergleichen Bündnisse nicht gegen Kaiser und Reich und dessen Landfrieden oder besonders gegen diesen Vertrag gerichtet, sondern so beschaffen seien, dass der Eid, durch den ein jeder dem Kaiser und Reich verpflichtet ist, in allen Ständen unverletzt bleibt.

Art. X. § 1. Da ferner die durchlauchtigste Königin von Schweden[16] verlangt hatte, dass sie für die Zurückgabe der in diesem Kriege besetzten Plätze entschädigt und dass für die Wiederherstellung des öffentlichen Friedens im Reich gebührend gesorgt werde, so überlässt die kaiserliche Majestät mit Zustimmung der Kurfürsten, Fürsten und Stände des Reiches, besonders der beteiligten, und Kraft des gegenwärtigen Vertrages der besagten durchlauchtigen Königin und ihren künftigen Erben und Nachfolgern,

16 Christine (1626–89), Königin 1632/44–54.

3

den Königen und dem Königreich Schweden, folgende Herrschaften zu vollem Recht als immerwährendes und unmittelbares Reichslehen: § 2: Erstens ganz Vorpommern mitsamt der Insel Rügen, innerhalb derjenigen Grenzen, durch die sie unter den letzten Herzögen von Pommern umschrieben waren. Zudem von Hinterpommern Stettin, Gartz, Damm, Gollnow und die Insel Wollin, mitsamt der dazwischen fließenden Oder und dem Meer, gewöhnlich das frische Haff genannt [...].

§ 3. Dieses Herzogtum Pommern und das Fürstentum Rügen (mit allen) geistlichen und weltlichen Rechten und Privilegien [...], (weiterhin) Stadt und Hafen Wismar mitsamt der Festung Walfisch [...], das Erzbistum Bremen und das Bistum Verden [...].

§ 8. Der Stadt Bremen aber und ihrem Gebiet und ihren Untertanen sollen ihr gegenwärtiger Stand, ihre Freiheit, ihre Rechte und Privilegien in geistlichen und weltlichen Dingen unangefochten gelassen werden. [...]

§ 9. Viertens: Wegen aller oben erwähnten Herrschaften und Lehen nimmt der Kaiser mit dem Reich die durchlauchtigste Königin und ihre Nachfolger am Königreich Schweden als unmittelbaren Reichsstand auf, so dass zu den Reichstagen unter den Reichsständen auch die Königin und die Könige von Schweden unter dem Titel eines Herzogs von Bremen, von Verden und von Pommern sowie eines Fürsten von Rügen und Herrn von Wismar geladen werden müssen; dabei soll ihnen als Sitz in den Reichsversammlungen im Fürstenrat auf der weltlichen Bank der fünfte Platz angewiesen sein und die Stimme für Bremen zwar an diesem Platz und in dieser Reihenfolge, die Stimme für Verden und für Pommern aber in der von alters her den früheren Besitzern gebührenden Reihenfolge abgegeben werden.

[Der Text wurde leicht bearbeitet und der heutigen Sprache angepasst.]
Bearbeitet nach: Langer, Herbert: 1648, der Westfälische Frieden: Pax Europaea und Neuordnung des Reiches, Brandenburgisches Verlagshaus Berlin 1994, S. 146–156.

25 Der Friedensschluss von Münster

Friedensvertrag zwischen dem Kaiser (Ferdinand III.) und Frankreich (Ludwig XIV.) mit ihren jeweiligen Verbündeten. Münster, 24. Oktober 1648

[...] § 3. Und damit die beiderseitige Freundschaft zwischen dem Kaiser, dem Allerchristlichen König[17], den Kurfürsten, Fürsten und Ständen des Reiches künftig desto sicherer und aufrichtiger gehalten werde [...], so soll der eine des andern jetzige oder künftige Feinde niemals unter irgendeinem Schein oder Vorwand oder wegen irgendeiner Streitigkeit oder eines Krieges gegen den anderen mit Waffen, Geld, Soldaten, Proviant oder anderweitig unterstützen, oder den Truppen, die gegen eine der friedenschließenden Mächte von irgendwem geführt werden, Aufnahme, Quartier oder Durchzug gestatten. [...]

§ 4. Die Lothringische Streitsache[18] soll entweder Schiedsrichtern, die von beiden Parteien zu ernennen sind, unterbreitet oder in einem französisch-spanischen Vertrag oder auf anderem gütlichen Wege beigelegt werden [...].

§ 70. [...] die Landeshoheit und alle anderen Rechte auf die Bistümer Metz, Toul und Verdun und die gleichnamigen Städte und die Gebiete jener Bistümer [...] sollen in der selben Weise, wie sie bisher zum Römischen Reiche gehörten, künftig zur Krone Frankreichs gehören und ihr auf immer und unwiderruflich einverleibt werden, jedoch mit Vorbehalt des Metropolitenrechts[19], das dem Erzbistum Trier zukommt. [...]

§ 75. Indessen soll der König verpflichtet sein, in diesen Orten samt und sonders die katholische Religion zu erhalten, wie sie unter den österreichischen Fürsten erhalten worden ist, und alle Neuerungen, die sich während dieses Krieges eingeschlichen haben, wieder zu beseitigen.

(§ 86 legt fest, dass alle Anlieger des Rheins – von Vasallen bis zu Bürgern und Einwohnern – nach Verkündigung des Friedens in ihre beweglichen wie unbeweglichen Güter, ungeachtet jeglicher Beschlagnahme oder Schenkung, wiedereinzusetzen sind. Waren, Brandschatzungen und dergleichen werden, um Prozesse zu vermeiden, nicht erstattet.)

§ 87. Der Allerchristlichste König soll verpflichtet sein, nicht nur die Bischöfe von Straßburg und Basel, mit der Stadt Straßburg, sondern auch die übrigen, in beiden Elsaß dem Römischen Reich unmittelbar unterstellten Stände [...] in der selben Freiheit und dem Besitz der Reichsunmittelbarkeit zu belassen, deren sie sich bisher erfreut haben, dergestalt dass er keine weitergehende königliche Oberhoheit über sie beanspruchen kann [...].

§ 119 sieht neben dem Einschluss Venedigs in den Frieden auch die Einbeziehung weiterer Staaten – bei Zustimmung der Vertragspartner – vor.

Münster, 24. Oktober 1648

[Der Text wurde leicht bearbeitet und der heutigen Sprache angepasst.]
Bearbeitet nach: Roeck, Bernd (Hrsg.): Deutsche Geschichte in Quellen und Darstellung, Bd. 4 Gegenreformation und Dreißigjähriger Krieg 1555–1648, Verlag: Philipp Reclam jun. Stuttgart 1998, S. 417–423.

26 Urteile der Nachwelt

a) Saint-Pierre/Rousseau über den Westfälischen Frieden, 1761

Trotz aller Mängel dieser Reichsverfassung ist es gewiss: solange sie Bestand hat, wird Europas Gleichgewicht niemals zerbrechen, kein Potentat muss befürchten, von einem anderen entthront zu werden, und der Westfälische Vertrag wird uns vielleicht auf alle Zeit Grundlage des politischen Gefüges sein.

Zit. nach: Langer, H., Das Tagebuch Europas, Berlin 1994, S. 181 f.

17 Gemeint ist hier König Ludwig XIV von Frankreich.
18 Lothringen war 1634 von Frankreich annektiert worden.
19 Bis 1676 war Trier Sitz der Erzbischöfe.

b) Friedrich Schiller über den Westfälischen Frieden (Aus: Prolog zu „Wallenstein", 1799 beendet und in Weimar uraufgeführt)

Zerfallen sehen wir in diesen Tagen die alte feste Form, die einst vor hundertundfünfzig Jahren ein willkommner Friede Europens Reichen gab, die teure Frucht von dreißig jammervollen Kriegsjahren.

c) Ein Geschichtsbuch Ende des 18. Jahrhunderts

Was für ein Riesenwert es war, diesen unter dem Namen des Westfälischen berühmten, unverletzlichen und heiligen Frieden zu schließen, welche unendlich scheinende Hindernisse zu bekämpfen, welche streitende Interessen zu bereinigen waren, welche Reihe von Zufällen zusammenwirken musste, dieses mühsame, teure und dauernde Werk der Staatskunst zu stande zu bringen, was es kostete, die Unterhandlungen auch nur zu eröffnen, was es kostete, dem wirklich Vollendeten das Siegel aufzudrücken und den feierlich abgekündigten zur wirklichen Vollziehung zu bringen – was endlich der Inhalt dieses Friedens war, was durch dreißigjährige Anstrengungen und Leiden von jedem einzelnen Kämpfer gewonnen oder verloren worden ist und welchen Vorteil oder Nachteil die europäische Gesellschaft im Großen und im Ganzen dabei mag geerntet haben – muss einer anderen Feder vorbehalten bleiben. So ein großes Ganze die Kriegsgeschichte war, so ein großes und eigenes Ganze ist auch die Geschichte des Westfälischen Friedens. Ein Abriss davon würde das interessanteste und charaktervollste Werk der menschlichen Weisheit und Leidenschaft zum Skelett entstellen und ihr gerade dasjenige rauben, wodurch sie die Aufmerksamkeit desjenigen Publikums fesseln könnte, für das ich schrieb und von dem ich hier Abschied nehme.

Aus: Geschichte des Dreißigjährigen Krieges, 5. Buch (Schluss), geschrieben 1792, zit. nach: Langer, H., Das Tagebuch Europas, Berlin 1994, S. 182f.

d) Das Urteil der britischen Historikerin Cecily Veronica Wedgwood, 1938

Für Deutschland war der Krieg ein restloses, ungemildertes Unheil; er war das auch für das übrige Europa, wenngleich auf andere Art. Der Friede, der die Streitigkeiten in Deutschland verhältnismäßig erfolgreich beendet hatte, weil die Leidenschaften abgekühlt waren, versagte bei der Lösung der europäischen Schwierigkeiten völlig. Die unbestimmte und der Bevölkerung höchst unwillkommene Abtretung des Elsasses führte geradewegs zum Krieg; die Besitznahme von halb Pommern durch die schwedische Krone war nur deswegen weniger unheilvoll, weil die schwedische Krone offenkundig zu schwach war, um diesen Besitz zu halten. Das hinterlistige Anwachsen des bourbonischen Einflusses am Rhein und Mazarins[20] wohlerwogene Politik, strategisch wichtige Grenzpunkte zu besetzen, untergruben die Friedensvereinbarungen. Der westfälische Friede legte wie die meisten Friedensschlüsse durch die Umgestaltung der Landkarte Europas die Keime zum nächsten Krieg.

Der Westfälische Friede ist als in der europäischen Geschichte epochemachend beschrieben worden, und man nimmt gewöhnlich an, dass er es wirklich war. Er grenzt angeblich die Zeit der Religionskriege gegen die der bloßen Nationalkriege ab, die ideologischen von den bloßen Angriffskriegen. Aber die Abgrenzung ist genauso erkünstelt, wie es solche willkürlichen Scheidungen gewöhnlich sind. Aggressivität, dynastischer Ehrgeiz und Fanatismus sind alle gleicherweise im nebelhaften Hintergrund der Wirklichkeit vorhanden, und der letzte der Religionskriege ging unmerklich in die pseudonationalen Kriege der Zukunft über.

Zit. nach: Der Dreißigjährige Krieg. Aus dem Englischen von A. G. Girschick, München 1971, S. 456 f.

e) Johannes Rau, Ministerpräsident von Nordrhein-Westfalen und später Bundespräsident, zum 350-jährigen Jubiläum 1998

[...] Für uns Deutsche kann die Beschäftigung mit dem Westfälischen Frieden aber auch noch in anderer Hinsicht erhellend sein. Wie in einem fernen Spiegel zeigen uns die historischen Vorgänge von Osnabrück und Münster, dass wir, wenn wir von deutscher Geschichte reden wollen, über Europa nicht schweigen dürfen, dass wir die europäischen Bedingungen unseres deutschen Denkens und Daseins stets im Auge behalten müssen, kurz: dass wir nicht nur als Deutsche, sondern als Europäer eine Geschichte haben, eine Geschichte, die uns mit unseren Nachbarn jenseits unserer Grenzen immer verbunden hat und noch verbindet. [...]

Zit. nach: 350 Jahre Westfälischer Frieden – Entscheidungsprozesse, Weichenstellung und Widerhall eines europäischen Ereignisses. Münster 1996, S. 13.

20 Bestimmte nach dem Tod Richelieus von 1642 bis 1661 als Kardinal in Frankreich maßgeblich die Innen- und Außenpolitik.

3

3

Arbeitsvorschläge:

a) Erläutern Sie, welche Bedeutung dem regionalen Konflikt in Donauwörth beigemessen werden kann (VT).

b) Beurteilen Sie, ob sich Union und Liga zu Recht als Devensivbündnisse bezeichneten (VT).

c) Schildern Sie, wie es zum Prager Fenstersturz kam (VT, M 8). Erläutern Sie in diesem Zusammenhang, warum die Ereignisse in Böhmen auf das gesamte Reich ausstrahlten und letztendlich zu einer militärischen Konfrontation führen mussten, die den ganzen Ostseeraum erfassten.

d) Erarbeiten Sie sich eine Liste der Kriegsteilnehmer und stellen Sie deren Kriegsziele zusammen. Überprüfen Sie anhand des Westfälischen Friedens (M 24 und M 25), ob bzw. inwieweit die Kriegsparteien ihre Ziele tatsächlich erreichen konnten.

e) Arbeiten Sie heraus, welche direkten und indirekten Auswirkungen der Krieg für die betroffenen Regionen und deren Einwohner brachte. Nutzen Sie dazu M 11, M 12, M 19 und M 22. Erstellen Sie einen fiktiven Bericht über die Plünderung des Dorfes Wommelgen. Forschen Sie nach, ob es in Ihrer Heimatregion ähnliche Schicksale gab.

f) Geben Sie den wesentlichen Inhalt des Restitutionsedikts wieder. Vergleichen Sie die enthaltenen Bestimmungen mit den Beschlüssen des Augsburger Religionsfriedens von 1555 (M 25 auf S. 125). Warum musste das Restitutionsedikt zwangsläufig zu einer Verschärfung der Spannungen zwischen Kaiser und Partikulargewalten führen?

g) Erläutern Sie, wie der spanische Botschafter in M 16 Wallensteins Rolle beurteilt. Schätzen Sie ein, welche Auswirkungen der hier angesprochene Vertrag auf das persönliche Schicksal Wallensteins gehabt haben könnte. Begründen Sie Ihre Meinung.

h) Nennen Sie die wesentlichen Ergebnisse des Lübecker (M 14) und des Prager Friedens (M 18). Warum konnten beide Friedensschlüsse nicht zur Beendigung des Krieges beitragen?

i) Stellen Sie dar, welche Position der Autor von M 21 zum Krieg einnimmt. Was könnte einen hohen kaiserlichen Offizier wie Hans Georg von Arnim, der selbst auf Kosten der Bauern lebte, dazu bewogen haben, derartige Zeilen zu schreiben?

j) Erläutern Sie, ausgehend vom Hamburger Präliminarvertrag (M 20), welche Schwierigkeiten mit der Organisation der Friedensverhandlungen verbunden waren.

k) Erläutern Sie unter Einbeziehung des Kartenmaterials, welche grundlegenden Veränderungen der Westfälische Frieden mit sich brachte (M 24 und M 25). Ordnen Sie die im Westfälischen Friedensvertrag enthaltenen Bestimmungen einzelnen Interessengruppen zu. Welche Rechte wurden für die Fürsten festgeschrieben? Welche Festlegungen wurden hinsichtlich der Ausübung der Religionen getroffen? Welche territorialen Veränderungen bzw. Gebietswechsel wurden vorgenommen? Beurteilen Sie, inwieweit die enthaltenen Bestimmungen zu einem gerechten und dauerhaften Frieden beitrugen.

l) Vergleichen und bewerten Sie die in M 26 genannten Positionen zum Westfälischen Frieden. Begründen Sie Ihre Meinung.

Konfessionalisierung Europas

1415	Hinrichtung von Jan Hus (1419–1420 und 1433–1434 Hussitenkriege in Böhmen).
1514	Aufstand des „Armen Konrad“ in Württemberg. Albrecht von Brandenburg wird Erzbischof zu Mainz.
1517	Luther verkündet in Wittenberg seine 95 Thesen.
1518	März: Anklage Luthers in Rom durch die Dominikaner. Oktober: Verhör Luthers in Augsburg durch Kardinal Cajetan.
1519	Kaiser Maximilian I. stirbt. Karl V. wird zu seinem Nachfolger gewählt.
1520	Luthers Schriften werden in vielen Städten öffentlich verbrannt.
1521	Januar: Bannbulle gegen Luther. April: Luther wird vor dem Reichstag von Worms verhört. Das anschließende Wormser Edikt verurteilt Luthers Lehren und seine Anhänger. Thomas Münzter verfasst das „Prager Manifest“.
1522	Bildersturm in Wittenberg, Ritteraufstand in der Kurpfalz.
1524	Im Frühjahr beginnt der Bauernkrieg in Süddeutschland und der Schweiz. Müntzer hält seine Fürstenpredigt.
1525	Erscheinen der „Zwölf Artikel“ der Bauernschaft in Schwaben. Mai: Schlacht bei Frankenhausen, Hinrichtung von Thomas Müntzer.
1526	Reichstag in Speyer. Beginn der Reformation in Hessen mit der „Homberger Synode“.
1529	Auf Veranlassung von Landgraf Philipp v. Hessen kommt es zum Marburger Religionsgespräch (u. a. zwischen Luther, Melanchthon und Zwingli).
1530	Melanchthon verliest die „Augsburger Konfession“ auf dem Augsburger Reichstag.
1531	Protestantische Fürsten und Städte gründen den Schmalkaldischen Bund.
1534	Gründung der Gesellschaft Jesu (Jesuiten).
1536	Calvin wird Stadtreformator in Genf.
1545–1563	Konzil von Trient.
1546	Schmalkaldischer Krieg endet mit Niederlage der Fürsten.
1555	Augsburger Religionsfrieden schafft einen Ausgleich zwischen Protestanten und Katholiken (Calvinisten bleiben ausgeschlossen).
1576–1612	Kaiser Rudolf II..
1608	Gründung der protestantischen Union unter Führung des Pfälzer Kurfürsten.

3

3

1609	Gründung der katholischen Liga unter Führung Maximilans von Bayern.
1609–1614	Jülich-Clevischer Erbfolgestreit.
1612–1619	Kaiser Matthias.
1618	Der Prager Fenstersturz gibt den Anlass zum Dreißigjährigen Krieg.
1618–1623	Böhmisch-Pfälzischer Krieg.
1619–1637	Kaiser Ferdinand II.
1619	Friedrich v. d. Pfalz wird von den böhmischen Ständen zum Gegenkönig gewählt.
1620	Schlacht am Weißen Berg. Friedrich von der Pfalz flieht in die Niederlande.
1621	April: Auflösung der Union.
1625–1629	Dänisch-Niedersächsischer Krieg.
1625	Haager Konvention: England und die Niederlande finanzieren die antihabsburgische Kriegspartei. Wallenstein erhält den Oberbefehl über alle kaiserlichen Truppen im Reich.
1629	Restitutionsedikt des Kaisers. Frieden von Lübeck. Dänemark scheidet als Kriegspartei aus.
1630	Maximilian von Bayern erzwingt die Entlassung Wallensteins.
1630–1635	Schwedischer Krieg.
1631	Brandenburg, Sachsen, Bremen und Hessen-Kassel schließen mit Schweden ein Bündnis. Frankreich schließt mit Schweden einen Subsidienvertrag zur finanziellen Unterstützung. Eroberung und Zerstörung Magdeburgs durch Tillys Truppen. Die schwedische Armee siegt bei Breitenfeld und stößt bis zum Rhein vor.
1632	Wallenstein wird nach dem Tod Tillys erneut Oberbefehlshaber der kaiserlichen Truppen. Schlacht bei Lützen, Gustav II. Adolf von Schweden wird tödlich verwundet.
1634	Ermordung Wallensteins in Eger.
1635	Prager Frieden.
1635–1648	Schwedisch-Französischer Krieg.
1637–1657	Kaiser Ferdinand III.
1641	Hamburger Präliminarvertrag bereitet den Friedensschluss vor.
1644	Beginn der Friedensverhandlungen in Münster und Osnabrück.
1648	Westfälischer Frieden beendet den Dreißigjährigen Krieg.

4. Europas langer Weg in die Moderne

Die geographische Position am Atlantik und die Dynamik des Seehandels mit den neuen amerikanischen Kolonien wie auch mit den alten asiatischen Kulturen (Arabien, Indien, China) hat den westeuropäischen Staaten einen wirtschaftlichen und gesellschaftlichen Impuls verliehen, der sie in ihrer Entwicklung von den mittel- und osteuropäischen Staaten, aber auch von den Mittelmeerländern löste, selbst von jenen, die sich als erste Kolonialmächte etabliert hatten (Spanien und Portugal). Während der Gold- und Silberimport in Spanien einige Jahrzehnte nach der Eroberung Südamerikas mehrfach Inflation und Wirtschaftskrisen auslöste, trieb der Handel mit den Rohstoffen aus der Neuen Welt und ihre weitere Verarbeitung in Europa die Wirtschaft in England, Frankreich, den Niederlanden und in Teilen Deutschlands voran, bis hin zum Beginn der Industrialisierung im 18. Jahrhundert in Großbritannien.

Diese wirtschaftliche Entwicklung brachte soziale und politische Folgen mit sich, namentlich durch den Aufstieg des Bürgertums, die jedoch im 16. und 17. Jahrhundert durch religiöse und damit verbundene kriegerische Konflikte überschattet wurden. Die mittelalterliche Welt mit ihrem eng gezogenen Horizont, ihren Glaubens- und Wertvorstellungen und ihren persönlichen Herrschaftsverhältnissen gehörte eigentlich der Vergangenheit an, eine neue gesellschaftliche und politische Ordnung hatte es aber schwer, sich durchzusetzen. Vor allem jedoch gab es extreme Gegensätze in der Entwicklung zu einem modernen Staatswesen, denn die drei so unterschiedlichen wie gleichermaßen bedeutenden mittel- und westeuropäischen Länder England, Frankreich und Deutschland (das Heilige Römische Reich deutscher Nation) gingen dabei einander diametral entgegengesetzte Wege. Die Tatsache, dass das absolute Königtum Frankreichs über lange Zeit machtpolitisch führend war und durch seinen Einfluss auf die europäischen Monarchien als Vorbild galt, hat der Epoche seit Mitte des 17. Jahrhunderts den Begriff des Absolutismus verliehen. Näher betrachtet hat sich der Absolutismus „in Reinkultur" jedoch nur in Frankreich durchgesetzt, in anderen Ländern allenfalls mit Abstrichen, während in Holland und England in derselben Zeit der Absolutismus verhindert oder gestürzt wurde. Desgleichen wird heute der Absolutismus und die zentralstaatliche Politik nicht mehr nur unter den Augen der späteren Revolution als „Despotie" gesehen, sondern auch unter dem Aspekt einer Entwicklung von Staat, Gesellschaft und Politik hin zur Moderne, die über lange Zeit ein demokratisches Defizit vor sich her schob.

4.1 Der Sieg des Absolutismus in Frankreich

4.1.1 Territoriale und politische Voraussetzungen (15.–16. Jh.)

Hundertjähriger Krieg

Die absolute Monarchie in Frankreich entstand nicht in erster Linie durch den Machtwillen der Monarchen, wie es der dem „Sonnenkönig" Ludwig XIV. zugeschriebene Ausspruch *„L'état c'est moi"* (Der Staat bin ich) glauben lässt, sondern als Konsequenz tief greifender politischer Krisen: vom „Hundertjährigen Krieg" mit England (1337–1453/1477), den Glaubenskriegen des 16. Jahrhunderts (1562–1598) zur Staatskrise nach dem Tod Ludwigs XIII. 1643, aus der die absolute Monarchie siegreich über den Aufstand von Adel und Bürgern (die *Fronde*) hervorging. Aus all diesen Krisen zog die französische Monarchie die Lehre, dass die Einheit des Landes und damit ein solides Fundament des Staates nur durch eine ungeteilte *Souveränität* des Königs garantiert werden könne.

Entscheidend für die Entwicklung war, dass die vom französischen König im Hundertjährigem Krieg zurückeroberten Gebiete der Krondomäne einverleibt, also nicht mehr als *Lehen* ausgegeben wurden. Die französische Geschichtswissenschaft datiert daher das Ende des Feudalismus in seinem lehnsrechtlichen (nicht: grundherrschaftlichen) Aspekt auf die Zeit um 1500 und bezeichnet die Epoche bis zur Revolution 1789 als *Ancien Régime*.

Frühabsolutismus

Die Renaissance brachte in Frankreich erste Ansätze zum Absolutismus (sog. „Frühabsolutismus“) unter Franz I. (1515 – 1547), Kriegsherr (Kriege gegen Habsburg), Bauherr (u. a. Fontainebleau südlich von Paris, Vorläufer von Versailles) und politischer Reformer: Er schränkte den Einfluss des alten Adels im Staat weiter ein, indem er die Bildung eines bürgerlichen „Amtsadels“ förderte und sogar Beamte bürgerlicher Herkunft in den Kronrat *(conseil royal)* aufnahm. Außerdem griff er durch sein persönliches Erscheinen auf drei Sitzungen des Pariser Gerichtshofs 1527 erstmals direkt in die Arbeit der Gerichtshöfe *(parlements)* ein.
Ferner wurde die königliche Finanzverwaltung modernisiert, die Zahl der Beamten in wenigen Jahren verdoppelt. 1547 wurden durch die Einrichtung des *contrôleur général des finances*, der alle Ausgaben gegenzeichnen musste, erstmalig die Finanzen in einer Hand zusammengefasst. Aufgrund der zahlreichen Kriege war der Staat Ende der 1550er-Jahre in Höhe der vier- bis fünffachen Summe seiner jährlichen Einnahmen verschuldet.

Hugenottenkriege

Im Zuge der Hugenottenkriege wurde die Autorität der Monarchen wieder infrage gestellt und dagegen von anderen, namentlich von Jean Bodin, die Lehre von der unteilbaren Souveränität entwickelt (*Six Livres de la République*, 1576), die als theoretische Grundlage des Absolutismus gelten kann und im England des 17. Jahrhunderts von Thomas Hobbes weiterentwickelt wurde. Auf der entgegengesetzten Seite des politisch-religiösen Spektrums entwarf Théodore de Bèze, ein protestantischer Theologe, fast gleichzeitig zu Bodin eine staatstheoretische Infragestellung der monarchischen Macht (*Du Droit des magistrats*, 1579), die den Gedanken des Gesellschaftsvertrags vorwegnahm. Später sollte dies von Hobbes im Sinne des Absolutismus bzw. von Locke und Rousseau im Sinne der Volkssouveränität weiterentwickelt werden.

4.1.2 Der Weg zur absoluten Monarchie im 17. Jahrhundert

Zentralisierung

Mit der lehnsrechtlichen Entmachtung des Adels und der Ausschaltung seiner herrschaftlichen Rolle war in Frankreich ein in Europa einzigartiger Schritt hin zur politischen und administrativen Zentralisierung gelungen, ein Erbe des Mittelalters schneller als in anderen Ländern überwunden und der Weg zu einem modernen Staatswesen auf der Grundlage einer Verwaltung durch staatliche Beamte im Auftrag des Monarchen gelegt. Im Rahmen der Ständeversammlungen hatte der Adel neben dem Klerus und dem *Dritten Stand*, der alle übrigen (Bürger und Bauern) umfasste, noch politische Mitsprache bis 1614. Er sah sich allerdings bei der Vergabe staatlicher Ämter der Konkurrenz durch bürgerliche Aufsteiger ausgesetzt. Deutlich behaupten konnte der Adel seine alten Privilegien im Militär, da allein Adlige Offiziere werden konnten.

Die Thronbesteigung Heinrichs IV. (1589 – 1610), der aus Staatsräson zum Katholizismus konvertierte, erhob die Monarchie über die Niederungen des Religionskampfes und auch über den darüber verfeindeten Adel. Die Bestandsgarantie für die Hugenotten (Edikt von Nantes 1598) inklusive weitgehender Selbstverwaltungsrechte, z. B. in der wichtigen Hafenstadt La Rochelle, sowie die von Heinrich IV. gesuchte Balance an der Spitze des Staates durch die Berufung von Protestanten in hohe Ämter bereitete jedoch den Boden für spätere Auseinandersetzungen. Schon die Ermordung des Königs durch den fanatischen Katholiken Ravaillac beendete 1610 wie ein Fanal die letztlich kurze Zeit des Friedens.

Mehrfach hintereinander sorgte dann die Minderjährigkeit des Thronfolgers dafür, dass jeweils unter der vorübergehenden Regentschaft *(régence)* der Königin-Mutter, Witwe des Verstorbenen und der Berufung von Kardinälen als oberste Minister die Politik zunehmend von der persönlichen Herrschaft des Monarchen gelöst wurde. Beim Tode Heinrichs IV. war Ludwig XIII. gerade erst neun Jahre alt. So kam es zu einem Aufstand von Adligen, die das Machtvakuum für ihre Interessen nutzten und 1614 die Einberufung der *Generalstände* erzwangen – die letzte Ständeversammlung für ganz Frankreich vor der Revolution 1789 – sowie für sich selbst hohe Posten in der staatlichen Verwaltung und enorme Geldzahlungen erpressten. Auf dem Ständetag traten Adel und Klerus jedoch gemeinsam gegen die Käuflichkeit der Ämter für Bürgerliche auf. Unter dem Eindruck des Mordes an Heinrich IV. und der darauf folgenden Ereignisse erhob der Dritte Stand dagegen die Forderung nach Anerkennung der königlichen Autorität. Angesichts der widerstreitenden Interessen unter den Ständen setzte sich die königliche Seite durch und berief fortan keine Ständeversammlung mehr ein.

Ludwig XIII. ergriff gegen seine Mutter bereits 1619 die Regentschaft für sich selbst und begann 1620 einen neuen Religionskrieg gegen die Hugenotten. 1624 wurde Armand du Plessis de Richelieu zum ersten Minister berufen, ein Amt, das er bis zu seinem Tode ausübte und Frankreich dabei von Grund auf veränderte. Von der Lehre Jean Bodins geprägt, brach Richelieu die Macht der Hugenotten, vor allem durch die jahrelange Belagerung von La Rochelle, das schließlich 1628 durch eine Seeblockade ausgehungert wurde. La Rochelle war eine der wichtigsten Hafen- und Handelsstädte Frankreichs und hatte sich eine faktische Autonomie von der

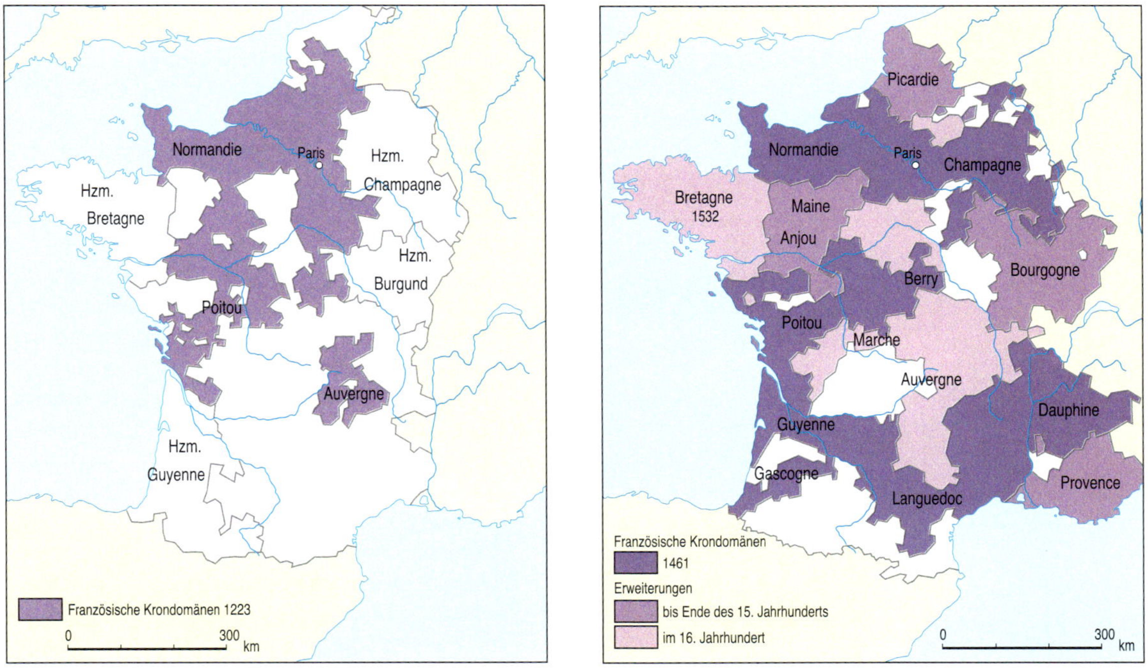

1 Die Ausdehnung der Krondomäne
Karte links: 11.–13. Jh.
Karte rechts: 14.–16. Jh.
Die Krondomäne ist jeweils in den Blauschattierungen gekennzeichnet.

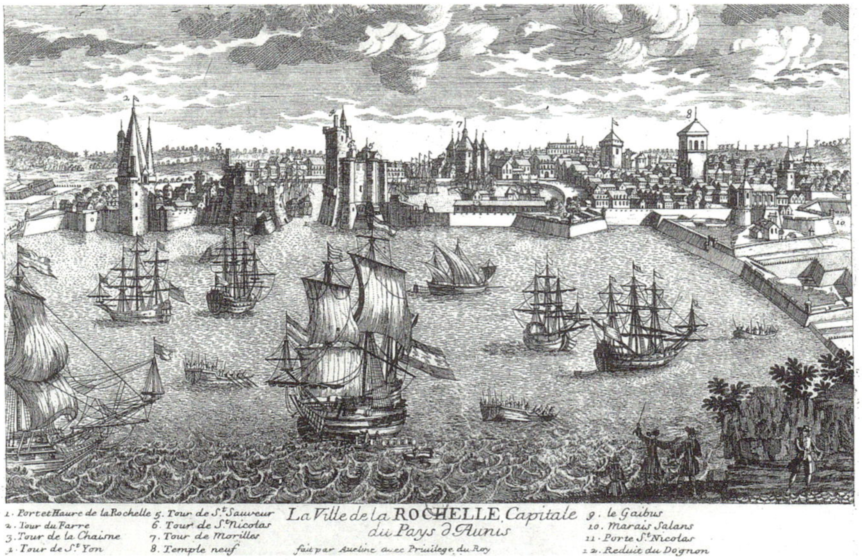

2 La Rochelle 1620. Kupferstich von Gaspard Mérian.

königlichen Macht ertrotzt. Richelieu wollte die politische Unabhängigkeit der Hugenotten brechen, nicht jedoch ihren Glauben verbieten (wie später Ludwig XIV.), und bekämpfte gleichzeitig die „ultramontane" Partei in Frankreich, d. h. die Anhänger des Papstes im hohen Adel und im Klerus. Die Konstituierung der gallikanischen Kirche wurde 1682 durch Ludwig XIV. abgeschlossen. Außenpolitisch bekämpfte Richelieu die Macht der katholischen Habsburger, die Vertreter der päpstlichen Partei und der Gegenreformation in Europa. Durch sein Eingreifen in den Dreißigjährigen Krieg auf der Seite der Protestanten (Schweden) gegen die Habsburger, seit 1630 verdeckt durch finanzielle Unterstützung und ab 1635 offen, setzte Richelieu eine alte antihabsburgische Tradition aus dem 16. Jahrhundert fort und begründete zugleich eine neue Machtpolitik, die den Krieg nur mehr als Mittel strategischer Politik betrachtete.

Wie sein eigener Vater bekam auch Ludwig XIII. erst spät einen Thronfolger (Ludwig XIV.), der bei seinem Tod 1643 fünf Jahre alt war. Richelieu war ein Jahr zuvor gestorben. So übertrug die Mutter während der *Régence* die Regierungsgeschäfte einem Geistlichen italienischer Herkunft, Giuglio Mazzarini, als Kardinal Mazarin (1602–1661) Nachfolger Richelieus. Mazarin hatte seine politische Karriere als Gesandter des Papstes in Paris 1630 begonnen. Von dort kam er in die Dienste des französischen Hofes und wurde Vertrauter der Königin, die ihm die Aufsicht über die Erziehung des Thronfolgers übertrug. 1643 führte er Richelieus Politik im Dreißigjährigen Krieg fort: 1645 siegten bei Allerheim die vereinigten Truppen Frankreichs, Hessens und Schwedens unter dem Oberbefehl des Hugenotten Turenne über die bayrische und kaiserliche Armee.

3 La Rochelle (Vogelschauplan von Stadt, Hafen und Festung La Rochelle). Nach 1598 wurde die Stadtmauer weiter befestigt gegen modernen Artilleriebeschuss. In der Neustadt (la ville neuve) auf der Karte unten innerhalb der Stadtgrenze wurden neue Hauser für hugenottische Flüchtlinge aus den katholischen Gegenden Frankreichs gebaut. Kupferstich von Matthäus Merian (1593–1650).

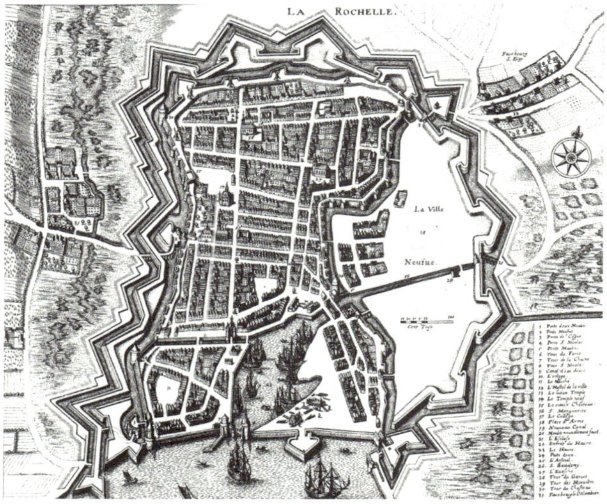

Das Ende des Dreißigjährigen Krieges 1648 war gleichsam das Signal für das Ende des politischen Friedens in Frankreich selbst. In einem groß angelegten Adelsaufstand, der sogenannten *Fronde*, erhoben sich nicht nur Adlige, darunter sogar Mitglieder der königlichen Familie, sondern auch Bürger und Bauern gegen Mazarin und den noch minderjährigen Ludwig XIV. Der Krieg hatte Steuern und andere Lasten für alle Schichten der Bevölkerung in die Höhe geschraubt; die Zentralisierung der Verwaltung und die Ausweitung des Beamtensystems hatte viele Adlige aus ihren angestammten Funktionen verdrängt und den Preis für die vom König vergebenen Ämter erhöht; umgekehrt fürchtete der Amtsadel im Pariser *Parlement* um den Verlust seiner errungenen Privilegien.

Fronde-Aufstand

Der bewaffnete Aufstand brach 1650 aus und zog sich bis 1653 hin: Ludwig wurde von den aufständischen Mitgliedern seiner eigenen Familie gefangen gehalten, bis die Gegenseite seine Flucht organisieren konnte. Mazarin musste Frankreich verlassen, Gaston d'Orléans, der Onkel Ludwigs, der schon gegen Richelieu rebelliert hatte, übte die Herrschaft aus. Aus dem Exil in Deutschland heraus stellte Mazarin eine Armee auf und besiegte schließlich die in sich zerstrittenen Aufständischen. Die Pariser Bastille war dabei Schauplatz eines Kampfes mitten in der Hauptstadt, und in der Schlacht bei Etampes südlich von Paris 1652 verfehlte eine Kanonenkugel den vierzehnjährigen Ludwig nur um einige Meter. Mazarin und viel mehr noch Ludwig XIV. zogen aus diesen Erfahrungen ihre Konsequenzen für die Zukunft. Was eine Revolution hätte sein können, brachte nun erst recht den Absolutismus.

4.1.3 Politik und Gesellschaft im französischen Absolutismus

Indendantenwesen

Die Ausschaltung des Rechts der Stände auf politische Mitsprache wurde dadurch realisiert, dass die Generalstände seit 1614 nicht mehr einberufen wurden. Die Provinzialstände wurden in den folgenden Jahrzehnten von Richelieu und Mazarin ebenfalls unterworfen, dauerhaften Widerstand leisteten nur wenige Provinzen, die sich auf traditionelle Autonomierechte berufen konnten, wie z. B. die Bretagne. 1621 wurde der erste königliche Beamte neuen Typs, der *Indendant*, im südwestlichen Frankreich, dem Hugenottengebiet von La Rochelle, eingesetzt. Erstmalig vereinigte er die Machtbefugnisse der Polizei, der Justiz und der Finanzen in einer Hand im direkten Auftrag des Königs. In der Folgezeit wurde ganz Frankreich in 22 Verwaltungseinheiten *(généralités)* unter Intendanten aufgeteilt, die, zunächst nur zur Aufrechthaltung der Ordnung berufen, die traditionellen lokalen Mitspracherechte des Adels bzw. der Städte vor allem in der Rechtsprechung und bei den Finanzen aussetzten.

Steuerpächter

Die Kriege im Inneren gegen den „Staat im Staate", den die Hugenotten bildeten, sowie anschließend in Europa verursachten nicht nur enorme Kosten, sondern schufen auch neue Einnahmequellen unter Umgehung der Stände, die traditionell das Steuerbewilligungsrecht hatten, denn nach einer ebenso alten Tradition durfte der König in Kriegs- und Krisenzeiten zusätzliche Kontributionen eintreiben. Um den Fluss dieser meistens jährlich berechneten Einnahmen zu beschleunigen und sogar im Vorgriff auf zukünftige Einnahmen wurden staatliche Einnahmequellen durch Verträge an Steuerpächter verpachtet, die quasi als Kreditgeber eine festgelegte (geringere) Summe vorfinanzierten und anschließend die Abgaben eintrieben, in denen ihre Gewinnspanne enthalten war. 1635 wurden drei Viertel des Staatshaushalts auf diese Weise aufgebracht. Dies brachte den fast ausschließlich bürgerlichen Financiers mehr als die üblichen 5 % Zinsen für gewöhnliche Staatsanleihen ein.

4 Rochefort-sur-Mer, Hafen und Manufaktur „Corderie royale“. Gemälde von Joseph Vernet (1714–1789).

Die Staatseinnahmen füllten auch die Privatschatullen der ersten Minister des Staates. Bei seinem Tode war Richelieu mit ca. 20 Mio. Livres der reichste Mann Frankreichs nach dem König. Mazarin hinterließ ein Vermögen von 35 Mio. Livres – angehäuft in weniger als zehn Jahren nach der Fronde, die ihn zuvor ruiniert hatte –, darunter 8 700 000 Livres in Gold- und Silbermünzen, mehr als die damaligen Münzvorräte der Bank von Amsterdam.

stehendes Heer

Richelieu schuf nicht nur das größte Heer Europas mit über 200 000 mobilisierbaren Soldaten dank eines abgestuften Systems von Zwangsrekrutierungen, die im Volk besonders verhasst waren, er wollte Frankreich auch zur See- und Kolonialmacht machen, wofür die Kontrolle von La Rochelle unabdingbar war, da von dort aus die Kolonisierung Kanadas ausging. Außerdem entstand in Brest 1631 ein neuer Hafen, wurden drei Jahrzehnte später Lorient – der Name war Programm: L'Orient – und Rochefort südlich von La Rochelle als neue Städte gegründet.

Merkantilismus

Angesichts der Finanzprobleme sollte eine systematische Wirtschaftspolitik höhere Einnahmen bringen: Frankreich sollte mehr exportieren als importieren, dadurch mehr Geld ins Land ziehen, das über Steuern der Staatskasse zugute käme; hinzu kamen die Gründung königlicher Manufakturen sowie die Privilegierung von Handelskompanien durch Exklusivrechte für den Überseehandel und königliche Monopole für Kolonialwaren wie Tabak. Diese weitreichenden Pläne wurden jedoch erst in der nachfolgenden Ära unter Colbert verwirklicht, eine Wirtschaftspolitik, die von ihren Gegnern Merkantilismus und nach ihrem Minister Jean-Baptise Colbert (1619–1683) auch Colbertismus genannt wurde. Die königlichen Manufakturen stellten einerseits Luxuswaren her wie Gobelins (benannt nach dem Ort der Manufaktur), Gläser, Porzellan usw. sowie andererseits Tuche und Stoffe für den größeren Markt; königliche Salinen produzierten ein ebenso begehrtes wie durch die berüchtigte Salzsteuer *(gabelle)* teures Lebensmittelprodukt; die Eisengießereien in Le Creusot bei Lyon oder in Douai im Norden wurden zukunftsträchtige Unternehmen.

Colbert wurde 1661 *Surindendant des Finances*, also Minister für Finanzen und Wirtschaft. Da Ludwig XIV. keinen ersten Minister mehr berief und sich alle Entscheidungen vorbehielt, hatten die Minister eigentlich nur noch eine Beraterfunktion. Der Einfluss Colberts auf den König war dennoch so groß, dass er sich einerseits erhebliche Kritik erlauben konnte und andererseits über die Finanzen weite Bereiche der Regierungspolitik leitete. 1661 erhielt Colbert den Auftrag, die Flotte neu aufzubauen. Dafür wurde südlich von La Rochelle ein strategisch günstiger Platz für einen neuen Hafen ausgesucht: Rochefort. Dort entstanden eine Werft und eine Manufaktur für Seile und Schiffstaue. Aus dem kleinen Dorf wurde innerhalb weniger Jahre eine Stadt vom Reißbrett, deren Bewohner für den König arbeiteten. Doch nicht nur die Kriegsmarine, sondern auch die Handelsflotte wurde ausgebaut: von 350 Schiffen im Jahre 1664 über 550 Schiffe 1683 zu 700 Schiffen 1704 in der Kategorie von über 100 t Tonnage.

Die Anstrengungen Colberts fanden jedoch ihre Grenze in der Kluft zwischen den staatlichen Einnahmen und Ausgaben. So musste Colbert 1680 bereits eine ernste Finanzkrise bilanzieren. Der Bau des Schlosses von Versailles, das 1677 offiziell zum Regierungssitz erklärt und de facto 1682 bezogen wurde, sollte insgesamt 100 Mio. Livres verschlingen, also ungefähr das Äquivalent eines jährlichen Staatshaushaltes. Versailles ist daher in verschiedener Hinsicht das Symbol des Absolutismus, allerdings auch in seiner praktischen Bedeutung, den Hof und die hohe Beamtenschaft aus Paris heraus an einen Ort zu holen, der der umfassenden Kontrolle des Königs unterlag. Dort entfalte der König ein aufwändiges höfisches und gesellschaftliches Leben, das in Europa einzigartig war, aber vielfach nachgeahmt wurde. Um die Gunst des Königs für Ämter und Pfründe zu gewinnen, musste auch der höhere Adel in Versailles präsent sein und baute sich daher in der Stadt, die dadurch erst entstand, seine *Hôtels* (Stadtpalais).
Der Einzug in die neue Residenz fiel wohl nicht zufällig zeitlich mit der Vollendung der gallikanischen Kirche zusammen, deren Statut Ludwig 1682 vom französischen Klerus unterzeichnen ließ, sowie mit der Aufhebung des Edikts von Nantes durch das Revokationsedikt von Fontainebleau 1685, das die Hugenotten zur Konversion oder zur Emigration zwang und etliche in den südfranzösischen Cevennen zum bewaffneten Widerstand trieb, der als *guerre des camisards* bekannt geworden bis ins 18. Jahrhundert hinein anhielt.

Die Kriege Ludwigs XIV.

1659 – Pyrenäenfriede mit Spanien, Ende eines langwierigen Konflikts am Rande des Dreißigjährigen Krieges. 1660 heiratet Ludwig XIV. Maria Teresa, die Tochter des spanischen Königs Philipp IV.

1667 – Beginn des Devolutionskrieges nach dem Tod Philipps IV.: Ludwig beansprucht die spanischen Besitzungen der Franche-Comté und in den Niederlanden als Mitgift-Erbe seiner Frau. Aufgrund des Widerstandes Hollands und Englands gibt sich Ludwig vorläufig mit einem Teil des eroberten Flanderns zufrieden.

1679 – Friede von Nimwegen mit dem Kaiser zugunsten Frankreichs: Die vormals spanische Freigrafschaft Burgund (Franche-Comté) wird französisch. Beginn der Grenzbefestigungen durch den Architekten Vauban.

1681 – „Reunion" Straßburgs an Frankreich, Beginn der sog. Reunionskriege, in denen Frankreich Anspruch auf angeblich ehemals französische Gebiete westlich des Rheins erhebt und dadurch die seit dem Dreißigjährigen Krieg übrig gebliebenen linksrheinischen Reichsterritorien vereinnahmen will.

1685 – Nach dem Tod des Kurfürsten von der Pfalz erhebt Ludwig Erbansprüche im Namen seiner Schwägerin Lieselotte von der Pfalz auf Teile der Kurpfalz.

1686 – bildet sich die „Augsburger Allianz" des Kaisers und verschiedener deutscher Fürsten beider Konfessionen gegen Frankreich. Später stoßen die Niederlande, Savoyen, Spanien und England hinzu.

1689 – Beginn des pfälzischen Erbfolgekrieges durch Einfall französischer Truppen ins Reich: Verwüstung der Pfalz, Zerstörung Heidelbergs, Mannheims u. a. Städte, Kriegserklärung an das ganze Reich, das sich im Krieg gegen die Türken befindet, mit denen Frankreich diplomatisch verbündet ist. Frankreich unterstützt auch den gestürzten englischen König Jakob II. gegen Wilhelm von Oranien. Der Konflikt weitet sich zu einem europäischen Krieg aus.

1697 – Frieden von Rijkswijk. Frankreich bekommt das Elsass.

1701 – Die spanische Thronfolge für den Enkel Ludwigs XIV., Philipp von Anjou, wird von England, Holland, Österreich nicht anerkannt, nachdem Ludwig die europäischen Mächte mit der Perspektive einer strategischen und dynastischen Allianz zwischen Frankreich und Spanien provoziert. Es kommt zum spanischen Erbfolgekrieg. Frankreich stellt mit 380 000 Mann die größte bis dato gekannte Armee der Geschichte auf. Wie schon zuvor wurden die amerikanischen Kolonien Englands und Frankreichs ebenfalls Kriegsschauplatz.

1714 – Im Frieden von Baden behält Frankreich von seinen Eroberungen nur Landau, Philipp V. bleibt spanischer König, eine spätere Vereinigung der beiden Kronen wird jedoch ausgeschlossen.

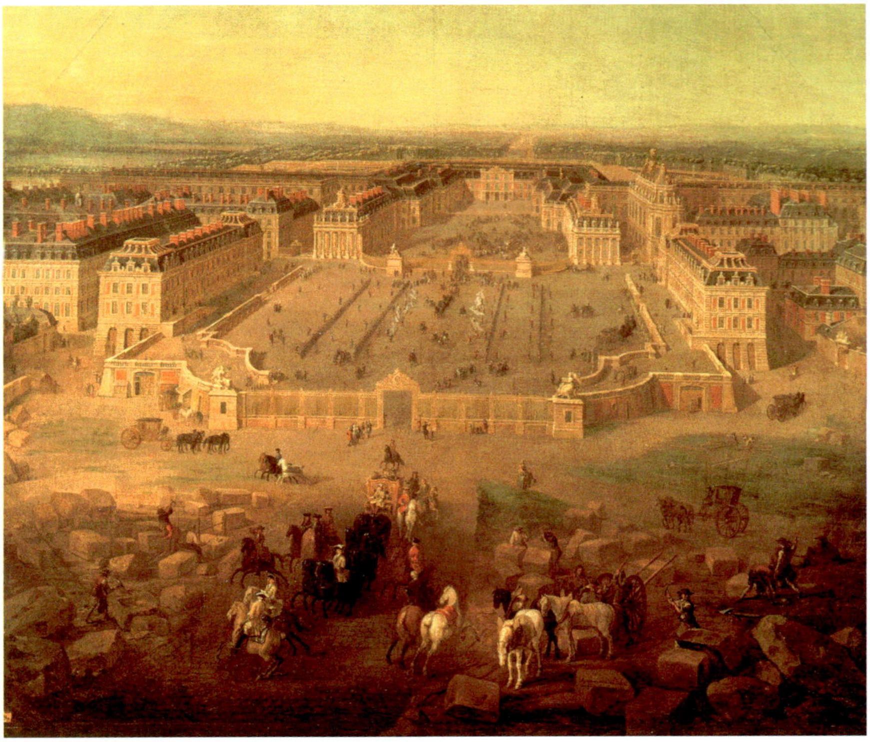

5 Vorderansicht des Schlosses von Versailles, Gemälde von Pierre-Denis Martin, 1722.

Staatsverschuldung

Die Kriege trieben den Staat in den finanziellen Ruin. Brachte die Teilnahme am Dreißigjährigen Krieg neue Schulden in Höhe der anderthalbfachen Jahreseinnahmen, so war es im Pfälzischen Erbfolgekrieg bereits der zweifache Jahreshaushalt, um im Spanischen Erbfolgekrieg auf das Zweieinhalb- bis Dreifache zu steigen. Zuletzt wurden sämtliche Mittel eingesetzt: neue Kriegssteuern, ein Zehntel auf den Immobilienbesitz (auch des Adels und des Klerus), der jedoch wie alle Steuern die Kleinbesitzer (Bauern) am stärksten traf und kaum mehr als ein Viertel der erwarteten 80 Mio. Livres einbrachte; individuelle Kredite wie von dem Financier Samuel Bernard, der 1710 alleine 36 Mio. Livres vorstreckte, Pleite ging und vom Bankhaus Legendre aufgefangen wurde, das in den Folgejahren 400 Mio. aufbrachte und de facto zur Staatsbank wurde. Darüber hinaus wurden weiterhin Einnahmen verpachtet und von der Staatskasse öffentliche Anleihen aufgenommen, alleine letztere häuften sich 1715 auf mehr als 100 Mio. Als beim Tode Ludwigs XIV. dessen Enkel, Ludwig XV., wiederum erst fünf Jahre alt war, wurde während der Régence unter Philippe d'Orléans ein schottischer Bankier, John Law, zu Hilfe geholt, um die Staatsfinanzen zu sanieren, deren Gesamtverschuldung auf 2,5 Mrd. Livres gestiegen war. Law wurde Direktor einer neu gegründeten Staatsbank, die Aktien sowie neue Anleihen *(billets)* ausgab, die per Erlass einen offiziellen Status als Zahlungsmittel bekamen. Die Ausgabe der Scheine erfolgte schließlich auf staatliche Einkünfte verschiedener Natur (z. B. die Tabaksteuer) und vor allem mehr, als diese Deckung tatsächlich erlaubte. Es erfolgte ein Vertrauens- und Wertverlust, der zum Bankrott des Unternehmens führte und in den Jahren 1719–21 ganz Frankreich in eine Krise stürzte, da die Summe der ausgegebenen Aktien sowie *billets* 3 Mrd. Livres betrug. Ein Großteil der Verpflichtungen von 1,5 Mrd., v. a. die Aktien, wurden nun in niedrig verzinste (2,5 %) Rentenzahlungen umgewandelt, während 700 Mio. uneingelöst blieben. Der Bankrott des „système de Law", wie es genannt wurde, hatte dem Staat einen erheblichen Teil seiner Schulden liquidiert.

Unter den neuen direkten Steuern, die eine dauerhafte Belastung für das Volk darstellten, ist die zweite königliche Kopfsteuer zu nennen, die 1695 auf alle Haushalte für alle drei Stände eingeführt wurde (für den Klerus als „freiwillige Spende") mit einer gewissen Steigerung nach Vermögensstand, ausgenommen waren die Armen und Geringstverdiener. Der Siebenjährige Krieg brachte zusätzliche Kriegssteuern, die Anhebung der indirekten Steuern sowie die erhöhte Besteuerung der reichen Bürger und der „Privilegierten" (Adel und Klerus: Verdoppelung der Kopfsteuer 1760). Als die Steuerlast nach Kriegsende nicht zurückging, entstand in allen Bevölkerungsschichten eine besondere Empörung, da die Regierung die wirkliche Schuldenhöhe verheimlichte. Die *Parlements* (Gerichtshöfe) opponierten gegen die Regierung und beriefen sich dabei auf alte Rechte der Stände zur Steuerbewilligung, Anfang einer Entwicklung, die schließlich zum Sturz der absoluten Monarchie führen sollte.

Die Lage der Bevölkerung ist schwer in einem Gesamtbild zu erfassen. Einige Bereiche der vorindustriellen Produktion (Manufakturen) florierten, Einkommen und Löhne stiegen, die Preise jedoch auch. Die Situation der Bauern variierte sehr von einer Region zur anderen, einige zentrale Faktoren werden dennoch hinsichtlich der wirtschaftlichen und sozialen Lage deutlich.

Im Laufe der Zeit gelang es dem städtischen Bürgertum immer mehr, sich als Pächter auf grundherrschaftlichem Landbesitz einzukaufen. Der Adel war zunehmend an seiner traditionellen Rolle desinteressiert und wurde vom Hof in Versailles angezogen in der Hoffnung, die Gunst des Königs und dadurch Ämter und Pfründe zu bekommen. So verkaufte oder verpachtete er seinen ländlichen Eigenbesitz *(domaine)* sowie die grundherrschaftlichen Ansprüche auf Abgaben der Bauern. Das Bürgertum konnte wiederum sein Geld in einer sicheren Anlage „platzieren", ganz im ökonomischen Sinne, und gleichzeitig eine innerhalb des Ancien Régime anerkannte soziale „Stellung" einnehmen. Das alte feudalrechtliche und das moderne bürgerliche Eigentumsverständnis gingen ineinander über, für die abhängigen Bauern verwischten sich immer mehr die Abhängigkeitsverhältnisse, da jetzt häufig ein bürgerlicher (oder ein großbäuerlicher) Vertreter des Grundherrn als Gegenspieler auftrat.

6 Ludwig XIV. im Alter von 63 Jahren, Gemälde in Lebensgröße von H. Rigaud 1701, 194 x 277cm.
Das Bild war ursprünglich für den spanischen Hof bestimmt, wo der Enkel Ludwigs die spanische Thronfolge antreten sollte. Ludwig behielt jedoch das Bild für seine Kunstsammlung in Versailles.

Methode: Filminterpretation „Der König tanzt"

In seinem Film „Der König tanzt" widmete sich der belgische Regisseur Gérard Corbiau im Jahr 2000 der französischen Musik zurzeit von König Ludwig XIV., die besonders durch Jean-Baptiste Lully repräsentiert wurde. Der aus Florenz stammende Lully stieg in jungen Jahren sehr rasch zum Musikhofmeister und Tanzlehrer des Königs auf. Sein großes Talent stellte er von da an in den Dienst Ludwig XIV., der Musik und Tanz als Ausdrucksmittel für seinen uneingeschränkten Machtanspruch instrumentalisierte.

Ludwig tanzte selbst gerne als Sonne verkleidet vor seiner Hofgesellschaft und symbolisierte dadurch die göttliche Macht des Souveräns. Tanz und Musik wurden sowohl für Ludwig als auch für Lully ein Mittel der Macht, wobei der eitle König aus seinem Selbstverständnis heraus für sich in Anspruch nahm, immer der Beste zu sein, ob als Tänzer oder als Feldherr. Nachdem aber der König bei dem Versuch, immer schwierigere Figuren zu tanzen, stürzte, kam der Sonnenkönig unter den Augen seines Hofes an die Grenze seiner Willenskraft. Er sollte danach nie wieder tanzen.

Lully aber gerät, ähnlich wie der Theaterdirektor Moliére, in das Geflecht der zahlreichen Intrigen des Versailler Hofes. Corbiau, der Lully und Ludwig XIV. in den Mittelpunkt seines Filmes stellte, schuf dadurch ein beeindruckendes Porträt der Epoche des Sonnenkönigs und zeigt in einer Charakterstudie, wie aus einem schüchternen Infanten von 14 Jahren der mächtigste europäische Herrscher seiner Zeit wurde. Er zeigt den Weg Ludwigs zum Sonnenkönig, zum Herrscher über Frankreich auf einem Höhepunkt seiner Macht – ein Reich, in dem die Sonne niemals untergeht?

1 Filmszene aus „Der König tanzt".

Schritte zur quellenkritischen Analyse historischer Filme:

- Hintergrundinformationen: Überlegen Sie, wer hat den Film zu welcher Zeit gedreht? Nach welchen Gesichtspunkten wurden das Drehbuch geschrieben und die Darsteller ausgewählt? Gab es Auftraggeber, die den Film finanzierten? Lässt die Person des Regisseurs Aussagen über den Film zu?

- Entstehungszeit: Gab es einen Anlass, den Film gerade zu dieser Zeit zu drehen (z. B. ein Ereignisjubiläum, Geburts- oder Todestag berühmter Personen)?

- Authentizität: Hält sich der Regisseur an die historischen Abläufe? Mit welchen Zielsetzungen hebt er bestimmte Ereignisse hervor, lässt andere weg oder baut er fiktive Szenen in den Film ein?

- Was charakterisiert die Hauptfiguren? Gibt es „Helden", „Gute" und „Böse"; werden auch deren Schwächen gezeigt? Nimmt der Film die Perspektive der Hauptfigur ein oder werden auch andere Sichtweisen dargestellt?

- Gegenwartsbezug: Nimmt der Film aktuelle politische oder gesellschaftliche Themen auf? Beabsichtigt der Regisseur eine bestimmte politische Wirkung?

- Wirkung: Wie wirkt der Film auf den Betrachter? Welche öffentlichen Reaktionen hat er hervorgerufen; wie waren negative und positive Kritiken begründet?

Arbeitsvorschläge

a) Informieren Sie sich über die Person und das Wirken des Komponisten Jean-Baptiste Lully. Befragen Sie dafür auch eine Lehrkraft für Musik Ihrer Schule.

b) Analysieren Sie anhand des Films, welche Bedeutung Ludwig XIV. der Musik und dem Tanz beimisst.

c) Welche politischen Konflikte der Regierungszeit des Sonnenkönigs finden Eingang in den Film? Arbeiten Sie die damit verbundenen Namen heraus.

d) Im Film erscheint auch der Dramatiker Jean Baptiste Poquelin, der unter dem Namen Molière berühmt wurde. Dieser stieg zum „Vergnügungsdirektor" des Königs auf, geriet aber wiederholt in Konflikt mit verschiedenen Hofkreisen. Informieren Sie sich über Moliére und stellen Sie sein Wirken vor dem Hintergrund der Herausbildung des absolutistischen Herrschaftsanspruchs Ludwig XIV. in einem Kurzreferat dar. Befragen Sie dafür auch eine Lehrkraft für Französisch Ihrer Schule.

e) Suchen Sie sich eine Szene des Filmes aus, die in Ihren Augen die Herrschaftsvorstellungen Ludwig XIV. und das Leben am Hof von Versailles am besten darstellt. Spielen Sie diese Szene in Ihrer Klasse nach.

4.2 Der Sieg des Parlaments in England

Magna Charta

So wie die französische Geschichte im Überblick als eine Geschichte der Ausdehnung der königlichen Macht erscheint, so erscheint die englische Geschichte in gegenteiliger Perspektive: Seit der ersten Machtbegrenzung durch die Magna Charta 1214 hatte das Parlament – in England zunächst die Ständevertretung, erst spät eine allgemeine Volksvertretung – stetig an Macht gewonnen. Dabei zeigen sich für das 16. und 17. Jahrhundert jedoch auch viele Parallelen zu Frankreich.

Religionskonflikt

Zunächst spielten fortgesetzte Religionskonflikte in England auch nach dem Abfall von Rom und der Begründung der anglikanischen Kirche Mitte des 16. Jahrhunderts eine politische Rolle: einerseits durch die Tendenzen zur Rekatholisierung, es gab sogar einen vereitelten Sprengstoffanschlag auf das Parlament durch katholische Fanatiker 1605, andererseits durch verschiedene protestantische Glaubensrichtungen (v.a. die Puritaner), die von der offiziellen Kirche bekämpft wurden, sowie durch die Auseinandersetzung mit dem Calvinismus in Schottland. Mit dem Religionskonflikt verknüpft waren seit der Thronbesteigung der schottischen Stuarts in England 1603 Versuche, die königliche Macht gegenüber dem Parlament zu erweitern und letztlich eine absolute Herrschaft zu begründen. Ähnlich wie in Frankreich war Jakob (James) I. (1603 – 1625) aus eigener Erfahrung davon überzeugt, dass nur ein unabhängiger und starker, über den religiösen Kämpfen und verfeindenden Clans stehender Monarch den Frieden im Lande garantieren könne.

Budgetkonflikt

Ausschlaggebend für den Konflikt zwischen König und Parlament war jedoch zunächst wie in Frankreich die finanzielle Not der Krone. Das Budget des englischen Königs machte nur einen Bruchteil dessen der französischen Krone aus, da die Einnahmen aus der Krondomäne erheblich niedriger waren und zusätzliche Einnahmequellen nur in Zöllen bestanden, es gab keine allgemeinen königlichen Steuern. Im Kriegs- und Krisenfall musste der König das Parlament um besondere Subsidien bitten, die den Staatshaushalt verdoppeln konnten. Am Ende der Regierungszeit Elisabeths I. (1602) betrug das jährliche Budget 423 000 £, davon ca. 12 % ungedeckt, unter James I. stieg es 1608 auf 597 000 £, mehr als ein Jahreshaushalt und 1624 auf über eine Million.

Petition of Rights

Das englische Engagement in Kriegen gegen Spanien, bei der Unterstützung der Hugenotten in Frankreich (La Rochelle) sowie im Dreißigjährigen Krieg war durch hohe Kosten und militärische Misserfolge gekennzeichnet. Als 1624 das Parlament statt der benötigten Million nur 140 000 Pfund bewilligte, wurde es von König Karl I. (1625 – 49) wieder entlassen, ebenso wie 1626, als das Parlament Anklage gegen den Duke of Buckingham (George Villiers, ein Günstling des Hofes) erhob und ein Prozess drohte. Das Recht zur Verurteilung von Würdenträgern war ein altes Parlamentsrecht (Amtsenthebung und Anklage durch das Unterhaus, Urteil durch das Oberhaus), während Einberufung und Auflösung des Parlaments dem König oblagen.

Der Konflikt spitzte sich zu: 1628 bekam der König die gewünschten Gelder vom Parlament nur gegen die Anerkennung einer *Petition of Rights*, in der das Parlament die Verstöße gegen Recht und Tradition seitens des Königs der letzten Jahre aufgelistet hatte und dagegen die Anerkennung der individuellen Bürgerrechte sowie der politischen Rechte des Parlaments forderte. Die Petition of Rights wurde ein Meilenstein in der Entwicklung der Grundrechte und des Parlamentarismus, hatte zunächst jedoch kaum eine Wirkung. Nach einer erneuten

Alleinherrschaft und Bürgerkrieg

Auseinandersetzung entschloss sich Karl I. 1629, das Parlament nicht mehr einzuberufen. Nicht nur die folgende Alleinherrschaft des Königs bis 1640, sondern auch seine Heirat mit einer französischen Prinzessin und die Berufung des dem Katholizismus nahe stehenden Erzbischofs William Laud zum faktischen Leiter der Staatskirche ließ in den führenden parlamentarischen Kreisen der liberalen Whigs die Furcht vor Absolutismus und katholischer Reaktion entstehen. 1636 kam es zu heftigen Auseinandersetzungen in Schottland nach Karls Versuch der Zurückdrängung der presbyterianisch-calvinistischen Zeremonien und schließlich zum bewaffneten Aufstand. In England musste Erzbischof Laud wegen seiner Verfolgung von Puritanern vor der Lynchjustiz in London fliehen, wurde 1641 vom Parlament wegen Verstoßes gegen die religiöse Verfassung angeklagt, im Tower inhaftiert und schließlich 1645 zum Tode verurteilt. Karl hatte das Parlament 1640 wegen Geldsorgen und der schottischen Krise einberufen müssen. Es erhob sofort Anklage wegen Verrats gegen den engsten königlichen Berater, Thomas Wentworth, Duke of Strafford, der aus Irland zurückgekehrt war, wo er aggressiv die Ausdehnung der königlichen Macht vorangetrieben hatte. Der eigentliche Vorwurf der Vorbereitung des Absolutismus war kaum zu beweisen, doch der König ging auf die Opposition zu und ließ Strafford fallen, der 1641 hingerichtet wurde. Die Einberufung von Milizsoldaten im Kampf gegen die aufständischen Schotten sowie die während der Eleven Years Tyranny eigenmächtig erweiterten königlichen Einnahmequellen (Schiffssteuer, Handelszölle) blieben Gegenstand der Auseinandersetzung. Außerdem hatte Karl zwar einige Minister aus Parlamentskreisen in die Regierung aufgenommen, wollte aber die fünf kritischsten Parlamentarier verhaften lassen. Das Parlament unterbreitete dem König schließlich ultimativ 19 Forderungen zur politischen Mitsprache auf allen Ebenen, die dieser ebenso ultimativ ablehnte. 1642 brach der Bürgerkrieg aus, der mit dem Sieg des Parlaments unter dessen politischem und militärischem Führer Oliver Cromwell (1599 – 1658) und der Hinrichtung Karls I. am 30. Januar 1649 endete.

Eleven Years Tyranny

7 Hinrichtung Karls I. 1649. Ausschnitt aus einer deutschen Darstellung.

4

8 Erklärung Englands zur Republik am 19. Mai 1649.

England wird Republik

Der Bürgerkrieg hatte England radikalisiert und gespalten, ganze Provinzen hatten sich auf die eine oder die andere Seite gestellt. Ins Parlament wurden nur noch Königsgegner eingelassen, das Oberhaus aufgelöst. In den Londoner Volksmassen bildeten sich die Gruppierung der Levellers, die demokratische Wahlen und Institutionen forderten, sowie die noch kleinere Gruppe der Diggers mit frühkommunistischen Ideen von der Abschaffung des Privateigentums. Eine Neuwahl des Parlaments fand jedoch aus Angst vor den royalistischen Stimmen nicht statt. Auf der anderen Seite wurde die Philosophie der absoluten Monarchie erneuert und weiterentwickelt, z. B. von Thomas Hobbes, der 1640 aufgrund der Veröffentlichung seines ersten Buches „Elements of Law, natural and politic" die Verfolgung durch das Parlament befürchtete und nach Frankreich ins Exil ging, wo er 1646 Mathematiklehrer des englischen Thronfolgers, des späteren Karl II. wurde. Sein „Leviathan" konnte dennoch 1651 in London erscheinen, weil darin keine direkte Kritik an der seit 1649 ausgerufenen Republik (Commonwealth and Free State) auftauchte. Hobbes unterwarf sich dem englischen Staatsrat und wurde von Oliver Cromwell durchaus geschätzt, der 1653 das Parlament auflöste und sich durch eine neue Verfassung zum *Lord Protector* mit großen Vollmachten ausrufen ließ.

Herrschaft Cromwells

Die Regierung Cromwells war autoritär, aber liberal und tolerant in allen Glaubensfragen, gegen staatskirchliche Uniformität, und ermöglichte sogar die Wiederansiedlung von Juden in England. Ebenso radikal wie unter der Monarchie wurden jedoch die Aufstände in Schottland und Irland niedergeworfen und die beiden Länder mit England vereinigt (nach Cromwell allerdings wieder getrennt bis 1707), mit Spanien und Holland wurden Kolonial- und Handelskriege geführt. Die ihm vom Parlament angetragene Krone lehnte Cromwell ab, wollte aber seinen Sohn Richard zum Nachfolger machen. Nach Cromwells Tod 1658 übernahm jedoch das Parlament wieder die Macht, stellte die alte Verfassung wieder her und trug dem ältesten Sohn des hingerichteten Königs die Krone an: 1660 wurde Karl II. neuer König.

Restaurationsversuche

Durch den radikalen Kurswechsel – Restauration der Staatskirche und Uniformitätsprinzip 1662, Toleranz für Katholiken 1672 und Allianz mit Frankreich – wurde der alte Konflikt jedoch erneuert. Das Parlament zwang den König, nur erwiesene Anglikaner als Amtsträger zuzulassen, unterdessen zeichnete sich bereits eine dynastische Krise ab, da die Ehe Karls kinderlos blieb und sein Bruder als potenzieller Thronfolger katholisch war. Während sich das Parlament über die Thronfolgefrage in Whigs und Tories zerstritt, ließ sich Karl von Ludwig XIV. gegen Geldzahlungen insgeheim zu einer härteren antiparlamentarischen Haltung verleiten. Auf dem Totenbett trat Karl II. zum Katholizismus über, sein Bruder Jakob

9 Oliver Cromwell bändigt Iren, Schotten, Holländer und Franzosen. Zeitgenössische Karikatur. Die Franzosen tauchen hier in der Anfangszeit der Ära Cromwell als katholische Gegner auf, die den englischen Thronfolger (Karl II.) unterstützen, der 1650 erfolglos von Schottland aus einen Feldzug gegen Cromwell führte.

(James) II. kam auf den Thron. James berief Katholiken in öffentliche Ämter, schuf die Ansätze zu einer staatlichen Bürokratie, die es traditionell nicht gegeben hatte, er erweiterte das stehende Heer und band sich außenpolitisch vollständig an Frankreich... – kurz: Absolutismus und Katholizismus drohten erneut, der König entfremdete sich auch den ihm ursprünglich wohlgesonnenen Tories. 1687 erließ James als formales Oberhaupt der Staatskirche ein Toleranzedikt, das de facto die Religionsfreiheit im Staat erklärte und eigentlich vorbildlich für Europa war. Doch wurde dies von den Anglikanern nur als weiterer Schritt zur Rekatholisierung gesehen.

„Glorious Revolution"

1688 verbündeten sich englische Verschwörer aus dem Parlament mit Wilhelm von Oranien zu einer Invasion in England, die ihm die Krone bringen sollte. Dieser war zwar ein Schwiegersohn von James II., jedoch als Erbstatthalter der Niederlande ein mächtiger Gegner des katholischen Frankreichs. James wurde von seinen Anhängern und Truppen verlassen, Wilhelm vom Parlament zusammen mit seiner Frau Maria der Form nach gleichberechtigt inthronisiert. Diese unblutige Revolution ging durch die Whigs unter dem Begriff der „Glorious Revolution" in die Geschichte ein. Der neue Krönungseid für Wilhelm III. und Maria II. enthielt erstmalig die nachfolgend kursiv hervorgehobene Passage.
"Will you solemnly promise and swear to govern the people of this Kingdom of England, and the dominions thereto belonging, *according to the statutes in Parliament agreed on*, and the laws and customs of the same?" – The King and Queen shall say, "I solemnly promise so to do."

Ausgeschlossen wurde durch explizite Gesetze in Verfassungsrang später auch die Thronfolge eines katholischen Prätendenten. Dieser Fall trat bereits 1714 ein: Nach dem Tod Wilhelms bei einem Reitunfall 1702 hatte Anna, die protes-

10 Rache an Cromwell und seinen Anhängern nach 1660. Die Leiche Cromwells wurde exhumiert und postum gehängt.

tantische Tochter James II., die Regentschaft übernommen. Nach ihrem Tod 1714 ohne eigenen Erben beschloss das Parlament den Übergang auf Georg I., Kurfürst von Hannover, einem Cousin Annes.

Das Parlament sicherte sich zuvor 1689 seine erweiterten Rechte durch die Bill of Rights, die, obwohl alle Artikel sehr moderat formuliert wurden, als die Grundlage des modernen Parlamentarismus gelten kann, da von nun an das Parlament als *eigenständige Institution* aufgefasst wurde, die nicht mehr nur nach dem Willen des Königs einberufen und aufgelöst werden konnte. John Locke veröffentlichte 1690 in seinem *Second Treatise of Government* die staatsphilosophische Legitimation dieser Verfassung. Der *Toleration Act* von 1689 gab den von der anglikanischen *High Church* abweichenden protestantischen Glaubensrichtungen wieder Freiheit, allerdings nicht den Katholiken, die allgemeinen Grundrechte wurden 1695 um die Pressefreiheit erweitert.

Somit war in zwei Etappen der Absolutismus in England verhindert und das parlamentarische Prinzip durchgesetzt worden, das den Monarchen in den entscheidenden Bereichen der Politik an die Zustimmung der Stände band, die im Ober- und Unterhaus repräsentiert waren und in ihrer Opposition zur Monarchie meistens gemeinsam gehandelt hatten. Dennoch waren die Vertreter der Städte und Landkreise im Unterhaus als die entscheidenden Akteure des politischen Geschehens hervorgetreten und entwickelten sich fortan in ihrem Selbstverständnis zur eigentlichen „Volksvertretung", obwohl sie aufgrund des an den Besitz gebundenen Wahlrechts nur den kleinen Landadel *(gentry)* und die reichen Bürger repräsentierten und auch der Hochadel noch lange politisch bedeutend blieb. Die Diskrepanz zwischen der politischen Rolle des Parlaments und dem Wahlrecht wurde dadurch noch zugespitzt, dass die Einteilung der Wahlkreise seit dem Mittelalter nicht mehr verändert worden war. Die demographischen Veränderungen im Zuge der Industrialisierung im 18. Jahrhundert wurden nicht berücksichtigt, ganze Industriestädte hatten de facto kein Wahlrecht, während kleine, ehemals bedeutende Orte noch ihr altes Recht ausübten. 1780 waren von 8 Millionen Einwohnern Englands und Wales' gerade 214 000 wahlberechtigt, in Schottland waren es 4 500 von 2,6 Millionen.

11 Aus der Souveränitätslehre von Jean Bodin, 1576

Jean Bodin (1529 od. 1530–1596) studierte Jura an der Universität Toulouse, wo er dann auch lehrte, bis er 1561 Advokat am Pariser Parlement wurde. Als Vertreter einer überkonfessionellen politischen Lösung geriet er mehrfach zwischen die Fronten der Parteien. 1576 trug er auf dem Ständetag von Blois als Vertreter des 3. Standes maßgeblich zur Verhinderung der Wiederaufnahme des Bürgerkriegs bei. Beim König deswegen in Ungnade gefallen, übernahm er anschließend das Amt eines Staatsanwalts in der Provinz.

Der Begriff Souveränität beinhaltet die absolute und dauernde Gewalt eines Staates, die im Lateinischen *majestas* heißt. […] Souveränität bedeutet höchste Befehlsgewalt [*…legibus soluta potestas*]. […] Der wirkliche Souverän bleibt stets im Besitz der Staatsgewalt. Denn wie diejenigen, die anderen ihre Güter zum Gebrauch überlassen, doch immer Herren und Eigentümer bleiben, so verhält es sich auch mit denen, die die Verfügung über richterliche Gewalt oder Herrschaftsgewalt für eine begrenzte Zeit oder so lange, wie es ihnen gefällt, verleihen. Sie bleiben dennoch im Besitz der Staatsgewalt und Gerichtsbarkeit, die andere kraft Belehnung oder widerruflich ausüben. […] Souveränität wird weder durch irgendeine Gewalt noch durch menschliche Satzung noch durch eine Frist begrenzt. […]

Wenn aber das Volk die Staatsgewalt jemandem auf Lebenszeit als Amtsträger oder Stellvertreter überträgt oder lediglich, um sich von der Ausübung der Gewalt zu befreien, so ist er keineswegs souverän, sondern einfach Amtsträger, Stellvertreter, Regent, Gouverneur, Verwalter oder Nutznießer einer fremden Gewalt. […]

Wenn wir aber feststellen, dass nur derjenige absolute Gewalt besitzt, der schlechthin keinem Gesetz unterworfen ist, so fände sich auf der ganzen Welt kein souveräner Fürst. Denn alle Fürsten dieser Welt sind den Gesetzen Gottes und der Natur sowie gewissen menschlichen Gesetzen, die allen Völkern gemeinsam sind [*ius gentium*], unterworfen. […] [Doch] die Inhaber der Souveränität sind auf keine Weise den Befehlen eines anderen unterworfen, geben den Untertanen Gesetze, schaffen überholte Gesetze ab, um dafür neue zu erlassen. Niemand, der selbst den Gesetzen oder der Befehlsgewalt anderer untersteht, kann dies tun. Darum gilt, dass der Fürst von der Gewalt der Gesetze entbunden ist. […] Darum erbitten in Frankreich beim Regierungsantritt eines neuen Königs alle Kollegien und Gemeinden die Bestätigung ihrer Privilegien sowie ihrer Amts- und Gerichtsgewalt. Dies tun sogar die Parlamente und obersten Gerichtshöfe wie auch die einzelnen Amtsträger. […]

Obwohl das Parlament im Königreich England, das alle drei Jahre zusammentritt, größtmögliche Freiheit hat (wie es charakteristisch ist für die nördlichen Völker), verfährt es nur mit dem Mittel der Bittschrift und des Gesuchs. […] Außerdem treten Parlamente in England (wie auch in Frankreich und Spanien) nur aufgrund königlicher Verordnung zusammen. Dies zeigt deutlich, dass die Ständeversammlungen und Parlamente über keine Macht verfügen, selbstständig etwas zu beschließen, zu befehlen oder festzusetzen. Ja, ohne ausdrückliche Weisung können sie weder zusammentreten noch sich auflösen. […]

Es wird nun vielleicht eingewandt, dass ohne Zustimmung des Parlaments keine Steuern auferlegt werden können. Dies stützt sich auf ein Gesetz König Eduards I., auf das sich das Volk gegenüber den Königen stets beruft. Darauf antworte ich, dass auch andere Könige nicht mehr Macht haben als der englische König. Weil nämlich kein Fürst die Macht hat, seinem Volk nach Gutdünken Steuern aufzuerlegen oder den Besitz eines anderen einzuziehen. […]

Es besteht ein Unterschied zwischen Recht und Gesetz. Das eine bezieht sich auf Gerechtigkeit, das andere auf Befehl. Denn ein Gesetz ist nichts anderes als eine Anordnung des Souveräns, der seine souveräne Macht gebraucht. […] Den von ihm erlassenen Gesetzen ist der souveräne Fürst nicht unwiderruflich verpflichtet, es sei denn, diese sind identisch mit dem Naturgesetz. Das Naturgesetz, so sagt Pindar, ist es, dem alle Könige und Fürsten unterworfen sind. Weder der Papst noch der Kaiser sind von diesem Gesetz ausgenommen, wenn auch einige sagen, sie könnten sich willkürlich am Eigentum ihrer Untertanen vergreifen. Viele Rechtslehrer, sogar Lehrer des Kirchenrechts, verwerfen diese dem göttlichen Gesetz widersprechende Auffassung. […] Absolute Gewalt bedeutet Freiheit gegenüber den positiven Gesetzen, nicht gegenüber dem Gesetz Gottes. Durch das göttliche Gesetz wird klar zum Ausdruck gebracht, dass es nicht erlaubt ist, sich den Besitz eines anderen anzueignen oder auch nur danach zu trachten. […]

Wenn also ein souveräner Fürst die Naturgesetze nicht verletzen darf, die auf Gott, dessen Abbild er ist, zurückgehen, so darf er fremdes Eigentum nicht konfiszieren, es sei denn, es gibt eine Rechtfertigung und vernünftige Begründung. Diese ist gegeben im Falle eines Kaufes oder Tausches oder für den Fall einer legitimen Konfiszierung von Eigentum im Interesse der Staatserhaltung, um einen sonst nicht zu erreichenden Frieden mit einem Feind abschließen zu können. Zum Zwecke der Staatserhaltung sollen die Untertanen nicht nur ihre Gegensätze und Konflikte hintanstellen, sondern auch ihr Eigentum aufgeben. […]

Da es auf Erden nach Gott nichts Größere gibt als die souveränen Fürsten, die Gott als seine Statthalter eingesetzt hat, damit sie der übrigen Menschheit befehlen, ist es notwendig, auf ihre Stellung Acht zu haben, um in Unterwürfigkeit ihre Majestät achten und verehren und über sie in Ehrerbietung denken und sprechen zu können. Wer sich gegen den König wendet, versündigt sich an Gott, dessen Abbild auf Erden der König ist. [...]

Zit. nach: Jean Bodin, Über den Staat, Stuttgart (Reclam) 1976, S. 13, 19–21, 23–25, 30–32, 36f., 39.

12 Jean Bodin über Preisentwicklung und Handelspolitik, 1578

Ich finde, dass die Teuerung, die wir sehen, quasi von vier oder fünf Ursachen herrührt. Die hauptsächliche und fast einzige (die bislang niemand erfasst hat) ist der Reichtum an Gold und Silber, der heute in diesem Königreich größer als vor vierhundert Jahren ist [...]. Der zweite Grund für die Teuerung kommt zum Teil von den Monopolen. Der dritte ist die Knappheit, die ebenso vom Handel wie von der Verschwendung verursacht wird. Der vierte ist das Vergnügen der Könige und großen Herren, das den Preis der Dinge, die sie mögen, in die Höhe treibt. Der fünfte betrifft den Preis des Geldes, dessen alter Wert überholt ist. [...]

Die Hauptursache, die alle Dinge teurer macht, wo auch immer, ist der Überfluss dessen, was den Dingen Wert und Preis verleiht. Plutarch und Plinius berichten, dass nach der Eroberung Makedoniens unter König Perseus der Hauptmann Paulus Aemilius so viel Gold und Silber nach Rom brachte, dass das Volk von den Steuern befreit wurde und der Bodenpreis in der Romagna augenblicklich um zwei Drittel stieg. Und Sueton sagt, dass Kaiser Augustus so viele Reichtümer aus Ägypten mitbrachte, dass die Wucherzinsen zurückgingen und der Bodenpreis viel teurer wurde als zuvor. Es waren also weder die Knappheit an Land, das nicht wachsen oder schrumpfen kann, noch das Monopol, das in diesem Fall nicht eintreten kann, sondern es war der Überfluss an Gold und Silber, der den Wertverlust dessen und die Teuerung der geschätzten Dinge verursacht hat [...]. Und als der Spanier sich zum Herren über neue Länder machte [in Südamerika], wurden Äxte und Messer teurer verkauft als die Perlen und Edelsteine, denn es gab Messer nur aus Holz und Stein und jede Menge Perlen. Es ist also der Überfluss, der den Wertverlust verursacht. [...]

Zum Handel mit Waren, die das Königreich verlassen, haben sich mehrere große Persönlichkeiten in Wort und Schrift bemüht, und tun es noch, ihn so weit es geht einzugrenzen, wenn es ihnen denn möglich wäre, da sie glauben, dass wir glücklich und im Reichtum leben können, ohne etwas zu veräußern oder vom Ausland zu empfangen, aber sie gehen meiner Meinung nach fehl: Denn wir stehen im Handel mit den Ausländern und können darauf nicht verzichten. Ich gestehe zu, dass wir ihnen Weizen, Wein, Salz, Safran, Pastel [=Farbstoff], Pflaumen, Papier, Tuche und grobe Stoffe liefern, im Gegenzug haben wir von ihnen vor allem alle Metalle außer Eisen [...], Öle, Wachs, Honig, Erbsen, [...verschiedene Hölzer], Lederwaren, feine Stoffe, [...verschiedene Farben], Drogen aller Art, Gewürze, Zucker, Pferde, gesalzene Lachse, Sardinen, Makrelen [...], kurz, unendlich viele Lebensmittel und hervorragende Handarbeiten.

Und wenn wir denn auf solche Waren verzichten könnten, was gar nicht möglich ist, so wäre es doch so, dass wir auch welche verkaufen wollten, weswegen wir immer Handel treiben müssten, verkaufen, kaufen, tauschen, leihen, sogar eher einen Teil unserer Güter den Ausländern und selbst unseren Nachbarn geben, wenn es nur darum ginge zu kommunizieren und eine gute Freundschaft zwischen ihnen und uns aufrecht zu erhalten. [...]

Und doch sagt man, wir dürfen nicht unsere Güter für nichts [=ohne Gegenleistung] den Ausländern geben, und gar noch unseren Feinden, daher achten wir sehr darauf: Und selbst wenn wir es täten, weil wir genügend davon haben, würden wir eher ihre Freundschaft gewinnen, anstatt Krieg gegen sie zu führen, da Gott, dem wir gelobt haben und [dennoch] Krieg ohne Unterlass führen, uns ein Beispiel über alle Maßen gibt. Aber weil das nicht in die Hirne jener eingeht, für die nur der Gewinn zählt, auch wenn er schmutzig und unehrenhaft ist, hat Gott mit seiner bewundernswerten Voraussicht dafür gesorgt und seine Gunst derart verteilt, dass es auf der Welt kein Land gibt, das so fruchtbar ist, dass es ihm an vielem mangelt. Was Gott anscheinend getan hat, um alle Untertanen seines Staates in Freundschaft zu halten oder zumindest zu verhindern, dass sie sich lange Zeit bekriegen, da sie immer miteinander im Handel stehen.

Zit. nach: Discours de Jean Bodin, sur le rehaussement et diminution des monnoyes [...] et Responce aux Paradoxes de monsieur de Malestroict [...], Paris 1578, S. 17–19 ; 72–73, 75f. Übers. W. Geiger.

13 Théodore de Bèze, Vom Recht der Obrigkeit über ihre Untertanen, 1575

*Théodore de Bèze (1519–1605) wurde im burgundischen Vézélay geboren, bekannte sich früh zur Reformation und trat als studierter Jurist zunächst eine Stellung als Griechischlehrer im schweizerischen Lausanne an. 1559 wurde er Direktor der **Académie de Genève**. Von dort aus war er Berater der reformierten Kirche Frankreichs und wurde in Genf selbst Nachfolger Calvins.*

Es gibt keinen anderen Willens als den des einzigen Gottes, der ewig und unveränderlich sei, Maßstab aller Gerechtigkeit. Ihm alleine schulden wir also ohne jegliche Ausnahme Gehorsam. Und was den Gehorsam gegenüber den Fürsten angeht, so müsste man auch sagen, dass man ihnen gehorchen sollte wie Gott, sofern sie denn aus dem Munde Gottes sprächen, wenn sie befehlen; zu oft trat jedoch das Gegenteil ein, und so muss diese Bedingung gestellt werden: Vorausgesetzt, sie gebieten keine unreligiösen oder ungesetzlichen Dinge. Ich nenne unreligiöse Gebote jene, durch die das angeordnet wird, was die erste Gesetzestafel Gottes verbietet, oder die das verbieten, was sie gebietet. Ich nenne ungesetzliche Gebote jene, denen man nur gehorchen kann durch Unterlassung dessen, was man je nach seiner öffentlichen oder eigenen Berufung seinem Nächsten schuldet. [...] Gott spricht durch den Mund des Propheten Jesaja, dass er seinen Ruhm nicht auf einen anderen übertrage. Und selbst wenn Gott nicht so klar gesprochen hätte, so ist es von sich aus klar, dass es eine allzu üble Sache ist, die Anweisungen, die aus dem Willen eines Menschen hervorgehen, mit jenen gleichzusetzen, die Gott selbst gegeben hat. Somit wären die Autorität Gottes und die der Menschen gleich, wenn man ohne Unterschied den Menschen ebenso gehorchen müsste wie Gott – und mehr noch: Sooft und in dem Maße wie die Anordnungen Gottes jenen der Menschen hintangestellt werden, sooft werden die Menschen über den Thron Gottes gestellt. [...]

Zit. nach: Du droit des magistrats sur leurs subjets, [Genf] 1575. Bibliothèque Nationale de France, Internetveröffentlichung auf www.gallica.fr., Dok. Nr. N0006460_PDF_1_129, Übers. W. Geiger.

14 Die Unabhängigkeitserklärung der Niederlande von 1581

Ein Volk ist nicht wegen des Fürsten, sondern ein Fürst um des Volkes willen geschaffen; denn ohne das Volk wäre er ja kein Fürst. Er ist dazu da, dass er seine Untertanen nach Recht und Billigkeit regiere und sie liebe wie ein Vater seine Kinder, dass er treu walte wie ein Hirt über seine Herde. Behandelt er sie aber nicht so, sondern bloß wie Sklaven, dann hört er auf, ein Fürst zu sein und ist ein Tyrann. Die Untertanen aber haben das Recht, nach gesetzlichem Beschluß ihrer Vertreter, der Stände, wenn kein anderes Mittel mehr übrig ist und sie durch keine Vorstellung ihrer Not irgendwelche Versicherung der Freiheit für Leib und Gut, für Weib und Kind von dem Tyrannen erlangen können, diesen zu verlassen. Unter dem Vorwand der Religion hat der König von Spanien eine Tyrannei einzurichten versucht und, ohne auf irgendeine Vorstellung des Landes zu achten, dessen Privilegien verletzt, den Eid gebrochen, den er auf deren Erhaltung geschworen. Und so erklären wir denn jetzt den König von Spanien verlustig jedes Anspruchs auf die Herrschaft in den Niederlanden; wir entbinden hiermit alle Amtsleute, Obrigkeiten, Herren, Vasallen und Einwohner von dem einst dem König von Spanien geleisteten Eid des Gehorsams und der Treue und befehlen allen Beamten, fortan den Namen, die Titel und die Siegel des Königs von Spanien nicht mehr zu gebrauchen und einen neuen Eid abzulegen, des Inhalts, uns treu zu sein gegen den König von Spanien und alle seine Anhänger.

Zit. nach: Gottfried Guggenbühl / Hans Huber (Hg.): Quellen zur Geschichte der Neueren Zeit, Zürich: Artemis 1956, S. 163

15 Erster Artikel des *Cahier général* des Dritten Standes von Frankreich, versammelt in Paris im Augustinerkloster im Jahre 1614.

Dass, um den Lauf der gefährlichen Lehre aufzuhalten, die seit einigen Jahren von aufrührerischen Geistern gegen die von Gott eingesetzten Könige und souveränen Mächte vorgebracht wird und danach trachtet, sie zu erschüttern und umzustürzen, der König inständigst gebeten werde, in der Versammlung der Stände als Grundgesetz des Königreichs beschließen zu lassen, das unverletzlich und allen bekannt sei: Dass, da er als Souverän in seinem Staate anerkannt ist, seine Krone nur von Gott alleine erhält, es keine Macht auf Erden gibt, welche auch immer, geistlich oder weltlich, die irgendein Recht über sein Königreich hat, um die geheiligten Personen unserer Könige davon zu entrechten, noch ihre Untertanen von der Treue oder dem Gehorsam, die sie ihm gebühren, zu entbinden oder loszulösen, aus welchem Grund und unter welchem Vorwand auch immer. [...]

Bibliothèque Nationale, Internetarchiv / www.gallica.fr, Übers. W.Geiger.

16 Steuereinnahmen durch die „taille“ und andere direkte Kontributionen in Livres:

1632	10 100 000
1643	53 000 000
Staatshaushalt insgesamt, inkl. Kreditaufnahme:	
1635	208 000 000
ab 1636 jährlich:	ca. 100 000 000
davon durch Kredite, Steuerverpachtung usw.:	ca. 40 000 000
Details Staatshaushalt 1635:	
Einnahmen durch taille u. a. direkte Quellen:	10 800 000
Indirekte Steuern:	6 800 000
Ämterverkauf usw.:	33 450 000
Außerordentliche Einnahmen via Verpachtung usw.:	156 759 000
Zum Vergleich die Staatseinnahmen 1575:	15 000 000

Aus: Joël Cornette, L'affirmation de l'Etat absolu 1515–1652, Paris 2004, S. 219 und Emmanuel le Roy Ladurie, L'Ancien Regime I. (1610–1715), Paris 1991, S.119, Übers. W. Geiger.

17 Einwohnerzahl von Paris:

1571	275 000
1590	195 000
1637	430 000
Ende 17. Jh.	500 000

Aus: Le Roy Ladurie, L'Ancien Regime I., S. 164, Übers. W. Geiger.

4

18 **a) Entwicklung des Silbergehalts im *Livre tournois***

1513	18,00 g
1602	11,00 g
1641	8,30 g
1691	7,56 g
1693	6,93 g
1699	5,25 g
1713	6,80 g
1715	5,31 g
1717	3,00 g
1725	5,25 g
1726	4,25 g

Ernest Labrousse (Hg.), Histoire économique et sociale de la France, t. II, Paris 1970, S. 345 f., Übers. W. Geiger.

b) Kennzahlen des französischen Staatshaushalts

Staatshaushalt 1753		
Einnahmen:		
Direkte Steuern		126,6
davon *Vingtième**:		18,0
Indirekte Steuern		126,4
Gesamt		253,0
Ausgaben:		
Gesamt		210,0
davon:	Militär	120,0
	Hof etc.	19,0
Zusätzliche Belastungen:		
Zinsen für Altschulden		62,0
Neuverschuldung durch Vorgriff auf zukünftige Einnahmen *(dette flottante)*		45,0
Staatshaushalt 1763		
Einnahmen		320,0
Dette flottante		ca. 200,0
Angehäufte Gesamtschulden		1 800,0
Angaben in Millionen Livres ** Sondersteuer zur Schuldentilgung*		

19 **Colbert über die Grundlagen der Staats- und Wirtschaftspolitik**

Jean-Baptiste Colbert (1619–1683), Marquis de Seignelay, war beruflich in verschiedenen Handelsgeschäften tätig und stieg in den 40er-Jahren zum Sekretär des Kriegsministers Le Tellier auf, der ihn 1949 zum königlichen Berater ernannte. 1661 wurde er Finanzminister Ludwigs XIV. und begründete in dessen Auftrag 1666 die Académie des Sciences und reformierte die französische Verwaltungs- und Wirtschaftspolitik. Nach Colbert wurde das merkantilistische Wirtschaftssystem auch Colbertismus genannt.

a) Über die Manufakturen im Königreich, 1663

Vor 1600 und sogar bis 1620 und später noch stellte keine Manufaktur in England oder in Holland Tuche her. Alle Wolle aus Spanien und England wurde nach Frankreich gebracht, um dort gesponnen und verarbeitet zu werden und diente anschließend nicht nur für den inneren Verbrauch, sondern auch, mit hervorragenden Färbungen in Scharlach, Blau und anderen lebendigen Farben, den Marseillern, die alleine den Handel mit der Levante unterhielten, für den Tausch mit wertvollen Waren aus Indien, die sie in Kairo einkauften, nach Frankreich brachten von dort aus in ganz Deutschland vertrieben.

Die Manufakturen sicherten das Auskommen unzähliger Menschen. Das Geld verließ das Königreich nicht; die Händler brachten jede Menge reicher Waren ins Land, durch die sie viel Geld im Inneren an sich zogen. Dieser so blühende Zustand hat sich bis heute sehr verändert. Die Stadt Marseille hat nicht mal mehr den zehnten Teil des Levantehandelns in Händen.

Aufgrund des Niedergangs der Manufakturen vollzieht er sich nur gegen Geld und die Händler importieren nur mehr für den Verbrauch des Königreichs. So dass die Menschen, die früher viel Geld in den Manufakturen verdienten (für diesen Handel verließ kein Geld das Königreich, im Gegenteil, viel Geld kam herein), heute nichts verdienen (viel Geld verlässt das Königreich und keines kommt herein).

Grund für den schlechten Zustand:

Der Krieg; die Untätigkeit des Handels; das Durcheinander in den Manufakturen; die Tolerierung der Niederlassung englischer und holländischer Botschafter an der Pforte [im Osmanischen Reich], gegen die Vereinbarungen; die Mischung der Färbungen mit schlechten Chemikalien; die Leichtigkeit, mit der die Händler das Geld in Barren oder in Münzen aus dem Königreich bringen konnten. Diese Leichtigkeit macht es, dass durch diesen Handel jedes Jahr zwei Millionen in Gold das Königreich verlassen. […]

Jean Baptiste Colbert, Lettres, instructions et mémoires. Tome II. Ire partie, Finances, impôts, monnaies / publ. par Pierre Clément, Paris: Impr. impériale, 1863, p. p.CCLVII, Bibliothèque Nationale, www.gallica.fr, Übers. W. Geiger.

b) Aus einer Denkschrift für die erste vom König abgehaltene Sitzung des Conseil de Commerce, 3.8.1664

Die Gründe für den schlechten Zustand des Binnenhandels sind: die Schulden der Städte und Gemeinden, die den freien Verkehr von Provinz zu Provinz und von Stadt zu Stadt, der doch die Grundlage allen Handels der Untertanen des Königs bildet, hindern; die durch diese Schulden in den Städten verursachten schikanösen Prozesse, die die Bürger erschöpfen, die Menge der überall im Lande und an den Flüssen errichteten Zollstationen, der schlechte Zustand der Landstraßen, die übertriebene Vermehrung der Beamtenstellen, die enorm hohe Besteuerung aller Produkte, das Seeräuberunwesen, das zum Verlust unzähliger Schiffe führt, und – um es mit einem Wort zu sagen – die Gleichgültigkeit des Königs und seines Conseil, die das gleiche bei allen Subalternbeamten zur Folge hat, in deren Händen die Polizeigewalt und Befugnis zur Erhaltung und Vermehrung der Manufakturen liegt. [...]

Ich glaube, man wird ohne weiteres in dem Grundsatz einig sein, dass es einzig und allein der Reichtum an Geld ist, der die Unterschiede an Größe und Macht zwischen den Staaten begründet. Was dies betrifft, so ist es sicher, dass jährlich aus dem Königreich einheimische Erzeugnisse (Wein, Brantwein, Weinessig, Eisen, Obst, Papier, Leinwand, Eisenwaren, Seide, Kurzwaren) für den Verbrauch im Ausland im Wert von 12 bis 18 Millionen Livres hinausgehen. Das sind die Goldminen unseres Königreiches, um deren Erhaltung wir uns sorgfältig bemühen müssen... Je mehr wir die Handelsgewinne, die die Holländer den Untertanen des Königs abnehmen, und den Konsum der von ihnen eingeführten Waren verringern können, desto mehr vergrößern wir die Menge des hereinströmenden Bargeldes und vermehren wir die Macht, Größe und Wohlhabenheit des Staates. Denselben Schluss können wir hinsichtlich des Zwischenhandels ziehen, d. h. derjenigen Waren, die wir aus Ost- und Westindien holen und nach Nordeuropa bringen könnten, von wo wir die zum Schiffbau nötigen Materialien selber heranführen könnten, worauf zum andern Teil Größe und Macht des Staates beruhen. Außer den Vorteilen, die die Einfuhr einer größeren Menge Bargeld in das Königreich mit sich bringt, wird sicherlich durch die Manufakturen eine Million zurzeit arbeitsloser Menschen ihren Lebensunterhalt gewinnen. Eine ebenso beträchtliche Anzahl wird in der Schifffahrt und in den Seehäfen Verdienst finden, und die fast unbegrenzte Vermehrung der Schiffe wird im gleichen Verhältnis Größe und Macht des Staates vermehren. Dies sind die Ziele, nach denen der König meines Erachtens aus guter Gesinnung und Liebe zu seinem Volk streben sollte.

Zit. nach: Fritz Dickmann (Hg.), Renaissance, Glaubenskämpfe, Absolutismus. Geschichte in Quellen, München: Bayerischer Schulbuchverlag, 1976, S.447 f.

20 **Emblem des Sonnenkönigs** mit dem lateinischen Motto *Nec pluribius impar*, was ungefähr bedeutet: „Unvergleichlich unter allen“, Wandteppich.

c) Aus einer Denkschrift von 1680

Nach acht bis neun Jahren Krieg und einer Ausgabe von 110 bis 120 Millionen jährlich hatten Eure Majestät nur 22 Millionen zulasten der jeweils folgenden Jahre verbraucht. Im Jahr 1680 jedoch übersteigen die Ausgaben die Einnahmen um 20 Millionen, und i Majestät haben dann noch [...] 12 bis 13 Millionen ungedeckte Ausgaben.[...] Das sind insgesamt 54 bis 55 Millionen, die zulasten von 1681 im Voraus verbraucht sind. Die Einnahmen Eurer Majestät [...] betragen 65 bis 66 Millionen Livres. Ich veranschlage sie jedoch auf 70 Millionen und ziehe von den Ausgaben 6 oder 7 Millionen Schuldentilgungszahlungen ab, die man verschieben kann. Dann bleiben von den Einnahmen des Jahres 1681 nur 22 oder 23 Millionen übrig, die für die Ausgaben zur Verfügung stehen. Man muss dann also vom Monat März oder April nächsten Jahres an den Etat im Voraus auf 1682 aufstellen.

Der Kredit Eurer Majestät war etabliert und gehalten auf 5 % für mehr als 20 Millionen Livres. Durch übermäßige Anleihen ist der Zinssatz gegenwärtig auf 10 % gestiegen, d. h. man muss noch 8 bis 9 Millionen Livres absetzen für den Vorgriff von 1681 auf 1682, und wenn das so weitergeht, muss man fürchten, dass man wieder auf 15 % Zinsen kommt[1].

Ich habe, um den Kredit zu stützen, die wahre Lage stets sorgfältig verheimlicht und im Gegenteil den Anschein großen Überflusses zu erwecken versucht, so dass wir noch 15 bis 16 Millionen Livres durch die Darlehenskasse erhalten konnten.[...] Der Anstieg des Zinssatzes auf 10 % macht aber allmählich allgemein erkennbar, dass der Überfluß nicht derart ist, wie ich ihn gern erscheinen lassen wollte [...]

Was mich betrifft, Sire, so kann ich über diese Sache zu keinem anderen Urteil kommen als dem, dass man die Einnahmen erhöhen und die Ausgaben vermindern muss.

Was die Vermehrung der Einnahmen betrifft, so muss ich Eurer Majestät sagen, dass ich fürchte, darin schon zu weit gegangen zu sein [...] Außerordentliche Einnahmen

1 Anspielung auf frühere Zeiten.

4

gibt es keine mehr, und was etwa in den eroberten Ländern einen Ertrag abwerfen könnte, haben Eure Majestät bereits verausgabt. Die Kreditaufnahme hat bisher über 40 Millionen Bargeld ergeben, und schwerlich kann man darüber noch hinausgehen. Staatspapiere werden nicht mehr gekauft und würden noch weniger gefragt werden, wenn der Zinsfuß herabgesetzt würde.

Dickmann, a. a. O., S.445.

21 Statistiken zur wirtschaftlichen und sozialen Lage in Frankreich:

1. *Grundbesitz im Ancien Régime*

Zusammengestellt nach Ernest Labrousse (Hg.), Histoire économique et sociale de la France, t. II (1660–1789), Paris : Presses Universitaires de France, 1970, S.135 f., Übers. W. Geiger.

Zu berücksichtigen ist, dass es sich bei den nachfolgenden Übersichten nicht um Besitz im modernen bürgerlichen Sinne handelt: Die von adligen Grundherren abhängigen Bauern, die hier als Grundbesitzer registriert sind, mussten auf ihren Besitz noch Abgaben leisten; der für den Adel ausgewiesene Grund und Boden war sein Eigenbesitz *(domaine)*, den er über Frondienste und Lohnarbeiter bewirtschaften ließ; das Bürgertum trat fast ausschließlich als Pächter grundherrschaftlicher Ländereien auf, zog die grundherrlichen Abgaben ein oder beschäftige bäuerliche Lohnarbeiter.
Dabei ist die Verteilung nach Größe bzw. Wert sowohl zwischen den Gruppen (Schaubilder a–b) als auch innerhalb der Gruppe der Bauern und Handwerker aufschlussreich (Schaubilder c–d).

a) Verteilung des Grundbesitzes in Roquevaire (Provence) 1663

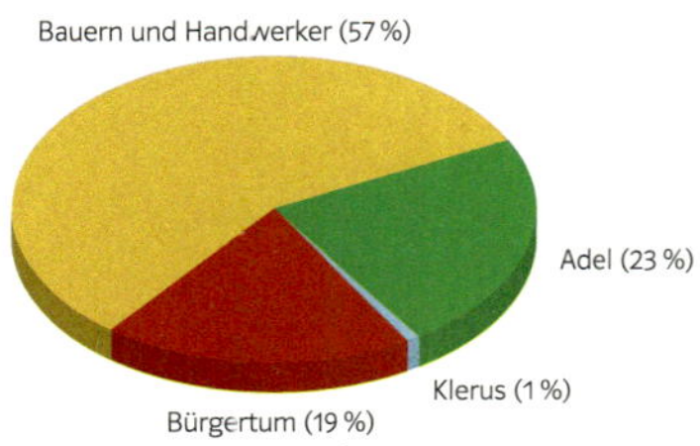

b) Verteilung des Grundbesitzes in Pfarrgemeinden im Umland von Beauvais (nördlich von Paris) 1717

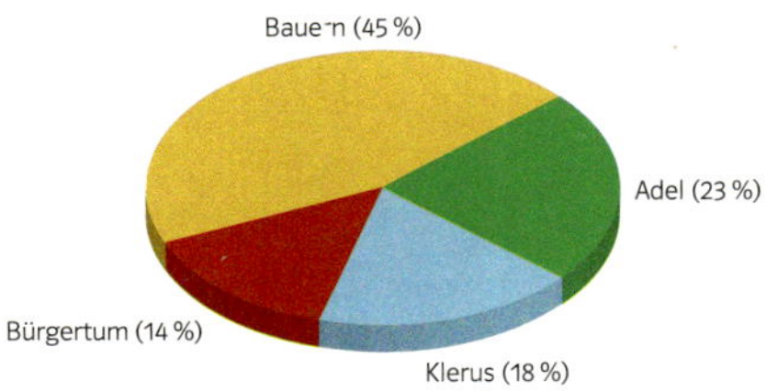

c) Roquevaire 1663: Verteilung des Bodens nach Größe bzw. Wert nach örtlichen Katastereinheiten.
Angegeben sind die durchschnittlichen Größen pro Besitz in den verschiedenen sozialen Gruppen. Die Katastereinheiten berücksichtigten sowohl die Größe der Fläche als auch den agrarischen Wert des Bodens.

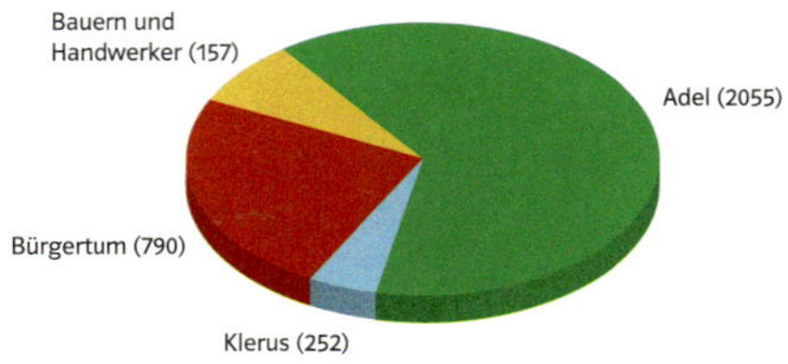

d) Verteilung des Besitzes nach Größe/Wert innerhalb der Gruppe der Bauern und Handwerker in Roquevaire 1663.
Die Angaben verstehen sich im Verhältnis zur Durchschnittsgröße von 157 Katastereinheiten (d. h. Teile und Vielfaches dieser Größe).

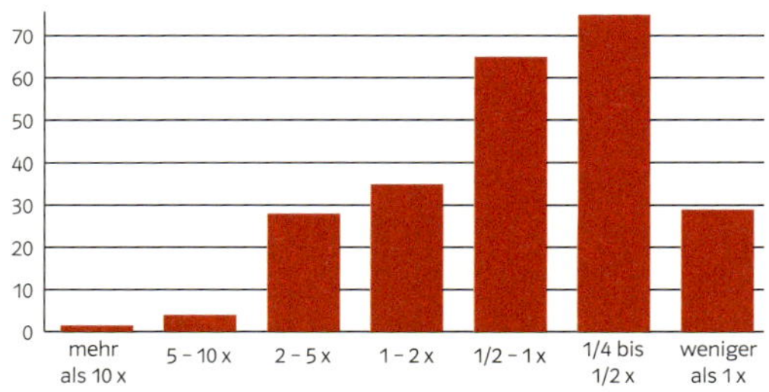

2. *Steuern* und Abgaben (Überschlag) in der Anfangsphase der Regentschaft Ludwigs XIV., ohne besondere Belastungen durch Krieg usw.
Staatseinnahmen: ca. 80 Millionen Livres
davon Taille (Kopfsteuer): 40 Mio.
Weitere Abgaben an den König durch die Bauern: 20 Mio.
Kirchenzehnt, grundherrschaftliche Abgaben u. a.: 60–80 Mio.
Zahl der Bauernfamilien: 4 Millionen

3. *Geldmenge, Agrarpreise, Löhne und Bevölkerungsentwicklung*

Zusammengestellt aus: E. Labrousse (Hg.), Histoire économique et sociale de la France, t. II, Paris 1970, S. 386–395, 513, 537, 561. Übers. W. Geiger.

a) Geldmenge
Zwischen 1700 und 1780 stieg die Menge an geprägtem Gold und Silber in Frankreich nach Schätzungen zwischen dem Doppelten und dem Dreifachen. Ende des 18. Jahrhunderts repräsentierten die Münzvorräte noch zwei Drittel aller Werte.

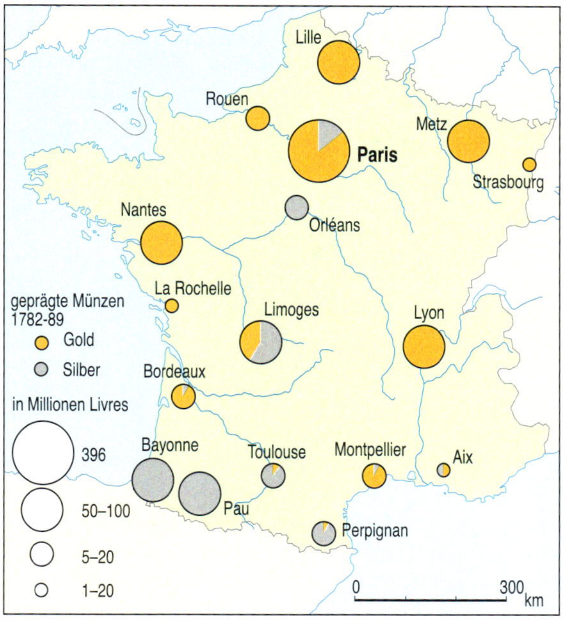

Der Reichtum war jedoch in Frankreich nicht nur sozial, sondern auch regional sehr ungleich verteilt: Das Schema zeigt die Konzentration von Gold (dunkel) und Silber (hell) in den großen Städten Frankreichs in Millionen Livres am Vorabend der Revolution 1789.

b) Index der Agrarpreise, Mittelwerte in Fünfjahresabschnitten 1726–1788 plus Jahreswert 1789

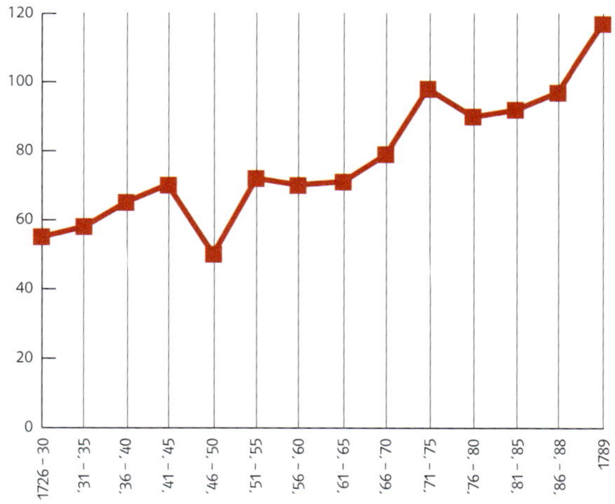

c) Lohnentwicklung:
Von 1740 bis 1789 stiegen die Löhne auf dem Land um ca. 20%, in Paris um ca. 50%

d) Bevölkerungsentwicklung:
Zwischen 1700 und 1770 erfolgte eine Vermehrung der Bevölkerung um ca. 30%.

4

22 Arbeitsabläufe einer Spielkartenmanufaktur in Paris um 1680.

23 Aus den Memoiren Ludwigs XIV. (1668 / 1671)

Ludwig XIV. (1638–1715) kam bereits mit fünf Jahren auf den Thron. Während seiner Unmündigkeit führten seine Mutter Anne d'Autriche, Tochter Philipps III. von Spanien, und Kardinal Mazarin die Regierungsgeschäfte. Beim Tode Mazarins 1661 übernahm er die Regierung. Die Memoiren waren zunächst gedacht als Lehrbuch für den Thronfolger Louis (geb. 1661), der jedoch bereits 1711 sterben sollte.

Ich begann meine eigene Regierung damit, dass ich die vier Staatssekretäre nichts mehr unterzeichnen ließ, worüber sie mit mir nicht vorher gesprochen hatten. Ebenso stand es mit dem Finanzintendanten, und es wurde in seinem Bereiche nichts vorgenommen, was nicht in einem Hauptbuche verzeichnet wurde, das mir zugleich mit einem kurzen Auszug zuging, und aus dem ich in jedem Augenblick eine klare Übersicht über die Staatsgelder, über die geleisteten oder noch zu leistenden Staatsausgaben gewinnen konnte. Ein gleicher Befehl ging an den Kanzler. Jedes Schriftstück, das versiegelt von ihm ausging, musste meine Zustimmung gefunden haben. […]

Was die Personen betrifft, die mich bei meiner Arbeit zu unterstützen hatten, so beschloss ich vor allem, keinen Premierminister zu wählen. Und wenn Sie auf mich hören, mein Sohn, Sie und all Ihre Nachfolger, so wird es in Frankreich niemals mehr Premierminister geben, selbst die Bezeichnung wird unbekannt sein. Denn nichts ist unwürdiger, als wenn auf der einen Seite ein Mann die ganzen Herrscherfunktionen ausübt, auf der anderen Seite ein König steht, dem nur der Titel übrig geblieben ist.

Hierzu war es notwendig, mein Vertrauen verschiedenen Männern zu übertragen und die Ausführung meiner Anordnungen auf sie zu verteilen. So erhielt niemand die Geschäfte in ihrem ganzen Umfang übertragen, und es galt, meine Mitarbeiter nach ihren verschiedenen Talenten auszuwählen: Diese Aufgabe des Königsamtes kann man vielleicht als die erste und wichtigste betrachten.

Ich beschloss, sogar noch weiter zu gehen, um noch mehr in mir allein die ganze Herrschermacht zu vereinigen. Obwohl es in allen Staatsangelegenheiten gewisse Einzelheiten gibt, mit denen sich ein König wegen seiner übrigen Tätigkeit und zur Wahrung seiner Würde gewöhnlich nicht befassen darf, so unternahm ich doch nach der Auswahl meiner Minister gelegentlich mit jedem von ihnen eine solche Prüfung von Einzelheiten, und zwar dann, wenn er es am wenigsten erwartete. Dadurch sollte er erfahren, dass ich es mit allen anderen Gegenständen jederzeit genauso machen könnte. Ein weiterer Nutzen dieses Vorgehens bestand darin, dass die zahlreichen kleinen Einzelheiten, die man gelegentlich, und mehr zur Ablenkung als nach einer festen Regel, erfährt, nach und nach, ohne einen zu ermüden, über tausend Dinge belehren, die für wichtigere Entschlüsse nicht unnütz sind, Dinge, die wir alle selbst wissen und ausführen müssten, wenn es möglich wäre, dass ein einzelner Mensch alles weiß und alles ausführt. […]

Wenn ich Ihnen aber meine Auffassungen vollends enthüllen soll, so muss ich sagen, dass ich kein Interesse daran haben konnte, Untertanen von hervorragenderen Eigenschaften zu wählen. Vor allem kam es darauf an, meinen eigenen Ruf fest zu begründen und der Öffentlichkeit schon durch den Rang der Männer, die ich als meine Mitarbeiter nahm, klarzumachen, dass es nicht meine Absicht sein könne, meine Macht mit ihnen zu teilen. Ich musste darauf sehen, dass sie keine höheren Hoffnungen schöpfen konnten, als die Machtbefugnisse zu erhalten, die ich ihnen zuweisen würde. Bei Männern von hoher Abkunft ist dies recht schwierig durchzuführen. Meine Vorsichtsmaßregeln waren umso notwendiger, als auch so die Welt noch lange brauchte, um mich richtig kennen zu lernen. Manche Kreise waren davon überzeugt, dass binnen kurzem einer der Männer, die Zutritt zu mir hatten, die Herrschaft über mich selbst und über die Regierung an sich reißen würde. Die meisten dachten, mein Fleiß sei nur eine Aufwallung, die bald vorübergehen würde. Andere, die günstiger urteilen wollten, glaubten, man müsse abwarten, bevor man sich endgültig aussprechen könne.

Die Zeit erst lehrte, was man hiervon zu halten hatte. Im zehnten Jahre verfolge ich jetzt, wie mir scheint, ziemlich standhaft den gleichen Weg, und mein Fleiß ist immer noch der gleiche geblieben. Ich in über alles unterrichtet, ich leihe dem geringsten meiner Untertanen Gehör, ich kenne zu jeder Stunde die Zahl und den Wert meiner Truppen, den Zustand meiner befestigten Plätze. Ich treffe dauernd meine Anordnungen für alle Bedürfnisse der Truppe, ich verhandle direkt mit den fremden Gesandten, ich empfange und lese die Depeschen, ich verfasse selbst einen Teil der Antworten und erkläre bei den übrigen meinen Sekretären kurz den Inhalt des Antwortschreibens. Ich regele selbst Einnahmen und Ausgaben des Staates, ich lasse mir von den Männern, denen ich wichtige Posten anvertraut habe, direkt Rechenschaft ablegen. Ich halte meine Angelegenheiten so geheim, wie es nur irgend jemand vor mir getan hat, ich verteile Gnadenbezeigungen nach meiner eigenen freien Wahl, und doch, wenn ich mich nicht täusche, meine Diener, mögen sie auch für sich und die ihrigen mit Wohltaten überhäuft sein, in einer bescheidenen Stellung, die weit von den hohen Machtbefugnissen eines Premierministers entfernt ist. […]

Zit. nach: Ludwig XIV., Memoiren, Basel / Leipzig: Kompass, 1931, S. 25–27, 33 f.

24 James I., Das wahre Gesetz freier Monarchien, 1598

James I. war König von England 1603–1625 und als James VI. bereits seit 1567 König von Schottland. Seine Abhandlung ***True Law of Free Monarchies*** *erschien 1598 zunächst anonym.*

Die Könige in Schottland waren schon da, bevor es Stände oder Rangabstufungen innerhalb derselben gab, bevor

25 Karikatur Ludwigs XIV. Ausschnitt aus einem größeren Bild, entworfen von Protestanten.

Parlamente gehalten oder Gesetze gemacht wurden. Sie verteilten das Land, das ursprünglich in seiner Gesamtheit ihnen gehörte, sie riefen Ständeversammlungen durch ihren Befehl ins Leben, sie entwarfen Regierungsformen und richteten sie ein.

Daraus folgt mit Notwendigkeit, dass die Könige Urheber und Schöpfer der Gesetze waren und nicht umgekehrt. […] Es entspricht diesen Fundamentalgesetzen, wenn wir Tag für Tag vor Augen sehen, wie im Parlament (das nichts anderes ist als der höchste Gerichtshof des Königs und seiner Vasallen) die Gesetze von den Untertanen lediglich beantragt, aber von dem König allein, wenn auch auf ihre Bitte und mit ihrem Rat, gemacht werden. Der König erlasst auch täglich Statuten und Verordnungen mit Strafandrohungen ganz nach seinem Ermessen, ohne Beirat des Parlaments oder der Stände, aber kein Parlament hat die Macht, irgendein Gesetz oder Statut zu erlassen, ohne dass sein Szepter dabei mitwirkt und ihnen die bindende Kraft eines Gesetzes gibt. […] Und wie der König ganz offensichtlich oberster Herr des ganzen Landes ist, so ist er auch Herr über jede Person, die darin wohnt und hat Gewalt über Leben und Tod einer jeden von ihnen. Zwar wird ein gerechter Herrscher keinem seiner Untertanen das Leben nehmen ohne eine klare Gesetzesbestimmung, aber dieselben Gesetze, kraft deren er es ihnen nimmt, hat er selbst oder haben seine Vorgänger erlassen, und so geht alle Gewalt jederzeit von ihm selber aus. […]

Zwar ist es wahr, dass der König über dem Gesetz steht, als Urheber und als der, der ihm erst die bindende Kraft verliehen hat; aber ein guter König wird nicht allein seine Freude daran haben, seine Untertanen nach Maßgabe des Gesetzes zu regieren, sondern er wird sich auch selber in seinen eigenen Handlungen danach richten und immer den Grundsatz beachten, dass das Wohl des Ganzen sein oberstes Gesetz sein soll. Und wenn er sieht, dass das Gesetz missverständlich oder zu streng ist, so kann er es interpretieren oder abmildern, denn sonst wird summum jus summa injuria. Deshalb können auch allgemeine Gesetze, die öffentlich im Parlament beschlossen wurden, aus Überlegungen, die dem König bekannt sind, und kraft seiner Autorität gemildert oder suspendiert werden, auch wenn es aus Gründen geschieht, die er allein weiß. […]

Zit. nach: Fritz Dickmann (Hg.), Renaissance, Glaubenskämpfe, Absolutismus. Geschichte in Quellen, München: Bayerischer Schulbuch-Verlag, 1976, S. 352.

26 Aus einer Rede von James I. im Parlament, März 1610:

Die Monarchie ist das Höchste auf Erden, da Könige nicht nur Gottes Statthalter auf Erden sind und auf Gottes Thron sitzen, sondern weil sie von Gott selbst als Götter bezeichnet werden. Es gibt drei grundsätzliche Charakterisierungen der Monarchie: eine aus Gottes Wort entnommen und zwei andere aus den Bereichen der Politik und der Philosophie. In den Schriften werden die Könige Götter genannt und ihre Macht folglich in gewisser Weise mit der göttlichen Macht verglichen. Könige werden auch mit Familienvätern verglichen, denn ein König ist wahrlich ein *parens patriae*, der politische Vater seines Volkes. Und schließlich werden Könige mit dem Kopf eines Menschen als Mikrokosmos verglichen. […]

Ich schließe also diesen Punkt, der die Macht von Königen betrifft, mit diesem Axiom der Göttlichkeit; so wie infrage zu stellen, was Gott tut, gotteslästerlich ist […], so ist es aufrührerisch von Untertanen, infrage zu stellen, was ein König auf der Höhe seiner Macht tut. Aber gerade Könige werden immer gewillt sein zu erklären, was sie tun, wenn sie nicht den Fluch Gottes auf sich ziehen wollen. Ich werde nicht damit einverstanden sein, dass meine Macht infrage gestellt wird, aber ich werde immer gewillt sein, den Grund für alle meine Handlungen deutlich zu machen und meine Taten in Übereinstimmung mit meinen Gesetzen vollziehen. […]

http://www.northpark.edu/history/Classes/Sources/JamesI.html, Übersetzung: W.G.

27 Aus der Rede des Abgeordneten Whitelocke zur Steuerdebatte im englischen Unterhaus Juni–Juli 1610

Die souveräne Gewalt liegt [bei uns] nach allgemeiner Überzeugung beim König. Aber die Gewalt, die bei dem König liegt, ist doppelter Art: Die eine [übt er aus] im

Parlament, d.h. mit Zustimmung des ganzen Staates[2], die andere außerhalb des Parlamentes als einzelner für sich, geleitet allein von seinem eigenen Willen. Wenn von diesen zwei im König vereinigten Gewalten die eine größer ist als die andere und die andere dirigieren und kontrollieren kann, so ist sie die *suprema potestas*, die souveräne Gewalt, und die andere ist *subordinata*. Dann lässt sich leicht beweisen, dass die Gewalt des Königs im Parlament größer ist als seine Gewalt außerhalb des Parlamentes und dass sie diese beherrscht und kontrolliert. [...] Bei Parlamentsakten, seien es Gesetze, Grundsatzentscheidungen oder was sonst, sind der Akt und die ihm zugrunde liegende Gewalt des Königs, aber mit Zustimmung der Lords und der Gemeinen, und erst das macht sie zu der souveränsten und höchsten Gewalt über allen, die von keiner anderen mehr kontrolliert werden kann. [...]

Außer dem Besteuerungsrecht gibt es noch andere gleicher Art im Königreich, so das Recht der Gesetzgebung, der Einbürgerung, des Ausnahmezustandes, der höchstrichterlichen Entscheidung, der Legitimierung: Alle diese Rechte gehören dem König nur im Parlament. Es gibt andere Rechte gleicher Natur, die der König ohne das Parlament ausüben kann und die ihm mehr durch Gewohnheit und politische Praxis zugewachsen sind, wie z. B. das Recht der Einbürgerung, das Münzrecht und das Recht, Krieg zu führen: Diese Gewalt hat der König seit unvordenklichen Zeiten ohne Widerspruch und Murren seiner Untertanen ausgeübt. [...]

So sehen wir also, dass Besteuerungs- und Gesetzgebungsrecht *convertibilia et coincidentia* [auswechselbar und vertretbar] sind: Was das eine tun kann, kann auch das andere antun. [...] Der König hat seine höchste Gewalt nur im Parlament, unterstützt und getragen von der Zustimmung des ganzen Königreiches, und deshalb kann er diese Befugnisse nur im Parlament ausüben. In anderen Ländern lässt man den Grundsatz des Corpus Juris gelten: *Quod principi placuerit legis habet vigorem*, denn dort haben die Fürsten Gewalt, Gesetze zu geben, und daher auch das Recht der Besteuerung, denn das heißt Eigentum übertragen und hat damit die zwingende Gewalt eines Gesetzes. [...] Würde das Besteuerungsrecht stillschweigend unseren Königen überlassen und bedenkt man dabei, zu welchem Hauptzweck sie die Parlamente einberufen, nämlich um sich Geld zu verschaffen, so habe ich keine große Hoffnung, dass wir uns noch sehr häufig so wie jetzt versammeln könnten, denn dann würden sie sich eben auf die erwähnte andere Weise zu helfen wissen. [...]

Zit. nach: Dickmann, a. a. O., S.358 f.

2 In der politischen Konzeption des Begriffs „King in Parliament“ wurden König, Oberhaus und Unterhaus als eine Einheit betrachtet.

28 Johannes Althusius über Souveränität und Regierung, 1603

Johannes Althusius (1563–1638) war Jurist und lehrte als Professor an der ersten calvinistischen Akademie der Grafschaft Nassau-Dillenburg in Herborn, bevor er 1604 Syndikus (oberster Beamter) der Stadt Emden wurde.

[...] Es steht daher fest, dass den gewählten Amtsträgern und Kuratoren im Namen des gesamten Volks oder durch den universalen Gemeinschaftskörper die Befugnis gegeben ist, das Gemeinwesen und die Rechte, die sich aus dem Auftragsverhältnis (conventio mandati) ergeben, so zu verwalten, dass sie durch das ihnen anvertraute Amt dem Gemeinwesen nützen und nicht schaden, so dass sie all ihre Bestrebungen und Mühen, ihre Arbeit, Sorge und Achtsamkeit, all ihren Reichtum, ihre Güter, Kräfte und Fähigkeiten darauf verwenden, dem Nutzen und Wohl des politischen Gemeinschaftskörpers zu dienen, nicht aber darauf, unter Missachtung dieser Aufgaben den privaten Vorteil zu suchen. [...]

Auch besteht das Gemeinwesen oder Reich nicht des Königs wegen, sondern der König und jeder andere oberste Magistrat um des Reichs und Gemeinwesens willen. [...] Denn das Volk geht seiner Natur nach sowie in zeitlicher Hinsicht betrachtet seinen Regenten voraus, es ist mächtiger und steht höher als diese [...], so wie jeder Einsetzende im Verhältnis zum Eingesetzten.

Es ist zudem unwahrscheinlich anzunehmen, dass alle Bürger oder das Volk sich ihre Macht vollständig nehmen lassen sollten oder ausnahmslos schlechthin auf einen anderen übertragen und so ohne Notwendigkeit bewirken würden, dass ein der Korruption und Verderbtheit verfallener Herrscher mehr Macht als alle zusammen hätte, so wie wenn das Kind über seinem Erzeuger oder der Bach über der Quelle stünde.

Denn zuerst hat sich das Volk zu einer Art Körper mit festen Gesetzen zusammengeschlossen. Es hat sich im Hinblick auf die Gemeinschaft notwendige und nützliche Rechte gegeben und sodann ihre Verwaltung, die es in keiner Weise selbst ausüben konnte, den von ihm gewählten Amtsträgern und Leitern anvertraut, diesen zur Ausführung ihrer Aufgabe die notwendigen Machtbefugnisse übertragen, sie hierfür mit dem Schwert gerüstet und sich ihrer Regierung und Fürsorge anvertraut ...]. Die Verwalter und Kuratoren repräsentieren deshalb das gesamte Volk und ihr Handeln wird als das der Körperschaft angesehen [...]. Alle Bürger und Einwohner des Reichs zusammen, nicht jedoch die Einzelnen, stehen daher Mündeln oder Minderjährigen gleich [...]. Denn so wie ein Mündel zwar Herr seines Vermögens ist, das es zur Betreuung und Verwaltung einem Vormund übergeben hat, ohne dessen Einwilligung und Zustimmung aber nichts tun und sich auch nicht verpflichten kann, so kann auch das Volk ohne seine Verwalter und Leiter die Rechte des Reichs oder Gemeinwesens nicht selbst wahrnehmen, wenngleich es ihr Herr, Eigentümer und Nutznießer ist.

Das Recht, das ein Vormund an den Sachen und der Person des Mündels hat, nehmen in ähnlicher Weise auch die Amtsträger des Gemeinwesens im Hinblick auf alle Einwohner des Reichs, ihre Güter und Rechte in Anspruch.

Kraft der Einsetzung und des höchsten Eigentumsrechts sind die Untertanen und Glieder des Reichs in ihrer Gesamtheit Herren dieser Leiter und Amtsträger, die Prokuratoren, Verwalter und Vormunde aber wiederum ihre Helfer und Diener.

Außerhalb dieser Einsetzung und kraft der durch das Volk übertragenen und gebilligten Verwaltung sind die Einwohner des Reichs selbst Untertanen und Helfer ihrer Verwalter und Leiter und ihnen bei der Verrichtung und Durchführung ihrer Aufgaben dienlich, indem sie ihre Dienste, Folgeleistung und Fähigkeiten einbringen. Die Verwalter ihrerseits sind gleichsam Herren, Vormunde und Prokuratoren der einzelnen Untertanen. Sie sollen diese dennoch nicht als Diener oder Knechte betrachten, sondern als ihre eigenen Brüder […]. Vor der Übernahme der Amtstätigkeit und nachdem sie beendet ist, steht ein derartiger Verwalter und Leiter den übrigen Privatleuten gleich. Die Souveränitätsrechte sind jedoch genauso wie sie vom Gemeinschaftskörper ihren Ausgang genommen haben, mit ihm unteilbar und untrennbar verbunden und können nicht auf einen anderen übertragen werden. Denn selbst Könige können niemanden einsetzen, der ihnen gleichrangig wäre oder über ihnen stünde. […]

Nutzen und Notwendigkeit der universalen Gemeinschaft legen die Einsetzung und Wahl von Verwaltern und Leitern höchst nahe. Denn die vielfältige Gemeinschaft der unterschiedlichen Aufgaben, auf denen der Zusammenschluss so vieler Provinzen und Städte beruht, kann weder von den Einzelnen noch von der Gesamtheit der Einwohner des Reichs angemessen verwaltet und geleitet werden. […]

Der Leiter und Verwalter dieser bürgerlichen Gesellschaft und Gemeinschaft kann, wenn es gerecht und ohne Tyrannis zugeht, nur vom Gemeinwesen selbst eingesetzt werden. Denn nach dem Naturrecht sind alle Menschen gleich […] und keiner Jurisdiktion unterworfen, es sei denn, sie unterstellen sich durch eigene Zustimmung und freiwillig einer fremden Herrschaft und übertragen ihre Rechte einem anderen. Ohne einen rechtmäßigen Titel, den er vom Herrn dieser Rechte erhalten hat, kann sie kein anderer beanspruchen […].

Zit. nach: Johannes Althusius, Politica, methodice digesta et exemplis sacris et profanis illustrata, Herborn 1603. – Aus: Johannes Althusius, Politik, Berlin: Duncker & Humblot, 2003, S. 169 f.

29 **Titelblatt der Erstausgabe des „Leviathan"**, von Thomas Hobbes 1651, London.

30 Thomas Hobbes über die Natur des Menschen und die Grundlegung des Staates, 1651

Thomas Hobbes (1588–1679) war Sohn eines Landpfarrers aus Wiltshire und absolvierte als frühreifes und hochbegabtes Kind eine rapide Bildungslaufbahn; 1603–07 studierte er in Oxford und wurde 1608 Tutor und Hofmeister des Barons Cavendish von Hardwick und später in ähnlicher Funktion bei anderen Adligen, darunter als Lehrer des Prince of Wales, dem späteren Karl II., in Paris. Sein langjähriger Aufenthalt in Frankreich brachte ihn den führenden Gelehrten Frankreichs nahe.

[Über die Natur des Menschen]

Sooft […] zwei ein und dasselbe wünschen, dessen sie aber beide nicht zugleich teilhaftig werden können, so wird einer des andern Feind, und um das gesetzte Ziel, welches mit der Selbsterhaltung immer verbunden ist, zu erreichen, werden beide danach trachten, sich den andern entweder unterwürfig zu machen oder ihn zu töten. […]

Hieraus ergibt sich, dass ohne eine einschränkende Macht der Zustand der Menschen ein solcher sei, wie er zuvor beschrieben wurde, nämlich ein Krieg aller gegen alle. Denn der Krieg dauert ja nicht etwa nur so lange wie fak-

tische Feindseligkeiten, sondern so lange, wie der Vorsatz herrscht, Gewalt mit Gewalt zu vertreiben. [...]
Aber, möchte jemand sagen, es hat niemals einen Krieg aller gegen alle gegeben! Wie, hat nicht Kain seinen Bruder aus Neid ermordet? Würde er das wohl gewagt haben, wenn schon damals eine allgemein anerkannte Macht, die eine solche Greueltat hätte rächen können, dagewesen wäre? Wird nicht selbst zu unseren Zeiten noch an vielen Orten ein solches Leben geführt [...]?
Die Leidenschaften, die die Menschen zum Frieden unter sich geneigt machen können, sind die Furcht überhaupt und insbesondere die Furcht vor einem gewaltsamen Tod; ferner das Verlangen nach den zu einem glücklichen Leben erforderlichen Dingen und endlich die Hoffnung, sich diese durch Anstrengung wirklich zu verschaffen. Die Vernunft aber liefert uns einige zum Frieden führende Grundsätze, und das sind die natürlichen Gesetze, von welchen in den nächsten beiden Kapiteln umfassender gehandelt werden wird.

[Von den natürlichen Gesetzen und Verträgen]

Das Naturrecht ist die Freiheit, nach welcher ein jeder zur Erhaltung seiner selbst seine Kräfte beliebig gebrauchen und folglich alles, was dazu etwas beizutragen scheint, tun kann.
Freiheit begreift ihrer ursprünglichen Bedeutung nach die Abwesenheit aller äußeren Hindernisse in sich. Das natürliche Gesetz aber ist eine Vorschrift oder allgemeine Regel, welche die Vernunft lehrt, nach welcher keiner dasjenige unternehmen darf, was er als schädlich für sich selbst anerkennt. Die Wörter *Recht* und *Gesetz* werden zwar häufig füreinander gebraucht; sie sind jedoch wirklich voneinander unterschieden. Das *Recht* besteht nämlich in der Freiheit, etwas zu tun oder zu unterlassen; das *Gesetz* aber schließt eine Verbindlichkeit, etwas zu tun oder es zu unterlassen, in sich. Folglich sind Recht und Gesetz ebenso unterschieden wie Freiheit und Verbindlichkeit, welche bei ein und derselben Sache zugleich widersprechend sind. [...]
Also ist Folgendes eine Vorschrift oder allgemeine Regel der Vernunft: *suche Frieden, solange nur Hoffnung darauf besteht; verschwindet diese, so schaffe dir von allen Seiten Hilfe und nutze sie; dies steht dir frei.* Der erste Teil dieser Regel enthält das erste natürliche Gesetz: *suche Frieden und jage ihm nach;* der zweite Inbegriff des Naturrechts: *jeder ist befugt, sich durch Mittel und Wege aller Art selbst zu verteidigen.*
Aus diesem ersten natürlichen Gesetze ergibt sich das zweite: *sobald seine Ruhe und Selbsterhaltung gesichert ist, muss auch jeder von seinem Rechte auf alles – vorausgesetzt, dass andere dazu auch bereit sind – abgehen und mit der Freiheit zufrieden sein, die er den übrigen eingeräumt wissen will.* [...] Und ebendas lehren auch die Worte des Evangeliums: *„Was ihr wollt, dass euch die Leute tun sollen, das tut ihnen auch"*; sowie die des allgemein bekannten 7. Sprichwortes: *„Was andere dir nicht tun sollen, tue ihnen auch nicht!"* [...]
Eine wechselseitige Übertragung des Rechtes wird *Vertrag* genannt. [...]
Aus dem natürlichen Gesetz, welches uns alle friedenstörenden Rechte aufzugeben befiehlt, folgt das dritte natürliche Gesetz: *Vertragliche Abkommen müssen erfüllt werden;* denn geschieht dies nicht, so hat man dem Rechte auf alles vergeblich entsagt, und der Krieg aller gegen alle bleibt. [...]

[Über die Grundlegung des Staates]

Die Absicht und Ursache, warum die Menschen bei all ihrem natürlichen Hang zur Freiheit und Herrschaft sich dennoch entschließen konnten, sich gewissen Anordnungen, welche die bürgerliche Gesellschaft trifft, zu unterwerfen, lag in dem Verlangen, sich selbst zu erhalten und ein bequemeres Leben zu führen; oder mit anderen Worten, aus dem elenden Zustande eines Krieges aller gegen alle gerettet zu werden. Dieser Zustand ist aber notwendig wegen der menschlichen Leidenschaften mit der natürlichen Freiheit so lange verbunden, als keine Gewalt da ist, welche die Leidenschaften durch Furcht vor Strafe gehörig einschränken kann und auf die Haltung der natürlichen Gesetze und der Verträge dringt. Alles, was die natürlichen Gesetze fordern, wie z. B. Gerechtigkeit, Billigkeit und kurz, *andern das zu tun, was wir wünschen, dass es uns von andern geschehe,* ist, wenn die Furcht vor einer Zwangsmacht wegfällt, den natürlichen Leidenschaften, Zorn, Stolz und den Begierden aller Art, gänzlich zuwider. [...]
Um aber eine allgemeine Macht zu gründen, unter deren Schutz gegen auswärtige und innere Feinde die Menschen bei dem ruhigen Genuss der Früchte ihres Fleißes und der Erde ihren Unterhalt finden können, ist der einzig mögliche Weg folgender: Jeder muss alle seine Macht oder Kraft einem oder mehreren Menschen übertragen, wodurch der Willen aller gleichsam auf einen Punkt vereinigt wird, so dass dieser eine Mensch oder diese eine Gesellschaft eines jeden einzelnen Stellvertreter werde und ein jeder die Handlungen jener so betrachte, als habe er sie selbst getan, weil sie sich dem Willen und Urteil jener freiwillig unterworfen haben. [...] Auf diese Weise werden alle Einzelnen eine Person und heißen *Staat* oder *Gemeinwesen.* So entsteht der *große Leviathan* oder, wenn man lieber will, der sterbliche Gott, dem wir unter dem ewigen Gott allein Frieden und Schutz zu verdanken haben. Dieses von allen und jedem übertragene Recht bringt eine so große Macht und Gewalt hervor, dass durch sie die Gemüter aller zum Frieden unter sich gern geneigt gemacht und zur Verbindung gegen auswärtige Feinde leicht bewogen werden. [...]
Von dem Stellvertreter des Staates sagt man, *er besitzt die höchste Gewalt.* Die übrigen alle heißen *Untertanen* und *Bürger.* Zu dieser höchsten Gewalt gelangt man auf

zweierlei Wegen. Einmal: wenn ein Vater seine Söhne zum Gehorsam zwingt, denn er kann ihnen durch Verweigerung des Unterhalts das Leben nehmen; oder auch, wenn man überwundenen Feinden unter der Bedingung das Leben schenkt, dass sie sich unterwerfen. Zum anderen, wenn mehrere die höchste Gewalt einem Menschen oder einer Gesellschaft in der Hoffnung, geschützt zu werden, freiwillig übertragen. Das Erstere führt zum Eroberungs-Staat, das Letztere zum institutionellen Staat, von welchem zuerst gehandelt werden soll.

Zit. nach: Thomas Hobbes, Leviathan, Stuttgart: Reclam, 2003, S. 113–121, 129; 151, 155 f.

31 Bill of Rights – Erklärung des House of Lords und House of Commons, 13.2.1689

1. That the pretended power of suspending laws, or the execution of laws, by regal authority, without consent of parliament is illegal.

2. That the pretended power of dispensing with the laws, or the execution of law by regal authority, as it hath been assumed and exercised of late, is illegal.

3. That the commission for erecting the late court of commissioners for ecclesiastical causes, and all other commissions and courts of like nature, are illegal and pernicious.

4. That levying money for or to the use of the crown by pretense of prerogative, without grant of parliament, for longer time or in other manner than the same is or shall be granted, is illegal.

5. That it is the right of the subjects to petition the king, and all commitments and prosecutions for such petitioning are illegal.

6. That the raising or keeping a standing army within the kingdom in time of peace, unless it be with consent of parliament, is against law.

7. That the subjects which are Protestants may have arms for their defense suitable to their conditions, and as allowed by law.

8. That election of members of parliament ought to be free.

9. That the freedom of speech, and debates or proceedings in parliament, ought not to be impeached or questioned in any court or place out of parliament.

10. That excessive bail ought not to be required, nor excessive fines imposed, nor cruel and unusual punishments inflicted.

11. That jurors ought to be duly impaneled and returned, and jurors which pass upon men in trials for high treason ought to be freeholders.

12. That all grants and promises of fines and forfeitures of particular persons before conviction are illegal and void.

13. And that for redress of all grievances, and for the amending, strengthening, and preserving of the laws, parliament ought to be held frequently.

Zit. nach: From The Statutes: Revised Edition (London: Eyre and Spottiswoode, 1871), Vol. 2, pp. 10–12.

32 John Locke, Über die Regierung (1690)

John Locke (1632–1704) wurde als Sohn eines ländlichen Gerichtsbeamten in Somerset geboren und genoss ab 1647 eine Ausbildung an der Westminster School im royalistischen Geiste, 1652–56 studierte er am puritanischen Christ Church College in Oxford (und wurde 1658 dort auch Lehrer); im Studium spezialisierte er sich auf Medizin, interessierte sich aber auch für philosophische und politische Fragen, zunehmend im Gegensatz zur Lehre von Hobbes. 1667 wurde er Arzt beim Earl of Shaftesbury in London und 1668 Mitglied der Royal Society. Als Shaftesbury 1672 Lordkanzler wurde, bekam Locke abwechselnd mehrere Regierungsämter bis 1675. Anschließend ging er für längere Zeit nach Montpellier in Frankreich, geriet in England in die politischen Auseinandersetzungen im Vorfeld der ***Glorious Revolution*** *und zog sich dann 1690 auf einen Landsitz in England zurück. Sein* ***Second Treatise on Government****, 1690, wurde vermutlich in seinen wesentlichen Zügen lange zuvor schon verfasst, aber erst nach der* ***Glorious Revolution*** *von 1689 veröffentlicht.*

VII. Die politische oder bürgerliche Gesellschaft

77. Gott hat den Menschen so geschaffen, dass es nach seinem eigenen Urteil nicht gut für ihn war, allein zu sein. Er stellte ihn unter den starken Zwang von Bedürfnis, Annehmlichkeit und Neigung, um ihn in die Gesellschaft zu lenken, und stattete ihn zugleich mit Verstand und Sprache aus, dass er in ihr verbleibe und sich ihrer erfreue. Die erste Gesellschaft war die Gesellschaft von Mann und Frau. Sie setzte den Anfang für diejenige von Eltern und Kindern, welcher sich mit der Zeit die von Herr und Knecht zugesellte. […]

78. Die eheliche Gesellschaft wird durch einen freiwilligen Vertrag zwischen Mann und Frau geschlossen. Obwohl vor allem eine solche Vereinigung und gegenseitige Berechtigung auf des anderen Körper ihr Wesen ausmacht, wie es für ihr Hauptziel, die Zeugung notwendig ist, bringt sie doch den gegenseitigen Unterhalt und Beistand und eine Gemeinschaft der Interessen mit sich. Nicht allein die Vereinigung ihrer Fürsorge und Zuneigung macht dies erforderlich, sondern auch ihre gemeinsame Nachkommenschaft, die ein Recht darauf hat, von ihnen ernährt und unterhalten zu werden, bis sie in der Lage ist, für sich selbst zu sorgen. […]

82. Ehegatten haben zwar ein gemeinsames Interesse, aber sie haben nicht dieselben Meinungen, und so werden sie unvermeidlich auch manchmal nicht denselben Willen haben. Es ist daher notwendig, dass irgendwo die letzte Entscheidung bzw. die Herrschaft liegen sollte. Und dies fällt naturgemäß dem Manne als dem Fähigeren und

4

Stärkeren zu. Es erstreckt sich diese Herrschaft aber nur auf die Dinge ihres gemeinsamen Interesses und Eigentums. Sie belässt die Frau in dem vollen und freien Besitz alles dessen, was dem Vertrage nach ihr besonderes Recht ist, und gibt ihrem Mann keine größere Gewalt über ihr Leben, als sie auch über das seine hat. Die Gewalt des Ehegatten ist von der eines absoluten Monarchen so weit entfernt, dass die Frau in vielen Fällen die Freiheit hat, sich von ihm zu trennen, wenn das natürliche Recht oder ihr Vertrag es erlauben – ob dieser Vertrag nun von ihnen selbst im Naturzustande geschlossen wurde oder ob er durch die Bräuche und Gesetze des Landes, in dem sie leben, zustande kam. Die Kinder fallen bei einer solchen Trennung dem Vater oder der Mutter zu, je nachdem es der Vertrag bestimmt.

VIII. Die Entstehung politischer Gesellschaften

95. Die Menschen sind – wie schon gesagt wurde – von Natur alle frei, gleich und unabhängig, und niemand kann ohne seine Einwilligung aus diesem Zustand verstoßen und der politischen Gewalt eines anderen unterworfen werden. Die einzige Möglichkeit, diese natürliche Freiheit aufzugeben und die Fesseln bürgerlicher Gesellschaft anzulegen, ist die, dass man mit anderen Menschen übereinkommt, sich zusammenzuschließen und in eine Gemeinschaft zu vereinigen, mit dem Ziel, behaglich, sicher und friedlich miteinander zu leben – in dem sicheren Genuss des Eigentums und in größerer Sicherheit gegenüber allen, die ihr nicht angehören. [...] Sie bilden einen einzigen politischen Körper, in dem die Mehrheit das Recht hat, zu handeln und die übrigen Glieder mitzuverpflichten.

IX. Die Ziele der politischen Gesellschaft und der Regierung

124. Das große und hauptsächliche Ziel also, zu dem sich Menschen in Staatswesen zusammenschließen und sich unter eine Regierung stellen, ist die Erhaltung ihres Eigentum. Im Naturzustand fehlt dazu vielerlei. [...]

XII. Die legislative, exekutive und föderative Gewalt des Staates

143. Die legislative Gewalt ist jene, die das Recht hat zu bestimmen, wie die Macht des Staates zur Erhaltung der Gemeinschaft und ihrer Glieder gebraucht werden soll. Da aber jene Gesetze, die laufend vollzogen und die immer in Kraft bleiben sollen, während kurzer Zeit geschaffen werden können, muss sich die Legislative nicht notwendig immer im Amt befinden, weil sie nicht ständig beschäftigt ist. Bei der Schwäche der menschlichen Natur, die stets bereit ist, nach der Macht zu greifen, dürfte es jedoch eine zu große Versuchung darstellen, wenn dieselben Personen, die die Macht haben, Gesetze zu geben, auch die Macht in der Hand hätten, sie zu vollstrecken, wobei sie sich selbst von dem Gehorsam gegen die Gesetze, die sie erlassen, ausschließen und das Gesetz in seiner Gestaltung wie auch in der Vollstreckung auf ihren eigenen persönlichen Vorteil ausrichten könnten und damit schließlich von den übrigen Gliedern der Gemeinschaft gesonderte Interessen verfolgten, die dem Ziel von Gesellschaft und Regierung zuwiderlaufen. In wohlgeordneten Staatswesen, in denen nach Gebühr das Wohl des Ganzen berücksichtigt wird, wird deshalb die legislative Gewalt in die Hände mehrerer Personen gelegt, welche nach ordnungsgemäßer Versammlung selbst oder mit anderen gemeinsam die Macht haben, Gesetze zu geben, sobald dies aber geschehen ist, wieder auseinander gehen und selbst jenen Gesetzen unterworfen sind, die sie geschaffen haben. Dies ist eine neue und starke Verpflichtung für sie, dafür Sorge zu tragen, dass sie die Gesetze zum öffentlichen Wohle erlassen.

144. Weil aber die Gesetze, die auf einmal und während kurzer Zeit geschaffen worden sind, von beständiger und dauernder Gültigkeit sind und fortwährend befolgt werden sollen, ist es notwendig, dass es eine dauernd im Amte befindliche Gewalt gibt, die darauf zu achten hat, dass die erlassenen und in Kraft bleibenden Gesetze vollzogen werden. So geschieht es, dass die legislative und die exekutive Gewalt oftmals getrennt sind. [...]

XIII. Die Gewaltenordnung im Staat

149. Obwohl es in einem verfassten Staatswesen, welches auf eigener Grundlage steht und der eigenen Natur gemäß handelt, d. h. zur Erhaltung der Gemeinschaft, nur eine höchste Gewalt geben kann, die Legislative, der alle übrigen Gewalten untergeordnet sind und sein müssen, ist doch die Legislative nur eine Gewalt, die treuhänderisch zu bestimmten Zwecken handelt, und es verbleibt dem Volk dennoch die höchste Gewalt, die Legislative abzuberufen oder zu ändern, wenn es der Meinung ist, dass sie dem in sie gesetzten Vertrauen zuwiderhandelt. Denn aller Gewalt, die im Vertrauen auf ein bestimmtes Ziel verliehen wird, sind durch jenes Ziel die Grenzen gesetzt, und immer wenn dieses Ziel offenkundig vernachlässigt oder ihm zuwider gehandelt wird, ist dieses Vertrauen notwendigerweise verwirkt, und die Gewalt fällt zurück in die Hände derjenigen, die sie verliehen haben und die sie dann von neuem so vergeben können, wie es ihnen für ihren Schutz und ihre Sicherheit am besten erscheint. So behält sich die Gemeinschaft beständig die höchste Gewalt vor, um sich vor den Angriffen und Anschlägen jeder Körperschaft, selbst ihrer Gesetzgeber, zu sichern, sooft diese so töricht oder verwerflich sein sollten, Anschläge gegen Freiheit und Eigentum der Untertanen zu planen und zu unternehmen. [...]

Zit. nach: John Locke, Über die Regierung [The Second Treatise of Government, 1690], Stuttgart: Reclam, 2003, S. 59f., 62, 73, 96f., 111f., 114.

Arbeitsvorschläge:

a) Erklären Sie aus dem darstellenden Text sowie aus den beiden politischen Karten heraus die entscheidenden Voraussetzungen für die Entstehung des Absolutismus in Frankreich (VT, M 1).

b) Erklären Sie die unterschiedlichen Interessen der Stände und politischen Gruppierungen in Frankreich im 17. Jahrhundert. Berücksichtigen Sie für die frühe Phase (vor 1648) den ersten Artikel aus dem Cahier général des Dritten Standes von 1614 und untersuchen Sie die Rolle des Bürgertums (VT, M 15).

c) Welche Rolle spielte die Religionsfrage für Richelieu in der französischen Politik? Berücksichtigen Sie dabei u. a. die Geschichte der Stadt La Rochelle (VT, M 2 - 3).

d) Analysieren Sie die Entwicklung der französischen Staatsfinanzen in Bezug zur politischen Entwicklung (VT, M 16 - 19).

e) Erläutern Sie die Selbstdarstellung Ludwigs XIV. anhand des Gemäldes von 1701 (M 6) und des Emblems mit dem Motto Nec pluriubus impar (M 20). Recherchieren Sie nach zusätzlichen Informationen über die Kleidung und die Symbole des Königs.

f) Verknüpfen Sie die bildliche Selbstdarstellung Ludwigs XIV. mit einer Analyse der Memoiren des Sonnenkönigs. Was konnte und sollte den König populär machen (M 6, M 23)?

g) Vergleichen Sie die beiden Darstellungen zu Oliver Cromwell (M 9 und M 10).

h) Analysieren Sie den Krönungseid von Wilhelm III. und Maria II. sowie die Bill of Rights von 1689 im Hinblick auf Legitimation und Grenzen monarchischer Herrschaft (VT, M 31). Was bedeutet vor diesem Hintergrund der Ausdruck „glorious revolution"?

i) Vergleichen Sie gegenüberstellend die politische Entwicklung in England und Frankreich im 18. Jahrhundert.

j) Stellen Sie die Argumente für und wider den Absolutismus zusammen. Beziehen Sie sich dabei auf die Texte von Jean Bodin und James I., dem Abgeordneten Whitelocke, Johannes Althusius sowie der Unabhängigkeitserklärung der Niederlande (M 11, M 14, M 26–28).

k) Welche Rolle spielte die Religion bei der Begründung und Ablehnung des Absolutismus? Stellen Sie u. a. die Argumente von de Bèze und James I. gegeneinander (M 13, M 26).

l) Legen Sie die wirtschaftspolitischen Grundsätze Jean Bodins (M 12) dar und vergleichen Sie diese mit denen von Colbert (M 19).

4

Das absolutistische Frankreich

1589–1610	Heinrich IV. aus dem Haus Bourbon (1610 ermordet).
1598	Edikt von Nantes beendet vorerst die französischen Glaubenskriege.
1608	Gründung der nordamerikanischen Kolonie Quebec.
1610–1643	Ludwig XIII.
1624–1642	Richelieu bestimmt als Erster Kanzler die Staatsgeschäfte.
1628	Nach Eroberung der Festung Richelieu wird der Widerstand des hugenottischen Adels durch die königliche Armee gebrochen.
1630er-Jahre	Einführung des Intendantensystems in der Provinzialverwaltung.
1635–1648	Eingreifen in den Dreißigjährigen Krieg gegen Habsburg.
1642	Nach dem Tod Ludwig XIII. übernimmt zunächst dessen Frau die Regentschaft für den noch minderjährigen Ludwig XIV. Mazarin wird neuer Erster Kanzler (bis 1661).
1648–1653	Im sog. „Fronde"-Aufstand rebellieren Teile des Provinzadels und der Pariser Bevölkerung gegen die königliche Zentralgewalt.
1661	Nach dem Tod Mazarins reklamiert Ludwig XIV. den Anspruch, allein zu regieren.
1662	Beginn des Schlossbaus von Versailles.
1667/68	Krieg gegen Spanien um Brabant.
1672–1678	Krieg gegen Holland.
1670er-Jahre	Louvois als Heeres- und Colbert als Wirtschaftsminister führen tief greifende Reformen im Land durch.
1682	Erforschung und Erwerbung von Louisiana.
1685	Aufhebung des Edikts von Nantes, Flucht und Vertreibung der Hugenotten.
1688–1697	Pfälzischer Krieg, Verwüstung der Pfalz.
1693/94	Teuerung und Wirtschaftskrise lassen die Verelendung großer Teile der Landbevölkerung voranschreiten.
1701–1714	Spanischer Erbfolgekrieg.
1702–1710	Im sog. Camisards-Aufstand erheben sich Bauern in den Cevennen.
1715	Tod Ludwigs XIV.
1715–1774	Ludwig XV.

England

1625	März: Karl I. folgt Jakob I. auf den Thron.
1628	Petition of Right: König Karl I. erkennt Grundrechte des "freien Engländers" und des Parlamentes an.
1637	Der Versuch, die anglikanische Kirchenverfassung mit Gewalt in Schottland einzuführen, verwickelt den König in einen Krieg mit den Schotten.
1640 / 41	Zunehmender Konflikt zwischen König und Parlament, u. a. um die Kontrolle über das Heer sowie die Frage der regelmäßigen Einberufung des Parlaments.
1642 – 1648	Bürgerkrieg zwischen Königstreuen und Parlamentsanhängern, welcher mit dem Sieg des Parlamentsheeres endet. Aus den Auseinandersetzungen zwischen Parlament und Heer geht am 1647/48 das Militär unter Führung von Oliver Cromwell hervor.
1649	Hinrichtung Karls I., England wird Republik.
1649 – 1652	Krieg in Irland.
1650	Krieg gegen Schottland.
1651	Mit der „Navigation Act" eröffnet England den Kampf um die Vormacht im Welthandel.
1652 – 1654	Krieg gegen die Vereinigten Niederlande.
1653 – 1658	Oliver Cromwell regiert das Land als Lord Protector mit zeitweise diktatorischen Mitteln.
1660	„Restauration" der Stuart-Monarchie unter großer Zustimmung der Bevölkerung. Krone und Parlament einigen sich auf eine Teilung der Macht.
1664	2. Krieg gegen die Niederlande.
1685	Tod Karls II., sein katholischer Bruder Jakob II. folgt ihm auf den Thron.
1685 – 1688	Jakobs II. katholisierende und absolutistischen Bestrebungen führen die parlamentarischen Kräfte (Whigs, Tories) im Widerstand gegen die Krone zusammen.
1688 / 89	Die „Glorious Revolution" beendet die Stuart-Ära und legt die Grundlagen für eine „parlamentarische Monarchie".
1701	Act of Settlement: gesetzliche Festlegung der hannoverschen Thronfolge.
1714	Kurfürst Georg Ludwig von Hannover wird als Georg I. König von England.

4.3 Deutschland in der Frühen Neuzeit

superioritas territorialis

Der Dreißigjährige Krieg hatte das Heilige Römische Reich deutscher Nation nicht nur noch einmal konfessionell, sondern auch politisch zerrissen, zum Teil quer zu den konfessionellen Lagern: für und gegen die Macht Habsburgs und somit des Kaisers, dessen Autorität nach dem Westfälischen Frieden 1648 sowie ergänzenden Beschlüssen auf dem Reichstag von 1654 erheblich einbüßte zugunsten einer gestärkten Herrschaft der Territorialherren. Die den Landesherren nun auch rechtlich verbürgte *superioritas territorialis* umfasste fast uneingeschränkte Gesetzes-, Steuer-, Wehr- und Bündnishoheit, mit der Ausnahme, dass kein Bündnis und Krieg gegen Kaiser und Reich gerichtet sein durfte.

Rheinbund

Dennoch betrieben die Landesfürsten nun eine eigenständige, von ihren Interessen geleitete Außenpolitik, zum Teil im Bündnis mit auswärtigen Mächten wie Frankreich. Dieses gründete 1658 (erweitert 1665) mit den geistlichen Kurfürsten von Mainz, Trier und Köln und mehreren anderen wichtigen deutschen Fürsten den ersten Rheinbund *(Alliance du Rhin)* als „Particular-Defensions-Verfassung". Dieses Bündnis aus protestantischen und katholischen Fürsten richtete sich gegen eine mögliche österreichisch-habsburgische Intervention in den Niederlanden zugunsten Spaniens, das bis 1659 bzw. dann wieder ab 1667 mit Frankreich im Krieg lag.

Fortgesetzte Kriege

Nicht viel später schlug das Verhältnis zu Frankreich jedoch ins Gegenteil um, als Ludwig XIV. in seinen fortgesetzten Kriegen die rheinischen Gebiete verwüstete. Das Reichsgebiet blieb bis ins 18. Jahrhundert hinein fast ohne Unterbrechung Schauplatz europäischer Konflikte, wenn das Kriegsgeschehen auch stets nur Teile des Reiches betraf. Die Friedensphase nach dem Ende des Spanischen Erbfolgekrieges und dem Tode Ludwigs XIV. (1715) sowie dem Ende des Nordischen Krieges (1700 - 1719 / 21) zwischen Schweden und Russland sowie dessen Verbündeten (darunter die sächsisch-polnische Personalunion unter August dem Starken) wurde zunächst 1733 durch den polnischen Thronfolgekrieg unterbrochen, in den das Reich durch die sächsische Beteiligung involviert war, sowie dann wesentlich massiver durch den 1740 ausbrechenden preußisch-österreichischen Konflikt mit mehreren Kriegen, von denen der Siebenjährige Krieg 1756 - 63 erneut eine europäische und durch die Kolonien sogar eine weltumspannende Dimension gewann.

Innere Verfassung

Türkenkriege

Kaiser und Reich waren seit den 1680 er-Jahren durch die neuen Türkenkriege gebunden (1683 zweite türkische Belagerung Wiens) und wie schon im 16. Jahrhundert nutzte Frankreich seine diplomatischen Beziehungen zum Osmanischen Reich für ein antihabsburgisches Bündnis. Das Reich hatte kein stehendes Heer, für jeden Krieg mussten erneut Kontingente von den teilnehmenden Landesfürsten bereitgestellt werden. Zudem wurde allgemein eine „Türkensteuer" erhoben.

Die innere Verfassung war durch die fortgesetzte territoriale Zersplitterung gekennzeichnet, was der gestärkten Hoheit der Landesfürsten dadurch nicht unbedingt mehr reale Macht verlieh. Tatsächlich blieben neben dem habsburgischen Verband die von Erbteilung befreiten Kurfürstentümer mächtig und gewannen zum Teil an Macht hinzu, so vor allem das 1701 zum Königtum erhobene Brandenburg-Preußen und das neu entstandene Kurfürstentum Hannover (1708).

Immerwährender Reichstag

Die Schwächung des Kaisers führte auch nicht zu einer Schwächung der zentralen Reichsinstitutionen im Allgemeinen, vielmehr wurde mit der Einrichtung des Immerwährenden Reichstags in Regensburg 1663 eine dauerhafte Vertretung der

Reichsstände geschaffen, d. h. der weltlichen und geistlichen Fürsten und Reichsfreien Städte, die in der Reichsmatrikel erfasst waren und eine daran gebundene Reichssteuer zahlten – nicht vertreten waren zahlreiche Kleinstherrschaften. Der Reichstagsabschied von 1654 gab den Landesherren die Vollmacht, auch ohne Zustimmung ihrer Landstände Steuern erheben zu können, damit die militärischen Verpflichtungen gewährleistet werden konnten.

Versailles als Vorbild

Trotz der kriegerischen Konflikte blieb Frankreich politisch und kulturell tonangebend: Nach französischem Vorbild setzten viele deutsche Fürsten alles daran, sich eine absolute Herrschaft durch die Ausschaltung der Stände zu verschaffen und eine entsprechend pompöse Hofhaltung zu führen. Wie in ganz Europa, verursachte auch in Deutschland der Drang nach „Repräsentation" zahlreiche Nachahmungen des Versailler Schlosses. Mit dem Bau von Schloss Schönbrunn (ab 1695) an der Stelle eines ehemaligen, 1683 bei der türkischen Belagerung Wiens zerstörten Jagdschlosses vor den Toren der Stadt unter Kaiser Leopold I. (reg. 1655–1705) und Joseph I. (Kaiser 1705–1711) waren die Habsburger die Ersten, die dem „Sonnenkönig" nicht nachstehen wollten. Auch die kleineren Fürsten wollten sich durch den Bau entsprechender Schlösser zumindest repräsentative Größe verschaffen: so – um nur einige zu nennen – Herzog Eberhard Ludwig von Württemberg in Ludwigsburg (Bau 1703–33), die pfälzischen Kurfürsten Carl Philipp und Carl Theodor in Mannheim (1720–1760) oder die Markgrafen Karl Wilhelm und Karl Friedrich von Baden-Durlach in Karlsruhe (Baubeginn 1703, Neubau ab 1748), das wie Mannheim als Residenzstadt neu gegründet wurde.

Wiederaufbau Mannheims

Der Wiederaufbau Mannheims (ab 1699) nach einem ganz neuen Plan war verbunden mit der Ansiedlung von Hugenotten, die aus Frankreich geflohen waren und vom pfälzischen Kurfürsten aufgenommen wurden. Die gezielte Anwerbung und Ansiedlung von Flüchtlingen – „alle ehrlichen Leute von allen Nationen (les gens de bien de toutes sortes de Nations)" – wandte sich an französische und flämische Calvinisten, andere protestantische Minderheiten sowie auch Juden und entwickelte sich zu einer Komponente der merkantilistischen Wirtschaftspolitik („Peuplierung" genannt, von frz. *peuple* = Volk), da die Ansiedlungen stets mit Pri-

Peuplierung

4

1 Feierliche Eröffnung einer Reichstagssitzung zu Regensburg. Kupferstich von Peter Troschel, 1675. Links und rechts neben dem Kaiser saßen die geistlichen und weltlichen Kurfürsten bzw. ihre Vertreter, an den langen Seiten des Saales die geistlichen und weltlichen Fürsten sowie am anderen Ende (im Bild im Vordergrund) die Vertreter der freien Reichsstädte.

vilegien verbunden waren sowie oft Steuerbefreiung für einen bestimmten Zeitraum nach der Ansiedlung. Besonders außergewöhnlich waren die den Juden in Mannheim im Rahmen einer „Konzession" gewährten Rechte: Sie mussten nicht wie in allen anderen Städten in einem abschließbaren Bezirk (Ghetto) wohnen und durften Handwerkstätigkeiten ausüben, die ihnen anderswo durch die Zunftordnung verboten waren. Die liberale Haltung der pfälzischen Kurfürsten zeigte sich schon unter Karl Ludwig mit der Berufung des jüdischen Arztes Jacob Israel (1621 – 1674), der sogar 1652 zum ordentlichen Professor für Physiologie, Anatomie und Chirurgie an der Universität ernannt und später deren Rektor wurde.

Hessen

2 **Jacob Israel** (1621 – 1674) zeitgenössischer Kupferstich

Nach den Verwüstungen des Dreißigjährigen Krieges unternahmen auch die Landgrafen von Hessen-Kassel vielfältige Aktivitäten zur Verbesserung der wirtschaftlichen und finanziellen Lage ihres Staates. Eine besonders außergewöhnliche Idee bestand darin, mit den Niederlanden und England Verträge für die Vermietung von Truppen im Kriegsfall zu schließen, die Hessen-Kassel über hundert Jahre lang verpflichteten und durch die Zwangsentsendung hessischer Soldaten in den amerikanischen Unabhängigkeitskrieg berüchtigt wurden. Auf der anderen Seite bot Landgraf Carl, der selbst der reformierten Religion angehörte, bereits im April 1685 den französischen Hugenotten an, sich in seinem Staat niederzulassen.

Ein gleichartiger Versuch der Anwerbung von Hugenotten durch Landgraf Ernst Ludwig von Hessen-Darmstadt in seiner Residenzstadt 1695 scheiterte am massiven Widerstand des Rates von Darmstadt und der lutherischen Kirche. Dagegen konnte Ernst Ludwig seine ehrgeizigen Baupläne zum Ausbau der Residenz nach französischem Vorbild durchsetzen, wofür ihm der Brand des alten Darmstädter Schlosses 1715 zugute kam. Darmstadt zählte damals gerade 2 000 Einwohner. Der Neubau wurde auf 400 000 Gulden veranschlagt, was dem jährlichen Staatshaushalt entsprach. 1722 waren die Kosten auf über eine Million aufgelaufen und nicht einmal der Baumeister konnte noch entlohnt werden. Trotz Sondersteuern, umfangreichen Verpflichtungen der Bauern zum Frondienst sowie der Abordnung

4

3 **„Freyheits-Conceßion" 1685 für fremde Manufakturisten**

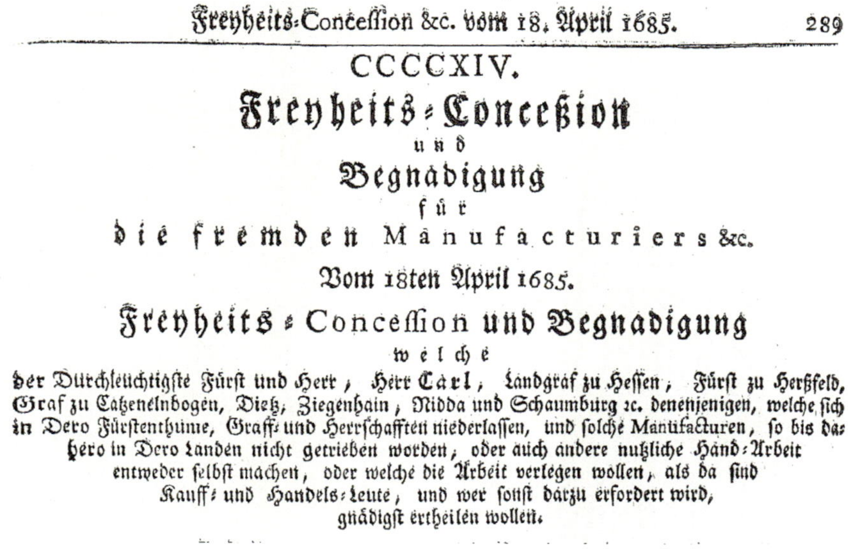

Freyheits-Concession &c. vom 18. April 1685. 289

CCCCXIV.

Freyheits-Conceßion

und

Begnadigung

für

die fremden Manufacturiers &c.

Vom 18ten April 1685.

Freyheits-Concession und Begnadigung

welche

der Durchleuchtigste Fürst und Herr, Herr Carl, Landgraf zu Hessen, Fürst zu Herßfeld, Graf zu Catzenelnbogen, Dietz, Ziegenhain, Nidda und Schaumburg ꝛc. denenjenigen, welche sich in Dero Fürstenthume, Graff- und Herrschafften niederlassen, und solche Manufacturen, so bis dahero in Dero Landen nicht getrieben worden, oder auch andere nutzliche Hand-Arbeit entweder selbst machen, oder welche die Arbeit verlegen wollen, als da sind Kauff- und Handels-Leute, und wer sonst darzu erfordert wird, gnädigst ertheilen wollen.

von Sträflingen zur Zwangsarbeit blieb der Bau unvollendet, was den Landgrafen jedoch nicht von weiteren kostspieligen Vergnügungen abhielt. 1739 hinterließ Ernst Ludwig Schulden von vier Mio. Gulden.

Hannover neues Kurfürstentum

Eine größere Bedeutung gewannen die welfischen Fürstentümer Lüneburg-Celle, Calenberg-Göttingen u.a., die nach einer erbfallbedingten Wiedervereinigung und der Erhebung zum Kurfürstentum Hannover sich zu einem aufstrebenden Territorialstaat in Norddeutschland entwickelten, umso mehr als das Haus Hannover 1714 auf den britischen Thron gelangte und das Kurfürstentum durch die daraus folgende lang andauernde Personalunion mit Großbritannien an politischem Gewicht gewann. Herzog Ernst August erkaufte sich die Kurfürstenwürde 1692 – erst 1708 vom Reichstag anerkannt – beim Kaiser in Wien durch die Zahlung von 500 000 Reichstalern, vielleicht sogar erheblich mehr, denn die gesamte Schuldenaufnahme des Staates unter Ernst August, der bereits 1698 starb, belief sich auf 1,9 Millionen.

1699 zwang Georg Ludwig der Stadt Hannover eine neue Stadtverfassung mit einem von ihm abhängigen Rat auf, was die seit Ende des 14. Jahrhunderts bestehende städtische Freiheit aufhob. Vorausgegangen war eine lange, bis in die Mitte des 16. Jahrhunderts zurückreichende Geschichte von Konflikten um Steuerbewilligung und Begleichung von Schulden der Herzöge durch die Landstände und die Städte. Nach Ende des Dreißigjährigen Krieges gingen die Herzöge daran, die Rechte der Landstände systematisch auszuschalten, jedoch ohne dies vollständig durchsetzen zu können, und allgemeine Verbrauchssteuern einzuführen. Begründet wurde dies mit der Aufrechterhaltung eines Stehendes Heeres auch in vorübergehenden Friedenszeiten; der Dreißigjährige Krieg hatte bereits durch die außerordentlichen Kontributionen Einnahmequellen unter Umgehung der Landstände geschaffen; so sollte es nun bestehen bleiben, und tatsächlich trugen die fortgesetzten Kriege und namentlich die Türkensteuer dazu bei.

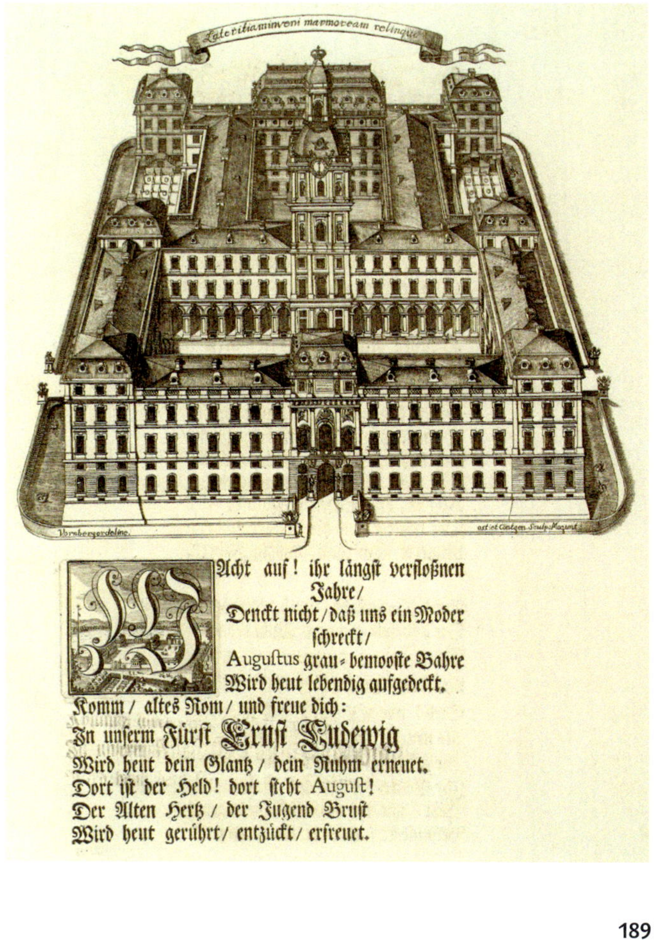

4 Plan des Darmstädter Schlosses. Kupferstich von 1738.

Ein zusätzlicher Konflikt mit der Stadt Hannover entstand durch die merkantilistische Politik der Anwerbung von Hofhandwerkern und Unternehmern und ihrer Ausstattung mit Privilegien unter Umgehung der städtischen Zunft- und Gildenrechte. Zusammen mit der Ansiedlung von Hugenotten entstanden Manufakturen einerseits für Waren des gehobenen Anspruchs (Gobelins, Hüte, Seiden- und Wollstoffe), andererseits für die Ausrüstung der Armee. Die exklusive Bindung an einen bestimmten Absatzmarkt oder sogar individuellen Abnehmer machte die nicht vom Hof abhängigen Manufakturen jedoch extrem krisenanfällig, so dass im Laufe des 18. Jahrhunderts die Manufakturen im Bereich des Kurfürstentums ebenso schnell entstanden wie wieder schlossen. In diesem Zusammenhang stand auch die Anwerbung jüdischer Kaufleute (z.B. für den Lederhandel) und Hoflieferanten zunächst für Luxuswaren, dann auch für Kredite, in Konkurrenz zu den italienischen Bankiers, die zwar ihre frühere exklusive Stellung verloren hatten, aber immer noch in führende Positionen kamen. Eine wichtige Rolle spielte der jüdische Hoffaktor Leffmann Behrends, der durch seine Beziehungen zur Finanzwelt Europas auch das Geld für die welfische Kurwürde besorgte.

Jüdische Hoffaktoren

Bekannt ist das Schicksal des jüdischen „Aristokraten" Josef Süß Oppenheimer durch den antisemitischen Propagandafilm „Jud Süß" der Nationalsozialisten, aber zuvor schon wurde die ganz andere literarische Bearbeitung im Roman von Lion Feuchtwanger 1925 ein Bestseller. Aus dem weiteren Kreis der Frankfurter Familie Oppenheimer stammend, bekam Josef Süß, der als Geheimer Finanzrat des Herzogs Karl Alexander von Württemberg für diesen ständig unterwegs war ,aber als Jude in Stuttgart kein Wohnrecht hatte, den Status eines Residenten des württembergischen Herzogs in Frankfurt und durfte dort außerhalb des Ghettos seinen Wohnsitz nehmen. Für seinen Herrn organisierte Josef Süß ab 1733 eine forcierte merkantilistische Wirtschaftspolitik mit der Gründung von Manufakturen (Tabak, Seide und Porzellan) und damit verbunden der Errichtung von staatlichen Monopolen auf zahlreiche Waren wie Wein, Leder und Tabak, aber auch auf den traditionell freien Salzhandel, und machte sich somit zum Feind aller etablierten gesellschaftlichen Gruppen, zumal er bei seinen Geschäften wiederum jüdische Glaubensgenossen mit Aufträgen und Pachten begünstigte und zur Aufbesserung der Finanzen des Herzogs auch eine Münzverschlechterung organisierte. Da nützte es nichts, dass er die erste Bank in Württemberg gründete, eigentlich ein großer Schritt hin zur modernen Wirtschaft. Nach dem frühen Tod des Herzogs 1738 wurde er unter dessen Nachfolger zahlreicher Vergehen (Betrug usw.) angeklagt, zum Tode verurteilt und in einem Käfig zehn Meter über dem Boden gehenkt. Seine Leiche wurde dort „den Raben zum Fraß" überlassen und jahrelang zur Schau gestellt.

5 Joseph Süß Oppenheimer (1692–1738) in Hoftracht

Frankfurt am Main, Wahl- und Krönungsstadt der Kaiser, gehörte zu den aufstrebenden Zentren des Handels, des Buchdrucks und später des Bankwesens von europäischem Rang. Dies verdankte es seiner alten Messetradition, verbunden mit der verkehrsgünstigen Lage, sowie seinem Status als freie Reichsstadt und Wahl-, ab 1562 auch Krönungsstadt der deutschen Kaiser. 1585 wurden von den Messekaufleuten nach flämischem Vorbild (Brügge, Antwerpen) feste Wechselkurse vereinbart, seit 1605 als Börse (die „Burs") bezeichnet. Die Intensivierung des bargeldlosen Zahlungsverkehrs durch *Wechsel* genannte und gegeneinander aufgerechnete Zahlungsversprechen wurde durch die oft von den Fürsten und selbst von Kaiser Ferdinand II. (reg. 1619–37) gezielt herbeigeführten Münzverschlechterungen bestärkt, die vor allem während des Dreißigjährigen Krieges in der „Kipper- und Wipper"-Zeit eine allgemeine Krise auslösten. Zur Entwicklung des modernen Finanzwesens in Frankfurt trugen jedoch auch protestantische Flüchtlinge bei, die nach dem Augsburger Religionsfrieden von 1555 nach Frankfurt und im Weiteren in den südhessischen Raum kamen. Es waren Hugenotten aus Frankreich und Protestanten verschiedener Richtungen aus dem niederländischen Raum, vor allem aus Antwerpen, die vor der spanischen Repression im Glaubens- und Befreiungskrieg der Niederländer flüchteten.

Ende des 16. Jahrhunderts lebten ca. 4000 Franzosen, Wallonen und Flamen in Frankfurt, das waren 20 % der Bevölkerung. Aufgrund der anticalvinistischen Reaktion der Frankfurter Lutheraner kam es 1596 zum Verbot der reformierten Gottesdienste. Daraufhin verließ die Hälfte der „Exulanten“ die Stadt, um u. a. Zuflucht in der Kurpfalz zu finden. Obwohl die Flamen aus Antwerpen, die bereits 1585 eine Gemeinschaft des Augsburger Bekenntnisses in Frankfurt bildeten und die Reichsten unter den Einwanderern darstellten (Großkaufleute, Goldschmiede und Diamantschleifer), unbehelligt blieben, wurde Frankfurt, das durch den Zuzug gerade wieder einen wirtschaftlichen Aufschwung erlebt hatte, durch diesen Aderlass in eine Krise gestürzt, die sich bis zum Bürgeraufstand von 1612/1614, dem sog. „Fettmilch-Aufstand“, hinzog.

„Fettmilch-Aufstand“

Im „Fettmilch-Aufstand“ 1612–1614, benannt nach einem der Anführer, dem Kuchenbäcker Vinzenz Fettmilch, kamen mehrere typische Konflikte der Zeit gemeinsam zum Ausbruch. Zunächst als Widerstand der Stadt gegen finanzielle Forderungen des Kaisers Matthias anlässlich seiner Wahl 1612 entstanden, entwickelte sich daraus ein Aufstand der Kleinbürger und Handwerker gegen die oligarchische Herrschaft der Patrizier und führte schließlich zu einer Gewaltaktion gegen die Frankfurter Juden, bei denen nicht zufällig die Anführer des Aufstandes verschuldet waren: Die Judengasse wurde geplündert, ihre Bewohner aus der Stadt vertrieben. Doch der Aufstand wurde niedergeschlagen, neun Anführer 1616 öffentlich hingerichtet, andere wurden aus der Stadt verbannt und 2000 Mitschuldige durch Geldbußen bestraft. Die neue Judenordnung gab den Bewohnern erstmals seit der Errichtung des Ghettos ein dauerhaftes Aufenthaltsrecht, reglementierte aber die Zahl der Einwohner streng: 500 Haushalte, Heiratserlaubnis für zwölf Paare und Zuzugsgenehmigung zum Zwecke der Heirat für max. sechs Personen im Jahr.

Der im Fettmilch-Aufstand wiederholte klassische Vorwurf des Wuchers gegenüber den Juden beruhte zunächst auf der Tatsache, dass der Rat der Stadt jüdischen Geldverleihern erlaubte, das Doppelte der festgelegten 5 bis 6 % Zinsen zu verlangen, wovon die Stadt selbst wieder indirekt durch zusätzliche den Juden auferlegte Abgaben profitierte. Im Rahmen des vorwiegend von Antwerpener Kaufleuten entwickelten Frankfurter Wechselgeschäfts waren jedoch Wechselkosten von 14 % üblich, worin sich nichts anderes als Zinsen in anderer Form verbargen. Diese Regelungen bildeten den Rahmen für den Aufstieg bürgerlicher Bankiersfamilien.

6 **„Kipper und Wipper“** tauschen Münzen mit einem höheren gegen einen niedrigeren Silbergehalt. Holzschnitt aus dem 17. Jahrhundert.

Zu den reichsten Frankfurtern zählte neben anderen Flamen und Wallonen in der ersten Hälfte des 17. Jahrhunderts z. B. der Juwelenhändler Daniel de Briers mit

4

7 Ständeserie (Ausschnitt). Holzschnitt aus Nürnberg, Ende des 16. Jahrhundert.

einem geschätzten Vermögen von 770 000 Gulden. Für die Diamantherstellung führten die Flamen ebenso wie für die Seidenindustrie das *Verlagswesen* ein und traten damit als Unternehmer im modernen Sinne auf. Ca. 20 Seidenhändler beschäftigten über 1 000 Arbeiter. Wie alle Luxusgüter, so warfen auch diese Geschäfte Gewinnspannen von nicht selten mehreren hundert Prozent ab. Im Laufe der Zeit drehte sich dann bei den großen Handelshäusern das Verhältnis zwischen Waren- und Geldhandel um, der Flame Johann Mertens gründete 1604 ein Bankhaus, das bis 1917 in Privatbesitz blieb. Allerdings trieben die Risiken großer Einzelkredite sowohl christliche wie jüdische Bankiers immer wieder in den Bankrott, letztere umso mehr aufgrund ihrer schwierigen rechtlichen Situation.

Frankfurter Judengasse

Für die Begleichung der Schulden des insolventen Fürsten von Nassau-Zweibrücken bei dem Bankier Löw Beer Isaak aus der Frankfurter Judengasse erfanden schließlich die verwandten Frankfurter und Amsterdamer Bankhäuser Goll eine neue Anleihe an der Amsterdamer Börse durch Aufteilung der Gesamtsumme von 200 000 Gulden in Teilanleihen von je 1 000 Gulden, damit war eine Innovation gelungen, die sowohl das Risiko minderte wie neue Kapitalbildung ermöglichte. Zehn Jahre später folgte das Frankfurter Bankhaus Bethmann diesem „Amsterdamer Modell" für eine kaiserliche Anleihe über dieselbe Summe. Die Gebrüder Bethmann hatten in Frankfurt das Handelshaus (Kolonialwaren, Farbstoffe und Textilien) von ihrem Onkel übernommen und daraus die Bank selbst entwickelt. Nach weniger als 20 Jahren standen sie 1773 an erster Stelle der Frankfurter Bankhäuser, der große Durchbruch kam jedoch ab 1778 mit kaiserlichen Anleihen von 17,2 Millionen Gulden bis 1793 sowie von anderen Fürstenhäusern und Städten in Höhe von 20,5 Millionen. Nach den Fuggern waren die Gebrüder Bethmann das bedeutendste deutsche Bankhaus, so groß wie alle anderen Frankfurter Banken zusammen.

Handels- und Finanzmetropole Frankfurt

Um die Wende zum 19. Jahrhundert begründete ein Bankier aus der Judengasse namens Mayer Amschel Rothschild (1744 – 1812) eine ebenso außergewöhnliche internationale Karriere seines Hauses. Aus einfachen Verhältnissen stammend, war er zunächst im Dienst des Kurfürsten von Hessen-Kassel. Daraus entstanden die festen Staatsanleihen, die nach 1815 entscheidend zum Wertpapierhandel an den Börsen beitrugen. Mayer Amschel Rothschild, der seine Söhne zur Gründung von Niederlassungen nach London, Paris, Wien und Neapel schickte, gelang es, die Bethmanns aus der Rolle der österreichischen Staatsfinanziers zu verdrängen und schließlich auch auf dem europäischen Finanzmarkt insgesamt zu übertreffen. Beide Häuser trugen später ab 1836 zur Finanzierung des Eisenbahnbaus in Europa bei und gründeten 1854 gemeinsam als erste „anonyme Gesellschaft" die Frankfurter Bank.

8 Samuel Pufendorf über den Zustand Deutschlands, 1667

Samuel Pufendorf (1632–1694) wurde in Sachsen als Sohn eines Pastors geboren, war Stipendiat der Fürstenschule zu Grimma und studierte 1650–58 in Leipzig Theologie, dann Jura und wurde anschließend Hauslehrer in Kopenhagen. 1660 ließ er sein erstes juristisches Buch in Holland drucken und ging dann an die Universität Leiden, 1661 wurde er an die kurfürstliche Universität Heidelberg als Professor für Völkerrecht berufen. Wegen Anfeindungen ging er 1670 an die schwedische Universität Lund. Sein De statu imperii Germanici veröffentlichte er 1667 unter dem Pseudonym Severinus de Monzambano.1677 wurde er schwedischer Hofhistoriograph.1688 folgte er dem Ruf des Großen Kurfürsten nach Berlin.

§ 7 Deutschlands innere Schwäche

Die Größe und Stärke des deutschen Reiches könnte, wenn es eine monarchische Verfassung hätte, für ganz Europa bedrohlich sein, aber es ist durch innere Krankheiten und Umwälzungen so geschwächt, dass es kaum sich selbst verteidigen kann. Die Hauptursache des Übels ist der unharmonische und ungeordnete Zusammenhang des Staates. Eine noch so große Menge von Menschen ist nicht stärker als ein einzelner Mensch, solange jeder seinen eigenen Weg geht; alle Macht entsteht aus der Vereinigung. Auch wenn mehrere nicht zu einem natürlichen Körper zusammenwachsen können, so einen sich die Kräfte der Vielen doch, sofern sie von einem einheitlichen Entschluss wie von *einer* Seele sich lenken lassen. Je fester und geordneter diese Einigung ist, desto stärker ist die Gesellschaft; eine lockere und schlechte Verbindung der Glieder führt notwendig zu Schwäche und Krankheiten. Die vollkommenste und besonders auf Dauer angelegte Einigung sieht man in der gut errichteten Monarchie. [...]

§ 8 Deutschlands Schwäche als Folge seiner Verfassung

Deutschland ist deswegen so schwach, weil bei ihm zwei Übel zusammenkommen: eine schlecht eingerichtete Monarchie und zugleich ein ungeordneter Staatenbund; das Hauptübel ist, dass auf Deutschland keine dieser Staatsformen passt. Der äußere Schein und die leeren Formen deuten auf eine Monarchie hin. In der Frühzeit war der König tatsächlich, was sein Titel besagte. Nachdem sein Einfluss gesunken und die Macht und Freiheit der Stände gestiegen war, ist kaum ein Schatten der monarchischen Herrschaft geblieben, den man etwa bei den Führern eines Staatenbundes wahrnehmen kann. So wird der Reichskörper durch ein vernichtendes Tauziehen zwischen den Interessen des Kaisers und der Stände erschüttert: Jener erstrebt mit allen Mitteln die Wiederherstellung der alten monarchischen Rechte, diese verteidigen standhaft die errungene Machtstellung. Die Folgen sind fortwährend Argwohn, Misstrauen und verborgene Ränke, um kaiserlichen Machtzuwachs zu verhindern oder ständische Macht zu brechen. Ferner ist das sonst so starke Reich unfähig zu Angriff und Eroberung, weil Neuerwerbungen weder dem Kaiser von den Ständen zugestanden werden noch gleichmäßig unter allen verteilt werden können. Wie monströs ist schon allein dies, dass sich Haupt und Glieder wie zwei Parteien gegenüberstehen.

Außerdem herrschen zwischen den Ständen selbst aus verschiedenen Gründen mannigfache Gegensätze, die Deutschland nicht einmal als geordneten Staatenbund erscheinen lassen. Die Stände haben unterschiedliche, schwer miteinander vereinbare Staatsformen, Freistaaten mengen sich unter die Monarchien. Der Wohlstand der durch den Handel reich gewordenen Städte erregt den Neid der Fürsten, zumal er teilweise aus ihren Ländern den Städten zugeflossen ist und es sich nicht leugnen lässt, dass manche Städte wie Schmarotzer durch Auszehrung der umliegenden Fürstentümer groß geworden sind. Der Adel verachtet die Bürger, die oft nicht weniger stolz auf ihr Geld sind als jener auf seine Ahnen oder verarmten Besitzungen. [...]

Aber auch die geistlichen und die weltlichen Fürsten sind einander nicht wohlgesonnen. Im Fürstenstand hat die Geistlichkeit den höheren Rang wegen der Heiligkeit ihres Amtes und weil sich zweifellos der Geist Gottes reichlicher auf eine Glatze ergießt als auf ungeschorene Häupter. Deshalb hatte sie im barbarischen Mittelalter das größte Ansehen im Staat. Den weltlichen Fürsten aber ist es peinlich, zusehen zu müssen, wie den meist aus

9 Karlsruher Stadtansicht 1721, Kupferstich von Heinrich Schwarz.

4

dem niederen Adel stammenden Geistlichen so plötzlich eine ebenbürtige oder höhere Würde zukommt und sie sich auf die Gnade Gottes berufen, zumal sie ihre Würde nicht auf ihre Nachkommen vererben können und ihre Familie in ihrem früheren Stand verbleibt. Freilich sorgen auch viele Bischöfe nach dem Vorbild des Heiligen Vaters reichlich für ihre Verwandten durch kirchliche Pfründen und Schenkungen. Andererseits haben auch die geistlichen Fürsten gerechte Gründe für ihren Zorn auf die weltlichen; denn sie nötigten sie, ihren Wanst fester einzuschnüren […].

§ 9 Weitere Gründe für Deutschlands Schwäche

Als wenn der Krankheiten noch nicht genug wären, hat die Religion, sonst das stärkste Band der Geister, Deutschland in Parteien zerrissen und in heftige Konflikte gestürzt. Die Gründe dafür liegen nicht allein im Hass wegen der verschiedenen religiösen Ansichten und in der Gewohnheit der Geistlichen, Andersgläubige vom Himmel auszuschließen, sondern darin, dass die Protestanten die katholischen Geistlichen aus einem Großteil ihrer Güter vertrieben haben und diese Tag und Nacht danach streben, sie wiederzugewinnen, während jene es für Feigheit halten, das einmal Gewonnene aufzugeben. Außerdem ist nach der Meinung vieler Leute die allzu große Macht der Geistlichkeit überhaupt für den Staat gefährlich, vor allem wenn Priester und Mönche von einem außerdeutschen Oberhaupt abhängen, das niemals aufrichtige Liebe zu den Deutschen empfindet und das alle Laien dem Untergang gern weihen würde, wenn nur seine Gefolgschaft in glänzenden Verhältnissen lebte. Es ist offenkundig, dass sich auf diese Weise ein besonderer Staat im Staate bildet und der Staat so zwei Häupter hat. Die meisten, die ihr Vaterland mehr lieben als die römische Kirche, halten das für das Schlimmste, was dem Staat zustoßen kann.

Nicht weniger schädlich ist die Befugnis der deutschen Stände, nicht nur untereinander, sondern auch mit dem Ausland Bündnisse eingehen zu können; und dies umso unbekümmerter, als es ihnen im Osnabrücker Frieden ausdrücklich zugestanden wurde. Dadurch teilen sich die deutschen Fürsten in Faktionen, und die verbündeten auswärtigen Mächte erhalten die Möglichkeit, Deutschland nach Belieben in Schach zu halten und bei günstiger Gelegenheit mithilfe ihrer Bundesgenossen ihre Macht auf Kosten der Gesamtheit auszudehnen. Denn man sucht solche Bündnisse mit auswärtigen Staaten nicht nur gegen andere Staaten (das könnte man noch dulden), sondern auch gegen Glieder des Reiches selbst.

[…]

Endlich zeugt von der Schwäche des Reichsverbandes, dass es weder einen gemeinsamen Reichsschatz noch ein Reichsheer gibt, mit dem man fremde Angriffe abwehren oder irgendeine Provinz, aus deren Abgaben man die gemeinsamen Staatsausgaben bestreitet, erwerben kann. Es würde schon genügen, wenn Deutschland seine Söldner, die fast in ganz Europa ihre Haut zu Markte tragen, für seine eigenen Zwecke verwenden könnte.

Zit. nach: Samuel Pufendorf, Die Verfassung des deutschen Reiches [De statu imperii germanici, 1667], Stuttgart: Reclam, 1976, 118–122.

10 **Schloss Schönbrunn**, Kupferstich aus dem Buch „Entwurf einer historischen Architektur" des Baumeisters Johann Berhard Fischer von Erlach, 1721.

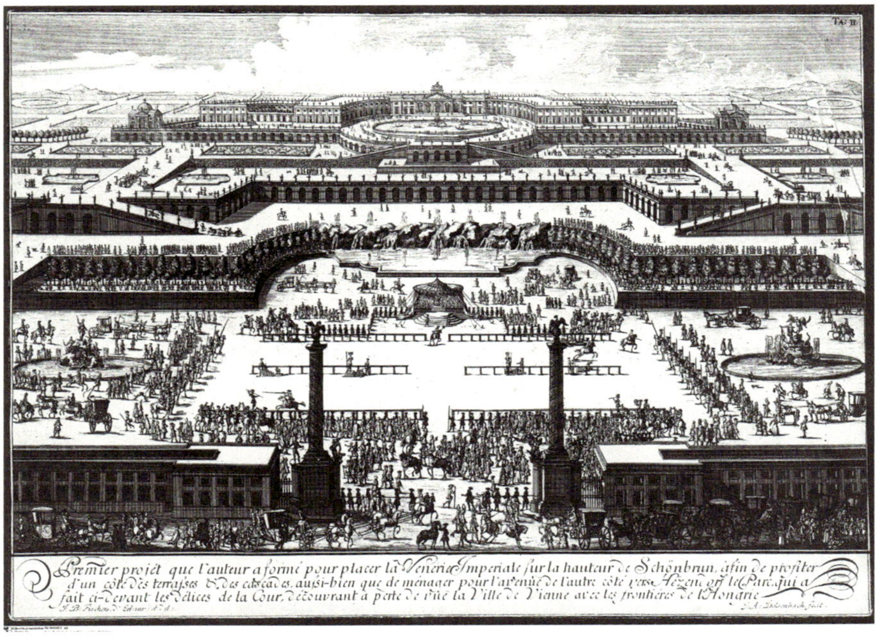

11 Patent für Leffmann und Hertz Behrens als Hof- und Kammeragenten des Herzogs von Braunschweig-Lüneburg (Hannover)

37. Geldgeschäfte des Leffmann Behrens mit Herzog Maximillian Wilhelm

St. A. Hannover: Calenberg 15 B Nr. 116

Rechnung

Vor Ihro Hochfüstl. Durchl. zu Braunschweig und Lüneburg, Herrn Maximilian Wilhelm.
1699

			Tlr.	Gr.
pm	April pr. Assignation auf Kurfürstenliche Cammer Lasten 1699 zu zahlen, ist aber bis dato zurückgeblieben Rtlr.	5471.30.4		
Zinsen bis Mich. 1704 à 6 pr.		1805.25.7		
			7277.19.	7
1700				
pm	April pr. Assignation auf … per Ostern 1700	5471.30.4		
	Zinsen wie oben	1477.14.12		
			6948. 8	6
			14225.28.	5.
Und blieben noch à perte uns zu zahlen schuldig				
1697.	den 13 Mai wegen Lieberey Rtlr. 20. Juli wegen eines Wechsels per Venedig 4022 ¼ Ducati		847. 4.	—
5 pr.			4223.12.	—
			5070.16.	—

Celle, 10. Februar 1698
Wir Georg Wilhelm, von Gottes Gnaden Herzog zu Braunschweig und Lüneburg pp Urkunden und Bekennen hiemit, dass Wir den Hof- und Schutz Juden zu Hannover Leffmann Berentz und dessen Sohn Hertz Behrentz wegen der guten und nützlichen Dienste, welche uns und unserm Kur- und Fürstlichen Hause sie in verschiedene Wege und absonderlich noch jüngst bei dem mit Ihro Königlicher Mayst. in Polen als Kurfürsten zu Sachsen der Lauenburgischen Lande halber getroffenen Vergleich, untertänigst geleistet auch führohin weiter leisten können und wollen, zu Unsern Hof- und Cammer Agenten gnädigst bestellet und angenommen haben. Tun das auch und bestellen sie zu Unsern Hof- und Cammer Agenten hiemit und Kraft dergestalt und also, dass Uns und unsern NachKommen an der Kur- und Regierunge sie wie bisher also ferner getreu und hold sein, Unser bestes wissen tun, schaffen und werben, Arges, Schaden und Nachteil aber nach höhesten Fleiss und besten Ihrem Vermögen warnen, verhüten und abwenden, insonderheit dasjenige, was ihnen in solcher ihnen gnädigst aufgetragenen Hof- und Cammer Agenten Bedienung etwa aufgegeben und committiret werden oder sonsten zu verrichten obliegen möchte, mit gehörigem Fleiss, Sorgfalt und Verschwiegenheit, wie es getreuen Hof- und Cammer Agenten und Dienern eignet und gebühret, tun und verrichten sollen und wollen. Dahingegen wollen wir Ihnen Unsern Hof und Cammer Agenten alljährlich und zwar das erste Jahr von Ostern 1697 anzurechnen Einhundert und Fünfzig Rtaler zu gewöhnlicher Zeit aus Unser Fürstl. Rent Cammer reichen und bei derselben deshalber behuefige Verfügunge tun lassen. Urkundlich unter unsern Fürstlichen Hand Zeichen und vor gedruckten Cammer Secret. Geben auf Unser Residenz Zelle.
(L.S.) Georg Wilhelm

Zit. nach: Heinrich Schnee, Die Hoffinanz und der moderne Staat, 5. Bd.: Quellen zur Geschichte der Hoffaktoren in Deutschland, Berlin: Duncker & Humblot, 1965, S. 57 f.

12 Frankfurt/M. im 17./18. Jahrhundert

a) Soziale Struktur der Frankfurter Bevölkerung um 1600

Zahl der Einwohner:	18000
Patrizier: Kaufleute, Unternehmer, Gelehrte	100 Haushalte, 400 Personen
Handwerker, einfache Krämer	3000 Haushalte, 12000 Personen
Handwerksgesellen, Tagelöhner, Fuhrleute, Dienstmägde	3000 Personen
Juden	443 Haushalte, mit 2400 Personen
Zugezogene seit 1554:	6931 Personen
davon Niederländer:	1375 Personen
„Welsche“, Flamen und Wallonen insgesamt	ca. 2000 Personen

b) Höchstbesteuerte in Frankfurt nach Herkunft

	1598	1612	1618	1629
Deutsche	40	40	45	50
Flamen und Wallonen	42	60	65	76
Juden	8	18	15	14
Summe	90	118	125	140

c) Städtischer Haushalt Frankfurts 1733–83			
Art der Einnahme (Auswahl)	**1733**	**1753**	**1783**
Rentenamt	120220	115990	105266
Schatzamt	63376	66561	106131
Fleischamt	22464	22900	24236
Stadtwaage	15916	14632	17058
Land- umd Kornamt	11504	10889	12929
Torzölle	33513	34849	40471
Grundzinsen	4164	5795	8423
Hauszins der Juden*	3839	5022	4046
Schutzgeld der Juden*	4000	9390	3959
weitere Einnahmen zusammen:	69944	121443	183531
Summe:	348940	407471	506050
Übertrag aus Vorjahr:	+157877	+27104	+85633
Gesamthaushalt:	506807	434575	591683
Gesamtausgaben:	450405	407471	506050
Vergleichsmaßstab Haushalt um 1600: ca. 100000 fl.			

* Es handelt sich hier nur um die wichtigsten speziell den Juden auferlegten Steuern, sie mussten sich an allen anderen Steuern beteiligen und insgesamt 34 verschiedene Abgaben leisten.
Rentenamt: Rubrik für eine Reihe von indirekten Abgaben (jedoch nicht alle).
Schatzamt: direkte Steuern und Abgaben.

d) Berufe in der Judengasse nach der Visitationsliste von 1694:	
Zahl der Familien: 415	
Geldverleiher und Händler mit gebrauchten Waren: 109	
Händler mit Töpfen u. ä.: 106	
Obsthändler: 24	
weitere Berufe siehe www.judengasse.de	
Aus einer Vermögensschätzung 1753/54:	
Zahl der Personen:	Vermögen in Gulden:
35	über 13500
9	10–13500
7	8–10000
15	6–8000
27	5–6000
19	4–5000
32	3–4000
27	2–3000
134	1–2000
= 305 Personen	
ca. 200 Personen	weniger als 1000

Zusammengestellt nach: Frank Berger, Glaube Macht Kunst: Antwerpen – Frankfurt um 1600, Frankfurt/M., S. 81. und Hans Mauersberg, Wirtschafts- und Sozialgeschichte zentraleuropäischer Städte in neuer Zeit, Göttingen 1960, S. 457f.

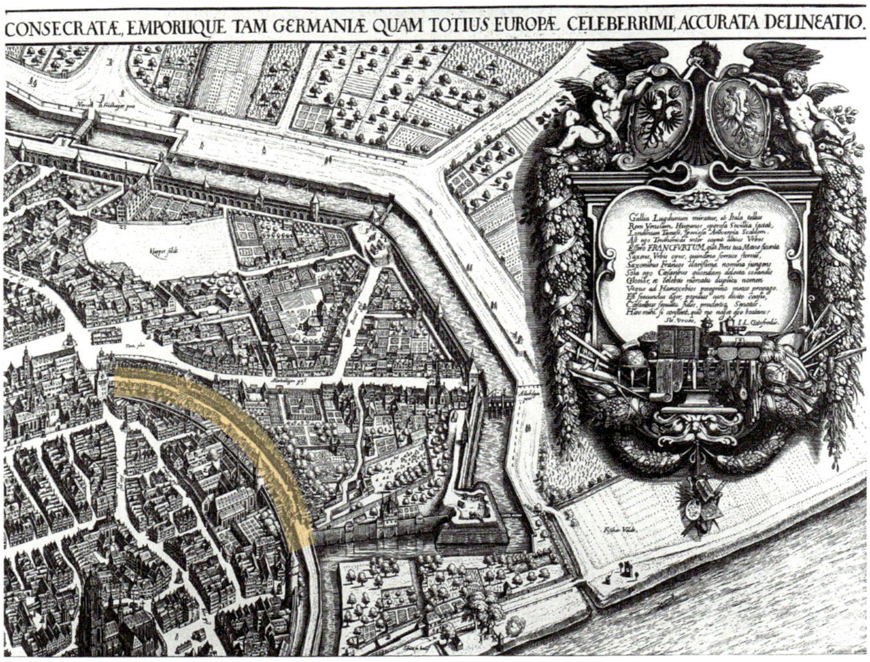

13 Ausschnitt aus dem Stadtplan Frankfurts von Matthäus Merian d. Ä., 1628. Bis zur Stadterweiterung im 16. Jh. zog sich die Judengasse bogenförmig am Außenrand der spätmittelalterlichen Stadtmauer entlang (farblich hervorgehoben).

Arbeitsvorschläge:

a) Verschaffen Sie sich einen Eindruck über die politische Situation des Deutschen Reiches nach dem Dreißigjährigen Krieg. Analysieren Sie dazu die Karte Deutschlands 1648 (Umschlagseite), die Darstellung des Reichstages in Regensburg (M 1) und vergleichen Sie dies mit der Beschreibung Deutschlands durch Pufendorf (M 8).

b) Welche Botschaft vermitteln Bild und Text zum Plan des Darmstädter Schlosses? Ziehen Sie dazu auch die im darstellenden Teil enthaltenden Informationen über Hessen-Darmstadt hinzu. (VT, M 4)

c) Diskutieren Sie, welche Rolle Einwanderer bzw. Ausländer einerseits und die jüdische Stadtbevölkerung andererseits für die wirtschaftliche Entwicklung der deutschen Staaten spielten. Stellen Sie dazu auch den Status beider Bevölkerungsgruppen gegenüber am Beispiel der Stadt Frankfurt (VT, M 6, M 12–13).

d) Informieren Sie sich zusätzlich über die Geschichte der Frankfurter Juden durch die Datenbank auf der Webseite des Frankfurter Jüdischen Museums (www.judengasse.de).

e) Fassen Sie aus der dargestellten Geschichte Frankfurts die Entstehung des frühmodernen Bankwesens zusammen.

f) Welche Rolle spielten die Staatsfinanzen in der Auseinandersetzung um den Absolutismus? Vergleichen Sie die französische und englische Entwicklung mit jener in Deutschland.

g) Vergleichen Sie anhand der Bildquellen im Buch sowie mittels eigener Recherchen die Anlage des Schlosses und der Stadt Versailles mit den Nachahmungsbauten in Deutschland (z. B. Schönbrunn und Karlsruhe).

4.4 Preußen: Alles für das Volk, nichts durch das Volk

Der große Kurfürst legt den Grundstein

Karge Kiefern- und Birkenwälder und unfruchtbare Heidesandflächen brachten dem Fürstentum Brandenburg den Spottnamen „des Heiligen Römischen Reiches Streusandbüchse" ein. Wie gelang diesem armen und unbedeutenden Fürstentum der Aufstieg in den Kreis europäischer Großmächte?
Nach dem Dreißigjährigen Krieg und verheerenden Pest- und Hungerkatastrophen waren die wirtschaftlichen Grundlagen des ständischen Adels in Brandenburg so nachhaltig zerstört, dass ein Wiederaufbau des Landes nur auf der Basis landesherrlicher merkantilistischer Wirtschaftspolitik möglich schien. Diese Chance ergriff Friedrich Wilhelm (1640 – 1688), dem schon zu Lebzeiten der Beiname „der Große Kurfürst" gegeben wurde, und legte den Grundstein für eine effektive Selbstherrschaft. 1660 gelang es durch geschickte Diplomatie und mit einem kleinen stehenden Heer, das Herzogtum Preußen aus polnischer Lehnshoheit zu lösen. Das bevölkerungsarme Land räumte jedem, der sich ansiedeln wollte, wirtschaftliche und rechtliche Sonderstellungen ein. Am bekanntesten wurde das Potsdamer Toleranzedikt von 1685, das 15 000 in Frankreich verfolgte Hugenotten ins Land lockte. Der Nachfolger des Großen Kurfürsten verließ den nüchternen Weg und ahmte den Herrschaftsstil Ludwigs XIV. nach. Dadurch brachte Friedrich I. (1688–1713) sein armes Land an den Rand des Ruins, erreichte aber 1701 beim Kaiser die Verleihung der Königswürde für das Herzogtum Preußen. Eine Standeserhöhung, die für den Aufstieg des Landes nicht unwichtig war.

Der preußische Sonderweg

Die erneute Wende kam mit dem Thronwechsel. Von einem Tag auf den anderen löste der neue König Friedrich Wilhelm I. (1713 – 1740) den Hofstaat seines Vaters auf, entließ die Mehrzahl der Hofbeamten, kürzte die Gehälter der verbleibenden um etwa die Hälfte, verkaufte 18 der 24 Schlösser seines Vaters. Er verlangte unbedingten Gehorsam und Unterordnung aller Minister und Beamten, forderte von Beamten und Untertanen gesteigerte Leistung und achtete auf unbedingte Sparsamkeit und Unbestechlichkeit. Während alle übrigen europäischen Mächte in steigendem Maße Staatskredite in Anspruch nahmen, führte Friedrich Wilhelm aus Prinzip einen Staatshaushalt ohne Schulden und schaffte es, einen ansehnlichen Staatsschatz anzuhäufen.

1 **„Tabakskollegium im Wusterhauser Schloss"**. Gemälde von Dismar Daegen 1736.

2 **Gesamtansicht der Franckeschen Stiftungen, Süden.** Stich 1749

Pietismus als staatsprägendes Profil

Der Pietismus war in Deutschland seit dem letzten Drittel des 17. Jahrhunderts eine der wichtigsten geistesgeschichtlichen Strömungen. Aus dem Luthertum hervorgehend, wies der Pietismus der individuellen Frömmigkeit des Herzens, der *pietas*, größte Bedeutung bei, forderte aber gleichzeitig von seinen Anhängern eine tätige, nützliche und sozialverantwortungsbewusste Teilnahme am gesellschaftlichen und beruflichen Leben zur Vervollkommnung der Welt im christlichen Sinne. Indem der Pietismus kirchenorthodoxe Machtstrukturen infrage stellte und dem Individuum mehr Verantwortung gab, bereitete er der Aufklärung in Deutschland den Weg. Im Zentrum des Pietismus in Brandenburg-Preußen standen die Franckeschen Anstalten in Halle. Hier hatte August Hermann Francke (1663–1727), ausgestattet mit einem kurfürstlichen Privileg, 1698 eine religiöse Schulstadt gegründet, bestehend aus einem Waisenhaus, einem mehrgliedrigen Schulsystem, wissenschaftlichen Institutionen sowie Werkstätten und landwirtschaftlichen Gütern. Für Friedrich Wilhelm I. verkörperten die Pietisten all jene Tugenden, die er für sich selbst und für den Staat verbindlich machte: Sparsamkeit, Gehorsam, Genügsamkeit, Sittlichkeit im Großen wie im Kleinen. Die hier ausgebildeten Lehrer, Pfarrer und Beamten wurden bevorzugt in den Staatsdienst eingestellt und bekleideten bald einflussreiche Ämter. Indem der Staat die Pietisten förderte, hat er sie auch für sich in Dienst genommen und dem religiös motivierten Erziehungswerk Franckes eine primär politisch-pädagogische Richtung gegeben.

Kameralistik

Bei der notwendigen Reorganisation von Wirtschaft und Verwaltung nach dem Dreißigjährigen Krieg stützte sich der brandenburgisch-preußische Landesfürst auf hohe Staatsbeamte, die seinem Kammerkollegium (von *camera* = fürstliche Schatztruhe) angehörten. In ihrem Denken und Handeln gingen sie von der Vorstellung aus, dass die Tätigkeitsfelder Wirtschaft, Verwaltung, Finanzwesen, Rechtssystem als Einheit zu betrachten sind. Damit schufen sie die Idee einer Staatswissenschaft, die unter dem Begriff *Kameralistik* 1727 an der neu gegründeten Landesuniversität Halle ihren ersten Lehrstuhl bekam. Hier liegt eine der Wurzeln des heutigen Studiengangs Betriebswirtschaft. Zumindest für eine Generation war Halle neben Berlin das zweite geistige Zentrum Preußens.

Verwaltungsreform

In Preußen gab es zwei konkurrierende Finanz- und Wirtschaftsbehörden, die sich gegenseitig behinderten. Die ältere Domänenverwaltung unter Leitung des Generalfinanzdirektoriums unterhielt mit ihren Einnahmen die Zivilverwaltung und kümmerte sich um das Land und die Interessen der Landwirtschaft. Die jüngere Konkurrenzbehörde war das Generalkriegskommissariat, das die Armee

4

finanzierte. Es hatte schleichend sein Tätigkeitsfeld immer weiter auf Finanz- und Wirtschaftspolitik ausgedehnt, denn – so die Begründung – eine funktionierende Wirtschaft sei der beste Garant für den Unterhalt der Armee. Das Generalkriegskommissariat kümmerte sich um die Städte und die Interessen von Handel und Gewerbewirtschaft. Friedrich Wilhelm I. ging 1723 daran, diesen wild gewachsenen Behördendschungel mit einem Schwertstreich und viel konzeptioneller Phantasie und Sachverstand zu beseitigen. Er fasste beide Behörden in dem „General-, Ober-, Finanz- Kriegs- und Dömänendirektorium", kurz: „Generaldirektorium" zusammen. Die neue Behörde war streng hierarchisch gegliedert und auf den König ausgerichtet, der zwar selten an den Sitzungen teilnahm, dafür aber von seinem Kabinett aus über sog. Kabinettsordres die Entscheidungen vorbestimmte. Im Zuge dieser Verwaltungsreform bildete sich ein neuer Beamtentypus heraus, der an den Ort seiner Tätigkeit geschickte Beauftragte (lat. commissarius) des Königs, der nicht aus dem Land oder der Stadt hervorgegangen war. Allerdings blieb dieses System auf die Städte beschränkt, während auf dem „platten Lande" an der Spitze eines Kreises der Landrat stand, der auf Vorschlag der ansässigen Gutsherren vom König ernannt wurde.

Heeresorganisation

Während seiner 27 Regierungsjahre vergrößerte Friedrich Wilhelm I. das Heer von 38 000 auf 83 000 Soldaten. Damit war das preußische Heer hinter Frankreich, Russland und Österreich das viertstärkste, obwohl Preußen nach seiner Größe erst an zehnter, nach seiner Bevölkerungszahl sogar erst an dreizehnter Stelle in Europa kam. Statt der bis dahin üblichen Zwangsrekrutierung mit all ihren Unzulänglichkeiten wurden 1733 die östlichen Territorien in Bezirke (Kantone) eingeteilt, von denen jeweils einer einem Regiment für die Aushebung seiner Soldaten zugewiesen wurde. Alle männlichen Bewohner wurden in Stammrollen eingetragen (enrolliert), wobei Angehörige aus Handel und Gewerbe oft von der Dienstpflicht befreit waren, während die Bauernsöhne ihre 20-jährige Dienstpflicht ableisten mussten. Um die Beeinträchtigung der Landwirtschaft zu verringern, blieben die Soldaten während ihrer Militärzeit in ihrer Region und erhielten während der Aussaat- und Erntezeit Urlaub, um auf den Höfen ihrer Familien mitzuarbeiten. Ein Bauernsohn war nun nicht mehr ausschließlich seinem Gutsherren unterstellt, sondern er genoss – zumindest theoretisch – auch den Rechtsschutz seines Regiments. Die Bauern bekamen so eine Ahnung von der Idee einer Freiheit im Staat. Andererseits bestand für den Gutsherren durchaus die Möglichkeit, dass er als Offizier seine Bauern befehligte. Der Adel wurde zum Offiziersdienst verpflichtet, der allerdings wegen der geringen Bezahlung und der Eintönigkeit nicht besonders attraktiv war, aber trotzdem eine Bindung an den Staat bewirkte.

Kontinuitäten und Brüche: Friedrich II.

Der gebildete und feinsinnige Prinz verabscheute die Gewohnheiten seines Vaters, 1730 spitzte sich der Vater-Sohn-Konflikt zu und Friedrich versuchte, aus Preußen zu fliehen. Er wurde jedoch ergriffen, eingesperrt und musste schließlich zusehen, wie sein wegen Fluchthilfe zum Tode verurteilter Freund, Leutnant Katte, geköpft wurde. Der Prinz überlebte nur, weil er versprach, sich zukünftig den Befehlen seines Vaters zu beugen. Wer nach dem harten Regime Friedrich Wilhelms I. gehofft hatte, der junge König werde als „Philosoph auf dem Thron" regieren, sah sich bald getäuscht. Zwar begann seine Regierungszeit mit der spektakulären Aufhebung der Folter und der – zumindest zeitweisen – Aufhebung der Pressezensur, aber schon im Bereich der Justiz verstieß der König mitunter gegen seine eigenen Prinzipien und griff in Gerichtsprozesse ein. In der Religionspolitik setzte er die Toleranzpolitik seiner Vorgänger fort, ihn selbst aber ließ die Religion kalt. Seine Toleranz gegenüber den Juden in Preußen konzentrierte sich auf die Förderung der Wirtschaft durch jüdische Unternehmer. Im Verwaltungsbereich beanspruchte der König als „erster Diener im Staat" eine umfassende Entscheidungskompetenz. Wie sein Vater unternahm er zahlreiche Inspektionsreisen, brachte viele Stunden am Schreibtisch zu und stellte sich ganz in den Dienst des Staates. Dennoch behielt auch unter seiner Regierung die Verwaltung fragmentarische und unsystematische Züge. Es war alles andere als selbstverständlich, dass seine Anordnungen in der Provinz auch befolgt wurden. Bilder, die den König beim Flötenspiel oder im Gespräch mit Voltaire zeigen, beziehen sich auf die Zeit vor dem Siebenjährigen Krieg. Schon damals hatte er sich von seiner Frau getrennt. Nach dem Friedenschluss von 1763 vereinsamte Friedrich der Große – wie er seit dem 2. Schlesischen Krieg (1745) genannt wurde – immer mehr und wurde ein zynischer Menschenfeind, der in seinem Schloss Sanssouci bei Potsdam am Ende seines Lebens nur noch seine Jagdhunde liebevoll behandelte.

Entstehung der europäischen Pentarchie

Hatte der Soldatenkönig noch gezögert, seine kostspielige Armee den Gefahren eines Feldzuges auszusetzen, begann Friedrich seine Regierungsübernahme unter Ausnutzung eines Schwächemoments Österreichs mit einem völkerrechtswidrigen Überfall auf Schlesien. In zwei kurzen Feldzügen (1740/42 und 1744/45) gewann er die Herrschaft über diese wohlhabende Provinz und vergrößerte die Zahl seiner Untertanen von 2,5 auf 4 Millionen. Die leicht erjagte Beute festzuhalten war weitaus schwieriger. Die endgültige Entscheidung fiel erst im Siebenjährigen Krieg (1756 – 1763), der eine mitteleuropäische und eine global-koloniale Ebene aufwies. Auf dem Kontinent setzte sich Friedrich II., nur unterstützt von den Engländern, gegen eine weit überlegene Koalition aus Österreich, Frankreich, Russland und zahlreichen deutschen Reichsfürsten durch. Preußens Erfolg beruhte auf einer Mischung aus militärischem Geschick, eisernem Durchhaltewillen und Glück. Nach dem Tod der russischen Zarin Elisabeth und dem damit verbundenen Ausscheiden Russlands aus diesem Krieg schlossen Preußen und Österreich einen Erschöpfungsfrieden. Auf globaler Ebene ging es zwischen Frankreich und England um die Vorherrschaft auf den Weltmeeren und um die Besitzungen in Nordamerika und Indien. Da Frankreichs Kräfte in Europa gebunden waren, konnte sich England auf ganzer Linie durchsetzen. Der Dualismus zwischen Österreich und Preußen, die europäische Pentarchie (England, Frankreich, Preußen, Österreich, Russland) und die britische Suprematie in Nordamerika und Indien waren Ergebnisse, die den Weg in ein neues Zeitalter markierten.

3 „Das Flötenkonzert". Gemälde von Adolph v. Menzel, 1850.

Mythos Friedrich der Große

Als die Zeit kam, Friedrich II. und seinen Errungenschaften ein Denkmal zu setzen, stritten sich die Nachfahren heftig darüber, ob er als aufgeklärter Denker, als politischer Reformer oder als militärischer Eroberer dargestellt werden sollte. Als erfolgreicher Feldherr und Eroberer wird er einerseits als Vorbereiter des Deutschen Reiches von 1871 gesehen, andererseits wird er für die Tradition des Großmachtstrebens bis hin zu den Nationalsozialisten verantwortlich gemacht. Sein Herrschaftssystem des aufgeklärten Absolutismus mit dem von ihm vorbereiteten und 1794 kodifizierten Allgemeinen Landrecht wird gelobt, wohingegen andere die unter seiner Regentschaft weitergehende Ausprägung der preußischen Tugenden mit dem stark ausgeprägten Untertanendenken für die politische Kultur in Deutschland als verheerend ansehen.

4 Herrschaftsdenken und Herrschaftsausübung

Die Könige Friedrich Wilhelm I. und Friedrich II. folgten mit der Abfassung dieser Testamente berühmten Vorbildern. Die Texte waren für den Thronfolger bestimmt und nicht für die Öffentlichkeit und geben deshalb zuverlässig die jeweiligen Gedanken des Königs wieder.

a) Instruktion Friedrich Wilhelms I. für seinen Nachfolger, Januar/Februar 1722

Mein lieber Suxessor sey wohll versichert das alle glückl: Regenten die Gott für die Augen haben und keine Metressen es beßer zu Nennen Huhren haben und ein Gottsehliches lehben führen diße Regenten wirdt Gott mit allen weldtl: und geistl: sehgen beschütten als bitte ich Meinen lieben Successor ein Gottsehliges Reines lehben und wandellen zu führen und seinen Lande und Armee mit guhten excempell vorgehhen nicht Sauffen und freßen davon ein unzüchtiges lehben herrkommet, Mein lieber Succesor mus auch nicht zugehben das in seine Lender und Prowincen keine Komedien Operas Balletes Masekerahden Reduttten gehalten werden und ein greul: davor haben weil es Gottlohse und Teuffelichts ist da der Sahtanas sein tempell und reich vermehret werden also sollen wier wahrhaftige Kristen des Satans (Tempel) verstöhren also ist das ein Gottsehl: Regenten und beßer zu sagen euer werck des [...] Satanas Tempell zu sagen Metressen operas Komedien Redutten Ballets Masquerahden zu unterdruhcken und nicht zu dulden und nicht selber so ein Gottlohses lehben anzufangen die in Unsern hauße niernahlen geduldet worden und von Johann Si(gi)smundo Im Brandenburgischen Hauße Keine dergleichen Sünden im schwange gegangen ist lehset die Historie von unsern hause da werdet Ihr finden das dieses der wahrheit gemehs ist und dehrowehgen Gott unser haus es bestendigst gesegenet hat: seidt versicherdt das der sehgen der noch bestendigst auf unser haus ist herrühret von unsehre Gotsehl: vorfahren.

Zit. nach: Wolfgang Lautemann/Manfred Schlenke [Hrsg.], Renaissance, Glaubenskämpfe, Absolutismus (Geschichte in Quellen), München: bsv, 1982, S. 573f.

b) Friedrich II., Politisches Testament, 1752

Eine gut geleitete Staatsregierung muss ein ebenso fest gefügtes System haben wie ein philosophisches Lehrgebäude. Alle Maßregeln müssen reiflich durchdacht sein, Finanzen, Politik und Heerwesen auf ein gemeinsames Ziel steuern: nämlich die Stärkung des Staates und das Wachstum seiner Macht. Ein System kann aber nur aus einem Kopfe entspringen, also muss es aus dem des Herrschers hervorgehen. Trägheit, Vergnügungssucht und Dummheit: diese drei Ursachen hindern die Fürsten in ihrem edlen Berufe, für das Glück ihrer Völker zu wirken. Solche Herrscher machen sich verächtlich, werden zum Spott und Gelächter ihrer Zeitgenossen, und ihre Namen geben in der Geschichte höchstens Anhaltspunkte für die Zeitfolge ab. Sie vegetieren auf dem Throne, dessen sie unwürdig sind, und denken nur an das liebe Ich. Ihre Pflichtvergessenheit gegen ihre Völker wird geradezu strafbar, der Herrscher ist nicht zu seinem hohen Rang erhoben, man hat ihm nicht die höchste Macht anvertraut, damit er in Verweichlichung dahinlebe, sich vom Mark des Volkes mäste und glücklich sei, während alles darbt. Der Herrscher Ist der erste Diener des Staates. Er wird gut besoldet, damit er die Würde seiner Stellung aufrechterhalte. Man fordert aber von ihm, dass er werktätig für das Wohl des Staates arbeite und wenigstens die Hauptgeschäfte mit Sorgfalt leite. Er braucht unzweifelhaft Gehilfen. Die Bearbeitung der Einzelheiten wäre zu umfangreich für ihn. Aber er muss ein offenes Ohr für alle Klagen haben, und wem Vergewaltigung droht, dem muss er schleunigst sein Recht schaffen. Ein Weib wollte einem König von Epirus eine Bittschrift überreichen. Er fuhr sie hart an und gebot ihr, ihn in Ruhe zu lassen. „Wozu bist du denn König", erwiderte sie, „wenn nicht, um mir Recht zu schaffen!" Ein schöner Ausspruch, dessen die Fürsten unablässig eingedenk sein sollten. Wir haben in Preußen das Generaldirektorium, die Justizbehörden und die Kabinettsminister. Tag für Tag senden sie an den König ihre Berichte mit eingehenden Denkschriften über die Gegenstände, die seine Entscheidung erfordern. In strittigen oder schwierigen Fällen erörtern die Minister das Für und Wider selbst. Damit setzen sie den Herrscher in den Stand, seine Entscheidung auf den ersten Blick zu treffen, vorausgesetzt, dass er sich Mühe gibt, die vorgetragenen Sachen gründlich und mit Verständnis zu lesen. Ein klarer Kopf erfasst den Kernpunkt einer Frage mit Leichtigkeit. Diese Art der Geschäftsführung verdient den Vorzug vor der sonst üblichen, wo der Herrscher im Ministerrate den Vorsitz führt; denn aus großen Versammlungen gehen keine weisen Beschlüsse hervor. [...] Ich verschließe mein Geheimnis in mir selbst. Nur einen einzigen Sekretär, von dessen Treue ich überzeugt bin, ziehe ich heran. Sofern man mich also nicht selbst bestiche, ist es unmöglich, meine Absichten zu erraten. Die Minister sind nur mit den Angelegenheiten bekannt, die das deutsche Reich betreffen. Alle wichtigen Verhandlungen, Verträge oder Bündnisse gehen durch meine Hände.

Zit. nach: Wolfgang Lautemann/Manfred Schlenke [Hrsg.], Renaissance, Glaubenskämpfe, Absolutismus (Geschichte in Quellen), München: bsv, 1982, S. 608f.

5 Pietist und Preußenkönig

König Friedrich Wilhelm I. besuchte noch im Jahr seiner Thronbesteigung die Stiftung August Hermann Franckes in Halle. Gekürzte Fassung eines Gedächtnisprotokolls über das Gespräch A. H. Franckes mit Friedrich Wilhelm I. nach Gustav Kramer

Den 12ten April 1713 um 3/4 auf 12 Uhr kam der König ins Waisenhaus [...] Ferner gieng er vors Fenster am Esssaal, da sah er zu, bis Sie sich gesetzt, gebetet und gelesen hatten. Es ward verlesen das 3. Cap. Malachiae.

König: Kriegen sie auch satt zu essen?

Francke: Ja, satt. Meine Regel ist, dass sie genug kriegen, und was die Güte betrifft, sind die Speisen so beschaffen, dass sie zur Nothdurft hinlänglich, anderntheils auch nicht köstlicher, als sie es [später] mal in ihrem Leben ausführen können …

König: Wie viel werden überall gespeiset?

Francke: Bei 450.

König: Sind es aber lauter Arme? Es haben doch einige feine Kleider an?

Francke: Mit Willen wird keiner genommen, der es nicht bedürfte. […]

König: Sind es lauter Waisen? Vater- und Mutterlose?

Francke: Entweder Vater- oder Mutterlose, oder dass die Eltern elend waren.

König: Was wird aus der Jugend?

Francke: Welche gute Köpfe, studieren, die übrigen lernen rechnen und schreiben und werden auf das Handwerk gethan.

König: So werden es ja Advocaten?

Francke: Ich weiß noch kein Exempel, sondern sie studieren Theologiam.

König: Werden denn keine davon Soldaten?

Francke: Wenn sie Handwerker sind, so können sie leicht von den Werbern genommen werden. …

Hrn Dankelmann (=Begleiter des Königs): … [M]an meinete, sie hielten solche Sünden, die nach der Natur wären, für perdonabler als andere.

Francke: Wir haben die 10 Gebote und es ist eine jede Sünde wider eines derselben verdammlich.

Jener: Das ist wohl wahr, aber der Geiz ist eine Wurzel alles Uebels.

Francke: Das ist wahr, aber junge Leute sind nicht zum Geiz, sondern zur Wollust am meisten geneigt, darum pflege ich für kein Laster mehr zu warnen, als dafür. Ich bin der Meinung, dass sich Gott mit einem Herzen nicht vereinigen kann, das fleischlichen Lüsten ergeben ist, und dass der heilige Geist einen solchen Menschen fleucht, und dass die das thun, nicht in das Reich Gottes kommen.

König: Der Meinung bin ich auch. Aber es sollen doch Lehrer hier sein, die das lehreten, dass daran eben nicht viel gelegen sei.

Francke: Wenn ich solche Lehrer wüsste, würde ich keine Conversation mit ihnen halten, sondern würde es detestiren und müsste es öffentlich bezeugen …

König: … Schreibe er mir nur, wenn Er ein Anliegen hat, ich will sein Procurator sein …

Francke: Wenn Ew Majestät sich nur merken lassen, dass sie dem Werke gnädig sein, so wird es schon zunehmen.

König: So viel an mir ist, will ich es gerne thun. Ich will Alles gern fördern, wenn es nur nicht zum Hochmuth ist.

… Im Hinuntergehen vom Altan fragte der König: Was hält er vom Kriege?

Francke: Ew. Königl. Majestät muss das Land schützen, ich aber bin berufen zu predigen: Selig sind die Friedfertigen.

König: Das ist gut. Aber seine Leute, hält er die nicht vom Kriege ab?

Francke: Mit studiosis theol. werden, wie Ew. Maj. selber wohl wissen, Kirchen und Schulämter besetzt.

4

6 Das Kulissenmagazin der Historischen Bibiliothek, Halle. Foto: Peter Kühn, Dessau 1998

7 Auszug der Salzburger Protestanten. Zeitgenössischer Kupferstich 1732.

König: Aber die Jungens, machet er denen nicht weiß dass sie der Teufel holen werde, wenn sie Soldaten werden?
Francke: Ich kenne manchen christlichen Soldaten. Ich habe mehr Freunde und Gönner unter den Soldaten, als unter den Geistlichen. Diese können nicht vertragen, dass ich ihr Thun nicht in allen Stücken billige.
Beim Abschiede sagte er: Adieu Hr. M. Francke, ich danke ihm dass er mich umhergeführt.

Zit. nach: Gott zur Ehr und zu des Landes Besten. Die Franckeschen Stiftungen und Preußen: Aspekte einer alten Allianz. Hrsg. von Thomas Müller-Bahlke. Ausstellungskatalog Halle 2001 (=Kataloge der Franckeschen Stiftungen, 8), S. 5 f.

8 Die Salzburger Exulanten

a) Emigrationspatent des Salzburger Fürsterzbischofs Leopold Anton von Firmian vom 31. Oktober 1731

[...] Und ergehet so dann an alle Unsere in diesem Ertz-Stifft und darzu gehörigen Landen befindliche Unterthanen, Beysassen und Innwohner, sonderlich an diejenigen welche sich zur Augspurgischen oder Reformierten Confession geschlagen und darbey öffentlich oder in der geheim zu verharren sich erkläret haben, [...] dass

1. Alle und jede, welche einer der übrig zweyen oberwehnt im Römischen Reiche tolerirten Religionen zugethan seynd, und bey obverstandener massen erregter Empörung, nunmehro publice vel privatim sich hierzu erkläret und bekennet haben, emigriren, und bey Vermeydung schwerer, gestalten Dingen nach an Gut, auch Leib und Leben gehenden Straffe, fürdershin dieses Ertz-Stifft und die darzu gehörige Lande meyden. Und zwar sollen

2. Alle in diesem Unserm Ertz-Stifft unangemessene Innwohner, Beysassen, Taglöhner, Arbeiter, eingelegte Personen, Knechte oder Dienstboten, beyderley Geschlechts, welche das 12. Jahr erreichet, und wie erst gedacht worden, einer der obigen Religion beygethan und sich darzu auf obige Weise erkläret haben, innerhalb 8 Tagen mit hindantragenden Sack und Pack so gewiss abziehen, als im widrigen Fall die obige Straffe unausbleiblich und ohne Hoffnung einiger Gnade zu erwarten haben [...]

b) Immigrationspatent des preußischen Königs und Kurfürsten von Brandenburg Friedrich Wilhelm I. vom 2. Februar 1732

Wir Friedrich Wilhelm von Gottes Gnaden [...] Thun kund und fügen hiemit zu wissen, dass Wir aus christköniglichem Erbarmen und herzlichem Mitleiden gegen Unsere in dem Erzbischoftum Salzburg auf das heftigste bedrängte und verfolgte evangelische Glaubensverwandte, da dieselben blos und allein um ihres Glaubens willen und weil sie demselben wider besseren Wissen und Gewissen abzusagen sich nicht entschließen können noch wollen, ihr Vaterland zu verlassen gezwungen werden, ihnen die hülfliche und mildreiche Hand zu bieten, und zu

9 **Der König heißt die Salzburger Emigranten willkommen.**

solchem Ende dieselben in Unsere Lande aufzunehmen und in gewissen Ämtern Unsers Königreichs Preußen unterzubringen und zu versorgen Uns resolviert haben …
Wir ersuchen auch alle Kurfürsten, Fürsten und Stände des Reichs, deren Lande durch besagte Emigranten werden berühret werden müssen, dieselben frei, sicher und unaufgehalten passieren, ihnen auch zur Fortsetzung ihrer mühseligen Reise dasjenige, was ein Christ dem andern schuldig, erweisen zu lassen geruhen; gestalt Wir solches bei allen sich dazu findenden Gelegenheiten dankbarlich zu erwidern willig und bereit sind; … ihnen auch bei ihrer Stabilisierung in Preußen alle diejenigen Freiheiten, Privilegia, Rechte und Gerechtigkeiten, welche andern Colonisten daselbst competiren und zustehen, ebenfalls zu gute kommen sollen …

Zit. nach: Praxis Geschichte, 3/1992, S. 48.

10 Die Außenpolitik Friedrichs II. Maximen und Realität

a) 1739 verfasste Friedrich II. als Kronprinz eine Abhandlung über Machiavellis Schrift „Il Principe", deren Inhalt er vorher mit Voltaire diskutiert hatte. In dieser Schrift mit dem Titel „Der Antimachiavell oder Kritische Untersuchung des ‚Fürsten' von Macciavell" heißt es:

Krieg bringt ganz allgemein so viel Unglück mit sich, sein Ausgang ist so ungewiss und seine Folgen sind für ein Land so verheerend, dass die Fürsten nicht lange genug überlegen können, ehe sie sich auf Krieg einlassen. Die Gewalttaten der Truppen in Feindesland sind nichts im Vergleich zu dem Unglück, das die Staaten der Fürsten, die in den Krieg eintreten, direkt trifft; es ist ein so ernster und so folgenschwerer Akt, einen Krieg anzuzetteln, dass es erstaunlich ist, wie viele Könige den Entschluss dazu so leichtfertig fassten.
Wenn die Monarchen ein wahrhaftiges und getreues Bild des Elends vor Augen hätten, das eine einzige Kriegserklärung für die Völker mit sich bringt, so blieben sie meiner Überzeugung nach dafür nicht empfindungslos. Ihre Vorstellungskraft ist nicht lebhaft genug, um ihnen die Leiden auszumalen, die sie nie kennengelernt haben und vor denen sie ihr Status schützt. Wie sollen sie die Steuerlast nachfühlen können, die für das Volk

eine Plage ist? Wie die Trennung von der Landesjugend, welche die Truppenaushebungen mit sich bringen? Jene ansteckenden Krankheiten, die den Armeen zusetzen? Den Horror der Schlachten und Belagerungen, die noch mörderischer sind? Die Pein der Verwundeten, denen die feindliche Waffe eins ihrer Gliedmaße nahm, als einziges Arbeits- und Existenzmittel? Den Schmerz der Waisen, die mit dem Tod ihres Vaters die einzige Stütze verloren, derer sie so sehr bedürfen? Den Verlust so vieler dem Staatswesen nützlicher Menschen, die der Tod vor der Zeit hinweggemäht hat?

Die Fürsten, die einzig und allein in der Welt sind, um die Menschen glücklich zu machen, müssten sehr wohl an all das denken, ehe sie sie aus unbedeutenden, nichtigen Gründen dem aussetzen, was die Menschheit am meisten zu fürchten hat.

Zit. nach: Friedrich der Große, Der Antimachiavell, aus dem Franz. von H. Bergmann. Leipzig 1991, S. 104 f.

b) Kaum einen Monat nach dem Tode Kaiser Karls VI., mit dem der Mannesstamm der Habsburgdynastie endete, entwickelte Friedrich II. Anfang November 1740 in einer Denkschrift für seinen Außenminister Podewils „Gedanken über die aus Anlass des Hinscheidens des Kaisers zu bildenden politischen Pläne":

Schlesien ist von der ganzen Verlassenschaft des Kaisers dasjenige Stück, auf welches wir das meiste Recht haben, und welches für das Haus Brandenburg am bequemsten gelegen ist; es ist gerecht, seine Rechte zu behaupten und die Gelegenheit des Todes des Kaisers zur Ergreifung derselben zu benutzen.

Die Überlegenheit unserer Truppen über die unserer Nachbarn, die Raschheit, mit der wir sie in Tätigkeit setzen können, der Vorsprung, den wir in allen Stücken ihnen voraus haben, ist vollständig und gibt uns in einer unvorhergesehenen Lage wie dieser ein unendliches Übergewicht über alle anderen Mächte Europas. Wollen wir warten, bis Sachsen und Baiern die Feindseligkeiten [gegen Maria Theresia] beginnen, so können wir Sachsen nicht hindern, sich zu vergrößern, was unseren Interessen doch ganz und gar entgegen ist, und wir entbehren auch in diesem Fall eines guten Vorwandes [...].

[Nachdem er die militärische Schlagkraft aller europäischen Mächte bedacht hat, kommt er zu dem Schluss] [...] dass wir vor dem Winter Schlesien in Besitz nehmen und während des Winters unterhandeln müssen; dann wird man immer noch wählen können, auf welche Seite man sich schlagen will, und unsere Unterhandlungen werden Erfolg haben, wenn wir einmal im Besitze sind. Verfahren wir anders, so geben wir all unsere Vorteile aus der Hand, und durch bloße Unterhandlung erreichen wir gar nichts, oder vielmehr, man wird uns sehr lästige Bedingungen stellen und nur Kleinigkeiten dafür bieten.

Zit. nach: Otto Tschirch (Hg.), Zeitalter des Absolutismus, 11, Leipzig, 4. Aufl. 1930, S. 13 f.

11 Der Siebenjährige Krieg aus britischer Sicht

Aufzeichnungen einer Unterhausdebatte vom 9. Dezember 1762. In dieser Debatte ging es um die Bedingungen, unter denen ein Sonderfrieden mit Frankreich unter Aufopferung des Bündnisses mit Friedrich dem Großen geschlossen werden sollte. Der ehemalige Premierminister William Pitt übte schärfste Kritik.

[...] Was Deutschland angehe, sagte er, so sei das ein weites Feld, eine ermüdende und langwierige Betrachtung [...]; solange wir es aber mit Frankreich als Feind zu tun hätten, sei Deutschland der Schauplatz, wo man Frankreichs Streitkräfte beschäftigen und ablenken könne. Wären die französischen Armeen nicht in Deutschland beschäftigt worden, so wären sie nach Amerika transportiert worden, wo wir es sicherlich schwerer gehabt hätten, sie zu besiegen, und die Kosten, wenn wir obgesiegt hätten, höher gewesen wären. [...] Amerika, betonte er mit Nachdruck, sei in Deutschland erobert worden [...].

Man hat triumphierend behauptet, der gegenwärtige Krieg in Deutschland habe das Machtgleichgewicht (balance of power) über den Haufen geworfen ... Diese Behauptung sei so weit entfernt, auch nur die geringste tatsächliche Begründung für sich zu haben, dass seines Erachtens selbst die oberflächlichsten politischen Beobachter kaum der Belehrung darüber bedürften, dass dieses Gleichgewicht schon lange vor Ausbruch des gegenwärtigen Krieges umgestürzt worden sei. [...] Seit der Zeit der Großen Allianz gegen Frankreich[1] ist die militärische Macht der Holländer zu Wasser und zu Lande nahezu ausgelöscht worden, während eine andere Macht, an die man damals in Europa noch kaum dachte, sich erhoben hat, nämlich Russland, das seiner eigenen Bahn folgt, außerhalb aller anderen Systeme, aber nach dem Maße der von ihnen ausgehenden Anziehungskraft zu jedem von ihnen gravitierend. Eine weitere Macht erhob sich in Europa, gleichfalls gegen jede menschliche Voraussicht, mit dem Hause Brandenburg, und die atemberaubenden Erfolge Seiner Majestät von Preußen beweisen, dass er zum natürlichen Schutzherrn der deutschen Libertät gegen das Haus Österreich bestimmt ist. Wir sind gewöhnt, mit Ehrfurcht auf dieses Haus zu blicken, und das Phänomen einer zweiten Großmacht in Deutschland war für uns etwas derart Neues, dass er [Friedrich] einige Zeit Anlehnung an Frankreich suchen musste. Als aber Frankreich und Österreich sich vereinigten, fanden sich Großbritannien und Preußen. Das sind die großen Ereignisse, die das Gleichgewicht in Europa seit der Zeit der großen Allianz gegen Frankreich vollkommen verändert haben [...]

Der deutsche Krieg hinderte Frankreich, seine Kolonien und Inseln in Amerika, Asien und Afrika zu unterstützen [...] Dass die auf dem Tisch des Hauses niedergelegten

1 7.9.1701: Kaiser Leopold I., König Wilhelm III. von England und die Generalstaaten der Niederlande schließen die gegen Frankreich gerichtete Haager Allianz zur Regelung der spanischen Erbfolge.

12 **Die Expansion Preußens und Österreichs im 18. Jahrhundert.**

Präliminarartikel den König von Preußen (welchen der Redner den hochherzigsten Bundesgenossen nannte, den England je besessen habe) seinem Schicksal überlassen wollten, tadelte er in den schärfsten Ausdrücken. Er nannte das hinterhältig, betrügerisch, gemein und verräterisch. Nachdem man diesen großen und herrlichen Monarchen vier Monate lang mit Subsidienversprechungen hingehalten, habe man ihn schließlich hintergangen und enttäuscht. […]

Zit. nach: Wolfgang Lautemann/Manfred Schlenke [Hrsg.], Renaissance, Glaubenskämpfe, Absolutismus (Geschichte in Quellen), München: bsv, 1982, S. 708f.

Arbeitsvorschläge:

a) Vergleichen Sie die Legitimation und die Grundsätze der Herrschaft zwischen Friedrich Wilhelm I. und Friedrich II. (VT, M 4).

b) Erläutern Sie Rolle und Bedeutung des Pietismus für den aufbau des preußischen Staates (VT, M 5).

c) Ermitteln Sie sowohl die Motive für die Vertreibung als auch die Motive für die Aufnahme der Protestanten in Preußen (VT, M 7 – 9).

d) Arbeiten Sie heraus, wie sich die Einstellung Friedrichs II. zum Krieg in den Texten wandelt (M 10).

e) Nehmen Sie kritisch Stellung zu der Betrachtung von „Krieg als Mittel der Politik" am Beispiel der Schlesischen Kriege.

f) Beschreiben Sie Preußens geostrategische Lage zu Beginn und am Ende des 18. Jahrhunderts (VT, M 12).

g) Der ehemalige britische Premier William Pitt (1708 – 1778) bemerkte, Amerika sei in Europa erobert worden. Erläutern Sie diese These (VT, M 11).

Geschichte erinnern: Die Trockenlegung des Oderbruchs

Keine Maßnahme des absolutistischen Preußens hat die Landschaft Brandenburgs so einschneidend verändert wie die Trockenlegung des Oderbruch, die selbst Kritiker Friedrichs des Großen als zivilisatorische Glanzleistung anerkannten. Heute taucht das Oderbruchs in unregelmäßigen Abständen in den Nachrichtensendungen auf, nämlich immer dann, wenn bei Hochwasser die Deiche brechen und die Wassermassen der Oder die Niederungen des Oderbruchs überfluten.

Mit etwa 640 km² ist das Oderbruch größer als der Bodensee. Noch zu DDR-Zeiten lieferte der „Gemüsegarten Berlins" jährlich etwa 600 000 Tonnen in die Stadt. Vor der Eindeichung war in der sehr breiten Flussaue im Urstromtal der Oder ein Niederungsmoor entstanden. Zwei Mal im Jahr, nämlich Ende Februar zurzeit der Schneeschmelze und im Sommer, wenn die Gletscher der fernen Sudeten schmolzen und die starken Sommerregenfälle dazukamen, stand das Bruch unter Wasser. Es war eine fischreiche Gegend mit Zander, Aal, Hecht, Karpfen und anderen Süßwasserfischen, wie Theodor Fontane im zweiten Band seiner berühmten „Wanderungen durch die Mark Brandenburg" in unvergleichlicher Weise treffend schildert. Der Fischertrag wurde bis nach Böhmen und Bayern, der geräucherte Aal sogar bis nach Italien transportiert.

Die preußischen Könige wussten, dass ihre Macht der Fundierung durch eine gedeihende Wirtschaft bedurfte. Sie versuchten mit allerlei Ver- und Geboten, mit Monopolen und Privilegien die Wirtschaft zu fördern. In Erweiterung des traditionellen Merkantilismus setzten sie nicht allein auf die Förderung des Handels, sondern die Kameralisten am Hofe der Preußenkönige legten ihr Augenmerk auch auf Binnenkolonisation und Peuplierung. Dabei folgten sie der Erkenntnis der Staatsökonomie, dass menschenleere Territorien eine erhebliche Belastung für den Staat darstellen. Wie schon sein Vater und Urgroßvaters legte Friedrich II. Bruchlandschaften trocken und neue Dörfer an und lud Neusiedler nach Preußen ein.

Als 1745 nach dem zweiten Schlesischen Krieg der gesamte Oderlauf in preußischem Besitz war, griff Friedrich II. einen alten Plan seines Vaters auf und begann im Juli 1747 mit der Eindeichung und Begradigung des Oderlaufs zwischen Küstrin und Zehden. Friedrich stützte sich dabei auf die Erfahrung des holländischen Wasserbauers Simon Leonhard van Haerlem und die Berechnungen des Schweizer Mathematikers Leonhard Euler. Das Projektziel hatte van Haerlem in folgender Weise beschrieben: „Auf solchem Fleck, wo jetzt einige Fische ihre Nahrung haben, soll künftig eine Kuh gehalten werden." Obendrein verkürzte sich der Schifffahrtsweg um gute 25 km.

1753 war das Projekt beendet, Sumpffieber hatte den Arbeitern immer wieder zugesetzt, Überschwemmungen behinderten die Arbeiten, mehr als einmal musste mit Waffengewalt der Widerstand der Altdörfler, die vom Fischfang lebten, gebrochen werden. Am Ende floss die Oder aber doch über 20 km in ihrem neuen Bett. Bereits am 1. September 1747 hatte Friedrich II. zur Auswanderung nach Brandenburg aufgefordert. 6137 Auswanderer folgten diesem Aufruf, davon fanden 1134 Bauern und 363 Wollspinnerfamilien im Oderbruch eine neue Heimat. Bis 1761 wurden in dem trocken gelegten Gebiet 33 neue Dörfer gegründet. Die aus Pommern, Sachsen, Schwaben,

1 Gedenkstein am Oderbruch bei Bad Freienwalde (Brandenburg)
„Friedrich der Große.
Hier habe ich im Frieden eine Provinz erobert, die mir keinen Soldaten gekostet hat, 1746–1753."

Franken, aus Polen und Böhmen stammenden Kolonisten waren 15 Jahre von Steuerzahlungen befreit, erhielten Religionsfreiheit und Freiheit von Leibeigenschaft sowie zahlreiche weitere Vergünstigungen. Die Eindeichung war nicht nur eine großartige technische Leistung, sondern auch bevölkerungspolitisch und ökonomisch eine Großtat. Insgesamt fanden in den trocken gelegten Gebieten des Oder-, Netze- und Warthebruchs bis 1786 ungefähr 300 000 Kolonisten eine neue Heimat.

Die dunkelste Seite in der Geschichte des Oderbruch wurde 1944/45 aufgeschlagen, als in der größten Schlacht des Zweiten Weltkrieges, die auf deutschem Boden stattfand, bei den Seelower Höhen 100 000 vor allem russische und deutsche Soldaten starben. 1997 zeigte die Natur dem Menschen seine Grenzen auf, als das „Jahrhunderthochwasser" die Dämme brechen ließ. Die Meliorations- und Deichbauarbeiten, die unter Friedrich II. begannen, setzen sich bis in die heutige Zeit fort.

2 **1997 und 2002 wird der Oderbruch erneut von Hochwasser heimgesucht.** 2002 wird sogar von der „Jahrhundertflut" gesprochen. Das Bild zeigt ein von Hochwassser eingeschlossenes Pumpenhaus in der Nähe der brandenburgischen Stadt Bad Freienwalde 1997.

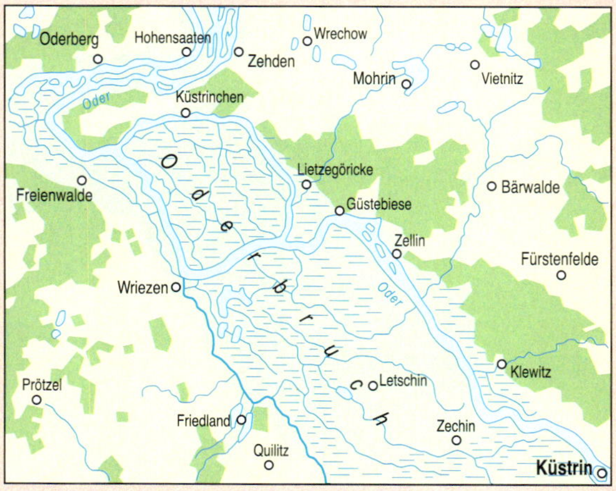

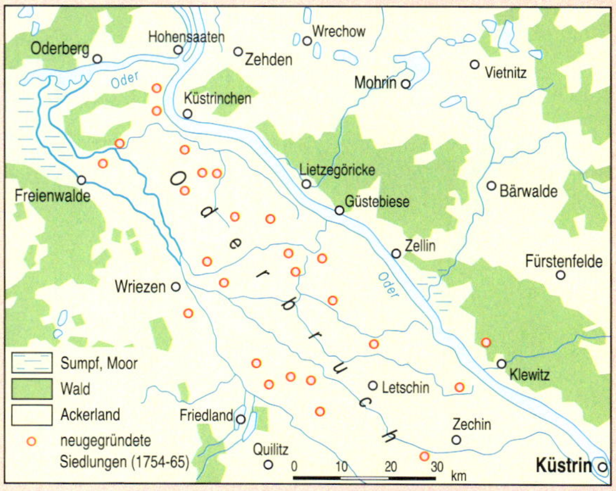

3 **Der Oderbruch zu Beginn des 18. Jahrhunderts (links) und nach der Trockenlegung unter Friedrich II. (rechts).**

Arbeitsvorschläge:

a) Diskutieren Sie die Inschrift „Hier habe ich im Frieden eine Provinz erobert, die mich keinen Soldaten gekostet hat" (M 1).

b) Bedeutete die Trockenlegung des Oderbruchs eine zivilisatorische Glanzleistung oder rücksichtsloser Naturfrevel? Nehmen Sie Stellung.

4.5 Russland: Auf dem Weg nach Europa

Russland und Europa

Gehört Russland zu Europa? Bis heute ist die Antwort strittig. Asiatisch-Byzantinische Wurzeln werden gegen christliches Erbe und aufklärerische Traditionselemente ins Feld geführt. Feststeht, dass der Moskauer Großfürst Ivan III., nachdem er 1472 eine Nichte des letzten byzantinischen Kaisers geheiratet hatte, das byzantinische Hofzeremoniell übernahm und sich seitdem als „Zar" – abgeleitet von „Caesar" – titulierte. Fast gleichzeitig schüttelte Moskau auch die Jahrhunderte lang ertragene Oberherrschaft der Tartaren ab, so dass der Zar nun in der Tat ein Autokrator oder Selbstherrscher war. Schließlich fühlte sich Moskau nach der Eroberung Konstantinopels durch die Osmanen 1453 berufen, das christliche Erbe Roms und Byzanz anzutreten und als „drittes – und letztes – Rom" die Verantwortung für das wahre orthodoxe Christentum zu übernehmen. Aber bereits in der zweiten Hälfte des 16. Jahrhunderts geriet die chauvinistische Sichtweise ins Wanken. Nach militärischen Niederlagen erkannten Moskowiter Adlige die Rückständigkeit ihres Vaterlandes gegenüber der säkularisierten westlichen Technik und Kultur und leiteten erste Schritte auf dem Weg zur europäischen Zivilisation ein. Es war allerdings Zar Peter I., der Große, der diese Entwicklung mit rücksichtsloser Vehemenz und brutaler Kraft beschleunigte.

Peter I. der Große

Der Vater Peters hatte zwei Mal geheiratet, was nach seinem Tode zu einem erbitterten Machtkampf zwischen den Sippen der beiden Witwen im Kreml führte. Zwar war 1682 Peter handstreichartig zum Zaren ausgerufen worden, aber der Gegenpartei gelang es, die um ihren Einfluss fürchtende alte Moskauer Leibwache des Zaren, die Strelitzen, auf ihre Seite zu ziehen. Der Zehnjährige musste mit ansehen, wie Aufständische seinen Onkel und andere Mitglieder seiner Sippe von einer Freitreppe im Kreml auf die Lanzenspitzen der unten stehenden Soldateska stürzten. Seitdem wurzelte in Peter ein tiefes Misstrauen gegen das alte Russland und die intriganten Adelscliquen im Kreml. Peter und seine Mutter verloren für Jahre jeden politischen Einfluss, aber dafür konnte sich der junge Zar unbehelligt seinen militärischen und nautischen Interessen widmen. Als die gegnerische Machtclique 1689 gestürzt wurde, überließ Peter seiner Mutter die

1 „Der Rote Platz zu Moskau". Fjodor J. Alexejew 1801.

Regierungsgeschäfte, erst nach ihrem Tod 1694 widmete er sich ihnen zunächst mehr schlecht als recht.

Die erste Reise nach Westen

1697 brach Zar Peter I. halb inkognito als erster russischer Herrscher nach Westen auf. In Holland faszinierten ihn die reichen, sich selbst verwaltenden Städte, die viel Geld in die Staatskasse spülten. Der mehrmonatige Aufenthalt in England diente vor allem seinen nautischen Studien. In Wien erreichte ihn im Juni 1698 die Nachricht von einem neuerlichen Aufstand der Strelitzen. Als Peter I. an den Strelitzen auf brutalste Weise Rache übte, zeigte sich Europa, das gerade begann, den aufgeklärten Zaren zu bewundern, entsetzt. Der deutsche Naturwissenschaftler und Philosoph Gottfried Wilhelm Leibniz sah alle Hoffnungen gefährdet und fürchtete, dass die 2000 Hinrichtungen den Widerstand der Konservativen und Orthodoxen gegen den Geist der Aufklärung nun noch mehr steigern würden. Später traf Leibniz den Zaren drei Mal persönlich und prunkte wie immer bei solchen Gelegenheiten mit groß dimensionierten Reformprojekten für das russische Reich. Aber weder Leibniz noch die übrigen Aufklärer hatten eine klare Vorstellung von den wirklichen Verhältnissen in Russland.

Außenpolitische Neuorientierung

Zar Peter unterbrach die Auseinandersetzung mit dem osmanischen Reich und wandte sich dem Ostseeraum zu. Gestützt auf neue Bündnisse mit Dänemark und August dem Starken, dem Kurfürsten von Sachsen und polnischen König, erklärte Peter im August 1700 der Großmacht Schweden den Krieg. 21 Jahre sollte dieser Nordische Krieg dauern, an dessen Ende Russland die schwedischen Ostseeprovinzen Estland und Livland sich einverleibte, bestimmenden Einfluss auf Polen-Litauen gewann und als Vormacht im Ostseeraum fortan einen festen Platz unter den europäischen Großmächten inne hatte. Die russische Präsenz in Mitteleuropa zeigt sich auch in zahlreichen dynastischen Verbindungen mit deutschen Fürstenhäusern.

Petrinische Reformen

Die ersten Reformen Peters I. waren eher symbolischer Natur. Er befahl dem altrussischen Adel, den Bojaren, die Bärte zu rasieren und westliche Kleidung statt der traditionellen orientalischen Kaftane zu tragen. Am 1. Januar 1700 führte er die abendländische julianische Jahreszählung ein. Danach stellte der Zar alle 560 Klöster seines Reiches mit ihrem riesigen Landbesitz und fast einer Million Leibeigener unter Staatsaufsicht. Wer fortan Mönch werden wollte, musste über

2 **„Senatsplatz mit Reiterstandbild Zar Peter des Großen“.** Kolorierte Lithographie aus dem 19. Jahrhundert.

50 Jahre alt sein. Bald aber prägten die Erfordernisse des Nordischen Krieges sein weiteres Handeln. Es ging nur noch darum, das Steueraufkommen des Reiches zu steigern, um das Heer zu vergrößern und im Krieg gegen Schweden nicht unterzugehen. Jedoch desorganisierten die oft sprunghaft anmutenden Reformen den Staat mehr, als dass sie nutzten. Die Gouvernementsreform von 1708 / 09 dezentralisierte die Staatsverwaltung, öffnete aber gleichzeitig der Willkürherrschaft der neuen Gouverneure Tür und Tor und musste nach zehn Jahren korrigiert werden. Eine weitere Reform richtete einen Senat als höchste Zentralbehörde ein, aber der Zar war nicht bereit, auch nur ein Jota von seiner umfassenden Machtfülle aus den Händen zu geben. Die nachhaltigste Reform war die Umstellung der alten Hofsteuer auf eine Kopfpauschale, die den Kreis der Steuerpflichtigen erheblich ausdehnte und tatsächlich das Staatsdefizit zunächst beseitigte. Ferner wandte sich der Zar der kommunalen Ebene zu und übertrug Elemente der europäischen Stadtverfassung auf sein Reich. Dahinter steckte allein das Ziel, die Steuererhebung der Zentralmacht effizienter zu gestalten. Diese Stadtreform blieb in Ansätzen stecken, auch weil die ausreichend entwickelte Mittelschicht des wirtschaftlich tätigen Stadtbürgertums fehlte. Der im Kontext der Kopfsteuer in den Städten eingeführte Zensus von 500 Rubel Gewerbeumsatz schloss überdies die große Masse der Städter vom Bürgerstatus aus.
Unter merkantilistischem Aspekt förderte der Zar Wirtschaft und Handel, gründete Werften und Manufakturen und betrieb die Erschließung von Bodenschätzen in Sibirien. Aber der merkantilistische Traum einer aktiven Handelsbilanz konnte nicht verwirklicht werden. Den meisten Projekten fehlten bald die Facharbeiter, die gegründeten Werkstätten konnten das Modernisierungstempo Westeuropas nicht mithalten.

St. Petersburg – das Tor zu Europa

1703 kommandierte Peter I. mehr als 80 000 Sträflinge, Kriegsgefangene und Bauern in das Sumpfgebiet an der Newa, wo sie zu zehntausenden verreckten, um eine neue Stadt aus dem Boden zu stampfen. St. Petersburg wird Russlands eisfreier Hafen zur Ostsee und zugleich eine europäisch anmutende Residenz- und Handelsstadt, die 1712 das alte Moskau als Hauptstadt des Russischen Reiches ablöst.

Das Erbe Peters des Großen

Zar Peter I. hatte die Welt des Adels tief greifend und nachhaltig umgestaltet. Adlige mussten Elementarkenntnisse in Lesen und Schreiben nachweisen, um in den Staatsdienst zu gelangen oder heiraten zu dürfen. Dem alten Bojardenadel wurde ein neuer Dienstadel zur Seite gestellt, eine 14-stufige Tabelle ordnete Rang und Besoldung im Staatsdienst. Aber es gelang nie, den Grund besitzenden Adel auf ein übergeordnetes Staatswohl zu verpflichten. Das Schicksal des Staates wurde an die Interessen des Adels gebunden. Vor wie nach Peter gab es einen privilegierten Adel, eine unbedeutende Stadtbevölkerung und die große Masse des entrechteten Bauerntums, die der Leibeigenschaft unterlag.

Auswirkungen auf die Gesellschaft

Alle Modernisierungsmaßnahmen Peters I. zeigten den autokratischen Machtanspruch des Zaren und wurden bis ins Detail unter seiner Kontrolle durchgeführt. Als er 52-jährig starb, hatte er mit seinen Reformen vornehmlich die Führungselite erreicht und förderte so den sozialen und kulturellen Gegensatz zwischen adliger Oberschicht und der übrigen Bevölkerung. Bemerkenswert ist allerdings, dass dieser Adel die Zeit der Nachfolgekrisen nicht nutzen konnte, um die Zarenautokratie zu beschränken.

Katharina II. die Große

Erst mit der 1729 in Stettin geborenen deutschen Prinzessin Sophie Friederike von Anhalt-Zerbst, die 1762 nach einer Palastrevolte gegen ihren Ehemann als Katharina II. den Zarenthron bestieg, erreichte eine Nachfolgerin wieder das Format Peters des Großen. Die Zarin korrespondierte mit Voltaire und Diderot, aber das hinderte sie nicht daran, dem Adel die nahezu absolute Verfügungsgewalt über seine Leibeigenen zu gewähren. Katharina II. bejahte zunächst viele Ideen der Aufklärung, aber Montesquieus Gewaltenteilung lehnte sie für Russland kategorisch ab. Ihre 1767 vorgelegte voluminöse „Große Instruktion" für ein zu schaffendes neues Gesetzwerk löste unter den aufgeklärten Geistern Europas ein begeistertes Echo aus, aber die Umsetzung scheiterte an den vielfältigen Problemen des russisches Reiches, so dass die Zarin 1773 die Kommission auflöste. Katharina nahm das Problem der Gouvernementsverwaltung erneut in Angriff, um die Zugriffsmöglichkeiten der Hauptstadt auf das flache Land zu vergrößern. Aber auch ihre Reform änderte nichts an dem strukturellen Problem des Herrschaftsdefizits der Zentralmacht in den russischen Provinzen. Die Stadtpolitik blieb unbefriedigend, auch weiterhin stellte der Staat in der Stadt die oberste Machtinstanz. In der Wirtschaft verlegte sich Russland endgültig auf den Export von Getreide und Rohstoffen. Gefördert wurde das Bildungswesen, neben der nach westlichem Vorbild 1724 gegründeten Akademie der Wissenschaften und der Universität in Moskau (1755) trat ein Netz städtischer Schulen, die Buchproduktion stieg von etwa 20 Titeln auf mehr als 300 pro Jahr an. Als die Nachricht von der Französischen Revolution Moskau erreichte, ging Katharina allerdings mit Härte gegen alles vor, was auch nur entfernt mit revolutionärem Gedankengut zu tun hatte.

Machtbestimmte Außenpolitik

In zwei Kriegen gelang es ihr, die Türken bis zur Donau zurückzudrängen und die gesamte Nordküste des Schwarzen Meeres und die Krim dem russischen Reich einzugliedern. Der Staatsökonomie folgend, dass menschenleere Territorien eine erhebliche Belastung für einen Staat darstellen, nahm sie die Idee der Peuplierung auf und setzte ein gewaltiges Kolonisationswerk in Gang. Zwischen 1763 und 1769 siedelten sich an der unteren Wolga über 23 000 Einwanderer aus dem südhessisch-pfälzischen Raum an, später folgten weitere Kolonisten aus Württemberg, Baden, Bayern, Ost- und Westpreußen. Ihr Versuch, Polen durch Stanislaus August Poniatowski, einen ihrer früheren Liebhaber, enger an Russland zu binden, scheiterte. Danach hatte sie keine Skrupel, mit Preußen und Österreich die restlose Aufteilung Polens zu vereinbaren und schob so die russische Grenze weiter nach Westen vor.

Despotin oder Glücksbringerin

Ähnlich wie die historischen Urteile über Peter den Großen gegensätzlich ausfallen, pendelt auch die Meinung über die Epoche Katharinas zwischen dem Vorwurf grausamster Despotie unter der Maske von Sanftmut und Toleranz und der glücklichsten Epoche für Russlands Bürger.

3 Katharina II. am Grab Peters des Großen. Gemälde von Andreas Hüne 1791.

4 Die Mode wird durch die Kleiderreform zwangsweise gekürzt. Holzstich um 1890.

5 Westliche Hoffnung

Der deutsche Philosoph und Universalgelehrte Gottfried Wilhelm Leibniz (1646–1716) schreibt 1708 an einen Freund:

Was mich indessen diesen Frieden[1] herbeisehnen heißt, ist der Wunsch, der Zar möge seinen bewundernswerten und hochherzigen Plan vorantreiben und vervollkommnen, sein ausgedehntes Reich zu zivilisieren und Wissenschaften, Künste und gute Sitten dort einzuführen. Da ich der Sache des Menschengeschlechtes (und infolgedessen dem Ruhm Gottes) vor allen besonderen Interessen den Vorrang gebe, gibt es auf der Welt keinen glühenderen Wunsch als den meinigen nach dem Gelingen jenes Plans; denn dies würde bedeuten, dass man mit einem Schlage einen großen Teil der Erdkugel und fast den ganzen Nordosten unseres Kontinents auf eine höhere Entwicklungsstufe heben würde. Es würde ebenfalls bedeuten, Europa mit China, das gleichsam ein östliches Europa ist, zu verbinden.

Zit. nach: D. Tschizewskij und D. Groh, Europa und Russland. Texte zum Problem des westeuropäischen und russischen Selbstverständnisses, Darmstadt 1959, S. 15.

1 Leibniz erhofft das Ende des Nordischen Krieges zwischen Russland und Schweden, der erst 1721 beendet wurde.

6 Aufforderung an den russischen Adel

Anlässlich des Stapellaufes eines Kriegsschiffes im Jahre 1714 in St. Petersburg erklärt Peter der Große vor vielen Mitgliedern des alten russischen Adels:

Brüder, ist wohl ein einziger unter Euch, der sich vor dreißig Jahren hätte vorstellen können, dass er das baltische Meer, nach der Weise der gesittetsten fremden Nationen, mit russischen Flotten bedecket sehn, und Land-Armeen, die nach der genauesten Mannszucht in Europa gebildet sind, finden würde, durch welche uns Gott in den Stand gesetzt hat, solche erstaunlichen Eroberungen zu machen, dass unsre Nation gegenwärtig von der ganzen übrigen Welt mit Bewunderung angesehen wird?, dass er Schulen der Wissenschaften, Manufakturen und alle Gewerbe in dem Grade würde blühen sehen, dass uns die entferntesten Nationen ehren und sich um unsre Freundschaft bewerben?
Die Geschichtsschreiber sagen, die Wissenschaften hätten ihren Ursprung zuerst in Griechenland gehabt, von da [hätten] sie sich durch die alles verderbende Zeit nach Italien gewendet, und von dannen über Frankreich, Deutschland, Britannien, Schweden und Polen ausgebreitet; aber niemals haben sie bisher Zutritt bei uns gefunden, welches wir der Trägheit und dem Unverstande unsrer Vorfahren zuschreiben müssen. Alle jene erwähnten Länder lagen ehemals in eben die Finsternis versenket, darinnen wir bisher gelebt haben; aber durch die unermüdeten Bemühungen ihrer Beherrscher sind ihnen die Augen aufgetan worden, und sie sind stufenweise dahin gelangt, dass sie Künste und Wissenschaften unter sich aufnahmen, welche Griechenland anfänglich allein besaß. Nunmehr ist die Reihe an uns gekommen, wofern Ihr nur meinen Bemühungen gern und willig beitreten, das ist, wenn ihr einen sorgfältigen Fleiß mit Eurem blinden Gehorsame verbinden und Euch selbst bestreben wollet, das Gute anzunehmen und das Böse zu vermeiden. [...] Ich empfehle Euch daher aufs ernstlichste, den lateinischen Spruch in Ausübung zu bringen, ora et labora, bete und arbeite. Wofern Ihr nur das Werk ernstlich angreifet, so zweifle ich keineswegs, Ihr werdet dereinst im Stande sein, die gesittetsten Nationen zu beschämen und die Ehre des russischen Namens auf die höchste Staffel der Vollkommenheit zu bringen.

Zit. nach: Fritz Dickmann (Bearb.), Renaissance, Glaubenskämpfe, Absolutismus. Geschichte in Quellen, München 1976, S. 565 f.

7 Urteile des 18. Jahrhunderts über Peter I.

a) Ein Russe, Fürst M. M. Ščerbatov (1733–1790):

Die Grobheit der Sitten hatte sich verringert, aber der von ihr verlassene Platz wurde durch Schmeichelei und Selbstsucht erfüllt: Davon kamen knechtische Unterwürfigkeit, Verachtung der Wahrheit, Betrug des Herrschers und die übrigen Übel her [...]. Es ist lobenswert, dass Peter der Große den Aberglauben in der Religion vernichten wollte [...]. Er tat dieses aber, als das Volk noch unaufgeklärt war, und somit nahm er, indem er dem unaufgeklärten Volk den Aberglauben wegnahm, diesem auch den Glauben an das göttliche Gesetz. Obwohl Russland durch die Bemühungen und die Fürsorge dieses Herrschers einen Namen in Europa erlangte [...], obwohl die Wissenschaften, die Künste und das Handwerk zu blühen begannen, der Handel anfing, Russland zu bereichern [...], so begann doch gleichzeitig die Anhänglichkeit an den Glauben zu schwinden [...], Luxus und Genusssucht fingen an, überhand zu nehmen, und die dadurch hervorgerufene Gewinnsucht fing an, zur Zerstörung der Gesetze und zum Schaden der Bürger in die Gerichte einzudringen.

b) Ein Ausländer, Abbé G. Mably (1709–1785), 1778

Inwieweit ist, Herr[2], das von Ihnen errichtete Gebäude fest? Ist nicht zuviel Aufmerksamkeit dem Äußeren gewidmet? [...] Man durfte Europa nicht zu stark nachahmen! Wenn man in die Herzen seiner Untertanen das Streben nach Bereicherung und Eroberungen einpflanzt, so gewinnt man dadurch noch nicht das Recht auf den Namen eines großen Gesetzgebers.

Wenn man nicht mit der Hauptsache beginnt, so läuft man Gefahr, das Geschaffene verfallen zu lassen. Sie haben Matrosen, Ingenieure, Soldaten, Kaufleute, Künstler ausgebildet, haben ihnen aber nicht das Grundlegendste beigebracht: Bürger zu sein! [...] Selbstverständlich war es bewundernswert, Sie bei der Arbeit in den Werften zu sehen, man erwartete aber von Ihnen nicht das Meisterdiplom des Zimmermanns, man hoffte, in Ihnen einen Gesetzgeber zu sehen. Man sollte nicht die Schiffsbaukunst erlernen, sondern die Leidenschaften des Menschenherzens, denn Sie sollten der Fürst eines großen Landes werden.

Was für eine Ordnung ist es, die von einer einzigen Person gehalten wird! Alles ist verloren, wenn das russische Volk immer solche Fürsten, wie Sie es sind, brauchen wird [...]. Haben Sie die unerträgliche Furcht abgeschwächt, durch welche Ihre Macht überall umgeben wird? Vergessen Sie nicht: Die Furcht kann nur Söldner und Sklaven schaffen!

Zit. nach: D. Tschiżewskij, Russland zwischen Ost und West. Russische Geistesgeschichte II. Anhang. Hamburg (Rowohlt) 1961, S. 134f.

2 Fiktive Ansprache zu dem damals längst verstorbenen Peter I.

8 Instruktion über die Ausarbeitung eines neuen Gesetzbuches (Nakas), 1767

Die sogenannte „Große Instruktion" oder Nakas der Zarin Katharina II. beruht ausschließlich auf Exzerpten westlicher Autoren wie Montesquieu, von Pufendorf und Beccaria.

6\. Russland ist eine europäische Macht. [...]

9\. Der Regent desselben ist selbstherrschend; keine andere, als die in seiner Person vereinigte Macht kann, auf eine mit der Weitläufigkeit eines so großen Reichs übereinkommende Art, ihre Wirksamkeit ausüben.

10\. Ein weitläufiges Reich setzet eine souveraine Gewalt in derjenigen Person voraus, die dasselbe regieret. Die Geschwindigkeit der Entscheidungen, in Ansehung der von weither kommenden Sachen, muss die aus der Entfernung der Oerter entstehende Langwierigkeit ersetzen. [...]

11\. Eine andere Regierungsform, es sey welche es wolle, würde für Russland nicht allein schädlich seyn, sondern auch zuletzt die Ursache seines Umsturzes werden.

12\. Noch eine Ursache ist diese: Weil es besser ist, unter einem einzigen Herrn, den Gesetzen unterworfen zu seyn, als sich nach dem Willen vieler zu richten.

13\. Was ist aber der Endzweck einer souverainen Regierung? Keines weges die Menschen ihrer natürlichen Freyheit zu berauben, sondern die Handlungen derselben zu Erlangung der höchsten Wohlfarth einzuleiten.

14\. Folglich ist eine Regierung, die sich vorzüglicher Weise bestrebet, diesen Zweck zu erreichen, und zugleich die natürliche Freyheit weniger als eine andere einschränket, diejenige, welche so wohl mit den Absichten, die man bey vernünftigen Geschöpfen voraussetzt, als auch mit dem Zwecke, auf den man bey Errichtung bürgerlicher Gesellschaften siehet, am besten übereinkömmt. [...]

18\. Die Macht, deren Ausübung verschiedenen mittleren, niederen und von der höchsten abhängenden Gerichtstühlen anvertrauet ist, machet das Wesen der Regierung aus.

19\. Ich habe gesagt: Mittlere, niedere und von der höchsten Macht abhängige Gerichtstände machen das Wesen der Regierung aus: In der That selbst ist der Regent die Quelle aller Reichs- und bürgerlichen Macht.

20\. Gesetze, die der Regierung zum Grunde dienen, setzen zum voraus, das Daseyn gewisser Gerichtstühle, durch welche, gleichsam als durch kleine Ströhme, die Macht des Regenten sich ergießet.

Zit. nach: Europäische Geschichte. Quellen und Materialien, H. Schulze (Hg.), Paul, I. U. München (bsv), 1994, S. 513f

9 Kolorierter Holzschnitt: **„Peter schneidet einem Bojaren den Bart ab."**

10 Gnadenurkunde Katharinas II. für den Adel (1785)

1. Der adelige Stand ist eine Folge der Eigenschaften und Tugenden jener Männer, die in alten Zeiten amtliche Funktionen ausgeübt und sich verdient gemacht haben, wodurch sie ihren Dienst in einen Vorrang verwandelt und den Stand der Wohlgeborenheit auf ihre Nachkommen vererbt haben.

2. Es ist nicht nur für das Reich und den Thron von Nutzen, sondern auch gerecht, den hochachtbaren Stand des wohlgeborenen Adels zu bewahren und unerschütterlich zu festigen; und daher soll die adelige Würde von alters her, heute und in Ewigkeit unveräußerlich und erblich bleiben in jenen ehrbaren Geschlechtern, die sie genießen. […]

12. Der Wohlgeborene kann nur durch Richter, die an Stand ihm ebenbürtig sind, abgeurteilt werden. […]

17. Wir bestätigen für ewige Zeiten, erblich für künftige Geschlechter, dem russischen Adel seine Unabhängigkeit und Freiheit.

18. Wir bestätigen den Adeligen, die im Dienste stehen, die Erlaubnis, den Dienst fortzusetzen oder nach den hiefür bestehenden Regeln um Entlassung aus dem Dienst einzukommen. […]

26. Den Wohlgeborenen wird das Recht bestätigt, Dörfer zu kaufen.

27. Den Wohlgeborenen wird das Recht bestätigt, en gros zu verkaufen, was in ihren Dörfern geerntet oder durch Handarbeit erzeugt wird.

30. Den Wohlgeborenen wird das Recht bestätigt, in den Städten Häuser zu besitzen oder zu bauen oder zu kaufen und darin handwerkliche Gewerbe betreiben zu lassen. […]

35. In den Dörfern soll das Haus des Gutsherrn von Einquartierungen frei sein.

36. Der Wohlgeborene selbst ist von persönlichen Steuern befreit.

Zit. nach: Karpow und Martynow, Materialien und Dokumente zur Geschichte des Klassenkampfes in Russland, Leningrad 1926, 1, 312–314.

11 Karikatur „Aufteilung Polens.“ Nachgestellte Szene. V. l. n. r. Katharina d. Gr. (Russland), König Jozef Poniatowski (Polen), Joseph II. (Österreich) und Friedrich II. (Preußen). Kupferstich N. Lemire 1773.

4

Arbeitsvorschläge:

a) Ermitteln Sie die unterschiedlichen Traditionen und Mentalitäten, die mit den beiden Hauptstädten Moskau und Petersburg zu assoziieren sind (VT, M 1 und 2). Informieren Sie sich über die heutigen Städte Petersburg und Moskau.

b) Benennen Sie die Bereiche, in denen Russland im 18. Jahrhundert europäisiert wurde (VT).

c) Kennzeichnen Sie Methoden und Ziele der außenpolitischen Maßnahmen Russlands (VT, M 11).

d) Der Hannoversche Geschäftsträger F. C. Weber berichtete im Februar 1718 aus Moskau: „Es wird in diesem Reich alles noch ein Ende mit Schrecken nehmen.“ Erläutern Sie diese Prophezeiung (VT, M 1 - 6, M 9).

e) Katharinas Sohn und Nachfolger Paul I. (1796 -1801) meinte, die Große Instruktion von 1767 hätte nur dazu gedient, „den Ausländern Sand in die Augen zu streuen“. Erklären Sie diese Einschätzung (VT, M 8, M 10).

5. Vom Absolutismus zur Aufklärung

Der monarchische Anspruch auf absolute Macht konnte in Frankreich gegen alle Widerstände durchgesetzt werden, in England nicht. Dessen dramatische Geschichte mit der Hinrichtung des Königs, der Diktatur Cromwells unter der Republik und dem letztendlichen Sieg des Parlaments im Rahmen einer konstitutionellen Monarchie konnte nicht ohne Wirkung auf die anderen Monarchien, das Bürgertum und die gebildeten Schichten Europas bleiben. Von Anfang an war die absolute Monarchie keine Selbstverständlichkeit, sie musste sich gegen ständische Rechte durchsetzen und bedurfte dafür einer Rechtfertigung, für die eine Staatsphilosophie entwickelt wurde, die zum Teil an die Antike anknüpfte, zum Teil theologisch argumentierte, aber doch letztendlich einen naturrechtlichen Ansatz verfolgte: Es wurde von der Natur auf die menschliche Gesellschaft geschlossen, der Vergleich ergab Parallelen und Unterschiede. Man wollte durch Logik überzeugen. Die Theorie des Absolutismus appellierte somit durchaus an den menschlichen Verstand, die Philosophie der Aufklärung jedoch an die Vernunft des Menschen, die eigene und freie Urteilskraft und deren kritischen Gebrauch.

Die Rolle des Bürgertums

So wie heute der Absolutismus als Phänomen einer Epoche verstanden, aber nicht mehr als Epochenbegriff verwendet wird, so fraglich geworden sind auch vereinfachende Erklärungsmuster vom historisch fortschrittlichen Bürgertum und der fortschrittsfeindlichen Monarchie. Auch innerhalb des Bürgertums der Städte bremste das mittelalterliche Zunftwesen eine freie Entwicklung, Neuerungen im Bereich von Handwerk und „Industrie" (ein aus lat. *industria* = Fleiß entwickelter Begriff) wurden zunächst von den städtischen Autoritäten grundsätzlich abgelehnt und daher gerade von den Fürsten durch Privilegien überhaupt erst ermöglicht, so bei den Manufakturen. Ähnliches galt aber auch im Finanzwesen, wo sich noch Mitte des 19. Jahrhunderts der Frankfurter Stadtrat zunächst gegen die Gründung der *Frankfurter Bank* als „anonyme Gesellschaft" sperrte. Das „aufstrebende Bürgertum" war in Wirklichkeit nur eine Schicht innerhalb der sozialen

1 Bibliothek der Universität Göttingen, Kupferstich von G. D. Heumann († 1759). Germanisches Nationalmuseum Nürnberg.

5

2 **Versammlung von Gelehrten in einem Kaffeehaus um 1700.**

Kategorie des städtischen Bürgertums und konnte sich trotz aller Gegensätze zum Adel entscheidend durch die merkantilistische Politik der Monarchen zur *Bourgeoisie* im Sinne von Karl Marx entwickeln, nämlich weil es ihr dadurch gelang, Kapital anzuhäufen.

So sehr dieses unternehmende Bürgertum durch fürstliche Privilegien für Manufakturen und Fernhandel (v. a. den Kolonialhandel) von den Fesseln des korporatistischen Denkens des Mittelalters befreit wurde, so sehr band jedes Privileg den Unternehmer auch an den Fürsten. War das Bürgertum im 16. und 17. Jahrhundert noch weitgehend vom Wunsch nach sozialem Aufstieg innerhalb der Ständegesellschaft beherrscht – durch Eintritt in den Dienst des Monarchen oder Übernahme von grundherrschaftlichen Pachten auf dem Land oder gar durch den Kauf eines Adelstitels (v. a. in Frankreich), so trat im 18. Jahrhundert der Wunsch nach Veränderung der Gesellschaft in den Vordergrund. Wirtschaftlicher Erfolg und Reichtum standen im Widerspruch zur politischen Ohnmacht des Bürgertums, das sich Privilegien beim Fürsten erkaufen, aber nicht die Gesellschaft seinen Vorstellungen anpassen konnte. So gewann die Überzeugung von der Notwendigkeit freien „Handelns" – in jedem Sinne des Wortes – immer mehr an Boden.

Wissen und Wissenschaft

„Es werde Licht …" im Dunkel der Unkenntnis, so könnte man in Analogie zum berühmten Satz der Genesis Selbstverständnis und Wortbedeutung der „Aufklärung" (vgl. das Verb „aufklaren"), französisch *les lumières* und englisch *enlightenment*, verstehen. Dies betraf die Freiheit des Geistes ebenso wie die Erkenntnis der Natur durch die Wissenschaft, wie der englische Dichter Alexander Pope 1753 in einem Vers seines Epos *Essay on Man* über das Newton'sche Zeitalter schrieb:

„Nature and nature's laws lay hid in the night –
God said: Let Newton be, and all was light."

An die Tradition der Renaissance anknüpfend, machten Wissenschaft und Philosophie im 17. und 18. Jahrhundert einen großen Sprung nach vorn, stellvertretend durch zwei Namen verkörpert: René Descartes (1596 – 1650) und Isaac Newton (1642 – 1727). Das Denken der Aufklärung fand in so unterschiedlichen Genres wie der philosophischen Abhandlung und dem Roman seinen Niederschlag, wobei die französischen Autoren in Fortführung einer alten Tradition oft in beidem zuhause waren: Montesquieu (1689 - 1755), Voltaire (François Marie Arouet, 1694 - 1778), Rousseau (1712 - 1778, eigtl. Genfer Bürger), während der Deutsche Immanuel Kant (1724 - 1804) am Ende des Jahrhunderts zur philosophischen Autorität wurde.

Gelehrte Gesellschaften und „Salons"

Die Naturwissenschaft entwickelte sich weitgehend, jedoch nicht ausschließlich, im Rahmen neuer staatlicher Institutionen, tonangebend waren v. a. die *Royal Society* in London, die zunächst 1645 von einem Kreis Gelehrter um den Physiker Robert Boyle gegründet wurde, von diesem als *the invisible college* bezeichnet, und 1662 ihr königliches Patent erhielt, sowie die *Académie Royale des Sciences* in Paris, die 1666 auf Initiative von Colbert gegründet wurde. Diesen Vorbildern folgten Akademien in ganz Europa. Nicht alle Monarchen standen dem kritischen Geist der Aufklärung feindlich gegenüber, der hannoveranische Kurfürst und englische König Georg August gründete 1737 die Universität Göttingen mit großen Freiheiten für alle Hochschullehrer, die „zu ewigen Zeiten vollkommene und unbeschränkte Freyheit, Befugniss und Recht haben sollen, öffentlich und besonders zu lehren" (so im Gründungsprivileg). Ein ähnliches Privileg war 1694 auch vom brandenburgischen Kurfürsten Friedrich Wilhelm für die Universität Halle gegeben worden, dort jedoch nur für die Ordinarien (*ordinarius* = „ordentlicher Professor", die höchste Kategorie der Professoren). Diese Freiheiten fanden ihre Grenzen allerdings in der politischen Meinungsäußerung, wie sich gerade in Göttingen genau hundert Jahre nach der Universitätsgründung durch die Entlassung von sieben namhaften Professoren zeigen sollte, die gegen die Wiedereinführung des Absolutismus nach der Liberalisierung durch die Verfassung von 1833 protestierten.

Freiräume für wissenschaftliche, philosophische und politische Diskussionen schuf sich das Bürgertum durch die Gründung eigener „gelehrter Gesellschaften" mit entsprechenden Bibliotheken. Ausgangspunkt für die Bildung solcher Kreise war nicht selten das Kaffeehaus oder der für England typische Club, Versammlungsorte, die Männern vorbehalten waren, während sich auf der anderen Seite von Paris ausgehend die von Frauen geführten *Salons* bildeten, die zunächst im aristokratischen Milieu beheimatet waren und zunehmend „verbürgerlichten". Über die Briefe der „Korrespondenten" - so entstand der Begriff - an die europäischen Fürstenhöfe und die Presse folgte die gebildete und vornehme Welt Europas den Diskussionen in den Pariser Salons, eine neue *Öffentlichkeit* entstand.

Durch die Salons konnten sich gebildete Frauen einen Namen machen und damit überhaupt in die Öffentlichkeit treten, gerade auch, wenn sie dadurch von dem von der Gesellschaft erwarteten Rollenverhalten abwichen, das ja damit ohnehin unvereinbar gewesen wäre. So verband sich damit auch ein Engagement für die Anerkennung als Frau im intellektuellen Milieu und für die Befreiung der Frau im Allgemeinen. Sie liehen so auch jenen Frauen eine Stimme, die damals aufgrund der herrschenden Verhältnisse nicht in die Öffentlichkeit treten konnten, dies aber wenig später in der Revolution von 1789 taten, allerdings noch ohne die gewünschte Gleichberechtigung zu erlangen. In Deutschland entstanden vergleichbare Salons nach der Vorreiterin Sophie von La Roche (1730 - 1807), der ersten deutschen Romanschriftstellerin, erst während der Frühromantik, also gegen Ende des 18. Jahrhunderts und in der napoleonischen Ära, u. a. durch Sophies Enkelin Bettina von Arnim. Mit Émilie le Tonnelier de Breteuil, Marquise du Châtelet (1706 - 49), hatte Frankreich bereits auch eine Wissenschaftlerin (Physik, Chemie), die die *Principia* von Newton ins Französische übersetzte und in die Geschichte der Naturwissenschaft eingegangen ist. Ihre Nachfolgerin im Hôtel Lambert in Paris (*hôtel* bezeichnete damals eine städtische Villa) war Madame Dupin de Chenonceau (1706 - 99), in deren Salon die Gesamtheit der damaligen

Philosophen und Intellektuellen Frankreichs ein- und ausging. Im Salon von Julie de Lespinasse (1732 – 76), die von ihrer Biographie und Lebenssituation her sogar aus diesen Kreisen der Salonhalterinnen herausfiel, verkehrte durch ihre Freundschaft mit d'Alembert, dem Herausgeber der *Encyclopédie*, ebenfalls die Elite der gelehrten Welt.

Gelehrte Gesellschaften und „Salons"

Das Projekt der *Encyclopédie*, das d'Alembert zusammen mit dem Schriftsteller Diderot 1748 begonnen hatte, war ein wegweisendes Unternehmen der Aufklärung: die Sammlung des gesamten damals verfügbaren Wissens durch Mitarbeiter aus allen Bereichen von Wissenschaft, Technik und Kultur, die Ur-Enzyklopädie aller späteren und uns heute geläufigen Enzyklopädien und Lexika, wenige Jahre später gefolgt von der *Encyclopedia Britannica*, die übrigens weitgehend von schottischen Wissenschaftlern ins Leben gerufen wurde.
Wissen und Wissenschaft wurden damals als umfassende, dem Glauben und der Religion gegenübergestellte Alternative von Erkenntnis und Wahrheit verstanden, die sich in verschiedene für die Wissenschaft auch heute noch grundlegende philosophische Richtungen aufspaltete. Als radikalste Kritik an der Kirche entstanden der *Atheismus* bzw. in abgeschwächter Form der *Deismus*, der Gott als Urprinzip (Schöpfung) zwar akzeptierte (*l'être suprême* – das „höchste Wesen" genannt), aber die Idee vom weiteren Wirken Gottes und folglich auch die christliche Offenbarung ablehnte; namhafte Vertreter dieser Richtung waren Voltaire und Locke. Der Wunsch nach umfassendem und erschöpfendem Wissen, der zum Projekt der Enzyklopädie führte, äußerte sich auch darin, dass nicht wenige Gelehrte damals noch Universalwissenschaftler waren, die Naturwissenschaft und Philosophie miteinander verbanden, so Descartes als Mathematiker und Philosoph, Begründer des *Rationalismus* (von lat. *ratio* = Vernunft, nach ihm auch *Cartesianismus* genannt), ebenso wie sein Gegenspieler Blaise Pascal (1623 – 62), ein Skeptiker gegenüber der Idee von der Allmacht der Vernunft und von daher am Glauben festhaltend. Auf der ganz entgegengesetzten Seite erklärte der *Materialismus* die Existenz nicht als materielle Form eines Ichs und das Sein nicht vom Bewusstsein her im Sinne des cartesianischen *cogito ergo sum* („Ich denke, also bin ich") oder eines durch die Natur oder den Schöpfer ausgestatteten Geistes (die säkulare oder religiöse Variante des *Idealismus*), sondern den Geist als Produkt der Materie, den Menschen als „Maschine" (La Mettrie: *L'Homme-Machine*, 1747).
Die radikale Auseinandersetzung mit der Religion in Frankreich ist gewiss auch durch die politischen Verhältnisse und die autoritäre Stellung des Katholizismus zu erklären, dem gegenüber zielte die deutsche Philosophie der Aufklärung und der daran anschließenden Schule des deutschen Idealismus (G. W. F. Hegel, 1770 – 1831) weitgehend auf eine Synthese zwischen Vernunft und Religion im Rahmen des Protestantismus.

3 Heyrath durch Zuneigung, Radierung von Daniel Chodowiecki, 1788, Göttinger Taschen-Calender 1789.

Menschenrechte und Gleichheitsprinzip – eine Aufklärung mit Widersprüchen

Neben der staatsphilosophischen Debatte um die Frage nach der besten Regierung, in der sich seit dem 16. Jahrhundert Befürworter und Gegner des Absolutismus gegenüber standen, trat im konkreten politischen Kontext der Epoche die Frage der Menschenrechte und damit der Gleichheit der Menschen immer mehr in den Vordergrund. Sind die Menschen von Natur aus ungleich oder gleich und welche Konsequenzen hat das für die menschliche Gesellschaft?
Wenn sich die meisten für das Gleichheitsprinzip in der europäischen Gesellschaft aussprachen, so waren es darunter doch weit weniger, die das Menschenrecht im vollen Wortsinne verstanden und auch auf die nicht europäischen Menschen ausdehnen wollten. In den berühmten *Persischen Briefen* (1721) unternahm Montesquieu durch einen literarischen Trick eine viel beachtete (Selbst-)Kritik der europäischen Gesellschaft aus der Sicht eines Persers. In der Folge wurde in der europäischen Literatur auch der „Gute Wilde" geschaffen und der als dekadent verstandenen aristokratisch geprägten Zivilisation entgegengestellt. Gleichwohl vertraten nicht wenige Aufklärer wie Montesquieu selbst in seiner Abhandlung *Vom Geist der Gesetze* (1748) die Ansicht, dass die Menschen je nach klimatischen Bedingungen verschieden seien, es daher keine gleichen Gesetze geben könne und die Sklaverei in Europa unerträglich, aber in tropischen Zonen natürlich sei. Liberale Kleriker und Adlige wie Abbé Raynal und Abbé Grégoire sowie Graf Mirabeau setzten sich seit 1784 – 88 in der *Société des Amis des Noirs* für die Sklavenbefreiung in den Kolonien ein, in England gab es die Vereine der *abolitionists*. Doch der Sklavenhandel erreichte im 18. Jahrhundert gerade seinen Höhepunkt. Noch in der Revolutionsepoche nach 1789 setzten sich die französischen Atlantikhäfen wie Nantes und La Rochelle, die von der Sklaverei in den Kolonien profitierten, nicht ohne Erfolg für deren Aufrechterhaltung ein. Ein bedeutender Teil des *akkumulierten Kapitals*, das nach der späteren Analyse von Karl Marx Voraussetzung für die Investition in die Industrialisierung war, stammte aus dem Kolonialhandel.

LETTRES PERSANES.
TOME I.
A AMSTERDAM,
Chez PIERRE BRUNEL, ſur le Dam.
M. DCC XXI.

4 Buchcover „lettres persanes" vom Montesquieu

Die Frage der Gleichheit aller Menschen stellte sich jedoch auch in widersprüchlicher Weise in Europa selbst. Die gesellschaftliche Gleichheit zwischen Mann und Frau wurde von den meisten Philosophen abgelehnt mit dem Argument der Natur, John Locke kam hier wohl dem Gedanken der Gleichheit am nächsten. Im Zusammenhang mit dem Wunsch nach Befreiung des Individuums aus gesellschaftlichen Zwängen der Bevormundung und Ungleichheit entstanden auch neue Vorstellungen von Freiheit und Gleichheit im Geschlechterverhältnis, v. a. nach einer freien Eheschließung.

Eine weitere Frage war die der *Emanzipation* oder staatsbürgerlichen Gleichstellung der Juden. Auch hier engagierten sich einige Intellektuelle jener Zeit, in Frankreich ebenfalls Mirabeau und Abbé Grégoire, sowie in Deutschland an herausragender Stelle Christian Wilhelm Dohm, damals Geheimer Rat im Preußischen Außenministerium, mit seiner Schrift *Über die bürgerliche Verbesserung der Juden* (1782). Dohm war in Berlin mit dem jüdischen Gelehrten Moses Mendelssohn (1729 – 86) befreun-

det, der 1743 als mittelloser Jugendlicher nach Berlin gekommen war und sich dank einer Anstellung bei einem jüdischen Seidenfabrikanten, die für sein materielles Auskommen sorgte, zu einer führenden Persönlichkeit sowohl innerhalb der jüdischen Gemeinschaft wie auch im literarischen Berlin jener Zeit hochgearbeitet hatte.
Dohms Schrift war aus der Diskussion mit dem elsässischen jüdischen Unternehmer Cerf Beer aus Medelsheim bei Straßburg hervorgegangen, der sich für die Verbesserung der Situation der Juden im Elsass einsetzte, den Zugang der Juden nach Straßburg erreichte, und in Kontakt mit Mendelssohn stand. Graf Mirabeau schaltete sich 1787 in die Diskussion ein durch eine Publikation *Sur Moses Mendelssohn, sur la réforme politique des juifs* – die Sache der Judenemanzipation gewann eine europäische Dimension.

Mendelssohn – ein besonderer Aufklärer

Seit 1754 verband Mendelssohn eine enge Freundschaft mit Gotthold Ephraim Lessing, der sich dadurch zu seinem Theaterstück *Nathan der Weise* inspirieren ließ, das Furore machte und auch auf vehemente Kritik stieß. In kulturellen Zeitschriften führten Dohm und Mendelssohn mit Gegnern der Judenemanzipation öffentliche Debatten, die die geistige Elite Deutschlands, so z. B. Goethe, ergriffen. Mendelssohn arbeitete aber auch für eine Aufklärung innerhalb des Judentums, die *Haskala* (entsprechender Begriff im Hebräischen), die gerade in Berlin ihren Ursprung fand und nicht in England oder den Niederlanden, wo die Juden mehr Freiheiten genossen. Das Regime Friedrichs II., des Großen (reg. 1740 – 1786), übte zwar religiöse Toleranz im weitesten Sinne – „Jeder solle nach seiner Façon selig werden" –, aber nicht gegenüber einer bürgerlichen Gleichberechtigung der Juden. Mendelssohn musste als illegal nach Berlin gekommener, gleichwohl preußischer Jude einen besonderen Schutzbrief des Königs beantragen. Mendelssohn kam zu der Überzeugung, dass die Aufklärungsforderung gegenüber der christlichen Gesellschaft nach Befreiung vom theologischen Dogma und nach Akzeptanz der Juden als Staatsbürger mit einer entsprechenden Aufklärung der Juden einhergehen müsse. So arbeitete er für eine Integration des Judentums in die deutsche Sprache und Kultur, wie er sie selbst vollzogen hatte, unter Beibehaltung der Tradition, aber ohne theologisches Dogma. Eine herausragende Rolle spielten auch Marcus Herz, ein jüdischer Arzt und Philosoph, der zunächst Leibarzt Friedrich Wilhelms II. und 1787 Professor für Philosophie wurde – erster jüdischer Professor in Preußen –, sowie seine Frau Henriette Herz, die in Berlin einen *Salon* mit engsten Verbindungen zu den bedeutendsten Gelehrten der damaligen Zeit unterhielt.
Im Laufe des 18. Jahrhunderts hatten sich vielerorts die Lebensbedingungen für die Juden verbessert, eine Gleichberechtigung war jedoch nirgendwo eingetreten, allenfalls Privilegien für herausragende Persönlichkeiten.
Erst die Französische Revolution von 1789 sollte in Frankreich und dann in ganz Europa die Frage nach der Gleichheit der Menschen auf die Tagesordnung setzen.

5 **Moses Mendelssohn**
Kupferstich von M. S. Lowe nach einer Zeichnung von Daniel Chodowiechi.

6 Montesquieu, Vom Geist der Gesetze, 1748

Montesquieu (1689–1755) war studierter Jurist und am Gericht von Bordeaux tätig, bevor er sich literarisch durch seine Lettres Persanes (Persische Briefe) einen Namen machte, sein Amt niederlegte und von dem Erbe seines Onkels lebte; 1728 wurde er in die Académie française aufgenommen und nach einem längeren Aufenthalt in England dort 1730 in die Royal Society; 1748 veröffentlichte er vorsichthalber in Genf, der Stadt Rousseaus, sein ***Esprit des lois****, das in Frankreich sofort auf den Index kam, aber deswegen umso berühmter wurde.*

2. Kapitel. Abweichende Bedeutungen, die dem Wort Freiheit verliehen wurden

Es gibt wohl kein Wort, dem man mehr unterschiedliche Bedeutungen gegeben hätte als dem Wort Freiheit. Kein Wort hat die Geister so vielfältig gefesselt. Die einen sahen darin die Leichtigkeit, mit der sie jemand, dem sie eine tyrannische Macht verliehen hatten, absetzen konnten. Die andern sahen darin die Befugnis, denjenigen auszuwählen, dem sie gehorchen mussten. Wieder andere hielten sie für das Recht, Waffen tragen und Gewalttaten begehn zu können. Manche verstanden darunter das Recht, sich nur von einem Mann aus ihrer Nation oder nach ihren eigenen Gesetzen regieren zu lassen. […] In einer Republik hat man die Handlanger der Misswirtschaft, über die man jammert, nicht ständig und nicht so leibhaftig vor Augen. Hier scheinen die Gesetze mehr zu gelten und die Ausführungsorgane weniger. Daher versetzt man die Freiheit gewöhnlich in die Republiken und nimmt die Monarchien davon aus. Endlich, da in den Demokratien das Volk beinahe zu machen scheint, was es will, hat man die Freiheit unter diese Art Regierungen versetzt. Man hat die Macht des Volkes und die Freiheit des Volkes gleichgesetzt.

3. Kapitel. Worin die Freiheit besteht

Es stimmt, dass in den Demokratien das Volk scheinbar machen kann, was es will. Jedoch bedeutet politische Freiheit nicht, dass man machen kann, was man will. In einem Staat, das heißt einer mit Gesetzen ausgestatteten Gesellschaft, kann Freiheit lediglich bedeuten, dass man zu tun vermag, was man wollen soll, und man nicht zu tun gezwungen wird, was man nicht wollen soll.

Man muss sich vor Augen halten, was Unabhängigkeit ist und was Freiheit ist. Freiheit ist das Recht, all das zu machen, was die Gesetze gestatten. Wenn ein Staatsbürger machen dürfte, was sie untersagen, so gäbe es keine Freiheit mehr, denn die anderen hätten diese Möglichkeit dann ja ebensogut. […]

6. Kapitel. Über die Verfassung Englands

Es gibt in jedem Staat drei Arten von Vollmacht: die legislative Befugnis, die exekutive Befugnis in Sachen, die vom Völkerrecht abhängen, und die exekutive Befugnis in Sachen, die vom Zivilrecht abhängen.

Aufgrund der ersteren schafft der Herrscher oder Magistrat Gesetze auf Zeit oder für die Dauer, ändert geltende Gesetze oder schafft sie ab. Aufgrund der zweiten stiftet er Frieden oder Krieg, sendet oder empfängt Botschaften, stellt die Sicherheit her, sorgt gegen Einfälle vor. Aufgrund der dritten bestraft er Verbrechen oder sitzt zu Gericht über die Streitfälle der Einzelpersonen. Diese letztere soll richterliche Befugnis heißen, und die andere schlechtweg exekutive Befugnis des Staates.

Politische Freiheit für jeden Bürger ist jene geistige Beruhigung, die aus der Überzeugung hervorgeht, die jedermann von seiner Sicherheit hat. Damit man diese Freiheit genieße, muss die Regierung so beschaffen sein, dass kein Bürger einen andern zu fürchten braucht.

Sobald in ein und derselben Person oder derselben Beamtenschaft die legislative Befugnis mit der exekutiven verbunden ist, gibt es keine Freiheit. Es wäre nämlich zu befürchten, dass derselbe Monarch oder derselbe Senat tyrannische Gesetze erließe und dann tyrannisch durchführte.

Freiheit gibt es auch nicht, wenn die richterliche Befugnis nicht von der legislativen und von der exekutiven Befugnis geschieden wird. Die Macht über Leben und Freiheit der Bürger würde unumschränkt sein, wenn jene mit der legislativen Befugnis gekoppelt wäre, denn der Richter wäre Gesetzgeber. Der Richter hätte die Zwangsgewalt eines Unterdrückers, wenn jene mit der exekutiven Gewalt gekoppelt wäre. […]

Stets gibt es im Staat Leute, die durch Geburt, Reichtum oder Auszeichnungen hervorragen. Wenn sie aber mit dem Volk vermengt würden und wie die andern bloß eine Stimme besäßen, so würde die gemeinsame Freiheit für sie Sklaverei bedeuten. Sie hätten keinerlei Interesse an der Verteidigung der Freiheit, denn die meisten Beschlüsse würden zu ihren Ungunsten gefasst. Ihre Teilnahme an der Gesetzgebung muss daher ihrer anderweitigen Vorrangstellung innerhalb des Staates angemessen sein. Das trifft zu, wenn sie eine Körperschaft bilden, die das Recht hat, Unternehmungen des Volkes auszusetzen, genauso wie das Volk das Recht hat, die ihrigen auszusetzen.

Auf diese Weise wird die legislative Befugnis sowohl der Adelskörperschaft als auch der gewählten Körperschaft der Volksvertreter anvertraut. Jede hat ihre Versammlungen und Abstimmungen für sich sowie getrennte Gesichtspunkte und Interessen. […]

Zit. nach: Charles-Louis de Secondat, Baron de la Brède et de Montesquieu, De l'esprit des lois, Genève 1748. – Montesquieu, Vom Geist der Gesetze, Stuttgart: Reclam, 1994², S. 213 f., 216 f., 221.

7 Die politischen Grundlagen der Wirtschaftspolitik nach Johann Heinrich Gottlob von Justi, 1758

Johann Heinrich Gottlob von Justi (1720–1771) wurde im thüringischen Sangerhausen (damals Hzm. Sachsen-Eisenach) geboren als Sohn eines Steuerbeamten. Nach dem Jurastudium in Wittenberg und Kriegsdienst für Preußen kam er als Beamter nach Sangerhausen zurück und tat sich durch philosophische Publikationen hervor. 1751–55 war er in einer akademischen Stellung mit wechselnden Aufgaben in Wien und ging dann an die neu gegründete Universität Göttingen, wo er Wirtschaftswissenschaften lehrte, wechselte jedoch schon 1757 in dänische, kurz darauf in preußische Dienste.

Viele Europäische Nationen befinden sich in eben der Beschaffenheit, worinnen wir die meisten Völker in denen übrigen drey Welttheilen sehen, nämlich, dass sie aus Mangel der Arbeitsamkeit und des Genie viele künstliche Waaren, die zu wahrer oder eingebildeter grösserer Bequemlichkeit des Lebens dienen, nicht zu verfertigen wissen, und dannenhers, weil sie doch solche Waaren lieben, ihre natürlichen Güther oder ihr Geld davor hingeben. Wenn nun ein solches Volk endlich aus seiner Schlafsucht aufwacht, sich zur Geschicklichkeit ermuntert und dergleichen Waaren selbst verfertiget, so pfleget es diese neuen Arbeiten mit den Namen der Manufacturen und Fabriken zu belegen. [...]

Man siehet leicht, dass es hier gar nicht darauf ankommt, ob eine durch die Kunst hervorgebrachte Waare wirklich zur Nothdurft des Lebens erfordert wird, oder nicht. Es ist genug, wenn sie die Gewohnheit und Lebensart einmal eingeführet hat und die Bequemlichkeit des Lebens dadurch vermehret werden. [...]

Hieraus folgt, dass alle künstliche Waaren, welche die Gewohnheit und die Lebensart einmal zur wahren oder eingebildeten Bequemlichkeit des Lebens eingeführet hat, eine wirkliche Nothdurft des Staates sind, ob sie gleich an sich selbst vor nichts weniger, als vor eine wahre Nothdurft des Lebens gehalten werden können. [...]

Man darf nur weiter schließen; so wird man auf den Grundsatz geleitet, dass es eine Nothwendigkeit vor den Staat ist, es in die Wege zu richten, dass alle künstliche Waaren, sie mögen zur Nothdurft, oder zur Bequemlichkeit, oder nur zur Annehmlichkeit des Lebens dienen, so viel es nur immer möglich ist, im Lande selbst verfertiget werden; weil sie eines Theils alle zum bequemlichen und annehmlichen Leben der Unterthanen und mithin zur Nothdurft des Staats gehören, und weil andern Theils die Einführung solcher Waaren aus fremden Ländern unumgänglich nach sich ziehet, dass entweder eine größere Menge von natürlichen Gütern des Landes oder von baarem Gelde davor ausgeführet werden müssen.

Man siehet auch leicht, dass das Verboth der Einfuhre von solchen Waaren, die in strengem Verstande entbehrlich sind, nicht zu denen ordentlichen Regeln gehöret; es sey denn, dass die nämlichen oder die ähnlichen Waaren, die in allen Absichten jener Stelle vollkommen ersetzen können, im Lande selbst gewonnen werden. [...] Weil aber nicht alle Waaren mit Vortheil im Lande verfertiget werden können, so muss man hingegen die Gewinnung und Ausfuhre solcher Waaren, darzu die natürliche Beschaffenheit des Landes die Hand biethet, zu vermehren suchen. Nachdem man Gold und Silber als das allgemeine Vergütungsmittel aller Güther angenommen hat, so müssen die Commercien des Lande eine solche Beschaffenheit haben, dass dadurch mehr Geld in das Land ein- als ausgehet, oder dass wenigstens der Ein- und Ausgang des Geldes in gleichem Verhältniss stehet. Dieses heißet die Bilanz des Handels und ist der große und einzige Grundsatz aller Commercien. Man muss aber zu Gewinnung dieses Gleichgewichtes sein hauptsächlichstes Augenmerk mehr auf die Vergrößerung der Ausfuhr, als auf Einschränkung der Einfuhr setzen. Die Verminderung der Einfuhr ist allemal eine Ausnahme von der Regel, die nur in dem Falle anzuwenden ist, wenn die Vergrößerung der Ausfuhr nicht zu bewirken stehet.

Denn es ist offenbar, dass die Vergrößerung der Ausfuhre dem Staate ungleich vortheilhaftiger ist, weil sie eine grössere Beschäftigung der Menschen, eine größere Bevölkerung und mehr natürliche Güther voraussetzet, oder bey ihrer Bewirkung nach sich ziehet. Das Verboth der Einfuhre aber gewisser Waaren[...] ist ein gewaltsames Mittel, welches die Freyheit der Commercien einschränket, der natürlichen Freyheit der Unterthanen Gewalt anthut, indem es den freyen Gebrauch ihres Vermögens und der Annehmlichkeiten des Lebens hintert und welches in auswärtigen Staaten die Repressalien nach sich ziehet, dass die Einfuhre unserer Landesprodukte gleichfalls verbothen wird, wodurch immer neue Schwierigkeiten in dem Kaufhandel entstehen. [...]

Es lässt sich leicht erweisen, dass ein Land, welches keine Manufacturen und Fabriken hat, kaum halb so stark bevölkert sein kann, als ein anderer Staat, der mit diesen Gewerben auf eine blühende Art versehen ist. [...]

Ich habe nicht nöthig hier weitläufig auszuführen, von was vor Wichtigkeit die Bevölkerung vor einen Staat ist. Dieses gehöret unter die ersten Grundsätze der Staatskunst, die von jedermann willig zugegeben werden. Niemand läugnet, dass die Macht, Stärker und Glückseeligkeit eines Staats auf die Bevölkerung und den Reichthum einzig und allein ankommen. Man kann aber aus diesen allgemeinen und bekannten Grundsätzen auf einen Satz fortschließen, der vielleicht nicht so bekannt ist, nämlich, dass je enger die Menschen auf einer Oberfläche der Erden beysammen wohnen, desto stärker und thätiger sind sie allemal, sowohl in Ansehung ihrer innerlichen Verfassung, als gegen auswärtige Feinde. Eine Million Menschen, die in einer Oberfläche von zweyhundert Quadratmeilen bey einander wohnen, sind vielmal stärker als eine andere Million Menschen, die in tausend Quadratmeilen zerstreuet wohnen.

Zit. nach: Johann Heinrich Gottlob von Justi, Vollständige Abhandlung von denen Manufacturen und Fabriken. Erster Theil welcher die allgemeinen Grundsätze und Betrachtungen in sich enthält. Kopenhagen, 1758, S. 3–20. http://www.ub.uni-bielefeld.de/diglib/justi/vollstaendige/htm.

5

8 Jean-Jacques Rousseau, Vom Gesellschaftsvertrag oder Grundsätze des Staatsrechts, 1762

Rousseau (1712–1778) wurde in Genf als Sohn eines Uhrmachers geboren. Da seine Mutter bei der Geburt starb, gab ihn der Vater zur Erziehung an einen Onkel sowie später an einen Gerichtsschreiber und dann zur Ausbildung an einen Graveur. Rousseau floh 1728 aus Genf und wurde im nahe gelegenen Savoyen von Madame de Warrens aufgenommen. 1732 trat er in Chambéry in den königlichen Dienst beim Kadaster, 1741 ging er nach Paris und wurde in die Gelehrtenzirkel der Hauptstadt, darunter den Kreis der Encyclopédie von Diderot und d'Alembert, aufgenommen. Aufgrund der Kritiken an seinen Thesen von der Gleichheit der Menschen (Preisausschreiben der Académie de Dijon „Sur l'inégalité parmi les hommes"), ging er nach Chambéry zurück (1754), nahm wieder Kontakt nach Genf auf und bezeichnete sich fortan an „Citoyen de Genève". Sein Roman La Nouvelle Héloïse wurde von den Genfer Autoritäten verurteilt, sein Roman Emile sowie sein politisch-philosopisches Werk über den Contrat social vom Pariser Gerichtshof 1762 verboten, Voltaire und andere Intellektuelle setzten die öffentlichen Verurteilungen gegen Rousseau fort.

1. Kapitel: Gegenstand dieses ersten Buches

Der Mensch ist frei geboren, und überall liegt er in Ketten. Einer hält sich für den Herrn der anderen und bleibt doch mehr Sklave als sie. Wie ist dieser Wandel zustande gekommen? Ich weiß es nicht. Was kann ihm Rechtmäßigkeit verleihen? Diese Frage glaube ich beantworten zu können.

Wenn ich nur die Stärke betrachtete und die Wirkung, die sie hervorbringt, würde ich sagen: Solange ein Volk zu gehorchen gezwungen ist und gehorcht, tut es gut daran; sobald es das Joch abschütteln kann und es abschüttelt, tut es noch besser; denn da es seine Freiheit durch dasselbe Recht wiedererlangt, das sie ihm geraubt hat, ist es entweder berechtigt, sie sich zurückzuholen, oder man hatte keinerlei Recht, sie ihm wegzunehmen. Aber die gesellschaftliche Ordnung ist ein geheiligtes Recht, das allen anderen zur Grundlage dient. Trotzdem stammt dieses Recht nicht von der Natur; es beruht also auf Vereinbarungen. Es handelt sich darum, die Art dieser Vereinbarungen zu kennen. Bevor ich dazu komme, muss ich das eben Behauptete begründen.

2. Kapitel: Von den ersten Gesellschaften

Die älteste aller Gesellschaften und die einzig natürliche ist die der Familie. Und selbst dort bleiben die Kinder nicht länger an den Vater gebunden, als sie seiner zu ihrer Erhaltung bedürfen. Sobald diese Bedürftigkeit aufhört, löst sich das natürliche Band. Die Kinder, befreit vom Gehorsam, den sie dem Vater schuldeten, und der Vater, befreit von der Sorge, die er den Kindern schuldete, beide kehren gleichermaßen in die Unabhängigkeit zurück. Wenn sie weiter zusammenbleiben, geschieht dies nicht mehr natürlich, sondern willentlich, und die Familie selbst wird nur durch Übereinkunft aufrechterhalten.

Die allen gemeinsame Freiheit ist eine Folge der Natur des Menschen. Dessen oberstes Gesetz ist es, über seine Selbsterhaltung zu wachen, seine erste Sorge ist diejenige, die er sich selber schuldet, und sobald der Mensch erwachsen ist, wird er so sein eigener Herr, da er der einzige Richter über die geeigneten Mittel zu seiner Erhaltung ist.

Die Familie ist deshalb, wenn man so will, das Urbild der politischen Gesellschaften; das Oberhaupt ist das Abbild des Vaters, das Volk das Abbild der Kinder, und da alle gleich und frei geboren sind, veräußern sie ihre Freiheit einzig zu ihrem Nutzen. [...]

4. Kapitel: Von der Sklaverei

Da kein Mensch von Natur aus Herrschaft über seinesgleichen ausübt und da Stärke keinerlei Recht erzeugt, bleiben also die Vereinbarungen als Grundlage jeder rechtmäßigen Herrschaft unter Menschen.

Wenn ein einzelner, sagt Grotius[1], seine Freiheit veräußern und sich zum Sklaven eines Herrn machen kann, warum sollte nicht ein ganzes Volk die seine veräußern und sich einem König unterwerfen können? Hierbei gibt es eine Reihe doppeldeutiger Wörter, die der Erklärung bedürften; bleiben wir jedoch beim „Veräußern". „Veräußern" heißt „hergeben" oder „verkaufen". Nun gibt sich aber ein Mensch, der sich zum Sklaven eines andern macht, nicht umsonst her, er verkauft sich, zumindest für seinen Lebensunterhalt; wofür jedoch verkauft sich ein Volk? Weit entfernt davon, seinen Untertanen den Lebensunterhalt zu verschaffen, bezieht ein König den seinen ausschließlich von ihnen, und nach Rabelais lebt ein König nicht von wenigem. Die Untertanen geben also sich selbst her unter der Bedingung, dass man ihnen auch noch ihr Hab und Gut nimmt? Ich sehe nicht, was ihnen noch zu bewahren übrig bliebe. Man wird sagen, dass der Despot seinen Untertanen die bürgerliche Ruhe sichert. Mag sein; aber was gewinnen sie dabei, wenn die Kriege, die sein Ehrgeiz ihnen zuzieht, wenn seine unersättliche Gier, wenn die Misshandlungen unter seiner Regierung sie elender machen als gegebenenfalls ihre eigenen Zerwürfnisse? Was gewinnen sie, wenn diese Ruhe gerade eines ihrer Leiden ist? Auch in den Verliesen lebt man in Ruhe; genügt das, um sich dort wohl zu fühlen? Die Griechen, die in der Höhle des Zyklopen gefangen waren, lebten dort ruhig und warteten, bis sie an die Reihe kamen, gefressen zu werden. [...]

Auf seine Freiheit verzichten heißt auf seine Eigenschaft als Mensch, auf seine Menschenrechte, sogar auf seine Pflichten verzichten. Wer auf alles verzichtet, für den ist keine Entschädigung möglich. Ein solcher Verzicht ist unvereinbar mit der Natur des Menschen; seinem Willen jegliche Freiheit nehmen heißt seinen Handlungen jegliche Sittlichkeit nehmen. Endlich ist es ein nichtiger

1 Hugo Grotius (1583–1645), niederländischer Rechtsphilosoph, wichtigstes Werk: De iure bellis ac pacis (1625).

5

und widersprüchlicher Vertrag, einerseits unumschränkte Macht und andererseits unbegrenzten Gehorsam zu vereinbaren. Ist es nicht klar, daß man demjenigen gegenüber zu nichts verpflichtet ist, von dem alles zu fordern man das Recht hat, und dass diese Bedingung allein, ohne Gegenwert und Gegengabe, die Nichtigkeit des Akts nach sich zieht? Denn welches Recht hätte mein Sklave gegen mich: Alles, was er hat, gehört mir, und weil sein Recht das meine ist, ist dieses Recht von mir gegen mich selbst ein Wort ohne jeden Sinn.

Zit. nach: Jean-Jacques Rousseau, Vom Gesellschaftsvertrag oder Grundsätze des Staatsrechts, Stuttgart: Reclam, 1986², S. 5–7, 10–12.

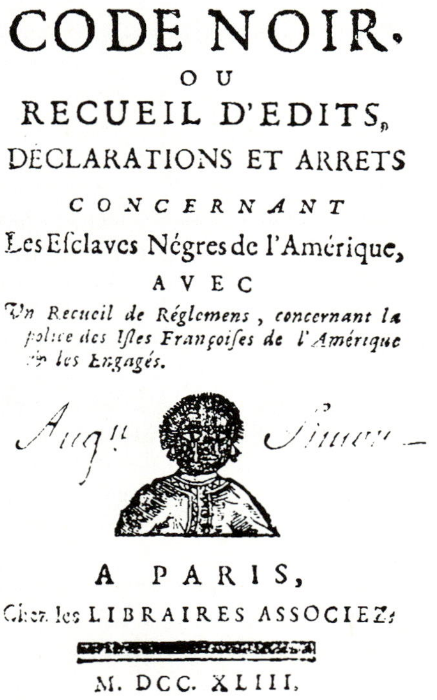

CODE NOIR.
OU
RECUEIL D'EDITS,
DECLARATIONS ET ARRETS
CONCERNANT
Les Esclaves Négres de l'Amérique,
AVEC
Un Recueil de Réglemens, concernant la police des Isles Françoises de l'Amérique & les Engagés.

A PARIS,
Chez les LIBRAIRES ASSOCIEZ.
M. DCC. XLIII.

9 **Der Code Noir: die gesetzliche Grundlage der Sklaverei im französischen Herrschaftsbereich.**

10 René Descartes über die Methode des richtigen Vernunftgebrauchs, 1637

René Descartes (1596–1650) war von adliger Herkunft aus der Touraine und wurde auf eine Jesuitenschule geschickt, wo sein Interesse für Philosophie und vor allem für Mathematik entstand. Nach einer Anstellung bei Moritz von Oranien in den Niederlanden begann er 1619 ausgedehnte Reisen durch Deutschland, in dem gerade der Dreißigjährige Krieg begonnen hatte. Der Geist der Verfolgung Galileis, den Descartes unterstützte, war in den zwanziger Jahren auch in Frankreich zu spüren und ließ ihn wieder in das freiere Holland gehen, wo er in der vierziger Jahren seine philosophischen Hauptwerke schrieb, aber in Konflikt mit den protestantischen Theologen geriet. 1649 folgte er dem Ruf der Königin Christine nach Schweden, wo er jedoch durch Krankheit bereits ein Jahr später starb.

Ich hatte schon auf der Schule erfahren, dass man sich nichts so Sonderbares und Unglaubliches ersinnen könnte, das nicht irgendein Philosoph behauptet hätte; dann hatte ich auf meinen Reisen wiederholt eingesehen, dass die Leute, die eine der unsrigen ganz entgegengesetzte Gesinnungsweise haben, darum nicht alle Barbaren oder Wilde sind, sondern dass viele ebensosehr oder mehr als wir die Vernunft gebrauchen; ich hatte beachtet, wie ein und derselbe Mensch mit demselben Geist, von Kindheit an unter Franzosen oder Deutschen erzogen, ein ganz anderer wird, als er sein würde, wenn er stets unter Chinesen oder Kannibalen gelebt hätte, und wie, bis in die Kleidermoden hinein, dasselbe Ding, das uns vor zehn Jahren gefallen hat und vielleicht nach zehn Jahren wieder gefallen wird, uns im Augenblick unpassend und lächerlich erscheint, so dass uns viel mehr Gewohnheit und Beispiel leiten als irgendeine sichere Einsicht, und doch ist *Mehrheit* der Stimmen kein Beweis, der etwas gilt, wenn es sich um *Wahrheiten* handelt, die nicht ganz leicht zu entdecken sind, denn es ist weit wahrscheinlicher, dass *ein* Mensch allein sie findet, als ein ganzes Volk. Darum vermochte ich keinen zu wählen, dessen Meinungen mir besser als die der anderen erschienen wären. Und so fand ich mich gleichsam gezwungen, selbst meine Führung zu übernehmen. […]

Und wie sich mit der Menge der Gesetze oft die Gesetzwidrigkeiten entschuldigen lassen, so dass ein Staat weit besser geregelt ist, wenn er nur sehr wenige Gesetze hat, diese aber sehr genau befolgt werden, so glaubte ich, statt einer großen Anzahl von Regeln, aus denen die Logik besteht, an den folgenden vier genug zu haben, unter der Bedingung, dass ich den festen und beharrlichen Entschluss fasste, sie stets zu befolgen.

Die ***erste*** war: niemals eine Sache als wahr anzunehmen, die ich nicht als solche sicher und einleuchtend erkennen würde, das heißt, sorgfältig die Übereilung und das Vorurteil zu vermeiden und in meinen Urteilen nur soviel zu begreifen, wie sich meinem Geist so klar und deutlich darstellen würde, dass ich gar keine Möglichkeit hätte, daran zu zweifeln.

Die ***zweite***: jede der Schwierigkeiten, die ich untersuchen würde, in so viele Teile zu zerlegen (diviser) als möglich und zur besseren Lösung wünschenswert wäre.

Die ***dritte***: meine Gedanken zu ordnen; zu beginnen mit den einfachsten und fasslichsten Objekten und aufzusteigen allmählich und gleichsam stufenweise bis zur Erkenntnis der kompliziertesten, und selbst solche Dinge irgendwie für geordnet zu halten, von denen natürlicherweise nicht die einen den anderen vorausgehen.

Und die ***letzte***: überall so vollständige Aufzählungen und so umfassende Übersichten zu machen, dass ich sicher wäre, nichts auszulassen. […]

Aber weil ich damals bloß der [= für die] Erforschung der Wahrheit leben wollte, so meinte ich gerade das Gegenteil tun zu müssen und alles, worin sich auch nur das kleinste Bedenken auffinden ließe, als vollkommen falsch verwerfen, um zu sehen, ob danach nichts ganz Unzweifelhaftes in meinem Fürwahrhalten übrigbleiben würde. So wollte ich, weil unsere *Sinne* uns bisweilen täuschen, annehmen, dass kein Ding so wäre, wie die Sinne es uns vorstellen lassen; und weil sich manche Leute in ihren *Urteilen* selbst bei den einfachsten Materien der Geometrie täuschen und Fehlschlüsse machen, so verwarf ich, weil ich meinte, dem Irrtum so gut wie jeder andere unterworfen zu sein, alle Gründe als falsch, die ich vorher zu meinen Beweisen genommen hatte; endlich, wie ich bedachte, dass alle Gedanken, die wir im Wachen haben, uns auch im *Schlaf* kommen können, ohne dass dann einer davon wahr sei, so machte ich mir absichtlich die erdichtete Vorstellung, dass alle Dinge, die jemals in meinen Geist gekommen, nicht wahrer seien als die Trugbilder meiner Träume. Alsbald aber machte ich die Beobachtung, dass, während ich so denken wollte, alles sei falsch, doch notwendig *ich*, der das dachte, irgend etwas sein müsse, und da ich bemerkte, dass diese Wahrheit *„ich denke, also bin ich"* (je pense, donc je suis; Ego cogito, ergo sum, sive existo) so fest und sicher wäre, dass auch die überspanntesten Annahmen der Skeptiker sie nicht zu erschüttern vermöchten, so konnte ich sie meinem Dafürhalten nach als das erste Prinzip der Philosophie, die ich suchte, annehmen.

René Descartes, Discours sur la méthode pour bien conduire sa raison et chercher la vérité dans les sciences, 1637. Zit. nach: René Descartes, Abhandlung über die Methode des richtigen Vernunftgebrauchs, Stuttgart: Reclam, 1961, S. 16–19; 30f.

11 Blaise Pascal, Philosophische und politische Gedanken, ca. 1660

Blaise Pascal (1623–1662) wurde als Sohn eines Steuerbeamten in Clermont-Ferrand geboren und wuchs ab 1631 in Paris und später Rouen auf. Bereits als Jugendlicher bewies er außergewöhnliche mathematische Fähigkeiten und entwarf mit 19 Jahren eine Rechenmaschine für seinen Vater. Er ging als hervorragender Mathematiker und Physiker in die Geschichte ein. Pascal lebte von seinem väterlichen Erbe für die Wissenschaft; durch persönliche Erlebnisse wandte er sich ab 1652–54 dem Christentum zu und verteidigte öffentlich die französischen Vertreter der sog. jansenistischen Bewegung (nach Cornelius Jansenius, 1585–1638), die die Willensfreiheit des Menschen betonte. Die Lehre wurde von der Kirche bekämpft und schließlich auch von Ludwig XIV. 1709 verboten.

a) Über Vernunft, Verständnis und Selbstverständnis des Menschen

35. […] Was ist zum Schluss der Mensch in der Natur? Ein Nichts vor dem Unendlichen, ein All gegenüber dem Nichts, eine Mitte zwischen Nichts und All. Unendlich entfernt von dem Begreifen der äußersten Grenzen, sind ihm das Ende aller Dinge und ihre Gründe undurchdringlich verborgen, unlösbares Geheimnis; er ist gleich unfähig, das Nichts zu fassen, aus dem er gehoben, wie das Unendliche, das ihn verschlingt. […]

Machen wir uns also unsere Fähigkeit klar. Wir sind etwas, aber wir sind nicht alles. Was wir vom Sein haben, beraubt uns der Erkenntnis der ersten Gründe, die das Nichts gebiert, und das Wenige, das wir vom Sein haben, verdeckt uns die Schau des Unendlichen.

Unter den Intelligiblen [= den verstandesmäßig erfahren Dingen] nimmt unsere Vernunft die gleiche Stellung ein, die unser Körper unter den Größen der Natur hat. In jeder Hinsicht, beschränkt; diese Lage, die die Mitte zwischen zwei Extremen hält, gilt für jedes unserer Vermögen. Kein Übermaß ist sinnlich wahrnehmbar, zu viel Lärm macht taub, zu viel Licht blendet, was zu weit ist und was zu nah ist, hindert das Sehen; übertriebene Länge und zu große Knappheit der Rede verdunkeln den Sinn, zu viel Wahrheit betäubt uns. […] Kurz und gut, alle Extreme sind, als wären sie für uns nicht vorhanden und wir nicht für sie; sie entschlüpfen uns oder wir ihnen.

Das ist unsere wirkliche Lage. Sie ist es, die uns unfähig macht, etwas gewiss zu wissen und restlos ohne Wissen zu sein. Auf einer unermesslichen Mitte treiben wir dahin, immer im Ungewissen und treibend und von einem Ende gegen das andere gestoßen. An welchen Grenzpfahl immer wir uns binden und halten möchten, jeder schwankt und entschwindet, und wenn wir ihm folgen, entschlüpft er unserm Griff und entgleitet uns und flieht in einer Flucht ohne Ende. Nichts hält uns zuliebe an. Das ist die Lage, die uns natürlich ist und in jedem Fall die gegensätzlichste zu unsern Wünschen; wir brennen vor Gier, einen festen Grund zu finden und eine letzte beständige Basis, um darauf einen Turm zu bauen, der bis in das Unendliche ragt; aber all unsere Fundamente zerbrechen, und die Erde öffnet sich bis zu den Abgründen.

Also suche man keine Sicherheit und Beständigkeit. Immer täuscht die Vergänglichkeit der Erscheinungen unsere Vernunft, nichts kann das Endliche zwischen den beiden Unendlichen bannen, die es einschließen und es fliehen. Hat man das recht begriffen, so wird man sich, glaube ich, ruhig verhalten und jeder in der Lage, wohin ihn die Natur gestellt hat. […]

112. Würde der Mensch damit beginnen, sich selbst zu erforschen, würde er erfahren, wie unfähig er ist, über sich hinauszugelangen. Wie sollte es möglich sein, dass ein Teil das Ganze kenne? Aber vielleicht wird er beanspruchen, wenigstens die Teile zu kennen, die ein gemeinsames Maß mit ihm haben? Aber die Teile der Welt stehen alle derart in Zusammenhang, sind so miteinander verflochten, dass ich es für unmöglich halte, einen ohne den andern und ohne das Ganze zu verstehen. […]

Der Mensch ist offenbar zum Denken geschaffen, das ist seine ganze Würde und sein ganzes Verdienst; und es ist seine ganze Pflicht, richtig zu denken. Nun, die Ordnung des Denkens fordert, dass man mit sich selbst beginne, und zwar mit seinem Schöpfer und mit seinem Ende. Nun, woran denken die Menschen? Daran nie, sondern an Tanzen, Laute spielen, Singen, Dichten, Ringe stechen usw. und daran, sich zu schlagen, sich zum König zu machen, ohne nachzudenken, was es ist, König zu sein, und was es ist, Mensch zu sein. […]

116. Bürgerkrieg im Menschen zwischen der Vernunft und den Leidenschaften.

Wenn er nur die Vernunft ohne Leidenschaften hätte …
Wenn er nur die Leidenschaften ohne Vernunft hätte …
Da es aber beide gibt, geht es nicht ohne Krieg, da man den Frieden mit dem einen nur haben kann, wenn man im Krieg mit dem andern liegt: So ist der Mensch immer zerrissen und im Gegensatz zu sich selbst.

117. Die Rechenmaschine zeigt Wirkungen, die dem Denken näher kommen als alles, was Tiere vollbringen; aber keine, von denen man sagen muss, dass sie Willen habe wie die Tiere.

b) Über Macht und Recht

131. Es ist gerecht, dass befolgt wird, was gerecht ist; notwendig ist, dass man dem, was mächtiger ist, folgt. Das Recht ohne Macht ist machtlos; die Macht ohne Recht ist tyrannisch. Dem Recht, das keine Macht hat, wird widersprochen, weil es immer Verbrecher gibt; die Macht ohne Recht ist auf der Anklagebank. Also muss man das Recht und die Macht verbinden und dafür sorgen, dass das, was Recht ist, mächtig, und das, was mächtig ist, gerecht sei. Das Recht kann bestritten werden, die Macht ist deutlich kenntlich und unbestritten. So konnte man dem Recht nicht zur Macht verhelfen, weil die Macht das Recht bestritt und behauptete, es sei Unrecht, und behauptete, sie wäre es, die das Recht sei. Und da man nicht erreichen konnte, dass das, was recht ist, mächtig sei, machte man das, was mächtig ist, rechtens.

Blaise Pascal, Pensées; erstmals erschienen unter dem Titel Pensées sur la religion, 1670. Zit. nach: Blaise Pascal, Gedanken, Stuttgart: Reclam, 1956, S.31–35, 72f., 77 (= Fragmente 35, 112, 117, 131.).

12 Jean Le Rond d'Alembert, Der Geist des 18. Jahrhunderts, 1758

Der Philosoph und Mathematiker d'Alembert (1717–1783) war Präsident der ***Académie des sciences*** *und mit Diderot seit 1748 Herausgeber der* ***Encyclopédie*** *bis ca. 1772, als er Sekretär der* ***Académie française*** *wurde. Als unehelicher Sohn eines Offiziers und einer Adligen war er nach seiner Geburt in Paris auf den Stufen einer Kirche ausgesetzt und von einem Handwerkerehepaar aufgenommen worden.*

[…] Sobald man das Jahrhundert, in dessen Mitte wir stehen, aufmerksam betrachtet, sobald man sich die Ereignisse, die sich vor uns abspielen, die Sitten, in denen wir leben, die Werke, die wir hervorbringen, ja die Unterhaltungen, die wir führen, vergegenwärtigt, so wird man ohne Mühe gewahr, dass sich in allen unseren Ideen ein bemerkenswerter Wandel vollzogen hat: ein Wandel, der durch seine Schnelligkeit noch eine weit größere Umwälzung für die Zukunft verspricht. Erst mit der Zeit wird es möglich sein, den Gegenstand dieser Umwälzung genau zu bestimmen und ihre Natur und ihre Grenzen zu bezeichnen – und die Nachwelt wird besser als wir ihre Mängel und ihre Vorzüge zu erkennen vermögen. Unser Zeitalter liebt es, sich vor allem das *Zeitalter der Philosophie* zu nennen. In der Tat kann man, wenn man den gegenwärtigen Zustand unserer Erkenntnis ohne Vorurteil prüft, nicht leugnen, dass die Philosophie unter uns bedeutende Fortschritte gemacht hat. Die Wissenschaft der Natur gewinnt von Tag zu Tag neuen Reichtum; die Geometrie erweitert ihre Grenzen und hat ihre Fackel in die Gebiete der Physik, die ihr am nächsten lagen, vorgetragen; das wahre System der Welt ist endlich erkannt, weiterentwickelt und vervollkommnet worden. Von der Erde bis zum Saturn, von der Geschichte der Himmel bis zu der der Insekten hat die Naturwissenschaft ihr Gesicht gewandelt. Und mit ihr haben alle anderen Wissenschaften eine neue Form angenommen. Das Studium der Natur scheint freilich, für sich allein betrachtet, kalt und ruhig zu sein; es ist kaum dazu geeignet, die Leidenschaften zu erregen, vielmehr scheint die Befriedigung, die es in uns erweckt, in einem stillen, stetigen und gleichförmigen Gefühl zu bestehen. Aber die Entdeckung und der Gebrauch einer neuen Methode des Philosophierens erweckt nichtsdestoweniger durch den Enthusiasmus, der alle großen Entdeckungen begleitet, einen allgemeinen Aufschwung der Ideen. Alle diese Ursachen haben dazu beigetragen, eine lebhafte Gärung der Geister zu erzeugen. Diese Gärung, die nach allen Seiten hin wirkt, hat alles, was sich ihr darbot, mit Heftigkeit ergriffen, gleich einem Strom, der seine Dämme durchbricht. Von den Prinzipien der Wissenschaften an bis zu den Grundlagen der offenbarten Religion, von den Problemen der Metaphysik bis zu denen des Geschmacks, von der Musik bis zur Moral, von den theologischen Streitfragen bis zu den Fragen der Wirtschaft und des Handels, von der Politik bis zum Völkerrecht und zum Zivilrecht ist alles diskutiert, analysiert, aufgerührt worden. Neues Licht, das über viele Gegenstände verbreitet wurde; neue Dunkelheiten, die entstanden, waren die Frucht dieser allgemeinen Gärung der Geister: wie die Wirkung von Ebbe und Flut darin besteht, manches Neue ans Ufer zu spülen und wieder anderes von ihm loszureißen. […]

Essai sur les éléments de philosophie, ou sur les principes des connaissances humaines, 1759. Zit. nach: Barbara Stollberg-Rilinger, Europa im Jahrhundert der Aufklärung, Stuttgart: Reclam, 2000, S.284 f.

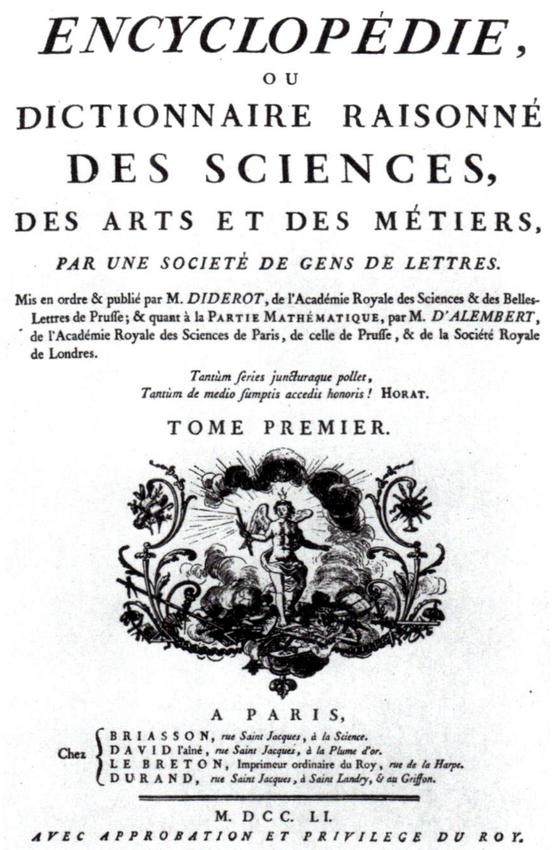

ENCYCLOPÉDIE,
OU
DICTIONNAIRE RAISONNÉ
DES SCIENCES,
DES ARTS ET DES MÉTIERS,
PAR UNE SOCIETÉ DE GENS DE LETTRES.

Mis en ordre & publié par M. *DIDEROT*, de l'Académie Royale des Sciences & des Belles-Lettres de Pruſſe; & quant à la PARTIE MATHÉMATIQUE, par M. *D'ALEMBERT*, de l'Académie Royale des Sciences de Paris, de celle de Pruſſe, & de la Société Royale de Londres.

Tantùm ſeries juncturaque pollet,
Tantùm de medio ſumptis accedit honoris! HORAT.

TOME PREMIER.

A PARIS,

Chez BRIASSON, *rue Saint Jacques, à la Science.*
DAVID l'aîné, *rue Saint Jacques, à la Plume d'or.*
LE BRETON, Imprimeur ordinaire du Roy, *rue de la Harpe.*
DURAND, *rue Saint Jacques, à Saint Landry, & au Griffon.*

M. DCC. LI.
AVEC APPROBATION ET PRIVILEGE DU ROY.

13 Titelblatt der Encyclopédie-Ausgabe 1751.

14 **Melchior Grimm, Der Salon der Mademoiselle de Lespinasse, 1776**

Baron Friedrich Melchior von Grimm (1723–1804) kam als Gesandter des Herzogs von Sachsen-Gotha an den französischen Hof. In Paris wurde er in den Aufklärungszirkel um die ***Encyclopédie*** *eingeführt, für die er auch mehrere Beiträge schrieb. In einer literarisch-journalistischen Korrespondenz berichtete er in die europäischen Residenzstädte vom Pariser gesellschaftlichen Leben.*

Obwohl Fräulein von Lespinasse kein Buch hinterlassen hat, wenigstens keins, das uns bekannt wäre, ist ihr Tod in unserer Literatur ein Ereignis und darf in diesen Denkwürdigkeiten nicht übergangen werden. Ohne Vermögen, ohne Adel, ohne Schönheit hatte sie es doch verstanden, in ihrem Hause eine sehr zahlreiche, sehr verschiedenartige und sehr anhängliche Gesellschaft zu versammeln. Der Kreis fand sich täglich von fünf bis neun Uhr abends zusammen. Man war sicher, dort Männern aus allen Bereichen des staatlichen Lebens, Männern der Kirche, des Hofes und des Militärs, dazu den hervorragendsten Ausländern und Schriftstellern zu begegnen. Bekanntlich hatte zunächst alle Herrn d'Alemberts Name angezogen, mit dem Fräulein von Lespinasse seit einigen Jahren zusammenwohnte, doch sie allein hatte sie gehalten. Sie hatte sich einzig dem Fortbestand dieser Gesellschaft gewidmet, deren Seele und Reiz sie war, und ihr alle ihre Neigungen und persönlichen Beziehungen untergeordnet. Sie ging fast nie ins Theater oder aufs Land, und wenn sie einmal von dieser Regel abwich, war das ein Ereignis, wovon ganz Paris im Voraus wusste. Ihre Feinde warfen ihr höchst lächerlicherweise vor, sie habe sich in unzählige Dinge eingemischt, die sie nichts angingen, und vor allem durch ihre Intrigen jenen philosophischen Despotismus begünstigt, den Herr d'Alembert in der Académie ausübt, wie ihm die Sippschaft der Frömmler vorwirft. Warum sollten die Frauen, die in Frankreich alles bestimmen, nicht auch über die Ehren in der Literatur entscheiden? Ist es schwerer, jemanden zum Mitglied der Académie als zum Minister oder Armeegeneral zu machen? Und warum soll man der allein stehenden Frau, die ihre Macht und ihr Ansehen nur der Gewandtheit und den Kräften ihres Geistes verdankt, seine Bewunderung versagen? […]

Alle Gerüchte, die Neid und Bosheit über Fräulein von Lespinasse verbreitet haben, konnten dem Ruf ihres Geistes nichts anhaben. Nie war jemand ein begabterer Gesellschafter. Sie beherrschte in höchstem Grade die so schwere und edle Kunst, den Geist der anderen zur Geltung zu bringen, ihn scheinbar zwang- und mühelos zu beteiligen und aufzubieten. Sie verstand es, die verschiedensten, ja manchmal die gegensätzlichsten Geister miteinander auszusöhnen. Anscheinend ohne alle Mühe, nur durch ein geschickt eingeworfenes Wort hielt sie die Unterhaltung in Fluss, belebte und wechselte sie nach Belieben. Es gab nichts, das ihre Fassungskraft zu übersteigen schien, nichts, das ihr nicht gefallen und das sie den andern nicht angenehm zu machen gewusst hätte; Politik, Religion, Philosophie, Geschichten, Neuigkeiten, nichts war aus ihren Unterhaltungen verbannt, und dank ihren Gaben fand auch die kleinste Anekdote auf die natürlichste Weise von der Welt den Platz und die Beachtung, die sie verdiente. Man griff jede Neuigkeit so früh wie möglich auf. Die allgemeine Unterhaltung wurde nie schleppend, und ohne etwas zu fordern, sprach man beiseite, wenn man es für angebracht hielt; Fräulein von Lespinasses Genius aber war allgegenwärtig, und es schien, als drängte der Zauber einer unsichtbaren Macht alle Sonderinteressen unaufhörlich zu einer gemeinsamen Mitte hin.

Melchior Grimm, Paris zündet die Lichter an. Literarische Korrespondenzen, Leipzig: Diederich, 1977, 1992. Zit. nach: Barbara Stollberg-Rilinger, Europa im Jahrhundert der Aufklärung, Stuttgart Reclam, 2000, S. 313–315.

15 **Julie de Lespinasse in Briefen an den Comte de Guibert**

Julie de Lespinasse (1732–1776) wuchs in komplizierten und schwierigen familiären und persönlichen Verhältnissen im Milieu des Landadels auf und kam 1754 nach Paris zu ihrer Tante, der Marquise du Deffand, die dem Kreis um den Philosophen Voltaire angehörte. Zehn Jahre später mietete Julie de Lespinasse mit der Leibrente aus ihrem Erbe sowie durch Zahlungen von Gönnern zwei Stockwerke eines Hauses, von dem eines der Philosoph und Mathematiker d'Alembert bezog. Daraus entwickelte sich der schnell berühmt gewordene „Salon de Mademoiselle Lespinasse", in dem bedeutende Vertreter des kulturellen Lebens ein- und ausgingen. Kurz nach ihrem Einzug erkrankten Julie de Lespinasse und d'Alembert an den schwarzen Blattern, die sie für ihr Leben zeichneten. Von schwacher Gesundheit, starb sie bereits 1776.

Eines Tages, mein Freund, werde ich Ihnen von Dingen erzählen, wie man sie weder in den Romanen von Prévost[2] noch von Richardson[3] liest. Meine Lebensgeschichte besteht aus so verhängnisvollen, schrecklichen Umständen, dass sie mir geradezu den Nachweis dafür liefert, dass das Wahre oft nicht das Wahrscheinliche ist. Die Romanheldinnen haben für gewöhnlich wenig von ihrer Erziehung zu berichten. Meine Erziehung hingegen verdiente es wegen ihrer Besonderheit, geschildert zu werden. An einem Winterabend, wenn wir in trüber Stimmung und so recht zum Grübeln aufgelegt sind, dann werde ich Ihnen mit einem Bericht die Zeit vertreiben, der Sie mit Spannung erfüllte, läsen Sie ihn in einem Buch, in jedem Fall aber wird er Sie in großes Entsetzen über das Menschengeschlecht stürzen. Wie grausam doch die Menschen sein können! Verglichen mit ihnen sind die Tiger harmlose Wesen. Das Natürlichste wäre es gewesen, wenn ich mich ganz dem Hass verschrieben hätte. Ich habe meiner Bestimmung aber nur schlecht genügt: Ich habe zu viel geliebt und zu wenig gehasst. […]

Dieses Leben, das so gleichmäßig, so monoton erscheint, war allen Unglücksfällen und allen schmutzigen Leidenschaften ausgesetzt, von denen ehrlose Menschen beseelt sind. Aber wohin verliere ich mich!? […]

Wir gewinnen aus dem einzig Guten, das es auf Erden gibt, Gift, mein Freund, aus dem einzig Guten, das die Menschen bislang noch nicht verderben oder entstellen konnten. Alles auf der Welt wird nach Geldeswert geschätzt und mit Geld bezahlt: Ansehen, Glück, Freundschaft, selbst die Tugend, alles das wird gekauft, bezahlt oder taxiert nach seinem Geldwert. Nur ein einziges Ding gibt es, das dieser Schätzung entzogen ist, das licht wie die Sonne bleibt und auch deren Glut besitzt, das die Herzen leben lässt, sie erleuchtet, stützt, stärkt und groß macht. Mein Freund, muss ich Ihnen dieses Geschenk der Natur nennen? […]

Mein Gott, wie falsch haben Sie mich zunächst verstanden, und wie trefflich sprechen Sie nunmehr über Milord Shelburne![4] Ja, eben deshalb achte und liebe ich ihn, weil er der Führer der Opposition ist. Sie sollten tief unglücklich darüber sein, dass Sie in einem Staat wie dem unsrigen geboren sind. Sollte ich, schwach und unglücklich, wie ich nun einmal bin, nochmals geboren werden, dann würde ich lieber der geringste Abgeordnete des Unterhauses als der König von Preußen sein! Einzig der Ruhm Voltaires vermag mich darüber hinwegzutrösten, nicht als Engländerin auf die Welt gekommen zu sein. Noch ein Wort über Milord Shelburne, und nie wieder werde ich von ihm sprechen, denn:

„Das Geheimnis zu langweilen, liegt darin, alles zu sagen".[5]

Wissen Sie, wie er Kopf und Seele sich von den Regierungsgeschäften erholen lässt? Mit wohltätigen Handlungen, die eines Herrschers würdig wären. Er ist der Gründer öffentlicher Bildungsanstalten, die allen offenstehen, die auf seinen Ländereien leben. Er kümmert sich bis ins Detail um ihre Erziehung und ihr Wohlergehen. Da sehen Sie, mein Freund, wie ein Mann von gerade 34 Lebensjahren, dessen Seele ebenso empfänglich, wie sie groß und stark ist, sich erholt. Da haben Sie den Engländer, der es wert und würdig gewesen wäre, der Freund des Wunders der spanischen Nation zu sein. Das ist der Mann, von dem ich mir wünschte, Sie hätten ihn kennengelernt. Aber Sie hätten ihn sicherlich bedauert, denn ganz gewiss ist er nicht dazu geschaffen, in diesem Land zu leben. Am 13. reist er wieder ab. Er wollte der Eröffnung des Parlaments beiwohnen. Bis dahin hatte er Zeit, sich in Paris zu vergnügen. Während seines ganzen Lebens hat er eine derartige Zerstreuung noch nicht erlebt. Er findet sie angenehm und reizend. „Ich habe Freude daran", vertraute er mir an, „weil derlei nicht lange andauern kann, denn stets erfüllt einen ein solches Leben mit der fürchterlichsten Langeweile." Wie weit entfernt er doch mit einer solchen Ansicht von einem Franzosen, einem galanten Hofmann zumal, ist! Der Präsident de Montesquieu hat recht: Die Regierungsform prägt den Menschen. Ein Mann, ausgestattet mit Energie, Leidenschaft und Genie, ist in unserem Land wie ein Löwe in eine Menagerie eingesperrt, und das Wissen um seine Kraft wird ihm zur Folter. […]

Zit. nach: Julie de Lespinasse, Briefe einer Leidenschaft 1773 bis 1776, München: C. H. Beck, 1997, S.125f., 178, 232f. – Eine erste unvollständige Originalausgabe erschien 1809 in Paris.

2 Abbé Prévost (1697–1763), Schriftsteller und einer der Wegbereiter des modernen Romans, sein bekanntester Roman: Manon Lescaut, 1753

3 Samuel Richardson (1689–1761), englischer Romancier und Vertreter der frühromantischen Strömung der Empfindsamkeit.

4 Lord Shelburne (William Petty, Earl of Shelburne, 1737–1805), britischer Politiker, Anghöriger des Oberhauses, aber Sympathisant der Whigs (Liberale Demokraten), Befürworter religiöser Toleranz und Gegner des Krieges gegen die Unabhängigkeit der amerikanischen Kolonien.

5 Zitat aus Voltaire, Sixième Discours en Vers sur l'Homme.

5

16 **Julie de Lespinase**

17 **Immanuel Kant, Was ist Aufklärung? 1784**

Immanuel Kant (1724–1804) wurde in Königsberg geboren und verbrachte sein ganzes Leben dort. Er studierte an der dortigen Universität und wurde nach einer Übergangsphase als Hauslehrer, Promotion, Habilitation schließlich 1770 Professor für Logik und Metaphysik (bis 1796). 1781 veröffentlichte er sein Hauptwerk ***Kritik der reinen Vernunft****, im nachfolgenden Text beantwortete er neben anderen Autoren Fragen zum Thema Aufklärung, die von der Berlinischen Monatsschrift ausgeschrieben wurden. Sein Text ist als Manifest der Aufklärung in die Geschichte eingegangen.*

Aufklärung ist der Ausgang des Menschen aus seiner selbst verschuldeten Unmündigkeit. Unmündigkeit ist das Unvermögen, sich seines Verstandes ohne Leitung eines anderen zu bedienen. *Selbst verschuldet* ist diese Unmündigkeit, wenn die Ursache derselben nicht am Mangel des Verstandes, sondern der Entschließung und des Mutes liegt, sich seiner ohne Leitung eines andern zu bedienen. Sapere aude! Habe Mut, dich deines eigenen Verstandes zu bedienen! ist also der Wahlspruch der Aufklärung.
Faulheit und Feigheit sind die Ursachen, warum ein so großer Teil der Menschen, nachdem sie die Natur längst von fremder Leitung freigesprochen (naturaliter majorennes), dennoch gerne zeitlebens unmündig bleiben; und warum es anderen so leicht wird, sich zu deren Vormündern aufzuwerfen. Es ist so bequem, unmündig zu sein. Habe ich ein Buch, das für mich Verstand hat, einen Seelsorger, der für mich Gewissen hat, einen Arzt, der für mich die Diät beurteilt u.s.w., so brauche ich mich ja nicht selbst zu bemühen. Ich habe nicht nötig zu denken, wenn ich nur bezahlen kann; andere werden das verdrießliche Geschäft schon für mich übernehmen. Dass der bei weitem größte Teil der Menschen (darunter das ganze schöne Geschlecht) den Schritt zur Mündigkeit außer dem, dass er beschwerlich ist, auch für sehr gefährlich halte: dafür sorgen schon jene Vormünder, die die Oberaufsicht über sie gütigst auf sich genommen haben. Nachdem sie ihr Hausvieh zuerst dumm gemacht haben und sorgfältig verhüteten, dass diese ruhigen Geschöpfe ja keinen Schritt außer dem Gängelwagen, darin sie sie einsperreten, wagen durften, so zeigen sie ihnen nachher die Gefahr, die ihnen drohet, wenn sie es versuchen, allein zu gehen. Nun ist diese Gefahr zwar eben so groß nicht, denn sie würden durch einigemal Fallen wohl endlich gehen lernen; allein ein Beispiel von der Art macht doch schüchtern und schreckt gemeiniglich von allen ferneren Versuchen ab.
Es ist also für jeden einzelnen Menschen schwer, sich aus der ihm beinahe zur Natur gewordenen Unmündigkeit herauszuarbeiten. Er hat sie sogar lieb gewonnen und ist vorderhand wirklich unfähig, sich seines eigenen Verstandes zu bedienen, weil man ihn niemals den Versuch davon machen ließ. Satzungen und Formeln, diese mechanischen Werkzeuge eines vernünftigen Gebrauchs oder vielmehr Missbrauchs seiner Naturgaben, sind die Fußschellen einer immerwährenden Unmündigkeit. Wer sie auch abwürfe, würde dennoch auch über den schmalesten Graben einen nur unsicheren Sprung tun, weil er zu dergleichen freier Bewegung nicht gewöhnt ist. Daher gibt es nur wenige, denen es gelungen ist, durch eigene Bearbeitung ihres Geistes sich aus der Unmündigkeit herauszuwickeln und dennoch einen sicheren Gang zu tun. […]
Daher kann ein Publikum nur langsam zur Aufklärung gelangen. Durch eine Revolution wird vielleicht wohl ein Abfall von persönlichem Despotism und gewinnsüchtiger oder herrschsüchtiger Bedrückung, aber niemals wahre Reform der Denkungsart zustande kommen; sondern neue Vorurteile werden, ebensowohl als die alten, zum Leitbande des gedankenlosen großen Haufens dienen.
Zu dieser Aufklärung aber wird nichts erfordert als *Freiheit;* und zwar die unschädlichste unter allem, was nur Freiheit heißen mag, nämlich die: von seiner Vernunft in allen Stücken *öffentlichen Gebrauch* zu machen. Nun höre ich aber von allen Seiten rufen: *Räsoniert nicht!* Der Offizier sagt: Räsoniert nicht, sondern exerziert! Der Finanzrat: Räsoniert nicht, sondern bezahlt! Der Geistliche:

Räsoniert nicht, sondern glaubt! (Nur ein einziger Herr in der Welt sagt: *Räsoniert,* so viel ihr wollt und worüber ihr wollt; *aber gehorcht!*) Hier ist überall Einschränkung der Freiheit. Welche Einschränkung aber ist der Aufklärung hinderlich? welche nicht, sondern ihr wohl gar beförderlich? – Ich antworte: der *öffentliche* Gebrauch seiner Vernunft muss jederzeit frei sein, und der allein kann Aufklärung unter Menschen zustande bringen. [...]

Immanuel Kant, „Beantwortung der Frage: Was ist Aufklärung?", Zit. nach: Was ist Aufklärung, Stuttgart: Reclam, 1974, S. 9–11.

18 Immanuel Kant: Idee zu einer allgemeinen Geschichte in weltbürgerlicher Absicht, 1784

Fünfter Satz. – Das größte Problem für die Menschengattung, zu dessen Auflösung die Natur ihn zwingt, ist die Erreichung einer allgemein das Recht verwaltenden bürgerlichen Gesellschaft. Da nur in der Gesellschaft und zwar derjenigen, die die größte Freiheit, mithin einen durchgängigen Antagonism ihrer Glieder und doch die genauste Bestimmung und Sicherung der Grenzen dieser Freiheit hat, damit sie mit der Freiheit anderer bestehen könne, – da nur in ihr die höchste Absicht der Natur, nämlich die Entwickelung aller ihrer Anlagen, in der Menschheit erreicht werden kann, die Natur auch will, dass sie diesen so wie alle Zwecke ihrer Bestimmung sich selbst verschaffen solle: so muss eine Gesellschaft, in welcher Freiheit unter äußeren Gesetzen im größtmöglichen Grade mit unwiderstehlicher Gewalt verbunden angetroffen wird, d. i. eine vollkommen gerechte bürgerliche Verfassung, die höchste Aufgabe der Natur für die Menschengattung sein, weil die Natur nur vermittelst der Auflösung und Vollziehung derselben ihre übrigen Absichten mit unserer Gattung erreichen kann. In diesen Zustand des Zwanges zu treten, zwingt den sonst für ungebundene Freiheit so sehr eingenommenen Menschen die Not; und zwar die größte unter allen, nämlich die, welche sich Menschen untereinander selbst zufügen, deren Neigungen es machen, dass sie in wilder Freiheit nicht lange neben einander bestehen können. Allein in einem solchen Gehege, als bürgerliche Vereinigung ist, tun eben dieselben Neigungen hernach die beste Wirkung: So wie Bäume in einem Walde eben dadurch, dass ein jeder dem andern Luft und Sonne zu benehmen sucht, einander nötigen, beides über sich zu suchen und dadurch einen schönen geraden Wuchs bekommen; statt dass die, welche in Freiheit und von einander abgesondert ihre Äste nach Wohlgefallen treiben, krüppelig, schief und krumm wachsen. Alle Kultur und Kunst, welche die Menschheit ziert, die schönste gesellschaftliche Ordnung sind Früchte der Ungeselligkeit, die durch sich selbst genötigt wird, sich zu disziplinieren und so durch abgedrungene Kunst die Keime der Natur vollständig zu entwickeln.

Erschienen in der Berlinischen Monatsschrift Nov. 1784. Zit. nach: Immanuel Kant, Schriften zur Geschichtsphilosophie, Stuttgart 1974, 1985, S. 27 f.

19 Andreas Riem, Aufklärung ist ein Bedürfnis des menschlichen Verstandes, 1788

Aus einer Protestschrift, die zunächst anonym erschien. Ein protestantischer Theologe in Berlin wurde bald als seine Urheber bekannt, worauf er 1793 aus Preußen ausgewiesen wurde.

Wenn du dich mitten unter einem Haufen eines barbarischen Negervolks, auf den Küsten von Afrika, befändest und sähest, wie wild sie die Rechte der Menschheit entehren, sähest eine Xinga[6] um die Schlachtopfer einer blutdürstigen Religion tanzen, ihnen mit der Streitaxt den Schädel zerschmettern, dass das Gehirn umherspritzt, und mit heißem Durste das Blut dieser Unglücklichen saufen: – mitleidiger Europäer! würdest du nicht wünschen, dass Xinga aufgeklärter überhaupt sein möchte? Wenn ein englischer Barbar einen Negersklaven in einem eisernen Käfig im dicksten Walde aufhängt, damit tagelang die Raubvögel ihn lebendig Stück vor Stück auffressen und seine Qualen zu Höllenmartern machen: – wäre es für die Menschheit nicht besser, Carolina, wo dieses geschah, wäre aufgeklärter und lernte die Rechte der Menschheit ehren? [...]

Das Kind an der Brust seiner Mutter fühlt den Trieb dazu. – Es sieht hinweg auf fremde Gegenstände, und der rastlose Geist setzt unermüdet seine Bestrebungen nach Unterricht und Wahrheit fort, bis der Tod seinen edlen Bemühungen ein Ziel setzt. Wenn es je in der Welt in sich Pflicht sein kann, die Triebe der Seele nach richtigen Kenntnissen zu ersticken oder zu hindern, warum, ihr Feinde der Wahrheit, warum erziehet ihr eure Kinder nicht gleich dem Viehe? Ja, sagt ihr, nur bis zu einem gewissen Grade muss man diesen Trieb sich entwickeln lassen, Vorurteile statt Wahrheiten einmischen und da, wo ihm Weisheit schädlich sein könnte, ihm hindern. Wer aber von euch hat je bewiesen, dass Vorurteile, dies schädliche Synonym der Lüge, nützlicher sei denn Aufklärung, das Resultat der „Wahrheit"? Wer hat den überklugen Toren die Grenze gezeigt, wie weit sie gehen müssen, um den Verstand mit Irrtümern anzufüllen und für Wahrheit zu verderben? und wer kann die Lästerung erweisen, dass Wahrheit schädlich sei? Warum hat Gott das Maß des Verstandes so reichlich mitgeteilt, wenn er unglücklich macht? warum überhaupt ihn gegeben, wenn man nicht ganz ihn gebrauchen darf?

Vom wilden Menschen an, der ungebildet die Kräfte seines Geistes in sich verschließt und vom Vorurteile ewiger Observanzen tyrannisiert sie nicht entwickelt, bis zum Europäer, der in dummem Starrsinn auf seinen Vorurteilen bestehet, haben nicht alle klügeren, aufgeklärteren Völker und Menschen eine Höhe über sie gewonnen, die Kurzsicht und Vorurteil ihnen beneiden? [...]

Über Aufklärung, ob sei dem Staate – der Religion – oder überhaupt gefährlich sey und seyn könne? Ein Wort zur Beherzigung für Regenten, Staatsmänner und Priester, 1788. Zit. nach: Was ist Aufklärung? Reclam, S. 29f.

6 Xinga: afrikanische Heldin und Tochter des Königs von Angola im Kampf gegen die Portugiesen im 17. Jahrhundert.

20 Moses Mendelssohn über Menschenrechte, Staat und Religion, 1782/83

Moses Mendelssohn (1729–1786) wuchs als Sohn armer Eltern (der Vater war Synagogendiener) in Dessau auf und folgte mit 14 Jahren seinem Lehrer David Fränkel nach Berlin, der dorthin als Oberrabiner berufen worden war. 1750 bekam Mendelssohn eine Stellung als Hauslehrer und später als Buchhalter bei dem jüdischen Seidenfabrikanten Isaak Bernhard und wurde schließlich dessen Teilhaber. Daneben veröffentlichte er philosophische Abhandlungen und gewann 1767 den Preis der Königlichen Akademie der Wissenschaften und damit einen Namen in der gelehrten Welt. Die Freundschaft mit Gotthold Ephraim Lessing und der Dialog mit dem preußischen Staatsbeamten Konrad Wilhelm von Dohm waren wesentliche Antriebe für die späten Schriften über Menschenrechte, Religion und Judentum. […]

a) Merkwürdig ist es, zu sehen, wie das Vorurtheil die Gestalten aller Jahrhunderte annimmt, uns zu unterdrücken, und unserer bürgerlichen Aufname Schwierigkeiten entgegen zu setzen. In jenen abergläubischen Zeiten waren es Heiligthümer, die wir aus Muthwillen schänden; Crucifixe, die wir durchstechen, und bluten machen; Kinder, die wir heimlich beschneiden, und zur Augenweide zerfetzen; Christenblut, das wir zur Osterfeyer brauchen; Brunnen, die wir vergiften usw. Unglaube, Verstocktheit, geheime Künste und Teufeleyen, die uns vorgeworfen, um derentwillen wir gemartert, unseres Vermögens beraubt, ins Elend gejagt, wo nicht gar hingerichtet worden sind. – Itzt haben die Zeiten sich geändert; diese Verläumdungen machen den erwünschten Eindruck nicht mehr. Itzt ist es gerade Aberglaube und Dumheit, die uns vorgerückt werden; Mangel an moralischem Gefühle, Geschmack und feine Sitten; Unfähigkeit zu Künsten, Wissenschaften und nützlichem Gewerbe, hauptsächlich zu Diensten des Krieges und des Staates; unüberwindliche Neigung zu Betrug, Wucher und Gesetzlosigkeit, die an der Stelle jener groben Beschuldigungen getreten sind, uns von der Anzahl nützlicher Bürger auszuschließen, und aus dem mütterlichen Schoße des Staats zu verstoßen. Vormals gab man sich um uns alle ersinnliche Mühe, und machte mancherley Vorkehrungen, uns nicht zu nützlichen Bürgern, sondern zu Christen zu machen, und da wir so hartnäckig und verstockt waren, uns nicht bekehren zu lassen; so war dieses Grundes genug, uns als eine unnütze Last der Erde zu betrachten, und dem verworfenen Scheusale alle Gräuel anzudichten, die ihn dem Hass und der Verachtung aller Menschen blos stellen konnten. Itzt hat der Bekehrungseifer nachgelassen. Nun werden wir vollends vernachlässiget. Man fährt fort, uns von allen Künsten, Wissenschaften und andern nützlichen Gewerben und Beschäftigungen der Menschen zu entfernen; versperret uns alle Wege zur nützlichen Verbesserung, und macht den Mangel an Cultur zum Grunde unserer fernern Unterdrückung. Man bindet uns die Hände, und macht uns zum Vorwurfe, dass wir sie nicht gebrauchen. […]

Indessen sind alle Gründe und Eidschwüre fruchtlos, wenn der Gegner nicht hören will; wenn sich Nebenabsichten der Ueberführung widersetzen, oder wenn das Gemüth so sehr von Vorurtheilen befangen ist, dass man den Gegengründen nicht die erforderliche Aufmerksamkeit zuwenden mag. Man kan einem verjährten Vorurtheile alle Wurzeln durchschneiden, ohne ihm die Nahrung gänzlich zu entziehen. Es saugt solche allenfalls aus der Luft. […]

Moses Mendelssohn, Vorrede zu Manasseh Ben Israel: Rettung der Juden, Berlin 1782, zit. aus: Moses Mendelssohn, Jerusalem oder über religiöse Macht und Judentum / Vorrede zu Manasseh Ben Israels „Rettung der Juden", nach den Erstausgaben neu ediert von David Martyn, Bielefeld: Aisthesis, 2001, S.11, 15.

b) *Thomas Hobbes* lebte zu einer Zeit, da der Fanatismus, mit einem unordentlichen Gefühle von Freyheit verbunden, keine Schranken mehr kannte, und im Begriffe war, wie ihm auch am Ende gelang, die königliche Gewalt unter den Fuß zu bringen, und die ganze Landesverfassung, um zu stürzen. Der bürgerlichen Unruhen überdrüssig, und von Natur zum stillen, spekulativen Leben geneigt, setzte er die höchste Glückseligkeit in Ruhe und Sicherheit, sie mochte kommen, woher sie wollte; und diese fand er nirgend, als in der Einheit und Unzertrennlichkeit der höchsten Gewalt im Staate. Der öffentlichen Wohlfarth, glaubte er also, sey am besten gerathen, wenn alles, sogar unser Urtheil über Recht und Unrecht, der höchsten Gewalt der bürgerlichen Obrigkeit unterworfen würde. Um dieses desto fuglicher thun zu können, setzte er zum Voraus, der Mensch habe von Natur die *Befugnis* zu allem, wozu er von ihr das Vermögen erhalten hat. Stand der Natur sey Stand des allgemeinen Aufruhrs, *des Krieges aller wider alle,* in welchem jeder *mag,* was *er kann;* alles Recht ist, wozu man Macht hat. Dieser unglückselige Zustand habe so lange gedauert, bis die Menschen übereingekommen, ihrem Elende ein Ende zu machen, auf Recht und Macht, in so weit es die öffentliche Sicherheit betrift, Verzicht zu thun, solche einer festgesetzten Obrigkeit in die Hände zu liefern, und nunmehr sey dasjenige Recht, was diese Obrigkeit *befielt.* […]

Locke, der in denselben verwirrungsvollen Zeitläuften lebte, suchte die Gewissensfreyheit auf eine andre Weise zu schirmen. In seinen Briefen *über die Toleranz* legt er die Definition zum Grunde: *Ein Staat sey eine Gesellschaft von Menschen, die sich vereinigen, um ihre* zeitliche *Wohlfahrt gemeinschaftlich zu befördern.* Hieraus folgt alsdann ganz natürlich, dass der Staat sich um die Gesinnungen der Bürger, ihre ewige Glückseligkeit betreffend, gar nicht zu bekümmern, sondern jeden zu dulden habe, der sich bürgerlich gut aufführt, das heißt seinen Mitbürgern, in Absicht ihrer zeitlichen Glückseligkeit, nicht hinderlich ist. Der Staat, als Staat, hat auf keine Verschiedenheit der

5

Religionen zu sehen; denn Religion hat an und für sich auf das Zeitliche keinen notwendigen Einfluss, und stehet blos durch die Willkühr der Menschen mit demselben in Verbindung. […]

Ich habe mir die Begriffe von Staat und Religion, von ihren Gränzen und wechselweisem Einfluss auf einander, sowohl, als auf die Glückseligkeit des bürgerlichen Lebens, durch folgende Betrachtungen deutlich zu machen gesucht. So bald der Mensch zur Erkenntnis kömmt, dass er, ausserhalb der Gesellschaft, so wenig die Pflichten gegen sich selbst und gegen den Urheber seines Daseyns, als die Pflichten gegen seinen Nächsten erfüllen, und also ohne Gefühl seines Elends nicht länger in seinem einsamen Zustande bleiben kann; so ist er verbunden, denselben zu verlassen, mit seines gleichen in Gesellschaft zu treten, um durch gegenseitige Hülfe ihre Bedürfnisse zu befriedigen, und durch gemeinsame Vorkehrungen ihr gemeinsames Beste zu befördern. Ihr gemeinsames Beste aber begreift das Gegenwärtige sowohl als das Zukünftige, das Geistliche sowohl als das Irdische, in sich. Eins ist von dem andern unzertrennlich. Ohne Erfüllung unserer Obliegenheiten ist für uns weder hier noch da; weder auf Erden, noch im Himmel, ein Glück zu erwarten. Nun gehöret zur wahren Erfüllung unserer Pflichten, *zweierlei: Handlung* und *Gesinnung.* Durch die Handlung geschieht das, was die Pflicht erfordert, und die Gesinnung macht, dass es aus der wahren Quelle komme, d. i. aus ächten Bewegungsgründen geschehe.

Also Handlungen und Gesinnungen gehören zur Vollkommenheit des Menschen, und die Gesellschaft hat, so viel als möglich, durch gemeinschaftliche Bemühungen für beides zu sorgen; d. i. die Handlungen der Mitglieder zum gemeinschaftlichen Besten zu lenken, und Gesinnungen zu veranlassen, die zu diesen Handlungen führen. Jenes ist die *Regierung,* dieses die *Erziehung* des geselligen Menschen. Zu beiden wird der Mensch durch *Gründe* geleitet, und zwar zu den Handlungen durch *Bewegungsgründe,* und zu den Gesinnungen durch *Wahrheitsgründe.* Die Gesellschaft hat also beide durch öffentliche Anstalten so einzurichten, dass sie zum allgemeinen Besten übereinstimmen.

Die Gründe, welche den Menschen zu vernünftigen Handlungen und Gesinnungen leiten, beruhen zum Theil auf Verhältnissen der Menschen gegen einander, zum Theil auf Verhältnissen der Menschen gegen ihren Urheber und Erhalter. Jene gehören für den *Staat,* diese für die *Religion.* In so weit die Handlungen und Gesinnungen der Menschen, durch Gründe, die aus ihren Verhältnissen gegen einander fließen, gemeinnützig gemacht werden können, sind sie ein Gegenstand der bürgerlichen Verfassung; in so weit aber die Verhältnisse der Menschen gegen Gott, als Quelle derselben angenommen werden, gehören sie für die *Kirche, Synagoge* oder *Moschee.* […]

Staat und Kirche haben zur Absicht, die menschliche Glückseligkeit in diesem und jenem Leben, durch öffentliche Vorkehrungen, zu befördern.

Beide wirken auf *Gesinnung* und *Handlung* der Menschen, auf Grundsätze und Anwendung: der Staat, vermittelst solcher Gründe, die auf Verhältnissen zwischen Mensch und Mensch, oder Mensch und Natur, und die Kirche, die Religion des Staats, vermittelst solcher Gründe, die auf Verhältnissen zwischen Mensch und Gott beruhen. Der Staat behandelt den Menschen als *unsterblichen Sohn der Erde;* die Religion als *Ebenbild seines Schöpfers.*

Grundsätze sind frey. Gesinnungen leiden [= ertragen] ihrer Natur nach keinen Zwang, keine Bestechung. Sie gehören für das Erkenntnissvermögen des Menschen, und müssen nach dem Richtmaß von Wahrheit und Unwahrheit entschieden werden. Gutes und Böses wirkt auf sein Billigungs- und Mißbilligungsvermögen. Furcht und Hoffnung lenken seine Triebe. Belohnung und Strafe richten seinen Willen, spornen seine Thatkraft, ermuntern, locken, schrecken ab.

Aber wenn Grundsätze glückselig machen sollen, so müssen sie weder eingeschreckt, noch eingeschmeichelt, so muss blos das Urtheil der Verstandeskräfte für gültig angenommen werden. Ideen vom Guten und Bösen mit einmischen, heißt die Sachen von einem unbefugten Richter entscheiden lassen.

Weder Kirche noch Staat haben also ein Recht die Grundsätze und Gesinnungen der Menschen irgend einem Zwange zu unterwerfen. Weder Kirche noch Staat sind berechtiget, mit Grundsätzen und Gesinnungen Vorzüge, Rechte und Ansprüche auf Personen und Dinge zu verbinden, und den Einfluss, den die Wahrheitskraft auf das Erkenntnißvermögen hat, durch fremde Einmischung zu schwächen.

Selbst der gesellschaftliche Vertrag hat weder dem Staate noch der Kirche ein solches Recht einräumen können. Denn ein Vertrag über Dinge, die ihrer Natur nach *unveräusserlich* sind, ist an und für sich ungültig, hebt sich von selbst auf. […]

[Aus der Antwort auf eine anonym veröffentlichte Kritik an Mendelssohn:]

Es ist wahr: *Ich erkenne keine andere ewige Wahrheiten, als die der menschlichen Vernunft nicht nur begreiflich, sondern durch menschliche Kräfte dargethan und bewährt werden können.* Nur darin täuscht ihn ein unrichtiger Begriff vom Judentum, wenn er glaubt, ich könne dieses nicht behaupten, ohne von der Religion meiner Väter abzuweichen. Ich halte dieses vielmehr für einen wesentlichen Punkt der jüdischen Religion, und glaube, dass diese Lehre einen charakteristischen Unterschied zwischen ihr und der christlichen Religion ausmache. Um es mit einem Worte zu sagen: ich glaube, das Judentum wisse von keiner geoffenbarten Religion, in dem Verstande, in welchem dieses von den Christen genommen wird. Die

Israeliten haben göttliche *Gesetzgebung*. Gesetze, Gebote, Befehle, Lebensregeln, Unterricht vom Willen Gottes, wie sie sich zu verhalten haben, um zur zeitlichen und ewigen Glükseligkeit zu gelangen; dergleichen Sätze und Vorschriften sind ihnen durch Mosen auf eine wunderbare und übernatürliche Weise geoffenbaret worden; aber keine Lehrmeinungen, keine Heilswahrheiten, keine allgemeine Vernunftsätze. Diese offenbaret der Ewige uns, wie allen übrigen Menschen, allezeit durch *Natur* und *Sache,* nie durch *Wort* und *Schriftzeichen.* [...]

Moses Mendelssohn, Jerusalem oder über religiöse Macht und Judentum, Berlin 1783. Zit. nach: Moses Mendelssohn, Jerusalem oder über religiöse Macht und Judentum/Vorrede zu Manasseh Ben Israels „Rettung der Juden", nach den Erstausgaben neu ediert von David Martyn, Bielefeld: Aisthesis, 2001, S. 33f. 36, 38f., 68, 86.

Arbeitsvorschläge

a) Vergleichen Sie die beiden Textauszüge von Descartes und Pascal. Was haben beide Autoren in ihrer Biographie und in ihrem Denken gemeinsam bzw. worin unterscheiden sie sich (M 10 – 11)?

b) Erklären Sie die Bedeutung der (Natur-)Wissenschaft gegenüber der Philosophie für die Idee der Aufklärung, ausgehend von der Ausführung d'Alemberts (M 12).

c) Stellen Sie den Texten Descartes, Pascals und d'Alemberts den Aussagen von Kant und Riem gegenüber (M 10 – 12, M 17 – 19).

d) Integrieren Sie das Thema Menschenrechte in Ihre Diskussion über die Aufklärung und berücksichtigen Sie hierbei die Texte von Rousseau, Riem und Mendelssohn (M 8 – 9, M 19 – 20).

e) Beschreiben Sie die Rolle eines Salons am Beispiel des Salons von Julie de Lespinasse (M 14 – 15). Diskutieren Sie dabei, was daran skandalträchtig, was interessant und anziehend für die damalige Zeit war.

f) Kennen Sie literarische Werke des 18. Jahrhunderts, die das Verhältnis zwischen Mann und Frau, Liebe und Heirat thematisieren? Ziehen Sie ggf. eine Darstellung der Literaturgeschichte hinzu.

Vom Absolutismus zur Aufklärung

1637	René Descartes: „Erörterung der Methode der rechten Verwendung der Vernunft und der Erforschung der Wahrheit in den Wissenschaften“.
1651	Thomas Hobbes: Leviathan.
1670	Spinoza vertritt die These, Judentum und Christentum seien lediglich vergängliche Phänomene ohne absolute Gültigkeit.
1687	Isaac Newton: Mathematische Prinzipien der Naturlehre.
1689	John Locke fordert in „Briefe über die Toleranz“ Gedanken- und Glaubensfreiheit.
1690	John Locke: Zwei Abhandlungen über die Regierung.
Anfang 18. Jhr.	Ausgehend von Frankreich, entsteht eine Kultur der Salons und gelehrten Gesellschaften auch in deutschen Städten.
1737	Gründung der Reformuniversität Göttingen.
1743	Moses Mendelssohn kommt nach Berlin und wird in den nachfolgenden Jahrzehnten zum führenden Vertreter der jüdischen Aufklärung.
1748	Charles Montesquieau: Vom Geist der Gesetze.
1748 – 1765	Denis Diderot/Jean d'Alembert: Encyclopédie.
1756	Voltaire: Essay über die Universalgeschichte und die Sitten und den Geist der Völker.
1762	Jean-Jacques Rousseau: Vom Gesellschaftsvertrag.
1776	Adam Smith: Eine Untersuchung über das Wesen und die Ursachen des Wohlstands der Völker.
1781	Immanuel Kant: Kritik der reinen Vernunft.
1784	Immanuel Kant: Was ist Aufklärung?
1787	Unter Einfluss der Aufklärung entsteht in den USA die erste demokratische Verfassung. Es folgen weitere in Polen und Frankreich 1791.

Methode:
Hinweise zur Präsentation (nicht nur) im Fach Geschichte

Die **Präsentation** ist ein medienunterstützter Vortrag und in Studium und Beruf inzwischen ein selbstverständliches Mittel der fachlichen Kommunikation, entsprechende Computerprogramme wurden dafür entwickelt. Eine Wandprojektion kann mit Computer über Beamer oder mit einer ausgedruckten Folie über Overheadprojektor erfolgen. An den Schulen werden Formen der Präsentation in die Abschlussprüfungen integriert, im Abitur wird sie zu einer Form der Prüfung neben dem Schriftlichen und dem Mündlichen. Im Unterschied zur mündlichen Prüfung im alten Sinne arbeitet die **Präsentation** zweigleisig: Es wird nach wie vor etwas mündlich vorgetragen, gleichzeitig wird aber auch etwas gezeigt. Im Vorteil dieses Medieneinsatzes liegt jedoch auch seine Schwierigkeit, beides – **Sprechen** und **Zeigen** – optimal miteinander zu verbinden. Im Folgenden gibt es einige Hinweise dazu.

Ablauf der Präsentation

Einleitung

- Thema benennen / eingrenzen, kurze Übersicht (dies darf parallel zur projizierten Gliederung geschehen!)

Aufbau klar strukturieren

- Thematisch oder chronologisch
- vom Allgemeinen zum Besonderen oder vom Besonderen zum Allgemeinen bzw. **induktiv** oder **deduktiv** im Hinblick auf die These / das Fazit vorgehen (je nach Aufgabenstellung)*
- Bilddokumente / Quellen einigermaßen gleichmäßig über den Vortrag verteilen, nicht häufen

Klare, verständliche Darstellung

- Insgesamt: nicht zu schnell sprechen, immer auf Zusammenfassung bedacht sein, nicht zu sehr ins Detail gehen (es sei denn: exemplarisch), Kontakt zum Publikum halten, nicht auf die Projektion schauen, wenn dort nichts erläutert wird
- Im Einzelnen: **akustisch, formal** und **inhaltlich** deutlich sprechen
- akustisch: laut und deutlich artikulieren
- formal: klare, korrekte Sätze, kein Gestammel, kein dauerndes „also" usw.
- inhaltlich: richtige Begriffe verwenden, Aussagen präzise formulieren, Wiederholungen vermeiden, es sei denn, es ist wichtig

Immer beachten

- Vortrag nicht für „Insider" konzipieren sondern so, dass er auch für jemanden verständlich ist, der kein Experte in diesem Thema ist
- Blickkontakt zum Publikum halten (auch um evtl. Reaktionen der Skepsis oder des Nicht-Verstehens herauszulesen)
- Möglichst wenig ablesen, Stichwortkonzept

Schluss

- evtl. eine kurze, thesenhafte Wiederholung der entscheidenden Punkte
- möglichst ein Fazit ziehen

* Was bedeutet in diesem Zusammenhang induktiv oder deduktiv? Die Aufgabenstellung bzw. das gewählte Thema kann bereits ein zu beweisendes Ergebnis teilweise oder ganz als These enthalten, z. B.: „Die Bedeutung der Staatsverschuldung für die Entstehung des modernen Bankwesens". Eine deduktiv konzipierte Präsentation würde somit nachweisen, dass und in welchem Umfang dies zutraf. Die meisten Präsentationsthemen werden jedoch umgekehrt eher allgemein und neutral formuliert sein und somit dem Referenten oder Prüfling die Aufgabe stellen, dazu auf induktivem Wege eine Analyse hin zu einem Fazit am Ende zu präsentieren.

Weitere Richtlinien und praktische Tipps:

Das mündlich Vorgetragene soll das optisch Projizierte nicht einfach nur wiederholen (also nicht verdoppeln).

Das Projizierte soll nicht nur illustrativen Charakter haben, sondern eine eigene Information liefern.

Das Vorgetragene und das Projizierte sollen aber auch nicht miteinander konkurrieren, sondern sich ergänzen.

... nicht verdoppeln

- Man soll z. B. Gliederungen u. a. kurze strukturierende Informationen, die projiziert werden, nicht auch noch wörtlich ablesen. Das bringt nichts und kostet außerdem wertvolle Zeit!

... eigene Informationen

- Grundsätzlich gilt, dass das Projizierte einen eigenen Stellenwert haben muss.
- Das Projizierte kann z. B. einen Überblick geben (Schema, Skizze), der verbal umständlicher oder langwieriger zu vermitteln wäre als optisch.
- Das Projizierte kann aber auch umgekehrt ein Detail zu einem Sachverhalt als Beispiel geben.
- Im Fach Geschichte sollen eine oder mehrere historische Quellen im Mittelpunkt stehen,

... nicht miteinander konkurrieren

- D. h. das Publikum (Prüfer!) soll nicht in den Konflikt geraten, gleichzeitig Verschiedenes hören und lesen zu müssen!
- Daher ist es generell nicht ratsam, für die Projektion Sätze auszuformulieren.
- Überhaupt sollte kein Text im eigentlichen Sinne projiziert werden – es sei denn, es handelt sich um eine Quelle, die (auszugsweise!) erläutert wird.

... sondern sich ergänzen

- Der Vortrag soll sich also auf das Projizierte so beziehen, dass er es erklärt, zusammenfasst und / oder den Blick des Betrachters auf bestimmte Details lenkt.
- Umgekehrt soll das Projizierte auch den Vortrag leichter verständlich machen, durch eine Strukturierung (Themen der einzelnen Schritte, Zusammenhänge, Übersichten usw.).
- Genauso falsch und sinnlos wäre es auch, den Vortrag stur auswendig zu lernen in dem Sinne, dass man in der knappen Zeit möglichst viel „runterrasselt" ...
- Denn je schneller gesprochen wird, desto weniger kann der Zuhörer folgen; Quantität und Schnelligkeit können also sogar kontraproduktiv sein.

5

Sprechen und Zeigen sollen sich möglichst synergetisch ergänzen im Hinblick auf eine Zeitökonomie.

So kann ich etwas zeigen, dass ich gerade dann nicht im Detail erklären muss ...

... synergetisch ... zeitökonomisch ...

... unter der Bedingung, dass das Gezeigte aus sich heraus verständlich ist und andererseits keine Wahrnehmungskonkurrenz zum Gesprochenen entsteht.

- Ein Beispiel: Man könnte eine statistische Tabelle in Form einer Grafik an die Wand projizieren, deren einzelne Werte dann nicht erläutert werden müssen oder deren optische Aussagekraft eine weitere Erläuterung erübrigt.

Beim folgenden Beispiel müsste im Vortrag das Prinzip der Katastereinheiten kurz erklärt werden, daraufhin erschließt sich die Aussage der beiden Schaubilder im Vergleich von selbst, ohne dass man auf die einzelnen Zahlen eingehen muss.

Verteilung des Grundbesitzes in Roquevaire (Provence) 1663

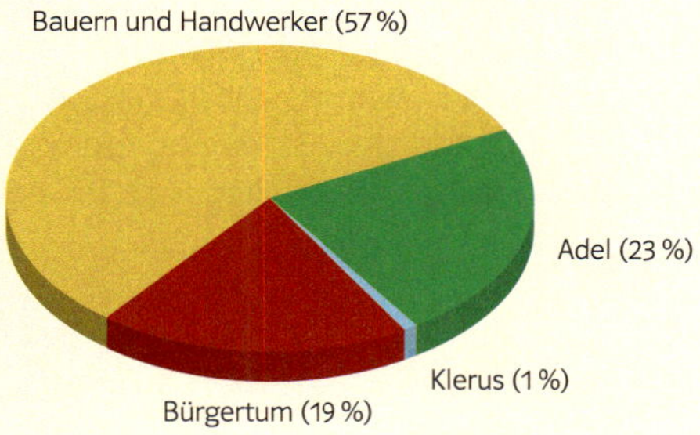

Verteilung des Bodens nach Größe bzw. Wert nach örtlichen Katastereinheiten

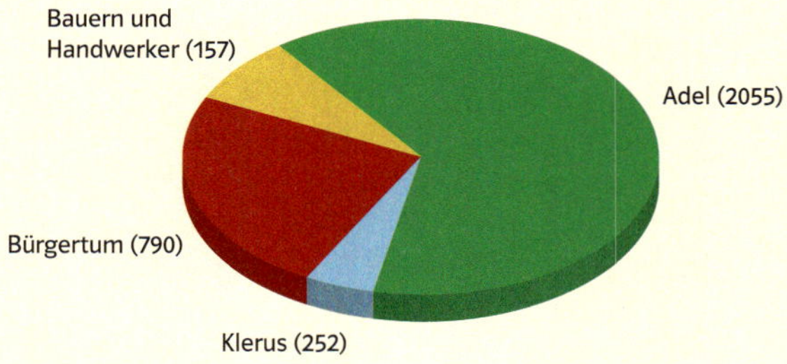

Voraussetzung dafür ist die **Lesbarkeit** des an die Wand Projizierten.

- Lesbarkeit: Quellen in Form von Bildern, Tabellen, Übersichten, v.a. auch der Legenden bei Schaubildern, müssen lesbar sein. Hier gilt das Problem der frühen Computerära: What you see is what you get gilt nicht unbedingt vom Computerbildschirm über den Beamer oder von der Folie über den Overheadprojektor zur Wandprojektion.
- Das Problem stellt sich besonders bei Bildquellen aus dem Internet, wo es immer mehr Angebote von historischen Bildern gibt, aber auch bei Sammlungen auf CD-ROMs, wenn die Bilder von der Auflösung und der datenmäßigen Größe nicht gut genug für eine Projektion an die Wand sind. Was auf dem Computerbildschirm noch geht, kann an der Wand über Beamer oder über Overheadprojektor (von einer Folie) diffus und verwaschen, letztlich unbrauchbar sein.
- Am besten testet man dies, indem man das Bild am Computerbildschirm hochzoomt (z. B. auf 200 %). Ob ein Bild gut genug aufgelöst ist, hängt nicht nur von seiner datenmäßigen Größe ab, sondern auch von den Details, die sich darauf befinden bzw. erkennbar sein sollen, aber eine Datei von 50 KB (JPEG) wäre schon das Minimum.
- Ähnliches gilt für die Schrift von selbst verfassten Texten: Hier reicht die 12 pt-Schrift nicht aus, 14 pt ist das absolute Minimum.
- Diese technischen Probleme kann man nur durch vorheriges Ausprobieren in den Griff bekommen …

Auf der für Schüler konzipierten Homepage des Verfassers dieser Hinweise gibt es eine ausführliche, kommentierte Liste von Internetadressen (mit Links) sowie von CD-ROMs mit historischem Bildmaterial, das für Präsentationen in Geschichte geeignet ist: www.wolfgang-geiger-online.de

6. Aufbruch in der Neuen Welt

Betrachtet man die Entstehung der Vereinigten Staaten von Amerika und stellt die Frage nach den Wurzeln dieses Landes, so erkennt man ein Spannungsfeld: Einerseits nicht zu leugnende europäische Wurzeln, andererseits spezifisch amerikanische – bzw. zunächst koloniale – Gegebenheiten und Denkweisen. Um diese einmalige Entwicklung – nirgends sonst konnte ein Staatswesen so frei, d. h. ohne Rücksicht auf bestehende Traditionen und Zwänge entstehen – zu bewerten, gilt es, stets diesen Zwiespalt zu beachten: Wie europäisch waren die Einwanderer und wie sehr waren sie, ohne es zu bemerken, bereits „amerikanisch"? – ein Bewusstsein, dass sich zunächst hauptsächlich aus der Ablehnung europäischer Strukturen, zugleich aber aus den Gedanken der europäischen Aufklärung speiste.

6.1 Ein Leben in der Neuen Welt – zwischen Überlebenskampf und Freiheitsdrang

Ein andere Art der Kolonialherrschaft: Die britischen Kolonien in Nordamerika

Nach der Entdeckung Amerikas 1492 und dem Ausgreifen der Spanier in die Neue Welt setzt mit der Entstehung der ersten britischen Kolonien in Nordamerika eine neue Phase der Besiedlung ein. Im Vergleich zu den anderen europäischen Mächten, hauptsächlich Spanien und Portugal, begann die britische Krone verhältnismäßig spät, ihre Kräfte auf das Ausgreifen in die Neue Welt zu konzentrieren, die erste dauerhafte Siedlung entstand 1607 in Jamestown, Virgi-

1 Indianer-Siedlung. Zeichnung von John White (ca. 1540 – ca. 1593).

6

2 Die 13 englischen Kolonien in Amerika.

nia. Vieles unterschied diese englischen Überseebesitzungen von Beginn an von den bisher auf dem amerikanischen Kontinent etablierten Kolonialmächten: Es handelte sich erstens hier nicht um Eroberungs- oder Beherrschungs-, sondern um Siedlungskolonien. Es waren also nicht Soldaten, die hier im Namen des Königs agierten, sondern Privatleute und Kaufmannsgesellschaften, die zwar mit königlichem Freibrief ausgestattet und an bestimmte Rahmenbedingungen des britischen Kolonialsystems gebunden waren, aber ansonsten mit dem Ziel kamen, ein neues Leben in Übersee zu beginnen. Weiterhin zeigten die englischen Könige über lange Zeit kein besonderes politisches Interesse an diesen Gebieten – diese „wohlwollende Vernachlässigung“ (Horst Dippel) ermöglichte eine weitgehend freie Ausgestaltung des kolonialen Lebens. Selbstverwaltung in Politik und Rechtswesen – solange sie nicht dem zu Grunde liegenden englischen Recht gravierend widersprach – wurde nicht nur nicht unterbunden, sondern von der britischen Krone durchaus begrüßt. So konnten verschiedene Gruppierungen, die über kurz oder lang den politischen oder gesellschaftlichen Frieden in Großbritannien hätten stören können, durch die Möglichkeit der Auswanderung „abgeschoben“ werden, womit zunächst allen Seiten geholfen war.

6

Auswanderung in die Neue Welt

Puritaner, Quäker

So verschieden wie die Ausgestaltung der einzelnen Kolonien erfolgte, so verschieden waren auch die Motive, die die Siedler in die Neue Welt getrieben hatten. Die größte und bekannteste Gruppierung waren wohl diejenigen, die in Europa religiös unterdrückt oder gar verfolgt wurden. Hierzu zählten vor allem die Puritaner, aber auch Baptisten, Quäker, Methodisten, Lutheraner, Orthodoxe, Mormonen und eine nicht geringe Anzahl an Katholiken. So ist es bis heute einer der Grundpfeiler der amerikanischen Gesellschaft, der Bevölkerung die freie - d.h. von Staat unabhängige - Ausübung der Religion und der mit ihr verbundenen Geisteshaltung zu gewährleisten. Eine weitere Motivation zur Auswanderung war die Aussicht auf materiellen und gesellschaftlichen Aufstieg. Nirgends war es leichter, mit einem gewissen Grundstock an Kapital, etwas wirtschaftlichem Geschick oder politischem Know-how an die Spitze einer Gesellschaft zu gelangen und somit der gesellschaftlichen Elite anzugehören. Viele, denen diese Anerkennung in England versagt geblieben war, zog es in die Neue Welt. Ebenfalls nicht zu unterschätzen ist der Anteil der Abenteurer, die sich von der grenzenlosen Freiheit des Landes angezogen fühlten. Die letzte Gruppe umfasst Menschen, die in der alten Gesellschaft keinen Platz mehr hatten - zumeist Ausgestoßene, Besitzlose und ehemalige Strafgefangene. Sie sahen ihre Chance, sich durch harte Arbeit und großen Einsatz ein neues Leben aufzubauen - eine Möglichkeit, die ihnen in Europa verwehrt geblieben wäre. Beträchtlich gesteigert wurde die Anzahl der Auswanderer außerdem durch die zahlreichen Kriege oder Hungersnöte des 17. Jahrhunderts.

Gemeinsame Probleme und Ziele

Allen diesen Siedlern war zunächst gemeinsam, dass man die Gefahren in der neuen Welt unterschätzt hatte. Den ersten Winter in Jamestown überlebten nicht einmal die Hälfte aller Siedler und ohne die Hilfe der dort lebenden Indianer wäre wohl die ganze Unternehmung gescheitert. Aber auch nachdem man langsam begonnen hatte, sich zumindest selbst ernähren zu können, stellte sich immer noch die wirtschaftliche Kernfrage nach einer profitablen Einnahmequelle - in Virginia ermöglichte schließlich der Tabakanbau den Aufstieg und den Ausbau der Besitzungen in Amerika. Zwar anders ausgestaltet, aber vom Prinzip her ähnlich erging es auch den anderen Kolonien. Jede musste unter großen Mühen erst den für sich geeigneten Wirtschaftszweig finden und bezahlte dies in den ersten Jahren mit vielen Menschenleben - Siedler, die schlicht verhungerten oder unheilbar an einer der vielen grassierenden Seuchen erkrankten. Ein weiteres

3 Die puritanischen Siedler der Mayflower feiern 1621 ihr erstes Thanksgiving. Gemälde von Leon Gerome Ferris (1863–1930).

6

großes Problem war der Frauenmangel in allen Kolonien – dies entspannte sich meistens innerhalb des ersten Jahrzents, als immer mehr weibliche Auswanderer aus Europa nachfolgten, nachdem sich die Lebensverhältnisse etwas stabilisiert hatten. Zunehmend problematisch gestaltete sich das Verhältnis zu den Ureinwohnern des Kontinents, den Indianern. Nach anfänglicher Hilfestellung wuchs das gegenseitige Misstrauen und schlug schließlich vielerorts in blutige Kämpfe um. Ausgelöst wurden diese häufig dadurch, dass die europäischen Siedler aus dem Gefühl der eigenen Überlegenheit heraus die Indianer aus ihren ursprünglichen Siedlungsgebieten verdrängten und diese sich wiederum von der neuen Lebensweise der Neuankömmlinge bedroht fühlten. Auch wenn dieses Problem politisch erst im 19. Jahrhundert relevant wurde – das Leben der Siedler war von der „Gefahr der Indianer" stets begleitet. Ebenfalls bedroht fühlten sich die englischen Pelzjäger und Händer von kolonialen Siedlungen der Franzosen und Spanier auf dem amerikanischen Kontinent, auch wenn es erst in der zweiten Hälfte des 18. Jahrhunderts in dieser Frage zur Eskalation kam. Genauso wichtig wie diese Bedrohungen „von außen" hat die Abgrenzung zum eigenen Mutterland die Zusammengehörigkeit der britischen Kolonien gestärkt. Auch wenn England sich hier zunächst eher großzügig zeigte, war man spätesten seit dem ersten *navigation act* aus dem Jahre 1651 Teil des merkantilistischen Handelssystems und hatte mit dessen Vorgaben zu leben bzw. nach einem gemeinsamen Ausweg zu suchen, sich gegen diese Vorgaben zur Wehr zu setzen. Je mehr der Druck des Mutterlandes stieg, desto mehr wuchs auch in den Kolonien das Gefühl der Zusammengehörigkeit.

Trotz all dieser gemeinsamen Anliegen und Schwierigkeiten entwickelte sich das Leben in den einzelnen Kolonien jedoch sehr unterschiedlich. Der Anbau und der Handel erfuhr andere Ausrichtungen, Religion spielte eine unterschiedlich große Rolle und vor allem die Ausgestaltung der Gesellschaft, also ihr Aufbau und ihre Werte, verliefen sehr verschieden. So ließen sich rasch drei unterschiedliche Arten von kolonialen Siedlungen unterscheiden: die Neuengland-Kolonien, die Mittelkolonien und die Südkolonien.

Die Neuengland-Kolonien

In den nördlichen Kolonien entwickelte sich von Beginn an eine Dominanz puritanischer Einwanderer. Nach der ersten Siedlung der *pilgrim fathers* in Plymouth, Massachusetts, um 1620 strömte eine größere Zahl von Einwandern meist im Familienverband organisiert und streng vom puritanischen Glauben geprägt in diese Gebiete. Vorreiter dieser Entwicklung war stets die Kolonie Massachusetts. Stellvertretend für viele ist hier einer ihrer bekanntesten Vertreter, John Winthrop. Unter dem Eindruck blutiger Religionskriege in Europa fasste er den Entschluss, „möglichst viele Gläubige und vielleicht sogar das Christentum selbst durch einen Exodus nach Amerika zu retten" (Jürgen Heideking). Eines der wichtigsten Anliegen der Puritaner war, ein von ihren Moralvorstellungen geprägtes Gemeinwesen zu errichten. Entgegen der ursprünglichen Intention der Pilgrims entwickelten die Puritaner schnell ein gewisses Machtbewusstsein und ein Streben nach wirtschaftlichem Erfolg, den sie als Zeichen göttlicher Gnade und Auserwähltheit werteten. So waren diese Kolonien geprägt von der Vorherrschaft einer streng puritanischen Elite – diese gründete sich einerseits auf religiös-orthodoxe Vorstellungen und andererseits auf ihren durch Fleiß und zugleich einfache Lebensführung errungenen Wohlstand. Hierbei handelte es sich zumeist um Familien, die den ersten Generationen von Siedlern angehört hatten. Alle Erscheinungen, die nicht der puritanischen Lebensführung entsprachen, wurden verteufelt und aufgrund eines Systems geistiger und sozialer Kontrolle aus dem öffentlichen Leben verbannt. Denjenigen, die diesem Ideal nicht entsprachen und die sich an dieser geistigen Enge störten, blieb häufig nur die erneute Auswanderung in eine der anderen Kolonien. Im Zuge dieser Entwicklung spalteten sich mehrere Gebiete von Massachusetts ab, z. B. die Gründungen der Kolonien Rhode Island und Connecticut sind das Produkt solcher Abspaltungen. Trotz dieser Abspaltungen blieb Massachusetts bis zur Revolution neben der Südkolonie Virginia die bevölkerungsreichste und wirtschaftlich stärkste Kolonie der Neuen Welt. Ethnisch gesehen war sie die einheitlichste aller Kolonien, es herrschte in fast allen Bereichen Konformität – man könnte sie fast als „englischer als England" bezeichnen. Von hier ausgehend entwickelte sich auch das geistige Leben der Kolonien: So war das Schulwesen den übrigen Kolonien immer einen Schritt voraus, die bis heute bekanntesten Universitäten der Vereinigten Staaten haben hier ihren Ursprung: Bereits 1636 – nur sechzehn Jahre nach der ersten Besiedlung – wird das Harvard College in Cambridge gegründet, im Jahre 1701 folgt das Yale College in Connecticut. Auch was die Ausgestaltung von lokaler Verwaltung und des Gerichtswesens anging, gelang es keiner anderen Region, so gut durchdachte und fortschrittlich ausgestaltete Regelungen zu treffen, die später bei der Konstituierung der Vereinigten Staaten in vielerlei Hinsicht als Vorbild dienten. Schließlich entstand hier mit dem *Mayflower Compac*t 1620 das erste Dokument das sich mit der Ausgestaltung des Gemeinwesens in der Neuen Welt befasste. Bis heute ist dieser puritanische Einfluss aus dem Leben der Amerikaner nicht mehr wegzudenken: „Das von Winthrop formulierte Sendungsbewusstsein überdauerte die Kolonialzeit und bildet bis heute – in religiöser und säkularisierter Form – eines der wichtigsten Elemente des amerikanischen Selbstverständnissen und der nationalen Identität." (Jürgen Heideking).

Die Mittelkolonien

In diesen Kolonien zeigten sich von Beginn an Merkmale, die ebenfalls prägend für die amerikanische Gesellschaft werden sollten: Heterogenität und Flexibilität. Die hier ansässigen Siedler waren nicht ausschließlich englischer Herkunft, häufig zog es Schotten, Waliser und Iren hierher. Das Zusammenleben funktionierte weitgehend reibungslos, da Toleranz als oberste Maxime einen hohen Stellenwert genoss, was viele Bewohner anderer Kolonien – besonders aus Neuengland – in diese Regionen zog. Auch Auswanderer aus anderen europäischen Ländern, vor allem aus Frankreich, den Niederlanden, den skandinavischen Ländern und zunehmend aus den verschiedenen deutschen Staaten fanden hier eine neue Heimat. In manchen Gebieten stellten die Deutschen bis zur Hälfte der Bevölkerung. So schrieb bereits 1770 der französische Einwanderer St. John de Crèvecoeur in seinen berühmten *Letters from an American Farmer:* „What, then, is the American, this new man? He is neither an European, nor the descent of an European [...]. Here individuals of all nations are melted in a new race of men, whose labours and posterity will one day cause great changes in the world."
Geprägt waren diese Gebiete von der Vielfalt des Handels. Es entstand keine Monokultur, sondern verschiedene Erwerbsmöglichkeiten existierten nebeneinander, besonders dem Ausbau des Handels und der Manufakturen kam eine wichtige Rolle zu. Weiterhin boten die fruchtbaren Böden Möglichkeiten, einen Überschuss an Getreide und Fleisch zu erwirtschaften, so dass die Bedeutung des Exportes relativ groß war. In den beiden großen Städten Philadelphia und New York – erstere war mit ca. 40 000 Einwohnern bei Ausbruch der Revolution 1776 nach London, Dublin und Bristol die viertgrößte Stadt des britischen Reiches – etablierte sich schnell ein Leben, das nach damaligen Maßstäben als „urban" bezeichnet werden kann. An der Spitze der Gesellschaft standen hier meistens Familien, die durch kaufmännischen Erfolg zu Reichtum gelangt waren und diesen stetig ausbauen konnten. Der ungehinderten Entfaltung schien in dieser Region wenig im Wege zu stehen.

4 **„Ladder of Fortune"**
Lithographie, 1875.

Die grundsätzlich offene Geisteshaltung der mittleren Kolonien zeigt sich auch darin, dass hier die religiöse Toleranz am stärksten ausgeprägt war. Einerseits lebten verschiedene Religionsgemeinschaften eng beieinander, andererseits bot sich hier Raum für religiöse Gruppen, die ungehindert ihre eigene Ordnung errichten wollten. Beispielhaft für diese Entwicklung war William Penn, ein radikaler Quäker. Ihm gelang es, seiner Religion besonderen Ausdruck zu verleihen, indem er eine eigene Quäker-Kolonie gründete, das nach ihm benannte Pennsylvania. Dies war ihm möglich, da er von seinem Vater Forderungen an die Krone in beträchtlicher Höhe geerbt hatte und König Karl II. ihm als Ausgleich das Gebiet des heutigen Pennsylvania – dieses hatte etwa die Ausdehnung des gesamten Mutterlandes! – zuwies und ihm dort weitgehende Regierungsausübung erlaubte. Nach relativ kurzer Zeit siedelten dort aber nicht nur Quäker, sondern Penns staatliche Garantie politischer und religiöser Freiheit zog Auswanderer unterschiedlichster Nationalitäten und Religionen an. Die politische Freiheit machte es dringend notwendig, Regelungen für das Zusammenleben zu treffen – hier entstanden die ersten ernst zu nehmenden regionalen Vertretungen und 1701 mit der *Charter of Priviliges* die erste bindende, von einer Versammlung ratifizierte Verfassung. So war aus einem ursprünglich „heiligen Experiment" (Udo Sautter) ein Gemeinwesen entstanden, das von nun an alles dransetzten, die erworbenen politischen Freiheiten gegenüber dem Mutterland nicht wieder einzubüßen. Viele dieser Ideen wurden später in Philadelphia, wo ab 1774 der Kontinentalkongress tagte, vom dem schließlich die Unabhängigkeitsbestrebungen der Kolonien ausgingen, erörtert und umgesetzt.

Die Südkolonien

Der Ausbau von Monokulturen und dadurch die Bewirtschaftung des Landes in großen Plantagen sind das Charakteristikum des Südens. Ausgehend vom Tabakanbau in Virginia, erweiterte sich diese Form des Anbaus auf verschiedene Bereiche, dominant waren aber bald Reis und Baumwolle. Im Zuge dieser Entwicklung bildetete sich eine elitäre Schicht von Pflanzerfamilien, die in ihrem Lebensstil dem ursprünglich so verhassten europäischen Adel in nichts nachstanden. Es war ein kleiner Kreis von Familien, die alle Bereiche des Lebens dominierten, ihre Traditionen pflegten, über eine große Anzahl von Dienstboten verfügten und ihren Reichtum ständig mehren konnten.

Das fast tropische Klima und die weitläufigen Anbauflächen fernab von jeglicher sonstiger entwickelten Infrastruktur – außer der Stadt Charleston, die im Jahre 1776 nur 12 000 Einwohner hatte, herrschten im ganzen Süden wenig erschlossene, ländliche Bedingungen vor – machten diese Gebiete für Siedler wenig attraktiv. Daher herrschte auf den Plantagen des Südens chronischer Arbeitskräftemangel. Dieser wurde durch zweierlei Maßnahmen aufgefangen: Zunächst gab es das System der befristeten Dienstbarkeit. Es wurde auswanderungswilligen Europäern, die sich die Überfahrt in die neue Welt nicht leisten konnten, diese Schiffspassage im Voraus finanziert, wofür die Neuankömmlinge dann für einen befristeten Zeitraum (meistens 7 Jahre) unentgeltlich – nur gegen Verpflegung und Unterkunft– auf den Plantagen arbeiten mussten. Als wesentlich günstiger erwies sich allerdings die Einrichtung der Sklaverei. Nicht nur, dass man schnell feststellte, dass Schwarze offensichtlich den klimatischen Bedingungen besser gewachsen waren und daher die besseren Arbeiter waren, hinzu kam, dass Schwarze von vielen damals nicht als gleichberechtigte Menschen anerkannt wurden. So war die Deportation – die ersten Sklaven kamen 1619 nach Virginia –, der Verkauf und die Ausbeutung der Schwarzen mit den sonst hoch geschätzten Werten der Freiheit und Gleichheit durchaus vereinbar. Am Vorabend der Revolution lebten ungefähr eine halbe Million Sklaven in den Südkolonien. Abgesehen von den ihnen abgesprochenen Freiheitsrechten wurden sie in der kolonialen Phase Amerikas aber zumeist gut behandelt, da man zu diesem Zeitpunkt den Arbeitskräftemangel im Süden bei weitem noch nicht behoben hatte – es lag also im ureigenen Interesse eines jeden Plantagenbesitzers, seine Sklaven gesund, arbeitsfähig und einigermaßen zufrieden zu halten. Dies erklärt wohl auch, dass die durchaus aus dem Norden schon laut erhobenen Gegenstimmen gegen diese „besonderer Einrichtung" (so wurde die Sklaverei später offiziell bezeichnet) dadurch entkräftet werden konnten, dass man auf dieses „notwendige Übel" (Udo Sautter) nicht verzichten konnte, wollte man das wirtschaftliche Überleben sichern.

The TIMES are Dreadful, Dismal Doleful Dolorous, and DOLLAR-LESS.

An Emblem of the Effects of the STAMP

O! the fatal Stamp

Thursday, October 31, 1765. THE NUMB 1195.

PENNSYLVANIA JOURNAL; AND WEEKLY ADVERTISER.

EXPIRING: In Hopes of a Resurrection to LIFE again.

I AM sorry to be obliged to acquaint my Readers, that as The STAMP-ACT, is fear'd to be obligatory upon us after the First of November ensuing, (the fatal To-morrow) the Publisher of this Paper unable to bear the Burthen, has thought it expedient TO STOP awhile, in order to deliberate, whether any Methods can be found to elude the Chains forged for us, and escape the insupportable Slavery, which it is hoped, from the last Representations now made against that Act, may be effected. Mean while, I must earnestly Request every Individual of my Subscribers many of whom have been long behind Hand, that they would immediately Discharge their respective Arrears that I may be able, not only to support myself during the Interval, but be better prepared to proceed again with this Paper, whenever an opening for that Purpose appears, which I hope will be soon. WILLIAM BRADFORD

5 **Protest des Pennsylvania Journal gegen die Stempelsteuer, 1765.**

6.2 Auf dem Weg in die politische Unabhängigkeit

Der Konflikt mit dem Mutterland

Lange Zeit sah es so aus, als könnte in den britischen Kolonien Nordamerikas die friedliche Koexistenz von Siedlern und den von der britischen Krone geschaffenen Rahmenbedingungen – immerhin wurden 1776 acht der dreizehn Kolonien von einem britischen Gouverneur regiert – gelingen, da beide Seiten ihren Nutzen aus dem bestehenden System ziehen konnten. 1763 erfolgte jedoch eine spürbare Wandlung in der britischen Kolonialpolitik. Es gelang zwar im *French and Indian War* 1754–63 (so werden die kriegerischen Auseinandersetzungen, die Engländer und Franzosen im Zuge des Siebenjährigen Krieges auf dem nordamerikanischen Kontinent ausfochten, genannt), die Franzosen fast gänzlich vom amerikanischen Festland zu vertreiben, doch auch England selbst war am Ende dieses Krieges finanziell nahezu ruiniert. Diese Notlage, gepaart mit der neuen Regentschaft König Georgs III., der wesentlich mehr Interesse an den Kolonien zeigte als seine Vorgänger, führte zu einer veränderten britischen Steuer- und Finanzpolitik gegenüber den Kolonien. Verschiedene Gesetze der kommenden Jahre *(Sugar Act, Currency Act, Stamp Act, Townshend Act und Tea Act)* zielten darauf ab, höhere Steuern aus den Kolonien für die Krone zu erzielen oder in Währungs- und Zollfragen neue Regelungen zu treffen, die stets die Kolonien finanziell schlechter stellten. Dies erregte in allen Kolonien heftige Proteste, schon bereits jetzt wurden erste radikale Forderungen nach Unabhängigkeit laut. Für viel Aufregung unter den Siedlern sorgte auch, dass die britische Krone im Frieden von Paris 1763 einen Passus formuliert hatte, der die immer häufiger auftretende Indianerfrage lösen sollte. Es wurde hier eine zukünftige klare Abgrenzung zwischen den Gebieten der Weißen und denen der Indianer festgelegt. Diese Grenze sollte entlang des Appalachen-Gebirges verlaufen. Eine solche Grenzziehung widersprach dem immer weiter nach Westen ausgreifenden Siedlungsdrang der Kolonien und beschnitt die „unbegrenzten Möglichkeiten", die den freiheitsliebenden Siedlern ein hohes Gut waren. Für ein Ausgreifen nach Westen konnte man nun also mit keinerlei Schutz bzw. Unterstützung der Kolonialmacht rechnen. Als weiteres Ärgernis drängte sich langsam eine Frage ins politische Bewusstsein der Kolonisten, die in den ersten Generationen aufgrund anderer existenzieller Probleme eher in den Hintergrund getreten war – nämlich die Frage nach politischer Repräsentation der Kolonien im englischen Parlament. Die englische Krone negierte diese Notwendigkeit stets mit der Begründung, dass alle Abgeordneten auch für alle Belange des Empire zuständig seien, daher also eine Repräsentation verschiedener Regionen nicht notwendig sei.

In den eher regional als zentral strukturierten Kolonien hatte sich dagegen längst eine eher föderale Auffassung des Repräsentationsprinzips durchgesetzt, und die Unzufriedenheit mit diesem Zustand wuchs ständig. In Kombination mit den nun zunehmend erhobenen finanziellen Repressalien mündete sie nun in die allgemeine Forderung der Kolonien: „No taxation without representation!" Diese immer heftiger ausgetragenen Differenzen eskalierten schließlich in Boston: 1773 boykottierten die Kolonialamerikaner die Einfuhr von britischem Tee der *East India Company*. Als das britische Handelsschiff den Hafen nicht wieder verlassen wollte, enterten als Indianer verkleidete Siedler das Schiff und kippten die Ladung ins Hafenbecken. Diese Aktion sollte den Auftakt zur offenen Konfrontation darstellen. Zunächst gingen zwischen den beiden Parteien (die Kolonien schafften sich 1774 ein gemeinsames Sprachrohr in Form des Ersten Kontinentalkongresses) verschiedene Protestschreiben, Erklärungen und Resolutionen hin und her, die zwar manche Detailfragen klären konnten – im Grunde jedoch war die Entwicklung nicht mehr aufzuhalten: Die dreizehn Kolonien hatten sich ein eigenes Organ geschaffen, kämpften gemeinsam für ihre eigenen Interessen gegenüber

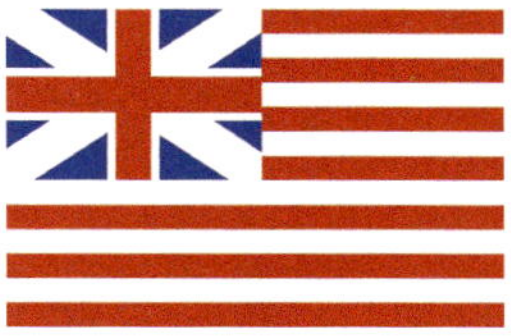

6 Flagge USA 1775.

7 Flagge USA 1777.

6

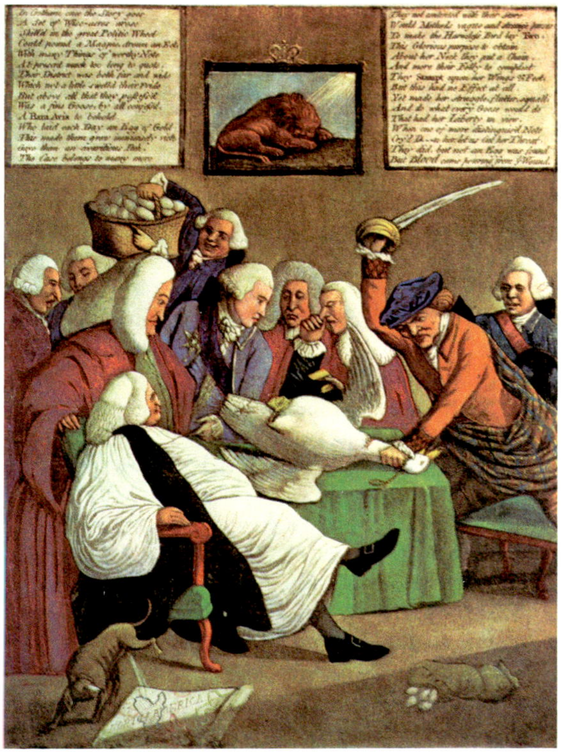

8 Die Gans, die keine Eier mehr legt. Englische Karikatur vom Februar 1776 auf die Kolonialpolitik der Regierung in London.

dem Mutterland und das revolutionäre Ansinnen, politisch unabhängig zu werden, verbreitete sich zunehmend.

Es war in den Jahren 1775/76 im Grunde nur eine Frage des Zeitpunktes und der Form, bis die Kolonien auch offiziell ihre Forderung nach Unabhängigkeit verlauten lassen würden. So geschah es dann auch am 4. Juli 1776. Das vorgelegte Dokument war von einem Komitee, bestehend aus Thomas Jefferson, Benjamin Franklin, John Adams, Robert Livingston und Roger Sherman entworfen und schließlich von den Delegierten der Einzelstaaten auf dem zweiten Kontinentalkongress ratifiziert worden. Als Begründung für die Lostrennung wird im ersten Teil Bezug auf die Vertragstheorie von John Locke genommen, im zweiten Teil werden die Verfehlungen König Georgs III. gegenüber seinen Untertanen detailliert aufgezählt und streng verurteilt. Der wohl berühmteste Passus dieser Erklärung aber sind einige Zeilen, in denen Grundprinzipien formuliert sind, auf die sich die Vereinigten Staaten bis heute stützen: „We hold these truths to be self-evident: That all men are created equal; that they are endowed by their Creator with certain unalienable rights; that among these are life, liberty and the pursuit of happiness." („Wir halten folgende Wahrheiten für selbstverständlich: Das alle Menschen gleich geschaffen sind; dass sie von ihrem Schöpfer mit gewissen unveräußerlichen Rechten ausgestattet sind; dass dazu das Leben, Freiheit und das Streben nach Glück gehören.")

Der Unabhängigkeitskrieg

Nach der Erklärung der Unabhängigkeit waren die Bewohner der Kolonien bereit und gewillt, für die Durchsetzung ihrer Forderungen auch mit der Waffe zu kämpfen. Nur so ist es wohl zu erklären, dass zwei eigentlich militärisch unbedeutende Scharmützel in Lexington und Concord für den zweiten Kontinentalkongress als Anlass dienten, eine eigene Armee aufzustellen, und von der breiten Öffentlichkeit als Startsignal zum Krieg interpretiert wurden. Dieses war allerdings ein sehr gewagtes Unternehmen: Die Amerikaner waren noch keine einheitliche Nation und den von ihnen aufstellten „Rebellentruppen" mangelte es an Waffen, Geld, militärischer Erfahrung und starker Führung. Auf der Gegenseite stand eine der führenden Militärmächte der Welt einschließlich ihrer Kriegsflotte und ungefähr 30 000 weiteren Soldaten, die man von deutschen Fürsten in Sold genommen hatte. Dass der Krieg aber doch keine so eindeutige Angelegenheit wurde, wie vermutet, lag wohl hauptsächlich an drei Faktoren: Die Kontinentalarmee (wie sich die Truppen der Kolonisten bald nannten) verfügte über die wesentlich besseren Kenntnisse der regionalen Gegebenheiten und konnte diese strategischen Vorteile schließlich immer besser nutzen, je länger der Krieg dauerte. Zweitens erfuhren die Amerikaner Hilfe

9 „Das amerikanische Pferd und sein englischer Reiter, König Georg III.“, Karikatur aus dem Jahr 1779.

von den anderen europäischen Großmächten (motiviert von der Rivalität zu England). Zunächst war diese Hilfe rein materiell in Form von Ausrüstung und Waffen, bis dann 1778 Frankreich schließlich offiziell in den Krieg gegen Großbritannien eintrat. Das dritte entscheidende Moment lag in den strategischen und organisatorischen Fähigkeiten des Oberkommandeurs der Kontinentalarmee, George Washington. Es ist im Nachhinein schwer zu beurteilen, wie groß seine Leistungen als Heerführer wirklich gewesen waren und wieviel später in der schier grenzenlosen Verehrung seiner Person hinzugefügt worden ist – es steht aber wohl außer Zweifel, dass er ein besonders guter Kommandeur war und viele seiner strategisch klugen Entscheidungen zum Sieg der Kolonien beigetragen haben. Am 3. September 1783 erkannte Großbritannien im Frieden von Paris die amerikanische Unabhängigkeit völkerrechtlich an. Was nun noch fehlte, war die verfassungsmäßige Ausgestaltung des neuen Staates. Trotz des fast schon identitätsstiftenden Erfolges der Kontinentalarmee hinterließ dieser Krieg einen tiefen Riss in der amerikanischen Bevölkerung – war er doch nicht nur ein Unabhängigkeitskrieg gewesen, sondern auch ein Bürgerkrieg. Es wird geschätzt, dass ungefähr ein Drittel der Einwohner in den Kolonien – wenn auch aus ganz verschiedenen Gründen – loyal der britischen Krone gegenüber gesinnt war. Loyalisten fanden sich in allen Schichten, Berufen, Regionen und Konfessionen. Ihre Motive waren mitunter vielfältig: „Schlichte Liebe zum Mutterland, Furcht oder moralische Skrupel hielten viele von der Rebellion gegen das angestammte Königshaus ab. Oft spielten persönliche Sympathien oder Antipathien mit und das Rabaukentum mancher lautstarker Radikaler konnte solchen Gefühlen gewiss nur Vorschub leisten." (Udo Sautter) Da die Mehrheit der Loyalisten nach dem Krieg entweder nach England gingen, sich eine neue Heimat im britischen Kanada suchten oder sich zumindest gänzlich aus dem öffentlichen Leben zurückzogen, blieb dem jungen amerikanischen Staat eine Gegenrevolution erspart.

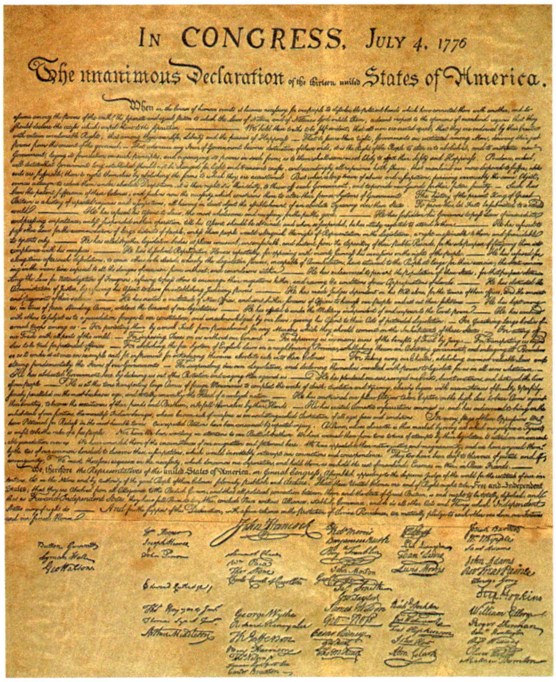
IN CONGRESS, JULY 4, 1776

The unanimous Declaration of the thirteen united States of America,

10 Unabhängigkeitserklärung mit den Unterschriften der Anwesenden zum Kongress am 4. Juli 1776, USA.
Urkunde

Die Verfassungsentwicklung

Die amerikanische Verfassung, die 1788 in Kraft trat – nachdem sie von der notwendigen Mehrheit von neun Einzelstaaten ratifiziert worden war –, ist das erste Dokument, in dem republikanisches Ideengut in einer konkreten Ausarbeitung einem Staatswesen zugrunde gelegt wird. Sie war revolutionär, gleichsam jedoch sehr modern, da sie unterschiedliche Ansätze ihrer Zeit aufnahm und in bisher nicht gekannter Weise in sich vereinte. Dies waren zunächst die Schriften der französischen Philosophen Voltaire, Rousseau und Montesquieu sowie die Kampfschrift *Common Sense* von Thomas Paine. Elemente der Verfassung finden sich auch bereits in ihren „Vorläufermodellen": dem *Mayflower Compact* und den Konföderationsartikeln. Inhaltlich schreibt die Verfassung die Republik als Staatsform vor, legt dem System die Gewaltenteilung zugrunde und regelt die Pflichten, Zuständigkeiten, Grenzen und Überschneidungen der drei Gewalten Legislative, Exekutive und Judikative. Weiterhin basiert sie auf dem Prinzip der Volkssouveränität und der repräsentativen Demokratie, die durch ein Wahlsystem geregelt wird. Die sehr zentrale Rolle des Präsidenten entstammte – ebenfalls der zeitgenössischen Vorstellung von einem starken Staatsoberhaupt – Kritiker bezeichnen den Präsidenten oft auch als „Ersatzmonarchen". Ebenfalls Rechenschaft trug die

11 Washingtons Übergang über den Delaware am 25. Dezember 1776. Durch die riskante Flussüberquerung entzog er sich mit den Resten der Rebellenarmee einer Entscheidungsschlacht. Das Gemälde von Gottlieb Leutze wurde Mitte des 19. Jahrhunderts von der amerikanischen Öffentlichkeit enthusiastisch aufgenommen.

Verfassung der Entstehungsgeschichte der Vereinigten Staaten, indem sie den Einzelstaaten viele Rechte einräumte. Von Anfang an wurde hier das föderative Element betont und die zentrale Rolle des Bundesstaates eher kritisch gesehen. Der ursprünglichen Verfassung wurde ein Katalog von zehn Verfassungszusätzen *(amendments)* angefügt (die sogenannte *bill of rights*), in denen Grundrechte festgeschrieben waren. Als Vorlage hierzu dienten die bereits 1776 formulierten Virginia bill of rights. Auch wenn diese Grundrechte aus heutiger Sicht lückenhaft waren – sie wurden in der Geschichte der USA fortlaufend durch neue Verfassungszusätze ergänzt – kann ihre bloße Existenz als sehr fortschrittlich gewertet werden.

Jenseits aller internen Konflikte – ein neues amerikanisches Selbstverständnis entsteht

„Die Verfassung institutionalisierte gewissermaßen die Revolution, indem sie für einen offenen politischen Prozess sorgte, durch den das amerikanische politische System und die amerikanische Gesellschaft kontinuierlich weiterentwickelt werden konnten." (Jürgen Heideking). Dieser Prozess der Entstehung einer Nation setzte in den Vereinigten Staaten tatsächlich erst mit der Verabschiedung der Verfassung ein. Man hatte sich gemeinsam vom Mutterland gelöst, sich auf grundlegende Werte in der Verfassung verständigt, den Nationalhelden George Washington zum ersten Präsidenten gewählt und nun galt es, das Land auszugestalten. Viele Streitpunkte waren zu diesem Zeitpunkt noch offen und sollten auch noch lange Zeit dieses Land beschäftigen: Der in den Kontinentalkongressen bereits zu Tage getretene Konflikt zwischen den Interessen der Einzelstaaten und denen des Bundes – also die Frage nach einer Ausrichtung als Staatenbund oder als Bundesstaat – wurde in verschiedenen Zusammenhängen immer wieder relevant, bis heute spielen diese Kompetenzstreitigkeiten in den USA eine nicht zu unterschätzende Rolle. Das Wahlrecht musste im Laufe der Zeit immer wieder den Forderungen sich emanzipierender Gruppen (Frauenwahlrecht, Wahlrecht für ehemalige Sklaven) angepasst werden. Die Frage der Sklaverei und der Umgang mit den Ureinwohnern des Landes blieben Konfliktpotenzial in den USA. Auch der von Anfang an existierende Konflikt zwischen einzelnen Regionen (nicht nur Nord-Süd, später dann auch Ost-West) sorgte immer wieder für politischen Sprengstoff.

Jedoch jenseits all dieser Schwierigkeiten entwickelten die Amerikaner recht rasch ein Nationalgefühl – sie waren bereits im 19. Jahrhundert weit mehr als ein bloßer Zusammenschluss verschiedener europäischer Auswanderer. Geprägt und geeint durch die Revolution, hatten sie einen schier unerschütterlichen Glauben an den

Fortschritt, die eigene Überlegenheit und an die unbegrenzten Möglichkeiten, die jedem offen stehen sollten. Konkret zeigte sich dies einerseits in der rasanten Industrialisierung des Landes. Diese setzte zwar erst spät ein, überholte dann aber innerhalb von nur zwei Generationen alle Entwicklungen in Europa, andererseits - und dies ist wohl noch spezifischer für die Vereinigten Staaten - in der Erschließung des Kontinentes. Das ständige Ausgreifen nach Westen, die immer neue Besiedlung unbekannter Gebiete und die ständige Vergrößerung des Landes durch Aufnahme neuer Staaten in die Union prägten das Nationalgefühl der Amerikaner maßgeblich. So sagte Frederick Jackson Turner 1893 anlässlich der Weltausstellung in Chicago über die Erschließung des Westens: „Das Ergebnis ist, dass der amerikanische Geist seine auffallenden Charakteristika der Grenze verdankt. Jene Rauheit und Kraft, verbunden mit Scharfsinn und Wissbegier; jene praktische, erfinderische Denkungsart, rasch im Auffinden von Behelfen; jene meisternde Hand in materiellen Dingen, mangelhaft im Künstlerischen, aber machtvoll zur Erreichung großer Ziele; jene ruhelose, nervöse Tatkraft; jener dominante Individualismus, zum Guten und zum Bösen wirkend, und zu all dem die Spannkraft und Üppigkeit, die mit der Freiheit einhergehen - das sind Züge der Grenze oder Züge, die anderswo aufgrund des Daseins der Grenze hervorgerufen wurden. Seit den Tagen, da die Flotte des Kolumbus in die Gewässer der Neuen Welt segelte, war Amerika ein anderer Name für Möglichkeit, und das Volk der Vereinigten Staaten hat den Ton aufgenommen von der unaufhörlichen Ausdehnung, die den Leuten nicht nur freistand, sondern sogar aufgezwungen wurde." Natürlich halten diese übertriebenen Ausführungen keiner neutralen Analyse stand, es ist aber durchaus anzunehmen, dass solches Denken den amerikanischen Charakter zu einem nicht unbeträchtlichen Teil geprägt hat - und zwar ausgehend von der Revolutionszeit bis ins 21. Jahrhundert.

12 Sturz der Statue König Georgs III. in New York am 9. Juli 1776. Holzschnitt 19. Jahrhundert.

13 Die Unterzeichnung der Unabhängigkeitserklärung", Gemälde von John Trumbull.

6

14 John Gast, Amerikanischer Fortschritt, 1872, Öl auf Leinwand.

6.3 Die Rezeption in Europa: Ablehnung, Skepsis oder Solidarität?

Unterschiedliche Reaktionen

Die europäischen Reaktionen auf die Ereignisse in den Vereinigten Staaten fielen sehr unterschiedlich aus. Im Kreise der Intellektuellen und der regierenden Eliten wurden die Entwicklungen jenseits des Atlantiks sehr genau verfolgt und diskutiert, war doch vielen bislang Amerika in erster Linie als Ziel für Auswanderer oder für wirtschaftliche Investitionen bekannt gewesen. Für das aufgeklärte europäische Bürgertum mussten die „freien“, demokratischen Vereinigten Staaten zwangsläufig eine große Attraktivität entwickeln.
Die größte Ablehnung erfuhr die amerikanische Unabhängigkeit naturgemäß in Großbritannien, bedeutete diese doch politischen und wirtschaftlichen Einfluss- und Prestigeverlust für das Königreich. Zustimmung, wenn auch nicht gerade Bewunderung, wurde in jenen Staaten empfunden, die in Konkurrenz zu England standen. Teilweise hatten diese auch den amerikanischen Widerstand diplomatisch oder materiell unterstützt (z. B. Spanien).

Amerikas Einfluss auf die französische Revolution

Sehr unterschiedlich hingegen fielen die Reaktionen innerhalb Frankreichs aus, was mit der schwierigen Lage des Landes zusammenhängt. Auf der einen Seite war Großbritannien seit Jahrzehnten der Hauptrivale im Überseehandel und im Kampf um die Vorherrschaft in den Kolonialgebieten. Andererseits sah sich Frankreich selbst im Inneren einer wachsenden sozioökonomischen Krise gegenüber. Der Königshof fürchtete nicht ohne Grund die wachsende revolutionäre Stimmung. Die Intellektuellen hingegen, stark beeinflusst von den Gesellschafts- und Herrschaftstheorien von Voltaire, Rousseau und Montesquieu, verfolgten den amerikanischen Freiheitskampf mit großem Enthusiasmus. Viele Franzosen kämpften als Freiwillige auf der Seite der Amerikaner und kehrten nach dem Krieg nach Europa zurück. So unterschiedlich letztlich auch der amerikanische Unabhängigkeitskrieg und die französische Revolution sein mochten, so ist beispielsweise der direkte Einfluss der amerikanischen Bill of Rights auf die französische Erklärung der Menschen- und Bürgerrechte 1789 nicht zu übersehen.

15 **„Vertragsknechte“**

Ein Auszug aus „Gottlieb Mittelberger's Reise nach Pennsylvanien 1750“ berichtet von den sogenannten „Vertragsknechten“ in der Neuen Welt – davon waren zeitweilig bis zur Hälfte der Einwohner vieler Kolonien betroffen:

Wenn die Schiffe nach ihrer langen Reise in Philadelphia landen, dann darf sie niemand verlassen außer denen, die ihre Überfahrt bezahlt haben oder hinreichende Bürgschaft leisten können; die anderen ... müssen an Bord der Schiffe bleiben, bis jemand sie gekauft hat. [...] Der Verkauf menschlicher Wesen auf dem Markt an Bord der Schiffe spielt sich so ab: Jeden Tag kommen Engländer, Holländer und Oberdeutsche aus der Stadt Philadelphia und aus anderen Orten, zum Teil aus großer Entfernung, aus 20, 30 oder 40 Stunden Weg, und gehen an Bord des eben eingelaufenen Schiffes, das Passagiere aus Europa gebracht hat und diese zum Verkauf bietet, und suchen sich unter den gesunden Personen einen solchen aus, wie er ihnen für ihr Geschäft brauchbar zu sein scheint, und handeln mit ihm aus, wie lange er für seinen Fahrpreis dienen muss, den die meisten von ihnen noch schuldig sind. Wenn sie sich geeinigt haben, dann geschieht es, dass sich erwachsene Personen selbst schriftlich verpflichten, für den Betrag, den sie schulden, 3, 4, 5 oder 6 Jahre zu dienen, je nach ihrem Alter und ihrer Kraft. Aber sehr junge Leute, die zwischen zehn und fünfzehn Jahren alt sind, müssen dienen, bis sie 21 Jahre alt sind ... Manche Eltern müssen ihre Kinder verkaufen und verschachern sie wie ebenso viele Stück Vieh; denn wenn die Kinder die Schulden übernehmen, dann können die Eltern frei und ungehindert das Schiff verlassen. Oft aber wissen die Eltern nicht, wohin und zu welchen Leuten ihre Kinder gekommen sind, und darum geschieht es oft, dass solche Eltern und Kinder, wenn sie das Schiff verlassen haben, sich viele Jahre lang, sogar im ganzen Leben nicht mehr sehen. [...] Wenn ein Mann oder eine Frau auf See stirbt, wenn das Schiff schon mehr als die Hälfte des Weges zurückgelegt hat, dann muss der Überlebende nicht nur für sich selbst zahlen oder dienen, sondern auch für den Verstorbenen. Wenn beide Eltern sterben nach mehr als der Hälfte des Weges auf See, dann müssen die Kinder dienen, bis sie 21 Jahre alt sind.

Zit. nach: Geschichte in Quellen. Bd. IV. Amerikanische und Französische Revolution. Bearb. von W. Lautemann, München 1981, S. 43 f.

17 **Die Verheißung der Freiheit**

Der schwedische Naturforscher Pehr Kalm schreibt in einem Reisebericht (1753–1761) über die „Verheißung der Freiheit“ in den amerikanischen Kolonien, die so viele Siedler zum Aufbruch veranlasst hatte:

Die Menschen vermehren sich hier schneller als in Europa. Und es scheint auch nicht schwierig, dafür Gründe zu finden. Sobald man alt genug ist, kann man ohne Furcht vor Armut heiraten. Es gibt so viel gutes Land, das noch unbestellt ist, dass ein jungverheirateter Mann ohne Schwierigkeiten ein Stück Grund und Boden erwerben kann. [...] Die Freiheiten, die er genießt, sind so groß, dass er sich wie ein Fürst auf seinen Besitzungen fühlen kann.

16 **Fort Jamestown in Virginia**, ca. 1608.

Jeder, der Gott als den Schöpfer, Erhalter und Herrscher aller Dinge anerkennt und nichts gegen den Staat oder gegen den allgemeinen Frieden lehrt oder unternimmt, kann sich hier frei niederlassen, kann bleiben und seinem Gewerbe nachgehen, auch wenn seine religiösen Grundsätze noch so merkwürdig sind. Niemand wird hier wegen irriger Lehren, denen er nachhängt, belästigt, wenn er die oben genannten Grenzen nicht überschreitet. Und er wird durch die Gesetze so in seiner Person und seinem Eigentum geschützt und genießt solche Freiheiten, dass man von einem Bürger hier geradezu sagen kann, er lebe in seinem Haus wie ein König. Es würde schwer fallen, jemanden zu finden, [...] der in größerer Freiheit leben kann. Wenn man das eben Gesagte sorgfältig prüft, fällt es leicht, einzusehen, warum eine Stadt wie Philadelphia so plötzlich aus dem Nichts zu Größe und Vollkommenheit aufsteigen konnte, ohne dass ein mächtiger Monarch daran mitwirkte, indem er die Bösen bestrafte oder große Summen Geldes dazu beisteuerte.

Zit. nach: W. P. Adams/A. M. Adams (Hg.): Die Amerikanische Revolution in Augenzeugenberichten, München 1976, S. 19f.

18 The Mayflower-Compact

Bei Ankunft in Massachusetts 1620 unterzeichneten die Pilgerväter noch auf der Mayflower folgenden Vertrag

Im Namen Gottes, Armen. Wir, die Unterzeichner dieses, treue Untertanen unseres erhabenen Herrschers und Herrn König Jakobs I., von Gottes Gnaden Königs von Großbritannien [...] haben zur Ehre Gottes und zur Ausbreitung des christlichen Glaubens und zum Ruhm von König und Vaterland eine Fahrt unternommen, um die erste Kolonie in den nördlichen Teilen von Virginia zu gründen. Und wir kommen hiermit feierlich und wechselseitig, vor Gottes Angesicht und voreinander, überein und vereinigen uns selbst zu einem bürgerlichen politischen Körper; zur besseren Ordnung unter uns und zu Schutz und Förderung der oben genannten Absichten; und kraft dieses wollen wir von Zeit zu Zeit verordnen, errichten und einrichten rechte und billige Gesetze, Verfügungen, Erlasse, Einrichtungen und Ämter, wie es uns am zuträglichsten und zweckmäßigsten für das allgemeine Wohl der Kolonie erscheint: Und wir versprechen dazu alle schuldige Unterwerfung und Gehorsam. Zum Zeugnis dessen haben wir hier unsere Namen unterschrieben, vor Kap Codd, am 11. November [...] anno Domini 1620.

Zit. nach: Fritz Wagner, USA. Geburt und Aufstieg der neuen Welt. Geschichte in Zeitdokumenten 1607–1865, München 1947, S. 18 f.

20 Urteil eines heutigen Historikers über den Mayflower Compact

Im Mayflowervertrag wurde der herkömmliche church covenant[1] auf bürgerliche Verhältnisse übertragen. Weniger vorsichtige Interpreten meinten sogar, mit diesem Dokument sei eine Art Gesellschaftsvertrag oder eine staatliche Vertragstheorie in die neue Welt gesetzt worden oder gar die Idee der Demokratie. [...]
Der Vertragstext besagte, man sei zur Beförderung des christlichen Glaubens ausgewandert, zur Ehre von König und Vaterland. Das war die vertraute Topik derartiger Dokumente. Die spezifischen Motive blieben ungenannt.

1 Kirchlicher Schwur, Verpflichtung.

19 **„Pilgerväter auf dem Kirchgang“**, Gemälde von George H. Boughton, 1867.

Aber man kennt sie. Bradford[2] zufolge wurde der Vertrag auch deshalb geschlossen, um rebellischen Neigungen zuvorzukommen oder sie zu unterbinden, die schon hörbar waren, noch ehe man von Bord ging, vor allem von denjenigen, die nicht zu den Separatisten zählten. Grund zur Aufruhr gab es wegen Krankheit, Todesfällen, der Nervenbelastung seit dem Antritt der Reise und davor. Keiner hatte seine volle Gesundheit behalten. Eine zusätzliche Bedrohung ergab sich daraus, dass das Schiff nicht wie vorgesehen in Virginia gelandet war. [...] Rechtlich wirksam war der Vertrag streng genommen nicht. Dazu hätte er der Bestätigung englischer Behörden bedurft.

Zit. nach: G: Raeithel, Geschichte der nordamerikanischen Kultur, Bd. 1. Vom Puritanismus bis zum Bürgerkrieg 1600–1860, Frankfurt/M. 1995, S. 15 f.

2 William Bradford schrieb die History of the Plymouth Planation 1606–1646.

21 **Schöpfer der amerikanischen Präsidentschaft**

Der Historiker Jürgen Heideking über die Lebensleistung George Washingtons

George Washington steht am Beginn der amerikanischen Nationalgeschichte. An allen wesentlichen Entwicklungen, die den Wandel der dreizehn Kolonien zur Union souveräner Republiken und dann zum ersten modernen Bundesstaat vorantrieben, war er maßgeblich beteiligt. In Virginia und im Kontinentalkongress gehörte er zu denen, die der englischen Kolonialpolitik am entschiedensten entgegentraten; als Oberbefehlshaber der amerikanischen Truppen organisierte und lenkte er den militärischen Widerstand, der nach acht Jahren Krieg zur Unabhängigkeit führte; überzeugt von der Notwendigkeit einer starken Zentralregierung, wirkte er 1878/88 an der Ausarbeitung und Aufnahme einer neuen Verfassung mit; und im Präsidentenamt schuf er die Grundlagen für einen republikanischen Bundesstatt, in dem die Amerikaner ihre nationale Identität finden konnten.

Zit. nach: J. Heideking und C. Mauch (Hg.), Die Amerik. Präsidenten – 42 historische Portraits von G. Washington bis G. W. Bush, München 2005, S. 49.

22 **„Zur Erinnerung an George Washington“**

Diese Gouachemalerei entstand im Jahr 1800 kurz nach dem Tod des ersten US-Präsidenten, 8 x 10 cm.

23 **Die Historikerin Ulrike Brunotte beschreibt die Erwartungen der Siedler an die „Neue Welt“**

So sehr Bradford auch die Homogenität der Gemeinschaft beschwor, die 1620 mit der Mayflower aus Holland nach Neu-England geflohen war, so unterschiedlich und spannungsgeladen war ihre wirkliche Zusammensetzung. Bei weitem nicht alle Schiffsinsassen gehörten zu den über Holland aus England fliehenden Pilgrims. Insbesondere für die vielen Abenteurer, die sich am natürlichen Reichtum Neu-Englands zu bereichern gedachten oder die auf eigene Faust wie outlaws den direkten, wenn auch nicht den rechtlichen Herrschaftsbereich des britischen Königreiches verlassen wollten, stellte die Wildnis eine Verlockung dar. Für sie war Neu-England ganz konkret das Objekt der Begierde und das „gelobte Land“, wo „Milch und Honig fließt“. Denn das noch unerschlossene, weite Land mit seinen dichten Wäldern und seinen halbnackten, ‚wilden‘ Bewohnern ließ Wünsche nach Freiheit und Befreiung, nach Autonomie oder gar Anarchie aufsteigen. Angesichts der äußeren Wildnis und nicht zuletzt durch den „demokratischen Grundzug“ der kongregationalistischen Gemeindeordnungen regte sich unter den Reisenden – nicht allein der Mayflower – ein die Institutionenkritik der Separatisten noch radikalisierender politischer Protest gegen jede Form von Autorität. Dabei spielten Phantasien über die ‚Indianer‘, ihre angebliche ‚Unschuld vor dem Fall‘, ihre Wildheit und sexuelle wie politische Freiheit sicherlich eine ebenso große Rolle wie die Beute- und Landgier der Abenteurer.

Zit. nach: Ulrike Brunotte, Puritanismus und Pioniergeist – Die Faszination der Wildnis im frühen Neu-England, Berlin 2000, S. 118 f.

24 **Der Soziologe Max Weber**

1905 über den Einfluss der puritanischen Lebensauffassung auf den wirtschaftlichen Aufstieg der USA

Das sittlich wirklich Verwerfliche ist nämlich das Ausruhen auf dem Besitz, der Genuss des Reichstums mit seiner Konsequenz von Müßiggang und Fleischeslust, vor allem von Ablenkung von dem Streben nach „heiligem“ Leben. Und nur weil der Besitz die Gefahr dieses

Ausruhens mit sich bringt, ist er bedenklich. [...] Nicht Muße und Genuss, sondern nur Handeln dient nach dem unzweideutig offenbarten Willen Gottes zur Mehrung seines Ruhms. Zeitvergeudung ist also die erste und prinzipiell schwerste aller Sünden. [...] Es heißt noch nicht wie bei Benjamin Franklin: „Zeit ist Geld“, aber der Satz gilt gewissermaßen im spirituellen Sinn: Sie ist unendlich wertvoll, weil jede verlorene Stunde der Arbeit im Dienst des Ruhms Gottes entzogen ist. [...] Aber die Arbeit ist darüber hinaus und vorallem von Gott vorgeschriebener Selbstzweck des Lebens überhaupt. Der paulinische Satz: „Wer nicht arbeitet, soll nicht essen“, gilt bedingungslos und für jedermann. Die Arbeitsunlust ist Symptom für fehlenden Gnadenstand. [...]
Wir suchen uns nun noch speziell die Punkte zu verdeutlichen, in welchen die puritanische Auffassung des Berufs und die Forderung asketischer Lebensführung direkt die Entwicklung des kapitalistischen Lebensstils beeinflussen musste. Mit voller Gewalt wendete sich die Askese [...] vor allem gegen eins: Das unbefangene Genießen des Daseins und dessen, was es an Freuden zu bieten hat. [...]
Die innerweltliche protestantische Askese [...] wirkte also mit voller Wucht gegen den unbefangenen Genuss des Besitzes, sie schnürte die Konsumtion, speziell die Luxuskonsumtion, ein. Dagegen entlastete sie im psychologischen Effekt den Gütererwerb von den Hemmungen der traditionalistischen Ethik, sie sprengte die Fesseln des Gewinnstrebens, indem sie es nicht nur legalisierte, sondern (in dem dargestellten Sinn) direkt als gottgewollt ansah. [...]
Denn der Besitz als solcher war Versuchung. Aber hier war nun die Askese die Kraft, „die stets das Gute will und stets das Böse“ – das in ihrem Sinn Böse: den Besitz und seine Versuchungen – „schafft“. Denn nicht nur sah sie, mit dem Alten Testament und in voller Analogie zu der ethischen Wertung der „guten Werke“, zwar in dem Streben nach Reichtum als Zweck den Gipfel des Verwerflichen, in der Erlangung des Reichtums als Frucht der Berufsarbeit aber den Segen Gottes. Sondern, was noch wichtiger war: Die religiöse Wertung der rastlosen, stetigen, systematischen, weltlichen Berufsarbeit als schlechthin höchstes asketisches Mittel und zugleich sicherste und sichtbarste Bewährung des wiedergeborenen Menschen und seiner Glaubensechtheit musste ja der denkbar mächtigste Hebel der Expansion jener Lebensauffassung sein, die wir hier als „Geist des Kapitalismus“ bezeichnen. Und halten wir jetzt noch jene Einschnürung der Konsumtion mit dieser Entfesselung des Erwerbsstrebens zusammen, so ist das äußere Ergebnis nahe liegend: Kapitalbildung durch asketischen Spürzwang. Die Hemmungen, welche dem konsumtiven Verbrauch des Erworbenen entgegenstanden, mussten ja seiner produktiven Verwendung als Anlagekapital zugute kommen. [...] In Neu-England tritt der Zusammenhang [...] greifbar hervor.

Zit. nach: Max Weber, Soziologie – Universalgeschichtliche Analysen: Politik, Stuttgart 1973, S. 359 f., 366ff.

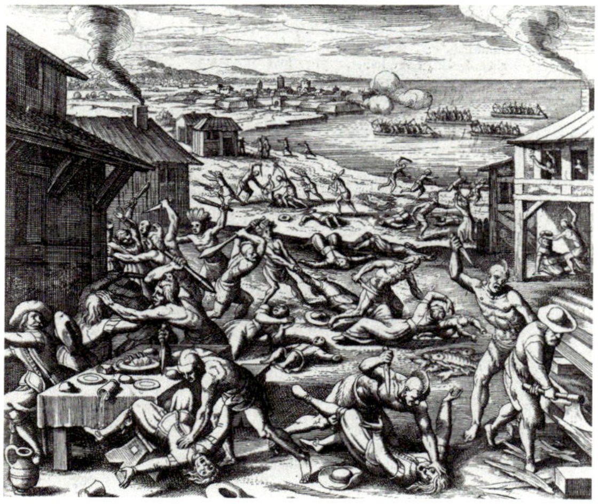

25 Jamestown-Massaker
Nachdem die Siedler der Virginia Company immer mehr Land zum Tabakanbau in Anspruch nahmen, erhob sich schließlich die indianische Bevölkerung 1622. Im Massaker von Jamestown starben etwa 350 Siedler.

26 Der Unionsplan William Penns, 1697

Der Quäker William Penn (1644–1718) erhielt 1681 den Freibrief, die Kolonie Pennsylvania zu gründen, die er 1682–1684 auch selbst leitete. Unter dem Eindruck der großen Schwierigkeiten, denen sich die Kolonie in ihrer Konsolidierungsphase gegenübersah, verfasste er 1697 einen Unionsplan, der jedoch bei den anderen Kolonien auf wenig Zustimmung stieß:

I. Die verschiedenen [...] Kolonien sollten sich einmal pro Jahr und bei Bedarf während des Krieg[3] öfter, sowie in Friedenszeiten wenigstens einmal innerhalb von zwei Jahren treffen, damit ihre bestimmten und ernannten Delegierten über solche Maßnahmen, die zu einem besseren Verhältnis untereinander und die öffentliche Ruhe und Sicherheit am nützlichsten sind, debattieren und Entscheidungen treffen können.

II. Zu diesem Zwecke sollen zwei Personen, die sich durch Vernunft, Nüchternheit und Vermögen besonders auszeichnen, von jeder Provinz als deren Repräsentanten oder Abgeordneten ernannt werden, die in ihrer Gesamtheit den Kongress bilden, der aus zwanzig Personen bestehen soll.

III. Der Bevollmächtigte des Königs, der zu diesem Zweck eigens ernannt wird, soll den Vorsitz führen und den genannten Kongress leiten.

3 Penn spielt dabei auf den Pfälzischen Krieg (1688–1697) in Europa an, in den England als Gegner Frankreichs verwickelt war und der sich auch in Amerika auswirkte.

27 Die Geschichte von Pocahontas, Zu den mythischen Legenden der frühen Kolonialzeit zählt die Geschichte von Pocahontas, Tochter des Königs der Pamaunkee, und dem englischen Captain John Smith in den Tagen der Gründung von Jamestown. Pocahontas soll ihm zweimal das Leben gerettet haben, als dieser in die Hände der Pamaunkee fiel.

IV. Sie sollen sich so nahe wie möglich bei der am zentralsten gelegenen Kolonie unter Rücksichtsnahme auf die Bequemlichkeit der Abgeordneten treffen.

V. Da dies aller Wahrscheinlichkeit nach New York ist, zum einen, da es nahe am Zentrum der Kolonien liegt, und zum anderen, da es eine Grenzstadt und Kronkolonie[4] ist, könnte der Gouverneur dieser Kolonie auch der königliche Hochkommissar während der Sitzungsperiode sein […].

VI. Es soll ihre Aufgabe sein, alle Beschwerden und Differenzen, die zwischen den einzelnen Provinzen auftreten, anzuhören und zu schlichten, so z. B.:

1. wenn jemand seine Provinz verlässt und in eine andere geht, damit er seine Schulden nicht zu bezahlen braucht, obwohl er dazu imstande wäre;
2. wenn Übeltäter vor der Gerechtigkeit entfliehen oder die Justiz nicht Macht über solche Übeltäter in den Provinzen, die sie aufnehmen, gewinnen kann;
3. um zu verhindern, dass beim Handel Ungerechtigkeiten vorkommen bzw. um ihnen abzuhelfen;
4. um Mittel und Wege zu bedenken, um die Union und die Sicherheit dieser Provinzen gegenüber offen auftretenden Feinden zu verteidigen. In solchem Fall kann der Kongress die jeweiligen Anteile an Menschen und materiellen Belastungen viel leichter und gerechter festsetzen als es irgendeiner dazu geschaffenen Instanz möglich wäre; denn die Provinzen, die ihre eigenen Verhältnisse und die der anderen kennen, können in größerer Freiheit und Gerechtigkeit diese Angelegenheiten verhandeln und vermögen mit Rücksicht auf die gemeinsame Sicherheit ihre Angelegenheiten besser aneinander anzupassen und die Belastungen auszugleichen.

4 New York wurde mit dem Herrschaftsantritt von Jakob II. 1685 zur Kronkolonie.

Zit nach: Geschichte in Quellen. Amerikanische und Französische Revolution. Bearb. v. W. Lautemann, München 1981, S. 19 f.

28 Politische Vorstellungen der amerikanischen Rebellen

Der Historiker Hans-Christoph Schröder beurteilt die Ziele des amerikanischen Widerstandes gegen die britische Herrschaft

Eine wichtige Voraussetzung dafür, dass die Amerikanische Revolution trotz gewisser Umakzentuierungen und Verschiebungen auf dem freiheitlichen Gleis blieb, bildeten die schon lange bestehenden Einrichtungen der Selbstregierung und Selbstverwaltung wie überhaupt die politische Kultur in den Kolonien. John Adams konnte auf die Frage nach der künftigen Verfassungsstruktur für die amerikanischen Republiken auf die Möglichkeit hinweisen, sie, „die Regierungsform, unter der wir geboren wurden“, sehr ähnlich zu machen. Der schon vorher in vieler Hinsicht de facto bestehende Republikanismus und die nichtständische Sozialordnung boten einzigartige Anknüpfungspunkte und Kontinuitätsscharniere zwischen dem alten und dem neuen Regime. „Könige“, stellte John Adams fest, „hatten wir niemals unter uns, Adlige hatten wir nie, nichts Erbliches hat in unserem Land jemals existiert; auch wird das Land so etwas niemals erforderlich machen oder dulden. Aber Gouverneure oder Gouverneursräte haben wir immer gehabt, ebenso Abgeordnete.“ Zwar gab es, wie erwähnt, keine Demokratie im modernen Sinne und keinen offen akzeptierten Pluralismus, aber es gab ein hohes Maß an politischer Selbstbestimmung sowie die Vertrautheit mit Wahlvorgängen und Repräsentationsmechanismen. Es bestand keine absolutistisch-autokratische Regierungsform unter dem alten Regime wie etwa in Frankreich oder Russland vor der Revolution, die als mentalitäts- oder stilbildendes Moment im neuen Gewand hätte wiedererscheinen und auf den revolutionären Prozess hätte durchschlagen können. Obwohl z. B. die amerikanischen Revolutionäre, wie noch zu zeigen sein wird, ebenso wie später die französischen Jakobiner mit dem Problem der Tugend in geradezu hysterischer Weise befasst waren, haben sie doch anders als diese nicht versucht, eine Republik der Tugend durch Zwang und Gewalt einzuführen.

Der Despotismus, gegen den sich die amerikanischen Kolonisten wandten, war ein *künftiger* Despotismus, ihre Revolution war eine vorbeugende, eine ‚Präventivrevolution'. Von dieser Tatsache wurden Verlauf und Resultat der Amerikanischen Revolution in starkem Maße bestimmt.

Zit. nach: Hans-Christoph Schröder, Die Amerikanische Revolution – Eine Einführung, München 1982, S. 172 f.

29 Der Begriff der Revolution

a) Der amerikanische Historiker Louis Gottschalk, 1944

Eine Revolution ist eine Volksbewegung, die eine signifikante Veränderung in der Struktur einer Nation oder einer Gesellschaft zur Folge hat. [...] Palastrevolutionen, die keine Unterstützung in der Bevölkerung finden und bloßer Aufruhr oder Rebellionen, die keine signifikante Veränderung mit sich bringen, sind keine Revolutionen.

Zit. nach: Louis Gottschalk, Casus of Revolution, in: American Journal of Sociology, L. (1944), S. 4. Übers. von A. Grießinger.

b) Der Historiker Peter Amann, 1962

Nach meiner Definition herrscht eine Revolution, wenn das Machtmonopol des Staates effektiv bedroht ist und sie dauert an, bis ein Machtmonopol wieder hergestellt ist. Eine solche Definition vermeidet eine Reihe traditioneller Probleme, die scharfsinnige Unterscheidung zwischen einem coup d'état und einer Revolution, der Grad sozialen Wandels, der notwendig ist, bevor eine Bewegung revolutionär genannt werden kann; die Möglichkeit einer konservativen Revolution; die zweifelhafte Differenzierung zwischen Unabhängigkeitskriegen, Bürgerkriegen und Revolutionen.

Zit. nach: Peter Amann, Revolution: eine Neudefinition. In: U. Jaeggi/S. Papcke, Revolution und Theorie, Bd. 1, Frankfurt/M. 1974, S. 184.

c) Der Soziologe Clausjohann Lindner, 1972

Eine Revolution ist der Versuch, durch den gewaltsamen Sturz der herrschenden Elite die Herrschaftspositionen einer Gesellschaft zu erobern, um eine neue Gesellschaftsordnung herbeizuführen.

Zit. nach: Clausjohann Lindner, Theorie der Revolution. Ein Beitrag zur verhaltenstheoretischen Soziologie, München 1972, S. 18.

d) Der englische Politikwissenschaftler John Dunn

Revolutionen sind eine Form massiven, gewaltsamen und raschen gesellschaftlichen Wandels. Sie sind Versuche einer bestimmten Anzahl von Werten. Sie sind Versuche, einer bestimmten Anzahl von Werten in einer neuen

30 Die Verfassung der USA

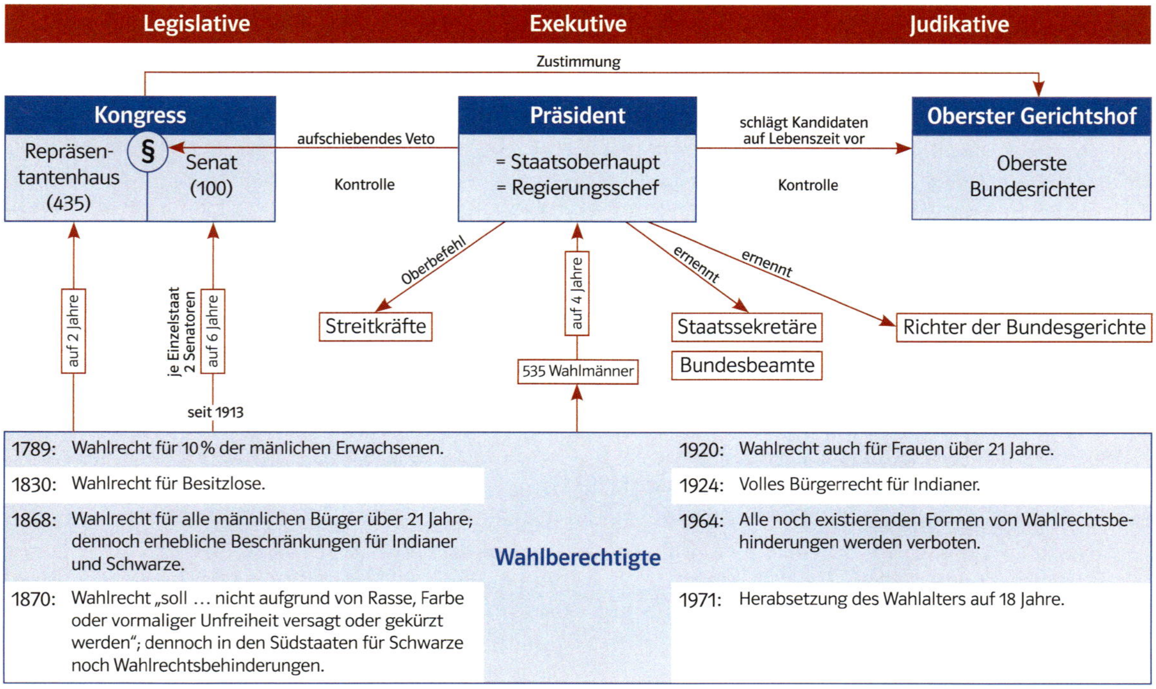

oder zumindest erneuerten gesellschaftlichen Ordnung eine konkrete Form zu geben. […] Alle Revolutionen sind definiert durch ein Versagen der bestehenden herrschenden Elite in der Ausübung politischer Macht. […] Eine Revolution kommt folglich dann zustande, wenn es einer Gruppe von Revolutionären mit durchaus komplexen Vorstellungen gelingt, bei riesigen Menschenmassen, die bereits mit der herrschenden Ordnung in höchstem Maße unzufrieden sind, ein hinreichendes Bewusstsein ihrer eigenen höheren politischen und moralischen Fähigkeiten hervorzurufen.

Zit. nach: John Dunn, Moderne Revolutionen, Stuttgart 1974, S. 22 ff.

31 Das Prinzip der Gewaltenteilung

James Madison, der selbst an der Ausarbeitung der US-Verfassung beteiligt war, schrieb über das Prinzip der republikanischen Gewaltenteilung („check and balances"):

Zu den Haupteinwänden, welche die achtenswerten Gegner der Verfassung vorbringen, gehört die ihr angelastete Verletzung jenes politischen Grundsatzes, der besagt, dass die gesetzgebende, die vollziehende und richterliche Gewalt deutlich voneinander getrennt sein müssen. Es wird behauptet, dass diese für die Freiheit wesentliche Vorsichtsmaßregel beim Aufbau der Zentralregierung nicht berücksichtigt worden sei. Die verschiedenen Machtbefugnisse seien in einer Weise verteilt und miteinander vermischt, die nicht nur jede Symmetrie und Schönheit der Form zerstöre, sondern auch die Gefahr heraufbeschwöre, dass wichtige Teile des Gebäudes unter dem Übergewicht anderer Teile zusammenbrechen können. […]

Schon bei oberflächlicher Betrachtung der britischen Verfassung werden wir bemerken, dass gesetzgebende, vollziehende und richterliche Gewalt keineswegs gänzlich voneinander gertrennt und unterschieden sind. Der Träger der vollziehenden Gewalt bildet einen integrierenden Bestandteil der gesetzgebenden Autorität. Er allein hat das Recht, mit fremden Souveränen Verträge abzuschließen, die nach ihrem Abschluss mit gewissen Einschränkungen Gesetzeskraft erlangen. Alle Mitglieder des richterlichen Zweiges der Regierung werden von ihm ernannt, können auf Antrag der beiden Häuser des Parlaments von ihm abgesetzt werden und bilden, wenn sie ihm beliebt sie zu konsultieren, ein ihm verfassungsmäßig zustehendes Ratskollegium. Ein Zweig der gesetzgebenden Körperschaft stellt aufgrund der Verfassung ein zweites größeres Ratskollegium für den Träger der vollziehenden Gewalt dar. Der gleiche Zweig ist jedoch andrerseits in Fällen von Hochverrat der einzige Träger der richterlichen Gewalt, während er in allen übrigen Fällen die höchste Berufsinstanz darstellt. Die Richter sind wieder so eng mit der gesetzgebenden Körperschaft verbunden, dass sie häufig an deren Beratungen teilnehmen, wenn ihnen auch keine gesetzgebende Stimme zusteht.

Aus diesen Tatsachen, von denen Montesquieu ausging, kann mit voller Klarheit Folgendes geschlossen werden: Wenn Montesquieu sagt, „es kann keine Freiheit geben, wo gesetzgebende und vollziehende Gewalt in ein und derselben Person oder in ein und derselben Körperschaft vereinigt sind oder wo die richterliche Gewalt von der gesetzgebenden und von der vollziehenden Gewalt getrennt ist", so meint er damit keineswegs, dass die drei Zweige der Regierung untereinander auf ihre spezifische Tätigkeit nicht ein gewisses Maß von Einfluss ausüben oder einander nicht wechselseitig kontrollieren sollten. […] Wenn wir die Verfassungen unserer Einzelstaaten betrachten, so finden wir, dass – ungeachtet der pathetischen und in manchen Fällen kompromisslosen Art, in der jenes Axiom ausgedrückt ist – in keiner einzigen von ihnen die drei Zweige der Regierung absolut getrennt sind. New Hamsphire, dessen Verfassung zuletzt entworfen wurde, scheint sich völlig bewusst gewesen zu sein, dass es unmöglich und unzweckmäßig ist, jede Vermischung zwischen den drei Zweigen zu vermeiden: Daher wurde dort die infrage stehende Doktrin durch die Erklärung ergänzt, dass gesetzgebende, vollziehende und richterliche Gewalt so weit voneinander unabhängig sein sollten, als das Wesen einer freien Regierung dies zulässt: Und soweit dabei die zahllosen Fäden intakt bleiben, die sich zu einem das Gefüge der Verfassung zusammenhaltenden Band der Einigkeit und des guten Einvernehmens verweben.

Zit. nach: A. Hamilton / J. Madison / J. Jay, Der Föderalist, Artikel 47. Hrsg. v. F. Ermacora, Berlin 1958, S. 277–280ff.

32 Bill of Rights – Zusatzartikel der Verfassung

1. Artikel: Der Kongress soll kein Gesetz erlassen, das eine Einrichtung einer Religion zum Gegenstand hat oder deren freie Ausübung beschränkt oder eines, das Rede- und Pressefreiheit oder das Recht des Volkes, sich friedlich zu versammeln und an die Regierung eine Petition zur Abstellung von Missständen zu richten, verkürzt.

2. Artikel: Da eine wohlgeordnete Miliz für die Sicherheit eines freien Staates notwendig ist, soll das Recht des Volkes, Waffen zu besitzen und zu tragen, nicht verkürzt werden. […]

4. Artikel: Das Recht des Volkes auf Sicherheit der Person, des Hauses, der Papiere und der Habe vor ungerechtfertigter Nachsuchung und Beschlagnahme soll nicht verletzt werden und Durchsuchungs- und Haftbefehle sollen nur aus zureichendem Grunde erteilt werden, gestützt auf Eid oder Gelöbnis und sollen die zu durchsuchende Örtlichkeit und die in Gewahrsam zu nehmenden Personen oder Gegenstände genau bezeichnen.

5. Artikel: Niemand soll […] gezwungen werden, in einem Strafverfahren gegen sich selbst als Zeuge auszusagen, noch soll jemandem Leben, Freiheit oder Eigentum genommen werden, außer im ordentlichen Gerichtsver-

fahren und nach Recht und Gesetz; noch soll Privateigentum ohne gerechte Entschädigung für öffentliche Zwecke eingezogen werden.

6. Artikel: In allen Verfolgungen wegen eines Verbrechens soll der Angeklagte Anspruch haben auf ein schleuniges und öffentliches Verfahren vor einem unparteiischen Geschworenengericht des Staates und Bezirks, in dem das Verbrechen begangen wurde, [...] der Angeklagte hat das Recht, über die Art und Gründe der Anklage unterrichtet und den Belastungszeugen gegenübergestellt zu werden und Entlastungszeugen unter Zwangsandrohung vorladen zu lassen und sich eines Rechtsbeistandes zu seiner Verteidigung zu bedienen.

10. Artikel: Die Befugnisse, die von der Verfassung weder den Vereinigten Staaten übertragen noch den Einzelstaaten versagt sind, bleiben jeweils den Einzelstaaten oder dem Volke vorbehalten.

Zit. nach: Günther Franz, Staatsverfassungen, München 1975, S. 37 ff.

33 Der Historiker Charles Beard beurteilte 1913 die US-Verfassung

Die Bewegung für die Verfassung der Vereinigten Staaten wurde hauptsächlich von vier Gruppen von Interessen beweglichen Eigentums ins Leben gerufen und durchgesetzt, die unter den Konföderations-Artikeln Schaden erlitten hatten: Geld, Staatsobligationen, Fabriken, Handel und Schifffahrt. Die ersten festen Schritte zur Schaffung einer Verfassung wurden von einer kleinen und aktiven Gruppe von Leuten getan, die wegen ihres persönlichen Besitzes am Ergebnis ihrer Anstrengungen ein direktes Interesse hatten. Über den Vorschlag, den Konvent einzuberufen, der die Verfassung aufsetzte, gab es weder eine direkte noch eine indirekte Abstimmung in der Bevölkerung. Eine große besitzlose Masse war unter den herrschenden Wahlrechts-Qualifikationen von Anfang an von der Teilnahme (über Repräsentanten) an dem Werk der Ausarbeitung der Verfassung ausgeschlossen. Die Mitglieder des Konvents von Philadelphia, der die Verfassung ausarbeitete, waren mit nur wenigen Ausnahmen unmittelbar, direkt und persönlich an der Einrichtung des neuen Systems interessiert, von dem sie sich wirtschaftliche Vorteile versprechen konnten. Die Verfassung war im Wesentlichen ein ökonomisches Dokument, das von dem Grundsatz ausging, dass die fundamentalen privaten Rechte des Eigentums dem Staat zeitlich vorausgehen und moralisch außerhalb des Einflussbereichs von Majoritäten im Volk stehen. Der größere Teil der Mitglieder des Konvents hat den Protokollen gemäß den Anspruch des Eigentums auf eine besondere Position in der Verfassung, die ihm Schutz gewährt, anerkannt.

Bei der Ratifizierung der Verfassung unterließen es etwa drei Viertel der erwachsenen männlichen Bürger, ihre Stimme zu dieser Frage abzugeben, indem sie den Wahlen fernblieben, in denen Delegierte für die Konvente der Staaten gewählt wurden, und zwar entweder aufgrund ihrer Gleichgültigkeit, oder weil sie durch Besitzqualifikationen vom Wahlrecht ausgeschlossen waren. Die Verfassung wurde mit einer Stimmabgabe von vermutlich nicht mehr als einem Sechstel der erwachsenen männlichen Bürger ratifiziert [...].

Bei der Ratifizierung wurde deutlich, dass die Grenzlinie des Eintretens für und gegen die Verfassung zwischen reellen Interessen beweglichen Eigentums auf der einen Seite und den Interessen der kleinen Farmer und Schuldner auf der anderen Seite verlief. Die Verfassung wurde nicht von ‚dem ganzen Volk' geschaffen, wie die Juristen gesagt haben. Sie wurde auch nicht von ‚den Staaten' ins Leben gerufen, wie es ihre Gegner aus dem Süden lange behaupteten. Sie war vielmehr das Werk einer geschlossenen Gruppe, deren Interessen über Staatsgrenzen hinweg gingen und in ihrer Reichweite wahrhaft national waren.

Zit. nach: Charles Austin Beard, Eine ökonomische Interpretation der amerikanischen Verfassung. Frankfurt 1974, S. 382 f.

34 Über die „Allmacht der Mehrheit und ihre Wirkungen"

Der französische Staatsphilosoph und Politiker Alexis de Tocquevolle schrieb 1835 über die US-Verfassung:

Die unumschränkte Herrschaft der Mehrheit liegt im Wesen der Demokratie; denn in der Demokratie kann sich außerhalb der Mehrheit nichts behaupten. [...]

Die moralische Herrschaft der Mehrheit fußt ferner auf dem Grundsatz, die Interessen der größeren Zahl hätten denen der kleineren vorzugehen. Aber man begreift leicht, dass die Achtung, die man dem Recht der größeren Zahl bezeugt, natürlich je nach Stellung der Parteien zu- oder abnimmt. Wenn eine Nation durch mehrere große und unvereinbare Interessen gespalten ist, wird das Vorrecht der Mehrheit oft nicht anerkannr, weil es zu hart ist, sich ihm zu unterwerfen.

Gäbe es in den Vereinigten Staaten eine Gruppe von Bürgern, die der Gesetzgeber gewissermaßen ausschließlicher und ihnen seit Jahrhunderten zustehender Vorrechte zu berauben trachtete, so würde die Minderheit sich diesen Gesetzen wahrscheinlich nicht leicht fügen.

Aber da in den Vereinigten Staaten Menschen leben, die untereinander gleich sind, gibt es dort keinen naturgegebenen und anhaltenden Konflikt zwischen den Interessen der verschiedenen Bewohner [...].

Zit. nach: Alexis de Tocqueville, Die Demokratie in Amerika, Frankfurt 1956, S. 87 ff.

35 Der Historiker Udo Sautter nimmt in seinem Werk über die Geschichte der Vereinigten Staaten eine differenziertere Bewertung vor:

Es ist oft darüber diskutiert worden, was die eigentlichen Motivationen der „Gründerväter" waren. Die Beardsche Argumentation, dass die Interessen der Reichen siegten,

[...] lässt sich heute nicht mehr aufrecht erhalten. Untersuchungen haben gezeigt, dass die Befürworter der neuen Lösung weitgehend auch in den Einzelstaaten das Heft in der Hand hielten, dass von einer simplen Arm-Reich-Konfrontation in der revolutionären Gesellschaft keine Rede sein konnte und dass sich überhaupt ebenso viele Argumente für die Konsensustheorie finden lassen, das heißt dafür, dass das amerikanische Volk sich beim Verfassungsgeben im Grunde einig war, wie für die Konfliktstheorie, die einen wirtschaftlichen, sozialen oder wie sonst immer motivierten Antagonismus als das wesentliche konstitutive Element der Verfassungsschöpfung sehen möchte. Wichtig für die Folgezeit wurde jedenfalls, dass nun ein straff gegliederter Bundesstaat geschaffen war, in dessen Rahmen sich in den kommenden Jahrzehnten die stupende Entwicklung der Vereinigten Staaten vollziehen konnte.

Zit. nach: Udo Sautter: Die Geschichte der Vereinigten Staaten von Amerika, Stuttgart 1976, S. 101.

36 Französische Begeisterung für den Unabhängigkeitskrieg der nordamerikanischen Kolonien gegen ihr englisches Mutterland.
Bericht eines Zeitgenossen 1778:

[...] Der Aufstand der Amerikaner hat in Marseille eine so lebhafte Erregung verursacht, dass ein Fest geschaffen wurde, um die Erinnerung daran für immer zu bewahren und zu feiern; es gibt da einen Klub nach englischem Vorbild; er setzt sich aus 13 Personen zusammen, die die 13 vereinigten Kolonien symbolisieren. Bei jedem dieser Festbankette werden Lieder gesungen, Verse und literarische Texte vorgelesen, die sich auf das Thema des Klubs beziehen, und dann wird das Publikum zugelassen und kann an der Sitzung teilnehmen. [...]
Als ich den Saal betrat, war ich überrascht, als ich eine Fülle von Porträts wahrnahm, die alle berühmte Rebellen darstellen; aber das Franklins[5] hat vor allem meine Aufmerksamkeit auf sich gezogen, und zwar durch den Wahlspruch: „Eripuit caelo fulmen sceptrumque tyrannis“ („Dem Himmel hat er den Blitz und den Tyrannen das Szepter geraubt.“)

Zit. nach: Pidansat de Mairobert, L'Observateur anglais ou correspondance secrète entre Milord All'eye et Milord All'ear, London 1777/78. Zit. nach: Die Französische Revolution. Quellen zur Geschichte und Politik, hrsg. v. P. Alter/E. Rumpf, Stuttgart 1984, S. 23.

5 Benjamin Franklin (1706–1790), nordamerikanischer Staatsmann und Schriftssteller, Erfinder des Blitzableiters, 1776–1785 in Paris als nordamerikanischer Gesandter.

37 „Der Fall der Kolonialmacht“, Karikatur August 1765.

38 Füchse im Weinberg

In seinem Roman „Die Füchse im Weinberg“ beschreibt Lion Feuchtwanger eine Festivität des französischen Adels, bei der die Amerikanische Unabhängigkeit ein wichtiges Gesprächsthema darstellt:

Die Gesellschaft, die sich am Vierten Juli mit der Kühle des einfallenden Abends in Franklins Gartenhaus versammelte, bestand etwa zu gleichen Teilen aus Amerikanern und Franzosen. [...] Er fühlte sich der Alte[6] sehr wohl inmitten der Gäste, die da eng, heiß, laut und fröhlich in seinem Gartenhause zusammen waren, französisch und englisch parlierten, einander missverstanden und sich bestrebten, durch Erhöhung der Stimme verständlicher zu werden. Es war bei aller Formlosigkeit eine Gesellschaft guter Namen. [...]

„Stehen Sie nicht so sauer herum, Jacques-Robert“, sagte sie zu Ihrem alten Freunde Turgot[7]. „Wann wollen Sie denn ihre Trauermiene ablegen, wenn nicht heute?“ Doch Monsieur Turgot blieb einsilbig. Er war erfüllt von dem Glauben, dass im Ablauf des Weltgeschehens das Gute und Nützliche siegen werde, und somit überzeugt von dem schließlichen Triumph der amerikanischen Sache. Aber er hatte am eigenen Leib zu schmerzlich erlebt, wie lang die Umwege sind, welche die Geschichte macht, und wie viel Bitterkeit und Enttäuschung der Kampf um den Fortschritt mit sich bringt. Ob ein Staatsmann, der zu wählen hat, den rechten Augenblick trifft, das entscheidet nicht nur sein wägender Verstand, sondern auch sein Glück. Wenn es in seine Hand gegeben ist, einen gewaltsamen Konflikt, der nicht vermieden werden kann, hinauszuzögern oder zu beschleunigen, dann hängt er von der Fortuna[8] nicht weniger ab als von Minerva[9]. Vielleicht ist er, Turgot, wirklich zu stürmisch gewesen, vielleicht hätte er der guten Sache mehr genützt, wenn er seine Reformen nicht in so schnellem Ablauf durchzusetzen versucht hätte. Und er beneidete Franklin um seinen Gleichmut, um seine bewundernswerte Fähigkeit zu warten. [...]

[Franklin erinnert sich an die Zeit der Beratung der Erklärung zurück.]

Mit einem kleinen Lächeln dachte er zurück an die Debatten, die der Kongress über den Wortlaut der Erklärung ausgefochten hatte. Es war ein furchtbar heißer Sommer gewesen, der Sommer vor einem Jahr in Philadelphia, des Nachmittags war es unerträglich schwül im Saale des Staatshauses, dazu stachen einen immerzu die Fliegen von den Pferdeställen nebenan, vor allem in die Beine. Jetzt noch war er belustigt, wenn er daran dachte, wie die eleganten und somit besonders schwer gekleideten und frisierten Herren Hancock und der eine Adams, der große, dünne Samuel Adams unter der Hitze hatten leiden müssen.

6 Gemeint ist Benjamin Franklin, der zu dieser Zeit gerade sich als Gesandter der aufständischen Kolonien in Paris befindet.
7 Jaques-Robert Turgot (1727–1781), glückloser ehemaliger französischer Finanzminister, der versucht hatte, den Staatsbankrott unter Ludwig XVI. aufzuhalten.
8 Fortuna – römische Göttin des Glücks.
9 Minerva – römische Göttin des Handwerks und der Kunstfertigkeiten.

Er selber, Franklin, war neben Jefferson gesessen. Der war ein schlechter Sprecher, seine Stimme trug nicht, und er hatte die Verteidigung seines Antrags dem Kollegen Adams überlassen müssen, dem andern Adams, dem kleinen, John Adams. Er hatte seine Sache gut gemacht, der redliche Feuerkopf; wieder und wieder aufgesprungen war er, der kleine Dicke, um den Text zu verteidigen, und polternd und furchtlos hatte er Beleidigungen nach allen Seiten verschossen.

Es hatten sich aber auch viele bemüßigt gefunden, ihren Senf dreinzugeben, und nicht immer guter Senf. Wäre es nicht so heiß gewesen, dann hätte die Debatte wohl noch zwei oder drei Tage länger gedauert, und es wäre von dem ursprünglichen Wortlaut gar nichts mehr stehen geblieben.

Der junge Jefferson hatte gelitten unter den nicht immer klugen Einwänden gegen die Zweckmäßigkeit seiner Formulierungen. Das gequälte Gesicht, welches der lange, hagere, rothaarige Mensch machte, als man seinen Text so grausam und wenig verständig zerpflückte, wird ihm, Franklin, immer im Gedächtnis bleiben. Er konnte gut mitfühlen, was der begabte Junge spüren musste, als man ihm eine Perle nach der anderen aus der Krone nahm. Er hatte seine Wut verhehlt, der arme Autor, und sein Gesicht ruhig gehalten, wie es sich gehörte, aber er hatte sich gewunden und Fäuste gemacht und geschwitzt wie ein Lastträger, trotz seiner Magerkeit. [...]

„Es wäre schade“, sagte, nachdem man zur Genüge gelacht hatte, der Marquis de Condorcet, „um jedes Wort, das man aus der Erklärung striche. So wie sie da steht, ist sie ein erhabenes Manifest, die einfache und großartige Verkündigung jener Menschenrechte, die so heilig sind und so vergessen.“

„Es ist mir eine Ehre“, sagte Franklin, „in diesem Kreise zu betonen, wie sehr wir den Philosophen Ihres Landes verpflichtet sind für den Anteil, den sie zur Bildung unserer Weltanschauung beigetragen haben. Niemals hätte diese Erklärung verfasst werden können ohne die Werke Montesquieus, Rousseaus, Voltaires.“ [...]

Der Marquis de Condorcet aber nahm von neuem das Wort. „Es ist richtig“, sagte er, „die Menschenrechte waren schon vorher aufgeschrieben in den Büchern von Philosophen und wohl auch in den Herzen redlicher Männer. Aber was half es? Jetzt stehen sie hier in dieser Erklärung, in einer Sprache, die auch die Unwissenden und Schwachen verstehen, und haben Taten bewirkt, welche die Philosophie nicht hat bewirken können.“ Er sprach schlicht und doch mit schönem Feuer und schaute auf Franklin.

Zit. nach: Lion Feuchtwanger, Die Füchse im Weinberg, Berlin 2004, S. 346–354.

39 Aus einer Privatvorlesung Leopold von Rankes vor dem König von Bayern, 1854:

Den Stellenwert der Amerikanischen Revolution im Kontext des auf beiden Seiten des Atlantiks um 1760 angebrochenen Zeitalters der demokratischen Revolutionen hat niemand klarer ausgedrückt als Leopold von Ranke. Er bewertete die amerikanische Staatsgründung in seiner Privatvorlesung 1854 vor dem König von Bayern in Berchtesgaden als den Durchbruch des modernen Republikanismus: „Dadurch dass die Nordamerikaner [die Kanadier vergaß Ranke hierbei allerdings], abfallend von dem in England gültigen constitutionellen Princip, eine neue Republik schufen, welche auf dem individuellen Rechte jedes Einzelnen beruht, trat eine neue Macht in die Welt; denn die Ideen greifen dann am schnellsten um sich, wenn sie eine bestimmte, ihnen entsprechende Repräsentation gefunden haben. So kam in diese römisch-germanische Welt die republikanische Tendenz. [...] Das war eine größere Revolution, als früher je eine in der Welt gewesen war, es war eine völlige Umkehrung des Principes. Früher war es der König von Gottes Gnaden, um den sich alles gruppierte; jetzt tauchte die Idee auf, dass die Gewalt von unten aufsteigen müsse. [...] Diese beiden Principien stehen einander gegenüber wie zwei Welten, und die moderne Welt bewegt sich in nichts anderem, als in dem Konflikt zwischen diesen beiden."

Zit. nach: L. v. Ranke: Aus Werk und Nachlass, herausgegeben von Theodor Schieder u. a., Bd. 2 (München, 1971) S. 415 ff.

40 **Freiheitsstatue in New York.**

Arbeitsvorschläge

a) Vergleichen Sie die Darstellung der Hoffnungen und Ideale, die die Siedler mit der neuen Welt verbanden, mit den Problemen und Realitäten, mit denen sie konfrontiert wurden (VT, M 15, M 17, M 23).

b) Arbeiten Sie anhand von M 3, M 25 und M 27 die unterschiedlichen Aspekte der Begegnung zwischen Siedlern und Indianern heraus. Erläutern Sie, in welchem Spannungsverhältnis zueinander diese beiden Gruppen gelebt haben.

c) Stellen Sie mittels M 4 und M 24 die wichtigsten Merkmale der puritanischen Lebensauffassung zusammen und erörtern Sie, ob diese Merkmale bis heute in den USA verankert sind.

d) Charakterisieren Sie die Person George Washington. Wie beurteilte die Nachwelt den ersten US-Präsidenten (M 21, M 22)? Informieren Sie sich zusätzlich über das Leben von George Washington. Welche Aspekte scheinen widersprüchlich zu den Idealen für die er steht?

e) Analysieren Sie die Regierungsprinzipien, die William Penn seiner Kolonie zugrunde legte und vergleichen Sie diese mit den Grundzügen der späteren US-Verfassung (M 26, M 30). Inwiefern waren diese bereits im Mayflower-Compact angelegt (M 18, M 20)?

f) Erklären Sie das Prinzip der „Checks and balances". Wie bewertet Madison die Gewaltenteilung in der Verfassung? Nehmen Sie auch selbst Stellung dazu (M 30, M 31).

g) Diskutieren Sie, ob der amerikanische Unabhängigkeitskrieg als Revolution bezeichnet werden kann (M 28, M 29).

h) Vergleichen Sie die unterschiedlichen Meinungen über die US-Verfassung (Beard, Tocqueville, Sautter) (M 33 - 35).

i) Beschreiben Sie die Begegnung zwischen Amerikanern und Franzosen, die Lion Feuchtwanger in seinem Roman „Die Füchse im Weinberg" schildert. Wer sind in den Augen der Festgesellschaft die geistigen Wegbereiter der Entwicklungen in den Kolonien (M 38)? Vergleichen Sie die hier geschilderte Atmosphäre mit den Schilderungen in M 36.

j) Benennen Sie die beiden „Princips", die nach Auffassung Rankes im amerikanischen Unabhängigkeitskampf aufeinandertreffen. Warum sind diese Ereignisse für Ranke „eine größere Revolution, als früher je eine in der Welt gewesen war."? (M 39)

Der Weg in die Unabhängigkeit

1607	Englische Siedler gründen eine erste dauerhafte Siedlung in Nordamerika (Jamestown). Während niederländische und schwedische Handelsstützpunkte keinen dauerhaften Bestand haben, breitete sich in den Folgejahrzehnten die englische Besiedlung stetig aus.
1620	Die puritanischen „Pilgerväter" errichten in Massachusetts selbst verwaltete Gemeinwesen.
1651	Nach dem Navigation Act werden die nordamerikanischen Kolonien immer stärker in das merkantilistische Handelssystem des Mutterlandes einbezogen. Dies führte zu wachsendem wirtschaftlichen Druck auf die Kolonien.
1701	Beginnend mit der „Charter of Privileges" in Pennsylvania, entwickelten sich seit Anfang des 18. Jahrhunderts zunehmend regionale institutionelle Strukturen.
1754/56–1763	Der Siebenjährige Krieg, der u.a. zwischen Frankreich und Großbritannien in Nordamerika ausgetragen wurde, führt zu einer Verschärfung des Steuer- und Abgabendrucks des Mutterlandes auf die Kolonien.
1770	Infolge englischer Pläne, von Siedlern Steuern und Zölle zu erheben, kommt es zum Zusammenstoß zwischen Kolonisten und britischen Soldaten in Boston („Boston Massacre").
1773	Kolonialamerikaner boykottieren die Einfuhr britischen Tees der East India Company („Boston Tea Party").
1774	Mit dem Ersten Kontinentalkongress in Philadelphia schaffen sich die dreizehn englischen Kolonien eine gemeinsame Interessensvertretung. Der Kongress rief die Kolonisten zum Boykott britischer Waren auf. Großbritannien verstärkt die Militärpräsenz in seinen nordamerikanischen Kolonien.
1776	Der Zweite Kontinentalkongress ratifiziert am 4. Juli die Unabhängigkeitserklärung.
1776–1783	Unabhängigkeitskrieg. Im Frieden von Paris gewährt Großbritannien den USA die Unabhängigkeit.
1781	Die 13 Kolonien bilden als „ewige Union" einen lockeren Staatenbund.
1788	In Kraft treten der US-Verfassung, die u.a. auf der 1776 in Virginia formulierten Declaration of Rights beruhte.
1789	George Washington wird erster Präsident der USA.
bis ca. 1890	Erschließung des Kontinents in Richtung Westen: immer mehr Staaten kommen zur Union hinzu.
1893	Der US-Historiker F. J. Turner (1861–1932) erklärt den Kontinent offiziell für erschlossen.

Glossar

Bruderzwist im Hause Habsburg
Nachdem Maximilian II. 1576 starb, wurde sein Sohn Rudolf II. als neuer Kaiser eingesetzt. Der ehrgeizige jüngere Bruder Matthias versuchte erfolgreich, seinen machtpolitischen Einfluss zu vergrößern und sich die Kaiserkrone anzueignen. Dabei kam es auch zu kriegerischen Auseinandersetzungen zwischen den Brüdern, die zu einer Schwächung der Zentralgewalt führten.

Eleven Years Tyranny
zeitgenössischer Begriff für die elf Jahre von 1629–1640, in denen Karl I. ohne Parlament regierte.

Frankfurter Judengasse
Diese wurde auf Anordnung des Rates 1460-1462 errichtet und stellte das erste Ghetto in Europa dar - noch vor der Entstehung des namensgebenden Stadtviertels Ghetto Nuovo in Venedig Anfang des 16. Jhs. Es war ummauert und hatte drei Tore, die abends sowie an Sonn- und christlichen Feiertagen geschlossen wurden. Einige Familien brachten es als Bankiers und Hoffaktoren zu großem Reichtum und ragten aus der Masse der kleinen Leute heraus, die die Mehrheit der Ghettobewohner darstellten und auf die eine oder andere Weise als Trödler und Kleinhändler Berufen außerhalb der Zunftreglements nachgingen. Dabei war die Zahl der Bewohner streng reglementiert: 500 Haushalte, Heiratserlaubnis für 12 Paare und Zuzugsgenehmigung zum Zwecke der Heirat für maximal sechs Personen im Jahr.

Gevierthaufen
taktische Formation des Fußvolks in den Heeren des Spätmittelalters und der Frühen Neuzeit, bestehend aus einem dicht geschlossenen Viereck mit jeweils 30–50 Soldaten neben- und hintereinander.

Hugenottenkriege
eine Folge von Bürgerkriegen in Frankreich zwischen 1562 und 1598, dabei versuchte u. a. eine katholische Adelspartei den protestantischen Adel von staatlichen und kirchlichen Pfründen auszuschließen. Zum Symbol der Hugenottenkriege wurde das Massaker der „Bartholomäusnacht" am 24. August 1572, dem tausende Protestanten zum Opfer fielen.

Hundertjähriger Krieg
englisch-französischer Konflikt (1337–1453) um die Erbfolge des französischen Königsthrons.

Immerwährender Reichstag
Ständevertretung des Heiligen Römischen Reiches in Regensburg von 1663 bis 1803. Zuvor hatte dieser unregelmäßig in verschiedenen Städten stattgefunden.

Interim
lat. „Zwischenzeit" und bezeichnet eine Übergangslösung. Dies kann z. B. eine „Übergangsregierung", aber auch eine „Übergangslösung" bis zur endgültigen vertraglichen Regelung einer politischen Streitfrage sein.

Jülich-Klevischer Erbfolgestreit
Nachdem Fürst Johann Wilhelm von Kleve im März 1609 starb und seine Schwestern und Nachkommen sowie weitere Fürstenfamilien Erbansprüche stellten, begann ein militärischer Konflikt zwischen den Häusern Brandenburg und Pfalz-Neuburg, der auch Nachbarstaaten zum Handeln zwang, da es sich bei den beanspruchten Gebieten sowohl um protestantische als auch um katholische Territorien handelte. So entstand ein internationaler Konflikt, der auch Frankreich, Spanien, die Niederlande und das Kaiserreich mit einschloss. Der Kaiser wollte die Herzogtümer als erledigte Lehen einziehen lassen, was an die Ereignisse in Donauwörth erinnerte. Die protestantische Union bemühte sich, zwischen Johann Sigismund von Brandenburg und Wolfgang Wilhelm von Pfalz-Neuburg, die bis 1614 noch beide zur Union gehörten, zu vermitteln. So wurden dann auch beide Fürstenhäuser bei der Vergabe der Ländereien bedacht.

Karrenbüchse
auf einem „Karren" montiertes Geschütz.

Kontributionen
Seit dem 15./16. Jahrhundert besonders eine indirekte Steuer für militärische Zwecke, die von der Bevölkerung der besetzten Gebiete geleistet werden musste. Im Dreißigjährigen Krieg entwickelte man daraus den Grundsatz, dass der Krieg den Krieg ernähren müsse. Grundlage jeder Kontribution war eine Abmachung zwischen den Lokalbehörden und der Militärgewalt. Konnte die Kontribution nicht in der geforderten Höhe erbracht werden, drohte die militärische Exekution (Brandschatzungen, Plünderungen und die Anwendung von Gewalt).

Landsknechtswesen
Mit Spieß oder Pike ausgerüstete Fußsoldaten, die ab Ende des 15. Jahrhunderts als Söldner zunehmend die Ritterheere ablösten.

Libertät
Bezeichnung der verfassungsmäßigen Freiheitsrechte der einzelnen Partikulargewalten des Reiches, zu denen

neben den Fürsten auch kleinere Reichsritter, Reichsstädte oder geistliche Fürstentümer gehörten. Der Begriff Libertät spielte in der Zeit des Dreißigjährigen Krieges eine große Rolle. Maximilian von Bayern hatte ihn auf dem Kurfürstentag von Regensburg 1630 genutzt, um die Entlassung Wallensteins durchzusetzen. Der Westfälische Frieden bestätigte das Prinzip der „Libertät" und entschied in der Verfassungsfrage „gegen den kaiserlichen Absolutismus" (H. Lahrkamp).

Magna Charta
großer Freibrief, eine von König Johann Ohneland 1215 mit dem revoltierenden englischen Adel getroffene Vereinbarung, welche zur Grundlage des englischen Staatsgrundgesetzes wurde.

Marketenderinnen
Zum Tross der Söldnerheere gehörten auch Frauen, die als Kleinhändlerinnen, Krankenschwestern, Partnerinnen oder Prostituierte die Kriegszüge begleiteten.

Peuplierung
bevölkerungspolitische Maßnahmen zur Besiedlung leerer oder bevölkerungsarmer Gebiete.

Präliminarfrieden
Vorfrieden

Puritaner
Der Puritanismus (lat. puritas = Reinheit) entstand als radikale Form des Protestantismus in England. Der Name entstand durch den Kampf um die Reinigung der Anglikanischen Staatskirche von den Einflüssen der römisch-katholischen Kirche. Die Puritaner lehnten jegliche Form der Religionsausübung ab, die sie nicht durch Gottes Wort in der Bibel begründet fanden. Sie vertraten ein auf Fleiß und strenge sittliche Moral ausgerichtetes Leben. Weltliche Vergnügungen wie Volksfeste oder Theater lehnten sie als Ablenkung vom frommen Leben ab.

Quäker
Anhänger einer im 17. Jahrhundert entstandenen christlichen Religionsgemeinschaft, die sich „Religiöse Gesellschaft der Freude" nennt.

Rheinbund
Ein 1658 geschlossenes Defensivbündnis zwischen Frankreich mit den geistlichen Kurfürstentümern von Mainz, Trier und Köln, dem Bistum Münster, Hessen-Kassel, der Kurpfalz, Braunschweig-Lüneburg und Schweden, welches durch seine Besitzungen in Norddeutschland zum Reichsstand gehörte. 1665 traten auch Hessen-Darmstadt, Württemberg und Brandenburg dem Bündnis bei, das sich primär gegen eine österreichisch-habsburgische Machtausdehnung richtete.

Schmalkaldischer Bund
Verteidigungsbündnis der protestantischen Fürsten. Zu diesem Bund gehörten Landgraf Philipp I. v. Hessen, Kurfürst Johann Friedrich I. v. Sachsen, Herzog Philipp v. Braunschweig-Grubenhagen, Herzog Ernst v. Braunschweig-Lüneburg, die Grafen v. Anhalt-Bernburg und v. Erbach sowie drei nieder- und acht oberdeutsche Reichsstädte. 1534 kam mit Herzog Ulrich v. Württemberg noch ein wichtiger Bundesgenosse hinzu.

Schwäbischer Bund
Zusammenschluss der schwäbischen Reichsstände 1488.

superioritas territorialis
Landeshoheit

Türkenkriege
Bezeichnung für die unter religiösen und machtpolitischen Motiven geführten Kriege, die seit dem 14. Jahrhundert zwischen den christlichen Staaten Südost- und Osteuropas und dem Großreich der türkischen Osmanen geführt wurden. 1526 eroberten die Türken einen großen Teil Ungarns und unternahmen 1529 einen ersten Angriff auf Wien, der jedoch zurückgeworfen werden konnte. Seit 1536 war Frankreich, das an der Schwächung der Habsburger stark interessiert war, mit den Türken verbündet. Der 1593 erneut ausgebrochene Krieg zwischen den Habsburgern und den Türken endete 1606 mit einem Frieden, der den Vorkriegsstand bestätigte. Das konfessionell gespaltene Heilige Römische Reich deutscher Nation war lange Zeit nicht in der Lage, der türkischen Gefahr wirkungsvoll zu begegnen. Auch in der Folgezeit kam es deshalb wiederholt zu militärischen Konflikten.

Wiedertäufer
Radikale Reformationsbewegung, die als Abspaltung der Zwinglischen Reformation 1525 in Zürich entstand. Die W. lehnten die Taufe unmündiger Kinder ab und gestanden diese erst Erwachsenen zu, die sich zuvor aktiv zu ihrem Glauben bekannt hatten.

Zölibat
Von lat. „caelebs" = „allein, unvermählt lebend"; bezeichnet, 277 als kirchliches Gesetz formuliert, das vor der Weihe zum Diakon in der römisch-katholischen Kirche vorgeschriebene Versprechen, zukünftig in Ehelosigkeit und vollkommener sexueller Enthaltsamkeit zu leben. Dies zählt zu den Vorbedingungen der Priesterweihe.

Literatur- und Internettipps:

Internet

http://www.preussen.de
In diesem „Forum Preussen" wird Autorinnen und Autoren die Möglichkeit gegeben, Beiträge zum Thema Preußen zu veröffentlichen.

http://www.francke-halle.de
Homepage der Franckeschen Stiftungen zu Halle

http://www.schwedenstrasse.com
Internetportal zur deutsch-schwedischen Geschichte

http://www.glaubensstimme.de
Internetarchiv zur Religionsgeschichte

http://www.judengasse.de
Homepage des Museums Judengasse in Frankfurt/M.

http://www.gallica.fr
Internetarchiv der Bibliothèque Nationale de France

Literatur:

Brauchitsch, Boris von: Renaissance, Köln 1999.

Ertl, Thomas/Limberger, Michael (Hrsg.): Die Welt 1250–1500: Globalgeschichte. Wien 2009.

Feldbauer, Peter/Lehners, Jean-Paul (Hrsg.): Die Welt im 16. Jahrhundert: Globalgeschichte. Wien 2008.

Hausberger, Bernd (Hrsg.): Die Welt im 17. Jahrhundert: Globalgeschichte. Wien 2008.

Hausberger, Bernd/Lehners, Jean-Paul (Hrsg.): Die Welt im 18. Jahrhundert: Globalgeschichte. Wien 2008.

Langer, Herbert: 1648, der Westfälische Frieden: Pax Europaea und Neuordnung des Reiches, Berlin 1994.

Mieck, Ilja: Europäische Geschichte der frühen Neuzeit: eine Einführung. Stuttgart 1994.

Raeithel, Gert: Geschichte der nordamerikanischen Kultur, Frankfurt/M. 2000.

Stollberg-Rilinger, Barbara: Europa im Jahrhundert der Aufklärung, Stuttgart 2000.

Personenregister

Sachregister

Bildnachweis

Umschlag: AKG, Berlin (akg-images/ Erich Lessing)
9.1: BPK, Berlin
10.2: BPK, Berlin (J.P. Anders)
12.3: BPK, Berlin
13.7: BPK, Berlin
15.1: ullstein bild, Berlin (LEONARDO: ANATOMY)
15.2: AKG, Berlin (akg-images)
16.3: AKG, Berlin (akg-images / Erich Lessing)
16.4: ullstein bild, Berlin (Roger Viollet)
17.5: AKG, Berlin (akg-images)
18.6: BPK, Berlin
18.7: AKG, Berlin (akg-images)
20.11: Bridgeman Art Library, London
21.1: AKG, Berlin (akg-images / Erich Lessing)
22.2: Scala, Antella (Firenze)
23.3: AKG, Berlin (akg-images)
25.4: Bridgeman Art Library, London
27.7: ullstein bild, Berlin
30.1: Bridgeman Art Library, London (Glasgow University Library, Scotland)
32.2: Bayerische Staatsbibliothek, München
34.4: AKG, Berlin (akg-images)
34.5: BPK, Berlin
37.1: BPK, Berlin
38.2: BPK, Berlin
41.3: Germanisches Nationalmuseum, Nürnberg
41.4: BPK, Berlin
43.7: AKG, Berlin (akg-images)
44.10: AKG, Berlin (akg-images)
47.1: Stiftung Preußische Schlösser und Gärten Berlin-Brandenburg, Potsdam (J.P. Anders)
47.2: BPK, Berlin (J.P. Anders)
47.3: Picture-Alliance, Frankfurt (Marc-Oliver Schulz)
48.1: AKG, Berlin (akg-images / Erich Lessing)
49.2: ullstein bild, Berlin (Roger Viollet)
50.3: AKG, Berlin
51.4: Staatliche Graphische Sammlung, München
52.5: BPK, Berlin
53.7: AKG, Berlin (akg-images)
60.1: AKG, Berlin
62: BPK, Berlin (Kartenabteilung, Staatsbibliothek zu Berlin)
63.ob: AKG, Berlin
63.unt: Ullstein Bild GmbH (KPA)
65.1: AKG, Berlin
66.2: bpk, Kunstbibliothek, Staatliche Museen zu Berlin
69.1: AKG, Berlin
71.1: BPK, Berlin (Knud Petersen)
75.5: BPK, Berlin (Knud Petersen)
76.7: BPK, Berlin
79.11: BPK, Berlin
80: Landesamt für Denkmalpflege Schleswig-Holstein, Kiel
83.1: National Maritime Museum, London (BHC0727)
85.1: aus: Flavio Conti und Gherardo Bozzetti (Hg.), Die Welt des Handels. Geschichte und Kultur, Stuttgart/ Zürich (Verlag Belser), 1983, S. 136
87.2: Bridgeman Art Library, London
89.1: Evans Publishing Group, London
93.7: RIJKSMUSEUM, Amsterdam
94.8: Universiteitsbibliotheek, Amsterdam
95.9: Bridgeman, Private Collection/ The Stapleton Collection, London
97.1: AKG, Berlin
100.3: BPK, Berlin
101.5: Sächsische Landesbibliothek, Dresden
102.7: aus: Fragen an die Geschichte 2, H.D. Schmid, Hirschgraben-Verlag, S. 14
103.1: AKG, Berlin
105.3: Panorama Museum, Bad Frankenhausen / (c) VG Bild-Kunst, Bonn 2002
106.4: BPK, Berlin
107.1: bpk / Staatsbibliothek zu Berlin - Preußischer Kulturbesitz
108.2: AKG, Berlin
111.3: BPK, Berlin
112.4: BPK, Berlin
113.5: AKG, Berlin
114.6: AKG, Berlin
115.7: AKG, Berlin
117.8: AKG, Berlin
119.13: AKG, Berlin
121.17: BPK, Berlin
123.19: ullstein bild, Berlin
124.23: AKG, Berlin
126.26: AKG, Berlin
130.1: BPK, Berlin (Knud Petersen)
132.2: AKG, Berlin
133.3: BPK, Berlin
134.4: BPK, Berlin (Elke Walford)
135.5: Stadtgeschichtliches Museum, Leipzig
136.1: Gemeinde Peenemünde, Peenemünde
136.2: aus: Adrian Bueckling, Die Schweden in Vorpommern nördlich der Peene, nordlicht-verlag, Karlshagen, 2005, S. 38

137.6: Fotostudio Wasmund, Wolgast&Greifswald
139.2: BPK, Berlin (Jochen Remmer)
142.5: AKG, Berlin (akg-images / Erich Lessing)
143.8: BPK, Berlin
144.10: ullstein bild, Berlin
147.16: BPK, Berlin
156.2: AKG, Berlin
156.3: AKG, Berlin
158.4: ullstein bild, Berlin (Roger Viollet)
160.5: AKG, Berlin
161.6: BPK, Berlin (RMN/Gerard Blot)
162.1: K2 SA, Brüssel
165.7: Bridgeman Art Library, London
166.8: The National Archives, Surrey TW 9 4DU
167.9: Herzog-August-Bibliothek, Wolfenbüttel
168.10: Getty Images, München (Hulton Archive)
173.20: AKG, Berlin
175.22: AKG, Berlin
179.29: AKG, Berlin
187.1: Interfoto, München (Karger - Decker)
188.2: Universitätsarchiv, Heidelberg
188.3: Hessisches Staatsarchiv, Marburg
189.4: Staatsarchiv, Information und Dokumentation, Darmstadt
192.7: Germanisches Nationalmuseum, Nürnberg
193.9: Stadtarchiv, Karlsruhe (Sign.8/ PBS XVI 48)
194.10: BPK, Berlin
196.13: BPK, Berlin
198.1: BPK, Berlin
199.2: AKG, Berlin (akg-images)
201.3: BPK, Berlin (J.P. Anders)
203.3: AKG, Berlin (akg-images/Bildarchiv Monheim)
204.4: BPK, Berlin
206.9: AKG, Berlin (akg-images)
208.1: Reinhard Schmook
209.2: Picture-Alliance, Frankfurt (ZB - Fotoreport)
210.1: BPK, Berlin
211.2: BPK, Berlin
213.3: AKG, Berlin
214.4: AKG, Berlin
215.9: BPK, Berlin
216.11: BPK, Berlin
217.1: Germanisches Nationalmuseum, Nürnberg
218.2: Bridgeman Art Library, London
220.3: aus: Barbara Stollberg-Rillinger, Europa im Jahrhundert der Aufklärung, Stuttgart, Reclam Verlag, S.153
221.4: ullstein bild, Berlin (Roger Viollet)
222.5: BPK, Berlin (Musikabteilung mit Mendelssohn-Archiv)
226.9: aus: Les Anneaux de la Mémoire. Exposition au Château des Ducs Bretagne, Nantes 1992 - 1994, CIM Corderie Royale 1992, S.80 (Cliché ville de Nantes)
229.13: AKG, Berlin
240.1: AKG, Berlin
242.2: ullstein bild, Berlin
245.4: Museum of the City of New York, The Harry T. Peters Collection
246.5: Corbis, Düsseldorf
248.9: Corbis, Düsseldorf
249.10: AKG, Berlin
250.11: AKG, Berlin
251.12: Corbis, Düsseldorf (Bettmann)
251.13: AKG, Berlin
252.14: Corbis, Düsseldorf
253.17: Getty Images, München (MPI/ Stringer)
254.19: ullstein bild, Berlin
255.22: Courtesy, Winterthur Museum
256.25: Getty Images, München (MPI)
257.27: Corbis, Düsseldorf
261.37: aus: G. Langemeyer/G. Unverfehrt/H. Guratzsch/Chr. Stölz, Bild als Waffe, München 1985
263.40: Corbis, Düsseldorf (Bob Krist)

Trotz intensiver Bemühungen ist es uns nicht gelungen, die Urheber einiger Abbildungen zu ermitteln; die Rechte dieser Urheber werden selbstverständlich vom Verlag gewahrt. Die Urheber oder deren Erben werden gebeten, sich mit dem Verlag in Verbindung zu setzen.

Spitzbergen
Grönland
Island
Dänemark-Norwegen
Schw
Gross-
britannien
NL
Preu
Habs
Lan
Frankreich
Portugal
Spanien
Palos
Azoren
Marokko
Kanar.
Ins.
C a n a d a
L o u i s i a n a
Virginia
N e u - S p a n i e n
Guanahani
12. 10 1492
Kuba
Jamaica
Haiti
Belize
Mosquito-
küste
Kapverd.
Ins.
St. Louis
(franz.)
Gorée
Senegal
Songhai
Haussa
Gr. Friedrichsburg
(bis 1720 brandenbg.)
Benin
A t l a n t i s c h e r
P a z i f i s c h e r
O z e a n
O z e a n
Neu-Granada
Guayana
Cayenne
B r a s i l i e n
P e r u
Kon
Angola
Kap der Guten Ho
Kap Hoorn
Tordesillas-Linie von 1494
Entdeckungsreisen
Columbus 1492
Vasco da Gama 1498
Magalhäes 1521
Drake 1580
Verrazzano 1524
Cabot 1497
Brit. Besitz
Französ. Besitz
Niederlä